국가는 무엇으로 싸우는가

CHOKEPOINTS

국가는 무엇으로 싸우는가

초크포인트를
장악하려는

미국의
은밀한 전략

에드워드 피시먼 지음

이성민 옮김

RHK
알에이치코리아

추천사

"놀라운 책 … 경제전쟁에 관한 가장 중요한 책이다!"
— 폴 케네디, 역사학자이자 예일대 교수, 《강대국의 흥망》 저자

"반드시 읽어야 할 책이다. 전쟁과 지정학을 다루는 이들은 대체로 경제전쟁에 약한데, 이 책이야말로 출발점이다."
— 니얼 퍼거슨, 경제사학자이자 하버드대 교수, 《금융의 지배》 저자

"치열한 지정학적 경쟁에 직면하여 미국은 어떻게 경제적·재정적 우위를 유지할 수 있을까? 이 책에서 그 전략을 제공한다. 에드워드 피시먼은 경제전쟁의 역사적 진화 과정을 추적해 중국의 경제적 침략, 이란의 핵 야망, 러시아의 보복 정책에 대항하기 위한 미국의 작전 현장으로 독자들을 안내한다. 그 과정에서 피시먼은 귀중한 전략적 교훈을 밝혀 내고, 정부와 기업의 리더들이 긴급하게 실행해야 할 사항을 설득력 있게 제시한다."
— H. R. 맥마스터, 전 미국 육군 중장, 전 백악관 국가안보 보좌관

"서구가 지정학적 심판에 직면한 지금, 이 책은 대서양 양쪽에서 필독서가 되어야 한다. 에드워드 피시먼은 정부에서 재직하며 얻은 내부 정보를 깊이 있게 알고 있는 학자이자 실무자로서, 새로운 형태의 경제전쟁이 대두하는 모습을 흡입력 있게 설명한다. 피시먼은 서구가 경제적 상호의존과 경제안보, 강대국 간의 경쟁을 동시에 누릴 수는 없다고 설득력 있게 주장한다. 우리가 신속하게 선택하지 않으면 결국 끌려가기 마련이다."
— 브랜든 심스, 캠브리지대학 역사학과 교수, 《영국의 유럽》 저자

"개인적인 경험과 철저한 연구를 바탕으로 미국의 제재를 다룬 이 탁월한 현대사는 경제적 힘을 책임감 있고 효과적으로 사용하여 세계적 문제를 해결하고자 하는 모든 사람에게 지침이 되어줄 것이다."

— 티머시 스나이더, 예일대 역사학과 교수, 《피에 젖은 땅》 저자

"제재는 세계 권력과 영향력을 다투는 전쟁에서 필수적인 무기이다.《국가는 무엇으로 싸우는가》는 제재가 어떻게 작동하는지, 그리고 왜 때로는 작동하지 않는지 알려주는 걸작이다. 오늘날 글로벌 경쟁을 이해하고자 하는 사람이라면 누구나 꼭 읽어야 할 책이다."

— 할 브랜즈, 존스홉킨스대학 석좌교수, 《중국은 어떻게 실패하는가》 저자

"《국가는 무엇으로 싸우는가》는 경제 인프라가 어떻게 지정학에 점점 더 영향을 미치는지에 관한 흥미로운 탐구로, 21세기의 이 중요한 현상의 역사와 내부 작동 방식, 미래의 이해관계를 조명한다. 다가올 몇 년 동안 권력이 어떻게 행사될지 이해하고자 하는 모든 사람에게 이 책은 훌륭한 읽을거리가 될 것이다."

— 패트릭 콜리슨, 스트라이프Stripe의 공동 CEO

"시의적절하고 흡인력 있는 세계 일주 … 에드워드 피시먼은 국무부와 재무부에서 일한 경험을 바탕으로, 지난 20년 동안 미국 정부의 '눈에 잘 띄지 않는 경제적 무기'가 어떻게 국가의 지정학적 분쟁 한가운데로 뛰어들었는지 설명한다. 이 책은 충분한 속도감과 드라마를 담고 있으며 아주 재미있게 읽힌다. 몰입도를 갖춘 책이다."

— 〈이코노미스트〉

"21세기 미국의 경제전쟁을 다룬 탁월한 서사! 피시먼의 명료하고 사려 깊은 글쓰기가 이야기를 촘촘히 엮어낸다."

— 〈파이낸셜 타임스〉

"전직 실무자가 들려주는, 지난 20년간의 경제전쟁에 대한 유쾌하고도 흥미로운 읽을거리! 미국이 어떻게 전 세계를 제재할 수 있는 막강한 힘을 갖게 되었는지, … 지금의 상황이 어떻게 만들어졌고, 앞으로 무엇이 다가올지 알고 싶은 독자라면 꼭 읽어야 할 책!"

— 〈포린 폴리시〉

2025년 4월 2일 수요일 오후, 도널드 트럼프 대통령은 백악관 로즈가든의 연단에 올라섰다. 그곳에는 행정부 관리들과 안전모를 쓰고 작업용 조끼를 입은 건장한 남성들이 모여 그의 연설을 기다리고 있었다. 트럼프 대통령은 "친애하는 미국 국민 여러분, 오늘은 해방의 날입니다"라고 말했다. 그리고 이렇게 덧붙였다. "제 생각에 오늘은 미국 역사상 가장 중요한 날 중 하나입니다. 바로 우리의 경제 독립을 선언하는 날입니다."[1]

그런 뒤 트럼프 대통령은 불공정 무역 관행을 두고 불만을 늘어놓았다. 한국과 일본의 미국산 쌀에 대한 엄청나게 높은 관세, 캐나다의 미국산 유제품에 대한 300% 관세, 그리고 거의 모든 국가가 시행하고 있는 미국산 자동차에 대한 엄청난 장벽 등등 말이다. 20분 후, 상무부 장관인 하워드 러트닉Howard Lutnick은 미국이이 같은 불공정한 조치를 바로잡기 위해 앞으로 부과할 새로운 관세율이 적힌 대형 포스터를 그에게 건네주었다. 호주에는 10%, 캄보디아에는 49%의 관세가 부과되고, 그 사이에 열거된 수십 개의 나라에는 두 자릿수의 관세가 부과될 것이라는 내용이었다. 단번에 미국의 수입품에 대한 평균 관세율이 2%에서 20% 이상으로 치솟은 것이다. 이는 지난 100년간 가장 높은 수준이었다.

두 번째 임기를 시작한 지 10주 만에 트럼프 대통령은 전 세계를 상대로 무역전쟁을 선포했다.

정말 오랜 시간이 걸려 이루어진 일이었다. 거의 40년 전, 당시 대중의 관심을 끌고 싶어 하던 부동산 개발업자인 트럼프는 〈뉴욕타임스〉에 전면 광고를 내 "일본과 다른 나라들이 미국을 이용하고 있다"라고 주장했다.[2] 그는 미국의 동맹국들이 미국의 안보 보장에 무임승차하면서 자국 통화를 조작하고, 보조금을 받은 수출품이 미국 시장을 휩쓸어 피해를 입히고 있다고 비난했다. 그 결과 미국의 무역적자가 크게 늘고 경제 성장도 둔화했다는 내용이었다. 그는 광고에서 "일본을 비롯해 돈을 낼 능력이 있는 나라들에 비용을 부담시킴으로써 우리의 막대한 재정적자를 끝내야 할 때가 되었다"라고 선언했다. 그리고 "우리의 위대한 나라가 더이상 조롱거리가 되지 않도록 하자"라고 말했다.

때로는 감옥에 갈 수도 있었던 위기를 겪으며 정치적 변방에서 격동의 4년을 보낸 후, 이제 백악관으로 돌아온 트럼프는 마침내 자신의 정당성이 입증되었다고 느꼈다. 대통령의 권력을 다시 손에 쥐게 된 트럼프는 오랫동안 품어온 구상에 따라 세계 경제를 재편하려 했다. 그리고 그가 "사전에서 가장 아름다운 단어"라고 부르는 관세를 사용해 그렇게 할 것이다.[3]

사실 트럼프가 경제전쟁의 시대를 시작한 것은 아니다. 《국가는 무엇으로 싸우는가》는 지난 20년 동안 역대 미국 대통령들이 미국의 이익을 증진하려 점점 더 경제 무기에 의존하게 된 과정을 다룬다. 하지만 트럼프는 이 추세에 속도를 더 높였으며, 거기에 새로운 차원을 더했다. 한 시대에서 다음 시대로의 전환이 칼로 자른 듯 명확한 경우는 드물다. 새로운 세상이 형성되더라도 낡은 세상은 여전히 남아 있기 마련이다. 이 책은 1990년대 세계화의 전성기가 점차 쇠퇴하고 제재, 관세, 수출 통제가 강대국 간 경쟁의 주요 수단이 되기까지 현시대의 흐름을 추적한다. 그러나 이 시대의 초기 단계가 과도기적이었다면, 트럼프의 두 번째 임기는 구시대의 명확한 종식과 새로운 시대의 본격화를 의미한다.

트럼프가 이토록 엄청난 영향을 끼친 것은 그가 세 가지 중요한 면에서 전임자들과 완전히 결이 달랐기 때문이다.

첫 번째는 그가 선택한 무기인 관세가 금융과 기술 분야에서 지배력을 높이기 위한 것이 아니라, 세계 무역에서 미국의 역할을 강화하기 위한 수단이라는 것이다. 미국의 제재는 달러의 보편성에서 힘을 얻는다. 달러는 모든 외환 거래의 90%에 사용되고, 중앙은행 준비금의 약 60%를 차지한다. 미국의 수출 통제는 미국이 핵심 기술 분야에서 주도적인 역할을 하는 데서 힘을 얻는다. 특히 미국의 기업은 반도체 분야에서 글로벌 가치 사슬의 약 40%를 차지한다. 이와 대조적으로 관세는 수입품에 부과되는 세금이다. 미국은 세계 최대의 수입국이지만, 전 세계 수입의 13%를 차지한다. 이는 미국이 전 세계 GDP(국내총생산)의 25%를 차지하는 것에 비하면 훨씬 낮은 수치이다.[4] 결국 트럼프가 관세에 크게 의존하는 것은 상대적으로 취약한 영역에서 승부를 보려는 그의 신념을 보여준다.

두 번째 차이점은 트럼프가 미국의 경제 무기를 적대국뿐만 아니라 한국, 캐나다, 유럽연합EU 같은 동맹국에도 겨냥했다는 점이다. 실제로 그가 이른바 '해방의 날'에 발표한 관세는 전 세계 거의 모든 국가를 대상으로 하고 있으며, 관세 부과 대상국에서 전면 제외된 러시아보다 한국(25%), 일본(24%), 유럽연합(20%)에 더 많은 세금을 부과했다.[5] 트럼프의 두 번째 임기 초기에 중국이 무려 145%의 관세를 부과받은 적이 있지만, 실상 트럼프의 경제적 압박을 가장 크게 받은 나라는 캐나다였다. 트럼프는 캐나다에 여러 차례 관세를 부과하며 미국의 '51번째 주'가 되라고 제안하기도 했다.[6]

세 번째이자 마지막 차이점은 트럼프가 경제전쟁의 목표를 재정의했다는 것이다. 과거 미국의 대통령들은 제재, 관세, 수출 통제를 상대의 행동을 변화시키려는 일시적인 수단으로 보았다. 이를테면 이란에 핵 프로그램을 중단하도록 압력을 가하거나, 러시아에 우크라이나의 주권을 존중하도록 압박하는 방법이었다. 하지만 트럼프 대통령은 이를 세계 경제를 영구적으로 재편하려는 수단으로 여긴다. 이러한 변화는 그의 첫 임기 중에 중국의 기술 대기업 화웨이Huawei에 광범위한 수출 통제를 부과하며 시작되었다. 화웨이에 대한 조치는 원래 이 기업이 세계 통신 산업을 지배하는 것을 억제하려고 고안되었다. 이 조치는 화웨이의 기업 관행을 바꾸려는 의도가 아니었으며, 중국의 정책을 바꾸려는 의도는 더더욱 아니었다. 그보다는 화웨이가 전 세계에 통신망을 구축하려는 시도를 억제하는 것이 목적이었다. 결과적으로 그 조치들은 영속적으로 상대를 견제하겠다는 의도로 봐야 한다.

물론 트럼프도 두 번째 임기에 경제전쟁을 이용하여 행동 변화를 이끌어내려 한 적이 있다. 중국과 멕시코가 불법 펜타닐 거래를 단속하도록 설득한 것이 그 예다. 하지만 구조적인 경제 개편을 이루기 위해 그는 관세를 무기로 삼는 경우가 더 많았다. '해방의 날'에 로즈가든의 청중이었던 안전모를 쓴 남성들은 많은 것을 말해 준다. 트럼프의 관세는 국내 제조업에 유리한 경쟁 환경을 조성하려는 것이 목표였다. 관세로 생산기지의 국내 이전onshoring 약속을 실현하려면 그것이 기업의 투자와 공급망 결정에 영향을 미쳐야 하며, 그러기 위해서는 관세가 영구적인 조치로 받아들여져야 한다. 물론 트럼프는 자신을 협상의 달인이라 여기며, 그의 정책 입장 중 일관된 것은 거의 없다. 하지만 철강, 반도체, 제약 등에 이르기까지 전략 부문에 대한 무역 거래 조사가 급증하면서, 그의 관세 정책 가운데 상당수가 장기적인 조치가 될 가능성이 커졌다.[7]

트럼프의 경제전쟁에 대한 접근 방식에서 드러나는 이 세 가지 뚜렷한 특징은, 그의 두 번째 임기가 세계 경제와 국제 질서 전반에 걸쳐 심대한 혼란을 가져올 것임을 시사한다.

트럼프는 무역을 두고 다른 나라들과 싸움을 벌이고 있지만, 그가 택한 전장은 금융과 기술 분야처럼 미국이 확실한 우위를 가진 분야가 아니다. 중국의 경우 세계 최대의 무역 강국으로, 전 세계 국가 중 약 3분의 2를 점유하고 있는 최대 무역 상대국이다. 만약 미국과 중국 중 어느 한쪽과의 무역을 강요받는다면 많은 나라가 중국을 선택할 가능성이 크다. 일부 핵심 산업에서는 중국 제품을 대체할 만한 상품이 거의 없거나 전혀 없다. 다시 말해 중국 제품을 배제하면 인플레이션과 공급 부족으로 이어질 수 있다. 비록 미국 시장이 크긴 하지만 그 시장 접근권을 유지하기 위해 치러야 할 대가가 너무 크다. 미국에서의 판매 수익을 잃으면 많은 나라가 고통스럽겠지만, 배터리부터 의약품에 이르기까지 모든 물품의 가격 급등과 극심한 부족 사태보다는 훨씬 덜 고통스러울 것이다.[8] 중국과 긴밀한 경제적 유대 관계를 맺고 있으면서도, 미국과 오랜 안보적 유대 관계를 맺고 있는 한국과 같은 나라들의 경우 선택은 절대 간단하지 않다.

동시에 트럼프는 친구와 적을 가리지 않고 모두에게 관세를 부과함으로써 경제적 파트너로서 미국의 신뢰도를 훼손했고, 전 세계적으로 미국에 대한 의존도를 줄이려는 움직임을 촉발했다. '해방의 날'을 선언한 그다음 주에는 달러, 미국 국채, 미국 주가지수가 급락하는 보기 드문 삼중 내림세가 나타났다. 이는 미국 자산 전반에 걸친 대규모 매도세와 안전 자산으로서의 달러에 대한 신뢰도 상실을 의미했다. 유로와 같은 2선 기축통화의 동반 상승세도 나타났는데, 이는 그 화폐들이 앞으로 몇 년 안에 달러의 지배력을 잠식할 수 있음을 시사했다. 이러한 추세가 이어질지는 아직 불확실하다. 하지만 분명한 것은 트럼프가 큰 도박을 하고 있다는 점이다. 그는 상대적으로 약한 부문인 미국의 무역 영향력을 무기로 삼아 국가 경제력의 진정한 초석인 금융력을 위험에 빠뜨리고 있다. 게다가 그는 자신도 모른 채 그런 짓을 하는 듯하다. 트럼프는 선거운동 기간 중 "달러가 세계 통화로서 지위를 잃는다면, 전쟁에서 패배하는 것과 마찬가지일 것이다"라고 말했다.[9] 트럼프가 미국에 대한 신뢰를 회복하지 못한다면, 각국이 실리콘밸리에 대한 의존도를 줄이기 위해 중국 선전에서 제품을 조달하는 식의 상황이 기술 부문 전반에 걸쳐 비슷하게 전개될 것이다.

트럼프의 두 번째 임기 동안 금융시장은 '해방의 날' 이후 폭락했다가, 6주 뒤 미·중 휴전 이후 회복하는 등 급격히 요동쳤다. 하지만 금융시장이 트럼프의 결의를 과소평가하는 것일 수도 있다. 관세는 변동할 수 있지만, 트럼프가 상상하는 세상은 1980년대 이후로 변하지 않았다. 그리고 90세에 가까운 남성들이 자신의 확고한 믿음을 포기하는 일은 거의 없다.

지금 벌어지고 있는 일은 일시적인 혼란이 아니라 근본적인 구조조정이다. 새로운 세계 경제 질서는 1944년 브레턴우즈 회의처럼 호텔 연회장에 관리들이 모여 결정하는 식으로 되지 않는다. 그 질서는 무계획적으로 형성되는 중이며 각각의 새로운 관세, 제재, 수출 통제가 벽돌이 되어 쌓이듯 기반을 만들어가고 있다. 청사진 따위는 없다. 건축가도 없다. 검증되지 않은 경제 무기를 휘두르는 소수의 강대국과 그 결과에 대한 잦은 오판이 있을 뿐이다.

세계 경제가 균열에 이르렀다. 한때 기존 질서를 유지하기 위해 사용되던 경제전쟁은 이제 새로운 질서를 형성하는 핵심 동력이 되었다.

경제전쟁의 시대에 온 것을 환영한다.

에드워드 피시먼

차례

제1부 초크포인트 구축하기

제2부 이란과 폭탄

제3부 러시아의 제국주의적 영토 강탈

제4부 기술 패권을 향한 중국의 도전

제5부 러시아의 우크라이나 침공

제6부 세계 경제의 분열

데이비드 코헨 David Cohen　2011년 스튜어트 레비의 뒤를 이어 두 번째로 미국 재무부의 테러 및 금융정보국 차관을 지낸 변호사. 2012년에 이란의 중앙은행과 석유 수입을 표적으로 삼는 등 이란에 대한 압박을 강화하려는 노력을 감독했다.

대니얼 프리드 Daniel Fried　2013년부터 2017년까지 미국 국무부 최초의 제재정책조정관을 지낸 베테랑 외교관. 2014년 러시아의 크림반도 합병 이후, 러시아에 대해 미국-유럽연합(EU)이 공동 제재를 부과하기 위해 유럽과의 외교를 주도했다.

마크 커크 Mark Kirk　이란에 대한 공격적인 제재를 주장한 일리노이주 공화당 상원의원. 2011년 이란 중앙은행에 제재를 가하고 이란의 석유 판매를 줄이기위한 계획을 수립한 일명 메넨데스-커크 개정안을 공동 발의했다.

세르게이 라브로프 Sergei Lavrov　2004년 블라디미르 푸틴에 의해 임명되어 오랫동안 러시아 외무부 장관을 맡고 있다. 2014년 러시아가 크림반도를 점령한후에는 존 케리(John Kerry) 미국 국무부 장관과 협상했고, 2022년 러시아가우크라이나를 본격적으로 침공하기 전에는 토니 블링컨(Tony Blinken) 국무부 장관과 협상했다.

스튜어트 레비 Stuart Levey　2004년부터 2011년까지 미국 재무부의 초대 테러 및금융정보국 차관을 지낸 변호사. 이란을 국제 금융 체계에서 고립시키는 전략을 개발했고, 이후 HSBC의 최고법률책임자 및 디엠협회(Diem Association)의 CEO를 역임했다.

잭 루 Jack Lew 2013년부터 2017년까지 재직한 미국 재무부 장관. 러시아에 대한 처벌 방안을 개발하기 위해 재무부의 제재 담당자들이 국제경제학자들과 협력하도록 독려했다. 과도한 제재 사용을 경고하는 주목할 만한 연설을 한 바 있다.

로버트 라이트하이저 Robert Lighthizer 2017년부터 2021년까지 미국 무역대표부의 대표를 지낸 무역 전문 변호사. 자유무역의 강력한 비판자이자 도널드 트럼프 행정부의 중국 수입품 관세를 고안한 인물이다.

밥 메넨데스 Bob Menendez 이란에 더 가혹한 제재를 부과하도록 버락 오바마 행정부에 압력을 가한 뉴저지주 민주당 상원의원. 2011년 이란 중앙은행에 제재를 가하고 이란의 석유 판매를 줄이기 위한 계획을 수립한 메넨데스-커크 개정안을 공동 발의했다.

스티븐 므누신 Steven Mnuchin 2017년부터 2021년까지 미국 재무부 장관으로 재직한 전 골드만삭스(Goldman Sachs) 은행가. 중국과의 경제적 대립을 경계한 자유시장의 옹호자이며, 도널드 트럼프 대통령과 중국이 무역 협상을 할 때 로버트 라이트하이저와 주도권을 놓고 경쟁을 벌이기도 했다.

엘비라 나비울리나 Elvira Nabiullina 블라디미르 푸틴의 오랜 경제 고문으로, 2013년부터 러시아 중앙은행 총재를 맡고 있다. 2014년과 2022년에 서구의 제재에 대한 러시아의 경제적 대응을 조정했다.

빅토리아 눌란드 Victoria Nuland 2013년부터 2017년까지 유럽 및 유라시아 담당 국무부 차관보를 지낸 미국의 베테랑 외교관. 2014년 러시아의 크림반도 합병과 돈바스 침공에 대응하여 미국의 정책을 세우는 데 중심적 역할을 했다.

맷 포틴저 Matt Pottinger 전직 기자 출신으로 중국에서 활동한 바 있으며, 트럼프 행정부에서 국가안전보장회의 아시아 담당 수석국장을 역임했다. 나중에는 국가안전보장회의의 국가안보 부보좌관을 지냈다. 미국이 중국에 좀 더 강경한 정책을 펼치는 데 핵심적인 설계자 역할을 했다.

윌버 로스 Wilbur Ross 2017년부터 2021년까지 미국 상무부 장관을 역임한 베테랑 사모펀드 투자자. 특히 상무부가 수출 통제 조치를 도입하여 중국과의 기술 경쟁을 위한 지휘센터로 발전하도록 감독했다.

비요른 세이버트 Bjoern Seibert 유럽연합 집행위원회(EC) 위원장인 우르줄라 폰데어라이엔의 수석보좌관이자 최측근 고문. 2022년 러시아의 우크라이나 전면 침공에 대응하여 유럽연합의 제재 정책을 조정했다.

달립 싱 Daleep Singh 전 골드만삭스 트레이더로, 2014년 러시아의 크림반도 합병 당시 미국 재무부에서 근무했다. 이후 조 바이든 행정부에서 국제경제를 담당하는 국가안보 부보좌관을 지냈다. 2014년과 2022년 러시아에 대한 제재를 주도한 핵심 인물이다.

제이크 설리번 Jake Sullivan 조 바이든 행정부에서 미국 국가안보 보좌관을 지냈다. 2022년 러시아의 우크라이나 전면 침공에 대응하여 미국의 정책을 조정하고, 중국으로부터 중요한 미국의 기술을 보호하기 위해 "작은 마당에 높은 담장(small yard and high fence)" 전략을 선언했다.

애덤 주빈 Adam Szubin 2006년부터 2015년까지 미국 재무부 해외자산통제국(OFAC) 국장을 지냈으며, 이후 테러 및 금융정보국 차관 대행을 맡았다. 2015년 핵 협정에 이르기까지 이란에 대한 미국의 제재를 주도한 핵심 설계자다.

우르줄라 폰데어라이엔 Ursula von der Leyen 2019년부터 유럽연합 집행위원회 위원장을 맡고 있다. 2022년 러시아가 우크라이나를 전면 침공한 이후, 러시아에 대한 제재와 우크라이나 군사 지원을 포함한 강경 정책의 옹호자다.

멍완저우孟晚舟　화웨이의 CFO이자 회사 창립자인 런정페이의 딸. 2018년 미국의 제재를 위반한 혐의로 캐나다 당국에 체포되었다.

빅토르 야누코비치 Viktor Yanukovych　2010년부터 2014년까지 우크라이나 대통령을 지냈으나, 유로마이단(Euromaidan)■ 시위가 벌어져 러시아로 망명했다. 블라디미르 푸틴의 동맹자이며 모스크바와 우크라이나의 긴밀한 관계를 옹호했다.

재닛 옐런 Janet Yellen　2014년부터 2018년까지 미국 연방준비제도이사회 의장을 지냈고, 이후 조 바이든 행정부에서 재무부 장관을 역임한 베테랑 경제학자. 2022년 러시아에 대한 제재를 시행할 때 경고의 목소리를 내며 중심적인 역할을 했다.

자바드 자리프 Javad Zarif　2013년부터 2021년까지 하산 로하니(Hassan Rouhani) 대통령 시절 이란의 외무부 장관을 지냈다. 2015년 핵 협정에 이르기까지 존 케리 국무부 장관 및 P5+1의 다른 외무부 장관들과 함께 협상을 주도했다.

런정페이任正非　화웨이의 창립자이자 CEO. 통신 장비 분야에서 세계를 선도하는 제조업체로 회사를 키웠다. 전직 중국 인민해방군 장교였다.

■　2013년부터 2014년까지 우크라이나에서 벌어진 친유럽 우크라이나인의 혁명을 말한다. 유로는 '유럽'을 뜻하고, 마이단은 시위의 중심인 키이우의 '마이단 네잘레즈노스티(독립광장)'에서 나온 단어이다. -옮긴이

차단 제재 Blocking sanctions 미국 재무부가 시행하는 가장 강력한 형태의 제재이다. 처벌에는 자산동결과 거래 금지가 모두 포함되어 있어 목표 대상을 미국 금융 체계와 효과적으로 단절하고 달러에 대한 접근을 차단한다.

CISADAComprehensive Iran Sanctions, Accountability, and Divestment Act 포괄적 이란 제재와 책임 및 투자회수법으로, 2010년 미국 의회에서 통과되어 버락 오바마 대통령이 서명했다. 이 법은 외국 금융기관이 대부분의 이란 은행들과 거래를 계속할 경우 2차 제재를 가할 것이라고 위협하는 내용이 담겨 있다.

CHIPSClearing House Interbank Payments System 은행 간 지급결제 청산소로, 미국에 기반을 둔 결제 시스템이다. 전 세계 은행의 대규모 달러 거래를 결제하기 위한 주요 메커니즘이다.

대리은행Correspondent bank 외국 은행의 중개자 역할을 하는 국내 은행으로, 외국 은행이 국내 금융 서비스에 접근할 수 있도록 지원한다. 미국에 있는 대리은행은 외국 은행이 미국에 물리적인 입지를 두지 않고도 달러 예금 보유, 달러 거래, 고객을 대신한 해외 송금을 쉽게 처리해 줄 수 있기 때문에 특히 중요하다.

제재 목록 Entity List 미국 상무부가 관리하는 공개 목록으로, 미국의 수출 통제 대상인 외국 기업과 개인을 알려준다. 미국 기업은 제재 목록에 있는 누군가에게 상품이나 기술을 판매하려면 허가서가 필요하다.

FDPRForeign Direct Product Rule 해외직접생산품규칙으로, 어떤 상품이 미국 기술을 사용하여 제조되었을 경우, 특정한 최종 사용자에게 상품의 판매를 금지하기 위해 미국 상무부가 도입한 조치이다. 2020년 화웨이를 상대로 시행되면서 유명해졌다.

외환보유액Foreign exchange reserves 국가의 중앙은행이나 통화 당국이 보유한 자산을 말한다. 달러, 유로, 파운드, 엔처럼 쉽게 전환할 수 있는 통화와 금이 여기에 포함된다. 외환보유액은 종종 국내 통화의 가치를 뒷받침하고, 수입품 대금을 지급하며, 국제 채무를 상환하는 데 사용된다.

G7The Group of Seven 민주주의 블록에 속한 7개국 모임으로 미국, 유럽연합, 독일, 프랑스, 이탈리아, 영국, 캐나다, 일본으로 구성되어 있다(유럽연합은 G7에 '비열거 회원국' 자격으로 참여했다). 2014년 러시아가 크림반도를 합병하기 전까지 이 그룹에는 러시아가 포함되어 있었기에 G8이라고 불렸다.

IAOffice of International Affairs 국제문제국으로 미국 재무부 산하 부서이다. 미국의 경제 성장을 촉진하고 세계 금융 불안정을 예방하는 데 중점을 둔다. 2014년 러시아가 크림반도를 합병한 이후 IA는 미국의 제재 정책에 점점 더 관여하고 있다.

IEEPAInternational Emergency Economic Powers Act 국제비상경제권한법으로, 미국 대통령에게 '국가 비상사태'를 선포하고 미국 경제에 대해 특별한 권한을 행사할 수 있는 광범위한 권한을 부여하는 법이다. 이 법은 모든 미국 제재를 뒷받침해 주는 근거가 되었다.

ILSAIran and Libya Sanctions Act 이란 및 리비아 제재법으로, 1996년 미국 의회가 외국 기업의 이란 에너지 부문에 대한 투자를 막기 위해 통과시킨 법이다. 나중에 이란 제재법(ISA)으로 명칭이 바뀐 이 법은 미국이 2차 제재를 행사하려는 최초의 주요 시도였다.

JCPOA Joint Comprehensive Plan of Action 포괄적 공동행동계획으로, 이란 핵 협정으로도 알려져 있다. 2015년 이란과 P5+1 간에 맺어진 외교 협정으로, 핵 프로그램에 대한 제약을 조건으로 이란 제재를 완화해 주었다.

메넨데스-커크 개정안 Menendez-Kirk amendment 2011년 말 미국 의회에서 통과된 국방부 연간 지출안에 대한 개정안이다. 이란 중앙은행을 제재하고, 이란의 석유 판매를 줄이려는 계획을 수립했다.

OFAC Office of Foreign Assets Control 해외자산통제국으로 미국 재무부 산하기관이다. 제재 정책과 집행을 담당한다.

P5+1 유엔안전보장이사회 상임이사국 5개국(미국, 중국, 프랑스, 러시아, 영국)과 독일로 구성된 협상 블록을 말한다. 이란의 핵 프로그램에 관한 회담에 참여하여 2015년 포괄적 공동행동계획을 이끌어냈다.

오일머니 Petrodollars 석유 수출국이 석유 판매를 통해 벌어들인 미국 달러를 말한다. 일반적으로 미국 정부 채권, 기업 채권, 주식 투자에 사용한다. 또한 수입품의 비용 지급과 외환보유액을 축적하는 데 사용한다.

SDN 목록 Specially Designated Nationals and Blocked Persons List 특별지정국민 및 차단 인물 목록이다. 해외자산통제국이 관리하는 공개 목록으로, 미국의 차단 제재 대상인 외국 기업과 개인을 알려준다.

2차 제재 Secondary sanctions 제재의 주요 대상을 겨냥한 것이 아니라 그 주요 대상과 사업을 하는 외국 은행, 회사, 개인을 겨냥한 경제적 처벌이다. 예를 들어 이란 은행이 미국 제재의 주요 대상인 경우, 해당 이란 은행과 거래하는 중국 은행에 대한 처벌은 '2차 제재'에 해당한다.

SWIFT Society for Worldwide Interbank Financial Telecommunications 세계 은행 간 금융통신협회로, 은행들 간에 거래 정보를 주고받는 데 널리 사용하는 금융 메시징

국가는 무엇으로 싸우는가

서비스이다. 브뤼셀에 본사가 있다. SWIFT는 결제를 처리하는 것이 아니라 결제 지침을 공유하는 데 사용된다.

TFI Office of Terrorism and Financial Intelligence   테러 및 금융정보국으로 미국 재무부 산하 부서이다. 제재와 테러 자금 조달 방지에 중점을 둔다. TFI는 해외자산 통제국과 재무부 내부의 정보기관을 감독한다.

유턴 거래 U-turn transactions   미국에 있는 대리은행을 중개자로 사용하는 두 개의 비(非)미국 금융기관 간 해외 거래를 말한다. 달러로 거래를 완료하거나, 달러를 한 외화에서 다른 외화로 환전하는 수단으로 사용한다. 종종 미국의 금융 제재를 위한 초크포인트로 이용된다.

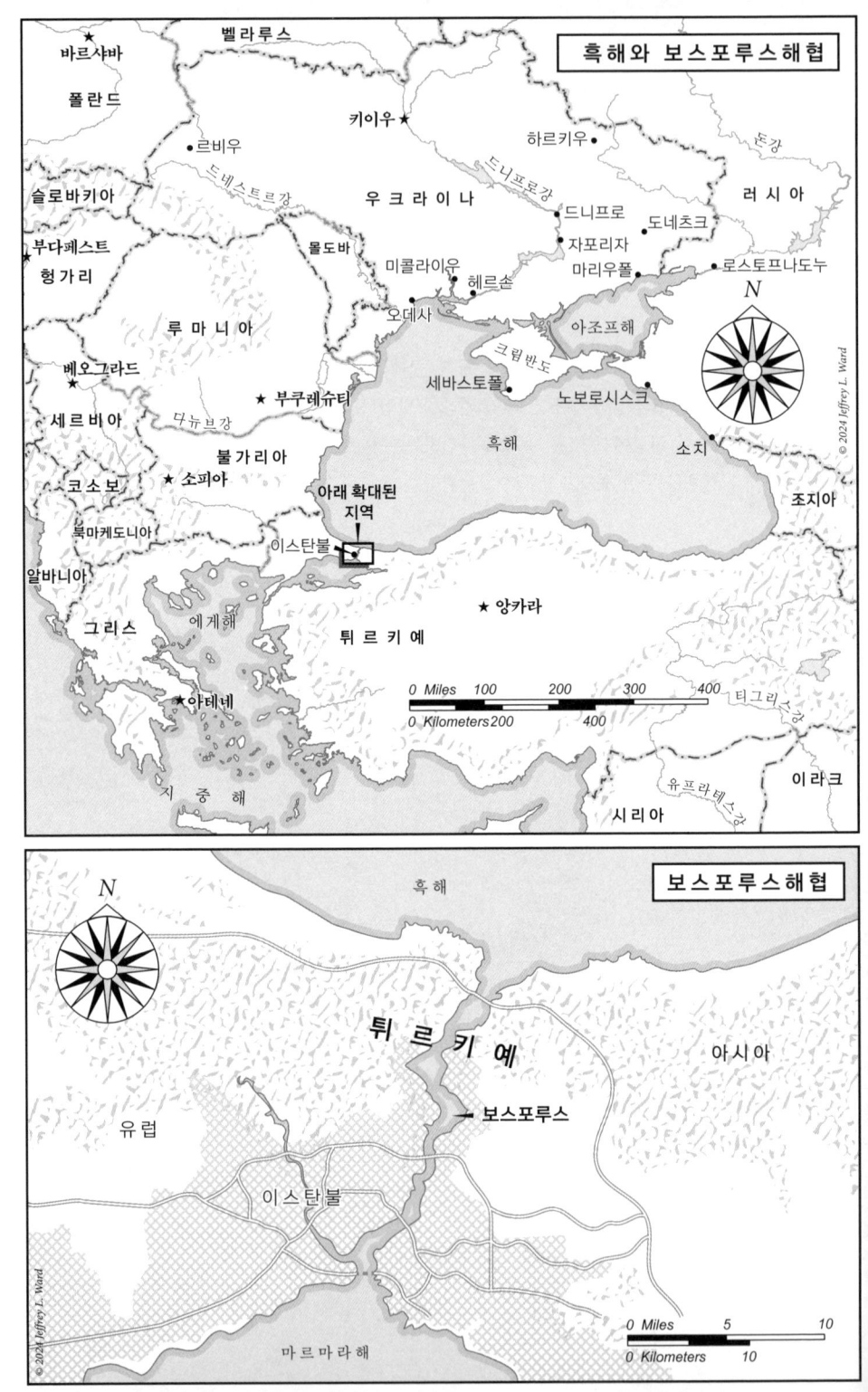

싸우지 않고 승리하기

세상에는 지형적 특성만으로도 역사의 한 장에 반복적으로 등장하는 장소들이 있다. 유럽과 아시아의 경계이자 이스탄불 중심부를 가로지르는 좁은 수로인 보스포루스해협이 그런 곳이다. 자원이 풍부한 흑해에서 지중해의 항구와 그 너머의 바다로 이어지는 통로 역할을 하는 해협이다. 이 해협은 문명이 교류하는 장소이자 권력을 놓고 경쟁하는 곳이며, 제국들이 흥망성쇠를 겪은 중요한 교차로이기도 하다.

기원전 5세기 전성기를 구가하던 고대 그리스의 주요 도시국가 아테네가 식량을 확보하려면 보스포루스해협을 자유롭게 항해할 수 있어야 했다. 배들은 우크라이나의 비옥한 밭에서 곡물을 신고,[1] 크림반도에서 말린 생선을 실은 다음 보스포루스해협을 통과해 아테네가 있는 남쪽으로 항해했다. 이 항해는 일련의 제국 전초기지들과 막강한 아테네 해군의 보호를 받았다. 아테네의 가장 큰 경쟁자인 스파르타도 이 사실을 잘 알고 있었다. 27년에 걸친 펠로폰네소스 전쟁(기원전 431~기원전 404년-옮긴이)은 스파르타 해군이 아이고스포타미에서 아테네 함대를 격파하고 보스포루스해협을 장악하면서 끝났다.[2] 아테네가 식량 공급이 끊기자 굶주림 끝에 항복한 것이다. 보스포루스해협은 아테네인의 생명선이었고, 동시에 그들의 제국이 몰락한 곳이었다.

그 후 700년이 지나, 같은 해협의 기슭에 로마 황제 콘스탄티누스가 오늘날 이스탄불이라고 불리는 도시인 콘스탄티노플을 건설했다. 콘스탄티노플은 유럽에서 가장 크고 부유한 대도시로 성장했으며, 하기아소피아 대성당의 웅장한 돔이 그 스카이라인을 장식했다. 이 도시는 15세기에 오스만제국의 공격을 받기 전까지 천 년 이상 동로마제국의 수도 역할을 했다.[3] 장기간의 포위 공격 끝에 오스만제국이 콘스탄티노플을 함락하면서 로마제국의 마지막 불씨가 꺼졌다. 오스만제국은 보스포루스해협에 있는 이 새로운 수도에서 수 세기 동안 번영을 누렸다.[4] 선대 동로마제국이 해왔던 것처럼 오스만제국은 크림전쟁부터 제1차 세계대전까지 해협을 탐하는 다른 강대국들을 물리치기 위해 맹렬히 싸웠다.[5]

이 한 장소에서 중요한 역사가 자주 만들어진 것은 우연이 아니다. 보스포루스해협은 전형적인 초크포인트chokepoint(전략적 요충지·거점-옮긴이)다. 즉 국제 무역에 매우 중요한 관문이어서 이곳을 지배하면 엄청난 힘을 얻을 수 있고, 이를 봉쇄하면 적을 무릎 꿇릴 수 있다.

2022년 12월 5일, 러시아가 우크라이나를 상대로 잔혹한 전쟁을 벌이던 때 수백 킬로미터 떨어진 보스포루스해협 어귀에서 불길한 광경이 펼쳐졌다. 육안으로 봐도 길이가 거의 300미터에 달할 법한 거대한 유조선들이 수평선 너머까지 줄지어 서서 해상 교통 체증을 일으키고 있었다.[6] 유조선들의 해협 통과가 차단된 것이다. 이러한 정체 소식은 빠르게 퍼졌다. 보스포루스해협은 오늘날 세계에서 가장 붐비는 해상 교통로 중 하나이며 에너지와 식량 무역에 필수적인 동맥과 같은 곳이다. 이곳이 장기간 막히면 세계 경제에 혼란을 불러올 터였다.

무엇이 이러한 정체 사태를 일으켰을까?

그것은 적대적인 포함이나 전함 때문은 아니었다. 보스포루스해협은 굴곡이 심하고 조류가 거세 언제나 위험이 도사리고 있는 세계에서 가장 항해하기 어려운 수로이긴 했으나, 선박 사고 때문도 아니었다.[7] 12월의 그날을 엉망으로 만든 것은 바로 미국과 가장 가까운 동맹국들이 공표하고, 그날 새벽 12시 1분에 발효된 새로운 규정이었다.[8]

이 규정에 따라 미국과 유럽의 기업들은 배럴당 60달러 이상의 가격으로 판매되는 러시아산 원유의 운송과 보험 보장, 자금 지원을 더 이상 할 수 없게 되었다. '가격 상한price cap'으로 알려진 이 정책은 러시아의 석유 수익을 줄임으로써 우크라이나에서의 전쟁을 약화하려는 의도였다. 서구의 서비스와 기관을 이용하지 않고는 석유 거래가 사실상 불가능했기 때문에 가격 상한은 큰 타격이었다.[9] 일반적으로 러시아산 석유는 영국 보험에 가입한 다음 화물 대금을 미국 달러로 지급하고, 유럽 유조선에 실려 운송되었다. 서구는 해상보험 분야에서 거의 독점적인 지위를 가지고 있었다. 특히 석유 화물의 경우 서구 보험 회사들이 전체의 95% 이상을 담당했다. 서구 정부들은 이런 지배력을 이용해 오일머니가 크렘린으로 흘러 들어가는 것을 막고자 했다.

튀르키예는 공식적으로 가격 상한을 지지하지 않았지만 보스포루스해협의 교통을 감시하는 튀르키예 관리들은 그 의미를 정확하게 알고 있었다. 유조선이 해당 정책을 위반하는 경우 보험 적용이 안 될 가능성이 컸고, 만일 석유 유출이나 기타 재난 사고가 발생한다면 튀르키예 정부는 손해를 볼 수 있었다. 그 결과 불안해진 튀르키예 관리들은 각 유조선이 자국 해협을 통과하기 전에 충분히 보험에 가입되어 있는가를 확인하기 위한 보험 증명을 추가로 요구했고,[10] 이 같은 요구 때문에 해협의 교통 체증이 심각해졌다. 워싱턴에 있는 미국 재무부 웹사이트에 게시된 몇 단락의 규제 전문 용어로 인해[11] 8,000킬로미터 이상 떨어진 중요한 수로의 교통이 마비된 것이다.

이는 블라디미르 푸틴의 소름 끼치는 우크라이나 침공 이후, 러시아 경제를 압박하려는 서구 정부가 취한 일련의 움직임 중 가장 최근에 일어난 사건이었다. 이 일련의 압박 작전에서 러시아에 부과한 모든 경제적 처벌은 가격 상한과 성격이 같았다. 즉 미국과 유럽의 이름 모를 관료들이 펜 하나로 공표한 간단한 규제였다. 하지만 그 파문은 매우 컸다. 이러한 조치는 무역과 금융의 흐름을 재편하고 세계 경제를 재정립했다. 그것은 세계 강대국 간의 관계를 다시 설정하고 새로운 국제 질서의 청사진을 그렸다.

러시아에 대한 경제적 공세는 미국 외교 정책의 놀라운 진화를 보여주는 한 모습이다. 이제 미국은 가장 시급한 세계적 안보 문제를 해결할 때 군사력을 사용하기보다는 다양한 경제 무기, 특히 그중에서도 제재에 의존하게 되었다. 경제 무기는 수 세기 동안 존재해 왔지만, 지난 20년 동안 그 정교함과 영향력은 비약적으로 커졌다. 반세기 동안 세계화와 신자유주의 개혁으로 서로 연결된 세계 경제 속에서 미국 관료들의 행동은 전 세계에 놀라운 속도로 충격파를 보낼 수 있게 되었다.

이것이 경제전쟁이다.[12] 이것이 바로 오늘날 미국이 가장 중요한 지정학적 전투를 벌이는 방식이다. 이란의 핵무기 개발을 저지하는 것부터 러시아 제국주의와 중국의 세계 패권 도전을 견제하는 것까지 미국은 그 일을 완수하기 위해 경제 무기고에 손을 뻗었다.

이 과정에서 세계 경제는 전쟁터가 되었다. 이 전쟁의 무기는 제재와 수출 통제, 투자 제한이라는 형태를 띠고 있다. 이 전쟁의 지휘관들은 장군이나 제독이 아니라 변호사, 외교관, 경제학자이다. 또한 이 전쟁의 보병들은 군 복무에 자원한 용감한 남녀가 아니라 기업의 경영자들이다. 그들은 이익을 극대화하는 것이 목적이지만 종종 워싱턴의 진군 명령에 따르는 것 외에는 선택의 여지가 없다는 것을 알고 있다. 그리고 이런 전투에서 미국의 힘은 막대한 국방 예산이 아니라 국제 금융과 기술 분야에서의 주도권에서 비롯된다.

이것은 새로운 종류의 전쟁이다. 하지만 경제전쟁 자체는 오랜 역사를 지니고 있다. 1958년에 노벨 경제학상 수상자이자 핵 전략가인 토머스 셸링Thomas Schelling[13]은 경제전쟁을 "다른 나라에 피해를 주거나 또는 다른 나라에 피해를 입히겠다고 위협하여 압력을 가하기 위해 사용하는 '경제적' 수단"이라고 정의했다.[14] 셸링이 지적했듯이, 경제전쟁과 재래식 전쟁의 차이점은 각각이 '어떻게' 수행되느냐에 달려 있다. 적대국의 은행에 제재를 가하는 것은 경제전쟁의 행위이고, 적대국의 은행을 폭격하는 것은 재래식 전쟁의 행위이다. 두 가지 모두 은행을 폐쇄하는 것이 목적이지만, 그 목표를 달성하려는 방법은 매우 다르다. 정책 입안자들이 경제전쟁에 그토록 끌리는 주된 이유는 그 전술이 본질적으로 '비폭력적'이기 때문이다. 오늘날 경제전쟁이 새롭게 대두된 것은 세계 경제가 고도로 상호의존적이기 때문이다. 그 상호의존성으로 인해 경제전쟁의 영향이 증폭되고 여파가 커지는 것을 억제하기 어렵게 되었다.

———

최근 미국 연방준비제도이사회Fed의 의장직에서 은퇴한 앨런 그린스펀Alan Greenspan은 2008년 미국 대선에서 어느 후보를 지지했느냐는 질문에 당시를 대표하는 경제적 지혜를 간결하게 요약했다. 그는 "국가안보 문제 외에는 누가 다음 대통령이 되든 별 차이가 없다. … 시장 원리가 세계를 지배하기 때문이다"라고 말했다.[15] 냉전 이후 신자유주의 질서는 다국적 기업에 의해, 다국적 기업을 위해 구축되었다. 그 기업들의 CEO는 역사의 새로운 거인이 되었다. 워싱턴, 베이징, 또는 다른 나라 수도의 고위 공직자들은 그저 구경꾼이나 가끔 행정가 역할을 할 뿐이었다.

그린스펀만 이런 평가를 한 것은 아니었다. 미국의 금융가 월터 리스턴Walter Wriston은 1988년에 "급속히 개편되는 국제 금융의 새로운 체계는 정치인이나 경제학자, 중앙은행장 또는 재무부 장관이 만든 것이 아니며, 고위 국제회의의 마스터플랜에 따른 것도 아니다"라고 밝혔다. 오히려 그것은 '통신과 컴퓨터로 지구를 연결한 남녀', 그리고 '새로운 글로벌 전자 인프라를 통해 즉시 거래를 주도한' 은행가들이 만든 것이다.[16] 리스턴은 1960년대 후반부터 1980년대 중반까지 씨티은행을 이끈 당대 가장 강력한 은행가였다. 그는 미국 재무부 장관직 제안을 두 번이나 거절했다. 월스트리트 최고의 CEO로서[17] 자신이 공직을 맡는다고 해서 지금보다 많은 경제적, 정치적 특권이 생기는 것이 아님을 알고 있었기 때문이다.

리스턴은 소련 붕괴 1년 후인 1992년에 출판한 성명서 《주권의 황혼The Twilight of Sovereignty》에서 금융과 정보기술이라는 두 힘이 역사의 지렛대를 장악하면서 국가 정부는 점차 쓸모없게 될 것이라고 내다보았다. 다국적 기업들은 글로벌 공급망을 하나로 통합함으로써 정치에 대한 산업의 지배력을 더욱 공고히 할 것이라고 보았다. 리스턴은 "이러한 동맹이 시간이 지날수록 성장하고 강화됨에 따라 정치인들이 떠오르는 세계 경제를 통제하고 국가적인 생활을 규제하는 부분에서 약화된 권력을 되찾는 것이 점점 더 어려워질 것이다"라고 주장했다.[18] 리스턴은 오늘날 우리가 '세계화'라고 부르는 과정과 체계를 서술한 것이다.

세계화된 경제는 전통적인 국가기관의 영향력을 넘어 작동하는 자율적인 기계처럼 보였지만, 그렇다고 절대 분권화되지도 않았다.[19] 그린스펀 같은 신자유주의 개혁가들이 만든 체계는 미국 달러를 중심으로 이루어졌는데, 제2차 세계대전이 끝나고 무역에서 미국의 지배력이 쇠퇴하기 시작한 다음에도 달러의 역할은 석유 구매에서 자본 투자에 이르기까지 모든 면에서 오랫동안 계속 커졌다. 그 과정에서 리스턴 같은 CEO들은 은행과 기업이 빛의 속도로 자금을 전 세계로 이동할 수 있는 중앙집중식 금융 네트워크를 구축했다.[20] 다른 CEO들과 마찬가지로 인프라를 구축하고 표준을 설정하려는 리스턴의 동기는 단순했다. 일종의 통행료를 징수하여 엄청난 이익을 거두고자 한 것이었다.

하지만 그린스펀, 리스턴, 그들과 같은 세계화론자들은 이런 체계를 개발하고 연결하는 과정에서 또 다른 것을 창조해 냈다. 바로 초크포인트다. 그리고 이 초크포인트가 정치적으로 이용하기에 적합하다는 것이 밝혀졌다.[21]

한때 강대국들은 보스포루스해협 같은 지리적 초크포인트를 장악해 발전하고 생존했다. 그러나 세계화된 경제에서 미국의 힘은 다른 유형의 초크포인트에 달려 있다. 여기에는 국제 무역과

국가는 무엇으로 싸우는가

금융의 기본 통화인 미국 달러도 속한다. 다른 초크포인트로는 전 세계로 자금을 이동시키는 주요 은행과 네트워크, 그리고 디지털 경제의 핵심인 첨단 컴퓨터 칩을 비롯해 다양한 필수 기술을 뒷받침하는 지식재산권과 기술 지식을 꼽을 수 있다. 미국은 이런 초크포인트를 장악하여 새롭고 강력한 경제전쟁 형태를 개척했다. 그 결과 시장 원리가 지배한다고 여겨졌던 세계에서 국가 권력이 놀라울 정도로 부활했다.

9.11 사태 이후 대학생이던 나는 그 같은 모순과 씨름했다. 미국은 지구상에서 가장 강력한 국가였지만, 세계적인 안보 문제의 해결에 그 힘을 활용하는 데 어려움을 겪고 있었다. 이 역설을 가장 잘 드러낸 외교 정책적 재앙은 미국의 아프가니스탄 전쟁과 이라크 전쟁이다. 그 전쟁으로 미국과 그 반대 세력은 엄청난 피를 흘리고 재산을 잃었지만 얻은 것은 별로 없었다. 더 나은 방법이 있었어야 했다.

손자는《손자병법》에서 "최고의 기술은 백전백승이 아니라 싸우지 않고 적을 굴복시키는 것"이라고 썼다.[22] 내 경력의 상당 부분은 경제적 힘으로 이러한 목표를 어떻게 달성할 수 있는지 탐구하는 것이었다. 나는 2014년 크림반도 합병 이후 러시아에 대한 서구의 제재를 설계하고 협상했으며, 2015년에는 이란에 대한 경제적 압박 캠페인으로 획기적인 핵 협상을 끌어낸 미국 국무부 팀에서 근무했다. 나는 국무부 장관, 합동참모본부 의장, 재무부의 최고위 제재 담당자에게 조언했다. 또한 경제전쟁을 폭넓게 다룬 글을 썼고, 기업들에게 제재 상황을 헤쳐나가는 방법을 조언했으며, 컬럼비아대학교에서 이 주제에 관한 대학원 과정을 가르쳤다. 이렇게 경험하는 과정에서 나는 이 책에 나오는 몇몇 역사적 순간에 직접 참여했고, 여러 주인공들과 긴밀히 협력하기도 했다.

하지만 이 책을 오로지 내 기억에만 의존해서 쓴 것은 아니다. 이 책은 100명이 넘는 사건의 핵심 인물들과의 광범위한 인터뷰와 조사, 분석을 혼합해 변곡점을 강조하고 그 중요성을 해석하며, 경제전쟁이 벌어지는 장소의 베일을 벗긴다. 예를 들면 창문 없는 백악관 상황실, 유럽의 화려한 외교 전당, 월스트리트와 런던 시내의 번쩍이는 은행 본사, 크렘린궁전, 중난하이의 거대한 단지, 전 세계 석유 공급량의 5분의 1을 운반하는 유조선들이 이란 군함 옆을 불안하게 지나가는 호르무즈해협[23] 같은 장소이다. 이 책은 주인공들이 결정을 내리는 순간을 따라 전개된다. 과거의 선택을 평가하는 가장 공정하고 교훈적인 방법은 당시 알려진 것에 근거해 판단하는 것이다. 그 목적을 위해 이 책은 연대기순으로 구성되었다.

1부에서는 세계화를 배경으로 한 경제전쟁의 가장 기본적인 질문들, 이를테면 "세계 경제는 왜 이런 방식으로 작동할까? 우리는 어떻게 여기까지 왔을까?" 같은 문제에 답한다. 오늘날 우리가 누리고 있는 체계를 만들어낸 20세기 후반과 21세기 초반의 인물과 사건들에 중점을 두어 설명할 것이다.

2부에서 5부까지는 2006년부터 현재까지의 네 가지 중요한 사건을 자세히 설명하는데, 나는 이 기간을 '경제전쟁의 시대'라고 부른다. 이 기간에 미국은 가장 중요하고 새로운 경제 무기를 개발해 먼저 이란(2부)에 적용한 다음, 러시아(3부), 중국(4부)에 사용했고, 2022년에는 다시 한번 러시아에 압도적인 방식으로 조합해 활용했다(5부). 이 책은 이러한 사건의 여파로 분열된 세계 경제를 탐구하면서 끝을 맺는다(6부).

원래 경제적 분열은 이 책의 기획에 없던 것이다. 실제로 미국은 비교적 저비용으로 사용할 수 있을 것이라는 암묵적인 가정하에서 새로운 경제 무기를 적용했다. 다시 말해 그것이 세계 경제 자체를 재편하지는 않으리라 보았다. 이 가정은 2010년대 내내 점점 더 큰 압박을 받다가, 2022년 푸틴이 우크라이나를 상대로 벌인 전쟁이라는 모루 위에서 산산이 부서졌다.

그 전쟁(그리고 그에 대항한 서구의 엄청난 경제적 처벌)은 역사의 중요한 전환점이었다. 앞으로는 경제 무기가 더욱 보편화하고 강력해질 것이다. 이제 우리 세계의 기본적인 특징이 된 경제전쟁은 외교 정책과 세계 경제, 국내 정치, 사업 등 다른 영역으로까지 확대될 것이다. 그 결과 경제 안보를 향한 경쟁이 벌어지고, 결국 지정학적 지도가 바뀌고 우리가 아는 세계화가 종식될 것이다. 더불어 미국의 경제전쟁이 두려워 이를 피하려는 국가들은 자체적인 경제 무기를 휘두를 수 있는 중국의 잠재력을 더 두려워하는 국가들과 대립하게 될 것이다. 세 번째 그룹인 '경합 국가swing state'들은 양 진영에 모두 발을 걸치려 하는 국가들로서, 양쪽 구성원들

에게 상당한 영향을 끼치면서도 위험 부담을 안게 될 것이다.[24]

미국은 이러한 미래에 대비해야 한다. 미국의 경제 무기고는 엄청난 피해를 줄 수 있다는 것을 보여주었지만, 그것으로 미국이 전략적 목표를 안정적으로 진전시킬 수 있다는 것은 증명되지 않았다. 이처럼 엇갈린 결과가 나오는 이유 중 하나는, 미국의 경제 전사들이 별다른 사전 계획 없이 위기에 대응해야만 하는 경우가 많았기 때문이다. 이러한 임시방편적인 접근 방식은 쿠바나 북한처럼 작고 고립된 적대국을 표적으로 삼았을 때는 전 세계에 미치는 영향이 거의 없었지만, 오늘날 중국과 러시아를 상대로 한 경제전쟁에서는 상황이 다르다. 미국의 현재 경제 무기는 내구성은 뛰어나지만 파괴할 수 없는 것은 아니다. 그것들을 무분별하게 사용하면 영원히 망가질 수도 있고 예상치 못한 경제적, 정치적 파장을 일으켜 결국에는 우리를 괴롭힐 수도 있다.

미국의 경제전쟁에 참전한 전문가들 중 일부가 신중하게 대처해야 한다고 촉구한 것은 당연한 일이다. 예를 들어 전 재무부 장관 잭 루는 "제재를 남용하면 세계 경제에서 미국의 지도력이 약화할 수 있다"라고 경고했다.[25] 그렇지만 이런 강력한 도구를 간단히 버린다면 지정학적 경쟁이 격화하는 세계에서 워싱턴은 매우 불리한 처지에 놓이게 될 것이다. 미국이 미래의 경제전쟁에서 승리하려면 경제적 힘에 전략적 지혜를 더해야 한다.

기원전 405년, 스파르타가 보스포루스해협의 교통을 막기 위해서는 스파르타 해군의 커다란 승리와 한때 우위를 차지했던 아테네 함대의 파괴가 필요했다. 2022년에는 미국 정부가 온라인에

게시한 규제만으로도 충분했다. 이것은 무서운 힘이기도 하지만, 그 헤아릴 수 없는 모습 때문에 더욱 소름이 돋는다. 이 책은 그 힘이 어떻게 생겨났고, 어떻게 작동하며, 세상에 어떤 의미가 있는지 설명함으로써 그 힘의 신비를 풀고자 한다. 이 책은 또한 그동안 미국이 내린 선택들(좋은 쪽이든 나쁜 쪽이든)과 향후 어떻게 더 나은 선택을 할 수 있는지에 관한 책이기도 하다.

제1부

초크포인트
구축하기

01 옛 방식: 페리클레스에서 사담까지 경제전쟁의 역사

The Old Way: A Brief History of
Economic War from Pericles to Saddam

역사의 어느 순간을 돌아보든 손자의 조언인 "싸우지 않고 승리하라"를 따르려는 정부들을 볼 수 있다.

이 목표에 도달하기 위한 방법 한 가지는 항상 경제전쟁이었다. 적대국에게서 돈, 자원, 기타 상업적 성과를 빼앗으면 적의 의지가 약해져 양보를 강요할 수 있었다. 이러한 전술은 모든 국가가 보고 두려워하도록 자국의 경제적 힘을 과시할 수도 있었다. 적이 항복을 거부하더라도 경제전쟁은 적의 산업 역량을 떨어뜨리고, 군대를 약화시켜 무력 충돌이 발발할 경우 전투력을 저해할 수 있었다.

기록으로 남겨진 가장 초기의 경제전쟁 중 하나는 기원전 432년

국가는 무엇으로 싸우는가

고대 그리스에서 벌어졌다. 아테네와 스파르타 사이에 긴장이 고조되자, 아테네의 지도자 페리클레스는 스파르타의 동맹국 중 하나인 도시국가 메가라에 대해 전면적인 무역 금지령을 내렸다. 메가라 칙령은 메가라인이 아테네 시장과 아테네 제국의 모든 항구에 출입하는 것을 금지했는데, 여기에는 에게해의 주요 해안과 섬 대부분이 포함되었다.[1] 이 금수 조치는 큰 타격을 입혔다. 극작가 아리스토파네스는 이 조치로 인해 메가라인들이 "서서히 굶주리게" 되었고, 스파르타에 도움을 요청하게 되었다고 기록했다.[2]

역사학자들은 페리클레스의 의도에 대해 의견이 분분하지만, 가장 설득력 있는 설명은 그가 금수 조치를 통해 더 광범위한 전쟁을 억제하려 했다는 것이다.[3] 메가라는 얼마 전 아테네의 동맹국인 케르키라와의 전투에서 코린트 편을 들었고, 페리클레스는 다른 그리스 도시국가들, 그중에서도 스파르타에 아테네와 그 막강한 해군력에 맞서는 것이 얼마나 위험한지 강한 인상을 남기고 싶어 했다. 페리클레스는 메가라를 본보기로 삼아 다른 국가들이 아테네에 도전하는 것을 막고자 했다.[4] 영국의 고전학자 앨프리드 짐먼Alfred Zimmern이 말했듯이, "페리클레스는 해양력sea power이 실제로 무엇을 의미하는지 보여주기로 마음먹었다."[5]

메가라 칙령은 경제전쟁의 강점과 약점을 모두 보여주었다. 아테네의 우월한 해군력 덕분에 금수 조치는 널리 준수되었고, 이는 메가라인들에게 엄청난 경제적 압박이 되었다. 하지만 이 조치는 결국 전쟁을 막는 데 실패했다. 사실 이 조치는 스파르타인들에게 아테네와의 평화로운 공존이 불가능하다는 확신을 심어줌으로써 전쟁으로 치닫는 속도를 높였을 수도 있다.[6] 페리클레스는 아테네의 적들에게 굶주림에 처할 것이라고 위협함으로써 전쟁을 피하고자 했다. 하지만 그렇게 되기는커녕 아테네가 무모하며 반드시 멸망시켜야 할 나라라고 납득시킨 셈이 되었다. 결국 전쟁이 일어났고 아테네는 함락되었다.

이 에피소드는 오래전부터 계속된 경제전쟁의 고질적인 문제를 지적한다. 경제전쟁이 끼치는 피해가 항상 기대했던 정책 변화를 끌어내는 것은 아니며, 의도치 않은 결과로 때로는 막고자 했던 바로 그 결과를 불러올 수 있다는 점이다. 사실 경제전쟁은 성공보다 실패 사례가 더 잘 알려져 있다.

1806년, 프랑스 황제 나폴레옹은 영국에 대한 광범위한 무역 금지 조치를 시행했다. 그들의 가장 큰 맞수인 영국에게 유럽에서 팽창하는 프랑스 제국을 받아들이도록 강요하려는 목적이었다. 대륙봉쇄령으로 알려진 이 정책은 영국이 나폴레옹의 지배 아래에 있는 모든 영토, 즉 오스트리아, 벨기에, 네덜란드, 폴란드, 스페인, 그리고 독일 및 이탈리아의 대부분 지역과 무역하는 것을 금지했다.[7]

하지만 이 금수 조치는 완전히 실패했다. 페리클레스의 아테네와는 달리 나폴레옹 시대의 프랑스는 바다를 장악하지 못했다. 오히려 영국이 바다를 통제했기 때문에 봉쇄령의 준수는 형편없었다. 영국의 상품은 계속해서 유럽으로 유입되었고, 영국의 경제는 나폴레옹이 예상했던 것만큼 큰 타격을 받지 않았다. 당시 독일의 보고서는 "함대를 거느리지 않고 봉쇄로 영국군을 대륙에서 떼어

놓으려는 것은 우리나라에 새들이 둥지를 틀지 못하게 하는 것만큼이나 불가능하다"라고 결론지었다.[8] 프랑스가 지배하고 있는 지역들도 대륙의 다른 강대국과 마찬가지로 금수 조치의 불편함에 화를 냈다. 차르Tsar(제정러시아 때 황제를 일컬음-옮긴이) 알렉산드르 1세가 이 정책에 협조하지 않자 나폴레옹은 러시아를 침공한다는 운명적인 결정을 내렸고, 이어진 작전에서 나폴레옹의 군대는 큰 피해를 입어 결국 불명예스러운 퇴각을 할 수밖에 없었다.[9] 대륙봉쇄령의 대실패는 경제전쟁이 해결해야 하는 또 다른 고질적 과제를 보여준다. 제재가 효과를 발휘하려면 일반적으로 다른 국가들의 협조가 필요한데, 특히 해당 국가들에게 희생을 요구해야 할 경우 어려운 일이 될 수 있다.

시계를 다시 빨리 감아 100년 전으로 가보면, 전 세계가 분쟁의 평화로운 해결책을 모색하는 모습을 볼 수 있다. 1919년 무렵까지 제1차 세계대전은 유럽을 분열시켜 2,000만 명에 달하는 사람들의 목숨을 앗아갔고, 유럽의 제국들은 잇따라 붕괴했다. 그해 파리강화회의에서 미국의 우드로 윌슨Woodrow Wilson 대통령과 다른 지도자들은 세계 평화 유지를 목표로 하는 국제연맹League of Nations이라는 새로운 조직을 고안했다. 이 연맹의 보호 아래 각국은 잠재적인 침략자를 엄정한 경제 제재로 처벌할 것을 다 같이 약속했다. 모든 회원국이 그런 제재를 지지한다면, 윌슨의 말처럼 그들은 "전쟁보다 더 엄청난 무언가"를 일으킬 수 있으리라 보았다.[10] 이를테면 총 한 발 쏘지 않고 침략자를 물러서게 할 수도 있을 것이다. 윌슨은 "보이콧을 당하는 국가는 얼마 안 가 항복하게 될 것이다. … 이 경제적이고 평화로우며 조용하고 치명적인 방책을 적용한다면 무력이 필요 없어질 것이다"라고 선언했다.[11]

월슨의 꿈이 산산조각이 나는 데는 오랜 시간이 걸리지 않았다. 의회는 미국의 국제연맹 가입 안건을 부결했다.[12] 이는 경제전쟁의 일부를 맡아 전념할 조직인 국제연맹이 세계 최대의 경제 국가에게 지원받지 못하게 됨을 의미했다. 1931년 일본이 만주를 침략했을 때, 국제연맹 회원국들은 경제 제재에 합의하지 못했다. 4년 후 이탈리아의 지도자 베니토 무솔리니Benito Mussolini 가 에티오피아를 정복하러 나섰을 때, 국제연맹은 석유, 석탄, 철강 같은 핵심 상품을 제외한 엉성하고 미온적인 무역 금지 조치를 시행했다. 그 영향은 미미했다. 이탈리아는 침공 전에 이미 전략 물자를 비축해 두었고, 금수 조치에 동참하지 않은 미국과 독일과도 공개적으로 무역을 했기 때문이다. 무솔리니의 군대는 곧 에티오피아의

페리클레스, 나폴레옹, 우드로 월슨: 경제전쟁 계획이 자신이 바랐던 대로 이루어지지 않은 세 명의 지도자.

국가는 무엇으로 싸우는가

수도 아디스아바바를 점령했고, 국제연맹은 즉시 제재를 해제했다.[13] 군사력은 성공을 거두었고, 국제연맹이 '경제 무기'라고 부른 것은 실패했다.

그 여파는 에티오피아에 국한되지 않았다.[14] 많은 학자들은 몇 년 후 아돌프 히틀러가 정복 전쟁을 시작하도록 용기를 북돋워 준 요인 중 하나가 국제연맹의 무력함이라고 지적했다.[15]

히틀러는 영국, 프랑스, 그리고 다른 국제연맹 회원국이 이탈리아의 침략을 응징하려는 결의가 없다면, 독일의 전격전 역시 막을 수 없을 것이라고 보았다. 그 주장이 사실이든 아니든 이 사건은 경제전쟁의 신뢰성을 크게 떨어뜨렸다. 이론상으로 전면적인 경제 보이콧이 전쟁을 억제할 수 있을지는 중요하지 않았다. 당시에 그런 압력을 가하기 위해서는 여전히 분열된 채 각자의 편협한 이익을 추구하는 세계 강대국 간의 단결이 필요했다. 이처럼 지극히 어려운 통합이 없어도 될 정도로 국제 금융 체계가 발전하기까지는 반세기 이상이 더 걸렸다.

———

21세기로 바뀌기 전까지 대부분의 경제전쟁은 메가라 칙령, 대륙봉쇄령, 국제연맹을 실패로 몰고 간 것과 동일한 함정에 빠졌다. 제대로 된 경제적 압력을 가하려면 강력한 해군력과 폭넓은 국가 간 연합, 또는 이 두 가지 모두가 필요했다. 첫 번째 요건인 해군력은 경제전쟁과 재래식 전쟁의 경계를 모호하게 만들어, 경제 무기가 군사 행동을 대체하기보다는 군사 행동의 전초전이나 보완 수단으로 만들었다. 두 번째 요건인 국제적 단결은 극히 드문 상황을 제외하고는 실현하기 어려웠고, 장기간 유지하는 것은 더욱 어려웠다. 특히 평시에 이 조건들은 경제 무기의 효과를 제한하는 요인으로 작용했다.

해군력과 국제사회의 지원이 있더라도 경제전쟁은 흔히 큰 대가가 따르고 쉽지 않은 일이었다. 1990년대 이라크에 대한 국제연합(유엔)의 금수 조치가 그 좋은 예이다. 1990년 8월, 이라크의 독재자 사담 후세인Saddam Hussein은 작지만 석유가 풍부한 이웃 나라인 쿠웨이트를 침공했다.[16] 이라크군은 쿠웨이트를 신속하게 점령했고, 사담은 쿠웨이트를 즉시 합병해 이라크의 19번째 주로 지정했다. 그것은 뻔뻔스러운 토지 강탈이었고, 1919년처럼 세계 지도자들이 새로운 평화의 시대를 열고 있다고 믿었던 순간에 일어났다.

위 침공 사건이 일어나기 9개월 전(즉 1989년 11월 9일-옮긴이) 베를린 장벽이 무너졌다. 소련은 1년을 더 버텼지만 동·서방 간의 지정학적 교착 상태는 끝나가고 있었다. 미하일 고르바초프Mikhail Gorbachev는 이라크의 쿠웨이트 침공이 국제법에 대한 "노골적 위반"이라고 비난하고, 사담 후세인을 처벌하기 위한 국제적 노력에 대한 지지를 약속했다.[17] 공격이 발발한 이후 며칠 만에 유엔안전보장이사회는 이라크와의 모든 교역을 금지하는 결의안을 만장일치로 채택했다.[18] 유엔이 제재를 해제하기 위해 제시한 조건은 쿠웨이트에서 모든 이라크군을 철수하는 것이었다.[19]

모든 유엔 회원국은 해당 결의안을 준수할 법적 의무가 있었고, 미국이 주도한 해상 봉쇄하에서 이 정책이 강제적으로 시행되었기 때문에 그 제제로 이라크 경제는 황폐해졌다.[20] 이라크의 무역은 급감했다. 이 나라 GDP의 60%를 차지하고 수출 수입의 대부분을 차지하는 석유 판매는 몇 달 만에 거의 사라졌다.[21] 잠시 동안 냉전 이후 유엔은 우드로 윌슨의 비전을 실현하고 경제적 압력만으로 군사적 침략을 억제할 수 있을 것처럼 보였다. 1990년 9월 의회에서 조지 H. W. 부시 George Herbert Walker Bush 대통령은 성취감을 드러내며 이 같은 연설을 했다. "이제 우리는 창립자들이 상상했던 대로 기능하는 유엔을 보게 되었습니다."[22] 하지만 그렇게 말하기에는 너무 일렀다. 몇 주가 몇 달로 이어졌고, 사담은 쿠웨이트 점령을 고수했다. 결국 유엔안전보장이사회는 쿠웨이트에서 이라크 군대를 축출하기 위한 군사 행동을 승인했다.

그 뒤 이어진 전쟁은 그다지 큰 싸움이 아니었다. 1991년 2월 미국과 연합군이 이라크 군대를 완파하는 데는 불과 100시간밖에 걸리지 않았다.[23] 경제적 압력이 실패한 곳에서 군사력은 다시 한번 성공을 거두었다.

쿠웨이트가 독립을 되찾은 후에도 유엔은 이라크에 대한 경제 제재를 유지했으며, 이번에는 사담이 핵폭탄과 기타 대량 살상 무기를 추구하는 것을 막는다는 목표를 선언했다. 검사관들이 이라크가 핵무기, 화학무기, 생물학무기 프로그램을 폐기했다는 것을 확인할 때까지 세계는 이라크와의 무역을 계속 금지해야 했다.[24]

이라크에 대한 금수 조치는 10년 이상 이어졌지만 유지가 쉽지 않았다. 우선 금수 조치의 시행을 위해서는 해군의 지속적인 배치가 필요했다.[25] 미국 해군 장교들이 지휘하는 20개국 이상의 군함들이 이라크 항구의 해상 교통을 감시해야 했다. 해군 선원들은 어떤 선박에 의심이 들 때마다 보트나 헬리콥터로 팀을 파견해 승선한 뒤 조사했다. 1995년부터 금수 조치가 일반 이라크인에게 미치는 심각한 영향을 완화하기 위해 유엔이 이라크의 제한적인 석유 수출을 재개하는 유예 조치를 허용하면서 그들의 작업은 더욱 복잡해졌다. 즉 석유-식량 프로그램에 따라 이라크는 석유를 판매하고 그 수익금으로 식량, 의약품 및 기타 인도적 제품을 구매하는 것이 허용되었다.[26] 이러한 조건 준수를 확실히 하기 위해 미국 관리들은 모든 이라크산 원유 선적물을 면밀히 조사하여 석유에 정확한 라벨이 붙어 있는지, 수익금이 적절하게 사용되었는지 확인해야 했다. 이 복잡한 작업에는 계약서를 꼼꼼히 검토하고, 때로는 실험실 검사를 위해 석유 표본을 보내는 일까지 포함되었다.[27]

그것은 힘들고 비용이 많이 드는 작업이었고 그다지 효과적이지도 않았다. 또한 밀수업자들은 발각되지 않으려고 점점 더 은밀한 수법을 개발했다. 대담하기 이를 데 없는 석유 거래자들은 이런 금수 조치를 돈벌이 기회로 여겼다.[28] 만약 그렇게 금수 조치를 위반하다 적발되면 사업비용으로 여길 뿐이었다. 사담은 석유 고객들에게 뇌물을 요구했고, 그들은 종종 비밀리에 뇌물을 지급했다.[29] 사담은 이 같은 부수입으로 거의 20억 달러를 벌어들였다. 중앙정보국CIA은 그가 석유 밀수로 최대 110억 달러를 챙겼을

국가는 무엇으로 싸우는가

것으로 추정했다.[30] 이라크는 극심한 경제적 압박을 받고 있었지만 석유는 사방에서 새고 있었고, 사담이 계속 버틸 수 있을 만큼 충분한 돈이 다시 흘러들고 있었다.

그사이 금수 조치에 대한 국제적인 지지는 약해졌다. 이라크가 금수 조치뿐만 아니라 걸프 전쟁으로 인한 피해와 사담 정권의 만연한 부패로 인도주의적 위기에 빠졌기 때문이다. 사담이 석유-식량 프로그램에 따라 석유를 판매하는 대신, 밀수업자를 통해 석유를 판매하여 이익을 챙기면서 기아와 유아 사망률이 급증했다.[31] 조지 W. 부시George Walker Bush가 2001년 백악관에 입성할 무렵 금수 조치는 일각에서 비인도적이라는 비난을 받았고, 다른 편에서는 효과적이지 않다는 비난을 받았다.[32] 금수 조치가 실패라는 이러한 인식은 조지 W. 부시 대통령이 2003년 이라크를 침공하기로 한 재앙이나 다름없는 결정에 적지 않은 영향을 미쳤다.[33]

아이러니한 점은 이라크에 대한 금수 조치가 결국 주요 목적을 달성했다는 점이다.[34] 즉 사담의 핵 프로그램을 무너뜨렸다. 이라크 정부는 제재를 우회하는 데 비교적 성공했지만, 수천억 달러 상당의 석유 수익과 중요한 군사 장비에 대한 접근권을 잃었다. 이 정책은 사담의 야망을 억제하지는 못했지만 분명 그의 야망을 실현하는 능력은 방해했다. 당시 유엔의 이라크 무기사찰단장 한스 블릭스Hans Blix는 "유엔과 세계는 자신도 모르게 이라크의 무장 해제에 성공했다"라고 말했다.[35]

결론적으로 이라크 금수 조치는 현대 경제전쟁이 추잡하고 비극적이라는 교훈을 남겼다. 한편으로는 독재자의 군대를 무너뜨리고 중동에서 새로운 핵 강국의 출현을 막는 데 성공했다. 다른 한편으로는 이라크 민간인들에게 부당한 피해를 주었다. 또한 이 조치를 시행하기 위해 13년간의 해상 봉쇄가 필요했고, 이를 위해 연간 최소 10억 달러의 비용이 들었으며, 미군은 계속 전쟁 상태를 유지해야 했다.[36] 더불어 금수 조치는 사담이 쿠웨이트를 침공했을 때 만들어졌던 유엔의 국제적 단결도 약화시켰다. 무엇보다 가장 나쁜 점은 이라크의 핵 프로그램을 파괴했음에도 불구하고 2003년 미국의 이라크 침공을 막지 못했다는 것이다. 이라크 금수 조치는 전쟁을 대신할 실행 가능한 대안을 제시하기는커녕, 한 전쟁에서 다른 전쟁으로 이어지는 다리 역할만 했다.

이 실패는 미국과 다른 세계 강대국의 경제전쟁에 대한 의지에 찬물을 끼얹었다. 비용이 너무 많이 들고 이득은 너무 작았다. 이 방정식을 바꾸려면 국제 금융 체계를 근본적으로 바꿔 경제 전사들이 과거의 제약으로부터 자유로워지는 것이 필요했다. 나중에 밝혀진 바와 같이 이런 변화는 1990년대에 이미 한창 진행 중이었지만, 그 의미가 분명해지기까지는 몇 년이 더 걸렸다. 미국의 관리들이 다음번 경제전쟁을 벌이려 할 때는 해상 봉쇄가 필요 없을 것이고, 유엔에 크게 의존할 필요도 없을 것이다. 그저 앨런 그린스펀 같은 중앙은행 총재나 월터 리스턴 같은 CEO들이 놓은 세계 경제의 연결관들을 지도에 표시한 다음, 초크포인트를 찾아 압박하기만 하면 될 것이다.

보이지 않는 인프라

Invisible Infrastructure

18세기 스코틀랜드 경제학자이자 자본주의의 선구적 이론가인 애덤 스미스_{Adam Smith}는 자유시장은 "보이지 않는 손"에 이끌려 움직인다는 유명한 말을 했다.[37] 그 보이지 않는 힘(인간의 이기심, 즉 사익 추구)은 어떤 중앙 계획자가 고안해 낼 수 있는 것보다 더 효율적인 자원 배분을 보장했다. 오늘날의 세계 경제는 훨씬 덜 이론적인 또 다른 보이지 않는 힘에 의존한다. 바로 국경을 넘는 금융을 가능하게 하는 보이지 않는 인프라가 그것이다. 이는 상품 판매와 국제 공급망부터 국제 무역, 외국인 투자에 이르기까지 모든 것의 기반이 된다. 세계 경제의 거의 모든 주요 거래는 어느 국가나 기업이든 이 보이지 않는 인프라에 의존한다. 누구든 본국 밖에서 사업을 한다면, 그 사실을 알든 그렇지 못하든 이런 인프라를 사용하게 된다.

이 인프라의 핵심은 통화로서 바로 미국 달러다. 오늘날에는 누구나 달러를 국제 기축통화로 생각하고 있으며, 전 세계 투자자들은 미국 국채를 가장 안전한 자산이라고 여긴다. 달러는 미국 중서부의 농부부터 중국공산당까지 모든 사람을 끌어들이고 있다. 달러는 세계 최고의 가치 저장 수단이다. 전 세계 중앙은행들은 전체 외환보유액의 60%를 달러로 보유하고 있는데, 이는 2위인 유로화의 3배, 중국 위안화의 20배가 넘는다.[38] 미국은 또한 세계에서 가장 큰 주식시장인 뉴욕증권거래소와 나스닥이 있는 곳으로, 두 시장 모두 해외의 가장 큰 경쟁 시장보다 몇 배나 큰 시가총액을 자랑한다.[39] 미국 채권시장의 규모는 50조 달러 이상으로 다른 나라들에 비해 월등히 크다.[40] 그리고 전 세계 기업들이 현금을 조달하려 국제 자본시장에 의존할 때는 거의 항상 달러로 차입한다. 즉 외화 부채의 70%가 달러화로 표시되어 있다.[41]

이러한 통계 수치가 무척 인상적이긴 하지만 이는 빙산의 일각일 뿐이다. 달러는 세계의 기본 통화이자 교환 수단이므로, 세계 경제에 참여하려면 달러에 대한 접근성이 필수적이다. 다른 나라에 있는 두 기업이 서로 거래하려면, 구매자가 먼저 자국 통화를 판매자의 통화로 환전해야 한다. 사우디아라비아로 쌀을 수출하는 인도 농부를 생각해 보자. 이때 쌀 대금을 지급하려면 사우디 수입업체는 사우디 리얄을 인도 루피로 환전해야 한다. 하지만 은행이 이 두 통화를 직접 환전할 방법은 없다. 사우디 은행에서는

국가는 무엇으로 싸우는가

루피를 취급하지 않고, 인도 은행은 리얄을 받지 않는다. 세계 경제는 너무도 복잡하고 통화의 종류가 너무 다양하기 때문에 은행 하나가 모든 종류의 통화를 준비금으로 보유할 수는 없다. 은행은 일반적으로 자국 통화와 미국 달러의 두 가지 통화로만 상당량을 보유한다. 인도 쌀을 구매하려면 사우디 수입업체의 은행은 먼저 리얄을 달러로 환전한 다음, 그 달러를 사용하여 외환시장에서 루피를 구매해야 한다. 미국 기업이 관여하지 않은 거래에서도 달러가 중간 기착지 역할을 한 셈이다.

이것은 미국이 전 세계 수출의 10% 미만을 차지하는 데도, 미국 달러가 외환 거래의 거의 90%에 관여하는 이유이다.[42] 외환 거래에서 가장 흔한 상위 10개 통화 쌍은 하나를 제외하고는 모두 달러가 포함되어 있다.[43] 트레이더들이 매일 미국 달러를 스위스 프랑으로 바꾸는 횟수는, 유로나 중국 위안을 달러 외의 다른 통화로 바꾸는 빈도보다 더 높다.

달러 자체 외에도 세계 경제를 지탱하는 보이지 않는 인프라에는 대부분의 해외 거래를 원활하게 하는 은행과 기타 중개자가 있다. 이러한 기관 중 다수는 미국에 있으며, 미국에 없는 기관들도 기능하기 위해서는 미국에서 운영할 수 있는 능력이 필요하므로 여전히 미국 법률을 따른다.

이번에는 사우디아라비아에서 석유를 수입하는 인도 정유소를 생각해 보자. 이 구매비용을 지급하려면 인도 정유소는 사우디 석유 회사로 달러를 송금해야 한다(앞으로 그 이유를 살펴보겠지만 세계에서 가장 많이 거래되는 상품인 석유는 달러로 가격이 매겨진다). 대부분의 은행은 다른 은행과 계좌가 연결되지 않기 때문에 송금은 뉴욕의 주요 대리은행 통신 계좌를 거쳐야 한다. 그러면 그 은행(예를 들어 씨티은행이나 JP모건체이스)은 인도 정유소 은행 계좌에서 금액을 찾아 사우디 석유 회사 은행 계좌에 입금한다. 이때 송금은 미국에 기반을 둔 두 가지 결제 시스템(칩스CHIPS나 연방준비제도의 페드와이어Fedwire) 중 하나를 통해 처리된다. 만약 인도 정유소나 사우디 석유 회사 또는 두 나라의 은행 중 하나가 이 같은 결제 시스템에서 배제된다면 그 거래는 성사될 수 없다.

　미국 정부는 이 보이지 않는 인프라의 각 지점에서 수문장 역할을 한다. 미국 대통령은 간단한 행정명령으로 외국 기업이 해당 인프라의 일부 또는 전부에 접근하는 것을 거부할 수 있다(일반적으로 대통령은 이 권한을 재무부와 국무부 관리에게 위임한다. 그들 중 많은 사람을 이어지는 장에서 소개할 것이다). 만일 은행이 이 법령들을 무시하거나 이를 우회하려 교묘한 방법을 시도한다면, 법무부와 기타 미국 법 집행기관으로부터 엄중한 처벌을 받을 수 있다. 지난 15년 동안 미국은 해외에 본사가 있는 은행을 포함하여 여러 은행에 미국 제재를 위반했다는 이유로 막대한 벌금을 부과했다.[44] 프랑스 은행 BNP파리바는 2014년에 약 90억 달러의 벌금을 부과받았고, 영국에 본사가 있는 HSBC는 2012년에 약 20억 달러의 벌금을 부과받았다. 이는 단순한 사업비용이라고 치부하기에는 너무 과도한 벌금이었다. 두 사례 모두 미국 법무부는 해당 은행에 독립적인 감시관을 배치해 이후 수년 동안 규정 준수 개혁을 감독했다. 비록 두 은행 모두 미국이 아닌 곳에 본사가 있었지만, 미국 정부에 벌금을 내고 규정을 준수하는 것 외에는 선택의 여지가 거의 없었다. 그 대안으로는 달러와 기타 보이지 않는 인프라에 대한 접근을 영구적으로 잃는 것밖에 없는데, 그것은 훨씬 더 나쁜 결과일 것이기 때문이다.

그 결과 뉴욕, 런던, 프랑크푸르트, 홍콩 또는 그 외 다른 곳에 본사를 둔 국제 은행은 미국 제재 집행의 최전선에서 믿음직한 보병이 되었다. 최근 몇 년 동안 워싱턴은 금융 부문 외의 기업들도 이 제재 전선에 징집하기 시작했다.[45] 미국 당국은 미국의 기술을 이란에 재판매하여 미국 법을 위반한 혐의로 중국의 통신 대기업 ZTE에 20억 달러 이상의 벌금을 부과했다. 이로써 미국은 해당 기업과의 유일한 접점이 컴퓨터 네트워크의 서버일지라도 미국의 제재 규정을 적극적으로 시행하겠다는 뜻을 분명히 밝혔다. 앞으로도 모든 산업의 기업들이 세계의 제재 경찰의 비위를 맞추기 위해 운영 방식을 재편할 것이므로 이런 권력의 확장은 틀림없이 계속될 것이다.

———

이러한 진전은 엄청난 파급 효과를 가져왔다. 경제 무기를 배치하는 데 드는 비용이 급격히 줄어들었고, 동시에 그 영향력은 극대화되었다. 미국은 제재를 강제하겠다고 더 이상 값비싸고 위험한 해상 봉쇄에 나설 필요가 없어졌고, 유엔에서 정치적 단합을 이룰 필요도 없었다. 미국 대통령은 펜 한 자루만으로 예전의 봉쇄와 금수 조치보다 훨씬 더 가혹한 경제적 처벌을 가할 수 있게 되었다.

중요한 것은 이 보이지 않는 인프라 덕분에 미국이 다른 강대 국에도 경제 무기를 휘두를 수 있게 되었다는 점이다. 미국이 중국이나 러시아의 항구에 봉쇄를 단행하는 것은 어렵고 껄끄러운 일이다. 해당 국가들은 이를 전쟁 행위로 간주할 것이기 때문에 핵무장을 한 적과 싸울 준비가 되어 있지 않다면 시도할 수 없는 일이다. 중국과 러시아에 대해서는 유엔의 지원을 받는 제재도 불가능하다. 두 나라는 유엔안전보장이사회 상임이사국으로서 거부 권을 행사할 수 있기 때문이다. 하지만 지난 10년 동안 미국은 세계 경제의 통제를 무기화해 중국과 러시아를 표적으로 삼았고, 나머지 세계는 이에 적응하고자 애써야 했다.

어떻게 미국은 이런 경제적 초강대국이 되었을까? 그 답은 1970년대에 시작해 냉전이 종식된 후 1990년대에 가속한 세계 경제의 변화에서 찾을 수 있다. 이것은 세계화에 관한 이야기로, 무엇보다 금융 이야기이며 그다음에는 공급망 이야기이다. 역설 적이게도 이 문제는 미국 경제가 피할 수 없는 쇠락의 위험에 처한 순간, 그때 내린 운명적인 결정으로 시작되었다.

국가는 무엇으로 싸우는가

03 | 빗장 풀린 금융시장

Finance Unchained

1971년 8월 초 어느 따뜻한 아침, 프랑스 군함 한 척이 대서양의 안개를 뚫고 뉴욕 항구로 들어왔다.[46] 그 군함 안에는 탄약보다 더 위협적인 무엇인가가 들어 있었다. 바로 텅 빈 공간이었다. 프랑스 정부는 뉴욕 연방준비은행 금고에 있는 엄청난 양의 금을 꺼내 프랑스로 가져오기 위해 군함을 보냈다. 며칠 후, 영국은 미국의 포트녹스Fort Knox(켄터키주에 위치한 미 육군 기지로, 이곳에 미국 정부의 금괴 보관소가 있다.-옮긴이)에서 뉴욕으로 30억 달러 상당의 금을 이전해 달라고 요구했다. 뉴욕 연방준비은행의 모든 영국 자산을 보증받기 위해서였다.[47] 프랑스와 영국은 달러 강세에 대한 신뢰를 잃었기 때문에, 미국이 보유한 금 비축량이 바닥나기 전에 달러를 금으로 바꾸려고 경쟁한 것이다.

리처드 닉슨Richard Nixon 미국 대통령은 경제팀과 함께 캠프 데이비드로 모여 대응책을 마련했다. 훗날 이날은 20세기 경제사에서 결정적 순간으로 평가되었다. 프랑스와 영국의 요구를 따른다면 엄청난 예금의 대량 인출이 발생해 미국의 금 보유고는 고갈될 것이고, 미국이 세계 금융 체계의 중심적 역할을 수행하기가 불가능해질 것이다. 제시된 다른 대안도 그에 못지않게 극적인 결과가 예상되었다. 말하자면 두 나라의 요청을 거부한 후 달러를 고정비율의 금으로 바꿔주는 것을 중단하고, 미국 달러의 가치가 시장의 변덕에 따라 정해지는 변동환율제로 허용하는 것 말이다. 전자를 선택하면 세계 경제에 혼란스러운 격변을 초래할 위험이 있었다. 한편 후자를 선택하면 혼란은 막을 수 있겠지만 미국이 운전석을 포기했다는 것을 인정하는 셈이었다. 두 가지 선택 모두 나빴지만, 닉슨은 선택을 내려야 했다. 제2차 세계대전 이후 굳건히 유지되어 온 세계 경제의 규칙이 흔들리고 있었다.

달러와 금의 연계를 해제하는 것이 왜 그렇게 중요한지 이해하려면, 애초에 이 두 가지가 어떻게 연결되었는지 이해할 필요가 있다. 1944년, 제2차 세계대전이 여전히 격렬하게 진행되고 있을 때 연합국 관리들은 뉴햄프셔주 브레턴우즈에 있는 마운트 워싱턴 호텔에 모여 경제가 제대로 기능하지 못한 것이 전쟁 발발에 어떤 영향을 미쳤는지, 그리고 더 나은 규칙을 통해 같은 일이 다시 일어나지 않도록 예방할 수 있을지 논의했다. 연합국은 제1차 세계대전 이후의 구조적 결함으로 국가 간에 불화가 퍼졌다는 데 동의했다. 대공황 속에서 금본위제가 붕괴하면서 환율이 끊임없이 변동했고, 그로 인해 각국 정부는 경쟁적으로 통화 평가절하를 단행하고 관세를 부과하는 등 이웃 나라를 곤경에 빠뜨리는 정책을 서슴지 않았다.[48] 그사이 투기꾼들은 한 나라에서 다른 나라로 자금을 빠르게 이동시키며 금융 공황을 확산시켰다. 그 결과는 빈곤, 정치적 갈등, 그리고 결국 전쟁이었다. 좀 더 엄격하고 규칙에 기반을 둔 경제 체계가 있었다면 제2차 세계대전은 피할 수 있었을지도 모른다.

이러한 통찰력을 바탕으로 제2차 세계대전 이후 경제의 규칙이 된 브레턴우즈 체제가 탄생했다. 브레턴우즈 체제의 핵심은 고정환율이었다.[49] 즉 달러는 금 1온스당 35달러로 고정되었고, 다른 모든 통화는 달러에 고정되었다. 이러한 환율은 좁은 범위 내에서만 조정이 가능했다. 1%를 넘는 환율의 움직임이 있을 경우는 새로 창설된 국제통화기금IMF과 협의가 필요했다. 브레턴우즈 협정에는 국경을 넘나드는 자금 이동에 대한 제한도 포함되었는데, 대공황 당시 금융 불안정이 확산했던 주요 경로를 차단하기 위해서였다.[50] 그렇게 달러는 세계 경제의 중심이 되었다. 그러나 연합국이 만든 것은 환율을 고정하고, 국경 간 자본 흐름을 제한하는 매우 제약적인 국제 금융 체계였다. 바로 그것이 영국의 유명한 경제학자이자 브레턴우즈 체제의 주요 설계자인 존 메이너드 케인스John Maynard Keynes가 필요하다고 생각한 체계였다.[51]

케인스는 전후 안정을 유지하려면 국경을 넘는 자본 이동에 대한 장벽이 특히 중요하다고 믿었다.[52] 이런 장벽이 없다면 자본은 이자율이 제일 높은 곳으로 빠르게 흘러들어 정부가 국내 경제 정책을 통제하는 능력이 약화될 것으로 보았다. 정부가 전쟁의 참상으로부터 회복하려면 자체적으로 이자율을 정하고, 사회적 지출을 추진하며, 국가 복지 체계를 구축할 자유가 필요했으므로 장벽이 없는 것은 문제가 되었다. 따라서 각국은 외국인 투자에 높은 세금을 부과하는 것부터 통화 환전을 전면적으로 금지하는 것에 이르기까지 자본 통제를 시행해 외화가 자국으로 유입되는 것을 막아야 했다. 케인스는 "이 계획은 단순히 체계 전환의 특징이 아니라 영구적인 협의로서, 전체 회원국 정부에 모든 자본 이동을 통제할 수 있는 명시적 권리를 부여한다"라고 설명했다.[53] 프랭클린 루스벨트Franklin D. Roosevelt 정부의 재무부 장관인 헨리 모건소Henry Morgenthau는 브레턴우즈 회의의 마지막 발언에서 목표는 "국제 금융의 성전에서 고리대금업자를 몰아내는 것"이라고 말했다.[54]

그 후 20년 동안 브레턴우즈 체제는 놀라운 성공을 거두었고, 역사상 가장 파괴적인 전쟁 이후 세계 경제의 부활을 촉진했다. 하지만 1960년대 후반이 되자 균열이 생기기 시작했다. 첫 번째 압력의 원인은 달러-금 고정환율에 대한 반응이었다. 프랑스 대통령 샤를 드골Charles de Gaulle은 미국 달러가 자동으로 금과 같은 가치를 지니게 된다는 생각에 반발했다.[55] 당시 재무부 장관 발레리 지스카르 데스탱Valéry Giscard d'Estaing은 달러의 국제적 지위가 미국의 "엄청난 특권"이라고 비난했다.[56] 드골 정부는 미국으로부터 프랑스의 독립을 주장하기 위해 프랑스의 달러 보유고를 대규모로 일제히 금으로 교환하기 시작했다. 프랑스의 행동은 미국이 달러를 온스당 35달러의 금으로 계속 교환할 수 있는 능력에 의심을 불러일으켰다.

브레턴우즈 체제의 정면에 발생한 두 번째 균열은 국경 간 자본 이동을 제약한 것에 대한 반발에서 비롯되었다. 1960년대 런던에서는 기업들이 달러를 예치하고 빌리고 교환할 수 있는 새로운 시장이 등장했다. 이른바 유로달러 시장은 미국 바깥에 있었으므로 규제가 없었고, 은행과 다국적 기업에 당시의 엄격한 자본 통제를 피할 수 있는 수단을 제공했다.[57] 유로달러 시장은 마치 서부 개척 시대의 무법지대와 비슷했지만, 영국 정부는 런던시가 세계 금융 중심지의 역할을 이어갈 수 있는 방법이라 보고 이를 수용했다.[58] 미국 정부는 그 시장을 폐쇄하기 위한 조치를 내릴 수 있었지만, 미국의 이익을 위해 결국 이를 지지하게 되었다. 유로달러 시장이 달러 보유에 대한 매력을 높여[59] 외국인들을 효과적으로 유인했으므로 미국은 베트남전쟁 때문에 급속히 늘어나던 적자를 메울 수 있었다.[60] 유로달러 시장이 브레턴우즈 체제를 훼손했다는 사실은 중요하지 않았다. 미국 정부에게는 큰 적자를 내고도 지출 삭감을 피할 수 있다는 전망이 무엇보다 중요했다.

오늘날의 암호화폐 신봉자마저 꿈에서나 상상할 수 있는 방식으로, 유로달러 시장은 허가받지 않은 통화 실험으로 시작하여 미국 정부와 영국 정부의 축복을 받으며 세계 경제의 중요한 인프라로 거듭났다. 차츰 브레턴우즈 체제의 자본 통제는 약화되었고, 자금이 국경을 넘나드는 것이 더 자유로워졌다.

이후 달러 강세에 대한 의구심이 커지는 가운데, 프랑스 군함이 뉴욕 항구에 입항하는 순간 자본 통제가 무너졌다. 프랑스가 금을 본국으로 송환한 것만으로는 위기를 불러오기에 충분하지 않았을 수도 있다. 그러나 달러에 대한 영국의 불신이 덧붙여지면서 닉슨은 전면적인 재앙을 맞게 되었다. 당시 미국 재무부 관리였고, 이후 연방준비제도이사회 의장이 된 폴 볼커Paul Volcker는 "우리와 함께 브레턴우즈 체계를 구축하고 자국 통화를 방어하기 위해 매우 열심히 싸웠던 영국이 달러를 금으로 가져가려 한다면, 게임은 사실상 끝난 것이 분명했다"라고 설명했다.[61]

캠프 데이비드에서 주말 동안 심의를 거친 닉슨은 8월 15일 일요일 저녁에 텔레비전 연설을 했다. 닉슨은 "미국 달러와 전면전을 벌이고 있는 투기꾼들"에 맞서기 위해 미국은 더 이상 달러를 금으로 바꿔 달라는 요청을 받아들이지 않을 것이라고 선언했다.[62] 이 발표로 브레턴우즈 체제의 중심 원칙이 단번에 무너졌고, 국제 금융 체계는 변동환율을 채택할 수밖에 없게 되었다. 브레턴우즈 체제에서 그동안 통화 가치는 정부 간 합의에 따라 결정되었다. '닉슨 쇼크' 이후 통화 가치는 시장에 의해 결정되었다. 이는 세계 경제의 새로운 시대의 시작이었다. 케인스의 바람과는 달리 금융시장이 최고로 군림하게 될 시대였다.

당시 많은 전문가들은 닉슨 쇼크를 미국 경제 패권의 종식으로 보았다. 제2차 세계대전부터 1971년까지 미국은 서류상으로나 실질적으로 세계 경제를 선도했으며, 달러는 금과 마찬가지의 가치가 있었다. 닉슨 쇼크 이후 미국은 그저 세계 경제의 평범한 일원이 되었다. 뒤이어 10년간 미국 경제는 성장이 정체하고 높은 인플레이션, 즉 '스태그플레이션'에 시달리며 재앙적인 시기를 겪었다. 미국이 세계 GDP에서 차지하는 비율이 1960년에는 40%, 1980년에는 오늘날과 거의 같은 수준인 25%로 떨어졌다.[63] 하지만 아이러니하게도 이 같은 쇠퇴는 미국의 경제 지배력의 새로운 국면을 열게 되었다. 제조업과 무역에서의 미국의 우월성은 빛이 바래고 있었지만, 국제 금융에서의 우월성은 이제 막 시작되고 있었다.

04 | 사막에서의 거래

The Deal in the Desert

1973년은 미국에 힘든 한 해였다. 경제가 바닥을 치고 있었다. 브레턴우즈 체제의 종식과 새로운 변동환율 제도로 달러는 폭락했다.[64] 수년간 베트남 전쟁에 막대한 비용을 지출하면서 미국의 재정 상태는 악화 일로를 걸었다.[65] 인플레이션은 1940년대 이후 가장 높은 수준으로 치솟았다.[66] 이러한 역풍을 헤쳐나가는 데 집중해야 할 리처드 닉슨 대통령은 워터게이트 스캔들을 막기 위해 허우적거리고 있었다.

설상가상으로 에너지 초강대국으로서 미국의 지위가 빠르게 쇠퇴하고 있었고, 세계 석유시장의 주요 생산국이라는 전통적 지위도 잃고 있었다.[67] 미국의 석유 생산량은 1970년에 정점을 찍었고, 그 후 거의 50년 동안 이전 수준으로 회복하지 못했다.[68] 처음으로 이 나라는 석유를 수입에 의존하게 되었는데 주로 중동에서 가져왔다.[69]

1973년 10월 6일, 유대인의 성일聖日인 욤 키푸르에 아랍 국가 연합이 이스라엘을 공격했다. 2주 후 닉슨이 의회에 이스라엘에 대한 긴급 지원을 요청하자, 석유 생산국 카르텔인 사우디아라비아와 석유수출국기구OPEC의 다른 회원국들은 생산을 줄이고 미국에 석유 금수 조치를 부과했다.[70] 전체적으로 사우디아라비아와 그 동맹국들은 세계 석유시장에서 하루 약 500만 배럴을 감산했는데, 이는 전 세계 석유 생산량의 약 10%에 달하는 양이었다.[71]

그 결과 심각한 에너지 위기가 초래되었다. 미국 국무부 장관 헨리 키신저Henry Kissinger는 세계가 "1930년대에 세계 질서의 붕괴를 가져왔던 경쟁, 자립 경제, 적대감, 불황의 악순환"에 다시 빠질 위험이 있다고 우려했다.[72] 그러한 결과를 피하라는 임무를 맡은 사람은 닉슨의 에너지 '차르'인 윌리엄 사이먼William Simon이었다. 한 동료 의원이 "칭기즈칸보다 훨씬 오른쪽에 있는 사람"[73]이라고 평한 뉴저지 출신의 줄담배를 피우는 사이먼은 월스트리트에서 채권 트레이더로 일하다가 행정부에 합류했다. 그의 거친 스타일과 급한 성격은 그가 얻은 새로운 직업의 논쟁적인 성격과 잘 어울렸다.[74] 미국의 생명줄인 휘발유를 배급제로 바꾸고, 공급이 부족한 석유를 차량 운전자가 아닌 공장에 먼저 분배한다는 위험한 결정은 아무나 내릴 수 있는 것이 아니었다.[75] 하지만 사이먼은 그렇게 했다.

연말이 되자 미국인들은 차의 연료 탱크를 채우기 위해 몇 시간씩 기다려야 했다(사이먼은 "내가 바로 주유소에 줄을 서게 만든 사람이다"라고 인정했다).[76] 주유소의 판매 가격은 40%나 급등했다.[77] 1974년 3월에 OPEC이 금수 조치를 해제한 뒤에도 유가는 다시 하락하지 않았다.[78] 1970년에 석유 1배럴당 가격은 약 1.80달러였는데, 1980년에는 그 가격이 39달러로 2,000% 이상 상승했다.[79] 미국의 수입 비용은 엄청나게 치솟았고, 적자도 급증했다. 에너지 위기에 더해 미국은 본격적인 금융 붕괴의 위기에 처해 있었다.

닉슨이 워터게이트 사건으로 정치적 생존을 위해 싸우던 당시, 1974년 5월에 취임한 윌리엄 사이먼은 신임 재무부 장관 자리에 가장 적합한 인물이었다. 사이먼은 유가 상승으로 미국의 재정에

윌리엄 사이먼: 오일머니의 탄생을 가져온 계약을 성사시킨 전직 채권 트레이더.

국가는 무엇으로 싸우는가

부담이 가중되자, 그 해법으로 사우디아라비아가 석유로 벌어들인 막대한 수익을 미국 정부 채권에 투자하도록 설득하는 방안을 내놓았다. 이런 식으로 사우디가 미국이 석유 값으로 지급한 달러를 그대로 재활용한다면 미국의 재정적자를 메울 수 있을 것으로 보았다.

1974년 7월, 사이먼은 앤드루스 공군기지에서 비행기를 타고 사우디아라비아의 해안 도시인 제다로 향했다.[80] 그곳으로 가는 도중에 그는 엄청난 양의 위스키를 마셨다. 그가 비행기에서 내릴 때쯤에는 눈에 띄게 취해 있었다.[81] 하지만 술은 그의 협상 능력에 전혀 영향을 미치지 않는 듯했다. 사이먼은 키신저가 아니었고 외교술을 배운 적도 없었다. 하지만 대단히 훌륭한 채권 판매원 역할을 해냈고, 결국 거래를 성사시킨 뒤 사막 왕국을 떠났다.[82] 미국의 군사 지원과 지속적인 석유 구매의 대가로, 사우디는 석유 값으로 미국 재무부 채권을 사들이기로 했다. 사우디가 정상적인 경매 절차를 통하지 않고 비밀리에 국채를 매입할 수 있도록 허용한 것이다. 사이먼이 한 일은 한 외국 국가로부터 미국의 재정적자를 메우기 위해 자금을 지원하겠다는 약속을 받아낸 것이었고, 그렇게 오일머니가 탄생했다.

그 후 몇 년에 걸쳐서 사이먼의 거래가 무산될 위기에 처한 순간도 있었다. 1970년대 내내 달러가 계속 폭락하면서 사우디아라비아 석유 수익의 실제 가치도 함께 떨어진 것이다. 달러 약세는 세계 원유 가격의 실질적인 하락을 의미했다. 그 결과 1975년에 OPEC은 달러로 석유 가격을 책정하는 것을 중단하고, 대신 통화바스켓basket of currencies(교역 비중이 큰 복수 국가의 주요 통화를 가중평균한 인위적인 국제 통화 단위-옮긴이)을 사용하기로 결의했다. 그러나 이 계획이 실행되기 전, 사이먼의 후임 재무부 장관인 마이클 블루먼솔Michael Blumenthal이 사우디아라비아의 리야드에서 새로운 계약을 체결했다.[83] 미국은 사우디아라비아가 IMF에서 더 많은 의결권을 확보하도록 돕겠다고 약속하고, 그 대가로 사우디와 OPEC 파트너들은 계속해서 유가를 달러로 책정하기로 했다. 시간이 지나면서 사이먼의 이와 같은 합의는 세계 경제의 구조적 특징으로 굳어졌다. 석유는 여전히 달러로 가격이 매겨지고 있으며, 외국인들은 여전히 미국의 재정적자를 메우고 있다. 오일머니는 점점 더 미국이 주도하는 국제 금융 체계의 핵심 요소가 되었다.

국가는 무엇으로 싸우는가

05	# 우리의 화폐, 당신의 문제
	## Our Currency, Your Problem

월리엄 사이먼은 역사를 만든 사람이자, 더불어 시대가 그를 만들었다고도 할 수 있다. 전자가 사우디아라비아와의 획기적인 그의 외교에서 명백히 드러났다면, 후자는 그가 당시의 주요 경제 이념을 수용한 것에서 분명히 볼 수 있다. 당시 점점 더 많은 그의 동료들이 그랬던 것처럼 사이먼도 자유시장의 힘을 전적으로 믿는 헌신적인 신봉자였다.[84] 그의 1978년 베스트셀러이자 자본주의 선언문인《진실을 위한 시간A Time for Truth》에는 신자유주의의 대표적 이념가인 시카고대학교의 경제학자 밀턴 프리드먼Milton Friedman의 서문이 들어 있었다.

영향력 있는 지위로 올라선 프리드먼의 추종자들은 규제와 세금을 혁파하여, 브레턴우즈의 설계자들이 매우 중요하다고 여겼던 해외 금융 이동에 대한 마지막 남은 제한을 무너뜨렸다. 심지어 영국의 마거릿 대처Margaret Thatcher 정부는 후임자들이 자본 통제를 다시 도입하지 못하도록 그에 관한 공식 문서를 파기하기까지 했다.[85] 미국에서는 로널드 레이건Ronald Reagan 대통령이 금융 산업의 규제를 대폭 완화하고 군사 지출을 늘리는 동시에 세금을 삭감하여 엄청난 재정적자를 발생시켰다.[86]

이러한 정책으로 새로운 기술(컴퓨터, 표준화된 운송 컨테이너, 그리고 최종적으로 인터넷)이 세계 경제를 하나의 거대한 그물로 엮어 낼 수 있는 환경이 만들어졌고, 대처와 레이건은 신자유주의의 신전에 입성할 수 있었다. 미국에서 신자유주의의 득세는 레이건이 백악관에 들어가기 전부터 시작되었는데, 특이하게도 그가 떠난 후에야 정점에 도달했다. 사실 자유시장 철학을 그렇게 혁신적으로 만든 것은 최종적으로 좌파 지도자들까지 이를 받아들였기 때문이다. 레이건의 전임자인 민주당의 지미 카터Jimmy Carter 는 항공, 철도, 트럭 운송 산업의 규제를 해제했고, 1978년 의회 국정 연설에서 "정부는 우리의 문제를 해결할 수 없다"라고 선언했다.[87] 또한 빌 클린턴Bill Clinton 이야말로 레이건의 민주당 측 계승자라 할 정도로 미국에서 신자유주의를 굳건히 하고 전 세계로 확산하려 노력한 인물이었다.

역사에서는 타이밍이 무엇보다 중요하다. 신자유주의 사상이 서구 경제 정책을 지배하게 되었을 때, 냉전의 종식이라는 지정학적 지진이 발생했다.[88] 소련이 폭력적인 갈등 없이 붕괴한 것은

국가는 무엇으로 싸우는가

너무나 기적처럼 보여서 많은 사람들은 그것이 역사의 순리라고 생각했다. 즉 고귀한 사상이 '악의 제국'에 승리했다고 본 것이다. 그들이 보기에 그 고귀한 사상에 신자유주의적 교리가 포함되어 있다는 것은 두말할 나위도 없었다. 소련이 붕괴하자 조지 H. W. 부시는 신자유주의의 또 다른 지적 대부인 프리드리히 하이에크 Friedrich Hayek에게 대통령 자유 훈장을 수여했다. 하이에크에게 상을 전달하며 부시는 "자신의 아이디어가 세상 사람들 눈앞에서 입증되는 것을 목격하는 것은 얼마나 굉장한 일인가?"라며 열광했다.[89]

소련이 사라지면서 전 세계 광범위한 지역이 미국의 금융가, 기업 경영진, 신자유주의 개혁가들에게 문을 열었다. 곧이어 서구가 채택한 자유시장 정책은 전 세계로 확산되었으며 '세계화'라는 추상적인 개념은 어디서나 볼 수 있는 보편적 현실이 되었다.[90] 빌 클린턴은 캐나다, 멕시코와 자유무역협정(북미자유무역협정인 NAFTA)에 서명하고, 국제 자유무역 체계(세계무역기구인 WTO)의 창설을 지지했다. 클린턴 정부는 구공산권 국가에 접근하여 '워싱턴 합의'를 설파하면서 이른바 '충격요법'을 통해 일련의 자유시장 개혁을 받아들이도록 만들었다.[91] 클린턴 정부의 재무부 장관인 로렌스 서머스Lawrence Summers는 "정직한 민주당원이라면 지금 우리가 모두 프리드먼주의자라는 것을 누구나 인정할 것이다"라고 고백했다.[92]

또한 클린턴은 레이건의 금융 부문에 대한 규제 완화를 완료해 은행 산업이 그 어느 때보다 더 크고 세계화될 수 있도록 했다.[93]

그는 1933년 이래 상업은행과 투자은행을 분리했던 글래스-스티걸법을 폐지하는 법안에 서명했다.[94] 클린턴은 연방준비제도이사회 의장이라는 주요 자리에 레이건이 지명했던 신자유주의 운동의 동료인 앨런 그린스펀을 두 번이나 재지명했고, 그 결과 그린스펀은 미국 통화 정책의 지휘권을 20년이나 유지하게 되었다.[95]

더불어 기업 주도와 정부 정책이 함께 협력하면서 세계화는 앞으로 나아갔다. 금융 분야에서는 유로달러 시장의 성장이 자본 통제의 종식을 촉진하는 데 도움을 주었고, 그 결과 은행들은 CHIPS(세계 최고의 결제 시스템[96])와 SWIFT(국제 금융의 공용어가 된 은행용 메시징 서비스[97]) 등 해외 금융을 위한 새로운 기술을 창조하게 되었다. 무역 부문에서는 표준화된 운송 컨테이너와 적시생산JIT 방식의 등장으로 기업들이 NAFTA와 WTO의 지원하에 협상한 낮은 관세 장벽의 혜택을 누릴 수 있었다.[98] 해외 경제 활동을 방해하는 장애물이 제거되면서 다시 이런 활동을 수행하는 데 도움을 주는 신기술의 수요가 창출되었고, 이는 추가적으로 세계화에 대한 친화적 정책이 장려되는 식의 현상을 불러왔다.

이 과정을 주도한 것은 미국 혼자만이 아니다. 1990년대에 유럽연합은 공통 통화인 유로화를 출범시키고, 12개국 이상의 신규 회원국이 가입하도록 길을 닦아 이 블록을 세계 최대의 단일 시장으로 변환시켰다.[99] 또한 일본과 '아시아의 호랑이'로 불리는 경제권인 한국과 대만은 수출 강국이 되었다. 소니, 삼성, TSMC 같은 거대 기업들은 디지털 혁명의 원동력이 되는 전자 부품을 대량 생산해 냈다.[100] 무엇보다 중요한 것은 중국이 세계의 공장으로 부상했다는 점이다. 1970년대 후반 덩샤오핑의 시장 개혁 이후 중국의 경제는 폭발적으로 성장했다. 그 속도가 너무 급격하여 1990년대 중국의 수출은 5배나 증가했을 정도였다. 2010년까지 중국은 1조 달러가 넘는 미국의 부채를 축적했는데, 이는 주로 미국의 대對중국 무역적자가 급증한 데 따른 것이다.[101] 1974년에 윌리엄 사이먼이 사우디아라비아와 체결한 오일머니를 미국 국채로 유입하는 거래가 초기에는 미국 재정적자의 급증과 달러 대출의 폭발적인 증가를 불러왔듯이 1990년대 '차이메리카Chimerica(미국과 중국의 경제적 공생관계를 일컫는 합성어-옮긴이)'의 등장으로 이런 추세는 21세기까지 이어졌다.[102]

그러나 전체 체계를 지탱하는 것은 미국 달러였다. 외환시장이 급속도로 성장해 가장 큰 금융시장이 된 것만큼 그것을 잘 보여주는 데이터는 없다. 1950년대에는 국제 외환 거래가 매우 적었다. 1990년대가 되자 '1일' 외환 거래 규모는 거의 1조 달러에 달했는데, 이는 세계 무역의 1일 거래액보다 약 40배나 큰 규모였다.[103] 오늘날 외환 거래 규모는 1일 7조 달러를 넘어섰고, 이는 전 세계 무역의 1일 규모보다 약 80배가 넘는 엄청난 수치이다(대략적으로 계산해 보면 연간 시장 규모가 '약 2,500조 달러'에 해당한다).[104] 이러한 외환 거래의 무려 90%가 달러와 관련이 있다.

달러의 우위로 워싱턴은 엄청난 경제적, 지정학적 힘을 가지게 되었다. 의회의 승인 없이도 미국 대통령은 개인이나 기업이 달러에 접근하지 못하도록 제재를 가할 수 있다는 뜻이기도 하다. 게다가 달러를 이용하지 않고 세계 경제를 헤쳐나가려는 것은 여권

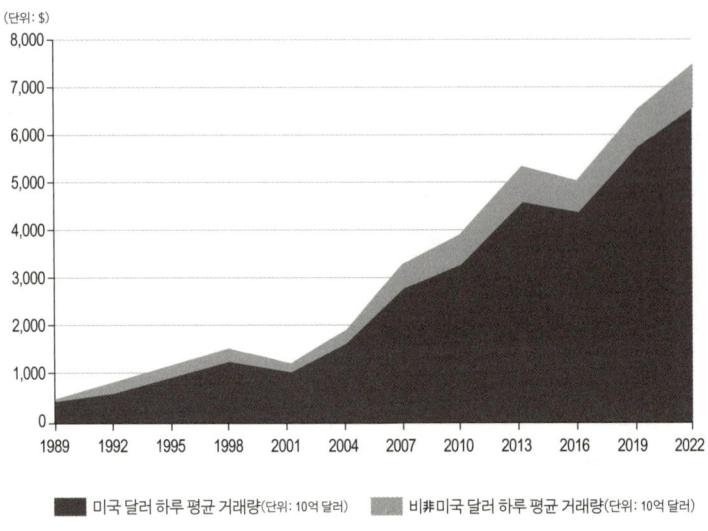

국제 외환 거래 규모(1989~2022년)

(단위: $)

미국 달러 하루 평균 거래량(단위: 10억 달러)　　비非미국 달러 하루 평균 거래량(단위: 10억 달러)

출처: 국제결제은행(Bank for International Settlements)

없이 세계를 여행하려는 것과 같다. 어느 전직 미국 재무부 장관이 외국 대표단에 "달러는 우리의 통화이지만, 그것이 초래하는 문제는 여러분의 몫입니다"라고 말할 정도가 되었다.[105]

　　1990년대가 되자 미국이 경제전쟁에서 강력한 무기를 휘두르는 데 필요한 모든 조건이 갖춰졌다. 먼저 세계 경제가 극도로 세계화, 금융화되어 상품, 특히 돈이 어느 때보다 더 자유롭게 국경을 넘나들 수 있게 되었다. 세계 경제에서 달러의 중요한 위치 덕분에 미국은 굉장히 뛰어난 전략적 가치를 지닌 초크포인트를 장악할 수 있었다. 더불어 소련의 붕괴로 미국이 세계 유일의 초강대국이 되면서, 미국은 점점 더 많은 국가를 자신의 궤도로 끌어들여 영향력을 행사할 수 있게 되었다.

미국 앞에 새로운 경제적 영향력이 장전된 총처럼 테이블 위에 놓인 셈이었다. 하지만 미국 정부는 그 총을 발사하지 않기로 했다. 클린턴 행정부의 강력한 재무부 장관이자 전 골드만삭스 공동 회장인 로버트 루빈Robert Rubin[106]은 달러를 공공연히 정치적 목적으로 이용하려는 모든 조치는 "기축통화로서 달러의 역할을 약화시키고", 다른 국가들을 미국 금융 체계에서 멀어지게 할 수 있다고 우려했다.[107] 루빈은 "일단 한 번이라도 그렇게 하면 신뢰할 수 없는 공급자가 된다"라고 말했다.[108] 미국 경제는 호황을 누리고 있고, 냉전은 끝났으며, 지정학적 환경도 대체로 조용한데 굳이 위험을 감수할 필요가 있을까? 게다가 이라크에 대한 유엔의 금수 조치에서 겪은 큰 낭패는 경제 제재가 효과가 없다는 생각을 입증한 것처럼 보였다. 하지만 미국의 군사력은 문제없이 잘 작동하는 듯했다. 미국의 사상자 위험이 최소화되고 비용도 비교적 낮았으므로, 클린턴은 공습과 순항 미사일을 미국의 무기로 선택했다.[109]

이러한 계산 방식은 미국 외교 정책의 다른 많은 부분과 마찬가지로 하루아침에 바뀌었다. 바로 2001년 9월 11일이었다.

비즈니스 정장을 입은 게릴라들

"Guerrillas in Gray Suits"

2001년 9월 11일 아침, 법무부의 젊은 변호사인 스튜어트 레비는 워싱턴 펜실베이니아 애비뉴 950번지에 있는 자신의 사무실에 앉아 있다가 한 통의 전화를 받았다. 어느 동료였고, 그가 간단히 말을 전했다. "TV를 켜봐."

세계무역센터의 북쪽 타워는 이미 불길에 휩싸여 있었다. 몇 분 후, 두 번째 비행기가 남쪽 타워에 충돌했다.

레비는 희끗희끗한 머리에 짙은 검은 눈동자를 가진 작은 체구의 남성으로, 주로 이민 문제를 담당했다. 복도를 따라 문 몇 개만 지나면 그의 동료 중 몇몇이 테러 조사에 참여하고 있을 테지만, 불타는 타워의 초현실적인 모습을 보면서 그는 도통 그 의미를 이해할 수가 없었다. 레비는 "나는 그런 위협적인 기류를 파악하지 못하고 있었다. … 당시 몇몇 사람들이 그런 위협에 관심을 가졌지만, 나는 전혀 아는 바가 없었다. 그래서 9.11 사태가 일어났을 때 완전히 충격을 받았다"라고 말했다.[110]

레비는 동료들과 함께 법무부 제일 위층 지휘실에 모여 벌어지고 있는 재앙을 추적했다. 곧 공중에 납치된 비행기가 더 있을 수 있고, 표적은 알 수 없다는 소식이 들어왔다. 그때 아메리칸 항공 77편에 탑승한 어느 동료의 아내가 남편과 통화하려고 전화를 걸었다는 소식이 전해졌다. 그 비행기는 펜타곤에 추락했다.

법무부도 공격받을 수 있다는 두려움에 레비와 다른 법무부 변호사들은 극도로 위협적인 순간이 발생할 경우를 대비해 미리 지정된 대체 장소로 이동했다. 새로운 장소는 더 안전했지만 전화선이 너무 적었고 기밀 정보를 전달하는 데 어려움이 있었다. 이러한 비상사태가 이론상으로는 고려되었지만, 법무부가 실제로 이를 대비하지 못했다는 것이 분명해졌다. 결국 변호사들은 좀 더 좋은 장비를 갖춘 FBI 본부로 이전했고, 그곳에서 공격의 근원을 밝히기 위한 작업을 시작했다.

미국 정부는 세계 테러와의 전쟁에 가능한 모든 수단을 동원하려 했다. 9.11 테러의 비극은 이후 20년간 이어진 아프가니스탄 전쟁을 불러왔고, 나중에는 이라크에서도 전쟁을 불러일으켰다. 또한 그것은 새로운 경제전쟁 시대의 시작을 알린 것이기도 했다. 법무부에서 레비의 역할은 이민 정책 담당에서 테러 조력자들을 기소하는 업무로 바뀌었는데, 이를 위해 알카에다와 하마스 같은 단체의 자금 흐름을 추적해야 했다. 그것은 레비가 훨씬 더 큰 무기화된 금융 세계로 첫발을 내디딘 것이었다. 9.11 테러의 먼지가 가라앉았을 때 새로운 전장이 등장했고, 그는 그곳에서 자신이 공격의 선봉에 서 있음을 깨달았다.

2001년 9월 12일 아침, 백악관의 커다란 마호가니 테이블 주위로 조지 W. 부시와 의회 지도자들이 모였다. 알카에다의 극악무도한 만행으로 거의 3,000명에 이르는 미국인이 사망했는데, 이는 미국 역사상 자국 영토에 가해진 가장 치명적인 외국의 공격이었다.[111]

부시 대통령은 모인 의원들에게 "이것은 21세기 전쟁의 시작입니다. … 우리는 지금 끓어오르는 미국 국민의 피에 대한 갈망에 답할 것입니다"라고 단호한 어조로 말했다.[112] 그날 〈워싱턴포스트〉는 한 칼럼에서 1990년대를 "역사의 휴일holiday from history"이라고 칭하며, 그 휴일은 이제 갑작스럽고 고통스러운 종말을 맞이하게 되었다고 적었다.[113] 소련이 몰락한 후, 많은 정치인과 전문가들은 세계 경제가 더욱 긴밀하게 연결되면서 영원한 평화가 보장될 것이라는 낙관적인 전망을 내놓았다. 9.11 테러는 이 같은 생각이 환상이라는 점을 분명히 보여주었다.

이슬람 테러리즘이라는 유령에 맞서기 위해 부시는 무력을 사용할 준비가 되어 있었고, 워싱턴의 그 누구도 미국이 성공할 것

국가는 무엇으로 싸우는가

이라는 사실을 의심하지 않았다.[114] 9.11 테러가 일어나기 전 몇 년 동안 미군은 거의 사상자 없이 신속하게 적을 물리칠 수 있다는 것을 보여주었다. 미군은 1991년 걸프 전쟁에서 당시 세계 최대 규모였던 이라크 군대를 격파하며 4일 만에 승리했다.[115] 또한 1995년에 미국과 동맹국들은 단 2주간의 공습으로 세르비아의 지도자 슬로보단 밀로셰비치Slobodan Milošević를 협상 테이블로 불러내, 4년간의 보스니아 전쟁을 종식시키는 평화 협정을 체결했다.[116] 1999년에 미국은 78일간의 공습을 통해 세르비아 군인 수천 명의 목숨을 앗아갔으며 나머지 군대도 코소보에서 몰아냈다. 이때 미군 전사자는 한 명도 없었다.[117]

부시 대통령은 이런 자신감으로 미국의 칼을 뽑았다. 그는 9.11 테러 9일 후 의회 합동 회의에서 "테러와의 전쟁은 알카에다에서 시작하지만 거기서 끝나지 않을 것입니다. … 전 세계의 모든 테러리스트 집단을 찾아내고 막아내고 물리칠 때까지 멈추지 않을 것입니다"라고 선언했다.[118] 하지만 자신감은 곧 흔들리게 되었다. 당시 아프가니스탄과 이라크에서 벌어진 전쟁은, 1990년대에 일어나 순식간에 승리로 끝난 미국의 전쟁과는 전혀 달랐다. 탈레반과 사담 후세인을 비교적 쉽게 전복했지만, 미군은 그 뒷수습에 나서야 했다. 두 전쟁 모두 비용이 많이 들고 유혈이 낭자한 국가 건설 프로젝트로 이어졌는데, 미군은 도로를 건설하고 공공 서비스를 관리하는 한편 폭력적인 반란을 막아야 했다. 이런 프로젝트에는 시시포스Sisyphos(제우스의 분노를 사 무거운 바위를 산 정상으로 밀어 올리고, 아래로 굴러떨어진 바위를 다시 밀어 올리는 영원한 형벌에

처한 코린토스의 왕-옮긴이)의 특성이 있었다. 무언가 진전이 있을
때마다 무너진 것이다. 그 과정에서 군사력은 점점 미국 정부에
매력적으로 보이지 않았고, 미국 국민도 군사력 사용을 지지하지
않게 되었다.[119]

부시 행정부가 승산 없는 두 전쟁을 관리하는 데 어려움을 겪
고 있을 때, 재무부의 관료 그룹은 알카에다의 재정 차단이라는
또 다른 프로젝트에 착수했다. 대통령이 그들에게 직접 임무를 내
렸는데, 그가 의회 합동 회의에서 말한 미국이 "테러리스트들의
자금을 말려버릴 것"이라는 약속을 지키기 위해서였다.[120] 9.11
테러를 저지르는 데 든 비용은 50만 달러였지만, 테러리스트들이
이 돈을 미국의 금융 시스템을 이용해 옮기는 데는 아무런 문제가
없었다.[121] 테러리스트들은 자신의 명의로 된 은행 계좌를 이용하
여 공개적으로 자금을 미국 안팎으로 송금했다.[122] 재무부 관리들
은 이런 일이 다시는 일어나지 않게 하겠다고 다짐했다.

이러한 노력의 중심에는 제재 정책과 집행을 담당하는 재무부
기관인 해외자산통제국이 있었다. 해외자산통제국이 미국의 금융
시스템에서 개인과 기업을 블랙리스트에 올릴 수 있는 권한은 제
1차 세계대전 당시의 법률에서 유래했는데, 위기 상황에서 대통
령에게 경제에 대한 특별한 권한을 부여하는 법률이었다. 오늘날
국제비상경제권한법으로 알려진 이 법은 대통령에게 '국가 비상
사태'를 선포할 수 있는 폭넓은 권한을 부여해, 미국의 적들에게
달러에 대한 접근을 차단하는 것 등과 같은 징벌적 경제 조치를
취할 수 있게 해준다.[123] 대법원의 판결에 따르면 대통령은 의회

국가는 무엇으로 싸우는가

와 협의하지 않고도 이 권한을 행사할 수 있다.[124] 대통령이 이 같은 비상사태를 선포하면 필요한 경제 무기를 기획하는 일은 보통 해외자산통제국의 몫이다.

냉전 기간 대부분 동안 해외자산통제국은 상대적으로 영향력이 작은 부서였다.[125] 이러한 상황은 1980년대에 해외자산통제국이 SDN 목록이라고도 알려진 특별지정국민 및 차단인물 목록을 발표하기 시작하며 바뀌기 시작했다. 이 목록으로 은행들은 미국의 제재를 받는 개인과 기업에 대한 최신 정보를 쉽게 파악할 수 있었으며, 이를 통해 미국 정부의 영향력은 민간 부문으로 빠르게 확대되었다. 1990년대에 이 목록은 클린턴 행정부의 국제 마약 밀매와의 전쟁과 긴밀한 관련이 있었다. 라틴아메리카 마약 조직의 우두머리들이 잇따라 이 '클린턴의 목록La Lista Clinton'에 오르자, 미국 바깥의 은행들도 이 목록을 이용해 금융 거래를 선별하고 법적 문제를 일으킬 수 있는 고객을 피하기 시작했다.[126]

그런 상황이 이어지다가 9.11 테러가 일어났다. 곧이어 해외자산통제국은 수많은 테러 용의자들을 SDN 목록에 추가해 그들이 미국의 금융 시스템에 접근하는 것을 차단했다.[127] 중요한 점은 해외자산통제국이 테러 활동 자금을 지원하고 있다고 판단하는 개인과 은행에도 제재를 가하기 시작했다는 것이다. 동시에 미국 애국법USA PATRIOT Act은 은행과 기타 금융기관이 신규 고객을 받고 거래를 처리할 때 더욱 철저한 심사를 거치도록 요구했다.[128] 부시 대통령은 2001년 11월 "테러리스트와 사업을 하거나 그들을 지원하거나 후원한다면, 미국과는 거래하지 말라"고 경고했다.[129]

해외자산통제국과 불법 자금을 감시하는 각종 부서를 통해 재무부는 테러와의 전쟁에서 눈에 띄지는 않지만 중요한 역할을 맡았다. 그렇게 재무부의 법적 권한이 확대되었고, 외국 은행과 금융기관에 대한 영향력도 커졌다. 심지어 재무부 관리들은 브뤼셀에 본사를 둔 국제 금융 메시징 서비스인 SWIFT와 비밀 협정까지 맺었고, 이 협정에 따라 재무부는 특정 거래 데이터를 불러올 수 있었다.[130] SWIFT가 미국 영토가 아닌 곳에 있는 몇 안 되는 필수적인 금융 인프라였고, 과거 미국의 유사한 시도에 잘 굽히지 않았다는 점을 감안하면 이는 상당한 진전이었다.

미국 국가안보 기관에서 이러한 재무부의 위치 또한 변화하고 있었다. 해외자산통제국의 중요성이 더욱 커지면서 재무부는 오랫동안 담당했던 기존의 법 집행 권한을 새로 창설된 국토안보부에 넘겨주었다.[131] 그리고 재무부에서 비밀경호국, 세관, 주류·담배·화기 관리국이 사라졌다. 이상하게도 재무부는 세계 테러와의 전쟁에서 조직의 임무가 주목받던 그 시점에 국가안보에 관련된 예산과 인력의 95%를 잃었다.[132]

후안 자라테 Juan Zarate라는 젊은 변호사와 데이비드 아우프하우저 David Aufhauser라는 베테랑 엘리트 로펌 출신 변호사가 이끄는 소규모 재무부 관리들만이 조직의 재건을 위해 남았다. 그들은 의회와 협력하여 법 집행보다는 제재와 테러 자금 조달 방지에 더 중점을 두는 새로운 재무부서를 만들었다. 새로운 부서인 테러 및 금융정보국이 해외자산통제국을 감독하는 업무를 맡았고, 자체 정보기관도 갖게 되었다. 이로써 재무부는 세계에서 유일하게 조

미국 재무부 주요 조직도

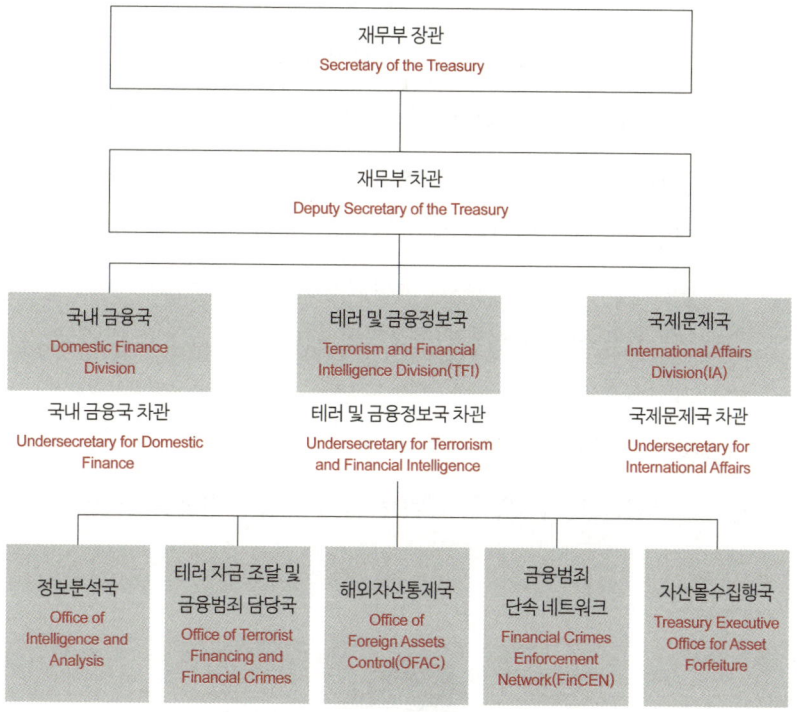

직 내부에 정보 기능을 갖춘 금융 부처가 되었다.[133]

이렇듯 2004년에 테러 및 금융정보국이 세워지고 운영되었다. 수백 명의 직원들과 1억 달러가 조금 넘는 예산(당시 곧 출시될 F-35 전투기 한 대 비용의 절반도 되지 않았다)만 투입될 정도로, 조직의 규모는 작았다.[134] 그러나 재무부는 마침내 새로운 사명에 맞는 기관의 구조를 갖추게 되었다. 이제 리더만 있으면 되었다.

법무부에서 빠르게 승진하던 스튜어트 레비는 재무부의 테러 및 금융정보국의 창설 소식을 듣고 짜증이 났다. '저들이 왜 계속 남아 있는 거지?' 그는 속에서 화가 치밀었다.

이제 41세가 된 레비는 재무부를 법무부의 테러 방지 노력에 대한 관료적 경쟁자나, 때로는 성가신 존재쯤으로 여겼다. 그래서 그는 2004년 초에 대통령 인사국장인 디나 파월Dina Powell로부터 테러 및 금융정보국의 초대 수장을 맡는 데 관심이 있는지 묻는 전화를 받았을 때 놀라지 않을 수 없었다. 레비는 잠시 주저한 끝에, 그 제안을 받아들였다. 레비는 정치적 임명직(정무직)이었고,

스튜어트 레비: 미국 재무부 최초의 테러 및 금융정보국 차관.

국가는 무엇으로 싸우는가

조지 W. 부시가 11월에 재선되지 못한다면 어차피 곧 새 직장을 찾아야 할 터였다. '이 상황에 새로운 기관인들 못 가겠어?'

레비는 테러 및 금융정보국이 주로 테러 자금 조달 네트워크를 뿌리 뽑는 데 집중할 것이라고 예상하지만, 자신의 책임에는 재무부의 제재 부서인 해외자산통제국을 감독하는 것도 포함되리라는 것을 알고 있기에 가능한 한 많은 제재 관련 학술 연구를 섭렵하려고 노력했다. 그가 읽은 논문의 대부분은 제재가 본질적으로 효과가 없는 이유를 설명하고 있었다("기대치가 아주 낮다는 것이 바로 내가 좋아했던 점이다"[135]라고 그는 훗날 농담조로 털어놓은 바 있다). 2004년 7월 상원에서 인준을 받은 후 레비는 재무부 2층의 휑뎅그렁하니 커다란 사무실에 자리를 잡았는데, 입구가 오래된 은행 금고문처럼 되어 있었다.[136] 그와 함께한 사람은 법무부의 재능 있는 젊은 동료 중 한 명인 애덤 주빈이었고, 레비의 부관으로 일하기로 했다.

레비가 이전에 테러 및 금융정보국을 의심의 눈초리로 바라보았던 것처럼, 그의 부하 직원들도 백악관이 자신들을 견제하기 위해 임명한 새 상사를 어떻게 대해야 할지 몰랐다. 테러 및 금융정보국 설립에 기여했던 재무부 관리 대니얼 글레이저Daniel Glaser는 처음에 레비의 부임을 '적대적 인수'로 보았다.[137] 글레이저는 돈세탁 방지 전문가로서, 헛소리를 용납하지 않는 작지만 단단하고 저돌적인 사람이었다. 그런 까닭에 처음에는 회의적이었지만 글레이저는 곧 레비의 가장 가까운 동맹이 되었다. 글레이저는 "그를 위해서라면 죽을 각오도 돼 있었다"라고 말했다.[138]

한편 미국 국가안보 생태계의 다른 부분에서는 테러 및 금융정보국을 달갑지 않은 신출내기들의 모임이라고 여기며 무시했다. 레비나 글레이저가 백악관 상황실 회의에 참석하여 국무부, 국방부, CIA 관계자들 옆에 앉으면, 그들은 종종 당혹스러운 눈빛을 보냈다. "재무부가 왜 여기에 있나요?"라는 질문이 흔하게 나왔다. 테러 및 금융정보국의 많은 간부들이 여전히 30대에서 40대 초반이어서 워싱턴의 평균적인 고위 관리들보다 눈에 띄게 젊은 점도 그런 분위기에 좋은 영향을 주지 못했다. 하지만 테러 및 금융정보국의 아웃사이더라는 위치는 레비와 그 구성원들에게 스스로 다잡을 수 있는 계기가 되었다. 그들이 진지하게 받아들여지려면 자기 일을 완벽하게 알아야 했다. 또한 이런 태도는 위계적이지 않고, 소매를 걷어붙이고 직접 부딪치는 조직 문화를 조성했다. 테러 및 금융정보국의 공동 창립자인 후안 자라테는 그들의 팀을 "비즈니스 정장을 입은 게릴라들"이라고 묘사했다.[139]

테러 및 금융정보국에서 레비의 주요 목표는 알카에다를 파산시키는 것 말고도, 대량 살상 무기를 만들려는 정권의 자금 지원을 차단하는 것까지 포함하고 있었다.[140] 당시 용어로 '불량 국가 rogue state'는 그런 파괴적인 무기를 테러리스트에게 전달할 수 있는 정권을 의미했다. 가장 우려되는 국가는 부시 대통령이 2002년 의회 국정 연설에서 "악의 축"으로 지목한 이라크, 이란, 북한 3개국이었다.[141]

레비가 테러 및 금융정보국에 부임했을 때, 미군은 이라크를 점령하고 있었다. 이란은 여전히 걱정스러운 상황이었지만 일단 긴장은 누그러드는 중이었다. 이란의 개혁주의 대통령인 모하마드 하타미 Mohammad Khatami는 당시 이란의 우라늄 농축 프로그램을 중단하고, 핵 시설에 대한 좀 더 엄격한 사찰을 허용하기로 영국, 프랑스, 독일과 합의했다.[142] 반면 북한과의 긴장은 고조되고 있었다.

07 경제 무기의 시험

An Economic Weapons Test

2005년 초, 미국과 북한 간의 긴장이 고조되었다. 평양은 오랫동안 핵 기술을 실험해 왔지만, 그해 2월에 공식적으로 "핵무기를 제조했다"라고 선언했다.[143]

더욱 불길한 것은 북한의 한 고위 관리가 "미국이 우리를 궁지에 몰면" 핵 물질을 테러리스트에게 넘기겠다고 위협했다는 점이다.[144]

미국 정부는 이런 위협을 심각하게 받아들일 수밖에 없었다. 특히 북한이 핵무기의 핵심 재료인 우라늄 헥사플루오라이드를 2톤 가까이 비밀리에 리비아로 전달했다는 증거를 당시 포착했기 때문이다.[145] 이에 백악관은 평양의 핵 활동을 막을 수 있는 새로운

국가는 무엇으로 싸우는가

접근 방식을 모색하고 있었다.

북한이 '은둔의 왕국Hermit Kingdom'이라는 별명을 얻은 데에는 그럴 만한 이유가 있다. 북한은 세계 주류 경제와 연결고리가 거의 없었고, 미국과의 연계도 없었다. 유일한 주요 무역 상대국이자 후원국인 중국은 북한에 식량과 에너지 자원을 원조했고,[146] 북한이 섬유, 석탄, 기타 광물을 중국에 수출하는 대가로 소액의 외화 수입도 제공했다.[147]

중국은 1950년대 초 한국전쟁 이래로 명목상 공산주의 정권인 북한을 지지하고 있었는데, 그 정권의 후계자인 억압적인 독재자 김정일을 통제할 수는 없었다. 게다가 중국은 유엔안전보장이사회에서 거부권을 가지고 있었기 때문에, 북한에 1990년대 이라크에 부과한 것 같은 포괄적인 다자간 제재는 애초에 실행할 수도 없었다.

스튜어트 레비는 이 북한 문제를 테러 및 금융정보국의 가치를 증명할 기회로 보았다. 북한 경제는 마약, 위조 말보로 담배, 그리고 세계 최초의 100달러 위조지폐 수출로 운영되는 거대한 범죄 기업이라고 해도 과언이 아니었기 때문이다.[148]

이러한 불법 활동으로 이익을 얻고, 핵 프로그램에 필요한 부품을 확보하기 위해서 북한은 국제 금융 시스템에 접근하지 않을 수 없었다.

그리고 2005년까지 테러 및 금융정보국은 북한이 그런 접근을 획득할 수 있는 주요 연결고리를 확인했다. 그곳은 중국의 해안 도시 마카오에 본사를 둔 소규모 은행인 방코델타아시아BDA였다.

테러 및 금융정보국 관계자들은 북한 정권이 이 은행의 금융 네트워크를 활용하는 대가로 은행에 수수료를 지불하고 있다는 사실을 발견했다.

방코델타아시아는 평양이 계좌를 개설하고 송금하고 대량의 현금을 예치하는 것을 허용했다.[149] 방코델타아시아가 북한에 금융 서비스를 제공하는 유일한 중국 은행은 아니었지만, 그 은둔의 왕국이 외부 세계와 연결되는 가장 중요한 통로 중 하나인 것은 사실이었다.

2005년 여름, 레비와 대니얼 글레이저는 방코델타아시아를 애국법 제311조에 명시된 '주요 자금세탁 우려 대상'으로 지정하기 위한 노력을 기울였다.[150] 이 지정으로 테러 및 금융정보국은 해당 은행의 미국 금융 시스템과의 연결을 차단하는 등 다양한 처벌 조치를 가할 수 있게 될 터였다.[151]

레비와 대니얼 글레이저는 이와 같은 처벌을 통한 위협만으로도 금융기관들이 북한 정권과의 사업 관계를 끊을 수 있을 것으로 기대했다.

그 후 재무부에서 국가안전보장회의NSC로 옮긴 후안 자라테가 백악관 내에서 이 정책을 지지했다. 방코델타아시아는 규모가 작았기 때문에 이런 움직임이 미국의 은행 부문은 물론이고, 중국의 은행 부문에 달갑잖은 파장을 일으킬 가능성은 거의 없을 것으로 보였다. 그러나 이 제재로 미국이 북한의 경제적 생명선을 압박할 수 있는 힘을 가졌다는 것을 평양에 보여줄 수는 있었다.

군사력을 동원하지 않는 정책 방안이 절실했던 부시 대통령은

국가는 무엇으로 싸우는가

이 제안에 서명했다.[152] 2005년 9월 15일, 재무부는 방코델타아시아를 '주요 자금세탁 우려 대상'으로 지정하고, 훗날 이 은행을 미국 금융 시스템에서 분리할 의사가 있음을 밝혔다.[153] 서류상으로 보면 이 조치는 단순한 경고 사격에 불과했지만, 그것은 마치 주홍글씨처럼 강력한 영향력을 미쳤다.

마카오 당국은 방코델타아시아에 보관된 북한 자산 2,500만 달러를 동결하고, 은행을 장악하여 공포에 빠진 고객들의 예금 인출을 막았다.[154] 곧 중국 전역을 비롯한 그 너머 여러 나라의 은행들까지 북한과의 관계를 끊기 시작했다.[155] 다음 차례로 조사받게 될지도 모른다는 우려 때문이었다.

글레이저는 "제재 정책의 진정한 신봉자였던 나 같은 사람들이 보기에도" 그 반응 속도와 범위가 놀라웠다고 회상했다.[156]

9.11 테러 이후 전 세계 은행들은 애국법 같은 새로운 미국의 법률을 위반하지 않으려 전전긍긍했다. 마찬가지로 중요한 점은 그들이 '테러리즘 지지자'나 '핵 확산 조장자' 같은 오명을 쓸 경우 나타날 결과를 두려워했다는 것이다. 어떤 은행의 경영진도 자신의 손에 또 다른 9.11 사태의 피를 묻히는 위험을 감수하고 싶어 하지 않았다.

미국의 국가안보 기관의 원로들은 깜짝 놀랐다. 부시 행정부 시절 CIA와 국가안보국NSA을 이끈 공군 장군 마이클 헤이든Michael Hayden은 이 작전을 "21세기 정밀 유도 무기"에 비유할 정도였다.[157] 평양조차도 그 충격을 부인할 수 없었다.

술을 너무 많이 마신 어느 북한 관리가 "당신들… 당신들 미국

인이 마침내 우리를 해칠 방법을 찾아냈군"이라며 미국 측 담당자에게 인정할 정도였다.[158]

그 이후로 레비와 글레이저는 더 이상 백악관 상황실에서 자신들의 존재를 정당화할 필요가 없었다. 그러나 큰 틀에서 보면 방코델타아시아에 대한 조치는 작은 규모의 개념을 증명한 것에 불과했다. 테러 및 금융정보국은 정교한 경제 무기를 적용할 수 있음을 보여주었지만, 그런 무기는 소규모 표적에만 효과가 있다는 것을 확인했을 뿐이다.

이 조치로 북한의 자산 약 2,500만 달러가 동결되었는데, 이는 샤킬 오닐이 그해 마이애미 히트에서 농구로 번 돈과 거의 같은 금액일 뿐이었다.[159]

그리고 이 같은 자금 동결은 미국이 협상 테이블에서 더 많은 영향력을 행사할 수 있게 해주었지만, 평양의 핵 계산을 바꾸기에는 충분하지 않았다.[160]

세계화의 흐름에서 고립된 적을 상대로 경제전쟁을 하는 데는 한계가 있었다. 그러나 이 사건은 극도로 금융화되고 상호 연결된 세계 경제에서 미국이 행사할 수 있는 힘을 암시했다.

미국의 새로운 경제 무기를 시험할 주요 장소는 북한보다 훨씬 크고, 또 훨씬 긴밀한 관계를 맺고 있는 나라였다. 그 나라는 머지않아 급진 강경파를 대통령으로 세우고, 핵 프로그램을 가속화할 것이었다.

2006년, 전쟁 이외의 해결책을 절실히 원했던 미국은 이 나라를 경제적 표적으로 조준했다. 바야흐로 경제전쟁 시대가 시작된 것이다.

그 나라는, 바로 이란이었다.

제2부

이란과 폭탄

기술관료

The Technocrat

애덤 주빈이 이란 관리를 처음 만난 것은 미국의 경제전쟁에서 최고 사령관으로 거의 10년을 지낸 뒤인 2013년 10월 2일이 되어서였다.

그들은 중립지대인 스위스 제네바의 팔레 데 나시옹Palais des Nations(유엔의 유럽 본부 건물-옮긴이)에서 협상하기로 합의했다. 프랑스 알프스의 전망이 펼쳐진 호숫가에 자리 잡은 신고전주의 양식의 보석 같은 건물인 팔레는 수수한 재무부 별관에 있는 주빈의 평소 사무실과는 전혀 다른 세상이었다. 한편 40세의 젊은 외모와 책벌레 같은 뿔테 안경을 쓴 주빈을 보고, 그가 세계에서 가장 무서운 경제 무기고를 책임지는 직책에서 권력을 행사하는 인물로 추측하기는 어려웠다. 8,000만 명이 넘는 인구를 가진 이란은 주빈에게 가장 어려우면서도 가치가 높은 목표 대상이었다. 그러나 최근 몇 년 동안 그의 사무실에서 쏟아져 나온 수많은 지침은 이란과 세계 경제의 연결고리를 천천히 그러나 확실히 단절시켰다. 이번 제네바 회의는 이란 정부가 압박을 느끼고 있다는 것을 보여주는 가장 분명한 신호였다.

이란의 핵 능력이 무서운 속도로 진전되고 있었기 때문에 미국은 그에 대응해 제재를 가했었다. 지난 2003년에 미국은 대량 살상 무기를 찾기 위해 이라크를 침공하고 사담 후세인 정권을 전복하기까지 했지만 그런 무기는 존재하지 않는 것으로 밝혀졌다. 반면 이란의 핵 프로그램은 너무나 현실적이었다. 이란 영토 내에서 작동하는 수천 개의 핵 원심분리기에 더해, 이란 정부가 국경 너머에서 벌이는 활동은 더욱 우려스러웠다.[1] 이슬람 혁명수비대와 헤즈볼라 같은 이란 정부의 무장 대리인들이 매일 파괴를 저지르고 있었기 때문이다. 이란의 마흐무드 아흐마디네자드Mahmoud Ahmadinejad 대통령이 이스라엘을 "지도에서 지워버리겠다"라고 했을 때, 그의 말은 공허한 위협이라기보다는 의도를 드러낸 선언처럼 들렸다.[2] 미국과 이스라엘은 모두 이란의 핵 개발을 용납하지 않을 것이라는 점을 분명히 했다. 하지만 미국 정부의 누구도 중동에서 또 다른 전쟁이 일어나기를 바라는 사람은 없었다.

군사력을 사용하지 않는 해결책을 고안하는 것은 주빈의 몫이었다. 이란이 핵 프로그램을 포기하도록 하려면 미국이 실질적인 경제적 고통을 안겨 줘야 했다. 그러나 이란은 오랫동안 미국의 무역 제재를 받아왔고, 1979년 인질 사태 이후로는 미국 경제와 의미 있는 관계를 거의 맺지 못했다. 미국 관리들은 이란 정권을 미국 시장뿐만 아니라 세계 경제 전체에서 차단할 방법이 필요했다. 이처럼 전례 없는 규모의 야심 찬 경제전쟁을 벌이려면 새로운 무기를 개발하고 새로운 현장 지침서를 만들어야 했다. 워싱턴 권력의 중심지에서 처음에 많은 사람들은 이 아이디어를 허황된 꿈으로 치부했다. 주빈이 회의론자들이 틀렸다는 것을 증명하는 데는 수년의 노력이 필요했다.

2006년, 즉 스튜어트 레비의 오른팔로 재무부에 합류한 지 2년이 지났을 무렵 주빈은 재무부 해외자산통제국을 이끄는 책임자로 임명되었다. 해외자산통제국의 업무는 공직을 시작한 지 얼마 안 되는 30대 공무원으로서는 흔히 맡기 힘든 책임이 뒤따랐다. 하지만 주빈의 차분한 기질과 세부적인 것을 놓치지 않는 안목 덕분에 금세 사람들에게 인정받았다.

주빈은 뉴저지주 티넥의 독실한 유대교 가정에서 자랐다.[3] 그의 아버지 즈비Zvi는 1933년 폴란드에서 태어났고, 어린 시절을 나치를 피하기 위해 도망치며 보냈다. 즈비는 결국 팔레스타인에 도착할 수 있었고, 1948년 아랍-이스라엘 전쟁을 겪으며 성장해 랍비 서품을 받았다. 그는 훗날 미국으로 이주하여 뉴욕시립대학교의 존경받는 학자가 되었다. 주빈의 어머니인 로리Laurie는 애덤

이 10대가 될 때까지 수년간 가정주부로 지내다, 로스쿨에 진학하여 이후 행정 판사가 되었다.

즈비와 로리의 이 같은 종교적 엄숙함과 지적 엄격함이 합쳐져 아들에게 영향을 미쳤다. 주빈은 맨해튼의 유대인 주간 학교를 졸업한 후, 예루살렘 남쪽 산간 지역에서 1년을 보내며 세계 최고의 토라 연구기관 중 하나인 예시바트 하르 에치온Yeshivat Har Etzion에 다녔다. 학생들은 이른 아침부터 늦은 밤까지 히브리어와 아람어 원문으로 된 고대 문헌을 분석하는 등 강도 높은 교육 과정을 거쳐야 했다. 주빈은 나중에 "아마도 내가 지금까지 살면서 가장 지적으로 힘든 곳이었을 것이다. 그리고 확실히 가장 열심히 공부한 곳이기도 했다"라고 회상했다.[4]

주빈은 깊은 종교적 헌신을 통해 얻을 수 있는 보람을 직접 경험했지만, 그 어두운 면 또한 알고 있었다. 그는 하버드에서 학사 과정을 마치고 로스쿨을 다녔으며, 세상의 종말이 가까워졌다고 믿는 종파인 메시아 운동에 관심을 두기도 했었다. 그는 1993년에 연방 요원들이 51일 동안 포위 공격을 하여 76명이 사망한 사건으로 유명한 텍사스주 와코에 본거지를 둔 다윗교를 연구한 바 있다. 이후 그는 공익 변호사가 되는 것에 대해 생각해 보았다. 하지만 학자금 대출 부담에 짓눌리는 많은 법학생들처럼 주빈도 곧 돈 걱정을 덜하면서 세상을 개선할 방법을 모색하기 시작했다.

그 길을 따라 주빈은 정부에서 일하게 되었고, 결국 미국 대표단의 일원으로서 제네바의 유엔 사무소에 이르게 되었다. 미국 재무부 관계자가 이란과의 핵 회담에 참여한 것은 이번이 처음이었

애덤 주빈: 전 미국 재무부 해외자산통제국(OFAC)의 국장.

다. 언론은 주빈의 참석을 매우 의미 있는 것으로 해석했는데, 이는 오바마 행정부가 협상 테이블에서 가장 귀중한 카드(즉 제재 완화)를 진지하게 고려하고 있다는 신호라고 보았기 때문이다.[5]

그런데 주빈이 워싱턴으로 돌아와 보니, 해외자산통제국 사무실이 아무도 없이 텅 비어 있었다.[6] 연방 정부는 의회 내 티파티 공화당원들이 오바마케어를 폐지하기 위해 애쓴 결과, 몇 주 동안 일시적 업무 정지 shutdown 상태에 있었다. 해외자산통제국의 거의 모든 직원을 포함하여 80만 명이 넘는 연방 정부 직원들이 휴직 상태였다. 재무부의 최고 이란 전문가 중 한 명인 앤드루 젠슨 Andrew Jensen은 버지니아주 프레더릭스버그에 있는 자기 집 현관의 흔들의자에 앉아 지루함을 달래던 중에, 즉시 사무실로 출근하라는 전화를 받았다. 이처럼 그와 몇몇 재무부 직원들이 주빈의 임무를

국가는 무엇으로 싸우는가

지원하기 위해 며칠 동안 보수도 받지 않고 일했으며, 이란의 핵 양보와 교환할 수 있는 제재 완화에 관한 아이디어를 만들어냈다.

이란의 핵 사절단 대표인 아바스 아라그치Abbas Araghchi와 하미드 바에디네자드Hamid Baeidinejad를 만난 주빈은 그들이 미국의 제재 정책에 대응하며 지휘하는 모습에 깊은 인상을 받았다. 아라그치와 바에디네자드는 해외자산통제국 정책 전문가들이 사용하는 난해한 전문 용어부터 관료들이 사용하는 약어까지 전부 구사하고 있었다. 미국의 제재를 연구하고 대응책을 마련하려는 이란 정부의 내부적인 노력이 상당히 진보된 수준이라는 점이 분명했다. 2013년 가을 즈음, 이란 관리들은 미국의 제재를 심각하게 받아들일 수밖에 없었다. 그 전해에 이란은 거의 20년 만에 처음으로 경기침체를 겪었고, 2013년 초에는 경화hard currency(금 또는 각국의 통화와 언제든 바꿀 수 있는 화폐로 미국의 달러가 대표적이다. 반대로 한국의 원화는 연화이다.-옮긴이)에 대한 접근성이 완전히 끊겼기 때문이다. 이란 정부는 돈이 고갈되고 있었다.

수년 동안 이란의 정치인들은 국제적 압력이 자국 경제에 해를 끼치고 있다는 사실을 부인해 왔다. 하지만 2013년 6월 이란 대선을 앞두고 한 후보가 이란을 제재의 제약으로부터 해방하겠다고 약속하는 즉흥적인 발언을 했고, 그는 압도적인 승리를 거두었다. 8월에 하산 로하니는 대통령으로 취임한 지 며칠 만에, 이란 정부가 워싱턴과 협상할 준비가 되었다는 신호를 보냈다.

09 '이빨 빠진 호랑이'에
맞선 이란

Iran Stares Down a "Toothless Tiger"

이란이 제네바로 오기까지 그 길은 결코 순탄하지
않았다.

이란이 핵 프로그램 제한을 수용하도록 충분한 압력을 가하는
데는 수년이 걸렸다. 이러한 노력은 미국의 복잡하고, 종종 기능
장애를 일으키는 정책 결정 과정을 뚫고 나가야 하는 것이었다.
이를테면 하버드 출신 변호사들, 말재주가 좋은 외교관들, 저돌적
으로 밀어붙이는 로비스트들, 여론을 만드는 데 능한 싱크탱크의
학자들, 그리고 앙숙인 의원들끼리 맞고함을 치고 반역죄를 운운
하며 비난하는 상황 등을 말이다. 그야말로 지그문트 프로이
트Sigmund Freud가 말한 "작은 차이에 대한 자기애"[7]의 전형적인 사

례로, 근본적으로 비슷한 진영이 서로를 구분 짓는 사소한 부분을 놓고 충돌하는 모양새였다. 하지만 논쟁적임에도 불구하고, 아니 어쩌면 그런 점 때문에 그들은 공동의 목표에 대한 실행 가능한 해결책을 찾아낼 수 있었다.

그들 중 누구라도 없었다면 이란 압박 캠페인은 그렇게 성공적이지 못했을 것이다. 결국 혼란 속에서 질서를 만들어낸 것은 (스튜어트 레비, 애덤 주빈, 그리고 레비의 뒤를 이어 테러 및 금융정보국의 책임자가 된 데이비드 코헨이 이끄는) 재무부의 핵심 팀이었다. 그 과정에서 그들은 새로운 유형의 워싱턴 관리인 제재 기술관료를 탄생시켰고, 국가안보 생태계의 주축이 되었다. 경제전쟁에서 제재 기술관료는 군사적 분쟁에서 장군이나 제독 같은 존재였다. 그들은 공격 계획을 수립하고, 지도자들의 승인을 받아 군대를 지휘했다.

제재 기술관료들과 그들의 방법이 이란에 대한 미국의 정책이라는 호된 시련 속에서 형성된 것은 우연이 아니다. 이란은 무시하기에는 너무도 크고 파괴적인 적이기 때문이다. 이란은 이집트에 이어 중동에서 두 번째로 인구가 많은 나라이며, 교육 수준이 높고 역동적인 중산층이 있다.[8] 대륙 면적으로만 따지면, 이란은 사우디아라비아에 이어 그 지역에서 두 번째로 큰 나라이다. 이란은 중동과 남아시아의 전략적 교차로에 자리 잡은 지리적 행운을 가지고 있으며, 전 세계 석유 공급량의 20%가 흐르는 좁은 수로인 호르무즈해협의 문지기 역할을 하고 있다.[9] 또한 막대한 석유 매장량(세계 3위)과 천연가스 매장량(러시아에 이어 두 번째)을 가진 에너지 강국이기도 하다.[10]

1979년 혁명으로 이란의 샤shah(이란의 군주 칭호-옮긴이)가 권좌에서 물러나고 이슬람 공화국이 수립된 이래로, 이 모든 자원은 중동 전역으로 영향력을 확대하고 미국과 동맹국의 이익을 훼손하려는 이슬람 혁명 정권의 손에 넘어갔다. 만일 이 정권이 핵무기를 보유하게 된다면, 그들의 야망을 억제하는 것은 더욱 어려워질 것이고 어쩌면 불가능해질 수도 있었다.

미국이 당면한 가장 어려운 다른 국제적 과제들과 마찬가지로, 이란의 핵 추구 역시 적어도 부분적으로는 미국에 의해 만들어진 것이다.[11] 1957년 드와이트 아이젠하워 Dwight D. Eisenhower 대통령 행정부는 평화를 위한 원자력 Atoms for Peace 프로그램에 따라 이란과 민간 핵 협력 협정을 맺었다.[12] 이 협정은 미국 정부가 소련의 궤도에서 벗어나기를 바랐던 국가들과 과학 전문 지식 및 핵에너지 장비를 공유한다는 냉전 시기의 구상 중 하나였다. 10년 후 미국은 이 거래를 성사시켰고, 이란에 오늘날에도 사용 중인 5메가와트급 연구용 원자로를 공급했다.[13] 이란은 그 연료인 고농축 우라늄을 비축하고 있다. 또한 이란 정부는 수십 명의 젊은 과학자들을 MIT와 다른 미국의 최고 대학으로 유학을 보내 세계적 수준의 핵공학 교육을 받게 했다.[14] 이후 그들은 고국으로 돌아와 이란 핵 프로그램의 기반을 구축했다.

이 모든 일은 극도로 억압적이면서도 굳건한 친미주의 성향의 모하마드 레자 샤 팔라비 Mohammad Reza Shah Pahlavi가 통치하는 시대에 일어났다. 1970년대에 리처드 닉슨은 중동 지역의 안정을 확보하고 세계 시장으로 석유가 자유롭게 흐르도록 사우디아라비

국가는 무엇으로 싸우는가

아뿐만 아니라 이란의 도움을 받고자 했다. 기존의 샤 정권을 강화하기 위해 닉슨 행정부는 이란에 수십억 달러 규모의 미국 군사 장비를 판매했다. 이러한 대규모 무기 거래에는 1986년 블록버스터 영화 〈탑건 Top Gun〉으로 유명해진 F-14 톰캣 전투기 편대도 포함되었는데,[15] 그중 다수는 오늘날에도 이란에서 운용되고 있다.

1979년 혁명으로 이란은 하룻밤 사이에 아군에서 적군으로 변했다. 그해 11월, 급진적인 이란 학생들이 테헤란에 있는 미국 대사관을 습격하여 미국인 52명을 인질로 잡은 사건이 그 현실을 확실히 보여주었다. 지미 카터 대통령은 1977년에 제정한 법률인 국제비상경제권한법을 통해 대응했다. 이것은 국가 비상사태 시 미국 경제를 무기화할 수 있는 특별한 권한, 즉 상대국을 경제 제재할 수 있는 권한을 대통령에게 부여하는 법안이었다. 카터는 이 법을 최초로 적용해 이란의 120억 달러 규모의 자산을 동결하고, 미국과 이란의 무역 및 외교 관계를 단절했다.[16]

이란은 미국에 크게 의존하고 있었는데, 당시 미국은 이란의 최대 무역 상대국이자 이란 해외 무역의 20%를 차지하는 나라였다.[17] 이러한 처벌은 이란 경제에 큰 타격을 입혔다. 444일이라는 고뇌의 시간 끝에, 워싱턴과 테헤란은 1981년 1월 19일(카터 대통령의 임기 마지막 날) 휴전에 합의했다. 미국은 이란에 대한 120억 달러 규모의 자산동결을 해제했고, 그 대가로 이란은 인질들을 석방했다. 카터의 수석 고문 중 한 명은 훗날 이렇게 회고했다. "결국 최종 합의를 성사시킨 것은 동결된 자산으로 인한 지렛대 효과였다.[18] 신생 이란 정권은 현금이 절실하게 필요했다."

알제 협정Algiers Accords으로 알려진 이 거래로 대부분의 제재가 철회되었지만 이미 일어난 피해는 돌이킬 수 없었다. 1981년까지 미국의 이란산 물품 수입은 혁명 직전에 비해 약 99%나 감소했고, 그 뒤로도 양국 간의 무역 관계는 결코 회복되지 못했다. 이는 전반적으로 이란의 새 정권 탓이 큰데 그들의 파괴적인 행위가 인질 사태 위기로 끝나지 않고, 계속해서 미국 투자자들을 겁주어 쫓아냈기 때문이다. 결국 테헤란의 일련의 거친 행동은 제재를 다시 부과하는 결과를 낳았다.

혁명 직후, 곧 이란 이슬람 공화국의 첫 번째 최고 지도자로 취임하게 될 아야톨라 루홀라 호메이니Ayatollah Ruhollah Khomeini는 이란의 강경 신정神政 체제를 국내적으로 수호하고 해외로 이념을 전파하는 임무를 맡은 준군사 조직인 이슬람 혁명수비대의 창설을 명령했다. 1982년 이슬람 혁명수비대는 레바논의 극단주의 단체인 헤즈볼라의 창설을 감독했다. 그 후 몇 년 동안 헤즈볼라는 이슬람 혁명수비대의 훈련과 지원을 받아 일련의 폭력적인 테러 공격을 감행했다. 그중에는 1983년 베이루트에 있는 미 해병대 막사를 폭파해 미군 241명이 사망한 사건도 있다. 그사이에 이란 정권은 물리학연구센터라는 극비 조직을 통해 핵 프로그램에 대한 투자를 재개했다.[19] 소련의 전 핵무기 과학자인 뱌체슬라프 다닐렌코Vyacheslav Danilenko의 도움을 받아 이 물리학연구센터는 핵폭탄 개발에 관한 중요한 연구를 수행했다. 이란 정부가 이 같은 치명적인 활동을 벌이자, 미국은 인질 사태 당시의 수준으로 제재를 점차 강화했다.

국가는 무엇으로 싸우는가

하지만 이번에는 처벌이 별로 효과가 없었다.[20] 이란의 경제가 큰 타격을 입지도 않았다. 인질 사태 이후 이란 기업들이 의도적으로 미국에서 벗어나고자 노력해 왔기 때문이다. 이제 이란 경제는 미국의 제재에도 불구하고 다른 신흥 시장들과 비슷한 속도로 성장하고 있었다. 이란의 혁명 정권은 권력을 확고히 장악했고 테러 집단을 계속 지원했으며, 핵 역량을 갖추기 위한 투자도 멈추지 않았다.

미국 제재 무용론은 1995년 휴스턴에 본사를 둔 석유 회사 코노코Conoco가 이란과의 대규모 해상 유전 개발 계약을 체결하면서 불거졌다. 이는 이란의 혁명 이후 미국 기업과 이란 사이에 성사된 첫 번째 에너지 거래였으며, 미국이 부과하는 제재의 굴레를 벗어난 것이었다[21](코노코는 당시 합법적이었던 해외 자회사를 통해 계약을 체결함으로써 미국의 제한 조치를 피해 갔다). 정치적 압박이 거세지자, 빌 클린턴 대통령은 미국 기업들이 이란의 석유 프로젝트에 참여하는 것을 명시적으로 금지하는 행정명령을 발표했다.[22] 코노코는 재빨리 거래를 철회했지만,[23] 그로부터 몇 달 지나지 않아 프랑스 에너지 대기업인 토탈Total이 코노코가 포기한 바로 그 유전을 개발하기 위한 계약을 체결했다고 발표했다.[24] 이란은 여기에 덧붙여 빠른 속도로 12곳 정도의 미국 이외의 기업들과 잇달아 에너지 계약을 체결했다.[25] 미국의 제재는 피해를 주고 있었지만, 그 피해는 결국 이란이 아닌 미국 기업들에게 돌아갔다.

분노한 미국 의회는 즉각 행동에 나섰다. 1996년 7월, 하원과 상원은 이란 및 리비아 제재법ILSA이라는 획기적인 법안을 만장일치로 통과시켰다. 이 법안은 미국이 이란에 직접 제재를 가하는 것이 아니라, 이란과 사업을 하는 외국 기업을 겨냥했다는 점에서 독특했는데, 이들 기업 중 다수는 미국의 동맹국에 본사를 두고 있었다. 이 법안은 (코노코가 계약을 철회한 후 토탈이 한 것처럼) 이란의 에너지 부문에 상당한 규모의 투자를 하는 모든 기업에 대해 소재지와 관계없이 처벌을 내리겠다는 위협적인 규정이었다. 이로써 유럽 기업들이 이란 에너지에 투자하면, 미국의 제재로 인해 타격을 받을 위험이 생겼다. 사실상 이 법은 미국의 친구들에게 다음과 같은 최후통첩이나 마찬가지였다. "이란에 대한 미국의 정책에 동참하라. 그렇지 않으면 당신의 기업은 그 결과를 감수해야 할 것이다."

이란 및 리비아 제재법은 미국이 이란을 넘어 그들의 해외 사업 파트너를 표적으로 삼아, '2차 제재'로 알려진 조치를 행사하려는 최초의 시도였다. 이는 매우 이례적인 조치였고, 당연히 유럽 내 미국의 동맹국에게는 달갑지 않은 일이었다. 유럽연합의 무역 담당 위원인 리언 브리튼Sir Leon Brittan (그는 영국의 장관 출신 의원이다.-옮긴이)은 이란 및 리비아 제재법을 "법역을 벗어난 법"이라고 비난했다.[26] 이는 미국 정부가 어떠한 말을 할 권한이 없는 곳에서 결정을 좌우하려는 부당한 시도를 한다는 뜻이었다. 브리튼의 촉구에 따라, 유럽연합은 유럽 기업들이 향후 이란 및 리비아 제재법이나 다른 미국의 2차 제재를 준수하는 것을 불법으로 규정하는 법안을 통과시켰다.[27]

미국 의회의 열의는 본격적인 대서양 동맹 사이의 위기로 번지고 있었다. 그러는 동안에도 이란은 새로운 사업 계약을 체결하느라 바빴다. 이란 및 리비아 제재법이 통과된 다음 해인 1997년, 토탈을 비롯한 여러 외국 기업들은 이란의 사우스 파스South Pars 가스전을 개발한다는 주요 계획을 발표했다. 새로운 미국 법에 따르면 이런 투자는 명백히 미국의 제재를 받아야 했으므로, 의회 의원들은 조치를 요구했다. 국무부 장관인 매들린 올브라이트Madeleine Albright의 지시에 따라 국무부 수석 특사인 스튜어트 아이전스탯Stuart Eizenstat과 이란 및 리비아 제재법의 주요 후원자인 알 다마토Al D'Amato 상원의원이 리언 브리튼과 만나기 위해 비행기에 탑승했다. 그들은 힘든 협상 끝에 합의에 도달했다. 이란 및 리비아 제재법에 따른 제재를 면제받는 대가로, 유럽연합은 이란에 대한 수출 제한을 일부 강화하기로 했다. 그리고 유럽연합과 향후 발생할 대립을 방지하기 위해 올브라이트는 곧 이 합의를 일반적인 타협으로 확대했다.[28] 유럽연합이 이란 문제를 두고 미국과 협력할 의향이 있다면, 미국 정부는 이란 및 리비아 제재법을 위반하는 유럽 기업들에 대한 처벌을 자제하겠다는 것이었다.

하지만 이 합의에서 유럽연합의 협력이 무엇인지는 모호했다. 그 후 수년 동안 유럽의 에너지 기업들은 이란의 석유와 가스 부문에 계속해서 자금과 전문 기술을 쏟아부었다. 그 결과 이란 정권은 수십억 달러의 오일머니를 긁어모았고, 핵 프로그램은 급속히 발전했다. 결국 이란 및 리비아 제재법에 따른 2차 제재는 시행되지 않았고, 대서양 동맹 관계의 파탄만 남겼을 뿐이다. 아이전스탯이 유럽연합과의 타협을 도운 지 수년이 지난 2004년, 그는 이란 및 리비아 제재법이 "지치고 이빨 빠진 호랑이"가 되었다고 밝혔다. 그리고 의회에 이 법이 "자연사"하도록, 즉 자연스럽게 폐기되도록 내버려두라고 조언했다(이 법은 1996년에 5년 기한으로 제정되었지만, 여러 차례 연장되어 2016년 12월 1일에 10년 더 연장되었다.–옮긴이).[29]

위험한 사업

Risky Business

2004년 9월 30일, 야자수가 늘어선 마이애미대학교 캠퍼스에서 조지 W. 부시 대통령은 민주당 경쟁자인 존 케리 상원의원과 첫 대선 토론을 벌였다. 미국 입장에서 이라크 전쟁은 순조롭지 못했다. 당시 조사관들은 사담 후세인의 핵 프로그램(미국이 이라크 침공을 감행한 명분)이 부시 대통령이 군대에 전투를 명령하기 10년도 더 전에 중단되었다는 결론을 내렸다. 마이애미에서 대선 토론이 시작되기 몇 시간 전, 미국의 이라크 침공 이후 이라크의 대량 살상 무기를 조사하는 임무를 맡은 전문가들인 이라크 조사단은 이라크가 그런 무기를 추구했었다는 "증거가 없다"라고 선언하는 최종 보고서를 발표했다.[30]

하지만 이란에 대해서는 그 보고와 같다고 할 수 없었다.

2년 전, 콧수염을 기른 이란 반체제 인사인 알리레자 자파르자데Alireza Jafarzadeh는 백악관에서 가까운 윌러드 호텔에서 기자회견을 열었다. 이스라엘 정보기관과 관련이 있던 자파르자데가 폭탄 발언을 던진 것이다. 이란 정권이 비밀리에 핵 시설을 건설하고 있다는 내용이었다.[31] 그는 지도 위에 두 곳의 비밀 장소를 지적했다.[32] 하나는 이란 정권에 고농축 우라늄을 공급할 수 있는 사막 도시 나탄즈의 농축 공장이었고, 다른 하나는 플루토늄을 공급할 수 있는 아라크의 중수heavy water 생산 공장이었다. 이 장소들은 이란이 핵무기를 개발할 수 있는 두 가지 확실한 경로를 제공한 것이나 다름없었다. 이 시설들은 사담 후세인이 소유했던 어떤 시설보다 엄청나게 발전된 것이었다. 이 폭로는 이란을 '악의 축'으로 규정했던 부시 행정부를 곤란한 지경에 빠뜨렸다.[33] 사실일지도 모른다고 생각한 가상의 핵 프로그램을 막기 위해 이라크를 침공할 가치가 있었다면, 실제 핵 프로그램을 막기 위해 이란을 침공하는 것은 가치 있는 일일까?

그 질문은 마이애미의 토론장 전체에 짙고 습한 공기처럼 떠돌았다. 부시와 케리 모두 핵확산을 미국의 가장 심각한 도전이라고 선언했으며, 둘 다 이란의 핵 프로그램이 특히 위험하다고 지목했다. 하지만 이들 모두 좋은 해결책은 가지고 있지 않았다. 두 후보는 선제적 군사 공격을 다시 명령할 것인지에 대한 질문을 회피했다. 그리고 케리가 이란에 추가 제재를 할 가능성을 언급했을 때, 부시는 연단 쪽으로 몸을 숙이며 믿을 수 없다는 듯이 눈썹을 찌

푸렸다. 마치 상대방의 명백한 허위 주장에 격분한 고등학생 토론
자처럼 행동했다. "우리는 이미 이란을 제재했습니다! 더 이상 그
들을 제재할 수 없습니다"라고 반박했다.[34]

부시는 미국 정부의 일반적인 생각을 표현한 것이었다. 미국이
이란의 핵 프로그램을 중단시키기 위해 제재를 시도했지만 실패
했다는 사실을 말이다. 부시는 재선에 성공한 직후 자신의 견해를
반복해서 밝혔다. 그는 백악관에서 열린 기자회견에서 "우리가 이
란에 제재를 너무 가한 나머지 오히려 이란에 대한 영향력을 잃고
말았습니다. … 지금 당장 이란을 움직일 만한 협상 수단이 별로
없습니다"라고 말했다.[35] 수십 년 동안의 제재 이후 미국은 이란
과 무역을 하지 않았고, 미국 기업들도 이란에 투자하지 않았다.
더 많은 제재를 하는 것은 무의미한 일이었다.

스튜어트 레비는 이런 체념하는 분위기를 개인적인 도전으로
받아들였다. 마이애미에서 부시-케리의 토론이 있기 몇 달 전, 레
비는 미국 재무부 최초의 테러 및 금융정보국 담당 차관으로 확정
되었다. 레비의 차분하고 변호사다운 태도 이면에는 경쟁심이 강
하고 공격적인 인물이 숨어 있었다. 그는 재무부가 새로 만든 테
러 및 금융정보국 부서를 맡는 것이 직업적 경력에 위험이 될 수
도 있지만 그 도전을 받아들였다. 부시의 발언을 듣고 레비는 자
신의 입지를 굳힐 기회라고 보았다. 그는 부시가 미국에 부족하다
고 말한 이란에 대한 영향력을 행사할 수 있는 능력을 제공하는
것이 자신의 사명이라고 생각했다.

이 임무의 긴박함은 다음 해에 더욱 커졌다. 2005년 6월, 이란

국민은 포퓰리스트 강경파인 마흐무드 아흐마디네자드를 대통령으로 선출했다. 아흐마디네자드는 근본주의 시아파 신조를 철저히 신봉하는 인물이었다.[36] 근본주의 시아파는 종말론적 전쟁에서 악의 세력과 맞서 싸우고 궁극적으로 지상에 평화를 가져올 것으로 기대하는 메시아적 인물인 숨은 이맘the Hidden Imam의 재림이 임박했다고 믿는 종파였다. 아흐마디네자드는 또한 홀로코스트를 부인하고, 이스라엘을 파괴하겠다는 위협적인 발언을 자주 하여 서구의 대중을 불안하게 만들었다.

아흐마디네자드가 취임한 직후, 이란 정부는 유럽의 외교적 제안을 뿌리치고 개혁파 성향의 전임자 시절에 일시적으로 중단되었던 우라늄 농축을 재개했다.[37] 이란은 핵 개발에 속도를 낼 태세였다. 이후 아흐마디네자드는 뉴욕에서 열린 유엔 총회에서 세계 무대에 처음 등장했는데, 숨은 이맘의 귀환을 기원하는 기도로 연설을 마무리하여 참석자들을 긴장시켰다. 그는 "오, 전능하신 주여. 당신께 기도 드리오니, 당신의 마지막 지도자이자 약속된 자, 완전하고 순수한 인간, 이 세상을 정의와 평화로 채울 자가 나타나도록 서둘러 주소서"라고 선언했다.[38]

레비의 최측근 고문이었던 애덤 주빈은 하버드 대학 시절에 공부했던 종말론적 종교를 떠올렸을 법하다. 당시 주빈은 그런 종파 중 다수가 미래를 거의 고려하지 않고 오로지 현재에만 몰두한다는 것을 깨달았다.[39] 그 신봉자들은 자기들이 살아 있는 동안 종말이 올 것이라고 생각했기에, 많은 추종자들이 아이들을 학교에 보낼 필요성조차 느끼지 못했다. 아흐마디네자드의 종말론적 신

국가는 무엇으로 싸우는가

마흐무드 아흐마디네자드: 이란의 신임 대통령이 된 아흐
마디네자드가 2005년 9월 유엔 총회에서 연설하고 있다.

념이 그토록 깊었는지는 알 수 없지만, 그런 사람이 핵무장 국가
의 수장에 오른다는 생각은 소름 끼치는 일이었다. 세상의 종말을
간절히 기다리는 지도자에게 핵 억제력이 과연 통할까? 미국과
자국의 존립 자체가 위태롭다고 느낀 이스라엘은 그 질문의 답을
알아보고 싶어 하지 않았다.

─────────

이란에 실질적인 경제적 압박을 가하는 가장 확실한 방법은 수
익성이 높은 석유 수출을 차단하는 것이었다. 미국은 이란산 석유

를 전혀 구매하지 않았지만, 미국 정부가 다른 나라들을 상대로 석유 구매를 중단하도록 설득할 리도 없었다. 레비는 "전 세계를 돌며 사람들에게 이란산 석유를 사지 말라고 말한다면, 아마 그들은 비웃을 것이다"라고 설명했다.[40] 세계 원유 가격이 상승하면서 백악관조차 이란 석유에 대한 정면 공격을 주저하고 있었다. 좀 더 간접적인 접근 방식이 필요했다.

레비에게 불현듯 좋은 생각이 떠오른 순간은 2006년 1월, 이란과 페르시아만 건너편에 있는 바레인을 여행하던 중이었다. 아침 식사 자리에서 지역 신문을 뒤적이던 레비는 이란과의 관계를 자발적으로 끊은 스위스의 한 대형 은행에 관한 기사를 발견했다. 그는 나중에 이렇게 회상했다. "뭔가 딱 와닿는 것이 있었다. … 우리가 '더 이상 이란에 제재할 것이 남아 있지 않다'라고 할 때, 그말은 미국 기업이 이란과 사업하는 것이 불법이라는 뜻이다. 전세계가 이란과의 사업을 중단했다는 것을 의미하지는 않는다."[41]

이는 10년 전에 미국 의회가 이란 및 리비아 제재법을 통과시킨 것과 다르지 않은 단순한 통찰력이었다. 물론 이란 및 리비아 제재법은 이런 통찰에 근거해 2차 제재라는 위협을 가하는 것이 외교적 지뢰밭이라는 것을 보여주었고, 레비는 부시 행정부가 그 길을 건널 준비가 되어 있지 않다는 것을 알고 있었다. 하지만 스위스 은행에 관한 기사를 읽고 레비는 외국 정부를 설득하거나 2차 제재를 가하겠다고 대놓고 위협할 필요가 없다는 것을 깨달았다. 레비는 외국 기업에 직접 접촉할 수 있었는데, 그중에서도 가장 대표적인 곳이 이란을 세계 경제에 연결해 주는 은행들이었다. 레비는 개인 법률 사무소에서 일하던 시절부터 기업 임원들이 규제나 평판의 위험을 어떻게 생각하는지 잘 알고 있었다. 그는 기업들의 자국 정부가 동의하든 안 하든, 기업 임원들이 스스로 이란과의 관계를 끊도록 그들을 설득할 수 있다고 믿었다.

워싱턴으로 돌아온 레비는 주빈과 나머지 팀원들에게 곧바로 일을 맡겼다. 그들은 미국 정부가 금융 부문의 위험 회피 성향을 유리하게 이용할 수 있다는 것을 알고 있었다. 바로 몇 달 전에도 재무부가 방코델타아시아를 '주요 자금세탁 우려 대상'으로 공표한 후 전 세계 은행들이 북한과의 관계를 끊었다. 물론 이란은 북한과는 달랐다. 이란은 전 세계에 상업적 연결망을 구축한 에너지 거대 기업이라고 할 수 있었다. 그러나 레비와 주빈은 이란과 국제 금융 체계 간의 연결고리를 무너뜨리는 것에도 같은 논리를 적용할 수 있다고 믿었다.

우선 백악관의 지지가 필요했다. 부시 대통령은 이란에 대한 추가 제재가 무의미하다고 일축했었기 때문이다. 그래서 2006년 2월 레비는 국무부 장관이자 대통령이 가장 신뢰하는 외교 정책 고문인 콘돌리자 라이스Condoleezza Rice의 중동 방문에 동행할 수 있도록 티켓을 구해 냈다. 하지만 라이스의 비행기가 중동 각국에 연이어 기착하는 동안 레비는 그녀에게 브리핑할 기회를 얻을 수 없었다. 그는 자신이 불필요한 존재처럼 느껴졌다. 그러다 일정의 마지막 구간인 워싱턴으로 돌아가는 항공편에서 간신히 라이스의 객실로 초대받을 수 있었다.

레비는 그녀에게 자신의 의견을 밝혔다. 이란이 유럽 및 아시아와 맺은 지속적인 사업 관계는 이란의 장점처럼 보일 수 있지만, 미국은 그것을 약점으로 바꿀 수 있다고 말이다. 미국 관리들은 이란이 자국 내 핵 프로그램과 해외 테러 집단에 자금을 지원하기 위해 기만적인 금융 관행을 이용했다는 자세한 증거를 확보하고 있었다. '스트리핑 stripping(정보 은폐 수법-옮긴이)'으로 알려진 이 같은 전술에서 이란 은행들은 상대방 은행에 금융 거래 자료를 위조하도록 요청하여 이란이 거래에 개입했다는 흔적을 모두 제거했다. 미국에서는 정보 은폐가 불법이고 (사실상 모든 국제 은행이 미국에 진출하여 영업하고 있으므로) 정보 은폐를 하는 어떤 은행이든 미국 법률을 위반한 것이기에 심각한 처벌을 받을 수 있다. 몇 주 전, 미국의 금융 규제기관은 이란 최대 은행인 멜리 Bank Melli Iran에 대한 결제 지침을 조작한 혐의로 네덜란드 은행인 ABN암로 ABN AMRO에 8,000만 달러의 벌금을 부과했다.[42] 당시 이 금액은 제재 위반에 부과한 역대 최대 규모의 벌금이었다.[43] 이러한 비용은 이란과 사업을 하는 데 따른 이익보다 훨씬 더 컸다. 레비는 미국 관리들이 할 일은 그저 은행 임원들에게 이란의 부정행위의 심각성을 알리고, 그 임원들에게 ABN암로와 같은 일을 당하지 말라고 경고만 하면 된다고 주장했다.

레비는 라이스에게 이란의 최대 은행들에 가하는 연이은 제재에 이런 조직적 활동이 힘을 실을 수 있으며, 그런 처벌로 이란 은행들을 세계 금융 체계에서 더욱 완벽하게 차단할 수 있다고 말했다. 이란 은행들은 이미 1990년대 중반부터 시행된 금수 조치로 인해 미국에서 직접 사업을 하는 것이 금지되었지만 중요한 허점

국가는 무엇으로 싸우는가

이 있었다. 즉 이란 은행들은 여전히 미국의 금융 인프라를 이용하여 미국 이외 지역의 기업과 거래를 마칠 수 있었다. 이란 은행들이 유럽이나 아시아의 상대 은행에 대금을 지급할 때, 그 거래는 흔히 뉴욕의 대리 계좌correspondent account에서 잠시 머무른 후 최종 목적지로 '유턴'해 우회하는 식으로 미국 금융 시스템을 거쳐 갔다. 국경 간 보이지 않는 금융 인프라의 특이한 현상인 이 유턴 거래를 은행가들 대부분은 간과했지만, 미국 재무부는 이를 초크포인트로 만들 수 있었다.

이를 위해 레비는 재무부가 보유한 가장 강력한 무기를 사용할 것을 제안했다. 그것은 바로 '차단 제재'였다. 이는 자산동결과 거래 금지를 포함하는 처벌인데, 미국 정부가 테러리스트와 마약 조직에 대해 일반적으로 행사하는 제재였다. 차단 제재는 두 가지 이점이 있었다. 실질적으로 목표가 된 이란 은행을 유턴 거래를 포함하여 미국의 금융 체계에서 완전히 분리할 수 있을 것이다. 더불어 나머지 세계에 메시지를 전달하는 효과도 그 못지않게 중요할 것이다. 새로운 제재는 대상자의 '행위'를 기반으로 부과될 것인데, 이 말은 이란 은행들과 이란의 핵 프로그램, 또는 테러 지원 간의 명백한 연관성을 규명할 것이라는 의미였다. 이러한 연결고리를 강조함으로써 레비는 외국의 금융기관을 설득해 이란과 거래하는 것이 매우 위험하므로 아예 피하는 것이 최선이라는 점을 더욱 쉽게 알릴 수 있을 것이다.

미국 정부는 은행들을 상대로 차근차근히 국제 금융 체계가 이란과의 모든 사업을 거부하도록 상황을 만들고자 했다. 이는 미국 정부가 강제로 요구해서가 아니라, 은행들이 위험을 고려하여 올바른 사업적 판단에 근거해 이루어질 것이다. 여기서 기업의 자기이익이 미국의 가장 중요한 동맹이 될 것이다.

레비는 라이스에게 유일한 문제는, 부시 행정부가 독자적으로 행동하는 데 부담이 없어야 한다는 것이라고 말했다. 그들은 당시 강력한 제재를 실행하는 데 기준이었던 유엔의 지원을 신뢰하지 않았다. 그렇더라도 정보 기밀을 해제하고 미국의 일방적인 조치에 대한 근거를 공개한다면, 미국 정부는 국제법적으로 정당성이 있다는 신뢰할 만한 주장을 할 수 있을 것이다. 물론 미국 정부는 유엔이 제재 조치를 하도록 계속 밀고 나가야겠지만, 유엔이 제재 속도를 주도하도록 내버려둔다면 아무 행동도 취하지 못하고 결국 실패로 끝날 것이다.

라이스는 레비의 제안이 매력적이라고 생각했다. 그녀는 레비에게 그 일을 시작하려면 무엇이 필요한지 물었다. 레비는 "장관님의 직접적인 지원이 필요합니다. 그리고 국무부와 협력해서 이 일을 해야 합니다"라고 말했다.[44] 이에 라이스는 동의하며 레비와 악수했다. 레비는 기쁨에 겨워 들뜬 마음으로 비행기 뒤쪽의 자기 자리로 돌아갔다.

11 스튜어트 레비, 전쟁에 나가다

Stuart Levey Goes to War

2006년 여름, 헨리 폴슨 Henry Hank Paulson은 골드만 삭스 회장직을 그만두고 새로운 재무부 장관으로 취임하기 위해 워싱턴으로 거주지를 옮겼다. 과거에도 월스트리트의 거물들이 자주 재무부를 운영했지만, 재무부 직원들은 한때 대학 미식축구 스타였으며 대머리에 친근한 성격의 폴슨을 특히 고대하며 기다렸다. 그는 무엇이든 해낼 것 같은 정신을 가진 인물이었다. 전 세계 금융시장에서 큰 존경을 받는 그의 지명으로 인해 달러 가치가 급등하기도 했다.[45]

변호사로서 경력의 많은 부분을 공직에서 보낸 레비와 주빈은 새로운 상사에게 무엇을 기대해야 할지 확신이 서지 않았다. 골드만삭스 임원 출신으로 재무부를 이끈 사람들 중 가장 최근에 장관을 맡았던 로버트 루빈은 국제 금융 체계에서 미국의 중심적 역할을 무기화하는 것을 경계했기 때문이었다. 몇 달 전 레비가 콘돌리자 라이스와 함께 비행기를 탄 이후, 테러 및 금융정보국 팀은 이란이 핵 및 미사일 프로그램을 지원하기 위해 사용하는 복잡한 조달 네트워크에 대한 조사를 강화했다. 레비 사무실의 대형 차트에는 은행, 해운 회사, 이슬람 혁명수비대의 위장 기업들로 이루어진 네트워크가 복잡하게 표시되어 있었다. 이슬람 혁명수비대는 군사적 역할 외에도 거대한 사업 제국을 통치하고 있었다. 그 네트워크는 전 세계를 가로질러 뻗어 있었다. 많은 거점이 이란에 기반을 두고 있었지만, 이란 외의 다른 지역에도 마찬가지로 많은 본거지가 있었다. 레비가 재무부 3층에 있는 엄숙하고 햇살 가득한 장관 사무실에서 폴슨을 처음 만났을 때, 레비는 그 무거운 차트들을 가지고 갔다.

레비가 브리핑을 한 뒤, 폴슨이 물었다.

"어떻게 할 생각입니까? 방금 나에게 알려준 '모든 것'에 제재를 가할 생각입니까?"

레비는 긴장감에 온 신경이 곤두섰다.

"아니요." 그가 대답했다. "저는 그들 모두와 이야기할 생각입니다."

"그것 참 마음에 드는군요!" 폴슨이 쉰 듯한 목소리로 천천히 말했다. "사람들에게 자신이 무엇에 연관되었는지 모르는 일을 당신이 알려주면, 그들이 행동에 나설 것이라고 봅니다."

라이스와 폴슨의 지지로, 레비는 공세에 나설 충분한 지원을 받았다고 생각했다. 찌는 듯이 더운 워싱턴의 여름이 가을로 접어들면서, 레비는 새로운 전략을 제시하고 이란의 주요 은행에 대한 첫 번째 차단 제재 대상을 알리는 연설을 했다.[46] 그 첫 은행은 사데라트Bank Saderat Iran였는데, 그곳은 이란 정부가 헤즈볼라에 자금을 송금하는 데 이용했던 은행이었다. 그다음 재무부 관리들이 전 세계로 파견되었고, 은행 CEO와 준법감시관 들을 만나 이란의 핵 및 미사일 네트워크에 관해 설명했다. 폴슨도 이 캠페인에 참여했다. 폴슨은 싱가포르 방문 당시 기자들에게 "전 세계에 광범위한 위장 기업들이 있는데,[47] 이런 기업들은 '핵 획득 기업'이나 '무기 생산 기업' 같은 이름을 쓰지 않습니다. 이들은 평범한 이름을 가졌고 많은 합법적인 활동을 하지만, 그와 더불어 일부 부적절하고 불법적인 활동도 수행합니다"라고 말했다.

　　폴슨의 금융권 인맥은 레비와 그의 팀에게 기회를 열어주었고, 그들은 유럽, 아시아, 중동의 모든 주요 은행 CEO들과 회동을 가질 수 있었다. 100건이 넘는 대화를 통해 레비는 자신의 주장을 더욱 다듬었다. 한번은 방문 중에 레비는 이란 정부가 부셰르주州에 원자력발전소와 경수로 건설을 위한 입찰을 공개적으로 모집한다는 신문광고를 접했다. 그 광고에는 입찰자들에게 오스트리아 은행인 크레디탄슈탈트Creditanstalt 계좌로 환불 불가 신청 수수료 1만 5,000유로를 내라는 지침이 있었다. 레비는 크레디탄슈탈트 CEO에게 전화를 걸었고, 그는 자신의 은행이 이란 핵 자금의 통로로 이용되고 있다는 사실을 전혀 모르고 있었다. 이 계좌는 원래 빈에 있는 이란 외교관들이 기본적인 은행 서비스를 이용할 수 있도록 개설되었다. 그런데 이란 정부는 이 계좌들을 이용해 핵 자금을 조달하고 있었다.

레비는 재무부 직원들에게 그 신문광고의 사본 수천 장을 만들도록 지시한 뒤, 그가 프레젠테이션을 할 때 은행가들에게 나눠주었다. 그 광고는 이란의 기만적인 금융 관행, 그리고 이란과 겉보기에 무해해 보이는 사업을 할 때 따르는 위험을 보여준 완벽한 사례였다.

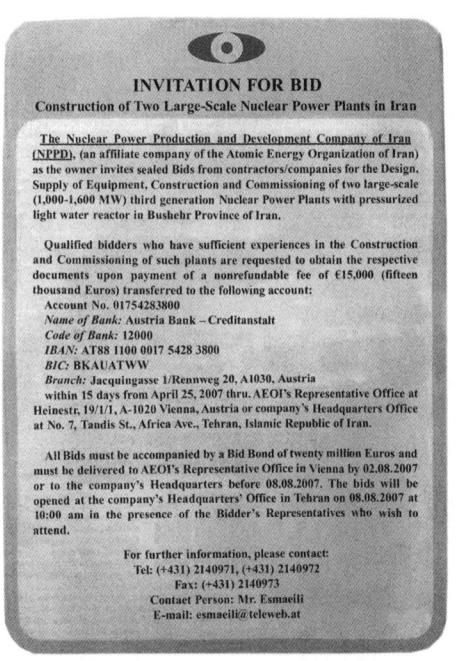

설득의 도구: 스튜어트 레비가 이란의 기만적인 금융 관행을 설명하기 위해 활용한 신문광고.

국가는 무엇으로 싸우는가

자신의 은행이 이란의 불법 활동과 얽혀 있다는 사실을 모르는 곳은 크레디탄슈탈트 은행뿐만이 아니었다. 레비가 또 다른 유럽 주요 은행의 수장을 만나, 이란이 거래 기록에서 핵심 정보를 나타내는 표식을 삭제하는 '정보 은폐' 관행을 설명하자, 그 CEO는 평판이 좋은 유럽 금융기관이 그런 속임수에 연루될 리 없다고 비웃었다. 그 CEO는 "우리가 그런 짓을 할 리는 절대 없을 것입니다"라고 설명했다.

레비의 옆 테이블에 앉아 있던 그의 팀원들은 자리에서 움찔하며 상사를 뚫어지게 쳐다보았다. 회의가 끝난 후, 레비는 그 CEO에게 비공개로 만나고 싶다고 요청했다. 둘만 남게 되자, 레비는 "나는 당신의 동료들을 난처하게 만들고 싶지 않은데, 당신이 혼자 그들을 난처하게 만들고 있군요"라고 말했다. 그런 다음 레비는 그의 은행이 실제로 이란의 개입을 숨기려고 결제 지침을 수정하는 데 동의했다는 것을 밝히는 기밀 정보를 보여주었다.

순간 그 CEO의 얼굴이 창백해지면서, 자기는 처음 듣는 이야기라고 주장했다. "전적으로 당신을 믿습니다." 레비가 그를 안심시켰다.

레비의 비적대적인 방식은 효과가 있었다. 몇 주 만에 해당 은행은 이란과의 모든 거래를 중단했다. 그렇더라도 미국의 법 집행 기관은 결국 그 은행에 제재 위반으로 인한 엄청난 벌금을 부과했다. 재무부가 제재 정책을 만드는 곳이라면, 법무부와 여타 검찰 기관은 이를 집행할 책임이 있기 때문이다. 그 후 몇 년 동안 많은 외국 은행들이 이 혹독한 부서 간 책임 분담을 경험하면서, 미국 제재 위반에 대한 우려가 급격히 커졌다.

그렇다 보니 레비의 순회 설명회가 늘 따뜻한 환영을 받을 리 만무했다. 많은 정부들이 자국의 가장 큰 금융기관과 직접 외교를 진행하는 외국 공무원에게 격분했다. 레비는 심문관보다는 기술 관료적 조언자처럼 보이려 노력했지만, 일부 은행가들은 그의 브리핑을 위협적이거나 강압적이라고 여겼다. 레비와의 회동 후 영국의 스탠다드차타드 은행 뉴욕 지점의 한 임원은 런던 본사로 걱정스러운 이메일을 보냈다. 그 은행가는 이란과 사업을 지속하면 "은행 평판에 매우 심각하고 치명적인 손상을 불러올 수 있다"라고 본사에 경고했다.

그 은행 이인자의 다음과 같은 답변은 유럽 전역의 공통된 정서를 잘 보여주었다. "빌어먹을 미국인들, 전 세계 사람들에게 이란과 거래하지 말라고 말할 자격이 있기나 해?"**48** 몇 년 후, 미국의 법 집행기관은 이란 제재를 위반한 혐의로 스탠다드차타드 은행에 수억 달러의 벌금을 부과했다.**49**

레비가 전 세계를 돌아다니는 동안 주빈과 해외자산통제국 팀은 이란의 대형 은행과 기업들이 세계 시장에서 거래하지 못하도록 하는 차단 제재를 잇달아 계속해서 내놓았다. 재무부와 국무부는 멜리 은행과 하탐 알안비야Khatam al-Anbiya 회사에 벌금을 부과하기 위해 협력했다.**50** 하탐 알안비야는 이슬람 혁명수비대가 통제하는 대규모 엔지니어링 기업으로, 이란이 국가 건설 프로젝트를 위해 고용한 상태였다. 부시 대통령의 두 번째 임기가 끝나갈 무렵, 재무부는 이란 은행들이 잠깐 일시적으로 유턴 거래를 사용

국가는 무엇으로 싸우는가

하는 것조차 달러에 대한 접근을 차단하여, 모든 이란 은행들을 미국 금융 체계에서 제외시켰다.[51] 같은 기간 유엔안전보장이사회는 이란의 핵농축 중단을 요구하는 여러 가지 추가 결의안을 채택했다.[52] 그 결의안들이 미국 정부가 원하는 만큼 진전되지는 않았지만(이란에 부과된 실제 무역 제한은 무기와 핵 기술에만 국한되었다), 레비의 이 같은 캠페인에 정당성을 부여했다. 각국 정부가 레비의 방법을 의심했을 수도 있지만, 적어도 유엔 결의안은 국제사회가 그의 목표에 동의하고 있음을 보여주었다.

레비가 캠페인을 시작한 지 18개월 만에, 전 세계 대형 은행의 대부분이 이란과의 거래를 중단했다. 자국 정부나 유엔이 요구하지 않았음에도 말이다. 레비는 나머지 세계가 동참을 꺼릴 때조차 미국은 강력한 경제전쟁을 벌일 수 있다는 것을 보여주었다. 아울러 강력한 제재를 가하려면 유엔의 공식적인 찬성이 필요하다는 미국 정부의 오랜 믿음이 틀렸음을 증명했다.

이란 정부도 이러한 상황을 알아차렸다. 2008년 4월 이란의 인플레이션이 심화하면서 아흐마디네자드 정권의 재무부 장관이 해임되었을 때, 그는 퇴임사를 통해 레비에 대한 불만을 토로했다. 그는 "우리는 미국 재무부와 심각하고 숨 막히는 체스 게임을 시작했습니다"라고 밝혔다.[53] 그리고 이렇게 말을 이었다. "그들은 이란 경제를 멈추게 하려고 시온주의자 대리인 한 명을 임명했습니다. 그 사람은 개별적으로 전 세계 여러 나라를 돌아다녔습니다. 그는 각국에 당근과 채찍을 써가며 이란에 대항하도록 협조를 요청했고, 아무런 결과도 얻지 못하면 위협을 가해 자신의 목표를 추구하고자 했습니다."

　국가안보 보좌관 스티븐 해들리 Stephen Hadley의 표현대로, 이란에 대한 레비의 "소문 퍼트리기 작전"은 미국 외교 정책 분야에서도 그를 유명 인사로 만들었다. 2008년 10월, 여러 수상 경력으로 저명한 저널리스트 로빈 라이트 Robin Wright는 "스튜어트 레비의 전쟁"이라는 제목으로 〈뉴욕타임스 매거진〉에 5,000단어 분량의 기사를 썼다.[54] 이 기사에서 부시 행정부 관리들은 레비의 작업을 영화 〈찰리 윌슨의 전쟁 Charlie Wilson's War〉과 비교했다. 그 영화는 소련에 대항하여 아프가니스탄 무자헤딘을 지원했던 미국의 성공적인 노력을 그린 작품이었다. "이것이야말로 우리가 하고 있는 것 중에 가장 직접적이고 공격적인 일이죠. 효과가 있었습니다."

　그렇지만 이 표현이 전적으로 맞는 것은 아니었다. 레비의 캠페인은 대형 은행이 이란을 외면하게 만드는 데는 성공했지만, 이란이 핵 프로그램을 종료하도록 만들지는 못했다. 사실 이란의 경제는 미국 관리들이 예상했던 것만큼 큰 어려움을 겪지는 않았다. 인플레이션과 실업률이 상승하고 쌀, 오이, 세탁 세제 같은 필수품의 가격이 오르기는 했다.[55] 그런데도 전반적인 경제성장률은 2007년에 8%를 넘어서며 여전히 견고했다.[56] 무엇보다도 이 나라에는 여전히 오일머니가 넘쳐났다.[57] 레비가 2006년 9월 캠페인을 시작했을 당시 유가는 배럴당 약 60달러였는데 2008년에는 100달러 이상으로 급등했고, 이란은 그렇게 매일 약 250만 배럴을 판매했다. 연간 600억 달러가 넘는 이란의 석유 수입은 이란의 엘리트와 핵 프로그램이 제재의 영향으로부터 안전하게 보호받을 수 있게 해주었다.

이 캠페인의 주된 문제는 레비의 방법이 불완전하다는 점이었다. UBS와 도이체방크Deutsche Bank 등 대형 은행이 이란과의 관계를 끊자, 진취적인 이란 은행가들은 대형 은행이 포기한 사업을 인수하고자 하는 중소 규모 은행을 통해 세계 경제와 연결될 새로운 통로를 찾았다.[58] 또 다른 더 큰 문제는, 계속해서 엄청난 양의 석유를 수출하고 그 과정에서 엄청난 돈을 긁어모으는 산유국을 세계 경제에서 완전히 고립시키는 것이 어렵고, 어쩌면 불가능하다는 점이었다. 이란의 석유가 원만하게 흐르기를 원하는 것은 세계의 다른 모든 나라들뿐만이 아니었다. 부시 대통령의 백악관도 유가를 급등시킬 수 있는 모든 조치를 몹시 꺼렸다. 미국의 한 고위 제재 담당자는 "2006~2008년 당시 우리는 석유를 노리지 않는다는 점을 매우 분명히 했다"라고 말했다. 이란의 석유 판매 대금을 거둬들이는 이란 중앙은행이 해외자산통제국의 차단 제재에서 자유로울 수 있었던 데는 이유가 있었다.

미국 의회 의원 중에는 이란에 강경한 입장을 취하면서 이스라엘과 가까운 친구임을 자부하는 사람도 많았는데, 이들도 제재에 대한 결과가 진전이 없다는 사실을 잘 알고 있었다. 이 대對이란 강경파들은 아흐마디네자드의 불쾌한 수사적 언사와 함께 이란의 핵 프로그램이 진행되는 모습을 크게 우려하며 지켜보고 있었다. 그중에는 하원 외교위원회 민주당 위원장인 톰 랜토스Tom Lantos도 있었다. 헝가리 태생의 유대인이자 홀로코스트 생존자 중 유일하게 미국 의회에서 활동한 의원인 랜토스는 이란이 석유 수입으로 풍족함을 누리는 한 핵 프로그램도 발전할 것이라고 확신했다. 바야흐로 유럽에 있는 미국의 친구들을 포함해 이란의 에너지 산업을 지원하는 모든 사람을 상대로 2차 제재를 가하겠다고 위협할 때가 되었다는 뜻이다. 더 구체적으로 말하면 이란 제재법ISA, 즉 이전에 이란 및 리비아 제재법ILSA으로 알려진 1996년에 제정된 이 법률을 시행할 때가 된 것이다(이 법은 리비아의 지도자 무아마르 카다피Muammar Gaddafi가 2003년에 자국의 핵무기 프로그램을 중단하기로 동의한 후 개정되고 법안명이 바뀌었다).**59** 이란 제재법은 이란의 에너지 산업에 투자한 외국 기업에 2차 제재를 부과해야 하는 법적 의무가 여전히 있지만, 지금까지는 유럽의 강력한 반발로 클린턴 행정부가 후퇴하면서 미국이 이 법의 적용을 포기했다는 인식이 지배적인 견해였다.

2007년에 랜토스는 이란 제재법을 강화하는 법안을 발의했다. 그는 "거대 석유 회사를 운영하는 기업 거물들은 이란의 핵무기 개발을 비겁하게 외면해 왔으며, 이란 제재법이 절대 시행되지 않을 것이라 단정하고 있다"라고 밝혔다.**60** 그리고 이렇게 덧붙였다. "이 가식적인 행태를 이제 끝낼 때가 되었다."

당시 이 법안은 하원을 통과했지만 상원에서는 표결에 부쳐지지 못했다. 그러나 법안에 공동 발의자 명단이 길게 작성되어 있었으므로, 이는 이란에 대한 미국 의회의 활동이 더 활발히 나타날 것이라는 신호로 여겨졌다. 공동 발의자 중 한 명은 일리노이 주 출신의 초선 상원의원인 버락 오바마였는데, 그는 곧 스튜어트 레비의 전쟁이 남긴 과제와 씨름해야 할 처지가 되었다.

12 미국이 손을 내밀다

Extending a Hand

2008년 12월 부시 행정부 관리들이 사무실을 내주려 정리하고 있을 때, 스튜어트 레비는 예상치 못한 전화 한 통을 받았다.

티머시 가이트너Timothy Geithner였다. 뉴욕 연방준비은행 총재이자 신임 버락 오바마 대통령이 재무부 장관으로 임명한 인물이며,**61** 금융위기의 소용돌이 속에서 미국에서 가장 바쁜 인물로 꼽히는 사람이었다. 가이트너는 바로 요점을 말했다. 오바마 대통령이 레비가 재무부에 머물기를 원한다는 것이었다.

레비는 깜짝 놀랐다. 새 행정부가 야당이 임명했던 고위 정치인들을 받아들이는 경우는 거의 없었기 때문이다. 게다가 오바마는 대선 선거운동 기간에 이란 지도자들에게 화해의 손길을 내밀 겠다고 약속했었다.[62] 심지어 아흐마디네자드는 대통령 당선인인 오바마에게 축하 편지를 보내기도 했다. 정말 오바마가 테헤란이 증오하는 인물인 레비를 자기 팀에 두길 원하는 것일까? 아니면 새 행정부가 이란에 대해 나약하다는 불가피한 비난을 막기 위해 레비를 그저 방패막이로 쓰려는 것일까?

오바마가 레비의 과거 업적을 바탕으로 관련 정책을 계속 이어갈 계획이라는 말을 듣고 난 뒤에야, 레비는 제안을 수락했다. 국방부 장관 로버트 게이츠Robert Gates를 제외하면, 레비는 오바마가 유임한 부시 행정부의 관리 중 가장 고위직이었다. 애덤 주빈, 그리고 방코델타아시아에 대한 조치를 주도한 바 있는 열정적인 대니얼 글레이저 재무부 부차관보를 포함한 테러 및 금융정보국 팀의 경우, 레비의 유임은 이 부서가 초기 단계의 관료적 스타트업에서 국가안보 생태계의 영향력 있는 빅 피쉬big fish로 진화한다는 것을 의미했다. 이것은 또한 그들 역시 직위를 유지하고, 새 행정부에 경제전쟁에 관한 기관의 지식과 기술을 가져올 수 있게 되었음을 의미했다.

그리고 이 대열에 테러 및 금융정보국의 새로운 이인자이자 레비의 오랜 친구인 데이비드 코헨이 합류하게 되었다.

두 사람은 법학대학원을 졸업한 뒤, 1990년대 초 워싱턴의 소규모 소송 전문 로펌에서 함께 일을 시작했다. 첫 번째 임무를 위해 두 사람은 애틀랜타로 가서 하시딕 유대교를 신봉하는 차바드-루바비치Chabad-Lubavitch 운동 단체를 대신해, 조지아주 의사당원형 홀에 4.5미터 높이의 메노라menorah(7~9개의 갈래로 나뉜 큰 촛대로 유대교 전통 의식에 사용된다.-옮긴이)를 세우려는 움직임과 관련한 법정 소송을 맡았다.(조지아 주지사 젤 밀러Zell Miller는 유대교 조직인 차바드의 노력에 반대했는데, 이 때문에 소송이 제기되었고 결국 차바드가 승소했다).[63] 예전부터 레비와 코헨은 끈끈한 유대감을 가지고 있었으며, 이는 재무부에 큰 도움이 될 터였다.

제재 전문 기술관료들이 새 대통령 밑에서 업무를 준비하는 동안, 미국 의회의 강경파들은 자체적으로 이란 경제를 공격할 계획을 세웠다. 이제 이란은 핵무기를 제조할 수 있는 저농축 우라늄을 충분히 보유하고 있었기 때문에, 이 나라가 돌이킬 수 없는 지점을 넘어서지 못하게 막을 시간이 얼마 남지 않은 상황이었다.[64] 이에 미국 정계는 오바마가 테헤란에 외교적 접근을 할 것으로 예상했다. 양당 의원들 모두 외교는 확실한 위협이 뒷받침되어야만 성공할 수 있다고 믿었는데, 새 행정부에서 그런 위협을 시도할 가능성은 작아 보였다.

오바마가 대통령으로 취임하기 몇 주 전, 공화당의 존 카일Jon Kyl 상원의원과 무소속이 된 전 민주당 상원의원 조 리버먼Joe Lieberman의 보좌진이 워싱턴 유니언 스테이션에 있는 한 레스토랑에서 자리를 함께한 적이 있었다. 그들이 모인 이유는 강력한 친이스라엘 로비 단체인 미국·이스라엘 공공문제위원회AIPAC의 지도자들을 만나, 이란에 좀 더 공격적인 제재를 추진하기 위한 정치적 전략을 세우려는 것이었다. 클린턴 행정부 시절 이란 및 리비아 제재법의 대실패 이후, 미국 의회는 전년도 톰 랜토스의 법안을 제외하고는 이 문제를 피해 왔다. 당시 랜토스의 법안은 유망해 보였지만 입법을 강력하게 추진할 지지자가 없어서 상원에서 무산되었다. 이 점심 모임에 참석한 인물들은 인디애나 출신의 영향력 있는 중도파 민주당 상원의원이자 오바마의 잠재적 러닝메이트로 거론되었던 에반 베이Evan Bayh가 이상적인 대표 주자가 될 것이라는 데 동의했다. 회의가 끝난 후 베이, 카일, 리버먼은 이란에 대한 좀 더 가혹한 제재를 지지하는 3자 연합을 결성했고, 그들의 보좌진은 새로운 법안을 작성하기 시작했다.

반면 오바마는 이란 정권과의 외교를 한번 진지하게 시험해 보고 싶어 했다. 그는 단순히 외국의 적대국과 대화만 해도 이미 양보한 것이라고 여기는 전임자와는 생각이 달랐으며, 대신 미국의 경쟁국들에게 "만일 당신이 주먹을 푼다면, 우리는 손을 내밀 것이다"라고 약속했다.[65] 오바마는 또한 미국 정부가 성의 있는 외교적 노력을 기울였음에도 불구하고 이란 정부가 이를 거부한다면, 미국이 다른 강대국들을 제재에 동참시키기가 더 쉬울 것이라고 보았다.

오바마 대통령은 취임 첫 달 동안 이란의 최고 지도자이자 최종 의사 결정권자인 아야톨라 알리 하메네이Ayatollah Ali Khamenei에게 비밀 서한을 연이어 보냈다.[66] 오바마는 자신의 행정부가 부시 행정부의 여러 신보수주의자들이 선호했던(비록 언급하지는 않았지만) 목표인 이란의 정권 교체를 추구하지 않을 것이라는 신호를 이란에 보내고 싶어 했다. 오바마는 이슬람 공화국이 핵 프로그램을 비롯한 파괴적인 행동을 자제한다면 그들과 공존할 마음이 있

국가는 무엇으로 싸우는가

었다.

　2009년 3월 19일, 오바마 대통령은 이란의 새해이자 명절인 노루즈Nowruz를 기념하는 영상 메시지에서 이 점을 강조했다. 오바마는 "이란 이슬람 공화국의 국민과 지도자들에게 직접 말씀드리고 싶습니다"라고 말했다. 현직 미국 대통령이 이란을 '이슬람 공화국'이라고 부른 것은 이때가 처음이었다. 그리고 오바마는 다음과 같이 말을 이어갔다. "우리 행정부는 당면한 모든 현안을 포괄적으로 다루는 외교에 전념하고 있으며, 미국, 이란, 그리고 국제 사회 간의 건설적인 관계를 추구하고 있습니다. 이 과정은 위협으로 진행되지 않을 것입니다. 대신 우리는 정직하고 상호 존중에 기반한 관계를 추구합니다."[67]

　오바마 대통령의 측근들에게 따뜻한 환영을 받았던 레비는 백악관의 이런 외교적 노력에 힘을 실어주기 위해, 매주 새로운 제재를 쏟아내고 여러 국제 은행에 집요하게 경고하던 일상을 잠시 중단했다. 그러나 재무부 팀은 오바마 대통령이 이란 정부에 접근하는 외교 방식이 지금까지 그들이 쌓아온 경제적 압박에 위험을 야기할 수 있다는 것을 잘 알고 있었다. 그러한 압박의 효과가 지속되려면 민간 부문에서 향후 이란에 대한 미국 정부의 제재가 약해지지 않고 강화될 것이라고 믿을 수 있어야 했다. 오바마의 화해를 추구하는 태도는 그런 가정과는 맞지 않는 것처럼 보였다. 게다가 틀린 추측이긴 했지만, 일부 미국의 동맹국마저 오바마 행정부가 화해의 일환으로 제재를 완화하고 미국 기업들을 이란 시장에 다시 진출시키려 준비하는 것이 아니냐고 우려하기도 했다.

이런 이야기가 사실로 받아들여진다면, 전 세계 기업들이 이란으로 다시 몰려들어 이전에는 너무 위험하다고 여겼던 상업적 기회를 잡으려 할 수도 있었다.

그러한 가능성을 사전에 방지하기 위해 미국 관리들은 오바마의 협상에 대한 관심이 제재가 종료된다는 것을 의미하지 않으며, 실제로는 그 반대라는 점을 분명히 하려 노력했다. 2009년 3월, 대니얼 글레이저는 브뤼셀로 가서 다양한 유럽 정부의 중동 전문가 수십 명에게 기밀 보고서를 전달했다.[68] 글레이저는 지금은 이란과 경제적인 협상을 재개할 때가 아니라고 촉구했다. 이란에 대한 외교가 효과를 거두려면 이란 정부가 심각한 경제적 압박을 느껴야 하기 때문이다. 글레이저는 만약 미국과 이란의 회담이 너무 느리게 진행된다면, 오바마가 경제전쟁을 상당히 확대할 준비가 되어 있다고 말했다.

워싱턴에서는 국무부와 재무부 관리들이 오바마의 외교적 접근이 실패할 경우 부과할 수 있는 제재 방안을 이미 준비하고 있었다. 이러한 준비를 주도한 사람은 핵 전문가에서 제재 전문가로 변신한 리처드 네퓨Richard Nephew였다. 네퓨는 에너지부에서 정부 경력을 시작했는데, 그의 업무는 미국의 동맹국에게 이란의 핵 프로그램 현황을 설명하는 것이었다. 고맙다는 말을 전혀 들을 수 없는 업무였다. 그의 청중들은 미국의 조사 결과를 의심의 눈초리로 보는 경향이 있었으며, 미국이 이라크를 침공하기 전에 사담 후세인이 대량 살상 무기를 개발했다고 거짓 정보를 발표한 것을 여전히 기억하고 있었다. 하지만 네퓨는 이 업무를 수행하는 과정에서 난해한 세부 사항을 파악하고, 까다로운 군중을 다루는 법을 배웠는데 앞으로 몇 년 동안 그에게 큰 도움을 줄 기술이었다.

당시 20대 후반의 나이에 국무부로 소속을 옮긴 네퓨는 애덤 주빈과 협력하여 이란의 에너지, 금융, 운송 산업과 핵 조달 네트워크, 무기 부문을 겨냥하는 새로운 방법을 구상한 일련의 제안을 작성해 나갔다. 2009년 여름이 끝날 무렵, 오바마 행정부는 필요할 경우 이란에 대한 제재를 재개하기 위한 청사진을 마련했다.[69]

그러한 시나리오는 확실히 가능성이 있었다. 그해 6월 이란은 부정 의혹이 난무하는 대통령 선거를 치렀다. 투표가 마감된 직후, 이란 국영 TV는 아흐마디네자드가 62%의 득표율로 재선되었다고 발표했다.[70] 이 수치가 너무나 높아서 많은 독립적인 분석가들과 이란 유권자들 상당수가 부정선거를 의심했다. 아흐마디네자드와 맞붙은 개혁주의 도전자 미르호세인 무사비Mir-Hossein Mousavi의 선거운동 상징인 녹색 옷을 입은 시위대가 전국적인 시위를 벌였다. 훗날 녹색혁명으로 불리게 된 사건의 셋째 날, 100만 명이 넘는 사람들이 테헤란 거리로 쏟아져 나와 "내 표는 어디로 갔는가?"라고 외쳤다.[71] 얼마 지나지 않아 이란 정부는 인터넷을 차단하고, 이슬람 혁명수비대의 악명 높은 바시즈Basij 민병대를 동원했다. 그들은 수천 명의 시위자를 투옥하고 수십 명을 살해했으며, 무사비와 그의 아내를 영구적으로 가택 연금했다.

이를 지켜본 오바마의 반응은 미온적이었다. 오바마는 시위대가 미국의 영향을 받은 대리인이라는 오명을 쓸까 우려했으므로, 그들에게 말로써 혹은 물질적인 지원을 하는 것을 꺼렸다. 또한 오바마는 무사비가 집권하면 얼마나 큰 변화가 생길지도 확신하지 못했다. 적어도 핵 문제의 책임자는 여전히 아야톨라 알리 하메네이일 것으로 보았다. 오바마의 이런 자제력은 미국 내에서 엄청난 비난을 받았다. 이 사건은 이란과 같은 억압적인 정부와 외교를 추진하는 것이 얼마나 어려운지를 잘 보여주었다. 이란의 정권이 바뀌지 않을 것은 분명했고, 오바마가 외교적 노력을 기울이면 정치적 대가를 치르게 될 것이었다. 하지만 그의 행정부는 위축되지 않았다.

2009년 여름, 이란은 유엔의 핵 감시기관인 국제원자력기구IAEA에 편지를 보내 테헤란의 연구용 원자로(미국이 1967년에 제공했던 5메가와트급 원자로)에 사용할 연료가 부족하다고 설명했다. 이란은 새로운 연료 공급을 확보하기 위해 국제원자력기구에 지원을 요청했다. 주로 의료용 동위원소를 생산하는 이 원자로는 본질적으로 위협적이지는 않았다. 그러나 이란의 요청이 암시한 내용은 불길했다. 만일 국제원자력기구가 이란이 해외에서 연료를 확보하는 것을 돕지 못한다면, 이란은 자체적으로 연료를 생산해야 했다. 그렇게 되면 이란은 핵무기로 쉽게 재활용할 수 있는 수준까지 우라늄을 국내에서 농축해야 할 것이다.

국제원자력기구의 모하메드 엘바라데이Mohamed ElBaradei 사무총장의 개인적인 촉구에 따라 미국 관리들은 이란의 요청을 충족시키는 동시에, 이란의 기존 농축 우라늄 비축 문제도 해결할 수 있는 창의적인 제안을 내놓았다. 이 제안에 따르면 이란은 저농축 우라늄 대부분을 러시아로 수출하고, 러시아는 테헤란의 연구용 원자로를 10년 이상 가동할 수 있는 충분한 원자로 연료를 다시 보내주는 것이다(이란이 현재 비축하고 있는 우라늄은 핵무기 원료로 농축될 수 있지만, 러시아의 원자로 연료는 그렇지 않았다). 그러면 이란은 핵분열 물질 대부분을 포기하게 되고, 이란에는 단 하나의 핵무기를 생산하는 데 필요한 양도 남지 않을 것이다.[72] 한 백악관 고위 관계자의 말에 따르면, 이 같은 핵연료 교환은 이란이 핵에너지의 평화적 사용만을 추구한다는 거듭된 주장을 이행하도록 강제함으로써 '이란의 허세를 시험'하는 것이었다.[73] 엘바라데이는 이란 관리들에게 이 제안을 미리 설명했고, 이란 관리들도 이를 고려해 보기로 동의했다.

그해 9월이 되자, 새로운 상황이 발생하면서 핵연료 교환 제안이 더욱 긴급한 사안이 되었다. 미국, 영국, 프랑스의 정보기관이 콤Qom의 성지에서 멀지 않은 포르도 마을의 산속 깊숙한 곳에 이란이 비밀 핵농축 시설을 건설하고 있다는 사실을 발견했다. 숨겨진 위치와 특이한 크기(원자력발전소에 필요한 핵분열 물질을 생산하기에는 너무 작았지만 매년 핵폭탄 몇 개의 재료를 공급할 만큼은 컸다) 때문에 이 시설은 핵 개발의 확실한 증거처럼 보였다. 이란은 포르도 마을에서 핵무기에 필요한 고농축 우라늄을 생산할 계획이었던 것으로 보였다. 이란이 핵폭탄을 제조할 결심은 아직 하지 않았더라도 짧은 시간 내에 그렇게 할 수 있는 능력을 갖추려 했다는 것은 의심할 여지가 없었다.

오바마 대통령은 피츠버그에서 열린 G20 정상회의에서 프랑스 대통령 니콜라 사르코지 Nicolas Sarkozy와 영국 총리 고든 브라운 Gordon Brown과 함께 이란의 비밀 농축 시설을 대중에게 공개했다. 오바마 대통령은 "이란은 평화적 핵에너지로 국민의 에너지 수요를 충족시킬 권리가 있습니다. 하지만 이 시설의 규모와 형태는 평화적 프로그램이라고 보기는 힘들군요"라고 밝혔다.[74] 사르코지는 훨씬 더 직설적으로 말했다. 그는 "이란 지도자들이 모터를 가동하고 있는데 시간을 더 줄 수는 없습니다. 12월까지 이란 지도자들의 근본적인 변화가 없다면 제재를 가해야 할 것입니다"라고 단언했다.

이때 오바마, 사르코지, 브라운은 알고 있었지만 시청자들 대부분은 몰랐던 사실이 있다. 이란이 불과 며칠 전 엘바라데이와 국제원자력기구에 포르도 마을에 대해 조용히 털어놓았다는 점이다.[75] 이란도 미국 정보기관이 자신들을 주시하고 있다는 사실을 알아챘을 것이므로, 미국 정부에 '덜미를 잡히는' 순간을 만들고 싶지 않았던 것으로 보인다. 하지만 서구의 지도자들은 먼저 이 사실을 대중에 공개함으로써 홍보전에서 승리했다. 포르도 마을의 폭로로 이란은 불리한 처지에 놓였고, 세계의 강대국들은 이 문제를 두고 어느 때보다 단합된 모습을 보여주었다. 러시아가 특히 격분했는데, 그 이유는 이란이 그 핵 시설을 자신들에게 숨겨서이거나, 자국의 자랑스러운 정보기관이 그 시설을 알아내지 못했기 때문일 것이다.

국가는 무엇으로 싸우는가

이제 모든 사람의 시선은 미국, 중국, 프랑스, 독일, 러시아, 영국, 즉 'P5+1'이라는 협상 블록이 모인 제네바에 쏠렸다. 같은 해 10월 1일에 이 협의체의 고위 대표들은 이란 외교관들과 회동하여 연료 교환 제안을 논의했다. 회담의 여유 시간에 미국 국무부의 삼인자인 빌 번스Bill Burns는 이란 측 수석 협상자인 사이드 잘릴리Saeed Jalili와 만났다. 잘릴리는 강경한 외교관이자 이란-이라크 전쟁의 참전 용사였다. 두 나라가 핵 문제를 두고 최초로 양자 협의를 한 자리였다.[76] 이 회의 석상에서 번스는 잘릴리에게 핵연료 교환의 세부 사항을 설명했고, 잘릴리는 그것을 받아들일 수 있다는 의사를 밝혔다.

그러나 잘릴리의 약속은 곧 허망한 것이 되어버렸다. 그 후 몇 주가 지나고 회담의 마감일이 다가왔지만, 이란 관리들이 협정 조건을 최종적으로 확정하는 일에 시간을 질질 끌었다.[77] 결국 이 거래는 이란 국내 정치의 희생양이 되고 있는 것 같았다. 녹색혁명이 아흐마디네자드의 입지를 크게 훼손했고, 그의 정치적 경쟁자들은 이 거래가 성사되어 그에게 승리를 안겨주는 일을 피하고자 했기 때문이다.[78] 그렇게 오바마의 외교적 노력은 실패했다. 오바마는 손을 내밀었지만, 이란 정부는 여전히 주먹을 꽉 움켜쥐고 있었다.

우리 편이 아니면
적의 편

With Us or Against Us

핵연료 교환 협상이 무산되자, 미국 관리들은 경제 전쟁의 길로 돌아갔다. 오바마 대통령은 국무부와 재무부가 여름 동안 수립한 제재 계획을 진행하도록 승인하면서 한 가지 조건을 추가했다. 미국이 먼저 나서서 제재를 추진하기 전에, 유엔안전보장이사회에서 새로운 결의안을 통과시키기 위해 노력해야 한다는 것이었다. 포르도 마을의 비밀 핵 시설이 폭로되고, 이란 정부와의 핵연료 교환 협상이 무산되면서 다자간 행동의 가능성이 열렸다. 세계 강대국들이 이란의 행동에 분노함에 따라 유엔의 새로운 제재가 실제로 이루어질 가능성이 생겼다. 유엔의 제재는 완벽한 해결책은 아니겠지만 여러 가지 이점을 제공할 것이다. 이란 경제에 타격을 주면 기업들(그리고 국가들)이 혹독한 희생을 치러야 하는데, 그것이 미국 정부의 지시라고 여겨지지 않는다면 더 나은 결과를 얻을 수 있을 것이기 때문이다. 게다가 유엔안전보장이사회가 강경한 태도를 보인다면 미국의 기존 제재도 국제적 정통성을 확보하고, 다른 국가들의 동참을 자극할 수 있을 것이다. 유엔안전보장이사회의 결의안은 국제법적 효력을 가지므로, 모든 유엔 회원국은 법적으로 이를 준수할 의무가 있기 때문이다.

그래서 미국 관리들은 다시 한번 세계 각지로 흩어져, 이번에는 리처드 네퓨와 애덤 주빈이 작성한 제재 목록을 알렸다. 그들은 이런 생각을 미국의 가까운 동맹국과 공유함으로써 오바마가 원하는 새로운 유엔 결의안의 기반을 마련할 수 있기를 기대했다. 다행히도 이번에는 유럽과 미국 사이에 핵 문제에 대한 공감대가 좀 더 일치했다. 우선 유럽인들은 오바마를 좋아했는데, 부시가 8년간 '우리 편이 아니면 적의 편'이라는 접근 방식을 취하고 난 뒤여서 오바마의 외교에 대한 존중심이 신선한 바람을 불러일으켰기 때문이다.[79] 노르웨이는 오바마가 대통령으로 취임한 지 몇 달 만에 그에게 노벨 평화상을 수여할 정도였다. 또한 유럽의 정치적 변화도 도움이 되었다. 2년 전, 이란의 핵 위협을 대수롭지 않게 여겼던 프랑스 대통령 자크 시라크Jacques Chirac의 뒤를 이어 니콜라 사르코지가 대통령에 취임했는데,[80] 사르코지는 더욱 강경한 태도를 취했고 이란을 고립시키려는 미국의 노력에 더 협조적이었다. 2005년에 독일 총리 게르하르트 슈뢰더Gerhard Schröder가 앙겔라 메르켈Angela Merkel로 바뀌면서 베를린에서도 비슷한 변화가 나타났다. 브뤼셀의 유럽연합 본부에서도 여론이 더 강력한 제재를 요구하는 방향으로 바뀌는 듯했다. 특히 리처드 네퓨가 주도하여 다시 이 일을 밀어붙이면서, 유럽 외교관들에게 미국의 제안을 공들여 설명한 후에는 더욱 그러했다.

과거 유엔안전보장이사회의 결의안은 이란의 핵 활동이 국제법을 명백하게 위반하고 있음을 정확히 밝혔다. 그런데도 유엔은 광범위한 제재를 부과하기를 꺼렸다. 기존 결의안은 이란에 대한 핵 기술 판매를 제한했지만, 그 외에는 별다른 조치를 취하지 않았다. 유엔 결의안은 이란 경제를 손상시키려는 것이 아니라, 이란의 핵 개발을 위한 조달을 방해하려는 의도였기 때문이다. 오바마 행정부는 이를 바꾸고자 결심했다. 2009년 후반부터 2010년 초반까지 미국은 이란의 은행, 석유 회사, 해운 회사에 대한 포괄적 제재를 담은 훨씬 더 야심 찬 유엔 결의안의 기반을 마련했다.

유엔안전보장이사회 상임이사국으로 두 유럽 국가인 영국과 프랑스는 새로운 결의안에 대해 확실히 찬성표를 던질 것으로 보였다. 심지어 포르도 마을의 핵 시설 사건에 여전히 분노하고 있던 러시아조차 대체로 지지하는 분위기였다. 그러나 유엔의 제재 논의에서 외교관들이 대개 소극적인 태도를 보였던 중국은 이번 결의안에 대해서는 격렬히 반대했다. 중국은 이란산 석유의 주요 수입국이었으며, 세계가 글로벌 금융위기에서 회복하는 가운데 국내의 경제 성장이 위태로워지는 상황을 원치 않았다.[81] 결의안을 협상하다 격분한 어느 유럽 외교관은, 만일 마오쩌둥이 자기 후손들이 규제 없는 세계 석유시장의 장점을 찬양하는 말을 듣는

다면 무덤 속에서 소리치며 성을 낼 것이라고 불평했다(마오쩌둥은 서구 자본주의와 시장 개방 정책을 경계하고, 국가가 경제를 철저히 통제해야 한다는 입장이었다.-옮긴이). 중국 측의 회의적인 태도로 협상이 상당히 늦어졌지만, 미국과 동맹국들은 결국 중국이 더 온건한 해결책을 받아들이도록 설득했다. 그 결과 2010년 6월 9일, 유엔안전보장이사회 결의안 1929호가 채택되었다.[82]

중국의 반대로 유엔의 전면적인 제재 가능성은 사라졌지만, 미국 관리들은 결의안의 최종 문안에 두 가지 중요한 요소를 집어넣는 데 성공했다. 첫째, 이 결의안은 회원국에게 자국의 기업이 "이란에 법인이 있는 기업과 거래할 때", 특히 "그 사업이 이란의 핵확산을 촉진할 활동에 이바지할 수 있다고 믿을 만한 합리적 근거가 있을 때 주의를 기울이도록" 요구할 것을 촉구했다.[83] 스튜어트 레비가 외국 은행에 직접 연락하여 이란과의 관계를 끊도록 촉구하는 노력이 이제 유엔의 명확한 승인을 받게 된 셈이다.

둘째, 이 결의안은 이란 에너지 부문에 대한 좀 더 강력한 처벌 가능성을 열어두었다. 이를테면 중국 정부를 긍정적으로 거론하며, 이 결의안은 "다양하고 신뢰할 만한 에너지에 대한 접근은 지속 가능한 성장과 발전에 매우 중요하다"라고 인정했다. 동시에 이란의 석유 수입과 "핵확산을 촉진할 활동"에 대한 자금 지원 간의 "잠재적 연관성"도 지적했다.[84] 이는 유럽 기업들이 이란의 에너지 프로젝트에 투자하는 것을 금지할 수 있는 법적 근거를 유럽연합에 마련하기 위해 고안된 문구였다(유럽연합은 유엔의 명확한 지시 없이 그런 조치를 취하는 것을 조심스러워했다). 프랑스 에너지 기업인 토탈이 1995년에 미국 기업인 코노코의 이란 투자를 대신한 이후로, 이란에 대한 유럽의 에너지 투자는 미국 정부의 눈엣가시였다. 이제 새로운 유엔 결의안과 미국 의회의 동시적인 움직임 사이에서 마침내 이란 에너지 산업에 대한 외국인 투자의 흐름이 점차 줄어들 것으로 보였다.

———

오바마 행정부 팀이 뉴욕에서 유엔 결의안을 조율하는 동안, 워싱턴의 의회 의원들은 자체적인 제재안을 추진하기 위해 분주하게 움직이고 있었다. 에반 베이 상원의원은 상원에서 이란에 대한 새로운 제재 법안을 발의했고, 하워드 버먼Howard Berman 하원의원은 하원에서 그와 유사한 법안을 추진했다. 그렇지만 의회의 일부 회의론자들은 제재만으로 충분한 압력을 가할 수 있을지 의문을 제기했다. 브래드 셔먼Brad Sherman 하원의원은 테헤란의 핵 프로그램을 언급하며 "우리는 그들에게 소중한 첫째 아이를 포기하라고 요구하고 있습니다. … 그러면서 ATM의 수수료 인상 같은 사소한 것으로 위협하고 있죠"라고 말했다.[85] 사람들 대부분은 오바마 행정부가 이란과 거래하는 외국 기업에 2차 제재를 부과할 준비가 되어 있지 않다고 생각했다. 2차 제재는 부시 대통령조차 건너려 하지 않은 다리였기 때문이다. 그런데 1990년대 중반 이후 처음으로 미국 의회는 이란 경제를 겨냥한 새로운 주요 법안을 통과시킬 움직임을 보였다.

그 문제의 법이 포괄적 이란 제재와 책임 및 투자회수법, 즉 CISADA다(이하 '포괄적 이란 제재법'이라고 칭함-옮긴이). 백악관의 촉구에 따라 이 법안의 발의자들은 유엔안전보장이사회가 새로운 결의안을 채택할 때까지 법안의 추진을 보류하기로 합의했다. 그리고 이제 결의안이 통과되었고, 미국 의회 의원들은 이 법안의 최종 문구를 다듬는 중이었다. 포괄적 이란 제재법에는 이란으로의 휘발유(가솔린) 수출 금지 조항이 포함되었는데, 이는 '주유소 가격 올리기'가 미국인만큼이나 이란인에게도 치명적일 것이라고 예상했던 의회 의원들의 지지를 받은 조치였다(그 생각이 틀렸다는 것이 곧 증명되었다).[86] 이 법안의 좀 더 합리적이고 훨씬 더 광범위한 조항에는, 이란의 에너지 부문 투자에 대한 강력한 2차 제재가 포함되어 있었다. 그것은 과거에 이란 제재법이라고 알려진 마치 '이빨 빠진 호랑이' 같은 법에 실제 이빨을 심어주려는 시도였다. 포괄적 이란 제재법에 따라 이란 에너지 부문에 대한 사실상 모든 외국인 투자는 이제 미국의 2차 제재를 불러오게 되었다.[87] 이 법안은 이 같은 제재와 더불어 외국의 석유 회사들이 이란을 떠나도록 유도하는 기발한 유인책을 결합했다. 이 조치는 국무부의 이인자이자 레비의 중요한 조력자인 제임스 스타인버그James Steinberg가 고안했다. 해당 조항에 따르면, 국무부와 협의해 이란에서 단계적으로 철수하는 계획을 수립한 석유 회사는 제재 면제를 받을 수 있다. 이를 통해 회사는 질서 있게 철수를 조율할 수 있고, 철수 과정에서 받아야 할 금액을 회수할 수 있게 된다.[88] 유럽연합의 자체적인 투자 금지 조치와 결합한 이런 '특별 규칙'이 기대하는 것은, 유럽의 최대 석유 및 가스 회사들이 짐을 싸서 이란을 영원히 떠나게 만드는 것이었다.

그러나 이 법안에서 무엇보다도 중요한 것은 미국이 블랙리스트에 올린 이란의 금융기관과 거래하는 모든 외국 은행에 2차 제재를 가할 것이라고 위협하는 조항이었다. 이 블랙리스트에는 이란 중앙은행을 제외한 사실상 이란의 모든 금융 부문이 포함되어 있었다. 레비의 경제적 압박 캠페인으로 인해 세계 최대 은행들은 이미 이란을 기피하고 있었다. 하지만 이란은 여전히 소규모 은행들과 협력 관계를 맺고 있었는데, 그중 많은 은행은 유턴 거래 외에는 미국에 별로 의지하는 것이 없었다. 따라서 그 소규모 은행들은 이란과 거래하는 이점이 미국의 법 집행기관과 충돌할 이론적 위험을 감수할 만큼 가치가 있다고 판단했다. 금융업계를 위한 자료집인《뱅커스 알마낙Bankers Almanac》을 대략 훑어보더라도 이란이 아랍에미리트부터 튀르키예, 아르메니아, 스리랑카 등에 이르기까지 많은 나라의 대리은행들과 이런 관계를 유지하고 있는 것을 알 수 있다. 이란은 이 같은 연결고리를 이용하여 유로에 접근하고, 궁극적으로는 달러에 접근할 수 있었다.

해외자산통제국 애덤 주빈의 팀원 중 한 명은 국제 금융 거래 영역에서 "놓아줘도 될 작은 물고기란 없다"라고 회상했다. 그리고 이렇게 덧붙였다. "결국 모든 것이 0과 1에 불과한 디지털 금융이고, 이란은 어느 은행에서든 미국 달러에 접근할 수만 있다면 되는 것이었다. 그러면 원하는 것을 얻을 수 있었으니 말이다." 레비와 주빈은 2차 제재에 대한 명확한 위협이 소규모 은행들의 위험-편익 계산을 뒤집기에 충분할 수 있다고 포괄적 이란 제재법 작성자들을 비밀리에 설득했다. 결국 이 조항은 법안에 추가되었고, 레비와 주빈은 이란에 대한 압박 캠페인에 사용할 강력한 새로운 무기를 얻게 되었다.

2010년 6월 24일, 포괄적 이란 제재법은 양당의 압도적인 지지를 받으며 미국 의회를 통과했다.[89] 하원에서는 408 대 8, 상원에서는 99 대 0이었다. 오바마 대통령은 백악관 동쪽 방에서 이 법안에 서명했다.[90] 당시 오바마는 연설에서 부시 정부에서도 활동했던 레비를 "탁월한" 인물이라며 특별히 언급하기도 했다. 오바마는 최근 채택된 유엔안전보장이사회 결의안 1929호는 "지금껏 이란 정부가 직면한 것들 중 가장 강력하고 포괄적인 다자간 제재"이며, 오늘 서명한 법이 그 결의안을 포함하여 국제 사회의 의지를 강화할 것이라고 강조했다.[91] 이처럼 새로운 유엔 결의안과 포괄적 이란 제재법이라는 좌우 주먹으로 본격적인 경제전쟁의 토대가 마련되었다. 그리고 거의 모든 사람의 예상과 달리, 그것을 실행에 옮긴 사람은 바로 오바마였다. 하지만 오바마 대통령은 동쪽 방에서 연설할 때, 포괄적 이란 제재법이 실제로 어떤 역할을 하게 될 것인지에 대한 핵심적인 영향이나 내용은 언급하지 않았다. 오바마의 대선 경쟁자였던 존 매케인 John McCain 상원의원은 이렇게 말했다. "이 법안으로 우리는 전 세계 기업들에게 선택권을 제시하게 될 것이다. 이란과 사업을 할 것인가? 아니면 미국과 사업을 할 것인가?"[92] 백악관 주인이 바뀌었지만, 미국 정부의 태도는 이번에도 다시 '우리 편이 아니면 적의 편'이었다.

국가는 무엇으로 싸우는가

14 | 엑소더스: 탈출

Exodus

아랍에미리트UAE의 눈부신 금융 중심지 두바이의 북쪽 끝자락에는 굽이굽이 흐르는 해수로가 페르시아만으로 이어져 있다. 그 해안에는 상인들이 사용하는 오래된 목조 다우선dhow (길고 좁은 선체에 큰 삼각돛을 단 아랍의 전통 선박-옮긴이)이 늘어서 있는데, 호르무즈해협을 건너 이란에서 가장 붐비는 항구인 반다르아바스까지 정기적으로 17시간을 항해하는 배들이다.**93** 두바이의 미국 영사관 창문에서는 부두의 하역 노동자들이 이란으로 향하는 온갖 외국 상품을 다우선에 싣는 모습을 볼 수 있다. 제재 회피도 실시간으로 지켜볼 수 있는 셈이다.

아랍에미리트와 이란은 인적, 문화적, 지리적으로 긴밀하게 연결되어 있다. 1979년 이란 혁명을 피해 수많은 이란인이 바다 건너 두바이에 정착했고, 일부 이란에 남은 사람들도 사업을 이곳으로 옮겼다. 오늘날 아랍에미리트는 세계에서 가장 큰 규모의 이란 이주민Iranian diaspora 공동체가 있는 곳이다. 이 지역을 잘 나타내 주는 옛말을 빌리자면, 아랍에미리트 사람들이 비를 기원하면 이란에 비가 내린다는 속담이 있을 정도다.[94]

이란과 유럽의 상업 중심지 간의 관계가 단절된 것은 두바이에는 이득이 되었다. 세계 각국이 이란으로 직접 물품을 운송하기가 점점 더 어려워지자, 두바이는 물품을 수입해 이란으로 운송하는 대규모 재수출 중심지로 발전했다. 2010년에는 이 경로를 통해 거의 100억 달러 상당의 상품이 거래되었다.[95] 두바이에 거주하는 한 선원은 "이제 각국이 이란과 직접 거래하지 않다 보니 우리 일이 더 많아졌다. 모든 것이 두바이를 통해 이루어지고 있다"라고 말했다.[96] 이 말은 무역뿐만 아니라 금융에서도 마찬가지였다. 두바이는 이란이 세계 금융 체계에 닿을 수 있는 마지막 주요 생명선이었다. 2010년 7월 오바마 대통령이 포괄적 이란 제재법에 서명했을 당시, 이란의 대형 은행들 대부분(모두 미국의 제재 대상이었다)은 두바이에 지점을 두고 있었으며, 두바이와 긴밀한 관계를 유지했다.[97]

이러한 관계에도 불구하고 아부다비의 아랍에미리트 정부는 이란을 가장 심각한 대외 위협으로 간주했는데, 그 이유는 오랫동안 이란 정부가 아랍에미리트를 자국의 영향권 아래에 있다고 여겼기 때문이다. 이란과 거리를 두기 위해 아랍에미리트 정부는 수십억 달러 상당의 미국 군사 장비를 구매하고 미국 국방부와 긴밀한 관계를 추구했다. 그러나 아랍에미리트는 두바이에 이란과의 상업적 관계를 단절하도록 압력을 가하는 것은 피했는데, 아랍에미리트의 가장 강력한 두 에미리트(토후국)인 아부다비(정치적 수도)와 두바이(사업적 수도) 간의 미묘한 균형이 깨지는 것을 경계해서였다(아랍에미리트는 7개 토후국으로 구성된 연합국가이다.-옮긴이). 그러나 2009년 말, 세계 금융위기로 큰 타격을 입은 두바이는 채무불이행 상황에 처해 아부다비로부터 구제금융을 받았다.[98] 이로써 누가 주도권을 쥐고 있는지에 대한 모든 의구심이 해소되었다. 당시 한 서구 외교관도 아부다비의 왕세자인 모하메드 빈 자이드Mohamed bin Zayed가 "현재 두바이를 사실상 통치하고 있다"라고 발언한 바 있다.[99]

스튜어트 레비는 2006년 이란과 경제전쟁을 시작한 이래로, 아랍에미리트를 10여 차례 넘게 방문했다. 왕세자와 그의 동생인 외무부 장관 셰이크 압둘라 빈 자이드Sheikh Abdullah bin Zayed와 친분을 쌓기 위해서였다. 하지만 그는 그동안 두바이의 은행들이 이란과의 관계를 끊도록 설득하는 데는 별로 성공하지 못했다. 이제 두바이에 대한 아부다비의 영향력이 우세하고, 포괄적 이란 제재법이라는 무기를 갖춘 레비는 다시 한번 자신의 임무를 시도할 때가 되었다고 생각했다.

레비와 그의 팀은 2010년 9월 아랍에미리트에 도착했다. 라마단 기간인 데다 무더위가 기승이었고 먹고 마실 것이 부족해 이들 미국인의 기운을 빼고 있었다. 하지만 그런 상황이 이들의 열정을 꺾을 수는 없었다. 아랍에미리트와 이란 사이의 *끈*을 끊을 수 있는 절호의 순간이 있다면 바로 지금이었기 때문이다.

그들의 첫 방문지는 두바이였다. 이 도시의 가장 중요한 금융기관들의 관계자들과 가진 원탁회의에서 레비와 그의 팀은 (대부분 미국 블랙리스트에 이름을 올린) 이란 은행들과의 거래는 이제 2차 제재의 위험이 커졌다고 강조했다. 유럽의 석유 회사들이 포괄적 이란 제재법에 따라 미국의 제재를 받을 수 있는 것처럼 아랍에미리트의 은행들도 마찬가지라는 뜻이었다.

다음으로 미국 대표단은 외무부 장관인 셰이크 압둘라와 회동할 예정이었다. 그런데 여러 차례의 노력에도 불구하고 그들은 만남을 확정하지 못했다. 실망한 레비와 그의 팀은 그와의 만남을 포기하고 워싱턴으로 돌아가기 위해 두바이 공항으로 향했다. 하지만 공항 터미널을 걸어가던 그때 셰이크 압둘라의 보좌관으로부터 전화가 왔고, 그는 그들에게 기다리라고 말했다. 몇 분 후, 헬리콥터가 도착해 그들을 태운 뒤 사막을 가로질러 아부다비에 있는 셰이크 압둘라의 개인 궁전의 파릇파릇한 잔디밭에 내려주었다.

셰이크 압둘라는 그들을 호화로운 가구로 장식된 궁전 안뜰로 안내했다. 그의 수행원들 중 일부는 흰색 로브에 아랍에미리트 왕족이 선호하는 머리 장식인 구트라를 쓰고 있었고, 다른 일부 사람들은 운동복을 입고 있었다. 셰이크 압둘라는 흰색 로브를 입었지만, 구트라는 쓰고 있지 않았다. 몸이 아파서 라마단 단식을 중단하고 휴식을 취하고 있던 그는 대추야자를 조금씩 먹으며 차를 마셨다. 긴 인사를 나눈 뒤, 그는 본론으로 들어갔다.

"두바이에서 한 설명회는 정말 훌륭했습니다." 셰이크 압둘라가 레비에게 말했다.

"아, 설명회에 오셨었나요?" 레비가 놀라서 물었다. 그는 아랍에미리트 정치 지도자들이 은행가들과의 원탁회의에 많은 관심을 기울일 것이라고는 예상하지 못했다.

"아니요." 셰이크 압둘라가 대답했다. "보기만 했습니다."

레비와 그의 팀은 압둘라의 직원들이 두바이 회의실에 카메라를 설치했고, 셰이크 압둘라가 비디오로 회의를 지켜보았다는 것을 이제야 알게 되었다. 이는 아랍에미리트 정부가 포괄적 이란 제재법을 얼마나 심각하게 받아들이고 있는지를 분명하게 보여주는 표시였다. 과거에 레비가 셰이크 압둘라를 만났을 때, 그는 이란에 대한 불신을 자주 표현했지만 이란을 완전히 거부하는 것은 항상 주저했다. 이란과의 사업을 중단하는 것은 아랍에미리트의 경제에 해를 끼칠 뿐만 아니라, 이란 정부로부터 보복당할 가능성이 매우 크기 때문이다. 아랍에미리트가 이란과의 관계를 단절하려면, 다른 모든 주요 금융 센터도 같은 조치를 취하고 있다는 확신이 필요해 보였다.

조금 뒤 셰이크 압둘라는 레비와 단둘이 조용히 이야기하고 싶다고 요청했고, 그들은 근처의 방으로 이동했다.

"들어보세요. 솔직히 전 세계 모든 나라가 이란과 관계를 끊었다고 말하기는 어렵습니다. 하지만 저는 우리가 이룬 진전에 대해서는 매우 솔직하게 말씀드렸습니다"라고 레비는 말했다. 당시 세계 최대 은행들은 모두 이란과의 거래를 그만두었고, 낙오된 나머지 은행들은 포괄적 이란 제재법의 새로운 2차 제재 위협을 벗어나기 위해 출구를 향해 경쟁하는 중이었다. 레비는 이렇게 말했다. "이제 아랍에미리트가 행동에 나서야 할 때라고 생각합니다."

셰이크 압둘라는 그 요청에 대비하고 있었다. 그는 레비에게 몇 가지 질문을 던지더니, 튀르키예 은행들도 여전히 이란과 사업을 하고 있다는 내용의 몇몇 기사를 언급했다.

"당신의 나라가 맨 마지막이라는 말은 아닙니다"라고 레비가 인정하고, 이렇게 말했다. "하지만 우리는 다른 나라들과 계속 협력해 나갈 것입니다. 그리고 전 세계의 대부분이 이에 동참하고 있습니다."

마침내 셰이크 압둘라는 항복했다. 며칠 안에 아랍에미리트 중앙은행은 미국의 제재를 받는 모든 이란 금융기관과의 관계를 단절했다.[100] 또한 아랍에미리트 전역의 은행에 최근 미국 법률을 설명하는 내용의 권고문을 배포하고, 이란과 거래하는 상대방을 고위험 거래자로 취급하라는 지시와 함께 이란과의 모든 거래를 더 엄격하게 감시할 것이라는 내용을 알렸다. 얼마 지나지 않아 두 나라 간의 재정적 관계는 쇠약해졌다.

아랍에미리트의 예상치 못한 신속한 반전은 레비와 그의 동료들에게 활력을 불어넣었다. 포괄적 이란 제재법에 거는 그들의 기대(이란의 재정적 고립을 완결짓기)가 이루어질 것처럼 보였다. 하지만 이 법이 1990년대의 이란 및 리비아 제재법처럼 무시당하지 않고 진지하게 받아들여지려면 매우 철저히 접근해야 했다. 어딘가에 규정을 준수하지 않는 은행이 단 하나라도 있으면 이란은 국

국가는 무엇으로 싸우는가

제 금융 체계에 다시 접근할 수 있을 것이고, 레비의 팀이 이룬 많은 업적은 무산될 수도 있었다. 레비의 팀은 페르시아만 지역의 왕자부터 코카서스와 중앙아시아의 소규모 은행들의 경영자까지 관련된 모든 당사자를 대상으로 법률을 설명해야 하는 노력이 필요했다. 게다가 오바마 행정부는 그들 팀이 벌이는 경제전쟁이 국제법에 따라 정당하고 유엔안전보장이사회 결의의 자연스러운 산물로 여겨지기를 원했다. 레비와 그의 팀은 미국이 불한당bully 같은 나라가 아니라 다른 나라들이 유엔의 의무를 준수하도록 돕는 선의의 파트너로 인식되기를 바랐다. 큰 물고기만큼이나 작은 물고기에도 모두 주의를 기울이는 일관된 실행 방식은 이 같은 인식을 자리 잡도록 하는 데 도움을 줄 것이었다.

그 후 몇 달 동안 재무부 관리들은 매주 회의를 열어 이란과 관계를 유지하고 있는 외국 은행들을 파악했다. 이러한 정보 중 일부는 정보기관에서 얻은 것이지만, 대부분은 금융 자료집 《뱅커스 알마낙》을 통해 전 세계가 공개적으로 볼 수 있는 정보였다. 그리고 나서 재무부 직원들은 은행에 직접 찾아가 이렇게 경고했다. "국제법에 따라 이란과의 거래를 중단하십시오. 그렇지 않으면 2차 제재를 받아 달러 거래가 불가능해질 수 있습니다"라고 경고했다.

심지어 재무부 관리들은 아흐마디네자드가 "두 몸에 담긴 하나의 정신"이라고 표현할 정도로[101] 언어, 문화, 경제가 이란과 불가분의 관계에 있는 타지키스탄의 외딴 수도 두샨베까지 마다하지 않고 직접 찾아갔다. 귀국 후 이들 대표단은 두샨베에 있는 미국 대사관으로부터 긴급 전화를 받았다. 타지키스탄의 한 은행가가 재무부 관리들로부터 포괄적 이란 제재법의 위험을 알게 된 후, 씨티은행에 전화해 자기 은행이 이란의 금융기관과 관계가 있다는 사실을 털어놓았다는 내용이었다. 이에 대응하여 씨티은행은 모든 타지키스탄 은행의 통신 계좌를 폐쇄했다. 하지만 그 결과 미국 재무부는 씨티은행이 타지키스탄과 사업을 재개하도록 설득하기 위해 비공식적인 외교를 수행해야 했다.

미국의 경제전쟁으로 인해 세계 금융 체계가 극도로 예민해졌다. 은행 임원들이 미국의 제재를 비웃고, 미국의 정책을 무시하는 거래를 느긋하게 하던 시절은 사라졌다. 그런 무감각한 태도가 치러야 할 대가는 너무도 컸다. 그사이 미국 법 집행 기관의 제재를 위반한 것에 대한 벌금도 크게 증가했다. 2009년과 2010년에 로이즈Lloyd's, 크레디트스위스Credit Suisse, 바클레이즈Barclays 은행 모두 수억 달러의 벌금을 부과받았다.[102] 게다가 포괄적 이란 제재법이 통과되면서 이제 위험은 거액의 벌금이 문제가 아니었다. 이란과 거래하면 제재를 받을 위험이 있고 결국 달러 거래가 불가능해질 수 있으며, 그러면 파산할 수도 있기 때문이다.

포괄적 이란 제재법의 또 다른 핵심 조항(외국 석유 회사들이 이란을 떠나기 위한 명확한 계획을 제시하는 대가로, 제재 면제를 허용하는 제임스 스타인버그의 '특별 규칙')도 예상보다 빠르게 효과를 발휘했다. 단 몇 달 만에 이탈리아의 에니Eni, 영국의 셸Shell, 노르웨이의 스타토일Statoil, 프랑스의 토탈을 비롯해, 이란에 계속 투자했던 대형 외국 석유 회사들의 고위 임원들이 이란으로부터의 철수 전략을 조율하고자 국무부를 거듭 방문했다.

에니의 정부 업무 책임자인 레오나르도 벨로디Leonardo Bellodi는 새로운 법안을 논의하기 위해 포기 보텀Foggy Bottom(워싱턴의 북서쪽 지역. 이곳에 국무부가 있어서 국무부를 칭하는 단어로도 사용된다.-옮긴이)에서 첫 회의를 가졌을 때, 완벽하게 구체화한 계획을 주머니에 넣고 왔다. 벨로디는 흠잡을 데 없는 정장을 즐겨 입는 세련된 이탈리아인으로 미국의 새로운 제재에 반대하는 것은 무의미하다고 생각했다. 우선 미국 정부나 유럽연합의 이란에 대한 태도가 너무 강경했다. 마찬가지로 중요한 점은, 에니에게 이란 국영 석유 회사NIOC와의 협력이 악몽이었다는 것이다. 벨로디는 이란으로부터 받아야 할 돈인 약 30억 달러를 회수하고 철수한다면 나름대로 에니의 승리라고 보았다.

에니가 투자금을 회수할 때까지 이란으로부터 계속 석유를 공급받는다는 벨로디의 접근 방식은 국무부의 입맛에 잘 맞았다. 모든 것이 계획대로 진행된다면 이란 에너지 부문의 가장 큰 외국 투자자 중 하나인 에니가 이란을 떠나는 길에, 이란의 금고에서 막대한 금액을 인출하게 될 것이다(당연히 벨로디의 노력은 순탄치만은 않았다. 그가 이란에 머무는 동안 여러 차례 위협을 당했고, 신기하게도 여권이 '사라진' 일도 견뎌야 했다. 하지만 결국 에니의 돈의 약 90%를 회수하는 데 성공했다). 다른 일부 석유 거대 기업들과의 협상은 순조롭게 진행되지는 않았지만, 에니의 계획은 미국 정부에 좋은 본보기가 되었다. 오바마 대통령이 포괄적 이란 제재법에 서명한 지 3개월도 채 되지 않아 모든 유럽의 대형 에너지 기업들이 이란에서 철수하기로 합의했다.[103] 그리고 얼마 지나지 않아, 일본의 석유 회사인 인펙스Inpex도 이란의 아자데간Azadegan 유전을 개발하는 대규모 프로젝트를 포기하고 철수 대열에 합류했다.[104]

포괄적 이란 제재법이 발표된 직후, 세계의 은행들과 에너지 기업들이 이란에서 대거 탈출한 것은 속도 면에서 주목할 만한 일이었다. 그리고 미국 정부가 2차 제재라는 위협을 실제로 실행에 옮기지 않고도 그런 일이 일어났다는 점에서 더욱 주목할 만했다. 달러에 접근하지 못한다는 것은 국제적 기업에 사형선고와 같았기 때문에 제재 위협만으로도 충분하게 억제시킬 수 있었다.

포괄적 이란 제재법이 일으킨 격변은 미국의 경제전쟁사에 큰 변화를 가져왔다. 미국 정부가 (1990년대 이란 및 리비아 제재법으로) 마지막으로 2차 제재를 시도했을 때 토탈과 프랑스 정부는 미국이 결의하자마자 거의 즉각적으로 도전했고, 클린턴 행정부는 물러났다. 그 결과 이란의 에너지 산업에 대한 국제적 투자는 별다른 우려 없이 15년 동안 더 이어졌다. 다국적 석유 회사들의 눈에 미국의 제재는 사실상 '이빨 빠진 호랑이', 즉 기껏해야 귀찮은 일일 뿐 사업 결정에 심각한 영향을 미치는 요소가 아니었다. 그러나 부시 대통령 임기 마지막 2년에서부터 오바마 대통령 임기 첫 2년까지 비교적 짧은 기간 동안 미국은 자국의 제재를 강력한 국제적 힘으로 전환했다. 그 결과 미국의 관리들이 포괄적 이란 제재법에 따라 2차 제재를 시행하려 하자 나머지 세계도 이에 동참했다.

적어도 세계 대부분은 그렇게 했다. 일본의 인펙스가 이란에서 철수한다고 발표하자마자, 중국 정부가 소유한 대형 석유 회사인 중국석유천연가스집단공사CNPC가 아자데간 유전 개발에 참여할

국가는 무엇으로 싸우는가

것이라는 보도가 나왔다.[105] 중국 기업들은 당시 진행 중인 탈출 행렬에서 거의 눈에 띄지 않았다. 실제로 중국이 유럽, 일본 등 다른 나라들이 두고 온 상업적 기회를 채워나가고 있다는 증거가 늘어나고 있었다. 2011년 상반기까지 이란은 세계 경제와 연결고리가 거의 없었다. 그러나 그동안 유지했던 중국과의 관계, 무엇보다 꾸준한 오일머니 유입이라는 끈은 지독히 견고해서 끊기가 어려울 것이며, 어쩌면 그 관계의 중요성이 사라지기 전까지는 끊는 것이 불가능할지도 모른다.

15 마지막 요새

The Last Bastion

2011년 2월, 스튜어트 레비는 재무부의 테러 및 금융정보국 차관으로 거의 7년간 재직한 후 사임했다. 두 정권(공화당과 민주당)을 거치면서 레비는 테러 및 금융정보국을 구축했고, 미국의 경제 무기고를 확장하여 강력한 기관으로 만들었다. 레비의 영향력은 임기 마지막 날에도 여실히 드러났다. 그와 애덤 주빈은 오바마 대통령의 국가안보 보좌관인 톰 도닐런Tom Donilon을 설득해 무려 370억 달러에 달하는 리비아 독재자 무아마르 카다피의 자산을 동결하는 행정명령을 서둘러 통과시켰다.[106]

"내가 이 일을 시작했을 때쯤이라면, 국가안보 보좌관은 내 전화를 받지도 않았을 것이다"라고 레비는 회상했다. 그리고 이렇게

국가는 무엇으로 싸우는가

말했다. "이제 떠날 때쯤 되니, 내가 가치가 있다고 결정한 문서에 대통령이 행정명령에 서명하도록 하는 데 4시간도 안 걸렸다."[107] 레비의 개인적인 노력 덕분에, 이제 국제 금융 체계는 이란과 관련된 거래라면 손도 대지 않을 정도로 꺼리게 되었다. 이러한 측면에서 볼 때, 그가 2006년에 콘돌리자 라이스와 헨리 폴슨에게 제시했던 전략은 엄청나게 성공했다고 볼 수 있다.

그럼에도 불구하고 레비의 임기 동안 이란의 핵 프로그램은 비약적으로 성장했으며, 이란 정부 역시 핵 개발을 지속하기 위해 모든 노력을 다하는 것처럼 보였다. 2011년 6월, 이란의 신임 핵 책임자인 페레이둔 압바시Fereydoon Abbasi는 앞으로 더 많은 문제가 닥칠 것이라고 발표했다. 작년에 일어난 암살 시도(이란 정부는 이스라엘의 정보기관인 모사드가 배후라고 지목했다)에서 가까스로 살아남은 압바시[108]는 이란의 고농축 우라늄 비축량을 세 배로 늘리겠다는 계획을 공개했다.[109] 또한 그는 이란이 포르도 마을의 지하 시설에 핵무기 연료 생산에 적합한 고도로 발전된 원심분리기를 설치할 것이라고 말했다.

이스라엘의 총리 베냐민 네타냐후Benjamin Netanyahu가 이끄는 정부는 단순히 이란의 과학자들을 암살 목표로 삼는 데 그치지 않고, 이란의 핵 프로그램을 약화하기 위해 훨씬 더 많은 일을 하고 있었다. 이스라엘은 이란의 핵농축 시설에 대한 군사적 공격을 진지하게 계획하고 있었다.[110] 네타냐후는 과연 제재로 테헤란의 핵 추구를 막을 수 있을지 의심했으며 더 과격한 조치를 시행하고 싶어 했다. 오바마 대통령이 이란 문제에 대해 "모든 방안을 검토 중이다"라고 거듭 강조하는 가운데, 백악관은 이스라엘의 군사적 공격 가능성에 깊은 우려를 표했다.[111] 그런 공격은 미국을 끌어들여 더 큰 전쟁으로 쉽게 번질 수 있기 때문이다. 오바마 대통령의 국가안보 보좌관 벤 로즈Ben Rhodes는 "우리는 그런 시도가 재앙이 될 것으로 보았다. 우리가 전 세계에 걸쳐 애써 공들여 쌓아 올린 카드로 만든 집이 무너질 수 있다고 생각했다"라고 회상했다.[112]

레비가 결성한 경제 전사들, 즉 그가 떠난 후에도 자리를 지킨 데이비드 코헨, 애덤 주빈을 비롯한 수십 명의 인물로 구성된 이 강력한 팀은 네타냐후가 틀렸다는 것을 증명하기로 결심했다. 경제적 압력으로도 이란의 핵 프로그램을 '중단'시킬 수 있다는 것을 보여줘야 했다. 그 일이 성공하려면 이란의 마지막 보루인 석유 수출을 공격해야 했다.

그사이 미국은 유리한 비용-편익 계산에 힘입어 이란을 재정적으로 고립시키는 데 큰 성공을 거두었다. 런던, 프랑크푸르트의 은행이나 심지어 두바이의 대형 은행들도 미국의 블랙리스트에 올라 그 대가를 치르는 비용이 이란과 관계를 유지하는 데 따르는 이익보다 항상 더 컸다. 하지만 석유는 달랐다. 석유는 현대 산업 경제의 생명줄이자 희소한 자원이기 때문이다. 국가들 대부분은 석유를 '수입해야' 했다.

이란 경제의 나머지 부분이 제재로 위축되면서 에너지 부문의 중요성은 더욱 커졌다. 이란은 국가 예산의 65%, 수출 수익의 70%를 석유와 천연가스에 의존했다.[113] 금융위기 초기에 잠시 하락했던 국제 원유 가격은 2011년이 되자 중국의 엄청난 수요와

국가는 무엇으로 싸우는가

아랍의 봄으로 인한 중동의 정세 불안에 영향을 받아 다시 한번 배럴당 100달러를 돌파했다.[114] 레비가 재무부를 떠난 직후, IMF는 이란이 2011년에 1,000억 달러 이상의 석유 수입을 거둘 것으로 전망했는데, 이는 전년보다 약 800억 달러가 증가한 수치였다.[115] 포괄적 이란 제재법은 광범위한 영향력에도 불구하고, 이러한 자금 유입을 막는 데 아무런 역할도 하지 못했다. 그 이유는 이란의 주요 금융기관 중 한 곳이 미국의 제재를 받지 않았는데, 우연히도 그 기관이 이란 석유 거래에서 중심적인 역할을 하고 있었기 때문이다.

이란 중앙은행은 이란이 전 세계에 석유를 판매하여 벌어들인 모든 돈을 보관하는 곳이었다. 레비의 경제전쟁 계획 초기부터 미국 관리들은 이 은행에 대한 제재를 시행할지를 두고 검토해 왔다. 하지만 매번 그것이 몰고 올 파장 때문에 주저했다. 일부 재무부 관리들은 주권 국가의 중앙은행을 표적으로 삼는 것은 미국이 절대 넘지 말아야 할 선이라고 우려했다. 그 선을 넘으면 미국 정부가 달러의 국제 기축통화 지위를 정치적 목적으로 사용하려 한다는 것을 세상이 눈치챌 것이며, 그렇게 되면 국제 금융 체계의 관리자라는 미국의 평판과 함께 달러의 지위 자체가 훼손될 수 있었다.

좀 더 즉각적으로 나타나는 결과로는, 이란 중앙은행에 대한 제재로 수입업체의 이란산 원유 대금 결제가 어렵거나 불가능해질 수 있으며, 이에 따라 대량의 이란산 석유가 세계 시장에서 유통되지 않아 석유 공급에 큰 문제를 가져올 수 있었다. 그 결과 국제 원유 가격이 급등하면 미국 기업과 소비자들이 피해를 볼 것이다.

이러한 우려는 1996년 이란 및 리비아 제재법과 2010년 포괄적 이란 제재법 등 이란의 에너지 부문을 겨냥한 이전의 미국 제재가 왜 현재의 판매(이란산 원유를 구매하는 것)가 아닌, 상류upstream 부문의 투자(이란 영토 내에서 석유를 탐사하고 추출하는 것)를 겨냥했는지 그 이유 역시 설명해 준다. 미래에 이란의 석유 생산 능력을 약화하는 것과 현재 일어나는 이란의 석유 수출을 차단하는 것은 전혀 다른 문제였다. 리처드 네퓨는 이렇게 설명했다. "우리는 석유나 이란 중앙은행을 표적으로 삼으면서도 국제 석유시장을 손상시키지 않고, 따라서 2008~2009년 세계 금융위기 이후의 회복을 저해하지 않을 적절한 방법을 알아내지 못했다."[116]

레비를 주저하게 만든 또 다른 위험도 있었다. 만약 일부 기업들이 이란에 대한 제재 대열에 참여하지 않고, 이란산 석유를 계속 구매하고 이란 중앙은행에 돈을 지급한다면 어떻게 될까? 레비는 "이란 중앙은행에 제재를 가한다면, 그 정책이 실제로 시행될 수 있을지 정말 신중하게 고민해야 했다"라고 말했다. 그리고 이렇게 설명했다. "만일 이런 조치를 했는데 중국과 인도가 따르지 않는다면, 미국의 권력과 위신에 실질적인 도전이 될 수 있기 때문이다."[117] 그렇게 되면 미국 정부는 위협을 실행에 옮겨 중국과 인도 기업에 2차 제재를 가할지 그렇지 않을지를 선택해야 할 것이다. 그 조치로 중국과 인도와의 관계가 악화될 것은 분명하지만 그 나라의 기업들이 이란산 석유 구매를 중단할지는 보장할 수 없었다. 만약 그런 일이 실제로 일어난다면, 레비의 임기 시작 이후로 미국이 전 세계 정부와 기업에 가했던 제재의 심리적 압박이

국가는 무엇으로 싸우는가

나 영향력이 무너져 더는 효과가 없을 것이다.

　그럼에도 미국 의회의 대이란 강경파들은 굴하지 않았다. 미국·이스라엘 공공문제위원회, 싱크탱크, 그리고 이스라엘 관계자들은 이란 정책에 관한 브리핑을 수차례 받은 후, 많은 의원들이 이제 결단을 내릴 때가 되었다고 판단했다. 그들이 보기에 미국은 어떤 대가를 치르더라도 이란의 경제를 무너뜨리고, 이란 정부가 핵 프로그램을 포기하도록 강제해야 하며, 만약 실패할 경우 이란의 핵 시설을 폭격하여 완전히 파괴해야 했다. 이란에 대해 가장 강경한 인물 중 한 명인 공화당 상원의원 마크 커크는 쿠바 미사일 위기 당시 존 F. 케네디 대통령이 지시했던 것과 비슷한 방식으로, 과거에 이란에 대한 해상 봉쇄를 강력히 주장한 바 있었다.[118] 커크는 이란에 가장 강력한 제재를 가했을 때 발생할 수 있는 부수적인 피해의 가능성에 대해 전혀 개의치 않았다.

　2011년 봄, 데이비드 코헨은 커크를 만나러 미국 의회에 있는 그의 사무실로 갔다. 코헨이 레비를 대신하여 테러 및 금융정보국의 수장이 되려면 상원의 승인이 필요했기에, 커크 상원의원에게 자신의 임명을 지지해 달라고 요청하기 위해서였다. 커크는 코헨이 이란 중앙은행에 제재를 부과하겠다고 약속해야만 찬성표를 던질 것이라는 점을 분명히 했다. 코헨은 그 제안을 검토하겠다고 동의했다. 그런데도 커크는 이란 제재 문제에서 가장 영향력 있는 민주당 상원의원인 동료 밥 메넨데스의 지원을 받아 코헨의 인준을 보류했다. 오랜 대치 끝에 코헨이 오바마 행정부에서 그런 움직임을 지지하겠다고 비밀리에 약속한 후에야, 커크는 인준에 대한 반대 의사를 철회했다. 사안의 중대성을 생각했을 때, 즉 이란 관리들은 자국의 중앙은행에 대한 제재를 전쟁 행위로 간주할 것이라고 밝혔고, 세계 시장 역시 이를 전쟁 행위로 볼 것이라는 점을 고려하면 최종적인 결정은 오바마에게 달려 있었다.[119]

코헨의 임명이 확정된 지 얼마 지나지 않아, 커크는 그에게 약속을 지키라고 압박했다. 그러다 2011년 8월 커크는 민주당 상원의원 척 슈머와 공동으로 오바마 대통령에게 이란 중앙은행에 제재를 가할 것을 공개적으로 촉구하는 서한을 작성했다.[120] 이 서한에 상원의원 100명 중 92명이 서명을 보태며 양당의 압도적인 지지를 보여주었다.

미국 의회의 압력이 거세지자 오바마 행정부는 이란 중앙은행에 대한 제재가 세계 시장에 어떤 영향을 미칠지 분석하기 시작했다. 이러한 노력을 주도한 것은 재무부 국제문제국IA이었다. 연방 관료 조직 내에서 국제문제국은 상당한 명성이 있었는데, 직원들 중에는 미국에서 가장 뛰어난 국제 거시경제 전문가가 몇몇 있었다. 국제문제국은 국제 무역과 투자를 억제하는 것이 아니라 촉진하는 데 중점을 두었으므로, 그 부서의 경제학자들은 제재 정책에는 거의 관여하지 않았다. 어쨌든 지금까지는 미국의 제재가 세계 시장을 흔들 위험이 거의 없었고, 거시경제적 충격을 일으킬 가능성은 더더욱 낮았다. 그러나 이번에는 미국 정부가 유가 폭등과 심지어 미국 경제의 침체까지 초래할 수 있다는 우려가 컸다.

국제문제국의 결론은 이런 두려움을 완화하는 데 거의 도움이 되지 않았다. 이 조직의 전문가들은 이란 중앙은행을 제재하면 국

국가는 무엇으로 싸우는가

제 원유 가격이 배럴당 최소한 200달러 이상 치솟을 것으로 전망했다. 그러면 미국은 인플레이션, 실업, GDP 급락에 직면하게 될 것이다. 재무부의 어느 고위 관리는 당시 국제문제국이 보고한 분석에 따르면, 이란 중앙은행에 대한 제재로 이란의 일일 석유 수출량이 절반만 줄어들어도 그 결과는 "기본적으로 핵겨울 같은 불황"이 될 것이라는 내용이었다고 회고했다. 동시에 유가가 급등하면 이란은 이득을 볼 것이기 때문에, 이런 조치가 이란에 얼마나 큰 타격을 줄지는 불확실했다. 이란 정부는 석유를 적게 팔면서 더 많은 돈을 벌 수도 있을 것이다.

국제문제국의 평가를 접한 백악관은 의회의 이란 중앙은행에 대한 제재 추진을 강력히 반대하기로 결정했다. 하지만 한 가지 문제가 있었다. 미국 정부가 국내에 고통스러운 경기침체를 불러올까 봐 이란 중앙은행에 대한 제재를 꺼린다는 소식이 알려지면, 미국이 넘기 두려워하는 한계선이 있다는 사실을 이란이 알게 될 위험이 있었다. 한편 이스라엘은 미국이 강력한 제재를 가할 의향이 없다고 결론 내릴 가능성이 크며, 네타냐후가 군대에 이란 핵시설을 폭격하라고 명령할 수도 있었다.

이렇듯 국제문제국의 분석 결과를 공개하는 것은 심각한 단점이 될 수 있었다. 그래서 백악관은 경제적 이유가 아니라 외교적 이유 때문에 의회의 노력에 따를 수 없다고 말하도록 국무부와 재무부에 지시했다. 구체적으로 말하자면 그들은 이란 중앙은행을 공격하면 미국이 가장 가까운 동맹국들과 쌓아온 단합이 깨질 것이라고 주장하기로 했다. 당시 몇몇 유럽연합의 국가와 일본, 한국은 여전히 대량의 이란 석유를 구매하고 있었는데, 이들 국가가 이란 석유 판매량의 40% 이상을 차지할 정도로 규모가 컸기 때문이다.[121] 이란 중앙은행에 대한 미국의 제재는 이 같은 구매를 복잡하게 만들어 동맹국의 에너지 안보를 위험에 빠뜨릴 수도 있었다. 백악관은 이런 설명이 국제문제국의 악몽 같은 예측을 공개하는 것보다 훨씬 덜 해로울 것으로 판단했다.

위험한 줄타기를 하듯 쉽지 않은 상황이었다. 오바마 행정부는 경제전쟁에 한계가 필요하다고 생각했지만, 그렇게 제한을 두는 이유를 밝히는 것은 주저했다. 하지만 의회 의원들이 행동하라고 아우성치는 상황에서 더 나은 선택은 없어 보였다.

국가는 무엇으로 싸우는가

16

100 대 0

100–0

2011년 가을, 이란은 너무도 심각한 도발 행위를 연이어 감행했다. 그 때문에 오바마 행정부는 어떤 근거를 대든 새로운 제재를 부과하는 것에 대해 거부하기가 점점 더 어려워졌다. 10월에 에릭 홀더Eric Holder 법무부 장관과 로버트 뮬러Robert Mueller FBI 국장은 (미국의 법 집행기관 요원들이) 주미 사우디 대사인 아델 알주베이르Adel al-Jubeir를 암살하려는 이란의 음모를 저지했다고 발표했다. 그들의 말에 따르면, 워싱턴 D.C.의 엘리트들 사이에서 인기 있는 조지타운의 만남 장소인 카페 밀라노에서 이 같은 시도를 막아냈다고 했다. 마치 첩보 소설 같은 내용이었다. 좀 더 자세히 말하자면, 이슬람 혁명수비대의 쿠드스군 소속 한 명이 텍사스 출신의 중고차 판매원인 사촌을 통해 공격을 계획했다는 것이다. 다시 그 사촌은 멕시코 마약 카르텔 조직원에게 돈을 준 뒤, 식당에서 폭발물을 터뜨리라고 시켰다. 멕시코인 중 한 명이 그러면 무고한 주변 사람들이 대량으로 죽을 수 있다고 지적하자, 이란계 미국인 자동차 판매원은 자신에게 이 일을 부탁한 사람들은 그런 것을 신경 쓰지 않는다며 입장을 분명히 밝혔다고 한다. 그 사촌은 "그들은 그자가 죽기를 원해. 만일 100명이 그와 함께 간다면, 엿 먹으라지 뭐"라고 말했다.[122] 그 이란계 미국인은 몰랐지만, 그가 마약 카르텔에서 주로 접촉한 사람은 미국 마약 단속국DEA에서 일하는 기밀 정보원이었다.

비록 실패한 모의이긴 했지만, 이 소식은 미국 정부를 경악과 공포에 휩싸이게 했다.[123] 이란이 미국 수도의 심장부에 그토록 대담한 공격을 계획했다는 것은 소름 끼치는 일이었다. 또한 이 사건은 이란 정권이 현실과 동떨어져 있으며 핵무기를 사용할 가능성이 크다는 견해에 신빙성을 더했다. 혹은 이란의 핵 능력이 향상되도록 내버려둔다면 '더티 밤dirty bomb(재래식 폭탄에 방사성 물질을 채운 일종의 방사능 무기-옮긴이)'에 들어갈 방사능 성분을 헤즈볼라나 다른 무장 세력에게 넘길 가능성도 있었다. 이란이 임시방편적 핵 장치를 제공하여 테러리스트들이 파괴적인 공격을 펼치도록 비밀리에 도울 수 있다는 '더티 밤' 시나리오는 애덤 주빈의 밤잠을 설치게 했다. 주빈은 국가 간 핵무기 사용을 억제하는 상호확증 파괴MAD 같은 개념은 헤즈볼라에는 적용하기 힘들다고 우려했다. 왜냐하면 헤즈볼라 같은 단체의 공격은 '되갚아

줄 곳', 즉 보복할 곳을 특정하기가 어려울 것이기 때문이다.[124]

11월 초, 카페 밀라노 모의가 발각된 지 한 달도 채 지나지 않아, 국제원자력기구는 이란의 핵 프로그램에 대해 지금껏 가장 심각한 보고서를 발표했다. 이 보고서에 따르면 이란이 고농축 우라늄을 비축하기 위한 비밀 계획을 실행했다는 사실이 확인되었다.[125] 또한 이란이 핵무기 개발을 위해 수년간 계획을 짜고, 부품을 확보하고, 실험을 진행했다는 증거도 발견했다. 이 보고서가 말하는 바는 명확했다. 그동안 이란 정부의 주장과는 달리 이란의 핵 프로그램은 평화적 목적만을 위한 것이 아니었다.

이 소식은 미국이나 이스라엘에는 놀라운 일이 아니었지만, 이제 모든 나라가 이란의 위험한 활동에 주목하는 계기가 되었다. 이로써 지금까지 실현하기 어려웠던 이란에 대한 강력한 제재의 전 세계적 지지가 형성되었다. 영국의 외무부 장관 윌리엄 헤이그William Hague는 이란 중앙은행에 대한 제한을 촉구했고,[126] 프랑스 대통령 니콜라 사르코지 역시 이란산 원유에 대해 유럽연합의 전면적인 금수 조치가 필요하다고 제안했다.[127]

그로부터 일주일 남짓 후, 이슬람 혁명수비대 소속 바시즈 민병대의 젊은 대원 수백 명이 테헤란에 있는 영국 대사관을 습격했다.[128] 그들은 창문을 깨고 컴퓨터와 휴대전화를 훔치고 영국의 국기인 유니언 잭을 찢어버렸다. 영국 직원 7명도 잠시 인질로 잡혔다. 영국 정부는 테헤란에서 외교관들을 신속히 철수시키고 공격받은 대사관을 폐쇄했으며, 영국 주재 이란 외교관 전원을 추방했다.[129] 이 같은 불안정한 상황에 놀란 유럽연합의 외무부 장관

27명은 급히 브뤼셀에 모였다. 그리고 유럽연합의 제재 팀은 이란 산 원유의 구매를 전적으로 금지하는 제안을 작성하기 시작했다.

유럽 강대국들이 석유 금수 조치를 준비하고 이란 중앙은행에 대한 제재를 가속하자, 오바마 행정부가 이전에 미국 의회에 제기했던 주장(이란 중앙은행에 대한 조치가 미국의 가장 가까운 동맹국들의 이란산 원유 구매 대금을 지불하는 것을 어렵게 만들어 동맹국 간에 단합을 깨뜨릴 수 있다는 주장)은 설득력이 약해졌다. 미국 의회에서 이란에 대한 주요 강경파로 꼽히는 마크 커크와 밥 메넨데스는 이 기회를 포착해 공격적으로 나섰다. 두 상원의원은 경쟁하듯 연례 국방 정책 법안 개정안을 제출했는데, 두 개정안 모두 오바마 대통령이 이란 중앙은행에 제재를 가하도록 요구하는 내용을 담고 있었다. 백악관이 확고한 반대의 뜻을 보였지만, 행정부 내 제재 담당자들은 불안해지기 시작했다. 그들이 보기에 오바마 대통령이 의회를 저지할 가능성은 점점 줄어드는 것 같았다. 의회는 새로운 제재안을 통과시키고, 대통령의 거부권을 무력화할 수 있는 충분한 표를 확보했기 때문이다.

그래서 국무부와 재무부의 최고 전문가들은 제재안을 실행할 수 있는 방안을 찾고자 머리를 맞대고 논의했다. 이란 중앙은행에 차단 제재를 직접 가하는 것은, 전 세계에 이란산 원유 구매를 즉각 중단하라는 명령을 내리는 것과 같으므로 매우 위험한 일이었다. 우선 이란의 최대 석유 구매국인 중국, 인도, 튀르키예, 심지어 일부 유럽연합 국가들까지도 이를 따르지 않을 가능성이 컸다. 그들은 이란에서 매번 수십만 배럴의 원유를 구매해 왔는데 이 같은 양을 하루아침에 대체하는 것은 불가능했다. 그들 국가가 어떻게 든 그런 극단적인 조처를 할 수 있다 하더라도, 그것은 국제문제 국의 악몽 같은 시나리오를 촉발할 수 있었다. 즉 유가가 배럴당 200달러를 돌파하고 미국이 경기침체에 빠질 수도 있었다.

애덤 주빈과 해외자산통제국의 기술관료들은 국무부의 에너지 전문가들과 협업하여 절충안을 마련했다. 미국이 이란 중앙은행 에 제재를 가할 것이지만, 동시에 6개월 동안 이란으로부터 석유 구매를 크게 줄이는 모든 국가에 대해서는 제재를 면제해 주기로 합의한다는 내용이었다. 이 정책이 성공한다면 이란의 석유 수출 은 하루아침에 줄어드는 것이 아니라 몇 달 또는 몇 년에 걸쳐 점 진적으로 감소할 것이다. 이렇게 되면 세계 시장의 경제적 타격을 완화할 수 있을 것이다. 또한 이란 정부에 대한 압박을 시간이 지 남에 따라 서서히 높여가는 효과를 기대할 수도 있다. 이란이 핵 야망을 축소하기를 거부한다면 한 달이 지날 때마다, 이란의 경제 는 점점 더 큰 고통을 겪게 될 것이었다. 이 아이디어는 이론적으 로 타당해 보였지만 실행이 성공하려면 일종의 외교적 술수가 필 요했고 실패할 위험도 컸다. 그럼에도 불구하고 미국 의회가 이란 중앙은행에 어떤 조치를 가하기로 마음을 굳혔다면, 이것이 가장 받아들일 만한 구미에 맞는 선택이었다.

11월 말, 코헨은 메넨데스 상원의원의 은신처(상원 회의장 근처 에 있는 아무 표시가 없는 비밀 사무실)에서 메넨데스와 이 아이디어 를 공유했다. 그는 백악관이 여전히 이란 중앙은행에 대한 제재에 반대하지만, 다른 선택의 여지가 없다면 급격한 차단보다는 점진적인 접근이 더 바람직할 것이라고 설명했다. 메넨데스는 코헨의 제안을 받아들였다. 그 후 얼마 지나지 않아 메넨데스와 커크는 국방 법안의 타협 수정안을 제출하기 위해 함께 모였고, 그들은 그 법안에 점진적 축소라는 방안을 포함시켰다. 또한 대통령이 세계 석유시장이 이란의 수출 감소분을 감당할 수 없다고 판단할 경우, 제재를 완전히 면제할 수 있도록 하는 재량권도 부여했다. 상원의원들은 재무부의 제안을 채택했지만, 코헨이 경고했듯이 이 양보조차 석유시장의 혼란을 걱정하는 백악관의 반대를 불식시키기에는 충분치 않아 보였다.

12월 1일이 되자 사건이 정점에 이르렀다. 그날 아침 재무부 장관 티머시 가이트너는 메넨데스-커크 개정안을 무산시키려는 마지막 시도로, 상원에 제출할 강력한 반대 의견을 담은 서한에 서명할 준비를 마쳤다. 서한에는 다음과 같은 내용이 적혀 있었다. "이 수정안에 대한 행정부의 강력한 반대 의사를 표명하고자 서한을 드립니다. 현재 이 수정안의 내용은 이란에 대한 강력한 국제적 압박을 구축하기 위해 우리가 취한 효과적이면서도 신중하고, 단계적으로 진행된 지속 가능한 접근 방식을 훼손할 수 있기 때문입니다."[130] 백악관은 이 서한을 국무부와 재무부의 공동 성명으로 구상했다. 하지만 국무부 장관 힐러리 클린턴Hillary Clinton 을 어디에서도 찾을 수 없었다. 재무부 직원들이 힐러리에게 여러 번 연락을 시도했지만 전혀 연락이 닿지 않았다. 일부 사람들은 그녀가 자신의 이름을 서한에 적는 것이 현명하지 못하다고 생각해서 피하는 것 같다고 추측하기도 했다. 가이트너는 혼자 그 일

국가는 무엇으로 싸우는가

을 처리해야 했다.

가이트너가 서한에 서명하기 위해 펜을 들었을 때, 그는 근처에서 초조한 표정으로 서성거리던 대니얼 글레이저와 눈이 마주쳤다. "내가 서명하는 게 좋지 않다고 생각하는 거죠?" 재무부 장관이 물었다.

"네, 서명하지 않는 것이 좋을 것 같습니다." 글레이저가 대답했다.

글레이저는 메넨데스-커크 법안이 틀림없이 의회를 통과할 것으로 보았다. 계속 반대해도 행정부의 신뢰를 손상하는 것 말고는 아무것도 얻을 게 없다고 생각했다. 지금 당장이라도 뛰어들어 새로운 제재가 효과를 발휘하도록 온 힘을 다하는 것이 차라리 나았다. 글레이저는 훗날 이렇게 조언했다고 회고했다. "옛 속담인 '우르르 몰려가는 사람들을 보면, 맨 앞으로 나서서 준비한 퍼레이드라고 말하라'를 떠올려 보시죠."**131**

가이트너는 그래도 서한에 서명했다.

1시간쯤 후, 코헨은 국무부 쪽 담당자인 웬디 셔먼Wendy Sherman과 함께 상원 외교위원회 청문회에 참석하러 국회의사당으로 갔다. 가이트너의 서한은 이미 유포되었고, 메넨데스는 격노했다. 메넨데스는 코헨의 점진적 축소 제안을 수정안에 포함하고자 애를 썼는데, 코헨의 상사인 가이트너가 수정안을 무산시키려고 최후의 저항을 했기 때문이다. 그리고 이제 코헨과 셔먼이 가이트너를 변호하는 자리에 선 것이다.

메넨데스는 코헨을 노려보며 말했다. "당신이 요청해서 우리의회는 양당 간의 공정하고 균형 잡힌 합의에 도달하기 위해 노력했습니다. 그런데 이제 와서 당신이 그 합의를 망치려 하고 있네요."[132] 계속해서 그는 제재가 미국의 경제에 해를 끼칠 것이라는 증거는 없다고 말했다(백악관은 이에 관한 재앙을 경고하는 국제문제국의 분석이 새어나가지 않도록 엄격하게 통제하고 있었다). 메넨데스는 그런 증거가 있었다면, 분명 가이트너가 서한에 그 내용을 언급했을 것이라고 판단했다. 메넨데스는 "아주 흥미로운 점은, 그가 서한 어디에도 경제적 혼란에 대해 전혀 언급하지 않았다는 것입니다. 실제로 그런 혼란이 있을 것 같다면 그 주장을 제시했겠지요"라고 지적했다.

민주당 상원의원이 자기 당 소속 공무원을 그토록 맹렬하게 비난하는 것은 매우 이례적인 일이었다. 메넨데스는 더 강경한 모습을 보여주고자, 오바마 행정부의 이란에 대한 경제전쟁 전체를 비난했다. 그는 지금까지 이란 제재에 대해 이룬 모든 성공은 백악관이나 재무부가 아닌 포괄적 이란 제재법을 추진한 의회의 공로라고 주장했다. "의회가 없었다면, 당신들 손에 제재라는 것은 없었을 겁니다. 나는 한 번도 이 행정부나 다른 행정부가 의회에 나와 '제발 제재 조치를 마련해 달라'고 말하는 것을 본 적이 없습니다."[133] 또한 메넨데스는 이처럼 격렬하게 비난했다. "우리가 당신들 손에 쥐여준 제재법 덕분에 조금이나마 진전을 이룰 수 있었음에도 당신들은 모든 단계에서 제재법을 거부했습니다."

코헨은 재무부 사무실로 돌아오자마자 의회 소식을 들었는데, 개정안이 100 대 0으로 통과되었다는 내용이었다.[134]

국가는 무엇으로 싸우는가

데이비드 코헨과 웬디 셔먼: 이란 제재에 대한 오바마 행정
부와 의회의 불편한 관계를 보여주는 모습.

그날 오후 코헨이 재무부의 이인자인 닐 울린Neal Wolin의 사무
실 소파에 앉아 그와 위로의 말을 나누고 있을 때, 가이트너가 갑
자기 들어왔다.

"당신이 누구도 불가능하다고 생각했던 일을 해냈군요." 가이
트너가 무표정한 얼굴로 코헨에게 말했다.

"그게 무슨 일이죠?" 코헨이 물었다.

"당신은 의회를 초당적인 방식으로 하나로 모으고, 어떤 사안
에 만장일치로 지지하도록 만들었습니다. 축하해요." 재무부 장관
은 돌아서 방을 나갔다.

17

좋은 경찰,
나쁜 경찰

Good Cop, Bad Cop

2011년이 끝나갈 무렵, 이란에 대한 경제전쟁의 새롭고 더욱 위험한 국면이 시작되었다.

아흐마디네자드 정권의 부통령은 미국과 유럽이 이란 중앙은행에 제재를 가하면 "호르무즈해협을 통과하는 석유가 한 방울도 없을 것"이라고 경고했다.[135] 하지만 오바마 대통령은 압도적인 의회의 지지 때문에 이 위협을 무시할 수밖에 없었다. 새해 전날, 오바마는 메넨데스-커크 개정안에 서명했다. 이 수정안은 이란 중앙은행에 대한 제재와 더불어 이란산 원유 구매를 점진적으로 줄이는 국가에 대해서는 제재를 면제하겠다는 예외 조항이 포함된 법안이었다.[136] 며칠 후 워싱턴 정계의 상황 진전에 힘입어, 유럽연합도 이란산 원유에 대해 금수 조치를 내리기로 합의했다.[137] 또한 이 법은 이란산 원유 수송이라면 그 행선지가 어디인지 상관없이 유럽 보험 회사들이 이란산 원유를 실은 선박에 보험을 제공하는 것을 금지했다.[138]

이스라엘의 베냐민 네타냐후와 국방부 장관 에후드 바라크Ehud Barak는 이란의 핵 프로그램이 공격할 수 없는 이른바 '면역 구역'에 근접했다고 확신했다(이란의 핵 개발을 막기 위한 군사적 조치가 효과를 거둘 수 있는 기회가 거의 남지 않았다는 뜻이다.-옮긴이).[139] 이스라엘 정부는 오바마의 강력한 반대에도 이란 핵 시설에 대한 군사 공격 준비에 박차를 가하고 있었다. 오바마는 네타냐후를 신뢰하지 않았고, 네타냐후 역시 그를 신뢰하지 않았다. 이스라엘은 심지어 공격 연습을 시행하기까지 했는데, 이스라엘 군용기가 여러 차례 모의 작전을 통해 은밀히 이란 영공을 침범했다.[140]

오바마 행정부 내에서는 제재 팀 구성원들이 새해 첫날이 지나자 서둘러 자리로 돌아와, 어떻게 새로운 법을 이용하여 이란 중앙은행과 나아가 이란의 석유 판매를 억제할지 고민했다. 그들은 새로운 제재법을 통과시키는 것만으로는 기업들의 거래 결정에 영향을 미칠 수 없다는 것을 경험으로 알고 있었다. 그리고 제재가 기업들의 거래 결정에 영향을 미치지 못한다면 대상 기업에 경제적 고통을 안겨줄 수 없다는 점도 말이다. 그들의 목표가 성공하려면 은행, 기업, 정부의 심리에 영향을 미쳐야 했다. 즉 이란의 석유를 계속 구매하는 데 따르는 이익이 새로운 제재를 위반하는 비용에 비해 가치가 없다고 믿게 만들어야 했다.

물론 미국은 오래전에 이란산 원유 구매를 중단했고, 유럽연합도 같은 조처를 할 준비를 하고 있었다. 하지만 이란의 다른 주요 고객인 중국, 인도, 일본, 한국, 튀르키예는 금수 조치를 내릴 의향이 없었다. 미국의 새로운 정책이 효과를 거두려면 이 국가들이 협력해야 했다.

석유가 세계 경제에서 차지하는 비중 때문에 석유 제재는 절대 쉽지 않았다. 1990년대 이라크에 대한 포괄적인 석유 금수 조치를 할 때는, 유엔의 전폭적인 지원과 미국이 주도하는 지속적인 해상 봉쇄가 둘 다 필요했다. 하지만 메넨데스-커크 개정안을 시행할 때는 미국이 이란 항구에 선박이 입항하는 것을 막는 것이 아니라, 이란 중앙은행으로 향하는 지급 통로를 감시함으로써 전 세계적인 석유 제재를 시행하려는 것이었다. 실제로 미국은 금융 초크포인트에 대한 통제를 이용해 전 세계의 이란산 석유에 대한 의존도를 낮추기 위해 압력을 가하고자 했다. 이전에 이와 같은 시도가 이루어진 적은 없었다.

다행히도 데이비드 코헨의 노력 덕분에, 메넨데스-커크 개정안은 다른 나라들에 이란산 석유 거래를 갑작스럽게 중단하도록 요구하지 않았다. 만약 그렇게 했다면 분명 시장 혼란과 정책 실패를 불러왔을 것이다. 대신 어느 나라가 6개월마다 이란산 원유 총 수입을 '상당량 감축'할 경우, 해당 국가의 정유업체와 기타 석유 수입업체가 계속 이란산 원유를 구매할 수 있도록 허용했다. 그런데 이 법에 적힌 '상당량 감축'이라는 모호한 용어로 인해, 오바마 팀은 그 의미를 자신들의 판단에 따라 정의할 수 있는 여지를 갖

국가는 무엇으로 싸우는가

게 되었다.

메넨데스와 커크는 이 사실을 알고 백악관을 압박하기 위해 신속하게 행동했다. 1월 12일, 그들은 티머시 가이트너 재무부 장관에게 편지를 보내 '상당량 감축'이라는 표현은 이란이 판매한 원유의 양이 아니라, 이란이 받은 '최종 금액'을 의미해야 한다고 주장했다.[141] 이 경우 오바마 팀은 석유 수입자들이 이란에 최소 18%의 가격 인하를 요구하도록 압박해야 한다. 이란이 판매한 원유의 양이 아니라 받는 가격을 목표로 삼는다면, 가뜩이나 공급이 부족한 세계 석유시장에서 필수적인 원유 공급을 차단하지 않고도 테헤란의 수입을 줄일 수 있을 것이다. 메넨데스와 커크가 이런 권고안을 편지로 보낸 이유는, 오바마 대통령이 유가 급등과 미국 경제의 피해를 막기 위해 제재를 전면적으로 면제하는 것이 필요하다고 주장할 가능성에 대비하기 위해서였다.

미국의 제재 전문 기술관료와 에너지 전문가들은 행정부가 그 권고안과 다른 길을 선택해야 한다고 보았다. 유가를 인하하도록 하는 방법은 타당하지만, 석유 수입자가 특정 선적물에 대해 실제로 지불한 가격을 확인하는 것은 불가능하기에 실행하기 어려울 것이기 때문이다. 그렇지만 물량 감소를 감시하는 방법은 이란의 항구에 드나드는 유조선의 숫자만 세면 되므로 훨씬 더 쉽게 파악할 수 있을 것이다. 그리고 이란산 원유 판매가 점진적으로 둔화하기만 한다면 다른 산유국들이 자체 생산을 늘려 그 공급 부족분을 메울 시간을 확보할 수 있을 것이고, 결국 공급과 수요의 균형이 다시 조정되어 가격이 안정적으로 유지될 것이다.

하지만 이 계획을 실행하려면 외교, 에너지 시장 분석 및 협력, 그리고 신중한 2차 제재의 사용이 복합적으로 조화를 이루어야 한다. 거기에 새로운 인력도 필요할 것이다. 스튜어트 레비의 지휘하에 이란의 금융 부문을 표적으로 삼아 시작된 공격은 이제는 여러 전선에서 진행하는 연합 작전으로 바뀌었고, 이에 따라 병력도 늘려야 했다. 에너지 전문가들이 이런 추세를 잘 보여주었다. 그들 중 누구도 경제전쟁에 참여할 목적으로 공직에 들어선 것은 아니었지만, 메넨데스-커크 법안은 행정부를 이끌며 그들을 경제전쟁에 투입하도록 만들었다.

그중 가장 최근에 영입된 사람은 국무부의 신설 부서인 에너지자원국의 국장 카를로스 파스쿠알Carlos Pascual이었다.[142] 쿠바에서 태어난 파스쿠알은 세 살 때 미국으로 이주했다. 스탠퍼드와 하버드대학교를 졸업한 뒤, 그는 미국 국제개발처USAID에서 첫 10여 년을 근무하며 수단, 남아프리카공화국, 모잠비크 등지에서 해외 근무를 했다. 그리고 클린턴 행정부의 고위직을 거쳐 우크라이나 주재 미국 대사의 자리까지 올랐다.

이제 파스쿠알은 뛰어난 그의 부관인 이스라엘계 미국인 아모스 호크스테인Amos Hochstein과 협력해, 이란의 최대 석유 구매국들과의 외교를 주도해야 했다. 일본과 한국(이란의 5대 석유 고객 중 두 곳)에서 파스쿠알과 호크스테인은 원유 구매를 20% 감축하겠다는 약속을 받았다.[143] 금수 조치로 6개월 안에 유럽의 이란산 원유 수입을 0으로 만들겠다는 유럽연합과 더불어 일본과 한국의 약속은 이란의 원유 판매에 심각한 타격을 줄 것이다.

이란의 최대 석유 고객인 중국과 인도를 설득하는 것은 더 어려워 보였다. 지금껏 중국 정부든 인도 정부든 전체 유엔 회원국에 요구되는 의무 이상의 제재를 이란에 부과하지 않았으며, 두 나라 모두 미국 정부가 자신들에게 누구로부터 석유를 사거나 사지 말라거나 지시한다는 것에 대해 매우 불쾌해했다. 파스쿠알은 가장 유력한 접근 방식은 중국과 인도의 이익에 신중하게 호소하는 것이라고 생각했다.[144] 오바마 행정부의 제재뿐만 아니라 의회 내 대對이란 강경파의 열의와 이스라엘의 군사 행동 위협을 고려할 때, 경제 성장을 위해 이란산 석유에 과도하게 의존하는 것은 중국과 인도 경제가 취약해질 수 있다는 호소였다. 거기에 덧붙여 미국은 중국과 인도가 석유 공급을 다각화하고 에너지 안보를 개선하도록 지원할 것이라는 내용도 있었다.

이 전략은 시어도어 루스벨트Theodore Roosevelt의 격언인 "말은 부드럽게 하되 큰 몽둥이를 들고 다니라"를 떠올리게 했다. 2012년 즈음에는 전 세계가 미국의 경제 무기 위협을 실감할 만큼 강하게 인식되던 시기였다. 1월 둘째 주에 국무부는 이란에 정제한 석유를 공급한 기업 세 곳에 제재를 내렸는데, 그중 하나가 중국에 본사를 둔 무역 회사인 주하이젠룽珠海振戎公司이었다.[145] 미국 정부가 이란에 대한 제재 정책을 밀어붙이기 위해 중국 기업을 포함해 2차 제재를 가할 준비가 되어 있음이 분명했다. 미국 행정부의 외교적 압박을 도운 것은 메넨데스-커크 법안이 백악관의 명확한 반대에도 양당의 압도적 다수로 통과되었다는 사실이다. 아이러니하게도 이것은 오바마의 제재 팀이 외국 강대국들과의 협상에서 유리한 위치를 차지하는 데 도움이 되었다. 미국 의회라는 나쁜 경찰 때문에 행정부는 어쩔 수 없이 그렇게 강경하게 조치할 수밖에 없었다고 말할 수 있기 때문이다.

2012년 봄, 뉴델리를 방문한 힐러리 클린턴 국무부 장관은 미국이 강압적이거나 명령을 내리는 것처럼 보여서는 안 된다는 파스쿠알의 의견에 동의했다. 힐러리는 "우리가 방향을 바꾸라고 더 큰소리로 촉구할수록, 그들은 더 고집을 부릴 가능성이 컸다"라고 회상했다.[146] 힐러리가 떠난 지 며칠 후 파스쿠알은 인도로 향했다. 국무부 장관의 방문 직후였으므로 원래는 주목받지 못했을 파스쿠알의 방문이 인도 언론의 관심을 불러일으켰다. 파스쿠알이 인도 외무부 앞에서 하차하자 한 무리의 기자들이 그를 기다리고 있었다. 기자들이 질문을 퍼붓자, 그는 발걸음을 재촉하며 소리쳤다. "오늘은 기자회견을 하지 않습니다."

잠시 후 파스쿠알이 인도 측 협상 상대인 자베드 아쉬라프Jawed Ashraf 앞에 자리를 잡았을 때, 보좌관 한 명이 그를 팔꿈치로 쿡 찌르며 자신의 블랙베리 화면을 보여주었다. 〈로이터〉 통신이 "기자회견을 하지 않습니다We're not doing press"라는 그의 발언을 "별로 인상적이지 않습니다We're not too impressed"로 잘못 인용했고, 미국 정부가 왜 인상적이지 않다고 했는지에 대한 의문이 쏟아졌다.[147] 당황한 파스쿠알은 아쉬라프에게 무슨 일이 있었는지를 이야기했다. 이에 아쉬라프는 활짝 웃었다. 결례가 될 수 있었던 일이지만, 결국 이 일화는 대화의 분위기를 바꾸는 유용한 물꼬가 되었다. 아쉬라프는 어떠한 약속도 하지 않겠다고 거부했지만, 파스쿠알

국가는 무엇으로 싸우는가

에게 이란 석유에 대한 미국의 주장을 인도 정유업체에 직접 전달할 수 있도록 허용해 주었다.

그 후 며칠 동안 파스쿠알은 뉴델리와 뭄바이를 오가며 인디언 오일Indian Oil과 ONGC를 포함한 인도 최대 규모의 정유소 소유주들을 만났다. 파스쿠알은 만약 그들이 이란산 원유 구매를 약 20% 줄이는 데 동의한다면, 미국이 이라크 같은 대체 공급자를 찾는 데 도움을 줄 것이라고 말했다. 하지만 구매를 줄이지 못한다면, 미국의 금융 체계에 대한 접근에 문제가 생길 것이라고 전했다.

파스쿠알이 다시 아쉬라프를 보기 위해 함께한 자리에서, 그는 자신이 만났던 정유업체 임원들의 명단과 그들과 맺은 약속들이 담긴 목록을 아쉬라프에게 건네주었다. 거래는 성사되었다. 인도 정부는 절대 공개적으로 미국의 제재를 준수하고 있다는 사실을 인정하고 싶어 하지 않았다. 인도가 이란산 석유 구매를 감축하는 것은 자국의 에너지 안보라는 명분하에 이루어질 것이다. 하지만 결과는 결국 똑같았다.

파스쿠알과 호크스테인은 이 전략을 중국에도 적용했다. 톰 도닐런과 웬디 셔먼을 비롯한 행정부 고위 관계자들의 적극적인 노력으로 다시 한번 무대가 마련되었다. 또한 파스쿠알은 네타냐후의 국가안보 보좌관인 야코프 아미드로르Yaakov Amidror의 도움도 받았다. 아미드로르가 이란이 핵 프로그램을 평화적으로 억제하지 않는다면, 이스라엘은 이란에 군사적 행동을 취할 준비가 되어 있다고 중국 정부에 경고했기 때문이다. 중국은 이란과 사우디아라비아, 그리고 다른 걸프 국가들의 석유 공급에 의존하고 있었는데, 중동에 다시 전쟁이 일어나면 이 모든 석유 공급이 위태로워질 것이고 이는 심각한 위협이었다.

그런데도 파스쿠알이나 다른 미국 관리들과 논의할 때, 중국은 에너지 관련 결정은 스스로 내릴 것이며 미국의 제재 정책에 영향을 받지 않겠다는 입장을 확고히 밝혔다. 중국은 자국 기업에 '확대 관할권long-arm jurisdiction'을 부과하려는 미국 정부의 노력에 절대 찬성할 리가 없었다. 여러 차례의 논의 끝에, 중국 외교관들은 오바마 정부 관계자들에게 알려지지 않은 어느 중국 에너지 학술지를 찾아보라고 제안했다. 그 학술지를 보니 중간쯤에 중국 정부가 에너지원을 다각화하기로 했다는 발표가 있었다. 그 발표 내용에는 중국의 새로운 석유 수입원이 언급되어 있었는데, 이란에 대한 수입 비중이 줄어든 것으로 나타나 있었다. 파스쿠알과 그의 팀에게는 이 내용만으로도 충분했다. 오바마 정부의 전직 고위 관리의 말에 따르면, 미국 정부는 이 모호한 학술지의 언급을 "미국의 제재에 대한 중국식 준수"로 받아들였다고 한다.

작년에 코헨이 메넨데스 상원의원의 은밀한 비밀 사무실을 방문해 점진적인 석유 감산 전략을 제안했을 때만 해도, 코헨이나 오바마 행정부의 누구도 그 전략이 효과가 있을 것이라고 확신하지 못했다. 그들은 메넨데스-커크가 백악관의 반대 의견을 무시할 가능성이 커 보이자 간신히 그 아이디어를 생각해 낼 수 있었다. 하지만 실제로 그 전략은 서류상으로 보이는 것보다 훨씬 더 효과적으로 작용했다. 이 법은 이란산 석유의 주요 고객들에게 구

국가는 무엇으로 싸우는가

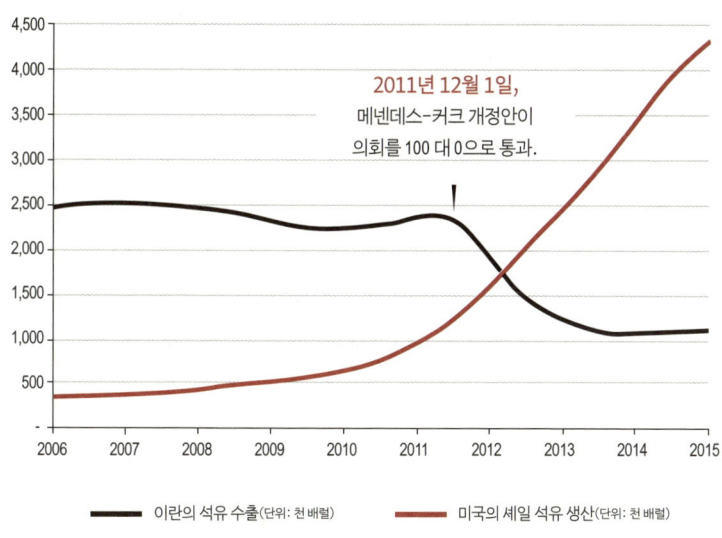

이란의 석유 수출 대 미국의 셰일 석유 생산(2006~2015년)

2011년 12월 1일,
메넌데스-커크 개정안이
의회를 100 대 0으로 통과.

━━━ 이란의 석유 수출(단위: 천 배럴)   ━━━ 미국의 셰일 석유 생산(단위: 천 배럴)

출처: 미국 에너지정보국(U.S. Energy Information Administration)

매를 줄일 수 있는 6개월의 시간을 줌으로써, 오바마 행정부가 목
표를 달성하기 위해 집중적인 에너지 외교를 펼칠 시간을 벌어주
었다. 2012년 여름까지 이란의 석유 수출은 하루 최대 100만 배
럴까지 급감했는데, 이는 40% 감소한 수치였다.**148**

한편 미국 관리들은 다른 산유국들이 생산량을 늘리도록 설득
하여 이란으로부터 원유 공급이 줄어든 것을 메우려 노력했지만
그다지 성공적이지 못했다. 미국 정부는 사우디아라비아가 그 공
백을 메워줄 것이라고 크게 기대했었다. 사우디가 이란의 핵 야망
을 억제하려는 미국의 활동을 강력히 지지했기 때문이다. 심지어
사우디의 지도자인 압둘라 국왕은 미국 관리들에게 "뱀의 머리를

잘라내고"[149] 이란의 핵 시설을 폭격하라고 촉구하기도 했다. 그런데 2012년 봄에 유가가 배럴당 120달러를 돌파했을 때도 사우디는 생산량을 아주 조금만 늘리는 데 그쳤다.

이러한 사우디아라비아의 무관심은 국제문제국이 예측한 재앙이 실현될지도 모른다는 우려를 불러일으켰다. 하지만 결국 해결책은 사우디의 석유 시추공에서 찾은 것이 아니라, 누구도 예상치 못한 속도로 셰일 혁명이 진행되고 있던 미국의 중부 전역에서 발견하게 되었다. 2012년 한 해만 해도 수압 파쇄법과 수평 시추 기술의 발전으로 미국의 국내 석유 생산량이 하루 약 100만 배럴이나 급증했다.[150] 이는 이란의 줄어든 원유 공급량과 거의 같은 수준이었다. 그렇게 유가는 곧 안정을 되찾았다.

————

대통령의 의사에 반하여 메넨데스-커크 개정안이 의회를 만장일치로 통과한 것을 두고, 이는 오바마 대통령의 이란 정책에 대한 의회의 광범위한 불신을 보여주는 투표라고 여겨졌다.[151] 이에 고무받은 의회의 대이란 강경파들은 대담하게 더 많은 조치를 요구했다. 2012년 초부터 커크는 이란 은행들에 금융 메시징 서비스를 제공하는 모든 조직에 대한 제재를 주장했다. 당시 이란의 모든 주요 은행들은 브뤼셀에 본사를 둔 메시징 서비스인 SWIFT를 여전히 사용하고 있었다. 이란과 국제 은행 간의 관계가 깊지 않다는 점을 생각해 보면, 이 조치가 중요한지는 논란의 여지가

국가는 무엇으로 싸우는가

있었다. 그러나 커크는 그 제안이 SWIFT가 이란과의 연결을 끊는 것을 거부할 경우, 미국이 실제로 SWIFT와 그 이사회 구성원에게 제재를 가할 수 있다는 데 의의를 두었다.

표면적으로 보면 이 위협은 터무니없는 것이었다. 세계 최대 규모의 금융기관들이 모두 SWIFT를 사용하고 있었기 때문이다. 제재를 가해 미국 은행들이 SWIFT 서비스를 사용하지 못하게 막는다면, 미국의 금융 산업은 심각한 타격을 입게 될 것이다. 또한 SWIFT를 통해 중요한 금융 정보를 얻어 수행하던 테러 방지 노력들도 약화될 것이다. 그럼에도 불구하고 커크가 뇌졸중을 앓고 돌아온 뒤인 1월 21일, 메넨데스와 로저 위커Roger Wicker 상원의원, 그리고 미국·이스라엘 공공문제위원회는 열정적으로 그의 뜻에 동참했다. 그로부터 2주도 되지 않아 미국 상원 은행위원회는 SWIFT가 이란의 대형 은행들을 차단하지 않는다면 제재를 가할 것이라고 위협하는 수정안을 통과시켰다.[152]

유럽연합도 행동에 나섰는데, 이것은 세계가 이란에 대한 의회의 정책을 얼마나 심각하게 받아들이는지 보여주는 신호였다. 유럽인들은 워싱턴의 대이란 강경파와 험악한 대결을 하느니 미국 의회의 계획에 동참하는 것이 낫다고 결론 내렸다. 3월까지 유럽연합의 정상 27명 모두는 SWIFT가 제재를 받는 이란 은행들에 서비스를 제공하지 못하게 하는 규정을 제정하기로 합의했다. SWIFT의 CEO는 그의 조직이 언제나 국제 금융 체계의 중립적인 연결망 역할을 해왔다는 점에서, 이번 조치를 "특별하고 전례 없는 조치"라고 밝혔다.[153] 미국 의회가 내놓은 허황된 제안이 두 달도 채 되지 않아 대서양을 건너 유럽의 법률을 바꾸어놓았다.

한편 미국 의회의 대이란 강경파들은 이란의 석유 판매량 감축에 대한 오바마 행정부의 진전에 여전히 만족하지 못했다. 그들은 석유 판매량을 제로까지 끌어내리고 싶어 했다. 곧 의회는 백악관이 점진적인 감축 정책을 폐지하고, 전 세계적인 금지 조치를 추진하도록 하는 법안을 마련했다. 그에 따라 파스쿠알과 다른 에너지 전문가들의 우려는 커져만 갔다. 이란 석유의 전면적인 판매 금지는 아마도 불가능할 것이기 때문이다.

미국의 위협에도 중국과 인도는 이란산 원유를 계속 수입할 가능성이 매우 컸다. 2012년 초에 제재를 받은 중국의 무역 회사 주하이젠룽은 미국의 제재를 받은 후에도 오랫동안 이란에서 석유를 구매해 왔다. 이는 중국과 다른 나라들이 미국의 제재로 인한 벌금 비용을 받아들이고, 그것을 부담할 희생양을 내세워 이란과 거래를 계속하는 방식으로 이 사건을 모델로 삼을 수도 있었다. 마찬가지로 미국 재무부는 2012년 7월 중국에 있는 쿤룬 은행Bank of Kunlun이 이란 은행들을 대신해 수억 달러를 이체한 것에 대해 제재했으나, 이란과의 거래는 계속되었다.[154] 이란의 석유 수출을 중단시키려는 미국 의회의 십자군 원정은 실패할 것이 확실해 보였다. 설상가상으로 수개월 간의 집중적인 에너지 외교에도 불구하고, 오바마 행정부는 그런 극단적인 요구가 중국과 인도 관리들의 반감을 불러일으켜 이미 합의한 감축안을 철회하게 만들 수도 있다는 것을 우려했다.

그때쯤 오바마 팀은 의회의 노력에 무조건 전면적으로 맞서는 것만으로는 안 된다는 것을 알고 있었다. 그들은 의회를 막을 수 없었다. 하지만 메넨데스-커크 법안과 점진적으로 석유 수입을 감축하는 전략에서 타협했듯이, 원치 않는 입법을 더 생산적인 방향으로 이끌어낼 수는 있었다.

그래서 미국 의회가 이란의 석유 수출을 완전히 막으려는 새로운 움직임을 보이자, 재무부 제재 팀은 머리를 맞대고 대책을 논의하기 위해 모였다. 이번에 코헨과 주빈은 게임을 다시 금융 분야로 옮길 수 있을 것으로 생각했다. 그들은 창의적인 제안을 내놓았다. 즉 외국 은행들이 이란산 석유에 대한 결제 자금을 본국 내 제한된 은행 계좌에 보관하는 데 동의할 때만 결제를 처리할 수 있도록 하는 식이다. 이란은 이 석유 수입을 계좌가 있는 국가에서 비非제재 수입품을 구매하거나 식량 및 의약품 같은 인도적 제품을 구매하는 데 사용할 수는 있지만, 그 자금을 이란으로 다시 가져올 수는 없다. 예를 들어 중국의 석유 회사인 시노펙Sinopec이 이란산 석유를 구매하면 '중국에 있는' 이란 중앙은행 계좌에 대금을 지급하게 된다. 이란은 이 자금을 이용해 중국에서 냉장고나 진공청소기를 살 수 있고, 또한 세계 어느 곳에서든 식량 및 의약품을 살 수 있지만, 그 돈을 이란 국내로 들여올 수는 없다. 따라서 이란은 그 돈으로 핵 프로그램을 강화하거나, 군대에 자금을 지원하거나, 헤즈볼라를 지원하거나, 정권 내부자들의 주머니를 채우는 데 사용할 수 없다는 뜻이다.

본질적으로 이 계획은 이란에 해외 조건부 계좌escrow account를 개설하도록 강제해 이란의 석유 수익이 이란 정권으로 다시 흘러가는 대신 해외 계좌에 쌓이도록 하는 것이었다. 미국은 이란의 석유 판매를 제로로 만들지는 않을 것이다.[155] 하지만 이 전략을 구사한다면 이란 정부는 석유 수입에 거의 접근할 수 없을 것이다.

코헨은 이 아이디어를 미국·이스라엘 공공문제위원회의 정책 책임자인 브래드 고든Brad Gordon에게 전달했고, 주빈은 이 아이디어를 의회의 핵심 담당자들과 공유했다. 얼마 지나지 않아 조건부 계좌의 개설을 요구하는 이란 위협 감소 및 시리아 인권법이라는 새로운 법안이 제기되었다. 이 법안은 의회를 통과하여 2012년 8월 오바마 대통령의 서명을 거쳐 법으로 제정되었다.[156] 이 조치는 다음 해 초에 발효되어, 코헨과 주빈에게 성공 확률이 높은 금융 외교를 추진할 시간을 벌어주었다.

2012년 여름이 끝날 무렵, 다음과 같은 하나의 패턴이 나타났다. 아무리 가혹한 제재라도 미국 의회가 이란에 부과하지 못할 제재는 없었다. 그리고 의회는 대통령이 거부권을 행사해도 이를 무력화할 수 있는 충분한 표를 확보하여, 이런 제재를 강행 처리할 수 있었다. 이러한 압력 때문에 오바마 행정부는 상상했거나 실행 가능하다고 여겼던 것보다 훨씬 더 큰 조치를 취해야 했다. 하지만 코헨, 주빈, 그 외의 제재 팀은 의회의 과격한 구상을 불가능하다고 일축하며 손을 드는 대신, 그 구상을 실현할 수 있는 조정안을 내놓기 위해 분주히 움직였다. 결국 메넨데스-커크 법안에 포함된 점진적인 석유 구매 감축 전략은 이란의 석유 판매량을 극적으로 줄였다. 또한 이란 위협 감소 및 시리아 인권법이라는 새로운 제도는 거의 모든 이란의 석유 수입을 해외 조건부 계좌에

국가는 무엇으로 싸우는가

묶어둘 것이다. 언제나 그렇듯 필요는 발명의 어머니였다.

몇 달 후, 2012년 미국 대선 캠페인 기간 중 조 바이든 부통령은 켄터키에서 밋 롬니Mitt Romney의 러닝메이트인 폴 라이언Paul Ryan 공화당 대표와 토론을 벌였다. 주제가 이란으로 바뀌자, 라이언은 주저하지 않고 이란에 대한 압박 캠페인의 공로를 인정받아야 하는 것은 오바마 정부가 아니라 의회라고 주장했다. 의회가 마지못해 행동하려던 오바마 대통령을 압박해서 나온 결과라는 뜻이다. 그는 "오바마 행정부는 시종일관 의회의 발걸음을 방해했습니다"라고 말했다. 그리고 이렇게 밝혔다. "양당이 초당적으로 이런 강력한 제재를 지지한 덕분에, 우리는 오바마 정부의 반대를 극복하고 제재를 가할 수 있었습니다."[157]

그렇지만 라이언의 주장은 절반만 맞았다. 의회가 고공 패스 작전을 시작한 것은 맞지만, 수비를 뚫고 공중으로 뛰어올라 혼잡한 상황에서 공을 잡아 강력한 덩크슛을 성공시킨 것은 행정부의 제재 담당 기술자들이었다.

결정적 승리

Landslide

워싱턴에서 끊임없이 이어지는 제재 요구 때문에 데이비드 코헨, 애덤 주빈, 그리고 재무부의 다른 직원들은 기업 임원이나 외국 공무원들에게 이란과의 사업에 가해진 엄청난 제한 조치를 이해시키는 회의에 오가느라 길에서 살다시피 할 정도였다.

한번은 브뤼셀에서 드물게 여유 시간이 생긴 코헨이 호텔 헬스장에 들른 일이 있었다. 러닝머신 위쪽 벽에 걸린 TV에서는 이란의 통화인 리알의 폭락 소식을 알리는 CNN 뉴스가 방영되고 있었다. 코헨은 '이게 효과가 있을 줄이야'라고 감탄했다.

2012년 여름을 지나며 이란의 석유 판매가 감소하자, 이란 경제가 위기의 조짐을 보이기 시작했다. 이란 중앙은행은 오랫동안 리알의 가치를 일정 범위 내에서 유지해 왔다. 만약 리알이 어느 이하로 떨어지면, 중앙은행이 개입하여 보유한 경화를 풀어 리알을 떠받치곤 했다. 하지만 메넨데스-커크법과 유럽연합의 석유 금수 조치로 인해 석유 달러 유입이 제한되자 이란 중앙은행의 외환보유액이 부족해졌다. 2012년 첫 8개월 동안 달러에 대한 리알의 가치(즉 이란과 미국의 관리들이 경제전쟁에서 얻은 점수를 가장 잘 보여주는 지표)는 절반으로 하락했다.[158]

리알의 급격한 하락은 이란 전역에 영향을 미쳤다. 예를 들어 닭 사료의 수입 가격이 엄청나게 비싸져 이란 요리의 주재료인 닭고기 가격이 세 배나 올랐다.[159] 이란의 양계장 중 절반이 생산을 중단했다. 엎친 데 덮친 격으로 이 일은 라마단 기간에 일어났다.[160] 많은 이란 가족들이 낮에 금식한 후, 저녁에 이프타르Iftar(라마단 금식 기간의 저녁 식사로, 이때 샤프란과 자두 또는 석류 등으로 조리한 닭요리를 즐겨 먹는다)를 위해 모이는 기간이었다.

노동자와 중산층 가정 대부분은 이제 닭고기를 살 형편이 안 돼 어려움을 겪었고, 시장에 길게 늘어선 줄은 1980년대 초 이란-이라크 전쟁 당시 이란인이 겪었던 결핍에 대한 안 좋은 기억을 떠올리게 했다. 시라즈에 거주하는 한 이란인은 트위터에 "사람은 두 종류로 나뉜다. 닭고기 선 아래의 사람과 닭고기 선 위의 사람이다(닭고기를 사 먹을 수 있느냐 없느냐에 따라 사람들의 계층이 나뉜다는 의미-옮긴이)"라고 밝혔다.[161] 이란 경찰청장이자 아흐마디네자드의 처남인 에스마일 아흐마디-모가담은 TV 방송국에 가족이 닭고기를 먹는 모습을 묘사한 영화는 상영하지 말라고 촉구했다. 아흐마디-모가담은 "영화에서는 누군가는 살 수 없는 닭고기를 먹는 장면이 나온다. 이러한 계층 간 격차를 지켜본 어떤 사람들은 칼을 들고 부자에게서 우리의 권리를 되찾자고 주장할지도 모른다"라고 말했다.[162]

그의 말은 일리가 있었다. 2012년 9월 무렵에는 이란의 인플레이션이 닭고기 매장뿐만 아니라 이란 전역으로 확대되어 심각한 혼란을 일으켰다.[163] 공식적인 물가 상승률은 거의 25%라는 충격적인 수치에 달했는데, 많은 경제학자들은 이 수치도 적게 산정된 것이라고 보았다. 청년 실업률도 30%에 달했다. 사회적 동요가 일어날 조건이 무르익고 있었다.

안타깝게도 가장 큰 타격을 입은 사람들은 이란에서 가장 취약한 계층이었다. 미국의 제재는 항상 식량, 의약품, 의료 기기 등 인도적 물품은 제외했으며, 오바마 정부 관리들은 이런 제품이 이란으로 중단 없이 원활하게 유입될 수 있도록 최선을 다했다. 그러나 리알의 가치가 폭락하면서 의약품과 제약 회사에서 사용하는 원재료 등 모든 수입품이 점점 희소해지고 가격이 올랐다. 문제를 더욱 악화시킨 것은, 이제 대부분의 외국 은행이 그 목적과 관계없이 이란으로부터의 송금을 받지 않으려 한다는 사실이었다. 미국의 정책이 의도치 않게 일반 이란 국민에게 상처를 가한 셈이었지만, 그것이 의도하지 않았다고 해서 그들의 고통이 덜한 것은 아니었다.[164]

이 제재는 상대적으로 여유로운 사람들에게도 영향을 미쳤다. 32세의 어느 이란 엔지니어는 자신의 수입이 줄어드는 것을 한탄하며 이렇게 말했다. "원래는 월급으로 2,000달러를 벌었다. 그런데 몇 주 전에 1,000달러로 줄더니, 지금은 500달러 가치밖에 안된다."[165] 어느 신발 공장 주인은 리알의 가치가 붕괴하면서 자본의 3분의 2를 잃는 바람에 오랫동안 근무했던 직원들을 해고해야했다. 그는 "이 말은 70명의 직원을 해고해야 한다는 뜻이다. 그러면 서로 연결되어 있던 긴 사슬 속 사람들이 차례로 무너진다"라고 설명했다.[166]

점점 커지는 불만을 잠재우기 위해 이란의 최고 지도자 아야톨라 알리 하메네이는 제재가 원인이라는 것을 인정했다. 명백해 보이는 그의 인정은 큰 변화를 가져왔다. 그동안 이란 관리들은 제재를 비웃곤 했는데, 특히 대중에게 이 같은 행위를 저항의 표시로 과시했었다. 그러나 이와 반대로 하메네이가 제재의 파괴적인 영향을 인정하며, 이 일은 미국이 이란의 정권을 교체하려는 시도의 일환이라고 말했다. 그는 이란이 석유 판매에 의존하는 것을 줄이고, 경제 자립도를 높일 수 있는 "저항 경제"를 구축하겠다고 약속했다.[167]

하메네이의 저항 경제를 실현하기 위해 보수 정치인이자 이슬람 혁명수비대의 전 사령관인 모흐센 레자이Mohsen Rezaee가 임명되었다. 레자이에 따르면, "제재하의 상황을 해결하는 것"이 목표였다.[168] 그는 제재가 없었다면 이란 정부가 석유 수출에 의존하는 것을 줄이는 일은 "생각조차 하지 않았을 것"이라고 덧붙였다. 그리고 "제재가 우리를 그 방향으로 끌고 가고 있다"라고 말했다.

얼마 전까지만 해도 이란은 공개적으로 제재를 너무 중요하지 않게 여기는 태도를 보여서, 전 이란 대통령인 악바르 하셰미 라프산자니Akbar Hashemi Rafsanjani는 권력의 상층부 동료들에게 "제재를 농담처럼 여길 것이 아니라 진지하게 받아들이라"고 간청할 정도였다.[169] 이제 이란의 최고 지도자는 제재에 대한 적응을 이란 경제 의제의 최우선 순위에 두었다.

그러나 이란 정부가 경제를 안정화하려는 초기의 시도는 상황을 더욱 악화시켰다. 9월 말에 중앙은행은 이란-이라크 전쟁이 한창일 때 설립된 기관을 모델로 한 새로운 '통화거래센터currency trading center'를 출범시켰다.[170] 이 센터는 이란 경제를 세 개의 층으로 나누었는데, 각 층은 서로 다른 환율로 미국 달러에 접근할 수 있었다. 제1층 산업(육류, 곡물, 의약품 같은 필수품 수입업체)은 1달러에 1만 2,260리알이라는 공식 고정환율로 달러를 구매할 수 있었는데, 이는 공개 시장에서 적용되는 환율의 절반도 안 되는 값이었다. 이러한 고정환율은 닭고기 사태 같은 또 다른 재앙을 막으려는 시도였다. 그리고 가축, 금속, 광물 등 제2층 산업에 속하는 기업은 시장가격보다 약간 낮은 할인율로 달러를 이용할 수 있었다. 그 외의 모든 것, 즉 자동차, 의류, 주방용품 등을 사려는 사람들은 각자 알아서 해결해야 했다.

출범한 지 일주일 만에 이 통화거래센터는 본래 의도와는 정반대의 결과를 낳았다. 이란 국민은 오늘 저축한 돈이 내일 더 가치가 떨어질 것을 두려워해, 서둘러 리알을 달러와 유로로 바꾸면서 공황 사태가 촉발되었다. 10월 1일 월요일, 이란 통화는 공개 시장에서 1달러당 3만 3,500리알로 폭락했다.[171] 다음 날에는 1달러당 3만 7,000리알이 되었다.[172] 그 주 수요일에는 1달러당 4만 리알 정도로 거래되었다.[173] 단 7일 만에 리알은 이미 겪었던 하락에 더해 가치의 3분의 1 이상을 잃었다.

리알이 최저치를 경신하자, 이란 수도 테헤란의 상업 중심지인 그랜드 바자르에서 시위가 일어났다. 이곳 바자르 상인들은 매우 보수적인 것으로 알려져 있었다. 그들은 이슬람 공화국을 수립한 1979년 혁명에서 중심적인 역할을 했으며, 그 이후로도 꾸준히 정부를 지원해 왔다. 그러나 10월 3일 파업으로 바자르 시장 대부분이 문을 닫았다. 바자르 상인들은 무리 지어 거리로 나와 반정부 구호를 외치며 아흐마디네자드의 사임을 촉구했다. 당시 많은 구호 가운데 가장 눈에 띄는 것이 있었는데, "우리는 핵에너지를 원하지 않는다!"였다.[174] 이란의 경제난과 제재가 가해진 근본적인 이유 사이의 연관성을 무시할 수 없다는 것을 잘 보여주는 구호였다. 이란 국민은 자기 나라가 핵 프로그램을 가질 권리가 있다고 생각할지도 모른다. 하지만 그 대가가 이런 결과라면?

호전적인 수사와 강경한 정책을 행사하여 제재에 대한 광범위한 국제적 지지를 촉발했던 아흐마디네자드조차 상황의 심각성을 부인할 수 없었다. 기자회견에서 아흐마디네자드는 미국과 그 동맹국들이 이란을 상대로 "숨겨진 전쟁, 전 세계에 걸친 매우 광범위하고 심각한 전쟁"을 벌이고 있다고 말했다. 그리고 그 은밀한 전쟁은 "우리의 석유 판매를 감소시키는 데 성공"했으며, "이란이 석유를 팔 수 있는 경우에도 석유 대금을 지출하거나 이전하는 것을 막기 위한 것"이라고 밝혔다.[175]

경제 정책을 통해 리알의 폭락을 막으려는 이란 정부의 시도는 큰 실패로 끝났다. 그래서 이란은 자신이 가장 잘 아는 것, 즉 힘을 선택했다. 이란 경찰은 환전소를 급습하여, 지폐를 압수하고 수많은 거래인과 직원들을 체포하고 업장을 폐쇄했다.[176] 그 단속 이후 환율은 안정되었다. 그런데도 이란 통화의 가치는 1달러당 3만 1,000리알 수준에 머물렀는데, 이 환율은 강경 조치 이후 약 20% 하락한 수치였다.[177] 이미 발생한 피해는 복구할 수 없었다.

이란의 경제가 곤두박질치자, 나머지 세계는 이란을 멀리할 이유를 더욱 많이 찾아냈다. 2012년 12월에 미국의 법 집행기관은 런던에 본사를 둔 유럽 최대 은행인 HSBC에 이란과의 수차례 기만적인 거래를 포함한 제재 위반 혐의로 19억 달러라는 엄청난 벌금을 부과했다.[178] 이는 미국의 제재를 위반한 혐의로 부과된 역대 최대 규모의 벌금이었다. 합의의 일환으로 HSBC는 광범위한 규정 준수 개혁을 시행하고, 미국 법무부가 은행에 독립적인 감시인을 배치해 새로운 정책을 감시할 수 있도록 하는 데 동의했다.[179]

HSBC는 향후 철저한 규정 준수를 보장하기 위해 스튜어트 레비를 최고법률책임자로 고용했다. 레비의 지도로 HSBC는 규정 준수 체계를 개편하기 위해 10억 달러 이상을 지출하고, 수천 명의 직원들을 채용했다. HSBC는 전 세계 모든 지역의 사업에 적용할 통일된 통제 체계를 만들었는데, 레비는 이것을 "최고의 공통분모 접근법"이라고 불렀다.[180] 그는 이에 대해 "어디서든 가장 좋은 방법을 모든 곳에 일관적으로 적용하는 것"이라고 요약했다.

레비의 HSBC 개혁은 금융 산업의 좀 더 광범위한 변화를 나타내는 지표였다. 몇 년 전, 전 세계의 은행들은 미국의 경제전쟁에 참전하도록 징집되었다. 이제 그 일을 제대로 해내지 못했을 때의 결과를 실감하자, 이들 은행은 재무부에서 만들어낸 최신 정책을 실행하기 위해 대책을 강화했다. 그리고 은행들은 자신도 경제전쟁의 참전 용사이자, 그 대의를 굳게 믿는 레비 같은 사람들의 지시에 따라 그 일을 수행했다.

연방 정부에서 여전히 일하는 경제 전사들에게 HSBC의 벌금은 아주 시의적절한 소식이었다. 그들은 이란의 석유 자금을 해외 조건부 계좌에 묶어두려 했고, 그 과정에서 HSBC의 막대한 벌금에 놀란 은행들은 잔뜩 경계하고 있었다. 애덤 주빈은 각국 정부와 금융기관에 미국이 기대하는 것을 설명하기 위해 전 세계를 누비고 다녔다. 도쿄에서 일본의 재무부 관리들과 회동한 주빈은 이란이 조건부 석유 자금을 어떻게 사용할 수 있고, 사용할 수 없는지에 관해 종이에 다이어그램으로 그려 설명했다. 일본 관리들은 이를 이해하고 따르겠다고 약속했다. 그리고 서울에서 주빈은 우리은행과 산업은행의 임원들을 만났는데, 이들은 이란 중앙은행을 대신해 석유 계좌를 관리하고 있었다. 이들 역시 미국의 새로운 제한 조치를 준수하기로 동의했다.

베이징에서 주빈은 중국인민은행에서 외환을 감독하는 이강易纲

과 딱딱하고 공식적인 회동을 가졌다. 주빈은 호화롭고 커다란 의자에 어색하게 앉아 새로운 정책을 설명했다. 이강은 고개를 끄덕였지만, 중국의 속내를 내비치지는 않았다. 중국과 제재를 두고 논의할 때 흔히 그렇듯 주빈은 자신이 제대로 전달한 것인지 확신이 서지 않았고, 마치 혼잣말을 하는 것 같은 기분이 들었다. 하지만 주빈은 중국이 이 정책을 따를 강력한 동기가 있다는 것을 알고 있었다. 이란에게 석유 수익금을 중국에 계속 예치하도록 강제하면, 중국의 대이란 수출이 확실히 증가할 것이기 때문이다.

제재라는 전통적인 채찍(미국의 금융 시스템 이용 금지)과 경제적 당근(수출 증가 가능성)을 새롭게 결합한 것은 효과가 있었다. 2013년 초에 이 정책이 시행되자 중국을 포함한 전 세계의 은행들이 이에 동참했다. 조건부 계좌가 개설되었고, 이란의 오일머니는 해외 계좌에 남겨져 보관되었다. 이란 정부는 이 같은 규정 준수를 위한 엄격하고 통일된 조치에 충격을 받았다. 당시 미국 국가안전보장회의에서 이란 제재를 조율하는 임무를 마친 리처드 네퓨는 "그들은 이런 일이 일어날 것이라고 예상하지 못했다. 외국 은행들이 실제로 제재 규정을 이행할 줄은 미처 몰랐다"라고 회상했다.[181]

나중에 알려진 것처럼, 이란은 오일머니로 중국산 장난감이나 일본산 텔레비전을 사고 싶어 하지 않았다. 동시에 이란은 실제로 원하는 수입품에 대한 비용을 지불할 수 없었기 때문에, 해외 조건부 계좌에 엄청난 양의 석유 자금이 쌓여가는 것을 속수무책으로 지켜보았을 뿐이다. 이란 전역의 공장들은 외국 부품을 구매하

국가는 무엇으로 싸우는가

기 힘들어 생산을 대폭 줄이고, 직원을 대량 해고했다. 직원의 절반을 해고해야 했던 이란의 지붕 단열재 제조업체의 한 관리자는 "공장주부터 현장 노동자까지 안전한 사람은 아무도 없다. 우리나라는 경제적 재앙에 직면해 있다"라고 말했다.[182] 이란의 공식적인 인플레이션율이 30% 넘게 치솟았지만 많은 경제학자들은 실제로는 그 수치가 40%에 달할 것이라고 보았다.[183]

유일하게 이 같은 영향을 덜 받는 사람들은 정권의 내부자나 이슬람 혁명수비대 구성원처럼 한정된 자원에 우선적으로 접근할 수 있는 사람들뿐이었다. 해외에서 식량과 의약품을 공급받는 데 어려움을 겪던 어느 이란 상인은 "정권과 밀접한 사업가들이 파인애플이나 포르쉐를 수입할 외화는 충분히 있지만, 개인 사업자가 밀을 수입할 외화는 없다"라고 불평했다.[184]

이란 정부는 속임수 외에는 어떤 해결책도 내놓지 못했다. 예를 들면 이란 국립 유조선 회사는 석유 수송을 위장하기 위해 유조선들을 다시 칠하고, 이름을 바꾸고, 새로운 국적과 모항母港을 등록했다.[185] 부패한 선박 재벌들은 종종 한밤중에 공해상에서 이란 유조선과 자신의 선박이 만나, 이란 선박에서 다른 선박으로 은밀하게 석유를 옮겨 신는 이른바 '선박 대 선박 환적'을 하기로 합의했다.[186] 그러나 이런 비밀스러운 행위는 국가 규모에서 보았을 때 경범죄나 마찬가지였다. 미국 정부는 그들을 쉽게 알아내고 진압했다.

더 정교한 음모도 있는데, 이란 정권은 금 거래인인 레자 자라브, 튀르키예 은행가인 메흐메트 하칸 아틸라, 그리고 잡다한 공범들과 모의하여 튀르키예에 있는 이란의 석유 조건부 계좌에 침투했다.[187] 자라브와 아틸라는 튀르키예 관리들에게 뇌물을 주고, 이란의 봉쇄된 석유 자산 중 일부에 접근하여 그 돈으로 금괴를 산 뒤 두바이로 밀수했다. 그곳에서 금괴를 현금으로 판매하고 이란은 자유롭게 쓸 수 있는 약간의 경화를 확보할 수 있었다. 하지만 미국 관리들은 쓸데없이 거창한 이 계획도 밝혀냈다.[188] 자라브와 아틸라는 둘 다 미국으로 입국하려다 체포되었는데, 여권 심사를 통과하기 전까지가 그들이 누릴 수 있는 마지막 자유 시간이었다.

―――――

이러한 경제적 혼란 속에서 2013년 6월 이란 대선이 치러졌다. 이란 국민은 대통령을 뽑을 수 있었지만, 이란은 민주주의 국가가 아니었다. 선출직이 아닌 최고 지도자 아야톨라 알리 하메네이가 확고하게 권력을 쥐고 있었고, 유권자들은 최고 지도자와 그의 가장 가까운 고문들이 직접 선정한 소수의 후보 중에서만 대통령을 뽑을 수 있었다. 이번에 하메네이는 (비록 진압하기는 했어도) 녹색 혁명으로 이어진 이전의 2009년 선거와 같은 일이 반복되지 않도록 각별히 주의할 방침이었다. 이란 정권은 최고 지도자의 가까운 동맹인 8명의 보수 후보를 승인했다.[189] 선두 주자는 아흐마디네자드 정권에서 핵 외교를 지휘했던 극우 보수주의자인 사이드 잘릴리였다. 미국과의 관계를 개선하고 제재 완화를 위해 노력해야 한다고 공개적으로 주장한 사람을 포함한 몇몇 개혁주의 후보자

국가는 무엇으로 싸우는가

들은 자격을 박탈당했다.

이번 이란 대선을 위한 후보군은 선거운동이 순조롭게 진행되도록 구성되었다. 한동안은 계획대로 흘러갔다. 후보자들은 미국과의 타협이라면 어떠한 생각도 단호히 거부했다. 제재 문제는 모든 사람의 관심사였지만 논의되지 않았다.[190] 이란의 성스러운 도시인 콤의 어느 차고 주인은 서구 기자에게 "나는 이슬람을 좋아하지만 100% 인플레이션을 어떻게 해결하겠다는 것인가? 미래에 대한 명확한 아이디어를 가진 후보자를 보지 못했다"라고 말했다.[191]

그러다 갑자기 후보자들의 어조가 바뀌었다. 이 불꽃을 지핀 사람은 선거의 다크호스로 꼽히는 하산 로하니였다. 선거일 일주일 전에 전국적으로 방송된 TV 토론에서 로하니는 핵 문제에 대한 잘릴리의 미숙한 관리를 공격했다. 로하니는 "우리의 모든 문제는 바로 여기서 시작되었습니다. 핵 문제가 유엔안전보장이사회로 넘어가는 것을 막기 위해 우리가 최선을 다하지 못했다는 뜻입니다. 원심분리기가 돌아가는 것도 좋지만 사람들의 생명과 생계도 함께 돌아가야 합니다"라고 말했다.[192]

로하니가 도전적으로 그 주제를 꺼내자, 다른 후보자들이 달려들어 공격했다. 하메네이의 수석 외교정책 보좌관인 알리 악바르 벨라야티Ali Akbar Velayati가 뒤이어 발언했다. 그는 "잘릴리 씨, 사람들이 보고 있는 것은 당신이 '핵 협상'에서 단 한 걸음도 나아가지 못했다는 것이고, 국제 제재의 압력이 여전히 존재한다는 것입니다. 외교의 기술은 제재가 강화되는 것을 지켜보는 것이 아니라 핵 권리를 지키는 것입니다"라고 경쟁자를 질책했다.[193] 이란 전

하산 로하니: 이란 유권자들의 불만을 대변하면서 그들을 결집시킨 정치인.

역의 TV 시청자들은 믿기지 않는다는 듯 입을 다물지 못하고 지켜보았다.

이란의 진정한 문제에 대해 목소리를 내겠다는 로하니의 대담한 행보로 그는 후보자 무리의 선두에 서게 되었다. 로하니는 선거운동을 위한 남은 며칠 동안 자신의 이점을 최대한 활용했다. 그는 이란 북서부에서 열린 집회에서 "나는 현재의 외교 정책을 받아들일 수 없습니다. 우리는 점진적으로 제재를 줄이고, 최종적으로는 제재를 철폐하기 위해 적절한 국제적 상호작용을 시도해야 합니다"라고 선언했다.[194] 곧 두 명의 전 이란 대통령도 그를 지지했다.

6월 14일 유권자들은 로하니에게 투표하기 위해 대거 모여들었고, 그는 51%의 득표율을 기록했다. 2위는 겨우 17% 득표율에

국가는 무엇으로 싸우는가

그쳤다.[195] 불과 몇 주 전만 해도 상상조차 할 수 없던 마치 산사태 같은 일이었다. 곧 이란에 제재로 발생한 피해를 인정하고, 제재의 해제를 공개적으로 촉구하는 대통령이 등장하는 것이다.

이렇듯 미국의 경제전쟁은 이란에 정치적 변화를 가져왔다. 그러나 워싱턴의 낙관론자들조차 핵 프로그램에 대한 모든 주요 결정은 궁극적으로 한 사람에게 달려 있다는 것을 알고 있었다. 바로 하메네이였다. 이란 국민의 의지는 확실히 알 수 있었지만, 최고 지도자의 마음은 여전히 미스터리로 남아 있었다.

19 │ 동결

The Freeze

크리스 배케마이어_{Chris Backemeyer}는 백악관 근처
메이시스 백화점에서 쇼핑하던 중 이란의 대선 결과를 알게 되었
다. 연한 갈색 머리의 배케마이어는 전직 은행가이자 국무부 제재
전문가이며, 몇 달 전에는 리처드 네퓨의 뒤를 이어 국가안전보장
회의에서 일했다. 당시 그는 동료 베르나데트 미한_{Bernadette Meehan}
의 전화를 통해 이 소식을 전해 들었다. 미한은 하산 로하니가 큰
승리를 거두었다고 말했다. 배케마이어는 수년간 이란 정치를 면
밀히 지켜보고 있었다. 그런데도 로하니의 승리는 테헤란 거리에
서 축하하는 군중만큼이나 그와 워싱턴의 다른 사람들을 놀라게
했다.

국가는 무엇으로 싸우는가

미한은 배케마이어에게 이 소식에 대한 공개 성명을 작성해야 한다고 말했지만, 그의 생각은 다른 곳에 가 있었다. 그는 속으로 '이 일이 미국 정부와 이란 정부의 비공식 채널 대화에 어떤 영향을 미칠까?' 하며 궁금해했다.

비공식 채널은 철저히 비밀로 유지되고 있었다. 이 물밑 대화는 2011년 국무부 장관 힐러리 클린턴과 당시 상원 외교위원장인 존 케리 상원의원이 바위가 많고 해안에 위치한 오만의 수도 무스카트를 각각 방문해, 오만의 지도자인 술탄(군주) 카부스 빈 사이드 알사이드Qaboos bin Said Al Said를 만난 데서 시작되었다.[196] 리처드 닉슨 대통령 시절부터 오만을 통치해 온 술탄 카부스는 백악관과 아야톨라 알리 하메네이 모두와 우호적인 관계를 형성한 몇 안 되는 세계 지도자 중 한 명이었다. 술탄 카부스는 핵 문제에 대한 교착 상태를 해결하기 위해 미국과 이란 사이에 비밀 협상을 주선하겠다고 제안했다.

특히 케리는 이 제안을 열광적으로 환영했다. 2012년 여름, 백악관은 제이크 설리번과 푸니트 탈워Puneet Talwar라는 두 명의 관리를 오만으로 파견하여 이란의 중간급 외교관들과 협상 가능성을 타진했다. 결과적으로 도출된 논의는 실질적이거나 생산적이지는 않았지만, 최고 지도자의 명백한 지지로 이란 측이 참석했다는 사실만으로도 오바마 행정부는 술탄 카부스가 협상을 성사시킬 수 있을 것이라는 확신을 갖게 되었다.

다음 해인 2013년 초, 오바마 대통령이 힐러리 클린턴을 대신해 포기보텀의 국무부 장관으로 케리를 임명한 후, 이 신임 국무부 장관은 지칠 줄 모르는 에너지로 오만과의 대화 채널을 추진했다. 그의 긴박감에는 그만한 이유가 있었다. 이란은 이제 핵폭탄 8~10개를 만들 수 있는 농축 우라늄을 비축해 놓았으며, 핵 전문가들은 이란이 핵폭탄을 만들기로 마음먹으면 불과 한두 달 안에 그 무기를 만들 수 있다고 평가했기 때문이다.[197] 게다가 이스라엘의 네타냐후는 군사 공격을 하고 싶어 안달이었다. 사실 네타냐후는 2012년 미국 대선 전날 군사 공격을 하기 위해 준비했으나, 국방부 장관인 에후드 바라크가 그 생각에 반대하고 나섰다.[198] 한편 이란 경제가 급격히 추락하고 있는 상황에서, 이란 정부도 협상을 모색할 강력한 동기가 있었다.

케리는 취임 후 한 달 만에 국무부 부장관이자 존경받는 외교부 관리인 빌 번스를 무스카트에서 열리는 또 다른 비밀 협상에 파견했다. 백악관의 지시에 따라 번스는 이란의 제한적이고 평화적인 핵농축 프로그램을 유지할 수 있게 허용하는 협상을 모색할 의향이 있다고 이란 측에 알렸다.[199] 오바마는 이란이 진지하게 협상에 임하기 위해서는 이런 개방적인 의사를 미리 표현하는 것이 필요하다고 보았다. 이 결정은 나중에 논란을 불러일으켰지만, 좀 더 실질적인 대화를 위한 토대를 마련했다는 점은 의심의 여지가 없다.

2013년 이란 선거를 앞두고 몇 달 동안 비공식 채널은 잠잠했다. 하지만 세계와의 관계를 개선하고 제재 완화를 추진하는 것에 대한 약속으로 하산 로하니의 인기가 치솟자, 미국 정계에서는 이란의 정치적 환경이 변화하고 있다는 희망의 꽃이 피어났다.

국가는 무엇으로 싸우는가

그리고 이제 로하니가 압승을 거두었다. 미한과 전화 통화를 끊으면서 배케마이어의 머릿속은 이미 몇 단계를 앞서 나가고 있었다. 만약 로하니가 협상을 추진하도록 하메네이를 설득하는 데 성공한다면, 미국은 어떤 제재 완화를 제안할 것인가?

선거 직후, 하산 로하니는 경제학자 팀을 구성하여 이란의 경제 상황을 철저히 평가하고 문제점을 진단했다. 그들의 연구 결과는 걱정스러웠다. 이란의 정부 금고에는 약 2,000억 달러가 부족했다.[200] 이란은 공무원의 급여를 지급하는 데 어려움을 겪고 있었고, 밀 같은 일상 필수품이 위험할 정도로 부족했다.[201] 지난 18개월 동안 석유 수입이 급감했고, 아흐마디네자드 정부 수년간의 부패와 무능한 경영이 겹쳐 경제적 재앙이 발생했는데, 아흐마디네자드가 그 규모를 숨겨왔다.[202]

로하니 대통령이 혼란을 수습할 수 있는 유일한 방법은 제재 해제를 위한 승인을 얻어내는 것이었다. 이란은 석유 자금에 접근하는 것이 절실히 필요했는데, 그중 1,000억 달러 이상이 해외 조건부 계좌에 동결되어 있었다. 로하니는 하메네이에게 아무런 조치도 취하지 않으면 더 큰 사회적, 정치적 불안이 초래될 것이라고 말하며 가혹한 자국의 현실을 알렸다.[203] 취임한 지 며칠 만인 8월 초에 로하니는 P5+1과 핵 회담을 시작하겠다는 의사를 발표했다. 이와 병행하여 이란과 미국은 9월 초에 오만에서 새로운 비밀 회담을 가질 예정이었다.

로하니 대통령이 한 가장 중요한 결정은 재능 있는 외교관인 자바드 자리프를 이란 외무부 장관으로 임명한 것이다.[204] 자리프는 10대 시절인 1979년 혁명 직전에 이란을 떠나 미국으로 갔다. 그는 미국에서 20년 가까이 거주하면서 샌프란시스코에서 고등학교와 대학교를 졸업하고, 덴버대학교에서 국제관계학 박사 학위를 취득했으며, 두 자녀를 두었다. 그는 또한 유엔 주재 이란 대사로 뉴욕시에서 5년을 지냈다. 자리프는 미국 문화에 익숙했고 미국식 관용어에 능통했으며, 미국의 외교 정책 수립부서 내에도 좋은 인맥을 갖고 있었다. 그는 미국 정부와 거래를 추진하는 데 이상적인 특사였다.

오바마 행정부에게 로하니와 자리프의 부상浮上은 엄청난 기회였다. 제재를 통해 오랫동안 이루고자 했던 것, 즉 이란 핵 프로그램의 평화로운 종식이 마침내 이루어질 것처럼 느껴졌다. 하지만 이처럼 협조적인 이란 지도자들은 새로운 위험도 가져왔다. 수년간 제재를 거듭 부과했지만 성과가 별로 없자 미국은 이란의 석유 자원을 노리기로 했고, 결국 이란 경제는 1990년대 초반 이후 처음으로 경기침체에 빠졌다. 인플레이션은 40%를 넘었고, 공공 부채는 급증했다.[205] 그러한 압력은 중국, 독일, 인도, 일본 등의 정치인과 기업 임원들이 마지못해 미국의 제재에 동참했기 때문에 비로소 가능했다. 만일 로하니와 자리프가 매력적인 공세를 펼친다면, 이란에 대해 강경 정책을 지지했던 세계적인 움직임이 미국이 의미 있는 핵 양보를 받아내기 전에 사라질 수도 있었다.

또 다른 문제도 있었다. 미국은 이란 경제에 끼칠 수 있는 모든 고통을 이미 가했을지도 모른다는 점이었다. 메넨데스-커크 개정안이 법률로 확정된 이후로 이란의 석유 판매량은 60%나 감소하여 하루 100만 배럴로 줄었고, 이란산 석유를 구매하는 국가 수는 21개국에서 6개국으로 줄어들었다.[206] 이란의 남은 석유 고객 중에서 중국과 인도만이 상당한 양을 구매하고 있었고, 그 돈은 어차피 해외 조건부 계좌로 직행했다.

여전히 의회로부터 끊임없는 압력을 받고 있던 백악관은 새로운 제재에 대한 아이디어를 내놓으라고 제재 전문가들을 압박했다. 그러자 참다못해 국무부 관계자들은 국가안전보장회의에 농담조로, 미국이 타임머신을 만들어 1979년으로 돌아가 이란 혁명이 일어나는 것을 막자고 제안하는 내용의 메모를 보내기도 했다. 한편 남아 있는 몇 가지 추가 제재는 도움이 되기보다는 오히려 해를 끼칠 위험이 있었다. 로하니가 대통령으로 선출되었을 즈음 오바마 행정부는 이란의 자동차 산업에 광범위한 제재를 가했는데, 당시 이란의 자동차 산업은 이미 생산이 80%까지 감소하고 수십만 명이 해고된 상태였다.[207] 따라서 새로운 자동차 제재는 큰 변화를 가져오지 못했고, 엉뚱하게 프랑스 정부의 분노를 불러왔다. 프랑스 자동차 제조업체인 르노가 이란에서 수억 유로의 미지급 채무를 잃을 위기에 처했기 때문이다.[208] 이처럼 경제전쟁은 지속할수록 점차 한계수익이 줄어드는 모습을 보였다.

제재 전문 기술관료들은 한목소리로 미국 정부가 최대 영향력을 행사할 수 있는 지점에 이미 도달했거나 그에 가까워졌다고 말했다. 국무부로 복귀하기 전 국가안전보장회의에서의 마지막 활동 중 하나로 리처드 네퓨는 톰 도닐런에게 이제 미국이 가진 칩을 정산할 때가 되었다는 메모를 전했다.

여기서 '칩'은 이란 경제를 질식시키는 여러 겹의 제재를 느슨하게 할 능력을 의미했다. 그래서 2013년 여름 배케마이어와 네퓨는 은밀히 제재 완화를 위한 선택지를 빠짐없이 나열해 보기 시작했다. 현직 및 전직 국가안전보장회의 이란 제재 담당 국장인 그들은 이란과의 은밀한 비공식 채널을 알고 있는 몇 안 되는 사람들이었다. 그들은 또한 국가안전보장회의 내에서 제재에 관한 유일한 전문가였다. 재무부의 누구도(애덤 주빈과 데이비드 코헨도) 이 비공식 채널을 알지 못했다. 그 때문에 배케마이어와 네퓨는 제재의 처벌을 담당하는 중심 설계자들의 도움 없이 제재 완화의 초기 아이디어를 마련해야 하는 어려운 상황에 부닥치게 되었다.

배케마이어는 제재 완화를 위한 방안을 검토하고자 백악관 상황실에서 소규모 그룹 회의를 수차례 열었다. 보안이 잘 되어 있고 창문이 없는 회의실은 보통 여러 기관의 담당자들과 메모를 끄적거리는 보좌관들로 붐볐지만, 이상하게도 텅 비어 있는 느낌이 들었다. 사전에 문서를 배포하지 않았고 회의 주제도 미리 공개하지 않았기 때문이다. 수십 년 동안 미국 외교 정책 분야에서 일했던 빌 번스는 이란과의 비밀 회담이 2011년에 오사마 빈 라덴을 사살한 공습을 포함하여 자신의 경력에서 "가장 극비리에 진행된 작업"이었다고 회고했다.[209]

오바마는 이 비공식 채널 협상의 범위를 좁게 잡기로 결정했다. 그는 이란 정부와 대규모의 광범위한 협상을 원하는 것이 아니라 기술적인 군비 통제 협정을 원했다. 따라서 미국은 이란이 핵 프로그램에 대한 엄격한 통제를 받는 조건으로, 제재에 대한 '제한적' 유예만을 제안할 것이다. 미국의 관리들이 제재를 도입할 때 이란의 특정 행위와 연결했던 것처럼(예를 들어 이란의 멜리 은행은 핵 프로그램을 지원했다는 이유로, 사데라트 은행은 이란이 헤즈볼라와 다른 테러리스트의 대리인에게 자금을 전달할 수 있도록 도왔다는 이유로 제재를 받았다),[210] 배케마이어와 네퓨는 완화 선택지 목록을 이란의 핵 활동과 관련된 법적 근거가 있는 제재로만 한정했다.

덧붙여 번스와 백악관은 2단계 협정이 회담의 성공 가능성을 가장 높일 것으로 판단했다.[211] 첫 번째 단계는 이란의 핵 프로그램을 동결하는 임시 합의가 될 것이며, 좀 더 포괄적인 합의는 그 뒤에 이어질 것으로 기대했다. 따라서 배케마이어와 네퓨는 또 다른 원칙을 정했다. 1단계에서 논의한 모든 제재 완화 조치는 2단계에 도달하기 전에 협상이 무산될 경우 이전 상태로 '되돌릴 수 있어야' 한다는 원칙이었다.

백악관 상황실의 비밀스러운 분위기는 워싱턴을 벗어난 곳에서도 마찬가지였다. 2013년 8월 말 네퓨는 국무부와 재무부 대표단을 이끌고 아랍에미리트와 오만에서 제재 집행에 관한 정례 논의에 나섰다. 팀원들 대부분에게는 일반적인 출장이나 마찬가지였다. 온종일 정부 관계자나 기업 임원들과 회의를 하고 현지 요리를 맛보고, 심지어 시간이 나면 두바이에 있는 워터파크도 찾아갔다. 하지만 오직 네퓨만이 팀원들이 무스카트에 머물던 기간에,

번스와 몇몇 미국 관리들이 인근 해변의 주택 단지에서 이란 대표단과 비밀 회담을 하고 있다는 사실을 알고 있었다. 네퓨가 동료들과 저녁 식사를 하던 중 전화가 울렸다. 번스의 대표단 가운데한 명이었다.

그는 네퓨에게 "2시간 안에 호텔 입구에 오셔야 합니다. 그러면 어떤 여성이 차를 태워서 어딘가에 데려다줄 것입니다"라고 말했다.

네퓨는 전화를 끊고, 동료들에게 몸이 아파서 호텔로 돌아가야겠다고 핑계를 댔다. 그는 방으로 돌아와 옷을 갈아입고 노트를 집어 든 다음 옆문으로 나가 그 여성을 만났다.

무스카트에서 번스의 팀은 회담에 진전을 보이고 있었다. 논의 첫날 이란 측은 2단계 협정을 추진하기로 합의했다. 번스는 이제 네퓨에게 어떤 제재 완화 방안을 제안해야 할지 조언을 구했다. 네퓨가 보기에 이란이 핵과 관련해서 무엇을 포기할 준비가 되어 있는지 알아내기 전에, 구체적인 제재 완화를 제안하는 것은 신중하지 못한 일이었다. 번스는 네퓨에게 협상이 끝날 때까지 머물러 달라고 부탁했다.

그리고 네퓨는 동료들에게 급히 이메일을 보냈다. 우려했던 대로 심한 식중독에 걸렸다는 내용이었다. 팀의 나머지 회의도 참석하지 못할 뿐만 아니라 워싱턴으로 가는 비행기도 탈 수 없을 것이라고 말했다(당시 그의 동료 중 누구도 무슨 일이 일어나고 있다는 것을 의심하지 않았다). 그 후 며칠 동안 번스는 자국의 '요구'를 제시했다. 미국은 이란이 우라늄 농축을 중단하고, 이미 보유하고 있는 고농축 우라늄을 희석하고 나탄즈, 아라크, 포르도 마을의 시설 업그레이드를 중단하기를 원했다. 그런 다음 번스는 이란 측에 제재 문제와 관련하여 그들의 '요구'를 제시해 달라고 요청했다. 그러나 이란 관리들은 모호한 태도를 보였다. 그들은 모든 제재가 해제되기를 원했기 때문에 미국이 '줄 것'을 제안해야 한다고 말했다.

네퓨는 이란이 정확히 자신들이 어떤 제재 완화를 원하는지 알지 못한다고 생각했다. 그들이 무지하거나 준비가 안 된 것은 아니었다. 테헤란에 있는 누구도(또는 워싱턴에 있는 누구도) 어떻게 정밀한 제재 완화를 조합해야 이란이 절실히 원하는 경제적 유예를 얻을 수 있을지 예측하기가 어려웠을 뿐이다. 게다가 어떤 제재를 중단하든 간에 워싱턴이 마법의 지팡이를 휘두르듯이 은행과 기업들에게 이란 시장에 다시 진입하라고 강요할 수는 없었다.

그런 가운데 미국이 제공할 수 있는 실질적인 완화책이 하나 있었는데, 바로 해외 조건부 계좌에 묶여 있는 이란의 석유 수익에 부분적으로 접근할 수 있게 해주는 것이었다. 그 돈의 일부를 환수하면 로하니 정부는 절실히 필요한 경화에 접근할 수 있을 것이다. 그리고 이 같은 현금 주입이 적당히 적게 유지된다면 이란은 단기적인 완화만 얻게 될 것이고, 이는 이란의 지도자들이 1단계에서 했던 핵 약속을 준수하고 더욱 포괄적인 거래를 위해 진지하게 협상하도록 동기를 부여할 것이다.

무스카트 회담을 한 지 한 달 후, 케리 국무부 장관은 뉴욕의 유엔 본부에서 자리프 이란 외무부 장관을 만났다.[212] 1979년 혁명

이래 미국과 이란 관리들 간의 가장 높은 수준의 접촉이었으므로 카메라 플래시가 터지고 언론사들이 몰려들었다. 그사이 서쪽으로 몇 블록 떨어진 곳인 월도프 아스토리아 호텔에서는 또 다른 비밀 협상이 진행 중이었다. 계획대로 번스는 제재 완화 패키지의 핵심으로 제한적인 현금 수혈을 제안했다. 네퓨도 이란이 그 자금을 어디든 원하는 곳으로 옮길 수 있는 '자유로운 돈'이라고 부르며 맞장구쳤다. 이란 관리들은 그 말이 마음에 든 것 같았다. 그 이후로 논의는 미국이 이란의 자금 중 얼마나 많은 부분을 풀어줄 것인가를 놓고 진행되었다.

10월 중순 P5+1은 이란과 공식 회담을 위해 제네바에서 다시 모였다. 이번에도 다른 비밀 협상이 아주 가까운 곳에서 동시에 진행되었다. 공식적인 미국 대표단은 국무부 삼인자인 웬디 셔먼이 이끌었고, 애덤 주빈도 처음으로 대표단에 합류했다. 두 차례의 공식 회담에 모두 참여했던 네퓨는 회담의 휴식 시간 동안 호텔 방에서 주빈을 조용히 만나 동시에 진행 중이던 비밀 협상에 관해 이야기를 나누었다. 주빈은 주저함이 없었다. 그는 언제나 제재 전문가로서 비밀 유지의 필요성을 이해하고 있었고, 이 모든 외교 활동을 가능하게 한 경제적 압박을 만드는 데 중요한 역할을 했음에도 전혀 불만을 표하지 않았다. 두 사람은 한순간도 멈추지 않고 제재 완화 패키지의 세부 사항을 자세히 논의했다.

주빈은 현금 수혈이 이란과의 협상을 위한 앞으로 나아갈 방향이라는 데 동의했다. 실제로 이란의 핵 프로그램을 동결하기 위한 대가로 제한된 양의 오일머니를 교환하는 거래는 미국에 매우 유리할 것이다. 이란의 경제가 외부적인 생명 유지 장치에 매달려 있는 위태로운 상태에서는 핵 개발이 중단될 것이기 때문이다. 이 란 핵 동결에 대한 대가로 어떤 제재를 완화해야 할지를 두고 미 국과 이란의 의견이 합의점을 찾아가면서, 그 후 몇 주 동안 협상 이 급속히 진전되었다. 그리고 비공식적인 회담의 내용은 P5+1의 공식 절차에서 다루어진 논의와 합쳐져 진행되었다.

그해 11월 24일 추수감사절 전 일요일에 미국과 이란의 임시 합의가 이루어졌다.[213] 이란은 6개월 동안 핵 프로그램을 동결하 고 고농축 우라늄 비축분을 폐기하기로 했다. 그 대가로 미국은 42억 달러의 동결을 해제하기로 했는데, 이는 이란의 2개월 치 석 유 수입에 못 미치는 금액이었다.[214] 미국 정부는 또한 이란의 자 동차 산업에 대한 제재를 중단하고, 아울러 미국과 유럽 기업들이 이란의 낡아빠진 여객기들을 수리할 수 있도록 허가하기로 했다. 많은 항공기가 노후화되었고 유지 관리 부족으로 마치 재앙이 닥 치기를 기다리는 형국이었기 때문이다.

네퓨는 이란의 핵 프로그램을 억제하는 데 자신의 경력 전체를 바쳤는데, 그동안 종종 이 문제가 결국 전쟁으로 이어질까 봐 매 우 두려워했다. 공동행동계획JPOA으로 알려진 이 합의가 마무리 된 직후, 네퓨는 워싱턴으로 가는 비행기를 타려고 옷을 챙기느라 제네바 호텔 방에 혼자 남아 있었다. 지난 10년 치의 스트레스가 그를 덮쳤고, 동시에 일종의 카타르시스와 함께 보람도 느껴졌다. 그는 눈물을 터뜨렸다.

한편 일부 다른 사람들은 그다지 기뻐하지 않았다. 이스라엘

총리 네타냐후는 공동행동계획에 각국이 서명한 지 몇 시간 후, 내각에 이렇게 말했다. "어젯밤 제네바에서 이루어진 것은 역사적인 합의가 아닙니다. 역사적인 실수입니다. 오늘 세계는 훨씬 더 위험해졌습니다. 세계에서 가장 위험한 정권이 세계에서 가장 위험한 무기를 획득하기 위한 의미 있는 발걸음을 내디뎠기 때문입니다."[215]

네타냐후의 발언은 로하니가 이란에서 핵 문제에 관한 이 같은 합의를 성사시키는 데 도움이 되었을 수도 있다. 하지만 미국에서는 네타냐후의 말이 정반대의 효과를 가져왔다. 그렇지 않아도 흔들리던 오바마 행정부의 외교에 대한 정치적 지지 기반이 더욱 위태로워졌다. 그러나 시간이 지나면서 이스라엘은 주빈과 네퓨 같은 제재 전문 기술관료들이 공동행동계획에 매력을 느꼈던 것과 똑같은 이유로 이 합의를 선호하게 되었다. 이란의 핵 프로그램은 동결되었고, 경제도 동결된 상태로 남았기 때문이다.

국가는 무엇으로 싸우는가

20

"세계는 또 다른 전쟁을 피했다"

"The World Has Avoided Another War"

재무부의 제재 전문 기술관료들에게 공동행동계획JPOA은 끝이자 시작이었다. 이 합의는 이란에 대한 경제전쟁의 정점으로, 그동안 시도했던 경제 제재가 절정에 달해 비로소 결실을 본 것이었다. 7년이 넘는 기간 동안 그들은 이전에 시도한 적도 없고 상상도 하지 못했던 방식으로 미국의 경제적 힘을 무기화했다. 그에 따른 경제적 압박으로 이란 내부에서 주요한 정치적 변화가 일어났다. 결국 미국은 총 한 발 쏘지 않고 이란의 핵 프로그램을 동결시켰다.

그러나 공동행동계획은 제재 완화라는 미지의 영역으로 나아가는 여정의 시작을 알린 것이기도 했다. 전쟁 후에 재건이 더디고 힘든 일이듯, 장기간의 제재가 휩쓴 후의 재건도 마찬가지였다.

2013년 연말연시 동안 워싱턴의 정치인들이 이란 관련 공동행동계획에 환호하거나 또는 저주를 퍼붓는 동안 재무부 관리들은 이 합의에 따라 약속한 42억 달러 규모의 동결된 석유 자금에 이란이 어떻게 접근할 수 있도록 할지 방법을 마련하려 애썼다. 미국은 이란이 핵 프로그램을 중단할 때까지 합의한 단계를 밟을 때마다 약 5억 달러를 나눠 제공하기로 약속했다.[216]

제재 전문 기술관료들은 이란 경제에 대해서는 전문가였지만, 외교 분야에서는 상대적으로 경험이 적어 난관에 부딪히기도 했다. 그들이 공동행동계획 이행에 관해 이란 측과 정기 회의를 시작하면서, 때로는 책 속의 훈련처럼 느껴졌던 제재 작전이 생생한 현실이 되었다. 이란이 오일머니를 되찾고 싶어 하는 마음도 절박하기는 마찬가지였다. 공동행동계획이 체결된 직후 빈에서 열린 기술적 실무 회담에서 한 유럽 외교관은 이란이 얼마나 협정을 충실히 이행할지에 대해 의문을 제기했다. 이에 세련된 이란 협상가 하미드 바에디네자드는 분노에 차 일어섰다. 그러고는 "당신들이 우리 돈 1,000억 달러를 가지고 있단 말입니다! 그러니 당연히 협상에 진지하죠"라고 쏘아붙였다.

미국 정부가 이란이 해외 조건부 계좌의 돈에 접근할 수 있도록 허용하는 과정은 쉬운 일이 아니었다. 우선 어떤 민간 은행이 이란 중앙은행을 대신해 자금을 받는 것에 동의해야 하며, 그런 다음에는 이란 정부가 원하는 방식으로 그 자금을 사용하도록 허용해야 했다. 미국 관리들은 그런 중개 역할을 수행할 은행을 찾

국가는 무엇으로 싸우는가

아 사방팔방을 찾아다녔다. 그러나 그동안 미국 정부가 수년간 엄청난 벌금을 부과하고 경고를 하면서, 세계 금융 체계는 이란과 거래해서 얻는 이익이 위험을 감수할 만한 가치가 없다는 교훈을 얻게 되었다. 세계 최대 은행들에게 이 교훈은 철칙이나 다름없었으므로 미국 정부의 승인에도 불구하고 움직이기를 꺼렸다.

수많은 거절 끝에 주빈과 그의 동료들은 마침내 파트너를 찾았다. 그곳은 BCP Banque de Commerce et de Placements라는 거의 알려지지 않은 스위스 은행이었다.[217] 주빈이 해당 거래가 미국의 제재를 위반하지 않는다는 것을 확인하는 서한을 보내자, BCP는 스위스 정부의 지원 아래 이란이 자금을 확보하도록 도움을 주기로 동의했다.

2014년 2월 3일, 이란의 조건부 석유 자금의 첫 번째 분할금이 한 일본 은행에서 이란 중앙은행이 계좌를 개설한 스위스의 BCP로 이체되었다.[218] 하지만 돈이 스위스에 도착하자, 이란은 이 돈을 인출하는 데 어려움을 겪었다. 이란이 그 자금을 어디에 사용할 계획인지 증거를 대지 않자, BCP는 자금을 풀어주는 데 불안해했고 다른 은행도 그 자금을 받는 데 주저했다. 이란 정부는 핵 프로그램을 동결하기로 동의했지만, 헤즈볼라나 다른 무장 세력에 자금 지원을 중단하겠다는 약속은 하지 않았기 때문이다. 만약 그 자금이 테러 집단에 송금되었다면 어떻게 되는 것일까? 어떤 은행도 그런 거래에 연루되고 싶어 하지 않았다.

이란 관리들은 이 같은 자금 조달의 어려움으로 인해 엄청난 좌절감을 느꼈다. 2월 말 빈에서 포괄적 핵 협상을 위한 첫 회담이 열렸을 때, 이란의 수석 협상가인 아바스 아라그치는 미국이 합의한 약속을 이행하지 않는다며 격렬하게 항의했다. 네퓨가 자금 조달을 위해 겪는 기술적인 어려움을 설명하자, 아라그치는 눈에 띄게 불쾌함을 드러냈다. 그는 네퓨를 노려보았다. 그리고 "이것이 '자유로운 돈'이라고 약속했잖아요!"라고 소리치며 월도프 아스토리아에서 나누었던 대화를 상기시켰다.

이처럼 덜컹거리는 협상의 출발은 앞으로 일어날 일의 징조였다. 2014년 여름, 미국 법무부는 이란과 몇몇 다른 나라들에 대한 미국의 제재를 위반한 혐의(즉 제재 대상국과의 금융 거래)로 프랑스의 BNP파리바 은행에 90억 달러라는 역대 최대 규모의 벌금을 부과했다.[219] 이 은행은 천문학적 벌금으로 인해 한 해 수익이 완전히 사라졌고, 프랑스의 프랑수아 올랑드François Hollande 대통령은 오바마에게 엄중한 항의 서한을 보냈다.[220] 이 벌금은 은행들이 이란과의 사업에 다시 뛰어들려 하지 않는 이유를 분명히 보여주었다. 재무부가 그들을 안심시킬 수는 있어도 미국의 독립적인 법 집행기관으로부터 보호를 보장할 수는 없었다.

정치는 이 문제를 더욱 복잡하게 만들었다. 네타냐후가 논란의 여지가 있는 의회 합동회의 연설 등을 통해 오바마의 핵 외교에 분노를 표하자, 미국 의회의 대이란 강경파들은 백악관에 압력 수위를 높였다.[221] 여러 해 동안 의회 내 공화당과 민주당의 이란 정책은 양당 모두 공격적인 제재를 강력히 주장하며 대체로 의견이 일치했다. 그러나 이제 당파 간 갈등이 생겨나 공화당은 일제히 핵 회담을 비난한 반면, 민주당의 핵심 인사들은 핵 회담을 지지했다.

국가는 무엇으로 싸우는가

이후 2015년 3월, 아칸소 출신의 젊고 야심 찬 보수주의자인 톰 코튼Tom Cotton 상원의원은 이란 지도자들에게 보내는 편지에 공화당 동료 46명으로부터 받은 서명을 함께 실었다. 이 편지의 의도는 그들에게 미국의 헌법 제도에 대한 교훈을 가르치겠다는 것이었다. 공화당 상원의원들은 오바마의 핵 협정이 전적인 구속력이 있는 것은 아니라고 강조하며, 미국 의회는 "의회가 승인하지 않은 핵무기 프로그램과 관련한 모든 협정은 오바마 대통령과 아야톨라 알리 하메네이 사이의 행정 협정에 불과한 것으로 간주할 것"이라고 밝혔다. 그러고는 혹시라도 뜻이 제대로 전달되지 않을까 봐 "다음 대통령은 펜 한 자루로 그런 행정 협정을 철회할 수 있으며, 향후 의회도 언제든지 협정 조건을 수정할 수 있다"라고 덧붙였다.[222] 공화당이 오바마 대통령과 다른 민주당원에게 핵 협정의 어리석음을 이해시키지는 못해도 최소한 이란 정부는 이해시킬 수 있을 것처럼 보였다.

공화당의 격렬한 반대 때문에 전 세계적으로 이란과의 사업 재개를 두고 두려움이 더해졌다(오바마 재임 중 두 번째 중간선거인 2014년 선거에서 공화당은 상원에서도 54석으로 다수당이 되었다.-옮긴이). 오바마 행정부는 이란과의 특정 거래가 미국 제재를 위반하지 않을 것이라고 약속할 수는 있었으나, 대통령의 두 번째 임기는 끝나가고 있었다. 그의 후임자는 이란 시장에 신중하게 재진출한 기업들을 과연 어떻게 대할까?

이러한 공화당의 반대 역시 자국 행정부가 협상 중인 최종 합의의 일부로서 제공할 수 있는 제재 완화의 선택지를 크게 제한했다. 의회의 공세에 방어적인 입장이었던 오바마 행정부 관계자들은 '핵 관련 2차 제재'만 해제할 것이며, 이란에 대한 다른 모든 제한 조치는 계속 시행할 것이라고 거듭 강조했다. 그보다 더 나아간다면 이 합의의 정치적 존립이 위태로워질 수 있었다. 하지만 이런 미국 정부의 입장을 실제로 적용하는 데는 문제점이 있었다. 이를테면 사실상 최종 합의에 따라 전 세계의 제재 시계는 2006년 이전으로 돌아가지만, 미국은 계속 현재의 제재를 유지해야 한다는 것을 의미했다. 프랑스의 토탈이나 이탈리아의 에니 같은 기업이 이란의 유전에 투자하고 싶다면 괜찮을 것이다. 중국과 인도, 심지어 독일과 스페인이 이란산 석유 수입을 늘리고 싶어 한다면 그것도 괜찮을 것이다. 하지만 대조적으로 미국의 기업들은 여전히 이란산 석유를 살 수 없었고, 이란의 에너지 부문에 투자할 수도 없었다. 그동안 미국은 핵 협상을 가능하게 한 혁신적인 경제 무기의 개발에 엄청난 시간과 자원을 쏟았다. 그런데 미국 내 금수 조치가 유지되는 상황에서 이 합의로 2차 제재가 해제되면, 유럽과 아시아 기업들은 이란과의 경제 재개로 모든 혜택을 누릴 테지만 미국 기업들은 손해를 보게 될 것이다.

미국이 전면적인 금수 조치를 유지하는 것 역시 전략적 손해를 초래했다. 만일 이란 경제가 자본이나 핵심 투자, 기술 전문 지식을 미국 기업에 의존하고 있다면, 이란이 핵 합의를 어기거나 철회했을 경우 훨씬 더 쉽게 제재를 부과할 수 있을 것이다. 하지만 미국 정부가 자국 기업에 무엇을 할 수 있고 무엇을 할 수 없는지 정확하게 지시할 수는 있어도, 해외에 본사를 둔 기업에 대해서는

국가는 무엇으로 싸우는가

그런 엄격한 권한이 없다. 게다가 미국이 금수 조치를 완화하면 장기적으로 보았을 때 대이란 강경파의 기세를 꺾는 데 도움이 될 수 있었다. 미국 기업들이 이란에 다시 진입하여 돈을 버는 방법을 찾는다면, 이란 핵 합의에 대한 장기적인 미래 지분을 확보할 수 있기 때문이다. 만약 의회 의원들의 행동이 자기 지역구의 일자리와 생계를 위험에 빠뜨리는 결과를 낸다면, 의원들이 이 핵 합의를 거부하기란 쉽지 않을 것이다.

하지만 이런 내용은 전부 중요하지 않았다. 워싱턴의 정치 상황은 오바마 행정부를 곤경에 빠뜨렸고 새로운 방안을 모색할 여지를 거의 없애버렸다. 유일한 예외는 민간 항공 분야였는데, 미국은 국내 금수 조치의 일부를 해제하고 보잉이 유럽의 경쟁업체인 에어버스Airbus와 경쟁하여 이란의 노후화된 여객기들을 바꿀 수 있도록 허용했다. 그것 외에 미국의 협상 입장은 융통성을 발휘할 수 없었다. 이 때문에 나머지 회담 대부분이 내용보다는 감정에 치우쳐 진행되었다. 오바마 행정부는 이란에 극히 제한적인 제재 완화만 제공할 수 있다는 것을 알고 있었다. 이란은 그저 가능한 한 많은 제재가 해제되기를 바랐으며, 협상이 계속 이어져 궁극적으로 그들이 얻을 보상 패키지가 자국에 필요한 큰 경제적 활력을 가져다줄 것이라는 희망밖에 기댈 곳이 없었다.

2015년 7월, P5+1과 이란의 포괄적인 핵 합의가 가까워지면서 이런 역학 관계가 본격적으로 드러났다. 제재 완화에 대한 협상은 마치 가상의 스포츠 리그와 비슷한 형국으로 흘러갔다. 외교관들이 방에 앉아 제재를 받는 수십 명의 사람과 기업이 열거된 파워포인트 슬라이드 화면을 응시하고 있었다. 그들은 제재 대상에서 무엇을 빼고 무엇을 그대로 두어야 할지를 놓고 실랑이를 벌였는데, 거기에 적힌 많은 사람과 기업이 누구인지 혹은 어떤 영향을 미칠지에 대해서는 전혀 알지 못했다. 어느 순간 이란이 미국의 제재 협상 책임자인 크리스 배케마이어에게 특정 이란인에 대한 제재를 해제하라고 압박했을 때, 배케마이어는 이렇게 대답했다. "좋습니다. 하지만 나중에 지명할 선수와 맞바꾸는 조건입니다." 말하자면 일단 동의는 하지만 세부적인 사항은 추후 협의하자는 내용이었다.

7월 14일 이른 아침, 케리와 자리프, 그리고 P5+1의 다른 특사들은 19세기 궁전을 개조한 빈의 5성급 호텔 팔레코부르크Palais Coburg에서 핵 합의의 마지막 세부 사항을 놓고 다투었다. 배케마이어는 마치 바티칸에서 교황 선출을 알리는 흰 연기를 기다리는 무리처럼 몇몇 동료와 함께 방 밖에 앉아 있었다. 그들은 문을 통해 새어나오는 소리로 토론 내용을 들을 수 있었다. 그러던 중 갑자기 케리가 뛰쳐나왔는데 다리가 부러진 상태여서 목발을 짚고 있었음에도 걸어오는 속도는 전혀 느리지 않았다. 그는 배케마이어를 찾고 있었다.

케리는 "크리스! 자리프가 합의를 수락하도록 이유를 하나 더 제시해야 해요. 우리에게 손해가 없으면서도, 그를 난관에서 벗어나게 해줄 뭔가를 찾아보세요"라고 요구했다.[223]

마침 배케마이어는 이란의 제재 회피를 도운 혐의로 처벌받은 12명 정도의 이름이 적힌 명단을 가지고 있었는데, 그들은 잘 알려지지 않은 사람들이었고 그중 이란인은 단 한 명도 없었다. 이란 협상 대표들이 파워포인트 회의에서 한 번도 그들의 이름을 언급한 적이 없었기에, 그는 이 명단을 예비로 보관해 두고 있었다. 배케마이어는 케리에게 그 아이디어를 말하고, 바로 위층으로 올라가 그 명단을 인쇄했다. 하지만 그가 돌아왔을 때, 케리는 자리를 떠났고 협상실도 텅 비어 있었다.

케리가 자리프에게 명단의 이름을 밝히기는커녕 누군지도 모른 채 그들을 제재에서 해제할 것이라고 제안했고, 자리프도 명단을 보지 않은 채 이를 수락한 것이다. 그렇게 핵합의가 성사되었다.[224] 1시간 뒤에 케리와 자리프, 그리고 P5+1의 다른 회원국들은 포괄적 공동행동계획의 성공적인 타결을 발표했다.[225] 사람들 대부분이 간단히 '이란 핵 협정 JCPOA'이라고 부르는 것이 바로 그 합의이다.

이 합의에 따라 미국의 핵 관련 2차 제재는 해제될 것이며 유엔, 유럽연합, 그리고 기타 국가들이 부과하는 거의 모든 제재도 해제될 것이다. 그 대가로 이란은 핵 프로그램을 축소하기 위한 주요 조처를 시행하는 데 동의했다. 즉 핵무기 하나도 만들지 못할 만큼의 양만 남기고 농축 우라늄의 98%가 폐기될 것이다. 또한 아라크에 있는 중수로의 노심을 파괴하고 원심분리기 대부분을 해체하며, 핵 인프라의 핵심 부분은 24시간 감시와 정밀 검사를 받을 것이다. 이 합의가 이루어지기 전이라면, 이란은 불과 몇 달 안에 핵폭탄을 만들 수도 있었을 것이다. 이제 그 소요 시간은 최소한 1년으로 늘어났고, 이로써 미국은 이란의 핵 개발 진행을

존 케리와 자바드 자리프: 이란 핵 협정의 파트너이자 경쟁자.

미리 감지하고 선제적으로 대응하기에 충분한 시간을 얻게 되었다.[226]

네타냐후와 미국 의회의 대이란 강경파들은 이 핵 합의를 강하게 비판하며, 이란에는 범위나 성격과 관계없이 어떤 핵 활동도 허용해서는 안 된다고 주장했다. 그들은 또한 이 합의에 시간 제한이 있다는 사실에 문제를 제기했다.[227] 이 합의로 이란에 부과한 여러 제약이 10년 또는 15년 안에 만료된다는 점이었다.

비판을 감안하더라도, 이 핵합의는 외교적 인내심을 보여준 놀라운 업적이었다. 임시 합의는 두 번이나 연장되었으며, 최종 합의에 도달하기까지 이어진 협상은 18개월에 걸친 장기간의 마라톤이었다. 주빈과 배케마이어를 포함한 많은 미국 협상 팀은 몇

국가는 무엇으로 싸우는가

달씩 가족과 떨어져 지내며 생일, 결혼식, 기념일을 놓쳤다. 본국으로 돌아온 뒤에도 정부 변호사들은 미국 정부가 약속한 제재 완화를 확실히 이행할 수 있도록 엄청난 노력을 기울였다. 이는 이란에 대한 제한을 의무화하는 법률이 빽빽이 얽혀 있는 상황에서 결코 쉽지 않은 과제였다. 케리는 다리가 부러졌음에도 불구하고 2주가 넘게 이어진 팔레코부르크 호텔 회담을 주도하여 합의를 성사시켰는데, 이는 미국 국무부 장관이 해외 협상을 참여한 기간 중 40년 만에 가장 긴 기록이었다.[228]

하지만 이 마라톤은 끝나지 않고 이어졌다. 이란 핵 협정JCPOA이 발표되자마자 미국 팀의 관심은 빈에서 워싱턴으로 옮겨갔고, 오바마 행정부는 의회에서 이 협정의 생존을 위해 싸워야 했다. 그해 초 미국 의회는 의원들이 투표에 앞서 합의안을 들여다볼 수 있도록 60일간의 검토 기간을 마련하는 법안을 통과시켰다. 상원의 3분의 2가 이란 핵 협정에 반대표를 던진다면, 그들은 거부권을 무력화할 수 있는 다수결을 확보하게 될 것이다.

몇 주 동안 주빈, 배케마이어, 그리고 스위스와 오스트리아의 호텔에 살다시피 했던 여러 전문가들은 이제 결정을 내리지 못한 상원의원들에게 브리핑을 거듭하고, 합의의 세부 사항을 설명하고, 찬성표를 던지도록 설득했다. 마침내 바버라 미컬스키Barbara Mikulski가 이란의 핵 합의 준수 여부를 감시할 국제원자력기구 관리들을 만나기 위해 빈을 방문한 후, 그녀는 이란 핵 협정에 대한 지지를 발표한 34번째 상원의원이 되었다.[229] 이로써 거부권을 무력화하는 것이 불가능해졌기 때문에 이란 핵 협정은 예정대로 진행할 수 있게 되었다. 최종적으로, 핵 협정에 찬성표를 던진 상원의원은 42명에 불과했다.[230] 이는 핵 협정이 살아남기에는 충분한 숫자였지만, 그 협정의 불안정한 정치적 기반을 드러낼 만큼 적은 숫자였다.

몇 달이 지난 뒤 2016년 1월, 국제원자력기구는 이란이 핵 약속을 준수하고 있다고 확인했고, 케리는 제재를 해제하기 위한 서류에 서명했다.[231] 오바마는 의회에서 마지막 국정 연설을 하면서 자부심 넘치는 어조로 이렇게 말했다. "지금 이 순간 이란은 핵 프로그램을 축소하고 우라늄 비축분을 모두 실어냈으며, 세계는 또 다른 전쟁을 피했습니다."[232]

이란 핵 협정이 "역사적인 외교적 돌파구"(오바마의 말)였는지,[233] 아니면 "역사적인 실수"(네타냐후의 말)였는지는 보는 사람마다 달랐다. 하지만 한 가지는 분명했다. 미국이 경제전쟁에서 승리했다는 사실이다.

21 흑마법

Black Magic

오바마 대통령과 그의 동맹국들은 이란 핵 협정을 가능하게 한 핵심 요소는 제재였다고 평가했다. 한편 반대파들은 제재가 효과적으로 작동한 나머지 미국이 너무 성급하게 제재를 해제했다고 목소리를 높였다. 즉 미국은 이란이 전체 핵 프로그램을 영구적으로 포기할 때까지, 더 나아가 이란 정권의 붕괴를 촉발하도록 계속 압력을 가했어야 한다고 보았다. 이렇게 상충하는 관점들 사이에서 한 가지 공통점은 제재가 효과적이었다는 사실이다.

이는 오랜 통념을 뒤집는 결과였다. 정치학자 로버트 파페Robert Pape는 1997년에 발표한 "왜 경제 제재는 효과가 없는가"라는 제목의 중요한 논문에서 제재의 성공률이 5% 미만이라고 밝혔다.[234] 조지 W. 부시 행정부 초기에 콜린 파월 국무부 장관은 일반 대중을 대상으로 이라크에 대한 '정밀 제재'의 홍보를 시작했다.[235] 이것은 1990년대 이라크에 가한 투박하고 무차별적인 제재에 뚜렷이 대응하는 개념이었다. 당시 이라크에 대한 제재는 무고한 이라크인들만 식량 및 의약품을 얻지 못하게 되었을 뿐 사담의 야망을 억제하는 데는 별 도움이 되지 않았다고 널리 알려져 있었다. 그러나 이후 파월의 좀 더 정밀한 제재 역시 실패로 여겨졌고, 결국 부시의 파국적인 이라크 침공으로 이어지는 길을 열었다.

워싱턴의 외교 정책 담당자들 대부분은 제재를 전쟁의 진지한 대안이 아닌 상징적인 제스처로 보았다. 제재는 불만을 표시하는 한 가지 방법이거나, 강한 어조의 성명문보다 약간 단계가 높은 조치일 뿐이었다.

지도자들은 피나 금전적인 희생 없이 무언가에 반대 의사를 표명하기 위해 제재를 사용했다. 해결하기 어려운 위기 상황에서 대통령과 의원들은 별다른 조치를 취하지 않고도 '뭔가를 하라'는 요구를 제재를 통해 이행할 수 있었다.

2004년 12월, 부시 대통령이 "대이란 제재로 오히려 이란에 대한 영향력을 상실했다"라고 한탄했을 때, 그는 당시 널리 통용되던 생각을 표현한 것이었다. 이란 최고 지도자의 핵 야망을 제재로 구슬려 그만두게 할 수 있으리라 믿는 사람은 바보나 낙관주의자밖에 없어 보였다.

하지만 때때로 기존 통념이 뒤집히는 경우도 있다. 그리고 그

국가는 무엇으로 싸우는가

런 일은 외부인이 오래된 편견 없이 새로운 관점을 제시하며 시작하는 경우가 많다. 2006년에 스튜어트 레비가 그의 보좌관인 애덤 주빈의 도움을 받아 이란을 상대로 경제전쟁을 벌였을 당시 일어난 일이 바로 그와 같았다. 두 사람 모두 법무부에서 재무부로 영입된 변호사였다. 그들은 외교 정책을 다룬 경험이 전혀 없었고, 제재에 대한 경험은 더더욱 없었다. 하지만 그들은 규제 문제에 능통했고, 기업이 위험을 어떻게 보는지 잘 이해하고 있었다.

또한 이 미래의 제재 전문 기술관료들은 투지와 의욕이 넘쳤다. 그들이 재무부에 합류할 당시 테러 및 금융정보국은 국가안보 부문에서 중요한 역할을 하는 곳으로 여겨지지 않았다. 게다가 부시 대통령이 제재를 이란에 대한 효과적인 지렛대로 인정하지 않고, 제재에 관해 대놓고 일축한 것이 오히려 그들의 투지를 더욱 자극했다. 결국 이란 핵 협정이 체결될 즈음에 그들의 영향력은 부인할 수 없을 정도로 커졌다.

이후 레비는 HSBC 은행에서 규정 준수 개혁을 주도했고, 은행들이 미국의 제재를 좀 더 효과적으로 이행하도록 금융업계 전체의 변화를 이끌었다. 주빈은 두 번 승진했는데, 먼저 해외자산통제국 국장으로 승진했고, 2015년 초에 데이비드 코헨이 CIA 이인자가 되어 떠나자, 레비가 원래 맡았던 자리인 테러 및 금융정보국 전체를 책임지게 되었다. 그러는 사이 에너지, 금융, 운송 같은 분야의 전문 지식을 가진 다른 많은 사람이 그들에게 합류했다.

그들의 노력으로 수년간 정책 결정자들이 이루지 못했던 외교적 돌파구의 토대가 마련되었다. 물론 제재가 이 모든 일을 이룬 것은 아니다. 이를테면 미국은 이스라엘과 협력하여 스턱스넷Stuxnet 컴퓨터 바이러스 등으로 이란의 핵 인프라에 대한 사이버 공격을 감행한 것으로 알려졌다.[236] 이스라엘의 모사드는 암살을 시도해 여러 이란 핵 과학자들을 죽이거나 다치게 한 것으로 추정된다.[237] 경제전쟁 도중에도 미국과 이스라엘은 이란 정부가 핵무기를 계속 확보하려 할 경우 이란의 핵 시설을 군사적으로 공격하겠다고 공개적으로 위협했으며, 이 역시 이란의 계산에 확실한 영향을 미쳤다.

하지만 이 같은 노력은 모두 지연 전술에 지나지 않았다. 그 방법으로 시간은 벌었지만, 이란의 핵 개발을 막지는 못했기 때문이다. 오직 제재만이 이란 경제에 엄청난 피해를 끼쳐 이란의 정치적 변화와 엘리트층의 심리적 변화를 가져올 수 있었다. 이란 정부의 핵 정책 변화를 촉발한 것은 제재뿐이었다.

부시 대통령과 그의 동시대 사람들이 이란에 대한 제재의 효과를 의심했던 주된 이유는, 대다수 다른 사람들과 마찬가지로 일방적인 제재는 효과가 없고, 엄격한 유엔안전보장이사회의 조치는 이루어질 가능성이 작다고 생각했기 때문이다. 이란의 경제적 영향력은 너무 컸고, 세계 강대국 간의 입장도 지나치게 엇갈려서 포괄적인 유엔 제재를 실행할 수 없어서였다. 실제로 미국은 제재 활동의 마지막 단계까지 중국, 프랑스, 브라질 등 다른 주요국들이 이란을 배제하게 만드는 데 어려움을 겪었다.

레비와 주빈, 그리고 그들의 팀원들은 한 가지 핵심적인 통찰로 이런 일반적인 생각을 뒤집었다. 바로 세계화 덕분에 미국이

국가는 무엇으로 싸우는가

중요한 경제적 초크포인트의 통제권을 확보했고, 이를 이용하여 국제 금융 체계를 미국의 뜻대로 휘두를 수 있다는 점이었다. 물론 유엔 결의안은 미국 정부가 이 무시무시한 권력을 행사하는 데 정당성을 부여했기 때문에 여전히 도움을 줄 수 있었다. 하지만 그것이 반드시 필요한 것은 아니었다.

미국 의회의 승인도 꼭 필요한 것은 아니었지만, 의회는 나쁜 경찰이라는 지위를 행사하며 그 자체로 중요한 역할을 했다. 2010년 의회에서 포괄적 이란 제재법CISADA(이란과 거래하는 모든 은행에 2차 제재를 가하겠다고 위협하는 법안)이 통과되었을 때, 레비와 그의 동료들은 사실상 모든 외국 은행들에 이란과의 관계를 단절하도록 압박할 수 있는 무기를 얻게 되었다. 이후 의회가 이란 중앙은행에 대한 압력을 더욱 높였을 때, 결과적으로 주빈, 코헨, 카를로스 파스쿠알 같은 관리들은 이란의 석유 사업을 파괴할 창의적인 전략을 고안해 내야만 했다.

의원들의 요구에 대응하는 것이 항상 유쾌하거나 쉬운 일은 아니었지만, 미국 의회의 압력이 경제전쟁을 본격적으로 가속했다는 사실은 누구도 부인할 수 없었다.

그러나 결국 의회의 개입은 양날의 검이 되었다. 의원들은 이란을 협상 테이블로 끌어낼 만큼 강력한 제재를 만드는 데는 도움을 주었지만, 동시에 자국의 협상가들이 제재 완화를 위한 창의적인 방안을 개발하거나 적절한 시기에 처벌을 해제하는 것을 어렵게 만들었다.

미국 관리들은 이란의 금융 연결망이 워낙 복잡해 완전히 파악하기 어려웠음에도, 대이란 경제 무기를 만들기 위해 이 연결망을 끈질기게 추적해 나갔다. 그들은 당시 몇 가지 놀라운 발견을 했다. 예를 들어 이란이 세계 시장에 석유를 계속 팔면서도 석유 수입이 차단될 수 있다는 점을 예상한 사람은 거의 없었다. 하지만 바로 그 점이 미국 관리들이 해낸 아슬아슬한 묘기였다. 그들은 이란의 석유 수입 중 1,000억 달러 이상이 해외 조건부 계좌로 예치되도록 만드는 데 성공했다.

이와 같은 정책은 처음에는 허황한 아이디어에서 시작했다. 그 아이디어가 실제로 효과를 발휘하자 마치 흑마법처럼 느껴졌다. 즉 미국 관리들이 그것이 가능하다는 사실을 모르다가 우연히 발견한 일종의 연금술 같은 느낌이 들었다. 그리고 이 성공은 그들이 더욱 과감한 실험을 하도록 용기를 북돋워 주었다.

가장 중요한 돌파구는 미국의 2차 제재라는 위협을 세계가 심각하게 받아들이게 된 것이다. 1996년에 이란 및 리비아 제재법ILSA으로 알려진 2차 제재를 이용하여 다른 나라들도 이 제재에 동참하도록 강제하려는 의회의 시도는 격렬한 반발로 인해 실패로 돌아갔다. 당시 유럽이 미국 정부의 허세를 간파하자, 미국 관리들은 법 집행을 중단하고 물러섰다.

하지만 오바마 행정부가 들어서면서 상황이 바뀌었다. 당시 미국 관리들은 2차 제재를 단순한 선택으로 만들었다. 외국 기업들은 미국과 거래할 수도 있고 이란과 거래할 수도 있었지만, 두 나라 모두와 거래할 수는 없었다. 그런데도 일부 기업들은 두 가지 모두를 시도하며 미국이 처벌을 가할지 그렇지 않을지를 시험했

국가는 무엇으로 싸우는가

다. 그리고 아이러니하게도 한 번 제재를 받고 나면 오히려 최악의 상황은 지나갔다고 여기고 이란과의 거래를 중단하지 않는 역효과를 낳았다.

말하자면 2차 제재는 보이지 않는 울타리처럼 작용했다. 울타리를 넘는 데 물리적인 장애물은 없지만 그 행위로 인해 달러를 사용할 수 없기 때문에, 그것을 넘는 것은 고통스러운 일이었다. 일단 제재의 선을 넘어 반대편에 도착하면 원하는 대로 행동할 수는 있었다.

중국이 이란과 행한 사업이 그 대표적인 예다. 미국은 이란과 거래한 혐의로 중국 기업 두 곳(주하이젠롱, 쿤룬 은행)에 제재를 가했다. 그러나 제재를 받은 후 두 은행 모두 비용을 감수하고, 오히려 이란과의 사업을 확대했다. 이것은 미국의 정책 입안자들에게 제재의 위협이 확실하게 이행되어야 하며, 아예 처음부터 보이지 않는 울타리를 넘볼 생각조차 못 하게 만들어야 한다는 뜻이었다.

이란에 대한 경제전쟁이 진행되면서 그 같은 위협의 신뢰성은 더욱 커졌다. 더 강력한 제재를 요구하는 무거운 정치적 압박과 오바마 행정부의 전면적인 제재 이행, 그리고 제재 위반에 대해 점점 더 가혹해지는 법적 처벌이 맞물리면서 결국 판세가 뒤집혔다. 이란과의 사업은 붕괴했고, 이란은 재정적으로 버림받은 나라가 되었다. 민간 부문에서 위험을 계산하게 만드는 것이 바로 성공의 열쇠였다.

하지만 이란에 제재를 완화할 때가 되자, 그 강점은 오히려 약점이 되었다. 은행과 기업들은 이란과의 거래에서 발생할 수 있는

이란과의 사업 재개에 관해 안심시키는 말을 건네는 모습: 존 케리 국무부 장관(좌측에서 세 번째)은 해외자산통제국(OFAC) 국장 존 스미스(좌측에서 두 번째)와 함께 2016년 5월 런던에서 은행가들을 만났다.

잠재적 파장을 극도로 두려워하게 되었고, 핵 협정이 체결된 후에도 이란과의 관계를 재개하는 데 주저했다. 미국 정부는 은행과 기업들이 이란과 사업을 중단하도록 설득하는 데는 극도로 효과적이었지만, 같은 기업들이 이란에 재투자하도록 설득하는 데는 훨씬 더 큰 어려움을 겪었다.

이란은 일단 핵 협정이 체결되면, 기업들이 경쟁자보다 앞서 이란에 다시 진출하여 새롭게 생긴 사업 기회를 잡기 위해 경쟁할 것으로 기대했다. 주빈은 금융기관들이 미국의 제재에 얼마나 신경을 곤두세우고 있는지 잘 알고 있었기 때문에, 협상 상대방인 이란 측에 기대치를 낮추어야 한다고 조언했다. 하지만 당시 이란

국가는 무엇으로 싸우는가

인들은 그 말을 믿지 않았다.

핵 협정이 발효된 뒤인 2016년 초 몇 달 동안 자바드 자리프는 이란이 원했던 경제적 이익을 거두지 못하고 있다며, 존 케리에게 끊임없이 불만을 제기했다. 케리 역시 이것이 큰 문제라고 보았다. 이 협정이 이란에 경제적 혜택을 제공하지 못한다면 이란 내에서 합의를 지지하는 여론이 사라질 수 있고, 미국과의 협상이 애초에 잘못된 생각이었다는 이란 내 강경파의 주장을 정당화할 수 있었기 때문이다. 그러면 이란은 핵 개발을 위한 노력을 오히려 다시 강화할 수도 있었다.

이 문제가 너무 까다로웠기 때문에 미국 국무부와 재무부는 수년 전에 스튜어트 레비가 설교했던 것과 정반대의 메시지, 즉 '이란이 다시 사업을 재개했다'는 내용을 알리기 위해 일련의 어색한 순회 설명회를 열어야 했다.[238]

그해 5월에 케리는 스스로 문제를 해결하기로 했다. 그는 주빈의 후임으로 해외자산통제국 수장이 된 존 스미스John Smith와 함께 런던에서 은행 CEO들을 만나 이란과의 사업 재개에 따른 우려를 덜어주고자 했다.[239] 도이체방크의 존 크라이언John Cryan 대표와 HSBC의 안토니오 시모에스António Simões 대표가 참석했고, 크레디트스위스, 스탠다드차타드 등 다른 대형 은행들의 임원들도 참석했다. 그 자리에 모인 은행 대부분은 지난 몇 년 동안 미국의 제재를 위반했다는 이유로 엄중한 처벌을 받은 바 있다.

따라서 케리의 안심시키는 말들이 전혀 소용이 없었다. 미국의 국무부 장관은 은행들이 추가 제재를 받지 않도록 보장할 수 없었고, 이란에 사업을 위해 다시 진출하도록 설득할 수도 없었다. 특히 케리는 HSBC의 시모에스가 "도널드 트럼프가 다음 대통령이 되면 어떻게 되죠?"라는 질문에 만족할 만한 답변을 내놓지 못했다.

같은 날 〈월스트리트저널〉은 HSBC의 최고법률책임자인 스튜어트 레비의 기고문을 게재했다. 다른 사람도 아닌 이란을 상대로 경제전쟁을 시작한 인물(그리고 런던회의에서 케리를 도왔던 많은 전문가들의 멘토였던 인물)이 이란에 다시 진출하라는 케리의 호소에 공개적인 반대 의사를 밝힌 것이다.[240]

레비는 이 글에서 "이란은 테러를 적극적으로 지원하고 탄도미사일을 제조하고 시험하여 제재를 받았는데, 그런 행위 대부분을 중단했다고 주장하는 사람은 아무도 없다. … 그런데 지금 미국 정부는 자국 은행에 여전히 불법적인 일을 미국 외 은행에 하도록 압력을 가하고 있다. 이것이 미국 정부가 취하고 있는 매우 이상한 입장이다"라고 썼다.

레비는 "그런 이유로 HSBC는 이란과 관련한 새로운 사업을 할 의향이 없다"라고 결론지으며, 이렇게 덧붙였다. "정부는 제재를 해제할 수 있겠지만 민간 부문에서는 여전히 자체적으로 위험을 관리해야 할 책임이 있고, 그 위험을 관리하지 못하면 의심할 여지 없이 책임을 지게 될 것이기 때문이다."

결국 케리가 그날 만난 은행 중 어느 곳도 이란과 거래를 재개하지 않았다.

이란에 대한 경제전쟁은 상상을 초월할 정도로 성공적이었다. 그러나 그 과정에서 미국은 새로운 형태의 전쟁을 만들어낸 것에

국가는 무엇으로 싸우는가

그치지 않았다. 바로 국제 금융 체계를 재편했다. 그리고 새로운 체계가 자리를 잡자 미국 정부조차 그것을 되돌릴 수 없었다.

제3부

러시아의
제국주의적 영토 강탈

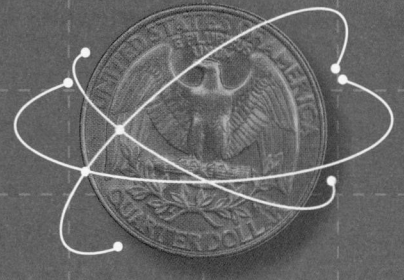

22 외교관

The Diplomat

대니얼 프리드Daniel Fried는 늘 바쁘게 움직이는 사람이었다.[1] 미국 외교부에서 40년 가까이 근무하며 61세의 나이에 '지칠 줄 모르는 행복한 전사'라는 명성도 얻었다. 그런데도 2014년 2월 24일 월요일 아침, 그는 평소보다 훨씬 서둘러 포기 보텀에 있는 국무부 본부로 들어갔다. 프리드는 지정학적 화약고가 터지려 한다는 것을 직감했고, 주말 동안 일어난 사건이 그를 극도의 경계 태세로 몰고 갔다.

프리드는 3층에 있는 자기 사무실로 달려갔다. 사무실 문의 표지판에는 그의 직함인 '제재정책조정관Coordinator for Sanctions Policy'이라는 글자가 선명하게 새겨져 있었다. 열렬한 러너이기도 한 그는 절뚝거렸지만 단호하면서도 긴 보폭으로 늘 활기차게 걸었다. 프리드를 처음 만난 보좌관들은 간혹 그를 도우려 손을 내밀곤 했다. 하지만 곧 그가 무릎이 망가졌음에도 자신들보다 훨씬 더 빠르다는 것을 깨달았다.

그날 아침 프리드의 머릿속에는 우크라이나가 자리하고 있었는데, 수개월 동안 지속된 시위와 불안으로 인해 결국에는 빅토르 야누코비치 대통령이 막 러시아로 피신한 참이었다. 프리드는 1980년대 초 레닌그라드(현재 상트페테르부르크)에서 근무했는데, 미하일 고르바초프의 집권 초기에는 미국 국무부의 소련 담당 부서에서 재직한 베테랑 러시아통이었다. 이후 1990년대 폴란드가 공산주의에서 벗어나는 과정에서 폴란드 주재 미국 대사를 역임했고, 조지 W. 부시 행정부 시절에는 국가안전보장회의와 국무부에서 유럽 문제 관련 최고위 관리로 일했다. 프리드는 야누코비치의 몰락 소식에 불안함을 느꼈는데, 우크라이나에 미칠 영향보다는 러시아에 대해 암시하는 바가 있기 때문이었다.

야누코비치는 러시아 대통령 블라디미르 푸틴의 동맹이었으므로, 푸틴은 야누코비치의 갑작스러운 퇴위와 도피를 직접적인 위협으로 여겼을 가능성이 컸다. 3개월 전 푸틴에게 큰 승리를 안겨준 사건이 있었는데, 당시 야누코비치는 유럽연합과의 무역 협상을 포기하고 모스크바로부터 150억 달러를 대출받는 결정을 내렸다.[2] 하지만 키이우의 중심 광장 마이단에 모인 친유럽 시위대는 야누코비치를 국외로 몰아냈고, 러시아가 승리했다고 생각한 순간을 충격적인 좌절의 순간으로 바꿔놓았다.

이를 지켜본 프리드의 머릿속에는 2008년 NATO(북대서양조약기구) 정상회담에서 있었던 불안한 기억이 스쳐 지나갔다. 그 회의에서 푸틴은 크림반도가 우크라이나 영토라는 사실에 의문을 제기하는 연설을 했다. 다른 사라진 여러 옛 제국의 접경 지역과 마찬가지로 크림반도는 타타르 칸, 오스만 술탄, 러시아 차르의 지배를 받다가 소련에 편입되었고, 그 뒤 오늘날의 우크라이나가 된 까닭에 정치적으로 복잡한 역사를 가진 융합의 장이었다.[3] 1954년에 소련 지도자 니키타 흐루쇼프Nikita Khrushchev는 크림반도를 우크라이나 소비에트 사회주의 공화국에 양도하기로 했는데, 이 결정은 수십 년 후 우크라이나가 독립을 선언하기 전까지는 거의 중요하지 않은 문제였다. 하지만 푸틴이 NATO 정상회담에서 그 결정에 문제를 제기했다.[4] 게다가 소련이 붕괴한 후에도 크림반도는 줄곧 러시아에 매우 중요한 전략적 요충지로 여겨졌다. 러시아 해군은 우크라이나 정부로부터 크림반도의 기지를 임대하여 흑해 함대를 운영했다. 그렇지만 크림반도에서 러시아의 존재가 위험에 처하면(예컨대 지금처럼 푸틴의 우려대로 키이우에서 민족주의적이고 친유럽적인 혁명이 진행 중이라면) 푸틴은 과감한 조치를 취할 수도 있었다.

월요일 그날 아침, 존 케리 국무부 장관의 고위급 참모 회의에서 프리드는 자신의 두려움을 털어놓았다. 그는 "푸틴이 아무 일 없다는 듯이 넘어가지는 않을 겁니다. 그는 움직일 겁니다"라고 경고했다. 프리드는 푸틴이 크림반도를 차지하려는 시도를 통해 마이단 혁명가들에게 반격할 수 있다고 추측했다. 유럽과 러시아

국가는 무엇으로 싸우는가

를 담당하는 국무부 담당자인 빅토리아 눌란드도 동의했다. 눌란드 역시 2008년 푸틴의 연설을 들었고, 긴장이 고조될지 모른다는 징후로서 이 연설을 의미심장하게 여긴 프리드의 우려에 공감했다.

프리드와 눌란드가 그런 우려 속에서 알아채지 못하는 동안, 러시아 대통령은 이미 움직이고 있었다. 토요일에 푸틴은 우크라이나의 실각한 대통령을 탈출시킬 계획을 세우기 위해 국가안보 책임자들을 소집했다.[5] 야누코비치 대통령은 차를 타고 구불구불한 길을 따라 크림반도까지 이동한 다음, 그곳에서 러시아 요원들을 만나 항공기를 타고 러시아로 이동할 예정이었다. 일요일 오전 7시경 크렘린에서 회의가 마무리될 때쯤, 푸틴은 한 가지 지시를 더 추가하며 이렇게 말했다. "크림반도를 다시 러시아로 편입시키는 작업을 시작할 수밖에 없군요."[6]

모스크바는 오래전부터 그런 작전을 위한 비상 계획을 세워놓고 있었다.[7] 푸틴이 출발 명령을 내리자, 그의 군대와 정보기관은 무엇을 해야 할지 알고 있었다. 2월 27일 목요일 이른 새벽, 부대 표시가 없는 녹색 제복을 입은 중무장한 병력이 심페로폴에 있는 크림반도 지방 의회를 점거하고 러시아 국기를 게양했다.[8] 러시아 특공대가 건물 입구를 봉쇄하고 의원들의 휴대전화를 압수한 후, 지방 의회는 조직범죄와 관련 있는 그 지역 친러시아 정치인인 세르게이 악쇼노프Sergei Aksyonov를 새 지도자로 선출하는 '투표'를 실시했다.

다음 날 더 많은 '작은 녹색 인간들little green men(원래 외계인을 가리키는 표현인데, 크림반도에 나타나 신속하게 움직이는 정체불명의 사람들을 서구 언론이 풍자적으로 표현했다.-옮긴이)'이 나타났고, 이번에는 세바스토폴과 심페로폴에 있는 크림반도의 두 주요 공항을 장악했다. 푸틴은 그 사람들은 '지역 자위대'일 뿐이라고 단언했다. 즉 크림반도의 러시아어를 사용하는 대다수 주민에 대한 위협을 걱정하는 평범한 크림반도 주민들이라고 주장했다. 하지만 그들이 실제 어디서 왔는지는 의심의 여지가 거의 없었다. 그들 중 한 명이 기자에게 "우리는 러시아인입니다"라고 솔직하게 말하기까지 했다.[9] 3월 1일 토요일, 새로 취임한 크림반도의 지도자 악쇼노프는 공식적으로 러시아의 개입을 요청하며 이렇게 말했다. "러시아연방 대통령 블라디미르 푸틴에게 이 지역의 평화와 안정을 보장하는 데 도움을 줄 것을 요청하는 바입니다."[10]

우크라이나 정부가 여전히 혼란에 빠져 있고 미국이 제대로 대응하지 못하는 가운데, 러시아는 신속히 크림반도 전체를 장악했다. 며칠 만에 크렘린은 엉터리 국민투표를 실시했고, 크림반도 주민들은 압도적 다수로 러시아 편입을 '선택'했다. 푸틴은 서둘러 이 영토를 공식적으로 합병하는 법령에 서명했고, 러시아연방의 22번째 공화국으로 재편했다. 러시아 해군 기지가 있는 세바스토폴은 '연방 중요 도시'로 지정되었는데, 이 지위를 공유하는 도시는 모스크바와 상트페테르부르크뿐이다.

러시아의 크림반도 합병은 제2차 세계대전 이후 유럽 영토에서 일어난 최초의 영토 정복 행위였다. 프리드는 동유럽이 소련의 압제에서 벗어나도록 돕는 데 이바지하며 경력을 쌓아왔는데, 푸턴의 책략이 유럽과 어쩌면 전 세계를 더 어두운 시대로 되돌아가게 할 위험이 있다고 우려했다. 미국 정부는 딜레마에 빠졌다. 한편으로 미국은 러시아가 이웃 국가의 영토를 집어삼키는 것을 가만히 보고만 있을 수 없었다. 이는 단순히 우크라이나에 대한 공격이 아니라 미국이 여러 세대에 걸쳐 공들여 구축해 온 세계 질서에 대한 공격이기도 했기 때문이다. 다른 한편으로 러시아는 핵 강대국이었으므로 직접적인 군사적 충돌은 고려할 수 없었다.

예상치 못한 위기에 직면하면 사람들은 자신이 아는 것을 찾으려는 경향이 있다. 불과 몇 달 전, 수만 명의 친유럽 시위대가 마이단에 몰려든 날 미국은 이란과 임시 핵 협정에 서명했다.[11] 이란에 대한 경제전쟁의 성공에 고무된 미국 관리들은 푸틴의 '작은 녹색 인간들'이 크림반도에 나타나자마자 러시아를 상대로 비슷한 캠페인을 검토하기 시작했다.

러시아는 이란보다 세계 시장과 국제 금융 체계에 더 깊이 얽혀 있는 경제 강국이었다. 중국과 다른 신흥 경제국이 부상하면서 원자재 가격이 하늘 높이 치솟자, 러시아 정부는 현금이 넘쳐나고 있었다. 러시아는 막대한 석유와 가스 매장량 덕분에 매년 수천억 달러를 벌어들이고 있었다. 러시아 경제는 세계 8위 규모로 이란보다 규모가 더 클 뿐만 아니라, 미국의 제재를 받고 있는 다른 모든 경제권을 '합친' 것보다도 규모가 컸다.

문제를 더욱 복잡하게 만든 것은, 미국의 가장 가까운 동맹국 중 일부가 러시아와 경제적으로 상호 의존하는 관계를 맺고 있다는 점이었다.[12] 유럽연합은 석유와 가스 수입의 3분의 1을 러시아에 의존했으며, 몇몇 유럽 국가들은 러시아가 유일한 천연가스 공급국이었다.[13] 러시아산 에너지가 없으면 독일 공장은 문을 닫아야 할 것이고, 슬로바키아 가정은 난방 없이 지내야 할 형편이었다. 러시아와 유럽연합 사이의 전체 무역 규모는 러시아와 미국과의 무역 규모보다 10배나 컸다. 이란에 했던 방식으로 러시아를 제재하면 유럽 대륙에 경제적 대혼란이 일어날 수 있으며, 미국과 유럽의 오랜 동맹에 균열을 일으킴으로써 푸틴에게 최고의 보상을 안겨 줄 수도 있었다.

이와 같은 외교적 난국에 대니얼 프리드는 기꺼이 뛰어들었다. 오바마 대통령의 첫 임기 동안 그는 관타나모만 수용소 폐쇄를 위한 특사라는 누구도 달가워하지 않는 역할을 맡았다. 시사 잡지 〈뉴리퍼블릭The New Republic〉은 프리드를 "기트모Gitmo 수감자들을

대니얼 프리드: 미국 국무부 최초의 제재정책조정관.

국가는 무엇으로 싸우는가

모두 옮겨야 하는 불쌍한 얼간이 Schmo"라고 묘사하기까지 했다[14](기트모는 관타나모Guantanamo의 발음을 축약해 만든 조어이다. Gitmo와 Schmo의 라임을 맞춰 조롱 섞인 표현을 했다.-옮긴이). 프리드는 거의 70명의 수감자 석방을 성사시켰고, 불가능해 보이는 상황에서 이뤄낸 성과로 큰 찬사를 받았다.[15] 사실 그가 국무부에서 맡은 당시의 직책은 제재 정책의 초대 조정관으로서 그에게 잠시 숨을 돌리라고 주어진 자리였다.

국무부는 두 가지 이유로 제재정책조정관 역할을 만들었다. 첫 번째 이유는 이란 제재를 둘러싸고 미국과 동맹국들 간에 긴장이 반복되자, 경제전쟁 문제에 좀 더 목적 지향적이고 일관성 있는 외교적 관여가 필요했기 때문이다. 두 번째 이유는 정부기관 간의 전략적인 움직임과 관련이 있었다. 지난 몇 년 동안 스튜어트 레비, 애덤 주빈, 데이비드 코헨 같은 거물급 제재 기술관료들은 재무부를 제재 정책 문제에서 강력한 역할을 하는 기관으로 만들었다. 미국 최고의 외교기관인 국무부는 백악관 상황실에서 점점 더 자주 거론되는 이 주제에 그때마다 균형을 잡아줄 견제 직책이 필요했다.

제재정책조정관으로서 프리드는 경제전쟁에 대한 경험이 거의 없었다. 대신 프리드는 그 역할에 필수적인 외교적 수완, 예리한 관료적 직관, 그리고 유럽 정치권 전반에 걸친 뛰어난 인맥을 가지고 있었다. 그는 경력 초기에 1989년 혁명가들('1989년 혁명'이란 소련이 붕괴하고 잇따라 동유럽에 민주화 운동이 일어난 것을 말한다.-옮긴이)과 친밀한 개인적 우정을 맺었는데, 그들 중 많은 이들이 현재 유럽의 강력한 정치인이 되어 있었다. 프리드는 폴란드 건국의 아버지인 레흐 바웬사Lech Wałęsa와 헝가리의 독재자 빅토르 오르반Viktor Orbán 같은 인물들과도 친분이 두터웠다. 또한 프리드는 여러 슬라브어를 유창하게 구사했고 그 지역의 오랜 역사에도 정통했다. 누군가 유럽을 설득하여 푸틴에 맞선 경제전쟁에 참여하도록 할 사람이 있다면 바로 그였다.

프리드는 우크라이나 위기가 시작될 당시를 회상하며 "나는 소련 문제 전문가로서 외교부에 들어왔다"라고 말했다.[16] 이제 그는 자신의 마지막 정부 직책을 맡았다고 생각하는 상황에서, 결국 러시아 문제라는 원점으로 완벽히 돌아왔다.

국가는 무엇으로 싸우는가

쓰러진 곰,
재기를 노리다

The Fallen Bear Licks Its Wounds

　　푸틴의 크림반도 정복은 미국 정부를 놀라게 했지만 그렇다고 청천벽력 같은 일은 아니었다. 프리드 자신과 빅토리아 눌란드의 예감에 대해서 그는 "탁월한 선견지명인 것처럼 보이지만 실제로 그 정도는 아니었다. 눈앞에 있는 것에 주의를 기울인 것뿐이다"라고 말했다.[17]

　　1991년 크리스마스에 미하일 고르바초프는 크렘린에서 TV 연설을 통해 소련의 지도자직을 사임하고, 러시아연방의 초대 대통령인 보리스 옐친Boris Yeltsin에게 권력을 넘겨주었다.[18] 얼마 지나지 않아 이 나라의 공무원들은 건물에서 빨간색과 금색의 '낫과 망치' 깃발을 내렸다. 70년 동안 이어진 소련은 더 이상 존재하지 않았다. 다음 날 아침에 태어난 러시아는 이전의 모습과 완전히 달랐다. 인구는 절반으로 줄었고, 영토는 거의 4분의 1로 줄었다. 표트르 대제Peter the Great부터 이오시프 스탈린Joseph Stalin까지 수 세기 동안 축적한 제국의 수확물이 사라졌다. 그러나 강대국으로 서 러시아의 자기 인식에는 변함이 없었다. 고르바초프와 달리 옐 친은 소련의 해체를 적극적으로 장려했지만, 두 사람 모두 러시아 가 소위 '주변국'인 이웃에 대한 지배적인 역할을 잃을 것으로 생 각하지 않았다.

소련의 14개 비非러시아 계승국 중에서 모스크바에 가장 중요 한 국가는 우크라이나였다. 4,000만 명이 넘는 주민들, 흑해라는 전략적 위치, 세계에서 가장 비옥한 농경지, 러시아의 군사·산업軍 産과 깊이 통합된 산업 부문을 갖춘 우크라이나는 여러 면에서 옛 소련의 '왕관의 보석'이었다. 우크라이나는 또한 러시아의 가장 중요한 부동항 해군 기지가 있는 세바스토폴이 위치한 곳이기도 했다. 폴란드 출신의 전 미국 국가안보 보좌관인 즈비그뉴 브레진 스키Zbigniew Brzezinski는 1994년 한 기고문에서 "우크라이나 없이 러시아는 더 이상 제국이 될 수 없다. 그 사실이 무엇보다 중요하 다"라고 썼다.[19] 옥스브리지(옥스퍼드대학과 케임브리지대학의 줄임 말-옮긴이)의 어느 교수는 이를 더 직설적으로 표현했다. "우크라 이나가 있으면 러시아는 미국과 같고, 우크라이나가 없으면 (그저 눈만 쌓인) 캐나다와 같다."[20]

1993년 초 러시아 의회는 세바스토폴을 러시아 영토라고 주장 하는 결의안을 통과시켰고, 옐친은 국제 사회에 러시아가 우크라이나를 포함한 구소련 국가들에서 사실상 경찰 역할을 할 수 있도록 '특별 권한'을 부여할 것을 촉구했다.[21] 당시 러시아 외교관들은 유럽의 외교관들에게 "18개월 안에 영사관으로 격하될 것이니, 키이우에 대규모 대사관을 짓겠다고 힘쓰지 말라"고 경고했다고 한다.[22] 러시아가 우크라이나에서 특권적인 지위를 차지해야 하고, 크림반도에서는 지배적인 지위를 차지해야 한다는 신념은 러시아 정치권의 보편적인 인식이었다.

우크라이나는 동쪽 이웃인 러시아와 항상 긴밀한 문화적 유대 관계를 유지해 왔다. 우크라이나인의 30%는 우크라이나어를 모국어로 사용하지 않으며, 대부분 러시아어를 모국어로 사용한다.[23] 이 나라의 대중음악과 TV 프로그램의 상당 부분은 러시아어로 이루어져 있으며, 교육도 두 언어로 제공된다.[24] 그러나 소련이 붕괴한 이후로 우크라이나인이 국가적 소속이라는 문제를 두고 흔들린 적은 한 번도 없었다. 1991년 국민투표에서 92%가 독립에 찬성표를 던졌는데, 러시아어를 주로 사용하는 크림반도, 세바스토폴, 도네츠크, 루한스크 지역에서도 압도적 다수가 찬성했다.[25] 모스크바와 더욱 긴밀한 관계를 추구했던 우크라이나의 가장 열렬한 친러 정당조차도 자국의 독립을 맹렬히 옹호했다.[26] 소련 붕괴 후 우크라이나가 자국 영토에 남겨진 대규모 핵무기를 포기하는 대가로, 러시아는 우크라이나의 영토 보존을 존중하겠다는 공식 서약을 맺었다. 이 합의는 미국과 영국도 함께 서명한 1994년 부다페스트 안전보장 각서에 명시되어 있다.[27]

그렇지만 이런 근본적인 긴장(새로운 길을 선택한 전 소련 공화국과 변화를 받아들이지 못하는 버림받은 전 패권국 간의 불안한 휴전)은 절대 사라지지 않았다. 1991년의 독립과 2014년의 크림반도 강탈 사이에 바뀐 것은, 우크라이나의 주권 문제에 러시아가 최종 결정권을 가져야 한다는 확신이 아니라 모스크바가 그 확신에 따라 행동할 의지와 능력이었다.

프리드와 눌란드의 우려에도 불구하고 미국 정부는 이 같은 변화를 인식하는 데 더뎠다. 미국의 외교 정책은 마치 항공모함과 같아서 일단 방향을 선택하면 강력하지만 바꾸기는 어려웠다. 로널드 레이건 대통령 시절부터 시작해 특히 냉전이 종식된 이후, 미국 정부는 더 이상 러시아를 억제해야 할 위협으로 보지 않고 민주주의와 자본주의, 미국 기업, 미국의 지정학적 이익을 위해 쟁취해야 할 보상으로 보았다. 심지어 러시아는 테러와의 전쟁이나 기타 세계적인 과제에 유용한 조력자가 될 수도 있었다. 이것은 너무나 매력적인 기회여서 역대 미국 대통령들은 연이은 경고신호를 무시한 채 러시아와 좀 더 돈독한 관계를 적극적으로 추진했다.

빌 클린턴은 옐친이 체첸에 군대를 파견했을 때 못 본 척했다. 러시아 군대는 민간인 피해를 전혀 고려하지 않고 도시 전체를 초토화했고, 그 문제로 압력을 받자 클린턴은 옐친의 행동을 미국 남북전쟁 당시의 에이브러햄 링컨의 행동에 비유하기도 했다.[28] 조지 W. 부시는 기자들에게 푸틴의 눈을 바라보며 "그의 진심을 느꼈다"라고 말했다.[29] 7년 후 러시아가 이웃 나라인 조지아를 침공하고 두 개의 분리 독립 공화국을 승인했을 때, 부시와 유럽 지도자들이 보인 반응은 손목을 찰싹 때린 듯한 가벼운 질책 수준에

국가는 무엇으로 싸우는가

그쳤다.[30] 버락 오바마는 러시아 전차가 조지아 수도에서 불과 1시간 거리까지 진격한 지 6개월도 채 되지 않았을 때 백악관에 입성했지만, 그는 여전히 군비 통제, 아프가니스탄 문제, 이란 핵 문제에 대한 러시아의 협력을 확보하기를 바라며 관계를 '재설정'하는 것이 적절하다고 생각했다.[31] 과거의 경험에도 불구하고 번번이 희망을 품고 같은 실수를 반복하는 일이 이어졌다. 그리고 어떤 경우든 미국 정부가 생각하는 냉전 이후 시대의 중요한 지정학적 드라마(폭력적 극단주의를 진압하고 민주주의와 자본주의가 확산하는 과정)에서 러시아를 기껏 조연쯤으로 인식했다.

2007년 푸틴은 역사상 처음으로 뮌헨 안보회의에 참석했다. 매년 서구 외교와 국가안보를 책임지는 주요 인사들이 모이는 회의였다. 푸틴은 이 기회를 활용해 미국의 권력에 대한 자신의 불만을 드러내며 이렇게 말했다. "한 국가, 특히 미국이 모든 방면에서 국경을 넘어 간섭했습니다. … 이것은 미국이 다른 나라에 강요하는 경제, 정치, 문화, 교육 정책에서 분명히 드러납니다. 글쎄요, 누가 이것을 좋아하겠습니까? 이걸 기뻐하는 국가가 있을까요?"[32]

당시 NATO 주재 미국 대사로 재직 중이던 눌란드는 네 번째 줄에 앉아 있었는데, 푸틴의 침이 튀기는 것까지 거의 느껴질 정도였다.[33] 이 러시아 지도자는 말하면서 점점 더 활기를 띠었다. "물론 이것은 극도로 위험합니다." 그가 으르렁거리듯 말하자, 회의장 전체에 불안감이 눈에 띄게 퍼졌다. "그 결과 누구도 안전하다고 느끼지 못하게 되었습니다. 이 점을 강조하고 싶습니다. 아

불만 표출: 2007년 2월 뮌헨 안보회의에서 연설하는 블라디미르 푸틴.

무도 안전하다고 느끼지 못합니다!"[34] 푸틴의 거대한 서사에서 미국 역시 주인공이었지만 그 이야기에서 미국은 악당이었고, 앞으로 다가올 몇 년 동안의 중심적인 드라마는 미국에 본때를 보여주는 내용이 될 것이었다.

청중 가운데 많은 유럽인은 푸틴이 미국의 일방주의를 비판하는 데 공감했으며, 특히 부시 대통령의 이라크 침공 배경과 관련하여 그러했다. 하지만 푸틴의 장황한 비난조의 연설은 그들을 깊은 불안에 빠뜨렸다.[35] 최근 러시아의 지배에서 벗어난 나라의 사람들에게 이 연설은 NATO와 유럽연합 가입을 추진하기로 한 그들의 결정이 옳았음을 보여주었다.[36]

푸틴이 경험한 것들(그는 베를린 장벽이 무너졌을 때 동독에 주둔하고 있던 KGB 장교였다)이 그가 미국과 서구에 적대감을 품게 된

국가는 무엇으로 싸우는가

배경에 영향을 미쳤을 수도 있다. 그는 소련의 붕괴가 "금세기 최대의 지정학적 재앙"이라는 말을 한 인물이기도 하다.[37] 하지만 푸틴은 수수께끼 같은 인물이기도 했다. 옐친은 후계자인 푸틴이 자신과 가족을 은퇴한 후에도 보호해 줄 것이라 믿었기 때문에, 비교적 무명에 가까운 그를 뽑아 1999년 마지막 날 대통령으로 임명했다.[38]

대통령으로서 푸틴은 처음에는 미국과 더욱 긴밀한 관계를 맺으려는 생각이 있었다. 하지만 그는 곧 미국을 러시아의 이익과 자신 모두에게 위협이 되는 존재로 여기게 되었다. 푸틴은 유엔안전보장이사회의 의지에 반하여 이라크를 침공하고 사담 후세인을 축출하려는 부시의 결정에 격렬히 반대했다. 푸틴의 관점에서 보면, 이라크 전쟁은 규칙에 기반을 둔 국제 질서에 대한 모든 논의가 미국의 패권을 정당화하기 위한 명분일 뿐이라는 것을 증명한 일이었다. 이라크 전쟁은 또한 무력으로 러시아의 이익을 증진하는 것에 대해 그가 가졌을지도 모르는 주저함을 일거에 없애버렸다.[39] 미국이 군사력을 사용하여 자기 뜻을 이룰 수 있다면 러시아는 왜 그럴 수 없겠는가?

미국의 이라크 침공 후 얼마 지나지 않아 '색깔혁명color revolutions(조지아의 장미혁명, 우크라이나의 오렌지혁명, 키르기스스탄의 튤립혁명과 같이 혁명을 상징하는 각각의 색이 존재한 것에서 유래한 명칭이다.-옮긴이)'이라고 알려진 민주주의 운동의 물결이 러시아의 여러 주변국을 휩쓸었다. 2004년 우크라이나의 오렌지혁명은 러시아에 특히 뼈아픈 경험이었다. 그해 우크라이나 대통령 선거에서 푸틴은 러시아어 사용 지역인 도네츠크 출신 후보로 모스크바와 긴밀한 관계를 선호하는 빅토르 야누코비치를 전폭적으로 지지했다. 당시 푸틴은 키이우를 방문하여 야누코비치를 적극적으로 홍보했고, 야누코비치의 선거운동을 돕기 위해 자신의 정치 고문인 글레프 파블로프스키Gleb Pavlovsky도 파견했다.⁴⁰ 결론적으로 러시아는 이 선거에 수천만 달러를 쏟아부었다.⁴¹ 처음에는 야누코비치가 승자로 선언되었지만 출구조사 결과와 일치하지 않자, 이는 대규모 시위와 부정선거 의혹을 불러일으켰다. 그로 인해 한 달 후 국제 사회의 감시 아래 선거가 다시 치러졌다. 자유롭고 공정했다고 평가된 그 선거에서 친서방 성향의 빅토르 유셴코Viktor Yushchenko가 7% 이상 차이로 승리했다.⁴²

이를 계기로 우크라이나가 서구에 합류하여 러시아의 영향권에서 완전히 벗어날 준비가 된 것처럼 보였다. 하지만 이런 사실은 푸틴의 현실 인식과는 전혀 일치하지 않았다. 그는 우크라이나 국민이 미국 정부의 보이지 않는 손에 의해 조종되어 그런 선택을 한 것이 분명하다고 결론지었다. 색깔혁명이 자발적인 민주주의 운동일 리가 없다고 보았다. 그들의 행동은 미국이 은밀한 영향력을 행사하여 캠페인을 벌인 결과라고 생각했다. 푸틴은 본능적인 위협을 느꼈다. 러시아의 거대한 핵무기는 이라크의 사담이 겪은 비참한 최후로부터 자신을 지켜줄 수 있을지 몰라도, 미국이 지원하는 거리 시위에 맞서는 데는 별 도움이 되지 않을 것이라고 보았다.

결정적인 기회는 2011년 말에 찾아왔다. 푸틴은 4년간 총리로서 국가를 배후에서 운영하다가 다시 대통령으로 복귀하기로 결정했다. 그러면서 불운한 드미트리 메드베데프Dmitri Medvedev는 다시 존재감 없는 인물로 전락했다. 하지만 푸틴의 복귀에 대한 대중의 열광은 거의 찾아볼 수 없었다. 11월에 푸틴은 모스크바에서 열린 종합 격투기 경기에서 수천 명의 관중에게 야유를 받았다.[43] 과거였다면 관중들은 가슴을 두드리며 과시하고 유도를 하는 마초 이미지의 푸틴에게 호의적인 반응을 보냈을 것이다. 여론조사에 따르면, 2012년 초에 예정된 대통령 선거에서 러시아 국민의 31%만이 그에게 투표할 계획이라고 답했다.[44]

대선 몇 달 전, 2011년 12월에 치러진 의회 선거에서 푸틴의 통합러시아당은 수많은 불공정한 이점에도 불구하고, 약 49%(4년 전 약 64%에서 크게 하락한 수치) 득표라는 부진한 성적을 거두었다. 일주일 후 "푸틴은 도둑이다!", "푸틴 없는 러시아!"[45]라는 구호가 러시아 전역의 수십 개 도시의 거리에 울려 퍼졌고, 소련의 붕괴 이후 최대 규모인 수만 명이 반反크렘린 시위에 참여했다.[46] 푸틴이 느꼈던 최악의 두려움이 현실이 된 듯했다. 그해 초에 여러 중동의 독재자에 대항하여 발생한 연이은 대규모 시위가 그랬던 것처럼, 바로 그의 나라에서 미국이 주도했다고 여긴 색깔혁명이 일어나 그의 통치를 끝장낼 수도 있었다. 그 의미를 더욱 강조하려는 듯, 존 매케인 상원의원은 트위터에 "친애하는 블라드 씨, 아랍의 봄이 당신의 근처 동네로 다가오고 있습니다"라고 글을 올렸다.[47]

푸틴은 결국 이 같은 폭풍을 이겨내고 몇 달 후 대통령직을 되찾았으며, 다시는 이런 시위가 일어나지 않도록 일련의 억압적인 법률을 강행했다. 또한 서구가 그를 겨냥하여 음모를 꾸몄다고 생각하고, 그에 대한 보복으로 푸틴은 자신만의 여러 방식을 혼합한 하이브리드 전쟁Hybrid warfare 방식도 개발했다.[48] 즉 러시아는 허위 정보, 언론 조작, 해외 정보 공작을 이용해 독재 정권이 안전하게 지낼 수 있는 세계를 만들고자 했다.

그 후 몇 년 동안 푸틴은 이전에 그가 러시아 경제력의 중심지에 대한 크렘린의 지배력을 강화했던 것처럼 국내에서의 정치적 통제를 강화했다. 1999년 말 대통령에 취임한 뒤 푸틴은 옐친 시대의 올리가르히oligarch(1990년대 러시아의 급격한 경제 개혁과 민영화 과정에서 막대한 부를 축적한 신흥 재벌-옮긴이)들을 배제하고, 그들의 가장 귀중한 자산을 몰수했으며 일부 사람들은 추방하거나 감옥에 가두었다. 러시아의 석유, 가스, 국방, 건설, 운송, 금융 산업에 대한 통제권은 푸틴이 젊은 시절 상트페테르부르크에서 만난 친구들과 KGB의 전 동료들로 구성된 새로운 엘리트에게 넘어갔다. 그것은 여전히 본질적으로 부패한 도둑 정치였지만 별로 문제 되지 않았다. 1998년부터 2008년까지 유가가 10배로 급등하는 등 전례 없는 원자재 호황에 힘입어 푸틴은 국가 재정을 회복하고, 생활 수준을 높이고, 러시아 군대를 현대화할 수 있었다.[49]

아이러니하게도 미국은 그 과정에서 푸틴을 도운 것이나 다름없었다. 러시아가 조지아를 침공한 것이나 푸틴이 국내에서 탄압한 정책들 모두 미국으로부터 어떠한 제재도 받지 않았다. 오히려 미국 기업들은 다른 어느 나라보다 더 많은 외국인 투자를 러시아에 쏟아부었다.[50] 2011년 텍사스에 본사를 둔 미국의 엑슨모빌은 러시아의 국영 석유 대기업인 로스네프트Rosneft와 협약을 체결하여, 북극해에서 차세대 러시아 석유 자원을 개발하기로 했다.[51] 거래 규모는 최소한 수십억 달러, 어쩌면 수천억 달러에 이를 수도 있었다.[52] 상트페테르부르크 교외에 대형 공장을 보유하고 있던 제너럴모터스는 러시아를 중국과 동등한 수준의 성장 시장으로 보고, 2012년에 그곳에 추가로 10억 달러를 투자하겠다고 약속했다. 보잉, 캐터필러Caterpillar, 제너럴일렉트릭 등 다른 미국의 우량 기업도 러시아에 상당한 투자를 했다.[53] 러시아 기업들은 미국의 금융 체계에 자유롭게 접근할 수 있게 되면서 7,000억 달러가 넘는 외채를 축적했다.[54] 그사이에 오바마 행정부는 러시아의 세계무역기구WTO 가입을 마무리하기 위해 힘썼다.[55] 19년 동안 진행된 이 과정은 푸틴이 2012년 대통령으로 복귀한 직후 마무리되었다.

푸틴의 반미적 시각이 확고해지고 서구에 도전하려는 열망이 커지는 중이었음에도, 러시아의 경제력과 군사력은 부분적으로 미국의 지원에 힘입어 급증하고 있었다. 그러나 이처럼 세계 경제에 통합되는 데는 역효과가 있었다. 러시아를 부유하고 강력하게 만든 그 힘이 러시아를 노출시켰고, 미국은 당시 진행 중이던 이란과의 경제전쟁 덕분에 그런 유형의 취약성을 점점 더 효과적으로 이용하는 법을 배우고 있었다. 색깔혁명의 위협에 사로잡힌 푸틴이 새로운 유형의 미국식 전쟁을 두려워한 것은 맞지만, 결과적으로 그가 찾던 전쟁은 예상치 못한 곳에서 전혀 다른 방식으로 벌어지고 있었다.

24 유로마이단

Euromaidan

푸틴은 2012년 대통령으로 복귀한 후 오랫동안 꿈 꾸던 것을 이루고자 열망했다. 바로 러시아가 한때 차르 제국과 소련을 거치며 국경 너머로 휘두르던 권력을 다시 찾는 꿈이었다. 적어도 처음에는 칼로 공격하는 것이 아니라 돈으로 그렇게 하고 자 했다.

일단 최우선 순위는 유라시아경제연합EEU을 설립하는 것이었 다.[56] 유라시아경제연합은 유럽연합을 모델로 삼았지만, 러시아에 유리하게 편중되어 있었다.[57] 이 조직체에 가입한다는 것은 본질 적으로 해당 국가의 경제 정책의 통제권을 모스크바에 넘기는 것 을 의미했다. 여기에 벨라루스와 카자흐스탄이 참여하기로 동의

국가는 무엇으로 싸우는가

했지만 이들 국가는 조연에 불과했다. 진짜 목표는 우크라이나였다. 우크라이나는 러시아에 우호적인 빅토르 야누코비치가 대통령직을 맡고 있었으므로(2004년에 부정선거로 인한 당선이 무효화된 그는 이후 2010년 대선에서 당당히 승리했다), 푸틴은 결국 우크라이나가 유라시아경제연합에 가입할 것이라고 상당히 기대했다.

하지만 야누코비치는 부패한 중개자이자 협잡꾼이어서 우크라이나의 충성심을 가장 높은 값을 제시하는 자에게 기꺼이 팔려 했다. 즉 푸틴의 환심을 사면서, 동시에 야누코비치는 유럽연합과 연합협정에 관한 협상을 추진했다. 연합협정이란 자유무역 협정을 포함한 협력 체제로, 유럽연합의 정식 회원국이 되기 위한 디딤돌로 여겨지는 것이었다. 러시아와 유럽의 입찰 전쟁은 2013년 하반기에 정점에 달했다. 키이우를 방문한 푸틴은 "우크라이나의 문명적 선택"을 언급하면서, 야누코비치의 결정이 단순한 금전 문제 이상의 의미를 지닌다고 밝혔다. 한편 유럽연합은 11월 말에 리투아니아의 수도 빌뉴스에서 열릴 예정인 정상회담에 맞춰 우크라이나와의 연합협정을 마무리할 계획이었다. 러시아와 유럽연합은 모두 우크라이나가 둘 중 하나만 선택해야 한다는 점을 분명히 했다. 우크라이나는 유라시아경제연합이나 유럽연합에 가입할 수는 있지만, 둘 다 가입할 수는 없었다.

시간이 흐르고 기대감이 고조되는 가운데 푸틴은 강경하게 대응했다. 먼저 우크라이나와 러시아 국경을 가로지르는 물품의 교역이 현저히 둔화되었다. 그러고 나서 푸틴의 수석 경제 고문인 세르게이 글라지예프Sergei Glazyev는 우크라이나가 유럽연합 협정에 서명하는 "자멸적인 조치"를 할 경우를 대비해 러시아가 세관 검사를 강화했다고 설명했다.[58] 유럽을 싫어하는 감정만큼이나 완곡하게 말하는 것도 싫어했던 글라지예프는 "우크라이나의 문명적 선택은 천 년도 더 전에 이루어진 것이다. 영적으로 표현하면 유럽연합이 우크라이나를 적그리스도의 왕국으로 끌어들이고 있다"라고 덧붙였다.[59]

장기적으로 볼 때 우크라이나 경제가 러시아가 만든 경제 클럽에 가입하는 것보다 유럽연합에 통합되는 것이 더 나을 것이라는 데는 의심의 여지가 없었다.[60] 그러나 푸틴에게는 비장의 카드가 있었다. 야누코비치의 부패와 경제 실책이 너무 심각해서 우크라이나의 외환보유액은 불과 3개월 치의 수입 비용조차 감당할 수 없었다.[61] 어딘가에서 새로운 대출을 받지 못하면 우크라이나는 채무불이행으로 치닫게 될 상황이었다. 국제통화기금IMF의 지원은 야누코비치의 정치적 특혜 구조를 철폐하고, 사회복지 지출을 대폭 축소하는 등 대대적인 개혁을 요구할 것이기에 받아들일 수 없었다. 유럽연합은 6억 1,000만 유로를 대출해 주겠다고 제안했지만, 우크라이나가 필요로 하는 100억 달러에 비하면 너무 적은 금액이었다.[62] 반면 푸틴은 야누코비치에게 150억 달러 규모의 대출과 러시아 가스에 대한 대규모 할인 혜택을 제안했다.[63] 그 결과 11월 21일 야누코비치는 공식적으로 유럽연합과의 회담에서 철수했다.

이렇듯 푸틴은 승리했지만, 그의 승리는 오래가지 못했다. 야누코비치의 발표 후 몇 시간도 되지 않아 시위대가 키이우의 마이단에 모여 유럽연합 국기를 흔들며 "나는 유럽에서 살고 싶다!", "우크라이나는 유럽의 일부다!"라고 구호를 외쳤다.[64] 그들의 대열은 금세 10만 명으로 늘어났다. 야누코비치는 진압 경찰을 광장으로 보냈고, 이들 경찰은 곤봉을 휘두르며 섬광탄을 던졌다. 격렬한 충돌이 이어졌고, 이후 시위대는 요구 사항을 한층 강화하여 야누코비치의 사임을 촉구했다.

당시 국무부의 유럽 및 유라시아 담당 차관보로 재직 중이던 빅토리아 눌란드는 곧바로 키이우행 비행기에 탔다. 눌란드는 그녀의 세대에서 가장 존경받는 외교관이었고 너무나 뛰어난 인재였다. 그렇기에 거의 모든 면에서 정반대이던 딕 체니Dick Cheney와 힐러리 클린턴 모두 그녀를 중요한 직위에 배치하고 경력을 발전시키는 데 도움을 주었다. 그녀는 러시아어도 뱃사람처럼 거칠게 구사할 수 있었다(문자 그대로 20대에 눌란드는 소련 트롤 어선에서 몇 달을 보내며 언어를 배웠다).[65]

눌란드는 맞은편의 누구라도 꿰뚫어 볼 듯한 강렬한 푸른 눈빛뿐만 아니라, 자유를 향한 보편적인 매력과 미국의 힘이 세상을 바꿀 수 있다는 깊은 믿음을 가지고 있었다. 2013년 12월 키이우에 도착한 눌란드는 이번 방문을 반드시 의미 있게 만들겠다고 결심했다. 그녀의 첫 번째 방문지는 마이단이었다. 그녀는 우크라이나 주재 미국 대사인 제프리 파이어트Geoffrey Pyatt와 함께 시위대가 혹한의 추위를 견디며, 진압 경찰의 무자비한 강제 해산 시도에 맞서고 있는 야영지를 둘러보았다.[66] 그다음 눌란드는 야누코비치를 만나 시위에 대한 그의 공격적인 대응은 "유럽 국가에서는

빅토리아 눌란드: 2013년 12월, 우크라이나 키이우의 마이단에서 그녀가 시위대에게 과자를 제공하고 있다.

절대 용납할 수 없는 일"이라고 경고했다. 마이단에서의 대치를 멈추려면 우크라이나 국민에게 "정의와 존엄을 가져다주는 것" 외에도 유럽과 IMF와의 화해가 필요했다. 그녀는 야누코비치에게 "전 세계가 지켜보고 있습니다"라고 말했다.[67]

이와 같은 일련의 사태를 지켜보는 사람 중에는 제재정책조정관이라는 새 역할을 맡은 지 몇 달 안 된 대니얼 프리드도 있었다. 그와 눌란드는 오랫동안 가까운 동료였으며, 유럽에 대한 미국의 정책을 두고 공통된 목적의식을 공유하고 있었다. 당시 프리드는 회의 사이에 눌란드로부터 전화를 받았다. 눌란드는 "야누코비치와 그 정부의 탄압에 대한 제재 방안을 전부 찾아봐 줄 수 있나요?"라고 물었다. 야누코비치가 계속 시위를 진압하려고 하면 미국도 대응이 필요했다.

정상적인 상황이라면, 이는 재무부 제재 팀의 임무였을 것이다. 그들은 언제나 자신의 영역을 철저히 지키며 국무부를 다소 불신의 눈으로 바라보는 경향이 있었다. 하지만 애덤 주빈과 그의 동료들은 이미 이란과의 임시 핵 협정 이행에 깊숙이 관여하고 있었으므로, 국무부의 프리드가 우크라이나 문제를 맡는 것을 기꺼이 받아들였다. 프리드는 "알겠습니다. 제재를 어떤 식으로 추진하든 우리는 그 노력에 함께하겠습니다"라고 말했다.

프리드의 겸손한 지도력이 효과를 발휘하고 있었다. 그가 맡은 자리는 부분적으로 재무부를 견제할 목적으로 만들어졌지만, 그는 자신을 그런 역할로 생각한 적이 없었다. 프리드는 경제전쟁에 대한 자신의 부족한 경험을 솔직하게 밝혔고, 그 일을 매우 배우고 싶어 했다. 외국 관리들과 회의할 때 프리드는 항상 재무부의 제재 전문 기술관료들을 초대했고, 구체적인 제재 문제에 대해서는 기꺼이 그들에게 위임했다. 어느 베테랑 재무부 제재 담당자는, 프리드가 "많은 국무부 인사들과는 달리 재무부의 역할을 높이 평가했다"라고 말했다. 그 결과 프리드는 우크라이나 위기 당시 "해외자산통제국은 나를 썩 괜찮은 사람으로 보고 있었다"라고 회상했다.[68]

프리드는 야누코비치와 그의 협력자들에 대한 제재안을 구체화하고자, 국무부와 재무부의 전문가들로 구성된 유기적인 팀을 구성했다. 이러한 조치를 할 때면 사용하는 오래된 지침이 있는 데, 거기에는 보통 진정한 경제전쟁보다는 외교적으로 고립시키는 조치에 가까운 자산동결이나 정치인과 안보 담당자에 대한 여행 금지를 포함하는 것이었다. 미국은 최근 몇 년 동안 시리아의 바샤르 알아사드Bashar al-Assad와 리비아의 무아마르 카다피에게 이 같은 벌칙을 내렸다. 이번 조치의 목표는 마이단의 대치 상황을 평화적으로 해결하려는 눌란드의 중재 시도를 뒷받침하기 위한 것으로, 야누코비치를 국제 사회에서 따돌려 소위 왕따로 만들겠다고 위협하는 전략이었다.

지금껏 야누코비치는 타협과 거리가 먼 사람이었다. 1월 중순 그는 현재 진행 중인 시위를 사실상 범죄화하는 여러 법안을 강행했다. '독재법'으로 알려진 이 법안은 언론과 집회의 자유를 엄격히 제한하는 내용이었는데, 야누코비치의 충성파는 의회에서 재빨리 손을 들어 서둘러 이 법안을 통과시켰다.[69] 그 결과 수십만 명의 사람들이 새로운 규정을 거부하며 마이단으로 몰려들었다. 그들과 진압 경찰과의 충돌이 다시 발생하면서 100명 이상이 다쳤고 여러 명이 사망했다.

푸틴과 그의 고문들은 이 같은 야누코비치의 탄압을 부추겼다. 야누코비치가 시위를 진압하기 위해 무력을 사용해야 하는지 질문했을 때, 푸틴의 경제 보좌관이자 우크라이나 문제에 관한 조언자나 다름없는 세르게이 글라지예프는 이 상황을 "쿠데타 시도"라고 표현하며, 야누코비치 정부가 반격하는 것 외에는 선택의 여지가 없다고 말했다.[70]

이러한 일이 벌어지는 동안 눌란드는 야누코비치와 야당 사이

국가는 무엇으로 싸우는가

에서 셔틀 외교를 진행하고 있었다. 2월 초, 우크라이나 주재 미국 대사인 파이어트와의 전화 통화를 녹음한 파일이 유튜브에 공개되면서, 그녀가 쏟은 노력이 전 세계에 알려졌다. 러시아 정보부는 통화 내용을 가로채 눌란드가 우크라이나 위기에 밀접히 개입했다는 사실을 보여주기 위해 이 파일을 유출했다. 러시아가 보기에, 이 녹음 파일은 이른바 유로마이단 운동이 미국이 만든 것이라는 명백한 증거였다.

사실 미국 정부는 평화적으로 위기를 해소하고 현대판 천안문 사태를 피하려고 했을 뿐 야누코비치를 축출하려고 한 것은 아니었다. 그러나 그 통화가 사람들의 이목을 끈 것은 눌란드의 직접적인 외교 개입의 증거가 아니라, 유럽연합에 대한 그녀의 좌절감 때문이었다. 유럽연합의 가장 강력한 두 회원국인 독일과 프랑스는 푸틴을 자극할까 봐 염려하여 그녀의 노력을 지원하기를 꺼렸다. 눌란드가 이런 두 나라의 걱정을 한마디로 거침없이 내뱉은 말이 전 세계 수많은 뉴스 방송에 보도되었다. "Fuck the EU."[71]

미국이 우크라이나 위기에 대한 유럽의 미온적인 태도에 짜증을 내는 모습은 이번이 마지막은 아닐 것이다. 또한 러시아가 미국의 비밀을 훔쳐 무기로 사용하는 모습도 이번이 마지막은 아닐 것이다. 오바마의 측근 보좌관인 벤 로즈는 "러시아가 루비콘강을 건넌 셈이다. 러시아인들은 단순히 정보를 해킹하는 선에서 멈추지 않았다. 이제 우크라이나가 자국의 영향력에서 벗어날 것이라는 위협을 느끼자, 정보를 해킹하여 대중에 공개하는 것까지 서슴지 않게 되었다"라고 평했다.[72] 이러한 전술은 향후 러시아의 하이브리드 전쟁을 나타내는 전형적인 특징이 되었다.

2월 18일, 야누코비치의 진압 경찰은 다시 한번 공격을 강화했다. 그리고 나서 이틀 동안 저격수들이 마이단 주변의 건물 옥상에 자리를 잡고 시위대에 총알을 퍼부어 약 100명이 사망하고 그보다 많은 사람이 크게 다쳤다.[73] 당시 워싱턴에서는 프리드의 팀이 준비한 많은 제재가 오바마의 승인을 기다리고 있었다.

오바마 대통령이 아직 그에 관한 행정명령에 서명하기 전인 그 주 후반에 위기에서 벗어날 수 있는 길이 보이는 듯했다. 2월 21일 금요일 아침, 야누코비치는 마이단 시위를 철수하는 대가로 연립 정부를 구성하고, 조기 선거를 시행하기로 야당과 합의했다.[74] 하지만 그로부터 몇 시간 후 야누코비치는 갑자기 실종되었다. 거의 종일 대통령으로부터 아무런 소식이 없자, 우크라이나 의회는 만장일치로 그를 대통령직에서 해임하기로 했다.[75]

시위자들은 환호했다. 10년 만에 두 번째(첫 번째로 야누코비치에 대항한 것은 2004년 오렌지혁명 때이다.–옮긴이)로 그들은 야누코비치(그리고 그의 가장 중요한 지지자인 푸틴)에 대항하여 더욱 민주적이고 친유럽적인 미래를 추구하면서 성공적으로 결집했다. 수천 명의 사람이 키이우 외곽에 있는 대통령의 버려진 저택을 둘러보며 축하했다.[76] 야누코비치의 저택은 사립 동물원, 18홀 골프장, 인공 호수까지 갖춘 터무니없이 화려한 단지였다. 또한 저택 근처의 강변 부두에는 스페인 갤리온선의 실물 크기 복제품이 영구히 정박해 있었는데, 이는 전직 대통령이 약탈한 부와 빈곤한 정신을 그대로 상징하는 듯했다.

하지만 이 사태는 위기의 끝이 아니었다. 단지 시작의 끝일 뿐이었다. 2월 28일 금요일, 야누코비치는 우크라이나 국경과 가까운 러시아의 지방 도시인 로스토프나도누에 다시 모습을 드러냈다. 야누코비치는 그를 둘러싼 기자들에게 "러시아는 반드시 행동해야 합니다"라고 호소했다.[77] 야누코비치는 대통령으로서 우크라이나로 돌아가고 싶어 했다. 동시에 그는 "국가로서 우크라이나의 주권과 영토 보존에 대한 어떠한 간섭에도 단호히 반대합니다"라고 말했다. 입장을 밝히는 그의 모습은 무척이나 초췌해 보였다.

크렘린궁의 안락함 속에서 마이단 사태의 불길을 부추긴 러시아의 지도자로부터 야누코비치가 얻은 것은 짧은 전화 통화뿐이었다. 야누코비치가 로스토프나도누에서 비굴하게 애원하는 동안 푸틴의 '작은 녹색 인간들'은 크림반도를 장악하는 데 바빴다. 우크라이나의 도망자 대통령은 이제 쓸모가 없었다. 프리드와 그의 팀이 야누코비치를 상대로 준비했던 제재도 마찬가지로 쓸모가 없어졌다. 야누코비치는 이제 역사 속으로 사라질 운명의 축출된 폭군일 뿐이었다. 이것은 더 이상 단순히 우크라이나의 위기라고 볼 수 없었다. 이제는 러시아의 위기가 되었다.

25 | "먼저 조준하고 그다음에 쏘라"

"Aim First, Then Shoot"

러시아군이 크림반도를 점령했을 때, 우크라이나는 물론 미국도 할 수 있는 일이 거의 없었다. 우크라이나 군대는 병력과 화력에서 열세였다. 푸틴이 지원군을 보내기 전에도 러시아는 세바스토폴 해군 기지에 이미 1,000명 이상의 병력을 주둔시키고 있었다. 또한 러시아는 우크라이나 군대 전반에 걸쳐 충성파를 육성했는데, 그들 지도자 중 대부분은 소련군에서 경력을 시작한 사람들이었다. 우크라이나 최고위 제독이자 소련 해군 학교를 졸업한 세르게이 옐리세예프Sergei Yeliseyev 같은 일부 고위급 군인들은 '작은 녹색 인간들'이 나타나자마자 망명했다.[78]

당시 상황이 너무 러시아에 유리하게 기울어져 있어서 미국 관리들은 우크라이나 임시 정부에 반격하지 말라고 조언했다.[79] 눌 란드는 우크라이나의 군사 장비가 부족한 것을 지적하며 "백악관 은 그들이 학살당할 것으로 생각했다. 이기는 데 필요한 것들이 전혀 없었다"라고 회상했다.[80] 더 나쁜 점은 크림반도를 방어하려 는 엉성한 시도가 푸틴에게 우크라이나 깊숙이 전쟁을 확대할 구 실을 줄 수 있다는 것이었다.

2014년 3월 1일 토요일, 오바마는 푸틴과 약 1시간 30분 동안 전화 통화를 하며 설득력을 발휘해 현시대 차르의 손을 멈추게 하 려는 최후의 노력을 기울였다. 오바마는 부다페스트 안전보장 각 서와 유엔헌장을 인용하며 국제법에 호소했고, "러시아가 우크라 이나의 주권과 영토 보존을 명백히 침해한 것에 깊은 우려"를 표 명했다. 오바마는 여전히 합의점을 찾으려 시도하고 있었다. 하지 만 그는 푸틴이 노선을 바꾸지 않는다면 러시아의 행동은 "국제 사회에서 러시아의 입지에 부정적인 영향을 미칠 것"이라고 경고 했다.[81]

푸틴은 그 경고를 대수롭지 않게 여겼고 오히려 위협을 가했 다. "우크라이나 동부와 크림반도로 폭력이 더 확산할 경우, 러시 아는 자국의 이익과 해당 지역의 러시아어를 사용하는 주민을 보 호할 권리가 있습니다."[82] 그의 말을 알아듣기 위해 외교적 화법 에 능통할 필요는 없었다. '물러서지 않으면, 우크라이나의 영토를 더 많이 집어삼킬 것이다'라는 뜻이었으니 말이다.

미국이 직면한 도전은 러시아가 더 광범위한 분쟁으로 인해 이 나라가 치러야 할 비용이 이익보다 더 크도록 만드는 것이었다.

하지만 그 비용은 '무엇'이어야 할까? 우크라이나는 싸울 준비가 돼 있지 않았고, 미국은 비슷한 핵 강대국과 전쟁을 벌일 준비가 돼 있지 않았다. 따라서 러시아가 치러야 할 대가는 군사적 성격의 것은 아니었다. 푸틴은 어차피 미국을 최대의 적으로 여겼기 때문에 비난의 말이나 미국과의 관계 악화도 별 의미가 없을 것이다. 미국이 불공평한 이점을 가진 곳이어야 했다. 즉 경제에서 싸움을 벌이는 것이 더 나았다.

야누코비치처럼 보잘것없는 독재자에 대한 제재는 기존의 표준 절차대로 조치했을지 몰라도, 러시아에 대한 제재는 그런 절차가 전혀 없었다. 미국과 비교해 볼 때 러시아는 경제적으로 미미한 나라였지만, 그전까지 미국이 제재했던 다른 모든 나라와 비교하면 엄청난 규모였다. 해외자산통제국의 제재 기술관료들과 의회의 보좌관들이 어떤 파장도 고려하지 않고 그저 워싱턴의 사무실에 앉아 러시아에 더욱 가혹한 제재를 가할 수는 없었다. 만약 미국이 이란을 상대로 휘둘렀던 것 같은 경제 무기로 러시아를 공격한다면, 유럽과 미국에 대한 역풍은 피할 수 없을 것이다. 그에 대한 우려가 너무 심각해서 미국 상공회의소와 전미제조업협회 등 강력한 산업 단체들이 백악관과 의회에 로비를 벌여 제재 유보를 요청했다.[83] 세계 금융위기 이후의 회복이 여전히 취약한 상태에서, 이 모든 것이 미국 정부에 심각한 우려를 불러일으켰다.

그로 인해 오바마 행정부는 분열되었다.[84] 프리드, 눌란드, 그리고 그들의 러시아 전문가 동료들 대부분은 신속하고 강력한 대응을 주장했다. 한편 경제 정책을 감독하는 이들을 포함한 다른 사람들은 신중해야 한다고 주장했다. 경제 전망이 매우 불확실한 상황에서 배를 흔들지 않는 것이, 다시 말해 문제를 만들지 않는 것이 낫다고 생각했기 때문이다. 오바마 대통령 본인도 자제하는 경향이 있었고, 그의 최측근 보좌진 중 다수도 마찬가지였다. 오바마는 미국의 정책을 아시아 중심으로 '전환'하려 했지만, 중동의 이란 핵 프로그램과 시리아 내전이 미국의 관심을 계속 쏟게 만들어 중동에 개입해야 했기에 그 구상은 방해를 받았다. 이 모든 것에 더해 러시아를 상대하는 것은 (특히 오바마의 고문 중 일부가 이란과 시리아 문제를 해결하는 데 러시아의 협력이 필요하다고 믿었던 상황에서) 좋지 않은 생각처럼 보였다. 한번은 프리드가 강력한 제재를 주장하고 있을 때, 한 백악관의 고위 관계자는 "대니얼, 알다시피 미국은 우크라이나 문제에 중대한 안보적 이익이 없습니다"라고 말한 적도 있었다.

심지어 재무부 내에서도 미국의 제재 무기고가 과연 푸틴의 제국주의적 행진을 막을 수 있을지 의구심을 가졌다. 3월 3일 월요일 아침 일찍 해외자산통제국은 백악관이 최근 러시아에 대한 제재 선택지를 요청한 것을 놓고 논의하기 위해 팀 회의를 열었다. 당시 회의실에 있던 직원들은 서로 눈을 굴리며 모두 어쩔 줄 몰라 하는 표정이었다. 그들 참석자 가운데 한 명은 "우리가 러시아에 제재를 가할 리가 없어"라고 생각했다고 한다. 그들은 잘 알려지지 않은 이란의 은행들이나 알카에다 테러리스트, 라틴아메리카의 마약 거물을 표적으로 삼는 데는 익숙했다. 하지만 그 상대가 '러시아'라면? 그 관리는 "마치 칼싸움에 연필을 들고 나서는 것 같았다"라고 말했다.

프리드는 지난 한 해 동안 해외자산통제국을 잘 알게 되었고, 그들이 불안해하고 있다는 것을 느꼈다. 그는 "새로운 상황이었고 무서운 일이었다. 러시아? 우크라이나? 해외자산통제국은 그 둘에 대해 아무것도 몰랐다. 그들은 러시아 경제에 대해 몰랐다. 그곳은 전혀 다른 세상이었다"라고 말했다.[85]

의견이 일치하지 않았음에도 오바마 행정부는 한 가지 원칙에 대해서는 빠르게 합의에 도달했다. 미국은 혼자 행동해서는 안 된다는 것이었다. 이란과의 경제전쟁에서는 일방주의가 일반적이었다. 미국이 과감하게 앞장섰고, 때로는 2차 제재라는 위협을 가하며 주저하는 유럽의 지도자들을 끌고 갔다. 이것은 미국 의회 양당의 압도적 다수결로 이루어진 지지의 결과로서 '우리 편 아니면 적'이라는 접근 방식이었다. 유럽연합은 이런 행동에 반감을 표했지만, 이것이 대서양 동맹을 근본적으로 위태롭게 하지는 않았다. 유럽과 이란의 관계는 그렇게까지 중요하지는 않았다.

반면 러시아는 유럽의 바로 이웃 국가였다. 문화적 유대감도 깊었고, 경제적 의존도는 더욱 깊었다. 유럽의 경제와 국민의 삶의 질은 러시아의 저렴한 에너지에 대한 접근성에 기반을 두고 있었다. 만일 미국 정부가 묻지도 않고 먼저 행동에 나선다면, 미국과 유럽 사이의 신뢰는 산산조각이 날 것이었다.

미국과 유럽의 단결이 중요했던 데는 또 다른 좀 더 전략적인 이유가 있었다. 1990년대 미국 의회가 텍사스에 본사를 둔 석유 회사인 코노코에게 이란에서 철수하라고 강요했을 때, 코노코의

국가는 무엇으로 싸우는가

유럽 경쟁업체들이 재빨리 몰려들어 그 자리를 차지했다. 이런 식의 빈자리 메우기는 제재 프로그램에 독과 같았다. 이는 미국 기업을 다른 나라로 이전시켜 얻은 제재의 효과를 무력화하고, 동시에 제재에 대한 정치적 지지를 약화했다.

러시아의 경우 빈자리 메우기의 위험성이 매우 높았다. 유럽은 미국보다 이미 훨씬 더 긴밀한 경제적 관계를 러시아와 맺고 있었다. 만일 포드와 GM이 러시아에서 철수한다면 프랑스의 르노와 독일의 폭스바겐과 같은 경쟁업체가 헐값에 그들의 공장을 낚아챌 것이다. 또한 보잉이 러시아에서 비행기 판매를 중단한다면 유럽의 경쟁업체인 에어버스는 엄청난 행운을 누릴 것이다.

오바마가 푸틴과 통화한 다음 날, 재무부 장관 잭 루는 이미 영국과 프랑스의 재무부 장관들과 전화 통화를 하며 러시아에 대한 제재를 놓고 그들의 태도와 반응을 살피고 있었다.[86] 이러한 위기를 맞아 대서양 동맹 간의 단결을 요구하기에는 시기적으로 적절하지 않은 때이기도 했다. 미국의 국가안보부가 앙겔라 메르켈 총리의 휴대전화를 도청했다는 의혹으로, 유럽연합의 가장 중요한 국가인 독일과 큰 소동을 빚었기 때문이다.[87] 당시 독일인의 고작 38% 정도만이 미국을 "신뢰할 수 있는 파트너"로 보았는데, 이는 부시 행정부 이후 가장 낮은 수치였다.[88] 미국과 유럽이 연합 전선을 이룰 전망은 너무 희박해 보였다.

그토록 많은 불확실성에 직면한 오바마는 신중해야 했다. 그는 제재 팀원들에게 "먼저 조준하고, 그다음에 쏘라"고 지시했다.[89] 그들은 강력한 조치를 꺼내기 전에 좁은 범위의 제재부터 시작하고자 했다. 가장 좋은 시나리오에서 이 같은 점진적인 접근 방식은 푸틴에게 물러설 이유를 더 많이 제공할 것이다. 왜냐하면 푸틴이 물러서지 않는다면, 미국은 더 강한 압박을 가할 수 있으니 말이다.

———————

그 후 몇 주 동안 국무부와 재무부 제재 팀은 사실상 웨스트 윙 West Wing(백악관 서쪽의 대통령과 참모들의 집무 공간-옮긴이)에 살다시피 하며, 간소한 지하 상황실에 매일 모여 정책 선택지를 논의하고 조율했다. 몇 차례의 격렬한 토론 끝에, 그들은 푸틴의 측근 그룹(그가 러시아 경제 전반에 걸쳐 핵심 직위로 승진시킨 소수의 친구들)의 자산을 표적으로 삼기로 했다. 권력에 가까이 있었기 때문에 그들은 엄청난 부를 축적했고, 이를 이용하여 지중해 빌라와 초대형 요트를 사들였다. 또한 그들은 푸틴의 막대한 재산을 지키는 사람들이었으며, 많은 크렘린 학자들은 그들이 푸틴 러시아 대통령의 신임을 얻은 유일한 사람들이라고 믿었다.

빅토리아 눌란드는 이 푸틴의 심복들을 겨냥하자고 강하게 주장했다. 그녀는 푸틴의 애칭을 사용하며 "이 전략의 핵심은 그들이 보바 Vova에게 가서 그럴 가치가 없는 일이라고 말하는 거예요"라고 설명했다.[90] 그리고 이렇게 덧붙였다. "우리는 그들이 푸틴 곁에서 영향력을 행사하고 있으며, 그들에게 우크라이나는 중요하지 않지만 돈은 중요할 것이라고 확신했습니다."

일반적으로 푸틴의 측근 그룹의 구성원을 파악하는 일은 CIA와 다른 정보기관의 임무였다. 그러나 9.11 사태 이후 미국의 러시아에 대한 전문성과 역량은 약화한 상태였고, 우선순위도 중동과 그 밖의 지역에서 지하드 세력jihadist의 연결망을 추적하는 것으로 바뀌어 있었다. 이 정보기관들이 강력한 목소리를 내지 못하자, 눌란드와 프리드 같은 국무부의 러시아 전문가들이 그 공백을 메웠다. 모스크바 주재 미국 대사관 직원들의 도움을 받아 프리드는 푸틴의 심복과 잠재적인 제재 대상 목록을 작성했다.

동시에 백악관도 자체적으로 이 같은 제재 대상 목록을 작성하고 있었는데, 국가안전보장회의의 국제경제 담당 수석국장인 로리 맥파쿼Rory MacFarquhar가 작성을 담당했다. 지적이고 무표정한 경제학자로, 냉소적인 유머 감각을 지니고 있으며 짧게 자른 회색 머리를 한 맥파쿼는 과거에 거의 10년 동안 모스크바의 골드만삭스에서 일한 바 있다. 그는 워싱턴의 누구보다도 러시아의 경제 엘리트들을 잘 알고 있었다. 이들 여러 엘리트를 만나 보드카도 마시고 블리니blini(러시아와 동유럽에서 즐겨 먹는 작은 팬케이크-옮긴이)도 먹으며 지냈다.

당시 백악관 상황실에서 잇따라 열린 회의에서 맥파쿼는 평범한 올리가르히와 푸틴의 헌신적인 심복 사이에는 차이가 있다고 강조했다. 맥파쿼는 올리가르히는 "푸틴이 권력을 잡기 전에 돈을 번 사람들이고, 기회만 있다면 기꺼이 그의 등에 칼을 꽂을 것"이라고 주장했다.[91] 따라서 올리가르히를 겨냥하는 것은 현명한 선택이 아니라고 보았다. 그들은 크렘린에 실질적인 영향력을 행사하지 못했고, 자산동결과 여행 금지 조치는 그들을 푸틴 쪽으로 몰아넣는 효과밖에 없을 것이다(여행 금지로 그들은 푸틴이 크림반도를 합병한 것에 더욱 감사하게 될 것이다. 크림반도가 프랑스 리비에라 정도는 아니어도 따뜻하고 화창한 여름 해변을 제공할 테니까 말이다). 반면 진정한 심복들을 상대로 외과적 타격을 가하면 그들은 푸틴에게 우크라이나에서 물러나도록 로비할 동기가 생길 것이다. 올리가르히도 개인적으로 제재를 받는 위험을 무릅쓰지 않기 위해 크렘린과 거리를 두려는 마음이 생길 것이다.

일부 심복들의 경우는 비교적 쉬운 표적이었다. 그들은 크렘린의 관료이거나 국영 기업의 CEO였으므로, 러시아 정부 관료들의 자산을 동결하는 행정명령만으로도 효과를 볼 수 있었다. 하지만 푸틴과 가장 가까운 사람들 중 다수는 공식적인 정부 직책을 맡지 않고, 대신 외부에서 그의 명령을 수행하고 있었다. 그 측근은 아르카디 로텐베르크Arkady Rotenberg 같은 사람들이었는데, 아르카디는 푸틴과 열두 살 때부터 소련의 붉은 군대가 개발한 유도와 비슷한 무술인 삼보Sambo를 함께 연습하며 친구가 되었다.[92] 아르카디와 그의 동생 보리스는 2014년 소치 동계올림픽을 개최하기 위한 70억 달러 규모의 계약에서부터 흑해 연안에 푸틴의 거대한 궁전을 짓는 10억 달러 규모의 계약에 이르기까지 푸틴을 위한 건설 프로젝트를 관리했다.[93] 말하자면 로텐베르크 형제는 크렘린 관료는 아니었지만 궁극적으로 정권의 내부자였다.

로텐베르크 형제 같은 측근에 대한 제재는 유용한 정책적 선례도 있었다. 이를테면 테러리스트와 마약상에게 자금이 흘러드는

국가는 무엇으로 싸우는가

것을 막기 위해 재무부가 시행했던 노력이었다. 해외자산통제국은 흔히 특정 테러리스트 우두머리나 마약 밀매업자를 제재할 때, 연이어 그들에게 '물질적 지원'을 제공한 부하와 자금 제공자에게도 제재를 가했다. 그 결과 최고위층부터 시작하여 그들의 조력자들까지 모두 옭아맬 수 있는 제재의 그물망이 형성되었다.

기술적인 관점에서 볼 때 이런 접근 방식은 푸틴의 핵심 측근에는 완벽하게 들어맞았지만, 이 시나리오에서 푸틴은 비유적으로 테러리스트 우두머리나 마약왕에 해당하기 때문에 그에게도 제재를 가해야 한다는 점이었다. 미국은 그런 조치를 실행할 준비가 돼 있지 않았는데, 그 조치가 푸틴 정권을 파산시킬 것을(그것은 불가능한 일이었다) 우려해서가 아니라, 그 조치가 미국과 러시아 관계의 완전한 단절을 상징하기 때문이었다. 그래서 테러 및 금융정보국 차관인 데이비드 코헨과 소수의 해외자산통제국 직원들은 익명의 '러시아 고위 정부 관리'를 지원한 사람들의 자산을 동결한다는 방안을 세웠다. 그 익명의 관리가 누구인지는 쉽게 추정할 수 있었지만, 이를 통해 미국 정부는 푸틴을 직접 겨냥하지 않고도 그의 측근을 상대로 제재를 추진할 수 있게 되었다.

크림반도는 이제 확실하게 러시아의 지배 아래 있었지만, 푸틴이 이 영토를 공식적으로 합병하는 일은 자제할지도 모른다는 약간의 희망은 여전히 남아 있었다. 존 케리 국무부 장관은 퉁명스러운 러시아 측 상대인 세르게이 라브로프와 계속 연락하면서, 크림반도를 러시아에 흡수하는 대신 우크라이나 내에서 더 많은 자치권을 부여하는 방안을 해결책으로 요구했다.[94] 합병이 일방통행이라는 것은 모두가 알고 있었다. 푸틴이 그 길을 택한 이상 돌이킬 수는 없을 것이다. 오바마는 푸틴이 최종 결정을 내릴 때까지 프리드와 맥파쿼가 작성한 그 측근들 명단에 대한 제재를 보류하기로 했다.

그렇지만 오바마는 경고사격 삼아 크렘린이 크림반도에서 엉터리 국민투표를 한 날인 3월 16일에 행정명령에 서명했다. 이 명령에서 오바마는 재무부가 권고한 대로 러시아 정부 관리뿐만 아니라 '고위급 러시아 정부 관리'에게 실질적인 지원을 제공한 사람들까지 제재를 승인했다.[95] 또한 푸틴의 가장 강경한 보좌관들과 크림반도 작전을 주도한 사람들에 대한 첫 번째 자산동결 조치를 내렸다.[96] 그중에는 야누코비치에게 시위대를 총으로 쏘라고 촉구했던 러시아의 수석 경제 고문 세르게이 글라지예프와 스스로 '크림반도의 총리'라고 주장하며 러시아의 개입을 요청했던 세르게이 악쇼노프도 포함되어 있었다. 유럽연합도 다음 날 비슷한 명단을 내놓으며 그 조치에 따랐다.[97]

오바마의 행정명령이 발표된 지 이틀 후, 푸틴은 한때 차르의 모스크바 거처였던 화려한 그랜드 크렘린궁전에 정치, 경제의 실세인 권력 중개인들을 초대하여 청중으로 맞았다. 금빛으로 반짝이는 샹들리에와 거대한 러시아 삼색기가 늘어선 가운데, 푸틴은 크림반도와 세바스토폴을 러시아에 공식 합병하는 조약에 서명한 뒤, 자리에서 일어나 감정에 북받친 연설을 했다.

푸틴은 "국민의 마음과 생각 속에 크림반도는 항상 러시아에서 떼어낼 수 없는 일부였습니다"라고 선언하며 장황한 역사적 논설을 펼쳤다.[98] 그는 제재가 서구의 하수인이 아니라 진정한 강대국이 되기 위해 치러야 하는 작은 대가라고 주장했다. "그들은 우리가 독립적인 입장을 가지고 있고 그것을 고수하며, 위선 없이 있는 그대로를 말하기 때문에 끊임없이 우리를 궁지에 몰아넣으려 합니다. 하지만 모든 것에는 한계가 있습니다. 그리고 우크라이나와 관련하여 우리의 서구 파트너들은 선을 넘었습니다." 이처럼 푸틴은 러시아를 궁지로 몰아붙인다면 언제든 그에 따른 결과가 반드시 있을 것이라고 경고했다. 그리고 이렇게 덧붙였다. "스프링을 끝까지 누르면, 그것은 다시 강하게 튀어 오르기 마련입니다. 이 사실을 항상 기억해야 할 것입니다."

푸틴이 열정적인 연설을 하는 동안, 데이비드 코헨은 그의 처남인 데이비드 베니오프David Beniof가 제작한 HBO 인기 드라마 〈왕좌의 게임 Game of Thrones〉 시즌 4의 시사회에 참석하기 위해 뉴욕에 있었다.[99] 코헨은 크림반도 합병이 케리 외교의 종말을 알리는 결정타이자 새로운 제재를 위한 방아쇠가 될 것을 알고 있었다. 코헨은 오바마가 의장인 국가안전보장회의 전체 회의에 참석하려 워싱턴으로 급히 돌아갔다(그 때문에 코헨은 시사회에 참석하지 못했지만, 몇 시즌 후 그는 윈터펠에서 수프를 받기 위해 줄을 서서 기다리는 누더기 차림의 주민으로 카메오 출연해 아쉬움을 만회했다).[100] 한편 코헨의 상관인 재무부 장관 잭 루는 멕시코를 공식 방문하던 중 전립선 질환으로 긴급하게 병원에 입원했다.[101] 하지만 오바마의 회의가 결정적으로 중요하다고 생각되었기에, 루는 극심한 통증을 안고 워싱턴으로 돌아갔다.

오바마는 회의에서 푸틴의 최측근 인사들에 대한 첫 번째 자산 동결 조치를 승인했다. 로텐베르크 형제가 그 제재 명단에 올랐고, 러시아철도공사의 회장이자 1990년대 상트페테르부르크에서 푸틴과 함께 일한 후 그의 심복이 된 블라디미르 야쿠닌Vladimir Yakunin 도 명단에 이름을 올렸다. 푸틴의 또 다른 오랜 친구인 겐나디 팀첸코Gennady Timchenko도 명단에 포함되었다. 팀첸코는 러시아산 석유를 사고파는 일로 수십억 달러를 벌어들인 수익성 높은 원자재 거래 기업인 군보르Gunvor의 공동 창립자였다.

푸틴의 불법적인 재산에 이목을 집중시키기 위해 오바마는 재무부에 푸틴과 군보르 사이의 의심스러운 연관성을 공개하도록 허가했다("푸틴이 군보르에 투자했으며, 군보르의 자금도 사용했을 가능성이 있다"라고 이후 보도자료에서 밝혔다).[102] 마지막으로 가장 주목할 이름은 유리 코발추크Yuri Kovalchuk였는데, 미국의 관리들은 그를 푸틴의 '금고지기' 가운데 한 명으로 묘사했다.[103] 코발추크는 푸틴의 측근들에게 최고급 대우를 제공한 러시아의 중견 규모 은행인 뱅크로시야Bank Rossiya의 소유주였다. 또한 오바마는 뱅크로시야를 직접 제재하는데 동의했는데, 이는 그 은행을 미국의 금융 체계에서 차단하는 조치였다. 백악관은 뱅크로시야가 러시아 국외의 금융시장에 문제를 일으킬 만큼 위험이 크지 않았기 때문에 이런 조치를 실행하는 데 부담을 느끼지 않았다.

이 국가안전보장회의 막바지에 이르러, 대화의 주제는 러시아 경제의 전체 분야에 대한 좀 더 광범위한 제재 문제로 옮겨갔다. 미국은 아직 이 제재에 대한 준비가 되지 않았고, 유럽의 경우는

국가는 무엇으로 싸우는가

전혀 준비를 논할 상태도 못 되었다. 하지만 '부문별 제재'를 경고하는 행정명령이 우크라이나에 대한 푸틴의 추가적인 움직임을 저지할 수는 있을 것으로 보았다.

오바마 대통령은 이 아이디어를 좋아했고, 데이비드 코헨은 재무부와 백악관의 변호사들과 함께 밤샘 회의를 하며 행정명령을 작성했다. 그들은 오바마가 플로리다주 올랜도에서 열리는 행사에 참석하기 위해 떠나기 전까지 행정명령을 서둘러 완성하려고 아침까지 연필로 최종 수정 작업을 덧붙였다. 대통령의 헬리콥터인 마린 원Marine One이 백악관 남쪽 뜰에 대기하고 있었는데, 미국의 빛나는 힘을 상징적으로 보여주는 이 항공기가 오바마가 러시아에 대한 광범위한 경제 제재를 공개적으로 경고하기에 적합한 배경이 될 것이라는 결정이 내려졌다.[104] 오바마 대통령의 국가안보 보좌관인 수전 라이스Susan Rice는 오바마의 예정된 출발에 맞춰 문건을 승인했고, 대통령은 잔디밭으로 걸어 나갔다.

오바마는 "저는 오늘 개인뿐만 아니라 러시아 경제의 핵심 분야에도 제재를 가할 권한을 부여하는 새로운 행정명령에 서명했습니다.[105] … 이것은 우리가 바라는 결과가 아닙니다. 이러한 제재는 러시아 경제에 상당한 영향을 미칠 뿐만 아니라 세계 경제에도 혼란을 가져올 수 있습니다. 러시아는 긴장을 고조시키는 추가적인 행동이 국제 사회에서 러시아를 더욱 고립시킬 뿐이라는 점을 알아야 합니다."

이 행정명령은 러시아의 '모든' 기업을 겨냥해 제재하겠다고 위협했는데, 특히 금융 서비스, 에너지, 금속, 광업, 엔지니어링, 방위

산업(다시 말해 러시아 경제의 모든 주요 부문) 등을 지목했다. 하지만 실질적으로 어떠한 처벌도 부과하지는 않았다.

오바마는 여전히 이 같은 위협만으로도 충분할 것이라는 희망을 품고 있었다.

26 | 제재를 위한 연락 그룹

The Contact Group

'길을 떠나야겠어.'

대니얼 프리드는 업무상 좌절감을 느낄 때면, 늘 그의 마음은 출장으로 기울었다. 그는 외교관으로서 꾸준하게 직접 대면하는 상호작용의 가치에 대해 확신이 있었다. 전 국무부 장관 조지 슐츠는 이를 "정원 가꾸기"라고 표현하기도 했다. 특히 현재처럼 워싱턴의 정책 과정이 정체된 순간에는 더욱 그러했다.

푸틴이 총을 겨누고 유럽 지도를 다시 그린 지 몇 주 후인 2014년 4월이 그런 순간이었다. 미국은 푸틴의 몇몇 측근의 자산을 동결했지만 지금까지는 아무런 소용이 없었다. 심지어 겐나디 팀첸코는 제재 대상이 되기 몇 시간 전에 원자재 거래 기업인 군보르의 지분을 마법처럼 매각하기도 했다.[106] 푸틴과 가깝게 지내면 이처럼 여러 이점이 있었다.

오바마 대통령은 러시아 경제의 핵심 산업에 대해서도 제재를 가하겠다고 위협했다. 하지만 오바마 행정부는 제재를 실제로 이행할지는 물론이고, 어떤 형태로 제재할 것인지에 대해서도 심한 의견 차이를 보였다. 푸틴의 우크라이나에 대한 야욕은 크림반도를 집어삼키는 것으로 충족되지 않았는데, 바로 이것이 문제였다. 오히려 크림반도에서의 성공이 그에게 더 많은 것을 원하게 만든 듯했다.

4월 초, 우크라이나 동부 지방 곳곳에 '작은 녹색 인간들'이 나타나 도네츠크, 루한스크, 하르키우의 정부 건물을 점거했다. 이곳들은 우크라이나의 주요 산업 중심지이자 이 나라에서 가장 큰 도시 중 일부였다. 우크라이나 군대는 하르키우를 재빨리 탈환했지만, 정체불명의 이 민병대는 돈바스로 통칭되는 도네츠크와 루한스크 일대 지역을 확고하게 버텼다. 그리고 나서 돈바스 지역은 러시아 정보요원의 지휘 아래 서둘러 우크라이나로부터 독립을 선언하고, 국민투표를 요구했다. 푸틴은 크림반도에서 썼던 전략을 이번에는 우크라이나의 산업 중심지에서 다시 실행하고 있었다.

푸틴은 자신의 웅장한 야망을 숨기지 않았다. 그의 선전가들은 우크라이나 동부와 흑해에 접한 남부 해안선을 아우르는 광대한 영토인 노보로시야Novorossiya, 즉 '신新러시아'의 수립을 대대적으로 선전했다. "이것은 새로운 러시아입니다. 차르 시대에 하르키우, 루한스크, 도네츠크, 오데사는 우크라이나 영토가 아니었습니

국가는 무엇으로 싸우는가

다. 이곳들은 1920년에 우크라이나에 편입되었습니다. 왜 그랬을까요? 그 이유는 신만이 아실 것입니다"라고 푸틴은 전국 TV 방송으로 4시간 동안 진행된 마라톤 질의응답에서 말했다.[107] 그리고 이렇게 덧붙였다. "그런 뒤 여러 가지 이유로 이 지역들이 러시아가 아니게 되었고, 사람들은 계속 그곳에 남았습니다. 우리는 그들이 해결책을 찾도록 격려해야 합니다."

동부 우크라이나에서 "해결책을 찾도록 격려"하려는 푸틴의 노력에 맞서 어떻게 할 것인지를 놓고 여전히 의견이 일치하지 않았던 백악관 관리들은 타협안을 내놓았다. 그들은 강력한 제재를 추진할 것이지만 유럽이 지지할 만한 속도에 맞춘다는 내용이었다. 좀 더 신중한 입장의 관리들은 유럽연합이 러시아를 자극하지 않거나, 기껏해야 느린 속도로 움직일 것이라고 보았기에 이는 받아들일 만한 안이었다. 유럽과의 단결은 실질적인 이유에서도 중요했지만, 유럽연합과 보조를 맞춰 움직여야 한다는 요구 사항은 부분적으로 프리드와 눌란드처럼 강경한 노선을 추진하던 관리들을 견제하기 위한 목적도 있었다. 그런 까닭에 국가안전보장회의의 경제학자이자 신중한 접근을 주장하는 사람이었던 로리 맥파쿼는 이를 "대니얼 프리드 봉쇄 전략"이라고도 불렀다.[108]

맥파쿼와 그와 뜻을 같이하는 동료들은 세계 경제에 의도치 않은 파장이 생길 것을 우려했고, 우크라이나 문제로 미·러 관계가 파탄 날 것을 경계했다. 맥파쿼는 이 타협안이 "세계 경제와 금융 안정에 미치는 결과에 상관없이 더, 더, 더, 더 제재를 가하고 싶어하는" 관리들을 견제하는 역할을 할 것이라고 솔직히 털어놓았다.[109] 프리드는 백악관이 무슨 속셈인지 알고 있었지만 신경 쓰지 않았다. 프리드는 "벽돌담이 아닌 모든 것에는 틈이 있다"라고 말했다.[110]

사실 프리드는 유럽과 보조를 맞추라는 백악관의 지침을 외교관이라면 누구나 꿈꾸는 조건이라고 여겼다. 백악관의 지침은 프리드와 그의 팀에게 유럽과 비공식적인 합의를 맺고, 그 내용을 워싱턴으로 가져와 실행에 옮길 수 있는 권한이나 마찬가지이기 때문이다. 그는 "백악관의 지침이 '유럽인들이 받아들일 수 있는 속도로 가는 것'이라면, 유럽인들을 동의하게 만든 것은 무엇이든 우리도 동의할 수 있다는 뜻이 된다"라고 설명했다.[111]

프리드는 국가안전보장회의의 영향력 있는 이인자인 토니 블링컨이 유럽에 좀 더 강력한 제재를 요구할 수 있는 권한을 자신에게 부여했다고 밝혔다. 두 사람은 클린턴이 백악관에 있을 때부터 서로 알고 지냈으며 의견이 잘 맞는 편이었다. 프리드는 블링컨에 대해 "그가 나에게 협상 권한을 주었다. 복잡한 내용이 아닌 간결하고 단순한 메시지였다"라고 말했다.[112]

3월 말 미국, 유럽연합, 독일, 프랑스, 이탈리아, 영국, 캐나다, 일본으로 구성된 민주주의 블록인 G7의 지도자들이 네덜란드 헤이그에서 회동했다[113](이 그룹은 푸틴이 크림반도를 합병한 후 러시아가 회원 자격을 박탈당해 축출되기 전까지 G8이라는 이름으로 알려져 있었다). 오바마의 행정명령에 화답해 G7 지도자들은 공동성명에서 "러시아가 이 상황을 계속 악화시킨다면 합의된 부문별 제재를 포함한 행동들을 강화할 것"이라고 경고했다.[114] 그렇지만 이는 그저 말뿐이었다. '부문별 제재'라는 용어가 무엇을 의미하는지 아무도 몰랐고, 주로 개인을 표적으로 삼는 현재의 접근 방식보다 강력한 조치가 될 것이라는 정도만 알고 있었다. 하지만 이 공동 성명은 프리드의 외교에 권위를 부여하기에 충분했다.

그 후 얼마 지나지 않아 프리드는 G7 회원국과 폴란드, 노르웨이, 호주 등 몇몇 이해 당사국으로 구성된 러시아 제재를 위한 연락 그룹을 만들었다. 이 그룹의 목적은 러시아 제재에 대한 아이디어를 도출하고, 우려 사항을 공유하며, 다양한 방안의 잠재적 영향을 분석하는 것이다. 이 그룹에 결정을 내릴 권한은 없지만, G7 국가들이 제재를 강화할 시점이라고 결정하면 각국 정부는 신속하게 하나로 행동할 수 있도록 충분한 합의를 이루기 위해 노력할 것이다. 이 연락 그룹은 눈에 띄지 않게 운영되겠지만 완전히 비밀리에 활동하지는 않을 계획이었다. 즉 언론의 주목을 피하면서도 러시아 정보기관의 사정권 내에서 활동할 것이다. 이 연락 그룹의 존재를 통해 러시아에 대한 서구의 엄중한 처벌 위협이 빈말이 아니라는 것을 증명할 수 있기를 바랐다.

유럽인들은 이 아이디어에 즉시 찬성했다. 이란 제재 때 유럽은 사전 협의를 거의 받지 못했다. 당시 유럽은 미국의 결정을 통보받았을 뿐이고, 그에 따를지 아니면 유럽 기업들이 미국의 금융 체계에서 배제되는 위험을 감수할 것인지를 선택해야 했다. 이제 프리드는 유럽에 단순히 수동적으로 반응하는 것이 아니라 주도적으로 행동할 기회를 제공했다. 추가적으로 설득할 필요도 없었다. 어차피 유럽연합은 외교 정책을 결정할 때마다 28개 회원국 모두가 만장일치의 지지를 얻어야 했기 때문이다.[115] 협의와 과정을 즐기지 않고서는 유럽 외교관으로서 오래 버티기 어렵다.

이 연락 그룹의 첫 번째 회의는 유럽연합 주재 미국 대표부의 부속 건물에서 열렸는데, 이곳은 소박하게 꾸며진 다목적 공간으로 소규모 회의실과 간이 주방이 있었다. 그곳은 세계 초강대국의 외교 회의실이라기보다는 신생 스타트업의 사무실처럼 보였다. 하지만 이런 비공식적인 분위기가 프리드에게는 잘 맞았는데, 유럽의 다른 동료들이 경계심을 푸는 데 다소 도움이 될 수 있기 때문이다.

회의가 시작되기 전, 프리드는 독일 대표와 함께 앉아 기본 규칙을 논의했다. 늘 그렇듯이 독일은 핵심 참여국(독일이 동참하지 않았다면 유럽연합도 움직이지 않았을 것이다)이므로 협력이 중요했다. 그리고 독일 정부는 러시아 제재에 대한 문제를 놓고 미국 정부보다 훨씬 더 분열되어 있었다.

"공식 합의서나 합의 의사록을 고집할 생각은 없으신 거죠?" 독일 외교관이 물었다.

"물론 아닙니다. 그건 치명적이에요. 만약 그렇게 고집한다면, 우리는 그 내용만 논의하게 되겠죠. 한 장의 종이를 만들겠다고 이 모든 모임을 하는 것은 아닙니다"라고 프리드가 말했다.

"아, 다행이네요!" 독일 외교관이 눈에 띄게 안도한 표정으로 말했다.

"격식은 제로로, 유연성은 최대한으로 임할 것입니다." 프리드가 안심시켰다.

프리드는 회의에 참석한 많은 대표자들에게 이 뜻을 반복해서 전달했다. 대부분 다자간 외교는 매우 형식적인 행사여서, 대표자들이 미리 준비한 발언을 말할 때 다른 사람들은 조는 모습이 만들어지곤 했다. 프리드는 뭔가 다르게 접근해 보고 싶었다. 이를테면 자유로운 토론을 위한 장소, 혹은 유엔의 지루한 행사라기보다는 대학 세미나에 가까운 장소처럼 말이다.

그 이후로 프리드와 그의 동료들은 2~3주마다 야간 비행기편으로 유럽을 방문했다. 가방을 부칠 시간도 없어서 모두 비행기에서 내리자마자 회의에 바로 들어갈 준비를 해야 했다. 브뤼셀에 있는 유럽연합 본부의 다목적 공간이 연락 그룹의 비공식적인 본부가 되었으므로, 그들은 거의 항상 브뤼셀을 방문했다. 그 외에 베를린, 런던, 파리에도 자주 들렀다. 그렇다 보니 지역 레스토랑 몇 군데의 단골이 될 정도였고, 레스토랑의 지배인들은 그들을 이웃처럼 맞이해 주었다.

어떤 때 그들은 헝가리와 슬로바키아의 제재 회의론자들을 방문했고, 리투아니아와 폴란드의 강경파들을 방문하기도 했다. 키이우에서는 우크라이나의 새로운 총리인 아르세니 야체뉴크Arseniy Yatsenyuk와 마주 앉았다. 그는 대머리에 안경을 쓴 경제학자로, 야누코비치가 퇴진한 후 혼란스러운 상황 속에서 정치 개혁을 감독하고 있었다. 매일 밤 그들은 녹초가 된 몸을 이끌고 현지 미국 대사관으로 돌아와, 워싱턴에 그날의 토론 내용을 요약한 이메일을 보냈다. 이러한 이메일은 백악관 상황실에서 이루어지는 정책 논쟁의 기초가 되었다. 프리드의 전방위적인 외교 덕분에 그는 미국의 단순한 제재정책조정관 역할을 넘어, 사실상 서구의 푸틴 제재 캠페인의 지휘자 역할을 했다.

그 과정에서 프리드는 중요한 동맹을 여러 명 사귀었다. 특히 유럽연합위원회(유럽연합의 행정부)의 고위 간부이자 유쾌한 에스토니아인인 헨리크 홀로레이 Henrik Hololei와의 관계를 중히 여겼다. 때로 유로크라트 Eurocrat라고 불릴 정도로 유럽연합위원회의 정책 직원들은 칙칙하고 따분하다고 알려져 있었다(홀로레이가 교통 애호가로서, 이 위원회의 현대적이고 빛이 잘 드는 브뤼셀 본부에 있는 자신의 사무실을 수많은 장난감 비행기와 기차로 장식한 것이 사람들의 그런 오해를 푸는 데 도움이 되었는지는 의견이 분분하지만 말이다). 홀로레이는 소련 치하에서 성장했기 때문에 러시아 제국주의의 위협을 따로 설명해 줄 필요가 전혀 없었다. 무엇보다 중요한 것은 그의 직원들이 러시아 경제의 내부 작동 원리를 뛰어난 자동차 정비공이 엔진에 대해 모든 것을 파악하듯이 잘 알고 있었다는 것이다.

프리드는 홀로레이와 그의 팀원들 같은 관리를 식별하는 재주가 있었다. 프리드는 의사 결정권자들의 상위에 자리한 의사 결정을 좌우하는 사람들, 그의 표현을 따르면 직접 "메모 작성"을 한 책임자를 식별하는 재주가 있었다. 외교 상대들 대부분은 비교적 알려지지 않은 인물이었지만, 그들의 지위나 직함은 실제 그들이 배후에서 행사하는 상당한 영향력을 감추고 있었다. 프리드의 그 '메모 작성자' 네트워크는 곧 브뤼셀, 런던, 베를린, 바르샤바까지 확대되었다. 아직 유럽연합 탈퇴에 관한 투표를 하기 전이었던 영국이 특히 이 연결망에서 도움을 주었다. 프리드와 마찬가지로 영

　　　　　　　국가는 무엇으로 싸우는가

국은 러시아에 대한 공격적인 제재를 선호했고, 브뤼셀의 상황을 잘 파악하고 있었기에 어떤 방안이 유럽연합에서 통과될 수 있을지 그에게 조언해 줄 수 있었다.

시작할 때는 분명하지 않았지만, 프리드의 외교는 새로운 경제전쟁 계획을 위한 모델의 기초를 마련하고 있었다. 러시아와 중국이 서구로부터 점점 더 멀어지면서, 다자간 제재를 위한 주요 협상 무대로 유엔안전보장이사회에 의존하는 것은 이제 더 이상 불가능해졌다. 미국은 이란과의 경제전쟁을 벌이는 동안 유엔이 핵외교에 실질적인 성과를 낼 만큼 충분히 과감한 조치를 취하지 못할 것을 깨닫고 스스로 문제를 해결하기로 했었다. 이제 러시아와의 경제전쟁이 임박하면서 미국은 G7 동맹국(그중에서도 가장 중요한 유럽연합)과 다자간 제재를 위한 '의지의 연합'을 구축할 것을 기대했다. 유엔안전보장이사회는 점차 무의미해지고 있었고, G7이 서서히 그 대체재로 부상하고 있었다. 비슷한 생각을 가진 뜻을 같이하는 민주주의 국가들이자, 세계 경제 생산량의 거의 절반을 차지하는 모임인 G7이 하나의 집단으로 경제전쟁을 벌일 수 있다면 무시할 수 없는 세력이 될 것이다.[116]

그러나 2014년 봄, 푸틴이 노보로시야라는 환상을 향해 나아가는 동안에도 서구 지도자들은 여전히 망설이고 있었다. 유출된 어느 유럽연합 보고서에 의하면, 만일 러시아에 석유와 가스에 대한 금수 조치를 포함하여 이란식 제재를 가한다면 독일의 GDP는 1% 가까이 감소할 것이라고 경고했다.[117] 유로존이 여전히 금융위기의 여파에서 벗어나지 못하는 상황에서, 어떠한 러시아에 대한 '부문별 제재'라도 필연적으로 이란에 가했던 처벌보다 그 여파가 광범위할 수밖에 없다는 점이 분명해진 것이다. 그러나 프리드의 노력(각자의 부서에 대한 충성심은 잠시 내려놓고 미국 관리들로 구성된 순회 팀을 성공적으로 조직화한 것, 대서양 연합 전선을 추진한 것) 덕분에 미래의 제재는 미국과 유럽 모두에게 전폭적인 지지를 얻을 실질적인 기회가 생겼다. 이제 필요한 것은 창의적인 아이디어뿐이었다.

27 | 메스

The Scalpel

대니얼 프리드가 유럽을 누비며 활동하는 동안 워싱턴의 경제 정책 팀은 걱정이 점점 더 커지고 있었다. 푸틴은 광범위한 경제 제재의 위협을 무시했고, 이는 언제나처럼 분명한 위험 요소였다. 하지만 금융시장 역시 크게 신경 쓰지 않는 듯했다. 처음에는 불안한 투자자들이 러시아의 크림반도 침공에 대응하여 그 나라에서 자본을 철수했고, 그로 인해 러시아의 주요 주식시장이 10%나 하락했다.[118] 하지만 미국이 첫 번째 제재를 부과하고 시장이 그 처벌의 제한적인 영향을 소화하자, 러시아 경제는 안정을 되찾았다.[119]

3월 말, 버락 오바마 대통령은 마린 원 앞에 서서 푸틴에게 더 이상 추가적인 긴장 고조를 초래한다면 "러시아 경제의 핵심 부문"의 제재로 이어질 것이라고 경고했다. 이에 푸틴은 동요하지 않고, 그의 '작은 녹색 인간들'을 돈바스로 보내 즉시 긴장을 더욱 고조시켰다. 오바마는 선을 그었고, 푸틴은 그 선을 가볍게 넘었다. 그런 경고에도 월스트리트는 미국 정부가 단호한 조치를 할 준비가 되었는지 의심했다.

4월에는 IMF와 세계은행이 워싱턴에서 춘계 회의를 열었다. 이는 고위 정책 입안자, 경제학자, 금융가들이 모이는 연례 회의다. 국가안전보장회의의 경제학자인 로리 맥파쿼는 이 회의에 참석하여 투자자 그룹과 우크라이나 위기에 대해 논의했다. 놀랍게도 그의 대화 상대들은 그를 면전에서 조롱했다. 그중 한 명이 특히 직설적으로 말했다. "당신들은 아무것도 하지 않을 거잖아."

같은 모임에서 재무부 장관 잭 루는 러시아 측 상대인 안톤 실루아노프Anton Siluanov와 만나 더욱 강력한 제재를 가할 수 있다는 위협을 다시 한번 강조했다.[120] 하지만 회의장에 만연한 분위기를 감안할 때, 실루아노프가 루의 경고를 가볍게 여긴 것은 무리는 아니었다.

2006년 재무부 장관 헨리 폴슨이 스튜어트 레비가 이란을 상대로 경제전쟁을 시작하는 데 도움을 준 이후로, 재무부 장관들은 대체로 제재 정책에 관여하지 않았다. 폴슨은 임기 마지막 2년을 세계 금융위기와 맞서 싸우는 데 보냈고, 그의 후임자인 티머시 가이트너는 임기 전체를 그 일을 위해 써야 했다. 그러나 2013년 초에 잭 루가 취임한 후, 그는 제재 정책에 큰 관심을 갖게 되었다.

그는 러시아에 맞서기 위해 제안된 '부문별 제재'를 검토하면서, 왜 민간 부문이 오바마의 위협에 그다지 겁먹지 않았는지를 이해할 수 있었다.

데이비드 코헨과 테러 및 금융정보국 팀이 작성한 재무부의 공격 계획은 대이란 전략에서 빌려온 것으로, 주요 러시아 은행에 차단 제재를 가하는 것으로 시작했다. 하지만 러시아 은행들은 유럽의 대형 은행들과 긴밀하게 연결되어 있었고, 이 은행들은 다시 미국의 대형 은행들과 연결되어 있었다. 만약 제재로 인해 러시아의 주요 은행들 가운데 하나가 파산한다면 금융위기가 서쪽으로 확산할 가능성이 있었다. 이란 은행들은 러시아 은행들만큼 세계적인 연결성을 갖추지 못했기 때문에, 이란을 제재할 때는 금융 안정에 대한 체계적 위협이 심각한 걱정거리가 되지 않았다. 이러한 이유로 러시아에 대한 이란식의 제재는 위험성이 너무 높았고, 본능적으로 신중한 오바마가 이를 승인할 리는 거의 없었다.

키가 크고 마른 체격에 둥근 안경을 쓴 잭 루는 고위직에 있으면서도 안식일을 충실히 지키는 정통 유대교도였다. 그는 조용하고 겸손한 인상의 풍모를 지녔지만, 미국 역사상 세 번의 서로 다른 내각 직책을 역임한 몇 안 되는 사람이었다.[121] 그는 재무부를 이끌기 전에 백악관 비서실장을 지냈고, 행정관리예산국OMB 국장을 두 차례 역임했다. 그는 국무부 고위 관리로도 근무했으며 정치, 경제, 외교 분야에서의 다양한 경험을 통해 제재 문제를 다루는 데 자신감을 얻었다.

"여기에는 미국 은행과 유럽 은행의 내부 체계를 누구보다 잘

아는 사람들이 있습니다." 루가 그의 고위 직원들에게 말하며, 이렇게 덧붙였다. "우리는 팀으로서 이 문제를 생각해야 합니다." 특히 루는 재무부의 국제문제국을 염두에 두고 있었다. 국제문제국은 이란 제재 작전에 거의 관여하지 않았다. 이 부서가 가장 주목을 받았을 때는, 부서의 거시경제 전문가들이 이란 중앙은행에 대한 제재가 초래할 수 있는 전 세계적인 파급 효과를 예측하는 데 도움을 주었을 때였다. 이번에는 제재의 영향을 분석하는 데 그치지 않고, 국제문제국이 참여하여 처벌 자체를 설계하는 것을 돕게 되었다.

모든 국제문제국 직원이 경제전쟁에 참여하는 것을 좋아했던 것은 아니지만, 그때 기회를 잡은 사람은 바로 달립 싱_{Daleep Singh}이었다. 당시 유럽 지역의 국제문제국 책임자였던 싱은 재무부에

잭 루: 미국의 재무부 장관, 2013~2017년.

국가는 무엇으로 싸우는가

합류하기 전에 골드만삭스에서 8년 동안 트레이더로 일했으며, 짧게 런던에서 외환 및 신흥 시장에 집중하여 일한 경력도 있었다. 그는 오랫동안 공직에서 일하고 싶어 했지만 어떻게 시작해야 할지 몰랐다. 그러던 어느 날 모스크바 주재 골드만삭스의 동료인 로리 맥파쿼가 싱에게 오바마 행정부에 합류한다고 말했다. 싱은 맥파쿼에게 자신의 포부를 밝혔고, 1년 후 티머시 가이트너가 재무부에 새로운 시장 상황실Markets Room을 설립할 때 그 일을 도울 기회를 얻었다. 시장 상황실은 재무부의 지도부를 위한 일일 재무 브리핑을 준비하는 재무부 내의 팀이었다.

싱은 금융에 능통할 뿐만 아니라 어떤 사물을 알기 쉽게 설명하는 탁월한 능력이 있었다. 그 기술 덕분에 싱은 금융 이해력이 만성적으로 부족한 도시인 워싱턴에서 많은 친구를 사귀었다. 야누코비치가 도망친 지 며칠 후, 싱은 IMF 대출 문제를 마무리하기 위해 키이우로 갔는데, 지금도 그는 당시의 타이어 타는 냄새를 생생히 기억하고 있다.[122] 몇 주 후 백악관 상황실에서 열릴 우크라이나 관련 회의를 앞두고, 그는 애덤 주빈에게 깨달은 바를 털어놓으며 이렇게 말했다. "시장이 잘 작동하는 방식이라고 배운 모든 것을 거꾸로 뒤집어 봐야 합니다."

이것이 바로 잭 루가 재무부에 필요하다고 생각한 것이었다. 루는 해외자산통제국의 제재 세부 사항에 대한 능숙함과 국제문제국의 재정 전문성의 결합을 원했다. 우선 싱은 국제문제국의 몇몇 다른 직원들과 수치를 분석하기 시작했다. 어떤 러시아 은행과 기업들이 유럽과 미국에 가장 많이 노출되었는가? 그들의 대외 채무 포트폴리오는 어떻게 구성되었는가? 싱과 국제문제국 직원들의 작업은 정보 분석과 유사했지만 스파이 보고서와 감청 정보에 의존하는 대신 블룸버그 단말기, 기업 공시 자료, 재무제표를 사용했다. 미국의 외교 정책은 보통 공들여 작성한 메모를 통해 논의하고 결정했지만, 싱과 그의 팀은 엑셀 스프레드시트를 선호했다. 해외자산통제국 관리들이 이 신입 직원들이 얼마나 많은 도움이 되는지 깨닫기까지는 그리 오랜 시간이 걸리지 않았다. 러시아 제재 업무를 담당하는 해외자산통제국의 한 관계자는 스스로 인정하며 이렇게 말했다. "그들이 더 똑똑하다. 그들은 숫자를 모으고, 그래프를 만들고, 스프레드시트를 작성하는 등 해외자산통제국에서 하지 않았던 모든 작업을 한다."

러시아 경제는 규모가 컸지만 그다지 복잡하지는 않았다.[123] 경제 최상위에는 국가가 있었고, 국가는 세계적으로 경쟁력이 있는 유일한 분야들을 소유하고 있었다. 우선 가장 중요한 천연자원 채굴권을 소유하고 있었고, 그보다 작은 규모로 무기와 핵 장비 (소련이 수십 년 동안 군산복합체에 막대한 투자를 해 얻은 산물)도 소유하고 있었다. 11개 시간대를 아우르는 이 나라의 광활한 땅덩어리는 온갖 종류의 천연자원이 넘쳐났지만, 그중에서도 화석연료가 압도적으로 풍부했다. 에너지 기업인 로스네프트와 가스프롬Gazprom을 통해 국가가 통제하는 석유와 가스 산업은 러시아 경제의 돈줄 역할을 했다. 이 두 산업만으로도 러시아연방 예산의 절반과 수출 수입의 3분의 2를 차지했다.[124] 그 덕분에 러시아는 세계 최대의 화석연료 수출국이 되었다.[125]

국가는 무엇으로 싸우는가

러시아 정부는 석유와 가스를 판매하여 얻은 막대한 수익을 연금 수급자와 자동차 제조업체처럼 세계적인 경쟁력은 없어도 많은 사람을 고용하는 산업에 재분배했다. 또한 이 수익을 푸틴의 군사력을 증강하는 데 자금으로 사용했는데, '작은 녹색 인간들'이 크림반도에 진입할 당시에는 그 비용이 러시아의 총 연방 예산의 25%에 달했다.[126] 이 모든 것은 러시아가 외국 무역에 전적으로 의존하고 있음을 의미했다.[127] 러시아는 미국이나 일본, 심지어 중국보다도 무역 의존도가 더 높았다. 하지만 이런 의존성은 양날의 검이어서 유럽이 석유나 가스의 금수 조치에 해당하는 어떤 조치에도 동의하지 않을 것이 분명했다.

러시아의 금융 부문도 마찬가지로 몇몇 국유 대기업이 지배했다. 19세기 차르 니콜라이 1세Nicholas I가 통치하던 시절에 설립한 스베르방크Sberbank, 즉 '저축은행'이 그중에 가장 큰 은행이었다. 러시아의 국내 금융 산업은 원시적이고 고객 예금 보유량이 적었으므로, 러시아 기업들은 해외에서 신용 대출을 받을 수밖에 없었다. 그렇게 2014년까지 러시아 기업들은 미국과 유럽 금융기관에 쌓인 외채가 달러와 유로로 7,000억 달러가 넘었다.[128]

이러한 재정적 노출 역시 양날의 검이었다. 한편으로는 이 수출 의존 때문에 외부 압력에 취약한 러시아가 더욱 취약해졌다. 이로써 오바마는 펜 한 자루만으로 러시아 기업들을 미국의 금융 체계에서 차단하고 자산을 동결할 수 있게 되었다. 다른 한편으로는 러시아에서 일어난 일이 러시아에만 국한되지 않을 수 있어서, 잭 루가 말한 재정 문제에 대한 전염 현상은 충분히 우려할 만한 근거가 있었다.

만약 로스네프트와 스베르방크가 제재하기에 너무 크다면 미국은 더 작은 규모의 기업에 차단 제재라는 곤봉을 휘두를 수 있을 것이다. 오바마는 이미 푸틴의 최측근인 심복들에게 서비스를 제공한 중간 규모 은행인 뱅크로시야와 로텐베르크 형제가 소유한 훨씬 더 작은 규모의 SMP 은행에 이런 제재를 하도록 승인했다.[129] 즉 뱅크로시야의 자산 중 약 6억 달러와 SMP 은행의 자산 중 6,000만 달러 이상이 동결되었다.[130] 비자와 마스터카드는 그 은행들에 대한 서비스를 완전히 중단했다.[131] 하지만 싱은 이런 은행들을 공격하는 것은 마치 "데스 스타가 타투인(스타워즈 세계관에서 사람이 거의 살지 않는 행성)을 폭파하는 것과 같다"라고 말했다.[132] 푸틴과 그의 친구들을 짜증 나게 할지는 몰라도 러시아 경제에는 큰 영향을 미치지 못할 것이라는 뜻이었다.

미국의 금융 체계에서 (표적 대상을 완전히 차단하는) 차단 제재는 미국이 이란을 상대로 선택한 무기였다. 하지만 러시아의 최대 기업을 상대로 그 무기를 사용하면 러시아 외부에서 부수적인 피해가 발생할 위험이 너무 크고, 더 작은 목표물을 노려 공격하면 그다지 큰 피해가 발생하지 않을 것이다. 싱은 이 문제를 해결할 수 있는 가장 좋은 방법은 새롭고 정확한 무기를 개발하는 것이라고 생각했다. 그의 재무부 동료이자 매우 영민한 경제학자인 브래드 세처Brad Setser도 동의했다. 세처는 그런 접근 방식을 사용하면 "러시아 경제의 작고 중요하지 않은 부문을 공략할 필요가 없어지고, 바로 목덜미를 노릴 수 있을 것"이라며, 다만 그 과정에서 손

을 베지 않기를 바란다고 말했다.[133]

싱의 아이디어는 러시아의 대형 은행과 에너지 기업들이 미국의 자본시장에 진출하는 것을 차단하는 것이었다. 이 경우 이란 은행들과 달리 러시아 기업들의 자산은 동결되지 않으며, 여전히 미국 금융 체계에 접근하여 지불 같은 기본 서비스를 받을 수 있다. 따라서 그 기업들은 필수적인 기능을 수행하지 못해 무너질 위험이 없을 것이고, 재정 문제가 전염될 가능성도 작을 것이다. 그러나 미국 시장을 통해 새로운 부채와 자본을 조달하는 능력을 잃게 될 것이다. 이는 러시아 기업들이 기존 부채를 재융자하는 데 훨씬 어려움을 겪게 된다는 뜻이다. 그 기업들은 수천억 달러 규모의 외채를 빌릴 때 당연히 재융자가 가능할 것으로 기대했을 것이다.

그것은 범위는 좁지만 우아한 제재였다. 로스네프트나 스베르방크 같은 기업들은 몇 달마다 만기 연장을 해야 하는 엄청난 달러화 부채를 지고 있었다. 이렇게 자본 흐름이 갑자기 중단되면 부채 이자가 증가하고 신용등급이 하락하며, 기존 부채를 재융자받지 못하고 상환해야 한다. 부채 규모를 보았을 때, 그 기업들의 장부상 보유 현금만으로는 충분하지 않을 것이므로 러시아 정부가 이들을 구제해야 할 가능성이 크다. 그렇게 되면 대규모 자본 유출과 루블화 약세가 나타날 것이다. 그 시점에서 러시아 정부의 선택지는 몇 가지밖에 없을 것이다. 이를테면 루블을 안정시키기 위해 외환보유액을 소진하는 방법이 있다. 자본 통제를 할 수도 있는데 그 경우에는 외국인 투자자를 위축시킬 것이다. 그러면 이

자율이 상승하게 되고, 이는 국내 경제에 큰 타격을 줄 수 있다. 또는 이 같은 선택지를 몇 가지 조합해서 실행할 수도 있는데, 모두 좋은 선택은 아닐 것이다.

실제로 미국은 러시아가 미국의 자본시장에 의존하는 것을 초크포인트로 활용하여, 명확하면서도 통제된 방식으로 러시아에 대한 압박을 강화할 수 있을 것이다. 이러한 제재의 정교함은 오히려 장점이 될 수도 있다. 다국적 기업은 러시아와의 사업에서 위험을 감수할 수준을 결정할 수 있는 재량을 갖게 되고, 이는 푸틴이 자제해야 할 이유가 될 수 있기 때문이다. 싱은 "그 아이디어가 정말 마음에 들었는데, 왜냐하면 부정적인 피드백 고리(부정적인 결과가 발생했을 때, 그것을 바로잡으려는 일련의 과정-옮긴이)의 속도는 푸틴이 어떻게 대응하는지를 지켜보는 수백만 명의 시장 참여자들에 의해 결정될 것이기 때문이다"라고 설명했다.[134] 만약 푸틴이 우크라이나에서 긴장을 고조시킨다면, 이 부정적인 피드백 고리가 더 속도를 내어 러시아 경제에 충격을 줄 것이다. 하지만 그가 물러선다면 압력이 완화될 것이다. 이는 트레이더만이 생각해 낼 수 있는 아이디어였다.

이 개념은 참신했고, 따라서 해외자산통제국과 테러 및 금융정보국의 나머지 구성원들이 이를 받아들이도록 설득하기 위해 싱과 여러 차례 논의를 이어갔다. 하지만 늦은 봄이 되었을 무렵, 마침내 오바마 행정부는 '부문별 제재'를 어떻게 정의할지 알아냈다.

5월에 빅토리아 눌란드는 국회의사당에서 열린 청문회에서 이 아이디어를 암시적으로 넌지시 언급했다. 부문별 제재가 어떤 모습일지에 대한 질문에, 눌란드는 제재가 '대형 망치'라기보다는 '메스'가 될 것이며, "우리가 러시아를 필요로 하는 것보다 러시아가 우리를 훨씬 더 필요로 하는 분야"에 초점을 맞출 것이라고 설명했다.[135]

이제 싱의 아이디어를 유럽인들에게 설명할 때가 되었다. 프리드와 그의 팀은 이 아이디어가 그들에게 먹힐 것으로 생각했다. 메스라는 이미지와 그것이 암시하는 정밀함이 과잉 개입에 대한 우려를 완화할 수 있기 때문이다. 이 제재 문제를 두고 끝없는 협상이 브뤼셀에 있는 브루탈리즘Brutalism 양식의 건축물인 유스투스 립시우스Justus Lipsius 빌딩의 어둑한 방에서 열렸다. 당시 28개 유럽연합 회원국 대표들은 때때로 한 가지에만 동의했다. 러시아 제재로 인해 자국 내에서 발생한 모든 고통은 회원국들이 분담해야 한다는 것이었다. 이는 프랑스 치즈 제조업체가 타격을 입으면, 이탈리아 패션 브랜드와 독일 산업 공장도 타격을 입는다는 뜻이었다. 그렇기에 자본시장 제재는 이들 국가 대부분이 받아들일 만한 것이었다. 금융 중심지인 뉴욕과 런던이 있는 미국과 영국이 가장 큰 타격을 입겠지만, 나머지 유럽연합 국가들은 비교적 가벼운 피해를 볼 것으로 생각되었기 때문이다.

무엇보다도 유럽인들은 미국이 이란 경제에 결정적 타격을 입혔던 에너지 판매 제한을 추진하지 않은 것에 안도했다. 프리드와 그의 팀은 제재가 러시아에 즉각적인 경제적 충격을 만들어내기 위한 것이 아니라, 그 나라의 미래 성장 전망을 제한하기 위한 것이라고 강조했다. 유럽연합도 그 원칙을 마음에 들어 했다. 프리드와 유럽 측 협상 상대들은 자본시장을 제한하는 것 외에, 이와 비슷한 미래 지향적 처벌을 러시아의 석유 산업에도 적용할 수 있는지 논의하기 시작했다.

러시아는 대규모 석유 생산국이었지만, 그 생산량 대부분은 점차 고갈되고 있는 노후화한 소련 시절의 유전에서 나왔다. 러시아가 에너지 초강대국의 지위를 유지하려면 차세대 석유 프로젝트를 개발해야 했는데, 그중 대부분은 북극해 아래의 외딴 해상 유전이나 비교적 접근하기 어려운 셰일층에 묻혀 있었다. 이러한 매장 자원을 개발하려면 세계적인 수준의 기술과 노하우가 필요했는데, 푸틴은 엑슨모빌이나 쉘Shell 같은 서구의 석유 회사와 거래하여 이를 확보했다. 푸틴에게는 다른 선택의 여지가 없었다. 러시아는 해상 유전을 개발하는 데 필요한 장비와 소프트웨어의 최소 80%를 미국과 유럽 기업들에 의존했다.[136]

프리드가 상무부와 에너지부에서 양성한 전문가들은 이 최첨단 석유 장비의 러시아 판매를 금지할 것을 제안했다. 이 경우 서구는 유전 기술의 우월성을 또 다른 초크포인트로 이용할 수도 있을 것이다. 결국 유럽연합도 이 아이디어에 동의했다. 이러한 제재로 여전히 유럽은 러시아로부터 석유와 가스를 마음껏 구매할 수 있을 것이다. 그리고 10년 정도 안에 이 제재들은 러시아의 석유 생산에 심각한 타격을 입힐 것이다. 하지만 그때쯤이면 유럽인들은 그들 모두가 어차피 전기 자동차를 운전하고 있을 것으로 기대했다.

6월이 되자, 미국과 유럽은 부문별 제재의 성격과 규모에 대해 의견 일치를 보는 데 이르렀다. 이 제재는 미국 정부가 이란에 가했던 것처럼 러시아의 대기업들을 단번에 국제 금융 체계에서 차단하지는 않겠지만, 서구 자본시장과 기술에 대한 접근을 조심스럽게 차단하여 러시아의 경제 전망을 극적으로 어둡게 만들 것이다. 심지어 러시아와의 경제적 관계를 끊는 데 매우 주저하던 앙겔라 메르켈조차 입장을 바꾸었다.[137] 결정적으로 이번 제안은 자본시장과 석유 채굴에 초점을 맞춘 것이고, 독일은 은행 강국도 아니고 주요 석유 기업의 본거지도 아니었기 때문이다. 또한 지멘스Siemens, BASF 같은 독일 산업의 대기업과 폭스바겐, BMW 같은 자동차 제조업체는 영향을 받지 않을 것으로 보았다.

이 협상 과정은 몇 달이 걸렸지만, 우크라이나가 마침내 회복세를 보이면서 마무리 단계에 접어들었다. 우크라이나 국민은 신임 대통령으로 유로마이단을 지지하는 억만장자 초콜릿 재벌인 페트로 포로셴코Petro Poroshenko를 선출했다. 이후 디데이 상륙작전(노르망디 상륙작전-옮긴이) 70주년을 맞아 포로셴코는 오바마, 푸틴, 메르켈, 프랑수아 올랑드와 함께 노르망디에서 열린 기념식에 참석했다.[138] 분위기는 차가웠지만 희망의 싹도 보였다. 행사 틈틈이 메르켈 총리와 올랑드 대통령은 푸틴과 포로셴코를 불러 짧은 회담을 가졌다(당시 메르켈과 올랑드에게 회담을 양보하느라 오바마는 빠졌다). 이들 네 명의 정상은 잠정적인 휴전을 논의했고, 우크라이나의 신임 대통령은 곧 포괄적인 평화 계획을 발표할 것이라고 언급했다. 그날부터 독일, 프랑스, 우크라이나, 러시아는 노르망디 포맷Normandy Format이라는 협상 그룹을 결성했다.[139]

여름이 되기 전, 우크라이나의 양파 모양 돔이 어우러진 도시 경관이 햇살을 가득 받는 가운데, 포로셴코는 15개 항목의 평화 계획을 발표했다.[140] 이 계획은 거래를 하나 제안했는데, 러시아가 지원하는 돈바스 민병대가 무장 해제하고 해당 지역의 통제권을 우크라이나에 반환하는 것이었다. 그 대가로 우크라이나 정부는 국내 권력의 더 많은 지방 분권화를 약속하는 내용이었다. 우크라이나 군대가 돈바스 지역에서 느리지만 꾸준한 전과를 내고 있었으므로, 러시아는 포로셴코의 제안을 고려할 충분한 이유가 있었다. 그리고 이 외교가 막다른 길에 도달했다고 판명된다면, 서구는 나중에 쓸 또 다른 비장의 카드를 준비하고 있었다.

28 첫 포문을 열다

The Opening Salvo

여름이 되자 움직임이 급박해졌다. 대니얼 프리드 와 그의 동료들이 최근 합의한 제재 제안의 세부 사항을 협상하고 자 유럽의 여러 수도를 방문하는 동안 워싱턴, 베를린, 파리 사이 의 전화선은 끊임없이 울렸다. 우크라이나에서는 페트로 포로셴 코 대통령이 유럽연합과의 연합 협정에 서명할 준비를 했는데, 이 는 전임 대통령의 몰락을 가져온 친러시아로의 행보를 뒤집는 조 치였다.[141] 돈바스 지역에서 우크라이나 군대와 러시아가 지원하 는 민병대 사이에 불안정한 휴전이 선언되었지만, 휴전은 자주 깨 지곤 했다.[142] 러시아는 우크라이나 동부 국경을 따라 정규군을 집결시켰는데, 이는 전투가 벌어지는 지역과 위태로울 정도로 가까운 위치였다.

2014년 6월 말 무렵이던 때였다. 포로셴코의 평화 계획이 발표된 지 며칠이 지났지만 크렘린에서는 아직 아무런 소식이 없었다. 서구 지도자들은 점점 더 커지는 좌절감 속에서 푸틴의 반응을 기다렸다. 6월 27일 우크라이나가 연합 협정에 서명할 예정인 유럽연합 정상회담을 앞두고, 앙겔라 메르켈 총리는 기자들에게 "제가 바라던 만큼의 진전이 아직 보이지 않습니다"라고 말했다.[143] 메르켈은 상황이 계속 교착 상태에 머문다면 "우리는 제재를 어떻게 더 강화해야 할지 논의해야 할 것"이라고 경고했다.

당시 규모가 작은 일부 유럽연합 회원국들(오스트리아, 그리스, 헝가리 등)이 여전히 제재를 반대하고 있었고, 이탈리아의 신임 총리인 마테오 렌치Matteo Renzi도 반대했다.[144] 이탈리아는 제2차 세계대전 이후 최악의 경제위기에 직면해 있었다. 렌치는 그렇지 않아도 침체한 이탈리아 경제에 제재가 미칠 잠재적 파장을 우려했다. 특히 이탈리아의 석유 및 은행 산업의 두 대기업인 에니와 유니크레디트UniCredit에 미칠 파장을 걱정했다.[145]

이러한 반대자들이 있었지만, 정상회담에 참석한 유럽 지도자들은 최후통첩을 발표하기로 합의했다. 그들은 러시아가 우크라이나 동부 국경에 있는 여러 검문소를 우크라이나가 통제하도록 돌려주고, 포로셴코의 평화 계획에 근거하여 '실질적인 협상'에 따를 것을 요구했다. 만약 러시아가 3일밖에 남지 않은 6월 30일까지 이런 조건을 따르지 않는다면 '상당한' 제재를 받게 될 것이다.[146] 포로셴코는 유럽연합이 정한 마감일에 맞춰 돈바스 지역에

국가는 무엇으로 싸우는가

서의 휴전을 일방적으로 연장했다.

지난봄 동안 워싱턴에서 로리 맥파퀴와 다른 백악관 관리들은 민간 부문이 러시아에 대한 미국의 위협을 심각하게 받아들이지 않는다며 우려했었다. 이제 민간 부문이 걱정해야 할 차례였다. 서구 정부들은 제재 문제에 대해 점점 더 단결된 모습을 보이고 있었다. 그들의 부문별 제재 계획의 일부는 이미 언론에 유출된 상태이기도 했다.[147]

그런 와중에 업계 로비스트들이 즉각 행동에 나섰다. 미국 상공회의소와 전미제조업협회가 힘을 합쳐 〈뉴욕타임스〉, 〈월스트리트저널〉, 〈워싱턴포스트〉에 제재의 위험을 경고하는 전면 광고를 냈다.[148] 그 광고는 "미국의 국제적 영향력을 증가시키는 가장 효과적인 장기적 해결책은 무역 촉진 정책과 다자간 외교를 통해 세계에 상품과 서비스를 공급하는 능력을 강화하는 것"이라고 주장했다.[149] 말하자면 러시아에 대한 제재는 '무역 촉진' 정책이 아니었다.

이 신문광고는 이례적인 행보였다. 그들 기관은 미국에서 가장 크고 영향력 있는 로비 단체에 속했지만, 그들조차도 국가안보 문제를 두고는 미국의 정책에 공개적으로 반대 의사를 표명한 적이 거의 없었다.

그들 기관의 입장은 러시아에 대한 경제전쟁이 이란을 상대로 한 경제전쟁과 얼마나 다른지를 잘 보여주었다. 이란에 제재를 가하던 당시에는 모든 외부 로비 활동은 제재를 반대하는 쪽이 아니라 '찬성'하는 쪽이었다. 이슬람 공화국에 관대한 태도를 보이는 것은 어떠한 정치적 이득도 없었다. 미국 정치인에게 이란에 대한 더 가혹한 제재를 옹호하는 것은 사실상 비용이 들지 않는 일이었다. 이란의 경제적 어려움으로 미국의 일자리가 사라지거나 은퇴 자산이 손해를 볼 가능성은 없었기 때문이다. 따라서 가혹한 이란 제재 법안들은 만장일치의 지지를 받으며 정기적으로 의회를 통과했다. 하지만 러시아와의 경제전쟁은 완전히 다른 양상을 띠고 있었다. 미국 기업들이 잃을 것이 많았다. 의회가 이 문제에 대체로 침묵을 지킨 데는 이유가 있었다.

이윽고 유럽 지도자들이 정한 마감일인 6월 30일이 지나갔다. 포로셴코는 우크라이나 군대에 돈바스에서 군사 작전을 재개하라고 명령했다. 이제 미국과 유럽은 위협을 실행에 옮길 것인가? 아니면 푸틴이 추측했듯이 그들이 허세를 부리고 있는 것일까?

첫 징후는 별로 좋지 않았다. 유럽연합 지도자들은 긴급 정상회담을 소집하는 대신, 7월 16일로 예정된 회의까지 결정을 내리는 것을 기다리기로 했다.[150] 그사이 프랑스가 10억 유로가 넘는 금액을 받고 러시아에 판매하기로 합의한 미스트랄Mistral 군함 두 척에 대한 훈련을 위해 수백 명의 러시아 해군 장병들이 프랑스에 도착했다.

오바마는 유럽과 보조를 맞춰 움직이겠다고 약속했지만, 그의 인내심은 점점 바닥나고 있었다. 미국 정부는 프리드에게 유럽의 인맥들을 만나보라고 요청했다. 유럽연합 정상회담의 결과가 어떻든 간에, 만약 미국이 앞장서서 7월 16일에 자본시장에 초기 제재를 가하는 등의 선제공격을 한다면 유럽인들의 기분은 어떨지

국가는 무엇으로 싸우는가

알아보기 위해서였다. 프리드는 대러시아 강경파여서 강력한 제재를 이미 시작했어야 한다고 생각하는 사람이었다. 그러나 동시에 대서양 동맹을 굳게 믿고 있어서, 그런 제재가 유럽과의 연합을 깰 만큼의 가치는 없다고도 생각했다. 다행히도 유럽인들과 대화를 나눈 결과, 프리드는 낙관할 수 있었다. 그는 "대서양 동맹 체계가 이런 리더십을 감당할 수 있을 것으로 생각했다"라고 말했다.[151]

오바마 행정부는 7월 16일에 제재 패키지를 준비했다. 제재는 가스프롬방크Gazprombank와 VEB라는 두 은행과 로스네프트와 노바텍Novatek이라는 두 에너지 기업을 대상으로 실행하기로 했다. 이렇게 대상을 선정한 이유는 제재가 적절한 부문(금융과 화석연료)을 포함했으며, 로스네프트가 산출량 기준으로 세계 최대의 석유회사였기에 미국의 결의를 충분히 보여주는 신호가 될 것이기 때문이다. 중요한 점은 로스네프트가 바로 전년도에 경쟁업체 하나를 인수했기 때문에 그 영예를 차지했다는 점이다. 당시 로스네프트는 이 거래를 성사시키기 위해 주로 서구 은행에서 무려 400억 달러를 빌렸다.[152] 자본시장 제재는 로스네프트가 이 같은 대출의 재융자를 받을 수 없게 막아줄 것이다. 미국이 유럽 없이 단독으로 행동하더라도 그렇게 진행될 가능성이 컸다. 싱은 "달러의 지배력과 세계 금융시장에서 차지하는 미국 기관의 우월한 지위 때문에 … 우리가 일방적으로 움직이더라도 이 제재로 상당한 영향을 끼칠 수 있고, 적어도 초기에는 유럽인들이 미국 편에 서는 것과 비슷한 정도의 영향을 줄 수 있을 것이다"라고 판단했다.[153]

브뤼셀에서 유럽연합 정상회담(이 회담은 2014년 7월 16일, 17일에 열렸고, 미국의 제재 발표는 2014년 7월 16일이었다.-옮긴이)이 시작되자, 미국은 방아쇠를 당겼다.[154] 일각에서는 미국이 일방적으로 제재를 시도하는 것이 주저하는 유럽인들을 겨냥한 압박 전술이라고 생각했다. 그럼에도 유럽연합의 회원국들은 여전히 제재 패키지를 시행하는 데 필요한 만장일치에 도달하지 못하는 절망적인 교착 상태에 빠져 있었다. 결국 그들은 러시아 기업에 대한 처벌은 빼고, 미국의 조치와는 비교도 할 수 없을 만큼 미미한 몇몇 제재를 승인했다.[155]

〈뉴욕타임스〉는 이런 "엇갈린 움직임"이 "우크라이나 위기에 대응하는 과정에서 점점 커지는 간극"을 보여준다고 평가했으며, 미국과 유럽연합 사이의 분열이 "미국의 제재 행동이 갖는 효과를 약화시킬 수 있다"라고 예측했다.[156] 〈AP통신〉은 미국이 독자적으로 나서기로 한 결정은 "유럽이 러시아에 더 강력하게 조치하기를 꺼리는 것에 대한 오바마 행정부의 실망감을 반영한 전략의 변화를 의미한다"라고 보도했다.[157]

백악관과 재무부에는 월스트리트의 임원들이 분노를 표출하는 전화가 끊이지 않았다. 불과 몇 년 전, 모건스탠리는 로스네프트의 상장을 도운 바 있다.[158] 로스네프트는 이 상징적인 뉴욕 은행에서 연속으로 세 명을 CFO로 영입했으며, 모건스탠리의 전 CEO인 존 맥John Mack도 로스네프트 이사회에서 근무한 적이 있었다. 월스트리트에 위치한 또 다른 은행의 유명한 수장도 백악관에 전화를 걸어, 행정부가 제멋대로 행동하며 미국의 금융 체계를

국가는 무엇으로 싸우는가

무기화한 것에 대해 격분했다. 그는 이 같은 정책이 미국의 금융 리더십을 위험에 빠뜨리고, 기업들이 런던과 프랑크푸르트 같은 경쟁 금융 중심지로 이전하게 만들 것이라고 경고했다.

그러나 이 논란은 시작되자마자 거의 가라앉았다. 미국 정부가 1차 부문별 제재를 발표한 지 24시간도 채 지나지 않아, 주요 뉴스는 이 논란 대신 돈바스 지역의 한 농경지에서 나온 보도에 집중했다. 7월 17일 오후, 그곳 흐라보베 마을 근처에서 짙은 검은 연기구름이 피어오르는 것이 목격되었다. 그리고 연기 아래로는 기내용 가방들과 어지러이 여권이 뒤섞인 가운데 수많은 시신과 타오르는 보잉 777 여객기의 잔해가 보였다.

MH17

MH17

"방금 우크라이나 동부에서 항공기가 추락했다는 보고를 받았습니다." 원래 미국의 1차 부문별 제재에 관한 대응을 말하려 요청했던 통화였지만, 블라디미르 푸틴은 버락 오바마 대통령에게 이 충격적인 소식을 전했다. 대니얼 프리드는 백악관 상황실에서 회의하는 도중에 백악관 직원에게 추락 사고 소식을 들었다. "하늘에서 시체와 여행 가방들이 떨어졌다는 보고가 있습니다"라고 그 직원은 말했다.

그 잔해는 암스테르담에서 쿠알라룸푸르로 가던 민간 여객기인 말레이시아 항공 17편MH17인 것으로 곧 밝혀졌다. 재난이 일어난 현장은 러시아가 지원하는 민병대가 장악하고 있는 지역으

2014년 7월 17일 우크라이나 동부의 말레이시아 항공 17편 추락 현장.

로, 러시아 국경에서 차로 약 1시간 거리였으며 분리주의 지역인 도네츠크와 루한스크의 경계 위에 있었다. 비행기는 격추된 것으로 보였고, 승객과 승무원 298명이 전원 사망했다.

현장에 도착한 최초의 기자는 〈뉴욕타임스〉의 사브리나 타베르니스Sabrina Tavernise였다. 그녀는 이전에 〈뉴욕타임스〉의 모스크바 특파원을 지낸 적이 있었다. 타베르니스는 희생자들의 시신을 발견했는데, 여전히 안전벨트에 매인 채 움직임 없이 누워 있었다.[159] 주변에는 트럼프 카드, 어린이 동화책, 주차권 등이 널려 있었다. 그녀는 "마치 세상의 종말 같았다"라고 회상했다.[160] 우연하게도 타베르니스는 로리 맥퍼퀴의 부인이었고, 그녀가 남편에게 보낸 사적인 보고가 그날 백악관이 얻을 수 있는 가장 최상의 현장 정보 출처였다.

미국 정보기관은 MH17이 러시아산 지대공 미사일 시스템인 부크Buk의 공격을 받아 추락했다고 판단했다. 우크라이나 군대도 부크를 보유하고 있었지만, 사건 당시에는 우크라이나 동부에 배치하지 않았다.[161] 이와 대조적으로 러시아는 추락 사고가 발생하기 몇 시간 전에, 국경을 넘어 흐라보베 인근의 분리주의 대리 조직에게 군사 장비를 몰래 전해 주었다. 삭제된 소셜 미디어 게시물과 전화 통화 감청을 통해 러시아의 지원을 받는 민병대원들이 처음에는 우크라이나 군용기를 격추했다고 생각해 환호했지만, 나중에 그것이 민간 여객기라는 것을 알고는 충격을 받았다는 사실이 드러났다.[162] 그 영상에는 분리주의 세력이 추락 현장에 도착하여 처음에는 자신들이 발견한 것에 놀라고(지휘관은 "민간인이잖아!"라고 소리쳤다),[163] 그다음에는 지갑, 휴대전화, 보석 등을 찾으려 잔해를 뒤지는 모습이 담겨 있었다. 이렇듯 엄청나게 많은 증거가 있었기 때문에, 미국 정부는 나중에 조사관들이 공식적인 결론을 내리기 전에 이미 그 사실에 대한 확신을 가질 수 있었다. 즉 러시아의 지원을 받는 분리주의자들이 부크를 발사해 MH17을 격추했으며, 그 무기를 후원자로부터 직접 제공받았다는 사실이다.[164]

빅토리아 눌란드는 이 정보를 대중이 알 수 있도록 기밀을 해제하기 위해 부단히 노력했다. 결국 그 노력은 성공했고, 72시간도 되지 않아 존 케리 국무부 장관이 시사 프로그램인 〈미트 더 프레스Meet the Press〉에 출연하여 참사 직전 우크라이나 동부의 분리주의자들이 장악한 지역에서 부크가 목격되었다고 설명했다.[165] 러시아는 현장에서 덜미를 잡혔다.

러시아의 잘못으로 200명 이상의 유럽인의 목숨을 앗아간 학살조차 유럽연합을 행동하도록 만들지 못한다면, 다른 어떤 것도 그렇게 할 수 없을 것이다. 오바마 대통령은 "이 사건은 우크라이나 동부에서 갈등이 격화되면 그에 따른 결과가 발생할 것이고, 이는 분명 유럽과 세계에 경각심을 불러일으키게 될 것"이라고 말했다.[166]

러시아의 지원을 받는 민병대는 며칠 동안 구조대원과 조사관들이 추락 현장에 접근하지 못하도록 막았다. 또한 그 민병대는 처참한 잔해를 뒤지며 시신과 만신창이가 된 짐에서 귀중품을 약탈했다.[167] 사망자 중에는 네덜란드 국민 196명이 포함되어 있었다.[168] 그중에는 네덜란드 외무부 장관인 프란스 팀머만스Frans Timmermans가 개인적으로 알고 있는 사람들도 있었다. 팀머만스는 격추 사건 직후 유엔안전보장이사회에서 "구조대원들이 그 힘든 작업을 할 수 있도록 허락받기까지 왜 그렇게 많은 시간이 걸렸는지, 그리고 인간의 유해가 왜 정치적인 게임에 이용되어야 하는지를 죽을 때까지 이해할 수 없을 것"이라고 말했다.[169]

이어서 팀머만스는 유럽연합 대표 27명과 회합을 가졌는데, 그중 일부는 불과 며칠 전까지만 해도 제재에 강력히 반대했던 사람들이었다. 팀머만스는 슬픔과 분노를 터뜨리며 30분 동안 연설을 계속했다. 청중 가운데 몇몇은 울기 시작했다. 폴란드 외무부 장관인 라도스와프 시코르스키는 그날 팀머만스의 연설에 대해 "네덜란드 사람들은 보통 냉정하고 지나치게 이성적인데, 거기서 그는 매우 감정적이었다. 그가 분위기를 이끌었다"라고 말했다.[170]

그리고 팀머만스는 동료 대표들에게 부문별 제재에 대한 승인을 요청했다. 또 다른 유럽연합 외교관은 "아무도 이에 반대할 수 없었다"라고 회상했다. 댐이 무너진 것이다.[171]

프리드와 그의 유럽 동료들은 긴급하게 연락 그룹 회의를 소집했다. 독일 대표들은 미국이 7월 16일에 발표한 제재보다 더 강력한 제안을 가지고 나타났다. 그 제안은 거대 은행인 스베르방크와 VTB를 포함한 러시아의 모든 국유 금융기관이 서구 자본시장에서 신규 부채나 자본을 조달하는 것을 금지하고, 러시아가 차세대 석유 자원을 개발하는 데 필요한 기술 판매를 금지하자는 내용이었다. 이는 프리드와 그의 팀이 마음에 들어 할 만한 매우 무거운 제재 제안이었다. 그들은 독일의 제안에 이의를 제기할 이유가 없다고 생각했고, 자신들이 새 아이디어를 내놓기보다는 그저 독일의 제안을 지지했다. 그렇게 미국과 유럽연합은 러시아 경제에 대한 공동 공격 계획에 합의했다.

이 제안을 자세히 설명한 유럽연합의 메모가 즉시 언론에 유출되었다. 그 메모에는 "러시아 국유 금융기관이 자본시장에 접근하는 것을 제한하면, 러시아 당국이 대체 자금을 제공하지 않는 한 해당 금융기관의 자금 조달 비용이 증가하고, 러시아 경제에 자금을 조달하는 능력이 제한될 것이다. 이는 불확실한 시장 분위기를 조성하여 러시아의 사업 환경에 영향을 미치고, 자본 유출이 가속화할 가능성이 있다"라고 적혀 있었다.[172]

국가는 무엇으로 싸우는가

석유 제재 또한 효과를 발휘할 것으로 기대되었다. 그 메모는 "러시아가 에너지를 포함하여 경제에서 가장 경쟁력 있고 수출 지향적인 부문을 개발하려면 유럽연합의 기술이 필요하다. 유럽연합이나 미국에서 들여오던 이 같은 제품과 기술을 러시아가 대체할 가능성은 작다. 이는 비슷한 제품을 러시아 시장에서 구하기가 매우 어려울 것이기 때문이다"라고 설명했다.[173]

백악관은 이 제안을 환영했지만, 유럽연합과 같은 제재 수준을 적용하지는 않고 스베르방크를 제재에서 면제하기로 했다. 맥파쿼는 스베르방크를 제재하는 것은 "러시아 국민을 제재하는 것"과 같다고 주장했다. 러시아인 2명 중 1명꼴로 그 은행의 계좌를 가지고 있었고,[174] MH17 격추 사건 이후 백악관에서 강한 목소리를 내는 사람들조차 아직 러시아를 명확하게 적으로 간주할 준비가 되어 있지 않았기 때문이다. 제재는 푸틴의 계산을 바꾸는 것이 목적이었다. 우크라이나에 대한 대규모 침공이 투입된 노력에 비해 그만한 가치가 없다는 것을 깨닫게 하고, 포로셴코와의 평화 협상으로 끌어들이기 위한 것이었다. 이러한 목표가 충족되면 모두가 다시 정상화된 관계에서 사업을 재개할 수 있다고 보았다.

미국이 단독으로 시행한 1차 제재는 이미 대상 기업들과 러시아 경제 전반에 그 영향을 남겼다.[175] 그러나 7월 29일에 시작한 미국·유럽연합의 새로운 공동 제재는 훨씬 더 즉각적으로 파괴적인 영향을 끼쳤다.[176] 서구 은행도 그 영향을 받았다.

새로운 제재가 발효되고 나서 며칠 후, 해외자산통제국은 런던에서 금융업계를 대표하는 무역 단체인 영국은행협회와 질의응답 시간을 가졌다. 해외자산통제국의 관리 중 한 명은 "완곡하게 말하자면, 그들은 새로운 규제에 어찌할 바를 몰랐다"라고 회상했다. 일부 은행은 새로운 규제를 위반할까 봐 우려해 러시아와의 모든 거래를 중단하기로 했다. 다른 은행들은 러시아와의 모든 거래를 재검토하는 이례적인 조치를 취했는데, 이는 직원들에게 매일 수천 건의 결제 기록을 검토하도록 했다는 뜻이다.

이러한 영국 은행가들의 경계심은 실수의 잠재적인 파장을 감안하면 타당한 것이었다. 그해 여름 초, BNP파리바는 미국의 법집행기관에 의해 제재 위반으로 무려 90억 달러의 벌금을 부과받았다.[177] 그러나 위축의 영향이 과하면 결국 서구의 경제적, 정치적 이익에 해를 끼칠 것이다. 캘퍼스CalPERS(캘리포니아 공무원연금) 같은 대규모 미국 연금 기금과 블랙록BlackRock 같은 자산운용사들은 러시아에 상당한 투자를 하고 있었다.[178] 스베르방크의 공개 거래 주식의 절반은 미국과 영국 투자자들이 소유하고 있었다.[179] 따라서 새로운 제재로 인한 혼란과 은행들의 지나친 위험회피는 대서양 양쪽의 연금 투자에 큰 타격을 줄 수 있었다.

그러한 결과를 피하기 위해 해외자산통제국은 수많은 공개 지침과 질의응답 목록을 발표했다. 해외자산통제국은 새로운 제한이 '신규' 부채와 자본에만 적용된다고 명확히 밝혔다.[180] 이 제재가 발효되기 전에 발행된 증권은 여전히 거래할 수 있었다. 또한 로스네프트 같이 블랙리스트에 오른 러시아 기업들의 부채와 연계될 수 있는 파생상품도 제재에서 면제되었다. 많은 도움과 신규 인력들 덕분에 은행들은 마침내 규정을 준수하는 방법을 알아냈

국가는 무엇으로 싸우는가

다. 재무부에 속하면서도 경제 성장보다는 경제적 피해를 주는 데 초점을 맞추는 별난 기관인 해외자산통제국은, 심지어 이 새로운 제재가 은행의 규정준수부서에 일종의 경기 부양책이라며 호기롭게 말하기도 했다.

이루 말할 수 없는 비극을 겪고 나서야, 푸틴의 '작은 녹색 인간들'이 크림반도에 나타난 지 5개월 만에, 비로소 러시아에 대한 서구의 경제전쟁이 시작되었다. 그리고 장기간 이어진 이란 제재 활동의 여파로, 세계 최대 은행들은 최전선에서 그 역할을 수행할 준비가 되어 있었다. 어쨌든 러시아에 대한 처벌이 쇠망치보다는 메스처럼 정밀하게 효과를 발휘하려면, 미국 정부는 은행들이 제재를 완화하도록 슬며시 설득할 필요가 있었다.

30 단계적 확대

Escalation

"총검으로 찌르되 살에 부딪히면 계속 밀어붙이고, 강철에 부딪히면 뒤로 빼라." 대니얼 프리드는 푸틴의 전략을 설명하기 위해 레닌의 말을 인용하는 습관이 있었다. 그해 처음으로 푸틴은 강철에 부딪혔다. 서구의 경제 제재가 전면적으로 발효된 것이다. 우크라이나 군대는 돈바스에서 러시아의 지원을 받는 민병대에 맞서 진전을 보이고 있었고, 어쩌면 그 영토를 탈환할 수도 있을 것처럼 보였다. 이는 푸틴의 노보로시야, 즉 신러시아 구상에 치욕스러운 타격을 입혔다.

2014년 8월 초, 푸틴은 서구의 식품 수입을 금지하는 반격을 시도했다.[181] 이 조치로 러시아를 주요 수출 시장으로 여기는 유럽 농부들이 타격을 입겠지만, 푸틴의 국민들은 훨씬 더 큰 타격을 입을 수 있었다. 러시아는 세계 5위의 식량 수입국이자, 상당한 농산물 무역적자를 기록하는 나라였기 때문이다.[182] 예상대로 러시아인은 자신들이 좋아하는 식품을 밀수할 방법을 재빨리 찾아냈지만, 푸틴은 결국 불법으로 수입한 모든 식품을 압수해 파기하도록 명령했다.[183] 러시아 TV의 선전propaganda 영상에는 불도저가 복숭아와 토마토 더미를 짓이기고, 슈퍼마켓 앞에서 고기 제품을 불태우며,[184] 트랙터로 프랑스 치즈 덩어리를 으깨는 모습이 담겨 있었다. 러시아 식당의 손님들은 러시아식 파르메산 치즈나 브랸스크산 모차렐라 치즈를 맛보기 전까지는 다들 장난처럼 여겼다. 러시아에서 일하는 한 이탈리아인 셰프는 "메뉴에는 여전히 피자가 있겠지만, 다른 종류의 피자가 될 것"이라고 덧붙였다.[185]

우크라이나 군대는 8월에도 진격을 계속했고 곧 전략적 승리를 눈앞에 두고 있었다. 그들은 중요한 거점인 일로바이스크 마을을 탈환했는데, 러시아가 이곳을 잃으면 대리군에 보급품을 재보급하는 데 어려움을 겪을 수 있었다.[186] 하지만 푸틴은 여전히 자기 앞에 있는 강철의 단단함을 의심했다. 그는 물러서기보다는 정규군에게 우크라이나 영토로 넘어가라고 명령했다. 이에 러시아 전차와 중화기가 일로바이스크의 우크라이나 군대를 포위했다. 그리고 대규모 학살이 벌어지면서 수백 명의 우크라이나 군인이 사망하고, 수십 명이 러시아군에 포로로 잡혔다.[187] 푸틴은 유럽연합 집행위원회 위원장인 조제 마누엘 바호주José Manuel Barroso에게 전화를 걸어 승리를 자축하며, 이렇게 말했다. "내가 마음만 먹으면, 2주 안에 키이우를 점령할 수 있습니다."[188]

분석가들은 현재 돈바스에 러시아군이 수천 명 주둔하고 있다고 보고했다.[189] 그러나 공식적으로 푸틴은 여전히 그들의 존재를 부인했다. 이는 푸틴이 러시아 국민에게 주입한 이야기, 즉 우크라이나는 러시아를 약하게 만들려고 서구가 인위적으로 만든 국가라는 내용과 잘 맞아떨어졌다. 우크라이나인은 러시아어를 사용하고, 러시아인과 같은 음식을 먹고, 러시아인과 같은 종교를 따른다. 한마디로 그들은 러시아인이라는 것이다. 우크라이나 동부에서 일어난 폭력은 푸틴이 무력으로 이웃 국가를 정복하고 분열시키려는 시도가 아니라는 뜻이었다. 그것은 조국과의 재통일을 추구하는 자생적 봉기라고 보았다.

시선은 다시 서구로 쏠렸다. 리투아니아의 강경파 대통령 달리아 그리바우스카이테Dalia Grybauskaitė는 푸틴이 "유럽과 전쟁 중"이라고 선언했다. 영국 총리 데이비드 캐머런David Cameron은 유화 정책을 경계해야 한다면서, 유럽에 "1938년 뮌헨에서 저지른 실수를 반복하지 말 것"을 촉구했다[190](1938년 뮌헨 협정으로, 서구는 체코슬로바키아의 주데텐 지역을 나치 독일에 합병하겠다는 히틀러의 요구를 받아들였다. 이 협정에도 불구하고 결국 제2차 세계대전이 벌어졌다.-옮긴이). 당시 조 바이든 미국 부통령의 말에 따르면, 서구의 선택은 "지금 지불하느냐, 나중에 두 배로 지불하느냐" 사이의 고민이었다.[191] 저명한 미국의 정치인들은 오바마 대통령에게 우크라이나에 무기를 보내라고 촉구했다.[192] 존 매케인 상원의원은 TV 프로그램 〈페이스 더 네이션Face the Nation〉에서 "제발, 이 사람

들이 자신을 방어할 수 있도록 우리가 도울 수는 없는 겁니까?"라며 호소했다.[193]

하지만 결국 오바마와 메르켈 모두 무기를 제공하는 것이 갈등을 악화시킬 뿐이라는 우려 때문에 이 아이디어를 거부했다. 야간 투시경이나 담요와 같은 비살상 물품을 제공하는 것은 괜찮지만, 총알과 포탄은 그렇지 않았다. 비록 우크라이나 국민은 어떤 지원이든 고맙게 여겼지만, 몇 주 후 페트로 포로셴코 대통령은 미국 의회에서 "담요로는 전쟁에서 이길 수 없습니다"라고 상기시켰다.[194]

서구는 무기를 보내는 대신 경제전쟁을 더욱 확대하는 쪽으로 대응해 나갔다. 가장 확실한 첫 단계는 자본시장 제재를 강화하는 것이었다. 미국이 유럽연합에 맞춰 스베르방크를 제재할 수도 있고, 유럽연합이 미국에 보조를 맞춰 로스네프트를 제재하는 방법도 가능했다. 또한 양측 모두 제재를 확대하여 로스텍Rostec 같은 러시아 방위 대기업들을 제재 대상에 포함할 수도 있었다. 그러나 그런 처벌이 효과가 있어 보이더라도, 러시아의 여러 주요 기업들이 막대한 채무를 상환해야 하는 시기인 몇 달 후까지는 제재 효과가 본격적으로 나타나지 않는다는 것이 문제였다. 또한 그사이 국제 유가가 상승한 덕분에 러시아는 모든 것이 순조로웠다.

더 나쁜 것은, 서구가 가하는 제재의 다른 요소들(예컨대 해상 석유 시추와 수압 파쇄법 기술에 대한 수출 통제)이 실패한 것처럼 보였다는 점이다. MH17 여객기의 격추 사건이 일어난 지 이틀 후, 엑슨모빌이 운영하는 시추 장비가 노르웨이에서 출발하여 러시아 북극해의 외딴 수역인 카라해로 향했다. 이는 엑슨모빌과 로스네프트의 합작 투자가 시작된 것이었는데, 일부 사람들은 이 투자가 수천억 달러의 가치가 있을 것이라고 보았다. 푸틴은 이 협력 관계가 러시아 석유 산업의 미래에 필수적이라고 생각했다. 미·러 관계 '재설정' 정책으로 화해 분위기가 한창이던 때(2009년 오바마 대통령은 러시아와의 관계를 개선하려고 이 정책을 추진했다.-옮긴이), 푸틴은 오바마에게 이 거래가 지난 수십 년 동안의 미·러 관계에서 가장 중요한 성과라고 말한 바 있었다.[195] 하지만 2014년 러시아의 크림반도 합병으로, 이 정책은 실패로 평가받았다. 이처럼 '재설정' 정책은 한참 전에 끝났지만, 엑슨모빌-로스네프트의 협력 관계는 여전히 탄탄했다. 두 회사는 석유 시추 장비를 북극으로 옮긴 후, 곧 탐사정 시추를 시작할 예정이었다.

이것이 바로 서구가 수출 통제로 좌절시키고자 했던 프로젝트의 한 형태였다. 하지만 엑슨모빌은 러시아 현지에서 자사가 보유한 기술로 충분히 사업을 해낼 수 있다고 확신하고 이를 계속 추진했다. 엑슨모빌뿐만 아니라 거대 석유 회사들은 미국의 제재 앞에서 불안해하는 은행들과는 달랐다. 엑슨모빌의 CEO이자 세계에서 가장 영향력 있는 석유 회사 임원 중 한 명인 렉스 틸러슨Rex Tillerson은 지정학적으로 위험한 지역에서 사업을 하는 데 익숙했다. 특히 러시아는 그에게 친숙한 영역이었다. 엑슨모빌에서 성공의 길을 걷는 동안 틸러슨은 한때 러시아에서 사업을 총괄했고, 러시아 극동 지역에서 진행된 복잡한 석유 및 가스 프로젝트인 사할린-1을 관리한 공로로 높은 평가를 받았다.[196] 당시 이 프로젝트는 해저 11킬로미터 이상 뻗어 내려가야 하는 시추 작업이었다.

엑슨모빌 입장에서는 평판을 생각할 때 다른 신중한 많은 기업들
이 서둘러 철수한 후에도 그대로 머무르는 위험의 조짐이 보이자
마자 러시아를 떠나는 것보다 더 낫다고 판단했다.

푸틴은 짙은 갈색 눈썹을 가진 이 텍사스 출신의 석유 사업가
를 좋아했으며, 그의 마초적 분위기는 러시아와 절묘하게 어울린
다고 생각했다. 푸틴은 크림반도를 점령하기 불과 9개월 전에, 틸
러슨에게 러시아의 최고 영예 중 하나인 우정 훈장을 직접 수여하
기도 했다.[197] 수십억 달러와 중요한 관계가 걸린 상황에서 틸러
슨은 러시아에 대한 제재에 반대하는 견해를 밝혔고, 이를 오바마
행정부의 고위 관리들에게 공개적으로 그리고 개인적으로도 표명
했다.[198]

석유 사업가와 차르: 렉스 틸러슨과 블라디미르 푸틴이 엑슨모빌과 로스네프트 간의
전략적 협력 관계를 위한 서명식에서 미소를 짓고 있다.

그사이 엑슨모빌은 러시아에서 벌일 대규모 사업 계획을 계속 추진하고 있었다.[199] 심지어 로스네프트의 CEO인 이고르 세친Igor Sechin이 개인적으로 제재를 받은 후에도 엑슨모빌의 임원진은 그와 여러 건의 계약을 체결했다[200] (엑슨모빌은 나중에 이 일로 벌금을 물었지만, 해외자산통제국이 엑슨모빌에 서명이 불법이라는 점을 사전에 공정하게 통지하지 않았다고 주장하며, 해외자산통제국을 상대로 소송을 제기하여 결국 승소했다).[201] 푸틴의 탱크가 우크라이나에서 엄청난 파괴를 저지르고 있는데, 엑슨모빌이 러시아 북극에서 석유를 시추하는 광경은 러시아에 잘못된 신호를 줄 뿐이었다.

오바마 행정부는 자본시장 제재를 확대하는 것 외에도, 러시아의 차세대 석유 프로젝트에 대한 제한을 강화하기로 했다. 기술 수출만 금지하는 것이 아니라 그런 사업에 대한 '모든' 서비스 제공을 금지한다는 내용이었다.[202] 이는 카라해에서 엑슨모빌이 사업을 계속하는 것을 명백히 불법으로 만드는 조치였다. 이는 석유 업계의 거물들조차 감히 넘지 못할 정도로 분명한 선을 그은 것이다.

미국과 유럽연합이 제재 패키지를 마무리하는 동안 포로셴코 대통령은 비장의 카드를 꺼내 들었다. 최근 몇 달 동안 우크라이나군은 돈바스 지역에서 사망하거나 포로로 잡힌 러시아 군인의 개인 인식표를 수백 개 모았다.[203] 포로셴코는 푸틴에게 휴전을 받아들이지 않으면 인터넷에 개인 인식표 사진을 게시하고, 러시아 군인들의 아내와 어머니에게 전화를 걸어 사랑하는 가족이 실제로 어디에 있는지 밝힐 것이라고 경고했다.

이러한 행위는 러시아가 우크라이나에서 싸우고 있지 않다는 푸틴의 주장을 의심하게 할 것이고, 그의 국내 지지 기반을 흔들 수도 있었다. 그 경고가 발표된 지 며칠 만에 우크라이나와 러시아 대표들은 벨라루스의 수도 민스크에서 휴전 협정에 서명했다.[204] 포로셴코의 평화 계획에서 비롯된 이 협정은 도네츠크와 루한스크의 지방 자치권을 확대하는 대가로 친러시아 민병대가 그 지방에서 철수한다는 내용을 담고 있으며, 이후 이것은 민스크 협정으로 불리게 되었다.[205]

일주일 후, 미국과 유럽은 새로운 부문별 제재를 시작했다. 이제 스베르방크를 포함한 러시아의 모든 국영 은행은 미국과 유럽의 자본시장에서 모두 배제되었다. 로스네프트와 로스텍도 마찬가지였다. 프랑스는 러시아에 미스트랄 군함을 인도하지 않겠다고 발표했다.[206] 서구가 러시아에 군사 장비를 판매한 이후로 역사상 최대 규모의 계약 취소였다. 엑슨모빌과 다른 석유 회사에는 러시아 북극 지역에서 진행하는 프로젝트를 중단하도록 2주간의 시간이 주어졌다.

틸러슨은 제재에 맞서 맹렬히 싸웠지만, 그 전투가 이미 패배로 끝났음을 알고 있었다. 그는 재무부 장관 잭 루와 백악관 국가경제위원회 위원장인 제프 자이언츠 Jeff Zients 등 고위 관리들을 만나기 위해 워싱턴으로 날아갔다.[207] 틸러슨은 그들에게 미국의 정책을 재고해 달라고 요구하지 않았다. 그는 단지 엑슨모빌이 러시아 북극 지역에서 사업을 축소할 수 있도록 시간을 좀 더 달라고 요청했을 뿐이다.[208] 틸러슨은 엑슨모빌이 카라해에서 석유 유출의 위험 없이 시추를 중단하려면 이 같은 조치가 필요하다고 설명했다.

그 결과 엑슨모빌은 사업의 종료를 위해 단기간 연장할 수 있는 허가를 받았다. 어쨌든 이 기업은 새로운 제재를 충실히 준수하고, 로스네프트와의 합작 투자를 중단했다.[209] 엑슨모빌이 러시아 기업과 협력의 문을 닫은 후, 로스네프트는 두 기업이 얼음물 아래에서 약 9억 3,000만 배럴의 원유를 발견했다고 발표했다.[210] 이는 지난 몇 년 사이에 가장 큰 규모의 새로운 원유 발견이었다. 새로운 제재가 유지되는 한 그 배럴들은 영원히 땅속에 남겨질 가능성이 크다.

당시 돈바스 지역의 전쟁은 중단된 상태였다. 그러나 경제전쟁이 러시아에 미치는 영향은 점점 더 거세지고 있었다.

국가는 무엇으로 싸우는가

31 만신창이가 된 경제

"Economy in Tatters"

블라디미르 푸틴은 스스로 21세기의 차르로 군림하는 과정에서, 러시아의 권력 중심지에 충성파를 겹겹이 배치했다. 그는 영향력 있는 정부 직책과 대기업의 최고경영진 자리를 그의 최측근들로 채웠다. 그 심복들의 자격은 대개 푸틴과 함께 유도를 연습했거나, 시베리아 숲에서 함께 사냥했거나, 푸틴처럼 상트페테르부르크 외곽 호숫가의 다차dacha(개인 별장 겸 주말농장-옮긴이) 협동조합에 부동산을 소유한 인물들로 요약할 수 있다.

그렇지만 한 가지 주목할 만한 예외가 있는데, 바로 능력주의가 지배하는 엘리트 계층으로 국가의 경제 정책을 운영하는 관리자들이었다. 푸틴의 심복이자 러시아 중앙은행 총재인 엘비라 나비울리나의 화려한 이력서는 IMF나 미국 연방준비제도이사회에도 쉽게 통과될 수 있을 정도다.[211] 그녀는 러시아에서 가장 권위 있는 고등교육 기관인 모스크바 국립대학교에서 경제학 박사 학위를 취득했고, 예일대학교에서 국제 펠로<small>World Fellow</small>로 재직했으며, 러시아 정부에서 5년 동안 경제 개발 장관을 역임하는 등 점점 더 중요한 직책을 맡아왔다. 그녀는 또한 〈포브스〉에 "정치계에서 가장 영향력 있는 여성" 중 한 명으로 선정되었는데, 이 명단에는 앙겔라 메르켈과 미셸 오바마도 포함되어 있었다.

나비울리나는 '작은 녹색 인간들'이 세바스토폴에 러시아 국기를 꽂기 1년여 전에 러시아 중앙은행의 수장을 맡았다. 푸틴의 크림반도 도박은 사건 초기에 불안한 외국인 투자자들의 급격한 자본 유출을 발생시켰다. 그러나 거시경제 상황은 곧 안정되었다. 다만 유가는 배럴당 100달러를 넘어섰고 하락할 조짐은 보이지 않았는데, 이는 부분적으로 푸틴의 침략 전쟁이 불러온 지정학적 불확실성 때문이었다. 서구의 제재는 서서히 이루어졌고, 제재를 가했을 때조차 장기적인 목표에 초점을 맞췄다. 하지만 어느 유명한 경제학자가 말했듯이, 장기적으로 보면 어차피 우리는 모두 죽는다(존 메이너드 케인스는 "장기적으로 보면 우리는 모두 죽는다"라고 말했는데, 지금 효과가 없는 장기적인 대책은 의미가 없다는 풍자이다.-옮긴이).

러시아의 경제 기술관료들은 2014년 봄 내내 다가올 험난한 파도에 대비해 계획을 세우는 데 많은 시간을 할애했다. 잭 루가 재무부의 전문가들을 모아 부문별 제재에 대한 아이디어를 개발

엘비라 나비울리나: 러시아 중앙은행을 이끌고 있는 매우 유능한 기술관료.

하는 동안, 크렘린의 전문가들은 연구 회의를 통해 미국이 이란을 상대로 벌인 경제전쟁을 조사하고, 자국에 일어날 수 있는 상황과 참고할 점을 도출했다. 워싱턴에서 벌어지는 일과 기묘하게 닮은 방식으로, 그들도 러시아 경제의 핵심적인 취약점들을 재빨리 파악했다. 이를테면 러시아가 서구 자본시장에 의존하고 있다는 점과 해양 석유 시추 기술 분야에서도 마찬가지라는 것이었다. 크렘린의 전문가들은 서구가 제대로 힘을 합쳐 제재에 나선다면, 러시아는 중국에 머리를 숙여 도움을 청하는 것 외에는 다른 선택의 여지가 없을 것이라는 결론을 내렸다.[212]

그해 5월, 푸틴은 상하이로 가서 중국의 국가주석 시진핑을 만났다. 두 사람은 러시아가 '시베리아의 힘'이라고 칭하는 새로운 가스관을 통해 중국에 천연가스를 공급하는 30년짜리 대규모 거래에 합의했다.[213] 4,000억 달러 규모의 이 거래는 중국에 연간 최대 380억 세제곱미터의 가스를 공급하는 내용을 담고 있다. 이는 엄청난 양의 가스였지만, 가스프롬이 매년 유럽에 판매하는 1,500억 세제곱미터에 비하면 새 발의 피였다. 그래도 이 거래는 전략적으로 중요한 의미가 있었다. 서구로부터 외면받던 푸틴이 동쪽으로 눈을 돌린 것이다. 심지어 그는 가스관 건설에 드는 550억 달러가 넘는 비용을 전부 러시아가 부담하는 데 동의했다. 그렇더라도 그 가운데 상당액은 푸틴 심복들의 주머니를 채우게 될 것이다.

또한 5월에는 러시아 부총리인 이고르 슈발로프Igor Shuvalov가 중국을 별도로 방문하여, 두 나라의 서구 금융 체계에 대한 의존도를 줄이는 방안을 논의했다.[214] 몇 달 만에 그 교섭은 결실을 보았다. 나비울리나가 이끄는 러시아 중앙은행은 중국인민은행과 250억 달러 규모의 통화 스와프 협정을 체결했다.[215] 이렇게 하면 러시아와 중국은 두 나라 간에 이루어지는 무역의 일부를 루블과 위안으로 결제할 수 있어서, 달러와 유로의 사용을 줄일 수 있다.

중국으로의 방향 전환은 러시아의 경제전쟁에 대한 취약성을 줄이려는 다각적 전략의 한 부분이었다. 또 다른 전략은 나비울리나가 SWIFT(브뤼셀에 본사를 둔 금융 메시징 서비스)의 러시아식 대안인 SPFS를 출범시킨 것이다.[216] 워싱턴의 강력한 압박으로 SWIFT는 2012년에 이란 은행들과의 거래를 중단했고, 그 때문에 이란은 국제 금융 체계에서 더욱 고립되었다. 2014년 러시아에 대한 제재는 그 정도로 광범위하지는 않았지만, 나비울리나와 러시아 중앙은행의 동료들은 문제가 터지기 전에 미리 대처하고 싶었다.

러시아는 또한 비자와 마스터카드가 모든 국내 결제를 러시아에 본사를 둔 센터를 통해 처리하도록 강제하는 규정을 통과시켰다.[217] 이 조치는 3월에 뱅크로시야가 제재를 받았을 때 비자와 마스터카드가 거래를 중단하기로 한 결정에 대한 보복 조치였다. 이는 서구의 제재 결정과 관계없이 러시아인의 신용카드가 러시아 내에서 계속 사용할 수 있도록 보장할 것이므로 중요한 의미가 있었다. 나비울리나는 러시아의 재정적 자립을 더욱 강화하기 위해 러시아 중앙은행이 소유하는 카드 결제 시스템인 미르Mir의 구축을 서둘렀다. 그들은 이 시스템을 통해 국내 거래를 위한 결제 인프라를 제공하고, 궁극적으로는 자체 브랜드의 신용카드를 발행할 계획이었다. 미르는 광고에서 "당신의 카드는 외부 요인으로부터 자유롭습니다"라고 안심시켰다.[218]

푸틴이 서구에서의 식품 수입을 금지한 것은 거칠고 투박한 조치였지만, 러시아 경제를 제재로부터 보호하려는 전술로도 볼 수 있다(미국 법의 경우 '모든' 미국의 제재 프로그램에는 식량, 의약품, 기타 인도주의적 물품에 관한 면제 조항을 포함하도록 요구하고 있다). 당연히 이런 금지 조치는 평범한 러시아인들에게 큰 타격을 주었다. 그들은 식료품점에서 더 비싼 값에 생필품을 사야 했고, 정통 파르미지아노 레지아노 치즈 같은 품목을 더는 구할 수 없게 되었다. 하지만 적어도 러시아는 더 이상 서구의 식량에 의존하지 않게 될 것이고, 어쩌면 더 많은 러시아인이 치즈 제조업자로서 일

자리를 찾을 수도 있을 것이다.[219]

그러나 이런 방어적 조치 가운데 어느 것도 러시아 경제의 근본적인 취약점인 세계 유가에 대한 민감성을 해결하지 못했다. 유가가 움직이는 대로 러시아 경제도 함께 흔들렸고, 러시아 정부는 유가의 방향에 거의 영향력을 행사하지 못했다. 푸틴은 국가 중심으로 경제를 통제하고 민간 부문의 경제 발전은 억제하는 정책을 펼쳤으므로, 러시아의 경제 주권이 제한되었다.[220] 이 모든 것이 위기 상황에서 러시아의 선택권을 제한했고, 러시아 경제의 운명이 세계 석유시장의 변덕에 좌우되는 상황에 놓였다.

2014년 가을이 되자, 러시아에 위기가 찾아왔다. 민스크 협정이 체결된 지 몇 주 후 엑슨모빌이 러시아 북극 지역을 떠날 준비를 하던 중 유가가 하락하기 시작한 것이다. 주요 원인은 미국의 셰일 생산업체들이 계속 새로운 생산 기록을 경신하면서 석유 공급이 급증했기 때문이다. 9월 말에 이르자 유가는 배럴당 약 90달러에 거래되었는데, 이는 2012년 이후 최저 수준이었다.[221] 즉 9월 초 대비로는 10% 하락한 가격이었고, 6월 최고치 대비로는 20% 하락한 가격이었다.

러시아의 대기업들은 불안해지기 시작했다. 로스네프트의 사장인 이고르 세친은 유가 하락, 엑슨모빌과의 대규모 거래의 갑작스러운 중단, 서구 자본시장에서의 배제라는 냉엄한 현실에 직면해 있었다. 게다가 로스네프트는 앞으로 몇 달 안에 약 200억 달러의 부채를 상환해야 했다.[222] 세친은 푸틴에게 친구 그 이상이었다. 로스네프트의 석유 펌프는 러시아 경제의 심장과 같았다.

세친은 오랫동안 경쟁업체이자 규모가 더 작은 러시아 석유 회사인 바쉬네프트Bashneft를 인수하려 했었다. 이제 엑슨모빌이 북극 지역에서 철수하면서 로스네프트의 미래 석유 생산량이 위태로워지자, 세친은 그 어느 때보다 인수를 추진하려는 의지가 강했다. 하지만 바쉬네프트의 소유주인 블라디미르 예브투셴코프Vladimir Yevtushenkov는 매각을 거부했다. 그러자 9월에 러시아 수사관은 예브투셴코프를 가택 연금했다. 러시아 정부는 바쉬네프트를 국유화했고, 최종적으로 로스네프트에 지배 지분을 넘겼다.[223]

이런 은밀한 전략은 외국인 투자자들을 불안하게 만들었다. 추가적인 몰수나 자본 통제까지 있을 것이라는 소문도 돌았다. 9월 마지막 날, 러시아 환율은 1달러당 40루블에 가까운 역대 최저 수준으로 떨어졌다[224](러시아 환율은 연초에 1달러당 약 33루블로 시작했었다). 푸틴은 모스크바에서 열린 연례 금융 정상회담에서 "자본 통제는 절대 없을 것"이라고 약속하며 투자자들을 안심시키고자 했다.[225] 푸틴은 러시아로 투자를 다시 유치하는 데 어려움이 없을 것이라고 주장했다. 그는 "내가 할 일은 웃으면서 악마가 보이는 것만큼 무섭지 않다는 것을 보여주는 것뿐입니다"라고 말했다.[226]

사실 러시아의 고난은 이제 막 시작일 뿐이었다. 푸틴은 5,000억 달러가 넘는 외환보유액을 포함하여 엄청난 전쟁 자금을 가지고 우크라이나 작전에 돌입했었다.[227] 루블화 가치가 폭락하자, 이런 비축금은 나비울리나에게 충분한 대응 수단을 제공했다. 10월 첫 열흘 동안 그녀는 루블을 떠받치기 위해 약 60억 달러를 썼다.[228] 하지만 그 금액은 흐름을 바꾸는 데 거의 도움이 되지 않았다.

10월 29일, 미국 연방준비제도이사회 의장 재닛 옐런은 2008년 이후 매달 수천억 달러 규모의 자산을 매입해 온 양적 완화 정책(연준이 국채나 주택저당증권 같은 금융 자산을 대량으로 사들이는 양적 완화 정책을 펼치면, 시장에 유동 자금이 공급된다. 동시에 국채 금리가 하락해 시장 금리가 낮아진다. 경기 부양을 유도하기 위한 조치다. 반대로 자산 매입의 종료는 경기 억제를 위한 정책이다.–옮긴이)의 종료를 발표했다.[229] 이러한 종료 결정 때문에 전 세계적으로 신용 여건이 악화하여 석유 수요가 줄어들었고, 반면 공급은 급증해 유가는 더욱 하락했다. 게다가 연준이 금리를 인상할 것이라는 시장의 예측에 따라 달러가 급등했다. 세기가 바뀐 이후 처음으로, 2014년에 다른 모든 주요 통화에 대해 달러의 가치가 상승했다.[230] 유가는 달러로 책정되기 때문에, 달러가 상승하면서 구매자에게는 유가가 더 비싸졌다. 그로 인해 유가에 더 큰 하락 압력이 가해졌다.

11월 초가 되자, 유가는 배럴당 80달러까지 떨어졌고 루블은 계속해서 급락했다.[231] 위기의 규모가 확연히 드러나고 있었다. 로스네프트는 연말까지 서구 채권자들에게 약 100억 달러를 갚아야 했다.[232] 다른 러시아 은행과 기업들은 12월까지 320억 달러의 부채를 상환해야 했다.[233] 이 부채는 대부분 루블이 아닌 달러로 표시되어 있었는데 날이 갈수록 달러 대비 루블의 가치는 낮

국가는 무엇으로 싸우는가

아졌다.

루블이 폭락하고 오일머니의 유입이 줄어들면서, 이 모든 부채를 상환할 수 있을지 불확실해졌다. 러시아 기업들은 달러가 절실히 필요했다.[234] 로스네프트의 경우 국가에 500억 달러 규모의 구제금융을 요청했다.[235] 러시아 기업들은 부채 상환을 위해 현금을 보존해야 했으므로 투자를 대폭 줄였고, 일반 러시아인들은 외화를 비축하고자 했기에 은행의 개인 금고에 대한 수요가 급증했다.[236]

크림반도 합병 이후 푸틴의 인기는 급격히 상승했다. 그의 지지율은 88%로 역대 최고치를 기록했다.[237] 그러나 경제가 폭락할 때도 러시아인들이 계속 그렇게 푸틴을 지지할지는 의문이었다. 그들의 생활 수준의 급격한 하락은 크림반도를 러시아와 같은 색깔로 칠하는 새로운 교실 지도를 얻기 위해 치러야 할 막대한 대가였다.

푸틴은 엘비라 나비울리나에게 이 폭풍을 헤쳐나가는 일을 맡겼다.[238] 그리고 11월 5일에 나비울리나는 금리를 9.5%로 인상했다.[239] 그녀는 러시아 중앙은행이 루블을 지탱하기 위해 '언제든' 훨씬 더 많은 경화 보유금을 투입할 준비가 되어 있다고 선언했다.[240] 그녀는 이 같은 위험을 간과하지 않았다. 러시아가 전면적인 금융위기에 직면해 있다고 보았다.

그러나 폭풍은 더욱 몰아쳤다. 11월 말, 사우디아라비아가 주도하는 석유 카르텔인 OPEC이 생산량 감축을 논의하기 위해 회의를 열자 시장 전문가들은 긴장하며 숨을 죽였다. 유가가 하락하고 있었으므로 많은 전문가들이 상당한 규모의 생산량 감축을 예상했다. 몇몇 OPEC 회원국들도 이를 강력히 요구했다. 그러나 사우디아라비아가 반대했다. 이 석유 왕국은 낮은 유가를 견뎌낼 수 있었고, 아울러 미국의 셰일 생산업체 같은 신생 기업들에게 시장 점유율을 내주고 싶지도 않았다. 그래서 OPEC은 생산량을 일정하게 유지하기로 결정했고, 유가 폭락으로 미국의 셰일 생산업체의 사업 모델이 파괴되고 시장에서 퇴출당하기를 기대했다.[241]

이것은 러시아에는 나쁜 소식이었다. 실제로 여름 이후 유가는 절반으로 떨어졌다.[242] 배럴당 60달러로, 이제 유가는 2008년 금융위기 이후 최저 수준을 기록했다. 루블의 폭락으로 많은 러시아인이 휴가 여행 계획을 취소했다.[243] 이에 나비울리나는 뭇매를 맞았다. 러시아 의회의 한 의원은 러시아 중앙은행에 대해 범죄혐의를 수사할 것을 요구하며 중앙은행을 "국가의 적"이라고 몰아붙이고, 나비울리나가 "최대의 해악"을 끼치려 한다고 비난했다.[244] 하지만 위기가 결정적인 단계에 접어들었음에도 푸틴은 자신의 금융 수장을 지지했다.

12월 11일 목요일, 나비울리나는 다시 금리를 인상하여 이번에는 10.5%에 이르렀다.[245] 그날 늦게 그녀는 로스네프트로 향했다. 이 거대 석유 회사는 불과 10일 안에 70억 달러의 대출을 상환해야 했다. 서구 자본시장에서 이 자금을 조달할 수 없었던 로스네프트는 6,250억 루블(약 100억 달러)의 채권을 발행했다.[246] 로스네프트는 나비울리나의 지원을 받아, 비슷한 러시아 정부 채권보다 낮은 수익률로 채권을 매각했다. 12월 15일 월요일, 러시아 중앙은행은 로스네프트 채권을 담보로 받고 루블을 제공했다. 이 복잡한 계획은 사실상 러시아 중앙은행이 로스네프트를 구제한 것과 다름없었다.[247]

시장의 반응은 냉담했다. 유가의 변동이 없었음에도, 월요일에 루블은 달러 대비 10% 하락했다. 이는 러시아가 1998년에 국내 부채를 채무불이행 선언한 이후 하루 동안 발생한 폭락 가운데 최악의 폭락이었다.[248] 그 사태가 발생한 이유는 다소 의문스러웠지만, 가장 그럴듯한 설명은 로스네프트가 부채를 상환하는 데 필요한 달러를 확보하려고 루블을 대량으로 팔았다는 것이다. 그날 늦게 나비울리나는 루블의 폭락을 막기 위해 러시아 중앙은행의 준비금에서 수십억 달러를 투입했다. 하지만 아무런 소용이 없었다.

푸틴은 긴급회의를 소집했다. 그는 나비울리나와 소수의 자문위원들과 함께 밤늦게까지 다음으로 무엇을 해야 할지 논의했다. 오전 1시, 그들은 결정을 내렸다. 나비울리나는 러시아 중앙은행이 기준금리를 17%로 인상했다고 발표했다. 650bp basis point (기준 포인트. 1bp=0.01%이므로, 650bp는 6.5% 금리 인상을 의미한다.–옮긴이)라는 대폭적인 금리 인상은 최종적으로 루블의 가치 하락을 저지하는 바닥을 마련하기 위한 것이었다. 하지만 시장은 이를 공황의 신호로 해석했다. '검은 화요일'로 알려진 이 사건으로 루블의 가치는 수직으로 하락했다.[249] 한때 달러당 80루블까지 폭락하다가 70루블 안팎에서 마감했다. 결론적으로 루블의 가치는 불과 몇 달 만에 절반으로 떨어졌다.

러시아인들은 은행 앞에 길게 늘어서 루블을 달러와 유로로 바꾸려고 초조하게 기다렸고, 반짝이는 환전 표지판의 환율을 보며 자신이 저축한 돈이 사라지는 것을 지켜보았다. 한편 다른 사람들은 세탁기, 텔레비전, 냉장고를 사려고 가전제품 판매장으로 달려갔다. 이 모든 상품이 루블 더미보다 더 안전한 투자처럼 보였다. 볼보는 러시아 내 대리점에서 자동차 판매를 중단했고, 애플도 아이폰 판매를 중단했다.[250]

다음 날 스베르방크 고객 100만 명이 출금이 곧 제한될 것이라는 경고가 담긴 익명의 문자 메시지를 받았다.[251] 이 메시지는 가짜로 판명되었는데, 아마도 독립적인 사이버 트롤cyber troll이나 외국 요원의 소행이었을 것으로 추정되었다. 그렇지만 공황 상태에서는 그럴듯한 이야기로 보였다. 스베르방크의 현금인출기 앞에 길게 늘어선 줄이 생겼고, 일주일 안에 고객들은 1조 3,000억 루블(약 200억 달러)이 넘는 금액을 인출했다.[252] 이는 엄청난 규모의 은행예금 인출 사태였다.

나비울리나는 지금까지 해왔듯이, 이자율을 인상하고 준비금을 줄이는 전형적인 정책을 시행했다. 하지만 효과가 없었다. 이에 푸틴의 안보위원회는 크렘린의 내부 인사 몇 명을 러시아 중앙은행의 주요 직책에 배치했다.[253] 나비울리나는 자리를 지킬 수는 있었지만, 그녀의 정통적인 방법은 버려야 했다. 강경한 대응이 필요한 순간이었다.

러시아는 신속히 일련의 비공식적인 자본 통제를 시행했다.[254] 먼저 러시아의 최대 수출업체들(경제에서 경화에 대한 접근성을 유지하는 유일한 부문)에게 보유한 달러를 루블로 환전하도록 강요했다. 또한 푸틴은 부유한 러시아인들에게 돈을 조국으로 가져오는 경우 조건 없는 사면을 해주겠다고 제안했다. 러시아 정부는 지급 불능 상태에 빠져 있던 시중은행인 트러스트뱅크Trust Bank와 러시아에서 세 번째로 큰 항공사인 유테이르UTair를 구제하기 위해 개입했다. 그리고 러시아 최대 국유은행들이 자본을 확충하여 이 폭풍을 견뎌낼 수 있도록 약 1조 5,000억 루블을 지원했다.[255]

이러한 특단의 조치로 루블은 안정되었지만 그 대가는 엄청났다. 2014년 말까지 러시아의 외환보유액은 3,900억 달러 이하로 떨어졌다. 이는 푸틴이 크림반도를 점령하기 직전보다 약 1,200억 달러가 감소한 수치이다. 투자자들은 러시아에서 1,500억 달러가 넘는 자본을 회수했고, 이 때문에 2014년은 러시아 역사상 최악의 자본 유출을 기록한 해가 되었다.[256] 2015년 새해를 맞아 S&P는 러시아의 신용등급을 투기등급으로 강등했는데, 이는 푸틴의 집권 초기 이후로 처음 있는 불명예였다.[257] 러시아 부채에 대한 신용 부도 스와프CDS 비용이 파키스탄과 레바논 부채에 대한 유사한 보험 비용보다 높았다.[258] 러시아 경제는 숨 막힐 듯한 경기 침체로 치닫고 있었다.

평범한 러시아인들에게 2014년 12월의 시련과 그 후유증은 2008년 금융위기보다 훨씬 더 고통스러웠다.[259] 실질소득은 그 후 2015년 내내 약 10% 감소했는데, 이는 푸틴이 대통령에 취임하기 전인 1990년대 후반 이후로 가장 큰 내림세였다.[260] 지금까지 푸틴은 유가 상승과 생활 수준의 향상으로 권력을 공고히 해왔다. 그런데 이제 그 업적이 위험에 처하고 말았다.

루블-달러 환율(교환비)과 유가(2014~2015년)

- 러시아의 크림 반도 합병
- 미국의 러시아에 대한 첫 번째 부문별 제재
- 유럽연합의 러시아에 대한 첫 번째 부문별 제재
- 민스크 I 협정 체결
- 미국과 유럽연합의 러시아에 대한 두 번째 부문별 제재
- 말레이시아 항공 17편 (MH17) 격추 사건
- 러시아 중앙은행 기준금리 17%로 인상, 루블 '검은 화요일'에 폭락
- 민스크 II 협정 체결

브렌트유 1배럴당 가격(왼쪽 세로축) ——— 루블/달러(오른쪽 세로축)

출처: 국제통화기금(IMF), 리피니티브 데이터스트림(Refinitiv Datastream), 러시아 중앙은행.

서구의 제재가 마침내 효과를 발휘하고 있었다. 러시아가 자본 시장에 접근하는 것을 차단하자고 처음 제안한 달립 싱은 옳았다. 제재는 부정적인 악순환을 촉발했고, 유가 폭락으로 인해 이 같은 악순환은 더욱 심화되었다. 푸틴조차 전체 루블 하락의 최소 25%는 제재가 원인이라고 인정했다. 푸틴의 측근인 또 다른 저명한 경제학자 알렉세이 쿠드린Alexei Kudrin은 그 비율이 40%에 가깝다고 보았다.[261]

2015년 1월 20일, 오바마는 국정 연설을 하기 위해 미국 국회 의사당의 가득 찬 청중 앞에 섰다. 외교 정책에 대한 질문에, 그는 여느 때처럼 침착해 보였다. 그는 "작년에 우리는 동맹국들과 함께 제재를 부과하는 힘든 작업을 했습니다. 푸틴의 공격적인 행보는 뛰어난 전략과 힘을 보여주었다는 해석이 있었습니다. 이는 몇몇 사람들에게 들은 이야기입니다"라고 말했다. 오바마는 가볍게 미소를 지으며 말을 이어갔다. "하지만 글쎄요, 오늘날 미국은 동맹국들과 함께 굳건히 단결해 있지만, 러시아는 경제가 만신창이가 된 채 고립되어 있습니다."**262**

미국의 경제 무기는 러시아 같은 강대국조차 휘청거리게 만들 수 있었다. 하지만 제재는 우크라이나의 실제 상황을 바꾸지는 못했다. 크림반도에는 여전히 러시아 국기가 펄럭이고 있었고, 러시아가 지원하는 민병대도 여전히 돈바스 지역을 장악하고 있었다. 그리고 오바마의 연설이 전 세계 TV 화면에 방송되는 동안 푸틴의 전사들은 새로운 공세를 준비하고 있었다.

나락에서 벗어나다

Back from the Edge

모스크바의 1월은 추위와 어둠, 그리고 눈으로 가득했다. 극심한 경기침체가 가까스로 통제되는 가운데 러시아인들은 정교회 성탄절을 맞이했지만, 서서히 퍼지는 의구심이 그들의 축제 행사에 그림자를 드리웠다.[263] 적어도 마음 한편으로는 러시아가 우크라이나에 과도한 개입을 한 것이 아닌지 걱정하지 않을 수 없었다.

블라디미르 푸틴은 도박꾼이었지만 운이 바뀌면 재빨리 적응할 줄도 알았다. 새해 첫날, 자칭 도네츠크인민공화국의 초대 총리는 노보로시야 프로젝트가 "잘못된 출발"이며 "이뤄지지 않은 꿈"이라고 인정했다.[264] 그 후 얼마 지나지 않아 러시아가 지원하는 돈바스 지역의 두 개의 분리주의 미니 국가(루한스크인민공화국과 도네츠크인민공화국-옮긴이)의 지도자들은 우크라이나 영토의 약 40%를 차지하는 가상의 국가인 노보로시야를 건설하려는 계획을 공식적으로 중단했다[265](비교하자면 분리주의자들은 현재 우크라이나 영토의 5%도 안 되는 면적을 차지하고 있다).[266] 푸틴과 그의 제국주의적 꿈은 겸손해졌다. 크렘린은 노보로시야의 지도를 버렸거나, 아니면 나중에 다시 꺼내 볼 수 있도록 서류함에 넣어두었을지도 모른다.

워싱턴에는 불안정한 기운이 감돌고 있었지만 분위기는 더 낙관적이었다. 지난해 12월, 러시아 경제가 위기에 처했을 때 달립 싱은 잭 루 재무부 장관에게 메시지를 전달했다. 싱은 "우리는 재정적으로 완전한 결정타를 날릴 능력이 있습니다. 만약 우리가 원한다면 말이죠"라고 말했다. 싱은 의무감 때문에 그 정보를 제공했을 뿐, 그렇게 하는 것이 옳은 일이라고 생각해서는 아니었다. 사실 러시아가 통제 불능의 금융위기에 빠지는 것을 막는 것이 미국 정책의 명확한 목적이었다. 그 전염 위험이 너무 컸기 때문이다.

루는 "특히 유럽에는 상당한 부수적 위험이 있었다. 그리고 우리는 2011년과 2014년 내내 유럽의 경제 붕괴가 미국의 또 다른 경기침체로 이어지지는 않을지 걱정하며 많은 시간을 보냈다"라고 설명했다.[267] 게다가 러시아 경제를 파탄 내는 것이 기존 제재보다 우크라이나에서의 철수를 촉진할 수 있을지는 전혀 분명하지 않았다. 러시아인들은 강인한 사람들이었다. 루는 "그들이 하는 말 중의 하나는 '우리는 레닌그라드에서 살아남았어. 이 정도

쯤이야'였다. 그들이 감내할 수 있다고 정한 기준은 우리가 견딜 만하다고 생각하는 범위를 훨씬 넘어섰다"라고 말했다.[268]

대신 12월 말에 미국과 유럽연합은 러시아가 점령한 크림반도만을 겨냥한 새로운 제재를 발표했다.[269] 이러한 제재로 서구 기업들은 크림반도 경제의 어느 부분에 투자하거나 거래하는 것이 불법이 되었다. 대니얼 프리드의 말에 따르면, 이 새로운 제재의 목표는 "푸틴의 전쟁 포상을 부채로 만드는 것"이었다. 전기에서부터 물까지 크림반도의 모든 기본 인프라는 여전히 우크라이나에 의존하고 있었다. 크림반도는 러시아와 육지로 연결되어 있지 않고, 폭이 수 킬로미터에 달하는 케르치 해협을 사이에 두고 나뉘어 있다. 푸틴이 크림반도 합병을 실제로 영구적인 것으로 만들고자 한다면 전기와 물 등 이 모든 인프라는 실행할 수 없었다. 다시 말해 이 영토를 러시아에 편입하려면 수십억 달러를 써야 한다는 뜻이다. 특히 서구의 도움 없이는 필요한 인프라를 구축하는 것은 어려울 것이다. 빅토리아 눌란드가 말한 대로였다. "다른 나라의 영토를 덥석 삼키다간 목구멍에 걸릴 것이다."[270]

크림반도에 대한 접근 방식은 1940년에 소련이 에스토니아, 라트비아, 리투아니아를 점령했을 때 서구가 보인 반응과 닮아 있었다. 반세기 동안 서구의 지도자들은 발트 3국에 대한 모스크바의 주장을 인정하지 않았다. 1991년에 이 세 나라가 다시 독립했을 때, 이들 나라는 자신들의 국가적 정체성을 유지하고 있었으며, 유럽 내에서 독립 국가로 번영할 준비가 되어 있었다. 크림반도 제재는 이 같은 서구의 정책이 반영된 더욱 공격적인 보복이었

국가는 무엇으로 싸우는가

다. 즉 서구는 말과 행동으로 크림반도가 러시아에 동화되는 것을 막기 위해 최선을 다할 것이라는 뜻이었다.

게다가 크림반도에 대한 단독적인 처벌을 시행함으로써 미국과 유럽은 러시아에게 나머지 모든 제재는 협상 대상이 될 수 있다는 신호를 보냈다. 그들은 푸틴이 크림반도 합병을 절대 철회하지 않을 것으로 판단했지만, 돈바스에서는 철수할 의향이 있을 것으로 보았기 때문에 그곳에 승부수를 던졌다. 푸틴에게 제시한 결론은 우크라이나 동부에서 전쟁을 끝내면, 러시아가 가장 강력한 제재에서 벗어날 수 있다는 것이었다. 이를테면 엑슨모빌은 북극 지역에서 다시 시추를 시작할 수 있을 것이고, 로스네프트와 스베르방크는 다시 한번 서구 은행에서 마음껏 돈을 빌릴 수 있을 것이다. 크림반도를 제외하고 러시아와 서구는 정상적인 경제적 관계를 다시 수립할 수 있다는 의미이다.

푸틴이 그런 거래를 받아들일 마음이 있는지는 불확실했다. 민스크 협정은 이제 그 내용이 적힌 종이만큼의 가치도 없어졌다. 페트로 포로셴코 대통령은 도네츠크와 루한스크에 더 많은 자치권을 부여하기 위한 예비 조치를 취했지만, 러시아가 지원하는 민병대는 그 지역을 떠나지 않았다. 전투는 잦아들었어도 절대 멈추지 않았다. 그러던 중 1월에 그 민병대가 도네츠크 국제공항을 장악하려고 공격하면서 수개월 만에 최악의 적대적인 교전이 벌어졌다. 끊임없는 포격으로 공항은 마치 재난 지역처럼 폐허가 되어버렸다. 2013년에 100만 명이 넘는 승객을 실어 나르던 공항은 이제 그림자만 남았다. 그렇지만 그 장소는 상징적 의미를 지니고 있어서, 일부 용감한 우크라이나 낙하산병들은 수개월 동안 그곳을 지켜냈다. 피비린내 나는 전투 끝에, 푸틴의 전사들은 1월 말 공항을 점령했다.[271] 결국 민스크 협정은 무산되었다.[272]

미국의 관리들은 러시아가 다음 순서로 우크라이나 남동부 해안의 산업 항구인 마리우폴을 노릴 것이라 걱정했다. 마리우폴은 크림반도와 러시아가 점령한 돈바스 지역 사이에 끼어 있었다. 푸틴이 마리우폴을 손에 넣으면 합병한 영토로 연결되는 육로를 확보할 수 있게 된다. 우크라이나는 공격 가능성에 대비하여 마리우폴의 방어를 강화했고, 서구 정부들은 몇몇 대형 러시아 은행과 기업들을 겨냥한 이른바 '거부 프로그램' 등과 같은 또 다른 제재를 준비했다. 이러한 처벌은 자본시장 제한을 넘어 달러와 유로로 된 모든 결제를 금지하는 내용이었다. 즉 표적이 된 러시아 기업이 서구 은행에 돈을 결제하려 하면, 돈이 그대로 반환되는 식이다. 이 조치는 이란식 차단 제재의 효과를 상당 부분 발휘하면서도, 완전한 자산동결로 인한 혼란은 피할 수 있을 것이다. 서구는 '거부 프로그램'이라는 위협과 그 도시를 둘러싼 강력한 우크라이나의 방어망을 결합하여 경제적, 군사적 방어장치로 마리우폴을 보호하고자 했다.

그러나 러시아가 지원하는 전투원들은 마리우폴을 공격하는 대신, 작고 잘 알려지지 않은 마을이지만 중요한 고속도로와 철도 교차로가 있는 드발체프를 점령하기 위한 공세를 시작했다.[273] 드발체프는 석탄, 철, 강철을 비롯한 돈바스의 풍부한 산업 생산물을 운송하는 중심지였다. 또한 러시아가 우크라이나에서 떼어내려고 노력하던 돈바스 지역의 두 도시인 도네츠크와 루한스크를 연결하는 도시이기도 했다.

드발체프 주변의 전투가 격렬해지자, 오바마 행정부는 치명적인 살상 무기 지원에 관한 논의를 다시 시작했다. 우크라이나군은 러시아 장갑차량 부대의 침공을 막아낼 수 있는 휴대용 미국산 대전차 미사일인 재블린Javelin을 요청했다. 국방부와 국무부 관계자를 포함하여 백악관 상황실에 있던 참여자들 대부분은 우크라이나에 재블린을 보내는 것을 지지했다. 조 바이든 부통령도 마찬가지였다.[274] 하지만 오바마는 여전히 결정을 내리지 못했다.

본래 오바마가 신중한 성향이기도 하고, 우크라이나에 무기를 제공하는 것을 단호히 반대했던 앙겔라 메르켈 총리의 영향을 받은 것이기도 했다. 민스크 협정이 결렬된 이후, 그녀와 프랑수아 올랑드 대통령은 노르망디 포맷을 다시 가동하며 새로운 평화 협정을 강력하게 추진했다. 독일과 프랑스 정상은 푸틴과 포로셴코 대통령과 정기적으로 통화했고, 그들을 직접 만나기 위해 모스크바와 키이우로 날아가기도 했다.[275] 독일과 프랑스 모두 러시아 경제의 급속한 악화에 겁을 먹었고, 그것이 자국 경제로 번질 것을 우려했다. 이들 국가는 마치 메스처럼 정교하게 작용할 줄 알았던 제재가 그렇게 큰 상처를 입힐 줄은 예상하지 못했다.

기독교 민주연합 소속인 메르켈은 모스크바에 우호적인 사회민주당과 연립하여 독일을 이끌고 있었기에, 국내에서 러시아에 대한 제재를 완화하라는 정치적 압력을 받고 있었다. 독일의 외무부 장관이자 사회민주당의 프랑크발터 슈타인마이어 Frank-Walter

Steinmeier는 더 이상 "나사를 조이지 말라"고 조언했다. 또한 경제부 장관인 사회민주당의 지그마르 가브리엘Sigmar Gabriel은 추가 제재가 "큰 불길로 번질 위험이 있다"라고 경고하면서, 서구는 "러시아를 완전히 무너뜨리려 해서는 안 된다"라고 말했다.[276]

당시 프랑스는 파리에서 일어난 끔찍한 테러 공격으로 큰 충격을 받아 휘청이고 있었다. 이슬람 극단주의자들이 풍자 신문인 〈샤를리 에브도Charlie Hebdo〉를 공격하여 12명을 총으로 살해한 사건이었다. 올랑드 대통령은 러시아보다 테러리즘을 훨씬 더 큰 위협으로 여겼는데, 지하드 세력과의 세계적인 싸움에서 러시아가 동맹국으로 역할을 해줄 수도 있으리라 생각했다. 올랑드는 이 노르망디 협상 틀이 진전을 이뤄 러시아에 대한 제재가 해제될 수 있기를 바란다고 공개적으로 밝혔다. 게다가 그는 푸틴이 돈바스에 관심이 없다고 믿는 경향이 있었다. 올랑드는 "푸틴은 우크라이나 동부를 합병하고 싶어 하지 않는다. 그가 내게 그렇게 말했다"라고 단언했다.[277]

메르켈과 올랑드 모두 우크라이나 분쟁이 그저 조용히 종식되기를 바랐다. 2월 8일, 그들은 푸틴과 포로셴코 대통령과 전화 회의를 하며 실패한 민스크 협정의 후속 방안을 논의했다.[278] 전화 통화 후, 메르켈은 오바마 대통령과 만나기 위해 워싱턴의 오벌 오피스(대통령 집무실)로 향했다. 그녀는 미국 정부가 우크라이나에 재블린 미사일을 지원하는 문제를 두고 막바지 결정 단계에 이르렀음을 알고 있었다. 메르켈은 오바마에게 그런 움직임이 자신과 푸틴과의 외교를 위태롭게 할 것이라고 직접 말하고 싶었다.

미국의 정치 및 외교 정책 기관 대부분은 우크라이나에 무기를 공급하는 것을 선호했다. 메르켈 총리가 도착한 날, 존 매케인 상원의원은 독일 공영 라디오를 통해 그녀에게 이 같은 메시지를 보냈다. "우크라이나가 스스로 방어할 수 있도록 돕기 전까지, 얼마나 많은 사람들이 더 희생되어야 합니까?"라고 매케인이 물었다.[279]

하지만 오바마는 매케인보다 메르켈의 관점을 더 중요하게 여겼다. 독일에 대한 국가안보국NSA의 도청 스캔들 이후 최악의 시기를 겪은 독일과 미국의 관계는 다시 호전 중이었다. 이러한 관계 개선의 상당 부분은 우크라이나 사태에서 워싱턴과 베를린 간의 긴밀한 협력 덕분이었다. 게다가 메르켈은 이전에 유럽연합이 강력한 제재를 가하도록 결의를 불어넣은 적도 있었다. 오바마는 그 공을 소홀히 여기지 않았다. 그는 재블린 선적을 중단하기로 했다. 며칠 후 메르켈과 올랑드는 민스크에서 푸틴과 포로셴코와 16시간 동안 협상을 이어갔다. 그들은 마라톤협상 끝에 (세련되지도 않고 불길한 이름인) '민스크 II 협정'이라는 새로운 합의를 성사시켰다.[280]

메르켈과 올랑드의 외교는 미국이 우크라이나에 무기를 제공하지 않도록 설득했을 뿐만 아니라 추가 제재의 흐름마저 꺾어 놓았다. 그들이 설정한 금지선red line은 드발체프가 아니라 마리우폴 앞에 그어졌다. 게다가 러시아 경제가 침체되었을 때 더욱 압박하는 것에 관한 유럽연합 내에서의 합의가 이루어지지 않았다.

민스크 II 협정은 이전 모델보다 더 세부적이었지만 기본 윤곽은 동일했다. 우크라이나는 도네츠크와 루한스크 같은 러시아어

우크라이나와 러시아 점령지 (2015년 2월)

벨라루스

러시아

폴란드

르비우

드네스트르강

우크라이나

키이우 ★

하르키우

루한스크

드발체프

도네츠크

러시아에 합병된
영토

러시아의 대리인들이
차지한 영토

푸틴과 측근들이
'노보로시야'라고
명명한 영토

몰도바

키시너우

미콜라이우

드니프로강

드니프로

마리우폴

로스토프나도누

헤르손

오데사

아조프해

크림반도

세바스토폴

흑해

루마니아

불가리아

© 2024 Jeffrey L. Ward

사용 지역에 더 많은 자치권을 부여하는 대가로, 이곳 동부 지역에 대한 통제권을 되찾고자 했다. 푸틴이 이 협정을 진지하게 이행한다면, 이 합의는 분쟁을 해결할 돌파구가 될 수도 있을 것으로 보았다.

민스크 II 협정이 체결된 후, 초반 분위기는 기대감을 주지 못했다. 드발체프 주변에 있는 푸틴의 전사들은 민스크 II 협정에 전혀 개의치 않았다. 그 합의에는 드발체프를 누가 통제해야 하는지 명시되어 있지 않았기 때문에, 그들은 무차별적으로 포탄을 퍼부었다. 그 결과 수백 명이 사망하고 부상을 입었으며, 2월 18일에 우크라이나 군대가 철수했다. 쓰라린 패배 후, 상처를 치료하던 어느 우크라이나 군인은 이렇게 말했다. "온전한 도시라곤 찾아볼 수 없다."[281]

푸틴의 노보로시야 꿈은 잠시 멈췄다. 하지만 우크라이나인들은 자신의 국가를 되찾을 수 없었다. 러시아 대통령은 돈바스를 자기 영토로 주장할 수 없다면, 대신 이 지역을 곪아 터진 지옥 구덩이로 만들어 우크라이나의 피와 재산을 소모하고, 친서방으로 향하는 발걸음을 붙잡으려 했다.[282] 이것은 푸틴이 상상했던 승리는 아니었지만, 그래도 일종의 승리나 다름없었다.

푸틴은 2014년을 수세에 몰린 채로 마무리했다. 그러나 2015년이 시작된 지 두 달도 안 되어, 그는 다시 활력을 되찾았다. 푸틴은 항상 서구를 타락하고 나약한 존재로 여겼는데, 서구의 제재 정책은 그 같은 자신이 생각이 옳았음을 증명하는 듯했다. 미국과 유럽은 러시아 경제를 한계점까지 몰아붙였지만, 결국 물러섰다. 푸틴은 자신이 옳았다고 확신할 만했다. 그의 다음 단계는 러시아에 대한 제재를 완전히 없애는 것이 될 것이다. 그리고 우크라이나에서 철수하여 제재를 걷어내는 것이 아니라, 오히려 서구를 내부로부터 흔드는 방식으로 목표를 달성하려 했다.

33

러시아는
뇌물을 싣고

From Russia with Bribes

블라디미르 푸틴은 러시아에 미치는 제재의 영향을 잘 알고 있었다. 다만 서구가 그 제재를 계속 고수할 의지가 있는지에 대해서는 의심이 들었다.

러시아에서 대기업 거물들은 크렘린의 족쇄에 갇혀 있었다. 그들이 푸틴을 거역하면 생계를 잃거나 목숨까지 잃을 수 있었다. 하지만 푸틴이 보기에, 서구의 상황은 그와 정반대였다. 미국과 유럽의 민간 부문은 사업 기회를 놓치는 것을 가만히 앉아서 지켜보지는 않을 것으로 보였다. 독일의 어떤 정부도 독일 산업계에 압력을 가하고 살아남을 수는 없을 것이다. 오바마는 엑슨모빌의 이익이 줄어드는 것을 개의치 않을 수도 있지만, 정작 대통령직에

국가는 무엇으로 싸우는가

머물 시간은 얼마 남지 않았다. 게다가 유럽연합의 28개 회원국은 6개월마다 제재를 유지하기로 만장일치로 동의해야 했다. 따라서 그들 연합의 헝가리나 키프로스 같은 나라는 얼마든지 구워삶을 수 있을 것이다.

푸틴은 서구 국가들의 제재 연합의 약한 고리를 찾아 파고들었다. 제재를 약화시키는 것은 러시아 경제에 압박을 줄이는 효과 외에도, 서구 동맹국들 사이에 분열을 조장하는 지정학적 이점도 얻을 수 있을 것이다. 만약 헝가리가 제재 연장에 거부권을 행사한다면, 폴란드와 리투아니아 정부의 반러시아 강경파가 어떤 반응을 보일지 상상해 보라. 그들이 억지로라도 웃으며 참을 수 있을까? 오히려 유럽연합을 찢어 놓을 내부적 위기가 발생할 가능성이 더 컸다.

2014년 말 호주 브리즈번에서 열린 세계 정상회담에서 당시 유럽연합 집행위원장을 맡고 있던 룩셈부르크 정치인 장클로드 융커Jean-Claude Juncker는, 푸틴에게 대서양 연합을 분열시키려는 시도는 헛수고라고 경고했다. 이에 대한 푸틴의 답변은 자신감이 넘쳤다. "실패할 일은 없을 겁니다."[283]

푸틴의 첫 번째 목표물은 그리스였다. 2015년 1월 그리스 국민은 급진 좌파 성향의 반체제 정당인 시리자SYRIZA가 이끄는 정부를 선출했다. 그리스는 수년간 극심한 경제위기로 신음하고 있었으며, 실업률은 거의 27%에 달했고 여섯 명 중 한 명이 하루 끼니를 걱정해야 하는 상황이었다.[284] 신임 총리 알렉시스 치프라스Alexis Tsipras는 유럽연합 집행위원회, 유럽중앙은행, IMF로 이루어진 이 트로이카가 자국에 부과한 긴축 조치에 맞서 싸울 것을 다짐했다. 그리스는 국내적인 문제가 너무 많았기 때문에 우크라이나를 위해 희생을 감수하려는 의지는 제한적일 수밖에 없었다.

거의 즉각적으로 푸틴의 측근들은 아테네의 새 정부 구성원들과 관계를 구축하기 시작했다.[285] 그리고 호의적인 반응을 보이는 상대를 찾았다. 시리자가 집권한 지 며칠 후, 그리스의 신임 에너지 장관은 "그리스는 러시아에 제재를 가하는 데 전혀 관심이 없다. 우리는 러시아와 러시아 국민들과 갈등을 빚을 이유가 없다"라고 밝혔다.[286]

유럽연합의 부문별 제재는 7월에 만료될 예정이었다. 이제 러시아가 드발체프에서 승리한 상황에서, 유럽의 지도자들은 부문별 제재를 연말까지 연장할지를 논의해야 했다. 민스크 II 협정에 따르면, 러시아는 2015년 말까지 우크라이나 동부 국경 지역에 대한 통제권을 그 나라에 넘겨줘야 했으므로, 이번에 제재가 연장되면 그 협정의 시한과 제재 시기를 맞출 수 있었다.

부문별 제재 연장이 불투명한 상황에서, 푸틴은 4월에 알렉시스 치프라스를 모스크바로 초대하여 일대일 면담을 했다. 치프라스는 부채 협상을 놓고 유럽연합과 의견이 맞지 않았다. 한편 푸틴은 제재를 놓고 유럽연합과 의견이 달랐다. 어쩌면 그들은 이해관계에 따른 동맹을 맺을 수도 있었다. 즉 그리스가 제재에 거부권을 행사하는 대가로, 러시아는 그리스의 엄청난 부채를 줄이는 데 도움을 주는 것이다.

푸틴은 치프라스의 모스크바 방문이 "더할 나위 없이 완벽한

국가는 무엇으로 싸우는가

타이밍이었습니다"라고 말했다.[287] 크렘린궁에서 푸틴과 나란히
선 치프라스는 제재에 대한 반대 의견을 분명히 밝혔다. 그는 "우
리는 그동안 여러 차례 반대 의사를 밝혔습니다. … 이것이 유럽
연합 동료들에게 계속해서 전달하는 우리의 입장입니다. 우리는
제재가 생산적인 결정이라고 생각하지 않습니다. 사실상 경제전
쟁이죠."[288]라고 단언했다.

치프라스는 그리스를 거쳐 러시아의 가스를 유럽으로 운송하
는 가스관에 대한 잠정적인 거래와 모스크바가 제공하는 미래 이
익과 연계된 50억 유로의 선급금을 약속받고 크렘린궁을 떠났
다.[289] 귀국한 치프라스는 의기양양했다. 그는 재무부 장관인 야
니스 바루파키스Yanis Varoufakis에게 푸틴으로부터 50억 유로의 지
원을 약속받았다고 말했다.[290] 2주 후, 가스프롬의 CEO 알렉세이
밀러Alexey Miller는 아테네로 날아가 치프라스 총리와 에너지부 장
관과 함께 가스관에 대한 협상을 계속했다.[291]

그 후 6월 무렵 그리스는 IMF에 대한 채무불이행 위기에 직면
했고, 치프라스는 푸틴과 가볍게 지내던 관계에서 진지한 관계로
전환하고 싶어 했다. 그달 치프라스는 화려한 비즈니스 콘퍼런스
인 상트페테르부르크 국제경제 포럼에 참석하기 위해 다시 러시
아를 방문했다.[292] 다른 모든 서구의 지도자들이 러시아가 우크라
이나에서 벌인 전쟁에 항의하며 이 행사를 보이콧했는데, 치프라
스가 참석했다는 것만으로도 그의 결의를 알 수 있었다. 하지만
푸틴은 그의 요청을 거절했다. 푸틴이 2개월 전에 치프라스에게
약속했던 가스관 거래는 장기적으로 그리스에 이익이 될 수 있겠

지만, 코앞에 닥친 채무불이행으로 치프라스는 '지금' 당장 수천억 유로가 필요했고, 러시아는 그만한 돈이 없었다. 오직 그 트로이카에서 가장 영향력 있는 국가인 독일만이 치프라스의 문제를 해결할 수 있었다. 푸틴은 치프라스에게 "당신은 독일과 협상을 이끌어내야 합니다"라고 말했다.[293]

러시아 재무부 장관인 안톤 실루아노프는 그리스 재무부 장관 바루파키스에게 전화를 걸어, 푸틴의 결정을 설명했다. 바루파키스의 기억에 따르면, 실루아노프는 그에게 "국제 제재로 모스크바의 금고가 비어가고 있어서, 유감스럽지만 도울 능력이 없습니다"라고 말했다.[294] 러시아가 처한 곤경은 참으로 아이러니했다. 제재를 피하고자 뇌물을 사용하려 했지만, 바로 그 제재 때문에 뇌물로 줄 현금이 부족했던 것이다.

결국 그리스를 설득하려는 러시아의 시도는 실패하고 말았다. 치프라스가 상트페테르부르크에서 돌아온 직후, 그와 다른 유럽연합 지도자들은 러시아에 대한 부문별 제재를 6개월 더 연장하기로 합의했다.[295] 그해 여름 후반에, 치프라스는 유럽연합으로부터 860억 유로의 구제금융을 받았다.[296]

푸틴은 다른 소규모 유럽연합 회원국들에도 그의 운을 시험해보았다. 푸틴은 키프로스 대통령 니코스 아나스타시아데스Nicos Anastasiades에게 특혜 대출을 제안했다.[297] 헝가리의 독재자 빅토르 오르반에게는 러시아산 원자로 두 개와 그 비용을 위한 자금 지원을 제안했다.[298] 그리고 슬로바키아 총리 로베르트 피초Robert Fico와 다른 여러 유럽의 지도자들에게는 저렴한 가스로 회유했다.[299]

국가는 무엇으로 싸우는가

그때마다 대니얼 프리드와 그의 팀은 유럽을 찾아가 제재에 회의적인 국가들에게 미국도 러시아 못지않게 그들의 입장을 중요하게 여긴다는 점을 상기시켰다. 헝가리와 슬로바키아는 집권 여당이 보인 반민주주의적 경향 때문에 미국의 분노를 샀던 터라, 그들 나라를 수년 만에 방문한 프리드가 가장 고위급의 미국 정부 방문객이었다. 프리드는 "이것은 정책의 문제이지 명분을 위한 일이 아닙니다. 저는 푸틴과 우크라이나 전쟁을 억제할 제재 정책을 추진하기 위해서라면 그 누구하고든 대화할 것입니다"라고 설명했다.[300] 프리드는 헝가리에서 외무부 장관인 시야르토 페테르Szijjártó Péter를 만났고, 슬로바키아에서는 피초를 직접 만났다. 프리드의 두 차례 방문 모두 대화 상대를 책망하기보다는 그들의 우려를 진지하게 듣는 데 주력했다. 결국 두 나라의 정부 모두 제재에 관한 유럽연합의 합의를 따랐다.

푸틴이 그 제재 연합에서 가장 약한 국가들을 매수할 수 없었다면, 아마도 가장 강한 국가들을 설득하려 했을 것이다. 실제로 푸틴이 치프라스의 요청을 거절한 상트페테르부르크 회담 이후, 가스프롬은 발트해를 가로질러 독일로 가는 새로운 가스관을 건설하기로 합의했다. 이른바 '노르트스트림 2Nord Stream 2'는 연간 550억 세제곱미터의 천연가스를 유럽에 공급하는 프로젝트로, 우크라이나를 가로지르는 가스관에 대한 유럽연합의 의존도를 크게 줄일

것으로 전망된다.[301] 노르트스트림 2가 건설되면 우크라이나는 중요한 가스 운송료를 징수하지 못하게 되고, 러시아는 유럽 고객에게 영향을 주지 않고 우크라이나로 가는 가스 공급을 차단할 수 있다.[302] 그러면 우크라이나는 큰 전략적 타격을 받을 수도 있다. 가스프롬은 이 프로젝트 비용의 절반을 부담하고, 나머지 비용은 영국의 셸, 오스트리아의 OMV, 독일의 빈터샬Wintershall(화학 대기업인 BASF의 자회사) 등 유럽의 에너지 기업 컨소시엄에서 조달할 예정이다.

메르켈은 노르트스트림 2가 순전히 상업적 사업이라고 주장했다. 가스프롬을 제외하면 주요 주주들 가운데 국유기업은 없었다. 독일은 이 프로젝트 자금에 납세자의 돈을 사용하지 않았고, 가스관과 관련하여 그 어떤 제재를 위반한 사항도 없었다. 미국과 유럽은 러시아에 대한 경제전쟁에서 러시아의 가스 산업은 건드리지 않기로 명확히 합의했었다. 로스네프트에는 쉽게 적용했던 제재를 가스프롬에는 거부했을 만큼 그들의 의지는 매우 강력했다. 미국 정부는 가스프롬의 사장인 알렉세이 밀러에게는 개인적인 제재도 가하지 않았고, 그 때문에 밀러는 푸틴의 측근들 가운데 제재를 피한 가장 저명한 인물로 알려졌다.

이렇게 전부 규정 안에서 한 일이었지만, 노르트스트림 2 계약은 메르켈의 여러 유럽 동료들을 화나게 했다. 독일이 러시아와 새로운 대규모 거래를 체결하고 있는데, 어떻게 유럽연합이 단결하여 러시아를 제재하자고 주장할 수 있을까? 그것은 위선처럼 보였다. 폴란드와 리투아니아는 예상대로 그 가스관 사업에 반대

국가는 무엇으로 싸우는가

했고, 이탈리아와 슬로바키아도 반대했다. 이탈리아의 총리 마테오 렌치는 분노했다.[303] 그동안 많은 소규모 이탈리아 기업들이 러시아에서 좋은 사업을 포기했다. 그런데 이제 독일의 사업가들이 러시아에 손을 내밀고 있었다.

12월이 되어도 우크라이나는 여전히 동부 지역을 장악하지 못했다. 유럽연합의 제재를 6개월 더 연장하는 것은 당연한 결정처럼 보였다. 하지만 렌치는 노르트스트림 2에 너무 화가 나서, 그 가스관 사업에 대해 토론하자며 결정을 보류했다.[304] 유럽연합은 결국 제재를 연장했지만, 유럽연합 내에서 불화를 조장하려는 푸틴의 노력은 뚜렷한 효과를 발휘하고 있었다.[305]

푸틴이 옳았다. 독일 지도자들은 자국의 대기업과 맞설 준비가 되어 있지 않았다. 메르켈 정부는 노르트스트림 2를 옹호하는 것 외에도, 독일 산업의 강자인 지멘스가 러시아에 가스터빈 7개를 판매했을 때도 모른 척했다. 가스관 프로젝트처럼 이 거래도 기술적으로는 제재 대상에 해당하지 않았다. 그러나 러시아의 주장과 달리 모스크바가 크림반도에서 그 가스터빈을 사용할 의도가 있었다는 점과, 푸틴이 크림반도에 새로운 인프라를 건설하는 데 터빈이 핵심 요소라는 강력한 증거가 있었다.[306] 그 가스터빈을 크림반도로 옮기는 것은 명백한 제재 위반이었다.

러시아의 의도를 파악하는 데 특별한 추리는 필요하지 않았다. 크림반도에 건설 중인 두 개의 새로운 발전소는 지멘스의 터빈하고만 호환되었다. 프리드와 다른 미국 관리들은 지멘스 측에 그 터빈들이 거의 확실하게 크림반도로 향할 것이라고 경고했다. 심지어 〈로이터〉가 러시아의 계획을 폭로하는 뉴스 기사를 보도하기도 했다.[307] 하지만 지멘스의 CEO 조 케저 Joe Kaeser는 러시아의 크림반도 합병 직후 모스크바를 방문해 자신의 최우선 과제를 분명히 밝혔다. 그는 "지멘스는 1853년부터 러시아에 진출했으며 많은 성공과 실패를 겪어왔습니다. 오늘날처럼 정치적으로 어려운 시기에도 대화의 끈을 이어가고 싶습니다"라고 말했다.[308] 지멘스는 터빈을 전달한 후 러시아가 그것을 곧바로 크림반도로 옮겼을 때 모르쇠로 일관했다. 독일 정부는 그 과정에서 줄곧 지멘스를 지지했다.

푸틴이 독일 산업계를 끌어들이려 구애했지만 이미 시행 중인 제재를 끝내지는 못했다. 하지만 이는 독일(나아가 유럽연합)의 추가 제재에 대한 열의를 꺾었다. 러시아가 민스크 II 협정의 이행을 차일피일 미루고 돈바스의 민병대를 계속 지원했음에도 불구하고, 유럽연합은 더 이상의 추가 제재를 단행하지 않았다. 이러한 정체 상태는 그 자체로 푸틴에게는 승리였으며, 러시아 경제가 회복할 시간을 벌어주었다. 그리고 결국 돈바스 지역의 전투가 고착화하고 잊힌 분쟁이 되어, 서구가 관심을 거두고 제재는 흐지부지될 것이라는 기대감이 러시아에 생겨나기 시작했다.

34 불길한 생각

"Dark Thought"

2015년 9월 30일 오전 9시, 러시아의 한 3성 장군이 바그다드에 있는 미국 대사관에 예고도 없이 나타났다. 그의 메시지는 간결했다. 러시아 전투기들이 곧 시리아에 공습을 가할 것이니, 미국은 즉시 영공에서 벗어나라는 전갈이었다. 또한 그는 "해당 지역에 병력이 주둔하고 있다면 철수할 것을 요청합니다"라고 말했다.[309]

미국 관리들은 그의 요청을 받아들이지 않았다. 1시간 후, 러시아의 폭탄이 시리아 전역의 목표물을 강타했다.[310]

러시아의 새로운 시리아 공습 작전은 자국 군대의 시리아 내 개입을 극적으로 확대한 행보였다. 러시아는 이번 공습이 시리아와 이웃 국가인 이라크의 광대한 지역을 장악한 테러 집단인 ISIS를 겨냥한 것이라고 공식적으로 발표했다. 하지만 실제로는 잔혹한 시리아 독재자이자 푸틴의 충직한 동맹인 바샤르 알아사드에 반대하는 여러 세력을 겨냥한 것이었다.[311]

시리아 공습을 개시하기 이틀 전, 푸틴은 뉴욕에서 열린 유엔 총회에 참석하여 오바마를 만났다.[312] 우크라이나 사태 이후 처음으로 양자 회담을 갖는 자리였다. 오바마가 회담에 응한 이유는, 러시아가 시리아 내에서 군사력을 증강했기 때문이었다. 미국은 이미 ISIS를 근절하기 위한 국제적 연합을 이끌고 있었고, 푸틴도 그 자리에 끼고 싶어 했다.

시리아에서 푸틴의 주요 목표는 알아사드의 통치를 강화하고, 미국이 (비록 일관성이 없을지라도) 지정학적 초점을 다른 곳으로 옮기려 하는 동안, 러시아가 중동에 발판을 마련하는 것이었다. 하지만 이 책략에는 잘 드러나지 않은 또 다른 측면이 있었다. 2015년 가을까지 잔혹한 시리아 내전과 그와 함께 발생한 이 지역의 ISIS의 확산으로 수백만 명의 난민이 이웃 국가들로 탈출했다는 점이다.[313] 그중 많은 사람이 결국 유럽으로 향했고, 2015년에는 제2차 세계대전 이후 가장 많은 숫자인 100만 명이 넘는 사람들이 유럽에 망명을 요청했다. 이 위기의 근본 원인인 시리아 내전을 해결하는 것이 현재 미국과 유럽연합 주요 국가들의 최우선 외교 정책이 되었다. 푸틴은 서구 지도자들 앞에서 ISIS와의 싸움에 협력할 의사를 내보이면, 그들이 우크라이나에 대한 우려를 제쳐둘 수도 있다는 것을 알고 있었다.

국가는 무엇으로 싸우는가

과거에도 러시아의 이 같은 전략은 잘 먹혀들었다. 조지 W. 부시와 버락 오바마 대통령 모두 임기 초기에 지금 가장 시급하다고 생각한 문제에 대한 협력을 확보하려, 러시아의 과거 잘못을 눈감아 준 적이 있었다. 미국은 러시아를 하나의 독자적인 외교 정책 대상으로 여기기보다 다른 정책 영역(아프가니스탄, 이란, 테러 방지 등)에서 판세를 좌우할 수 있는 국가로 보는 경향이 있었다. 마치 선거에서 경합주swing state처럼 말이다. ISIS의 부상은 푸틴에게 이런 경향을 이용할 새로운 기회를 제공했다.

많은 유럽 지도자들 역시 러시아와 관계를 재설정하기를 원했다. 2015년 11월, 유럽연합 집행위원장인 장클로드 융커는 푸틴에게 유럽연합과 러시아 간의 더 긴밀한 관계를 요청하며 "유감스럽게도 지난 한 해 동안에는 그런 관계를 발전시킬 수 없었습니다"라는 내용의 서한을 보냈다.[314] 융커는 유럽연합과 푸틴의 역점 사업인 유라시아경제연합EAEU과의 무역협정을 제안하기까지 했다.[315] 그러던 중 같은 달 파리에서 끔찍한 이슬람 극단주의 테러가 발생해 이 나라를 뒤흔들었다. ISIS 공격범들은 파리 곳곳에서 조직적인 총격과 자살 폭탄 테러를 일으켜 130명을 살해했다. 그 공격이 있고 2주 뒤, 프랑수아 올랑드 대통령은 모스크바로 날아가 시리아에서 ISIS와 싸우기 위한 '광범위한 연합'을 촉구했다.[316]

일부 유럽 정부들은 9개월 전에 프랑스와 독일의 중재로 체결된 민스크 II 평화협정의 '부분적 이행'에 대한 대가로, 제재의 '부분적 해제'를 추진하고 있었다. 당시 푸틴은 협정에서 약속했던 것과는 달리 우크라이나가 동부 국경을 통제하는 것을 허용하지 않을 것이 분명해 보였다. 하지만 푸틴이 몇몇 정치범들을 석방하거나 돈바스의 민병대에게 우크라이나 진지를 향한 발포를 중단하라고 명령한다면, 아마도 그것만으로 유럽연합은 일부 제재를 해제할 수도 있었을 것이다.

이에 러시아로부터 가장 큰 위협을 받는 유럽연합 회원국인 폴란드, 발트 3국, 북유럽 국가들은 불안해했다. 리투아니아의 외무부 장관 리나스 린케비치우스Linas Linkevičius는 융커가 푸틴에게 보낸 편지에, 러시아의 우크라이나 침략이나 서구의 제재를 언급하지 않은 것에 놀라움을 표했다.[317] 그가 보기에 우크라이나는 "러시아의 행동을 가늠하는 시금석"이었고, 이 문제에 관한 러시아의 신호는 결코 긍정적이지 않았다.[318] 린케비치우스는 "러시아의 정책이 명확하거나 혹은 건설적으로 변화한 모습이 보이지 않는다"라고 말했다.[319] 그런데도 다른 서구 지도자들은 사실상 우크라이나를 내버려둔 채, 대테러 협력과 관련하여 러시아와 어떤 식으로든 타협을 고려하고 있다는 징후가 있었다.

2015년 12월 초, 브뤼셀에서 열린 간담회에서 린케비치우스와 함께 발표한 대니얼 프리드는 리투아니아의 외교관이 "그런 종류의 타협이 있을 것이라는 불길한 생각을 떠올린 것"도 무리가 아니라고 인정했다.[320] 그러나 프리드는 린케비치우스에게 "우리는 그런 종류의 타협에는 관심이 없습니다"라고 확신시켰다.

그로부터 2주 후, 존 케리 국무부 장관은 모스크바를 방문하여 시리아 문제를 중심으로 크렘린에서 푸틴과 3시간 동안 회담을 가졌다. 그 후 케리는 푸틴과 일부 '공통된 입장'을 확인했다고 말했다.[321] 그러나 제재의 '부분적 해제'라는 생각에 대해서는 일축했다. 케리는 2016년 2월 뮌헨 안보회의에서 "러시아에게는 간단한 선택지가 있습니다. 민스크 협정을 완전히 이행할지, 아니면 경제적으로 피해를 주는 제재를 계속 받을지 정하는 것입니다"라고 발표했다.[322] 그리고 이렇게 덧붙였다. "간단히 말해서 러시아는 자국의 주권에 대한 존중을 주장하는 것처럼, 우크라이나의 주권을 존중할 것임을 행동으로 증명할 수 있습니다."

시리아 문제를 두고 러시아와 긴밀한 협력을 공개적으로 추진하고 있던 미국 국무부 장관의 발언인 만큼, 이 말에는 무게감이 느껴졌다. 미국은 우크라이나가 돈바스 지역의 통제권을 되찾을 때까지 제재를 확고히 유지할 것이다. 시간이 얼마나 걸리든, 푸틴이 어떠한 매력적인 제안을 내놓든 상관없었다.

러시아와 서구의 경제적 충돌은 시간이 지나면서 예측 가능한 양상을 보였다. 유럽이 제재에 거부권을 행사할지도 모른다는 우려는 가라앉았고, 미국은 시리아 문제를 이유로 푸틴과의 관계를 재설정할 가능성을 거부했다. 유럽연합은 6개월마다 의무적으로 제재를 갱신했고, 미국은 '제재 유지 관리'를 수행했다. 이러한 관리는 허점을 보완하고, 제재를 회피하는 전략을 점검하기 위해 제재 대상 목록을 업데이트하는 것으로 이루어졌다. 경제전쟁은 불안한 교착 상태로 접어들었다. 여전히 가끔 충돌이 일어났지만, 전선에는 별다른 변화가 없었다.

푸틴은 그리스와 헝가리에 뇌물을 주고, 독일 산업계와 가스관 계약을 맺고, ISIS와의 싸움에 없어서는 안 될 협력자로 자신을 내

세우는 등 다양한 방법을 동원하여 제재를 무산시키려 했다. 그중 어느 것도 완전한 효과를 내지는 못했다. 하지만 푸틴은 이 경제 전쟁에서 교착 상태를 끝어내며 부분적인 승리를 거두었다.

그의 다음 목표물은 정치인이나 기업 거물이 아니었다. 그것은 바로 미국 유권자들의 마음이었다.

35 황금빛 에스컬레이터를 이용한 탈출

A Way Out via Golden Escalator

　　오바마 행정부의 마지막 해를 맞이하면서, 대통령과 그의 내각은 그들이 어떤 유산을 남길지를 고민하고 있었다. 재무부 장관 잭 루는 오바마 임기 처음부터 내각에 합류하여 끝까지 남은 몇 안 되는 공직자였다. 루는 수많은 중요한 문제들을 다루어왔지만, 오바마 행정부의 제재 접근 방식이 이례적이고 중요하다고 판단해 고별 연설을 할 가치가 있다고 생각했다. 그 연설 날짜는 2016년 3월 30일로 정해졌고, 그는 워싱턴의 싱크탱크인 카네기 국제평화재단을 자신의 연설 장소로 선택했다.

　　루는 "경제 제재는 명확하고 조율된 외교 정책 목표를 수행하는 데 강력한 힘이 되었습니다. 이는 외교만으로는 충분하지 않고, 군사적 대응은 적절하지 않은 상황에서 전략적 힘이 됩니다"라고 말했다. 일례로 그는 이란의 핵 프로그램을 축소하는 합의를 이끌어낸 대이란 경제전쟁의 극적인 성공을 높이 평가했다.

그는 또한 미국이 러시아에 제재를 가하면서 미묘한 경계를 지키며 적절한 수준을 유지한 점을 칭찬했다. "어떤 사람들은 미국이 가진 모든 제재 수단을 동원해야 한다고 주장했습니다. 하지만 오바마 대통령은 동맹국들과 협력하여 조율된 대응책을 개발하라고 지시했습니다. 이런 접근법은 강력하고 균형 잡힌 압박으로서, 우리의 선택지를 유지하면서도 러시아의 행동에 따라 제재 강도를 조절할 수 있도록 설계했습니다"라고 루는 설명했다. 그리고 이렇게 말을 이어갔다. 미국은 "(우위를 차지할 수 있는) 비대칭성을 찾아냈습니다. 바로 러시아 정부가 유럽과 미국의 기술 및 자금에 의존하는 특정 분야이지만, 그곳에 대한 제재가 미국이나 우리의 동맹국, 러시아 국민에게 미치는 파급 효과는 최소화할 수 있는 분야였습니다."

그리고 루는 경고를 덧붙이며 연설을 마쳤다. "제재는 가볍게 사용해서는 안 됩니다. 제재로 인해 외교 관계가 긴장되고, 세계 경제가 흔들리며, 국내외 기업들에게 실질적인 비용이 발생할 수 있습니다. … 가장 큰 위험은 제재의 '과도한 사용'으로 미국 금융 체계의 세계적 중심 역할이 위협받을 수 있으며, 앞으로 나타날 제재의 효과에도 부정적인 영향을 미칠 수 있습니다. 미국이 신중하지 않으면 제재의 과도한 사용은 세계 경제에서 우리의 지도적 위치를 훼손할 수 있습니다."[323]

이란 핵 협상과 우크라이나 사태 당시 재무부를 이끌었던 루가 그토록 경고의 목소리를 냈다는 것은 주목할 만하다. 하지만 이는 경제전쟁이 미국의 외교 정책에서 얼마나 중요한 요소가 되었는 지를 잘 보여주는 대목이었다. 루는 오바마 행정부가 제재를 현명하게 사용했다고 믿었지만 이런 지혜는 쉽게 얻은 것이 아니며, 후임자들이 그 정도로 현명할지는 장담할 수 없었다. 그는 이 같은 위험을 방지하기 위해 몇 가지 모범 사례를 마련하고자 노력했다. 루의 설명에 따르면, 이란과 러시아에 대한 제재 활동은 둘 다 모범 사례였다. 비록 러시아의 경우는 이란처럼 명확한 승리를 거두지는 못했지만 말이다.

이란 제재에 대한 루의 판단에 반대하기는 어렵다. 하지만 러시아 제재의 경우는 더 불분명했다. 푸틴의 우크라이나 전쟁은 백악관을 깜짝 놀라게 했다. 갑자기 같은 핵 강대국이 침략 행위를 일으키자, 오바마 행정부의 많은 사람들은 제재가 최선은 아니지만 그나마 상대적으로 더 나은 선택이라고 생각했다. 게다가 미국은 러시아 경제가 흔들릴 것을 우려해 1차 제재는 푸틴의 심복들에 대한 개인적인 제재로 제한했다. 이 조치들은 푸틴 최측근의 생활 방식에 타격을 입히는 것이었다. 이탈리아 당국은 푸틴의 유도 파트너인 아르카디 로텐베르크가 소유한 사르데냐의 빌라 몇 채와 로마의 호텔 하나를 압수했다.[324] 겐나디 팀첸코는 자신이 설립한 수익성 있는 석유 거래 회사인 군보르의 주식을 청산했다.[325]

하지만 푸틴은 이 남자들의 손해를 후하게 보상해 주었다. 로텐베르크에게는 유럽에서 가장 긴 약 19킬로미터의 다리를 건설하는 수십억 달러 규모의 계약을 체결하게 해주었다.[326] 이것은 케르치 해협을 가로질러 크림반도와 러시아 본토를 연결하는 다리였다. 또한 팀첸코와 로텐베르크는 모두 중국으로 가는 이른바 '시베리아의 힘' 가스관의 일부 구간을 건설하는 수익성 높은 수의계약을 따냈다.[327] 그들이 지중해에서 즐겼던 파티는 줄었지만, 부를 유지했고 푸틴과 가까운 관계도 유지했다. 이 같은 제재가 러시아의 외교 정책에 어떤 영향을 미쳤다는 증거는 전혀 없었다.

그렇기에 부문별 제재가 더 중요했다. 대서양 연합을 분열시키거나 세계 경제의 건전성을 위협하지 않으면서도, 푸틴의 계산을 바꿀 만큼 강력한 경제 무기를 설계하는 데는 수개월이 걸렸다. 대니얼 프리드 같은 외교관들이 수천 마일의 항공 마일리지를 쌓고, 달립 싱 같은 금융 전문가들이 '메스와 같은' 제재를 고안하면서 결국 미국은 균형점을 찾아냈다.

경제적인 측면만 보았을 때, 그 제재들은 사람들의 상상을 뛰어넘는 효과를 발휘했다. 먼저 국제 유가의 폭락으로 러시아 경제는 급속히 침체에 빠졌다. 2015년에 러시아는 전쟁으로 파괴된 리비아와 남수단에 버금갈 정도로 세계에서 가장 나쁜 경제 실적을 기록했다.[328] 달러 대비 루블의 가치가 절반으로 폭락했고, 다시 이전 수준으로 회복하지 못했다. 인플레이션은 15% 이상 치솟았다.[329] 러시아의 외환보유액이 2009년 이후 처음으로 4,000억 달러 이하로 감소했다.[330] 이를 다시 복원하는 데는 몇 년이 걸릴 것이다.

가장 중요한 것은 제재가 러시아 경제를 뚜껑처럼 누르고 있는 데, 이를 제거하기가 매우 어렵다는 점이었다. IMF에 따르면, 러시아의 경제 성장은 "제재와 유가 하락이 닥치면서 사실상 멈췄다."[331] 서구 자본시장에 완전하게 접근할 수 없어서 러시아는 수천억 달러 규모의 투자를 놓쳤다.[332] 제재가 없었다면 이러한 자금은 경제 성장을 촉진했을 것이며, 푸틴이 군사력에 더 많은 돈을 투자할 수 있도록 했을 것이다.

이 모든 것은 실제로 서구가 이란 같은 중간 규모의 경제뿐만 아니라, 세계 시장에 깊이 통합된 대규모 경제에도 엄청난 경제적 압박을 가할 수 있다는 것을 증명했다. 그것은 세계화 자체가 어떻게 무기로 변형될 수 있는지를 입증하는 또 다른 증거였다. 러시아 경제가 비교적 온건한 제재에도 불구하고 급격히 침체한 것은, 경제가 세계화할수록 경제전쟁에 더 취약하다는 것을 보여준다.

주목할 만한 점은 미국과 유럽에 대한 역효과는 미미했다는 것이다. 우크라이나 사태 초기에, 잭 루 재무부 장관과 오바마 행정부의 다른 고위 관리들은 러시아와의 경제전쟁으로 유럽연합이 붕괴할 수도 있음을 우려했다. 하지만 예상과 달리 서구의 제재와 러시아의 식품 수입 금지가 복합적으로 작용했는데도, 유럽의 경제 성과에는 미미한 영향조차 끼치지 못했다.[333] 유일한 예외는 발트 3국이었는데, 그들은 우크라이나 사태 전에 수출품의 40%를 러시아로 보내던 관계였기 때문이다.[334] 그러나 그들 국가는 유럽연합의 다른 국가보다 훨씬 더 큰 고통을 겪었음에도 러시아에 대한 제재를 가장 열렬히 지지했다. 일례로 리투아니아의 유제품 산업은 러시아 시장을 잃으면서 파산 직전으로 치닫고 있었다.[335] 2015년 빌뉴스 외곽에서 국무부와 재무부 관리 팀이 리투아니아의 한 낙농업자를 만났을 때, 그들은 그녀가 불만을 토로할 것으로 예상했다. 물론 그녀는 불만을 표하기는 했지만, 자신의 사업이 쇠퇴한 것 때문은 아니었다. 그녀는 "러시아를 더 강하게 압박해야 합니다"라고 말했다.

대니얼 프리드와 그의 동료들은 새로운 종류의 경제전쟁을 만들어냈다. 이란에 대한 작전은 미국의 막강한 경제 무기로 그 이슬람 공화국에 큰 타격을 입힘으로써 충격과 공포를 안겨주는 것이 목표였다. 의회의 강력한 지지에 힘입어 스튜어트 레비와 애덤 주빈 등의 관료들은 이란을 국제 금융 체계에서 축출하고, 이란의 석유 수입을 급감시켰으며, 전 세계 기업들에게 이란과 손을 끊지 않으면 달러에 접근할 수 없을 것이라고 위협했다. 이와 대조적으로 러시아에 대한 작전은 일련의 외과적 정밀 타격이었다. 미국은 유럽연합과 전적인 협력하에 러시아의 자본과 기술 접근을 제한했다. 러시아와 벌이는 사업 대부분은 그대로 유지되었다. 제재는 러시아 경제에 큰 피해를 주었지만, 그 파급 효과는 비교적 제한적이었다.

그러나 이란의 경우와 마찬가지로 경제적 피해가 제재의 최종 목표는 아니었다. 그것은 단지 하나의 수단일 뿐이고, 최종적인 목표는 푸틴의 우크라이나 정책을 바꾸는 것이었다. 그리고 그런 점에서 볼 때 러시아를 겨냥한 제재 작전은 그다지 효과적이지 않았다. 물론 제재가 억제 효과를 발휘했을 수는 있다. 러시아의 급격한 경제위기는 푸틴이 노보로시야 계획을 보류하도록 영향을

국가는 무엇으로 싸우는가

미쳤을 가능성이 크다. 하지만 결국 제재는 실패로 끝났다. 제재로 우크라이나의 영토에 대한 통제권을 회복하지 못했고, 그사이 러시아는 경제를 안정시키고 군사력을 계속 증강할 수 있는 여유를 얻었다.

결과는 그와 같았지만, 잭 루와 마찬가지로 대니얼 프리드와 그의 팀은 자신들의 일에 자부심을 느꼈다. 그들은 서구의 단합을 유지하면서도 러시아에 대해 고수해 온 미국의 관성적인 정책 방향을 바꾸는 데 도움을 주었다. 하지만 그들은 미국 행정부가 지나치게 신중한 태도를 보인 것이 잘못된 결정이었을 수도 있다고 의심했다. 미국은 러시아에 고통을 주는 것보다 의도치 않은 경제적 결과를 피하는 것을 우선시했다. 더불어 미국은 유럽과의 외교적 협력도 중시했는데, 그 때문에 처벌의 강도는 더욱 약해졌다.

이 두 가지 요인은 결국 미국을 점진주의로 이끌었다. 러시아가 크림반도를 합병한 직후, 미국의 관리들은 경제 무기를 전면적으로 사용하는 대신, 수개월 동안 숫자나 따지고 동맹국들과 협상하면서 이란에 가했던 것보다 훨씬 약한 제재를 마련했다. 이러한 결정은 러시아를 상대로 경제전쟁을 시작하는 것에 대한 오바마 행정부의 두려움과 불확실성을 반영한 것이었다. 세계 경제는 2008년 금융위기로부터 여전히 회복 중이었고, 그중에서도 유럽은 특히 취약한 상태였다. 이러한 상황에서 러시아를 경제적 절벽으로 내모는 것은 너무나 위험해 보였다. 러시아에 제재를 가하는 것에는 정치적 위험도 있었다. 미국의 기업들은 이 제재에 직접적인 이해관계가 있었고, 의회는 이란에 대해 그랬던 것만큼 러시아를 고립시키는 데는 열성적이지 않았다. 그리고 제재에 대해 유럽이 지지할지는 항상 의문스러웠다. 유럽연합은 러시아의 에너지에 크게 의존하고 있어서 이 동쪽의 이웃과 오래 경제적 갈등에 휘말린다면 잃을 것이 많았다. MH17 항공기 참사 이후 유럽이 제재에 열의를 보인 것은 예외적인 일이었지 일반적인 것은 아니었다.

결국 서구의 신중함은 값비싼 실수인 것으로 판명되었다. 그 신중함 때문에 러시아는 초기의 제재 충격을 흡수하고, 이전과 거의 다름없이 행동을 계속할 수 있었다. 또한 그 신중함 덕택에 푸틴은 우크라이나에 가한 피해를 되돌리기 위한 어떤 조치도 취하지 않으면서도, 러시아를 어느 정도 재건하고 회복할 기회를 얻었다. 그리고 그 신중함 때문에 궁극적으로 서구는 유약하고, 고강도 경제적 대립의 부담을 지고 싶어 하지 않는다는 푸틴의 견해가 더 굳건해졌다. 이 모든 것은 현재의 위기를 훨씬 넘어서는 파장을 불러올 것으로 보였다.

이란에 대한 경제전쟁과 러시아를 상대로 한 경제전쟁 사이에는 아주 중요한 차이가 있다. 이란 제재 작전에서는 이란의 핵 활동을 예전 수준으로 완전히 되돌리는 것보다 단순히 '동결'하는 것이 미국에 유리했다. 그러기 위해 제재를 일부 해제해야 하더라도 말이다. 미완성 핵 프로그램은 핵무기 비축과 같은 것이 아니었으며, 이란은 세계 경제에서 완전히 고립되어 있었기에 일부 제재를 완화하더라도 이란에서 사업이 활성화하기는 거의 불가능했다. 핵 개발 동결만으로도 이란은 여전히 핵무기를 보유하지 못할 것이고, 경제는 여전히 휘청거리게 될 것이다.

국가는 무엇으로 싸우는가

러시아 제재 작전에서는 상황이 반대였다. 제재가 강화되지 않는 한 우크라이나 분쟁을 동결하는 것이 러시아에 유리했다. 푸틴의 우크라이나 점령은 미완성 상태였지만, 여전히 점령 중이었으며 시간이 갈수록 우크라이나 영토에 대한 러시아의 통제는 공고해졌다. 게다가 서구의 '메스와 같은' 제재는 러시아를 언제까지나 영원히 불안정하게 만들 만큼 위협적이지는 않았다. 2015년이 끝날 무렵 러시아 경제는 충분히 안정을 되찾았는데, 금융 잡지인 〈유로머니Euromoney〉가 엘비라 나비울리나를 "올해의 중앙은행 총재"로 지명할 정도였다.[336] 그녀의 정책은 러시아가 심연으로 빠져드는 것을 막았다.

또한 우크라이나 분쟁을 동결하는 것은 푸틴에게 미국의 경제 전쟁으로부터 자국의 경제를 보호할 시간을 더 벌어주었다. 제재가 부과된 후 몇 년 동안 러시아는 달러 의존도를 꾸준히 줄였다.[337] 러시아는 외환보유액을 달러에서 다른 통화로 다각화했다. 즉 미르 카드 결제 시스템과 SWIFT의 대안인 SPFS를 구축했으며, 외국과의 무역을 유로나 위안, 기타 비非달러 통화로 더 많이 결제했다. 또한 러시아는 중국과의 동맹도 강화했다. 중국은 러시아의 천연자원을 탐욕스럽게 받아들이고, 서구 은행들이 거부한 러시아의 에너지 프로젝트에 자금을 지원했다. 이 같은 결과가 바로 잭 루가 제재에 대한 과도한 의존이 세계 경제에서 미국의 지도력을 약화시킬 수 있다고 우려한 모습이었다.

그 동결이 푸틴에게 유리한 또 다른 이유가 있었다. 현재의 분쟁 상황이 충분히 오래 지속된다면, 결국 러시아와 우호 관계를 맺으려 하는 새로운 미국 행정부가 들어설 수도 있다는 점이었다. 시소를 타듯 오락가락하는 이 같은 모습은 냉전 시대 이후 러시아 에 대한 미국의 정책에서 계속 되풀이되는 주제였다. 그리고 2015년 6월 도널드 트럼프가 뉴욕 트럼프타워의 황금빛 에스컬 레이터를 타고 내려오며 대선 출마를 선언했을 때, 그 가능성은 어느 때보다 뚜렷해졌다.

도널드 트럼프는 거의 모든 면에서 공화당의 예비선거 경쟁자 들과 달랐다. 외교 정책에서 가장 뚜렷한 차이는 아마도 러시아에 관한 시각이었을 것이다. 트럼프는 종종 러시아 지도자에 대한 존 경심을 언급했다. 크림반도 합병은 "정말 영리했다"라고 하고, 푸 틴에게는 "주도권을 잡고 놀라운 일을 해냈다"라고 평했다.[338] 다 른 공화당원들은 오바마와 그의 후계자로 지목된 힐러리 클린턴이 러시아에 너무 관대하다고 비판했지만, 트럼프는 자신이 당선된 다면 "푸틴과 러시아와 좋은 관계를 맺을 것"이라고 약속했다.[339]

트럼프는 공화당 후보 지명에 가까워지자, 크렘린과 가까운 보 좌관을 여럿 고용했다. 예를 들어 폴 매너포트Paul Manafort는 가장 최근에 우크라이나의 전 대통령이자 푸틴의 꼭두각시인 빅토르 야누코비치의 고문으로 일했는데, 트럼프를 위한 전당대회 전략 가로 영입되었다. 그리고 결국 트럼프 선거운동 캠프 전체의 본부 장이 되었다.[340]

푸틴이 트럼프의 승리가 자신에게 유리할 것으로 판단한 것은 그리 놀라운 일이 아니다. 게다가 푸틴은 트럼프의 민주당 경쟁 상대였던 힐러리 클린턴을 경멸했다. 그녀는 2013년까지 국무부 장관을 역임했는데, 푸틴이 2011년에 러시아 대통령으로 복귀하기로 결정한 후 발생한 시위 물결을 두고 그녀에게 책임을 돌리며 비난했다(힐러리는 당시 러시아의 시위가 자유롭고 공정한 선거를 요구하는 시민의 목소리라며 지지를 표했고, 푸틴은 그녀가 시위의 배후인 '외부 세력'이라고 주장했다.-옮긴이).

아니나 다를까 실제로 잭 루가 카네기 재단에서 연설할 무렵, FBI 요원들이 예고도 없이 브루클린에 있는 힐러리의 선거운동 본부에 나타났다. 그 요원들은 힐러리의 선거운동 캠프가 고도로 정교한 사이버 공격을 받았다고 했다. 요원들이 말하지는 않았지만 러시아가 이 공격의 배후에 있었고(이미 의심받고 있었다),[341] 해커들이 민주당 전국위원회DNC의 컴퓨터 시스템에 침입한 다른 사건도 사실로 판명되었다. 그들 중 누구도 불과 며칠 전에 힐러리의 선거운동 본부장인 존 포데스타John Podesta가 스피어피싱spearfishing(이메일을 이용하여 특정 인물의 개인 정보를 탈취하는 사이버 공격의 일종-옮긴이) 공격을 받아, 자신의 이메일이 러시아에 넘어갔다는 사실을 알지 못했다.[342]

처음에 오바마 행정부는 그다지 걱정하지 않았다. 러시아의 사이버 침입은 특별할 것 없는 여느 스파이 활동처럼 보였다.[343] 그런데 러시아의 해킹 소식이 처음 보도된 다음 날인 6월 15일에 민주당 전국위원회의 이메일이 온라인에 게시되었다. 그다음 달에는 필라델피아에서 열리는 민주당 전당대회 전날에 훨씬 더 많은 이메일이 공개되었다.

유출된 내용들은 충격적이었다. 민주당 전국위원회가 힐러리 클린턴을 그녀의 예비선거 경쟁자인 버니 샌더스Bernie Sanders보다 선호했다는 것을 보여주는 내용이었기 때문이다. 그로 인해 민주당 전국위원회 의장 데비 와서먼 슐츠Debbie Wasserman Schultz는 전당대회가 시작되기 몇 시간 전에 사임해야 했다.[344] 정보를 수집하는 것과 그것을 정보전의 무기로 사용하는 것은 별개의 문제였다. 이 사안은 빅토리아 눌란드가 "Fuck the EU"라고 말한 통화 내용이 유출된 사건과 비슷하게 느껴졌지만, 규모는 더 크고 훨씬 더 심각한 결과를 불러왔다.

그 후 8월에 CIA 국장 존 브레넌John Brennan은 오바마에게 푸틴이 직접 러시아연방보안국FSB에 미국 선거에 개입하라는 지시를 내렸다고 보고했다.[345] 이것은 매우 중대한 일이었다. 브레넌은 러시아 측 상대인 알렉산드르 보르트니코프Alexander Bortnikov FSB 국장에게 전화를 걸어, 그 일을 그만두라고 말했다. 오바마가 마서스비니어드로 2주간 휴가를 떠나자, 브레넌과 대통령의 국가안보 팀 고위 관리들은 대응책을 마련하기 시작했다.

그들은 백악관 상황실에서 수차례 비밀스러운 논의를 했다.[346] 사전에 메모도 배포하지 않았다. 관계자들은 회의 주제가 무엇인지도 모른 채 그 회의에 소집되었다. 회의를 통해 참석자들은 사이버 공격으로 보복하는 것은 현명하지 않다는 결론을 내렸다. 당시 국무부 이인자인 토니 블링컨은 미국이 "사이버 영역에서 러시아와 보복성 공격을 주고받는 악순환에 빠지면 결국 패배할 수도 있다"라고 설명했다.[347] 미국이 가장 큰 이점을 가진 경제전쟁으로 상대를 반격하는 게 더 나았다. 재무부는 다시 한번 제재 선택지 목록을 작성했다.

이 작업을 진행하고 있을 때, 정보기관이 충격적인 소식을 발표했다. 러시아 해커들이 주州 선거 시스템에 너무 깊숙이 침투하여 실제 투표 집계를 바꿀 수 있다는 것이었다.[348] 갑자기 그사이 러시아가 감행한 해킹이나 유출 작전이 사소한 일처럼 느껴졌다. 당시 여론조사에서 힐러리는 트럼프보다 훨씬 앞서 있었고, 러시아의 이메일 유출 사건으로 상황이 바뀔 가능성은 낮아 보였다.[349] 하지만 만일 러시아가 투표 집계를 조작할 능력이 있다면 선거에 대한 대중의 신뢰가 무너질 것이고, 심지어 선거의 전 과정이 망가질 수도 있었다.

오바마가 뉴잉글랜드에서 돌아왔을 때, 대통령과 그의 팀은 신중한 접근법을 취하기로 했다. 그들은 선거 전에 러시아에 제재나 다른 중대한 처벌을 내리지 않기로 한 것이다. 그렇게 하면 너무 당파적으로 여겨질 수 있고, 더 나쁜 것은 푸틴을 자극하여 선거일에 혼란을 조장할 수도 있었기 때문이다.

빅토리아 눌란드도 설명했듯이, 오바마 대통령과 그의 보좌진이 진정으로 걱정했던 점은 선거일에 혼란이 발생하는 것이었다. 이와 대조적으로 백악관은 "다른 곳에서 매우 효과적이었다고 알려진 것들, 즉 여론을 바꾸기 위한 영향력 행사(러시아의 여론 공작 등-옮긴이) 캠페인에 충분히 신경 쓰지 않았다"라고 눌란드는 회

상했다.[350]

　9월 초, 중국 항저우에서 열린 G20 정상회의에 참석한 오바마와 푸틴은 통역사들만 대동하고 1시간 30분 동안 회담했다. 오바마는 나중에 자신의 메시지를 요약하면서, 러시아 지도자에게 "그만두라. 그렇지 않으면 심각한 결과에 직면할 것"이라고 말하며 사적인 경고를 했다고 한다.[351] 이 회의 내용을 보고 받은 한 미국 관리는, 오바마의 위협을 더욱 생생하게 묘사했다. "우리 선거를 건드리면, 당신들의 경제를 박살 내 버릴 겁니다."[352]

　눌란드와 행정부의 다른 러시아 전문가들은 실망했다. 그들은 수개월 동안 강경한 대응을 주장했었다. 눌란드는 "소련과 러시아를 대하며 내가 겪은 모든 교훈은, 우리가 처음부터 강력한 대책을 세워 그들을 억제해야 한다는 것이다. 특히 푸틴 같은 자들을 상대할 때는 우리를 계속 공격할 경우 치러야 할 대가를 계산하도록 만들어야 한다"라고 말했다.[353]

　임기가 얼마 남지 않은 오바마 팀이 공격적인 신규 제재를 했을 때 유럽의 지지를 얻을 수 있을지는 의문이었다. 미국이 행동하려면 혼자 행동해야 했다. 그래도 대니얼 프리드는 밀어붙이는 것을 선호했다. 프리드는 "우리가 러시아에 철퇴를 내렸어야 했는데 안타깝다. 아마 독일인과 프랑스인은 이를 원하지 않았을 것이다. 그들은 민스크 협정을 끝까지 지켜보려 했다. 하지만 우리는 더 강하게 대응했어야 했다"라고 말했다.[354]

　2016년 미국 대통령 선거에 대한 러시아의 개입에 대응하기 위해 오바마는 우크라이나 사태 때 선택했던 것과 매우 유사한 정책을 최종적으로 채택했다. 오바마는 러시아가 이미 얻은 이득을 되돌릴 만큼의 가혹한 조치는 취하지 않았다(러시아는 3월부터 보관해 온 존 포데스타의 이메일을 선거일 몇 주 전에 유출했다).[355] 오바마는 러시아의 우크라이나 일부 점령을 용인한 것처럼, 러시아가 미국 선거에 일정 수준 간섭한 것도 받아들였다. 대신 그는 러시아가 선거일에 투표 결과를 조작하거나, 우크라이나 영토로 더 깊숙이 침투하는 것 같은 추가적인 침해를 막기 위해 강력한 수단을 아껴두고 있었다.

마침내 2016년 11월 8일 미시간, 펜실베이니아, 위스콘신에서 나온 불과 7만 7,000표 차이가 트럼프에게 대통령직을 안겨주었다.[356] 오바마 팀은 충격에 빠졌다. 그들이 (앞서 일어난 사건에도 불구하고) 선거 개입에 대해 푸틴을 처벌하지 않은 주된 이유는 힐러리가 이길 것이라고 믿었기 때문이다. 그렇다면 그들은 어떻게 해야 할까?

다시 한번 그들은 신중함을 택했다. 강력한 제재는 트럼프 대통령 당선인이 대처하기 어려운 위기를 촉발할 수 있었다.[357] 그리고 어차피 트럼프는 펜 한 번 움직이는 것으로 그런 제재를 철회할 수 있는 인물이었다.[358]

12월 29일, 오바마는 러시아의 두 정보기관인 FSB와 GRU, 정보요원 4명, 그리고 러시아 정보기관을 도운 이름이 알려지지 않은 기업 세 곳에 제재를 부과했다.[359] 하지만 이들 중 누구도 미국에 자산을 보유하고 있지 않을 가능성이 컸다. 이에 추가적으로 국무부는 러시아 외교관 35명을 추방하고, 메릴랜드주와 뉴욕주에 있는 러시아 소유의 시설을 폐쇄했다.

오바마가 푸틴에게 비밀리에 사적으로 위협한 "심각한 결과"는 솜방망이 처벌에 불과했다. 그 결과 러시아 경제가 "박살" 나지 않을 것은 두말할 필요도 없었다. 오바마가 이 같은 제재를 발표한 날, 트럼프가 국가안보 보좌관으로 임명한 마이클 플린Michael Flynn 은 미국 주재 러시아 대사인 세르게이 키슬랴크Sergei Kislyak에게 전화를 걸었다. 플린은 러시아에 보복 행위를 자제할 것을 촉구했다. 트럼프가 백악관에 가면 양국의 관계가 더 좋아질 테니 "냉철한 판단을 하는 것이 최선"이라고 말했다.[360]

푸틴은 그 메시지를 받아들였다. 다음 날 푸틴은 러시아가 오바마의 행동에 전혀 대응하지 않을 것이라고 발표했다. 푸틴은 새로 들어서는 트럼프 행정부가 어떤 식으로 러시아와의 관계에 접근할지 지켜볼 생각이었다. 트럼프는 기뻐했다. 그는 트위터에 "(V. 푸틴의) 지연 조치는 정말 훌륭했다. 나는 그가 매우 영리하다는 것을 항상 알고 있었다!"라고 올렸다.[361]

우크라이나 사태 내내 푸틴은 서구를 끊임없이 과소평가했다. 푸틴은 별다른 저항에 부딪히지 않고 크림반도를 정복하고, 노보로시야를 건설할 수 있을 것으로 생각했다.

그런데 생각과는 달리 미국과 유럽은 러시아 경제를 강타하는 제재를 함께 가했다. 푸틴은 돈이나 가스관 거래, 또는 시리아 내전을 끝내겠다는 약속으로 그 제재를 해제할 수 있을 것으로 보았다. 하지만 미국과 유럽은 러시아가 돈바스를 떠날 때까지 제재를 유지하기로 약속했다.

국가는 무엇으로 싸우는가

도널드 트럼프가 백악관으로 입성할 준비를 할 무렵, 이제야 서구는 푸틴을 과소평가했다는 것을 깨닫기 시작했다.

제4부

기술 패권을 향한
중국의 도전

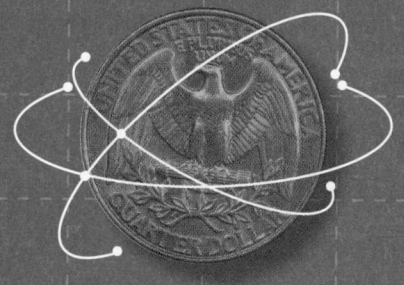

통역자

The Interpreter

어느 날 백악관에 엄청난 충격과 파문을 일으키는 소식이 전해졌다. 영국이 중국의 기술 대기업인 화웨이에게 차세대 통신망의 중추를 자국에 구축하도록 허가한다는 소식이었다. 5G로 알려진 이 네트워크는 이전 것보다 최대 100배 더 빠르며, 냉장고와 투석 펌프에서 공장 로봇, 자율 무기에 이르기까지 모든 것을 사물인터넷IoT으로 엮는 새로운 연결 시대를 열 것으로 기대되었다.[1] 트럼프 행정부는 이 새로운 시대가 화웨이 기술을 기반으로 구축된다면, 중국이 점점 심화하는 미국과의 지정학적 대립에서 엄청난 이점을 얻을 것이라고 믿었다.

2019년 4월 24일, 워싱턴의 봄은 절정에 달해 있었다. 하지만 트럼프 행정부 국가안전보장회의의 최고 중국 전문가인 맷 포틴저의 기분은 암울했다. 지난 2년 동안 그는 미국의 대중국 정책에 중요한 변화를 만들기 위해 많은 노력을 기울여왔다. 이 전환은 점진적이지만 확실하게 국가안보 관료 조직에 자리를 잡아가고 있었다. 미국 정부는 마침내 중국의 '평화적 부상peaceful rise'이 결국 그렇게 평화롭지 않다는 것을 인정했다.[2] 중국은 적수였고, 미국은 그 위협에 맞서기 위해 외교 정책을 재조정하고 있었다.

영국이 디지털 미래를 화웨이에 맡기기로 한 결정은 모든 것을 위태롭게 했다. 공식적으로 화웨이는 중국의 민간 기술 기업이었지만, 사실상 중국 정부의 산하기관처럼 기능하며 베이징의 지정학적 전략을 실행하는 역할을 했다.[3] 화웨이의 5G 장비(기지국, 안테나, 스위치 등)를 통과하는 모든 민감한 데이터는 중국의 광범위한 감시 장비의 영향권 아래에 있었다. 미국의 관리들이 더욱 걱정한 것은 화웨이 장비가 전 세계적으로 확산할 경우 언젠가 중국이 적국의 경제와 군사 작전을 원격으로 무너뜨릴 수도 있다는 점이었다. 만일 세계의 많은 지역이 도시와 산업 시설, 심지어 군대까지 화웨이에 그 운영을 의존하게 되면 중국공산당은 자국의 의도에 따라 사회 전체를 마비시킬 수도 있을 것이다.

미국의 가장 가까운 동맹국인 영국이 백악관의 강력한 반대에도 화웨이를 받아들인 것은 매우 좋지 않은 소식이었다. 5G 인프라를 구축하려는 다른 서구 국가들도 이제 화웨이의 기술 전문성과 비교적 저렴한 가격에 이끌려 영국의 사례를 따라 할 마음이 생길 것이기 때문이다. 트럼프의 국가안보 보좌관이었던 존 볼턴John Bolton은 "우리가 영국인들을 설득하지 못한다면, 유럽의 다른 누구도 설득할 수 없을 것이다"라고 회상했다.[4] 그리고 화웨이 장비가 전 세계 5G 네트워크를 구성하는 중추가 된다면, 중국공산당은 미국 달러에 버금가는 지정학적 자산을 획득하게 될 것이다. 이는 전 세계에 영향을 미치는 경제적, 정치적 '킬 스위치kill switch(비상 상황이나 작동 오류 발생 시, 장비나 시스템을 즉각 멈추는 장치-옮긴이)'가 될 수 있다는 뜻이다. 다시 말해 영국의 결정은 포틴저가 추진했던 새롭고 더 공격적인 대중국 전략에 불리하게 작용했다.

짧은 금발 머리의 전직 기자인 맷 포틴저는 고집 센 사업가와 거친 장군들, 공격적인 언론인들이 차지한 트럼프의 백악관에 어울리지 않는 특이한 인물이었다. 당시 46세였던 그는 동료들이 '보이스카우트'라고 부를 정도로 정부 안팎에서 성실하고 근면하며 지식이 풍부하다는 좋은 평가를 받았다.

포틴저는 고등학교 때부터 중국어 수업을 듣기 시작했고, 매사추세츠대학교 애머스트 캠퍼스에서 중국어를 전공했으며, 베이징과 대만에서 유학했다. 그는 중국에서 수년간 〈로이터〉와 〈월스트리트저널〉의 기자로 일하면서 중국어를 완벽하게 익혔다. 또한 그는 중국공산당 통치하에서 기자로서의 삶을 톡톡히 맛보기도 했다. 예를 들면 중국 당국에 체포되어 메모를 변기에 내려보내야

했던 적도 있었고, 베이징 스타벅스에서 중국 정부의 폭력배에게 기습적으로 얻어맞은 적도 있었다.[5]

2004년, 미국에 머물던 포틴저는 이라크에서 지하디스트인 아부 무사브 알자르카위Abu Musab al-Zarqawi가 미국인 인질을 참수하는 영상을 온라인에서 접했다. 이틀 후 그는 해병대 모집 담당자를 찾아가 지원서를 한 장 받아들고 나왔다. 그 뒤 중국으로 돌아갔지만, 그 지원서를 작성해야 할지 말지 여전히 확신하지 못했다. 그해 말 포틴저는 태국에서 발생한 파괴적인 쓰나미의 여파를 취재했고, 미국 해병대가 식량, 물, 의약품을 전달하기 위해 신속하게 투입되는 모습을 감탄하며 지켜보았다. 그는 그때까지 책상 위에 놓여 있던 지원서를 집어 들었다. 그리고 해병대의 혹독한

맷 포틴저: 트럼프 행정부의 전 국가안전보장회의NSC 아시아 담당 선임 보좌관.

체력 시험을 통과하고 나이 제한 면제를 받은 후(그는 이미 30대 초반이었다), 2005년 12월에 소위로 임관했다.

포틴저는 해병대에 복무하는 동안 이라크와 아프가니스탄에 파병되었고, 청동성장을 받았다. 또한 그가 마이클 플린이라는 미육군 정보장교의 주목을 받은 것도 이때였다. 두 사람 모두 군에서 전역한 지 몇 년 후, 포틴저가 뉴욕에서 미국 투자자들의 중국 경제 진출을 돕는 소규모 컨설팅 기업을 운영하고 있을 때, 도널드 트럼프 당선인이 플린을 국가안보 보좌관으로 임명했다. 플린은 그 자리에 24일밖에 있지 못하고 사임했다. 대통령직 인수 기간에 러시아 대사인 세르게이 키슬랴크와 비밀리에 소통했다는 사실이 밝혀졌기 때문이다.[6] 하지만 그는 적어도 하나의 유산을 남겼다. 플린이 국가안전보장회의의 중국 담당 최고 책임자로 포틴저를 선택한 것이다.[7]

트럼프 행정부의 중국 정책을 감독하는 일은 강심장이 아니면 할 수 없는 일이었다. 중국은 트럼프의 선거운동에서 지속적으로 거론된 주제였지만, 트럼프가 집권하자 그의 내각은 중국 문제의 대처 방안을 놓고 극심하게 의견이 엇갈렸다. 로버트 라이트하이저(강경한 미국 무역대표부의 대표)와 피터 나바로Peter Navarro(무역 문제 고문이자 백악관의 성가신 논객) 같은 오랜 대중국 강경파는 중국과의 협력이 매우 필요하다거나 유익하다는 기존 인식을 깨야 한다고 보았고, 중국과의 경제 관계를 극적으로 단절해야 한다고 주장했다. 그 반대편에는 재무부 장관 스티븐 므누신과 국가경제위원회 위원장 게리 콘Gary Cohn을 비롯한 월스트리트의 주류 인사

국가는 무엇으로 싸우는가

들이 있었다. 두 사람 모두 골드만삭스에서 잔뼈가 굵은 사람들로, 여전히 자유시장 이념과 규제 없는 세계 자본, 그리고 미국 기업들을 위한 중국 시장의 무한한 잠재력을 믿었다. 그런데 트럼프가 이 같은 혼란스러운 정책 결정 과정을 장려한 탓에, 그의 대통령 임기 내내 그 정책 진영들의 대립이 계속되었다.

포틴저는 기자 시절에 익힌 기민함과 해병대에서 배운 절제력으로 이런 어려운 상황을 헤쳐나갔다. 미국의 외교 정책 기관의 구성원 중 시진핑의 연설과 중국공산당이 발표하는 수많은 전략 문서를 능숙하게 이해하고 인내심을 갖고 분석할 수 있는 사람은 많지 않았다. 특히 트럼프의 백악관에는 그런 능력이 있는 사람들이 더욱 드물었다. 어느 저명한 중국학자는 이 작업을 마치 "톱밥을 양동이로 퍼서 삼키는 듯한" 아주 힘들고도 괴로운 일에 비유하기도 했다.[8] 그렇지만 포틴저는 예외적인 인물이었기에, 트럼프와 그의 측근들이 중국 정부의 말과 행동이 실제 무엇을 의미하는지 이해하도록 돕는 통역자 역할을 맡게 되었다.

또한 포틴저는 트럼프의 중국에 대한 견해를 백악관 외부의 주요 지지층에게 전달하고자 노력했다. 중국에 대한 트럼프의 수사는 적대와 아첨 사이를 왔다 갔다 했고, 이 때문에 그의 가장 가까운 조언자들조차 당황할 수밖에 없었다. 반면에 포틴저는 사실을 알고자 하는 모든 사람에게 미국이 중국에 대해 더욱 경쟁적인 태도를 취하고 있으며, 대통령이 이를 확고히 지지한다고 강조했다.

영국의 위 발표가 있기 몇 달 전부터 포틴저와 다른 트럼프 행정부의 관리들은 영국 측에 화웨이를 영국의 5G 네트워크에서 배제할 것을 촉구했다.[9] 만약 이것을 계속 추진한다면 미국이 영국 정부와 정보를 공유하는 일을 중단할 것이라고 경고했다.[10] 그런데도 4월 23일 테리사 메이Theresa May 총리는 영국 국가안전보장회의 회의에서 화웨이의 참여를 승인했다.[11] 이 소식은 영국 정부의 누군가가 미국에 사전 통보하기도 전에 〈데일리 텔레그래프〉에 유출되었다.[12] 이것은 미국과 영국이라는 '특별한 관계'에서 작동하는 방식이 아니었다.

이틀 후, 포틴저는 영국의 재무부 장관 필립 해먼드Philip Hammond가 중국을 옹호하는 충격적인 연설을 전해 듣고 실망감이 더욱 깊어졌다. 해먼드가 그 연설을 한 곳은 베이징의 일대일로一帶一路 정책 회의에서였다. 일대일로 구상은 중국이 세계 전역에서 대규모 인프라 프로젝트를 개발하려는 국가 주요 계획으로, 화웨이와 다른 중국의 기술 기업들이 세계를 재편하고자 하는 디지털 실크로드도 여기에 포함된다. 미국 정부는 일대일로 구상을 중국이 경제적 제국주의를 숨기기 위한 허울 좋은 명분으로 보았지만, 해먼드의 연설에서 분명히 드러났듯이 런던은 그다지 우려하지 않는 듯했다.

해먼드는 일대일로 구상의 "비범하고 야심 찬 비전"을 찬양하며, 영국-중국 관계에서 "황금기"가 시작되리라 예측했고, 런던은 떠오르는 초강대국 중국의 믿음직한 조력자가 될 것이라고 말했다.[13] 그리고 그는 "우리는 중국의 최고 수준의 제조, 엔지니어링, 건설 역량을 영국의 우수한 프로젝트 설계, 법률, 기술, 금융 서비스 전문성과 결합할 것을 제안합니다"라고 밝혔다.

메이 총리의 화웨이 도입 결정과 해먼드의 연설은 영국이 위험할 정도로 중국의 궤도에 가까워지고 있다는 신호를 백악관에 보냈다. 이에 포틴저와 그의 동료 두 명은 불과 몇 시간 만에 런던으로 가는 비행기에 올랐고, 영국 정부에 중국산 5G 인프라를 사용하지 말 것을 재차 요청했다. 미국은 영국이 화웨이의 기술 도입으로 발생할 모든 잠재적인 안보 위협을 통제할 수 있다는 과도한 확신이 자만이라고 여겼다. 한편 영국은 미국이 고집스럽고 거만하다고 보았다. 영국의 정보기관인 GCHQ의 한 관계자는 이후 언론에 "포틴저는 그저 소리만 지를 뿐 영국의 분석에는 전혀 관심이 없었다. 그의 메시지는 '우리는 영국이 이런 짓을 하는 것을 바라지 않는다. 영국은 중국이 얼마나 사악한지 전혀 모른다'라는 내용이었다"라고 누설했다.[14]

이에 대해 포틴저는 자신이 목소리를 높인 적이 없다고 부인했다. 그러나 두 동맹국 사이에 견해차가 뚜렷하고 긴장된 분위기가 감돌았다는 것은 분명했다. 영국 재무부 관리들과의 회의에서 포틴저의 동료인 조쉬 카틴Josh Cartin은 커다란 검은색 서류 가방에 손을 뻗어 포스터 한 장을 꺼냈다. 그 포스터에는 베이징에서 해먼드가 한 연설 중에서 아첨한 발언의 내용이 확대되어 붙어 있었다. 그는 "우리가 여러분의 말을 주의 깊게 듣고 있다는 것을 알아주셨으면 합니다"라고 말했다.

런던 회의를 통해 포틴저는 영국 관리들의 주장과는 달리, 영국이 화웨이를 받아들이기로 한 결정은 기술적 위험 분석에 따른 것이 아니라, 그저 정치적 계산에 따른 것이라고 확신하게 되었다.

브렉시트 이후 영국은 새로운 파트너가 필요했고, 영국은 중국과 가까워지기로 결정한 것이다. 포틴저는 "영국은 그들을 못 이길 바에는 손잡는 게 낫다'라는 식으로 생각하고 있었다"라고 회상했다.[15] 그는 낙담한 채 런던을 떠났다.

화웨이 사안에 관한 흐름을 바꾸려면 설득과 모호한 위협만으로는 부족했다. 미국은 이란과 러시아를 상대로 휘두른 경제 무기를 훨씬 더 큰 목표물에 사용하기 위해 개편해야 했다. 그렇게 하려면 미국은 세계 경제의 또 다른 초크포인트를 다루는 법을 배워야 했다. 이번에는 월스트리트나 미국 달러가 아니라 바로 실리콘밸리와 미국의 첨단 기술이었다.

37 무책임한 이해당사자

Irresponsible Stakeholder

트럼프 행정부는 중국을 상대로 한 경제전쟁을 과거의 잘못을 바로잡고, 심각하게 기울어진 운동장을 평평하게 만들기 위한 방어적 작전으로 여겼다. 그들의 노력은 경쟁하는 초강대국의 부상을 두려워해서가 아니라, 중국이 그런 지위에 오르게 된 과정에 대한 배신감과 후회에서 비롯된 것이었다.[16] 이러한 감정은 트럼프가 백악관에 입성하기 수년 전부터 쌓여왔다. 미국 관리들은 중국이 국제 경제에 편입되었으나, 그 체계의 규칙을 따르지 않고 혜택만 챙기며 미국을 속였다고 생각했다. 그리고 과거에 미국이 중국의 부상을 도운 것과 그에 관한 정책을 더 빨리 바꾸지 않은 것을 후회했다.

이 서사에 따르면, 지금까지 중국은 수십 년 동안 미국에 경제적 공격을 가한 것이나 다름없다. 미국의 지식재산을 훔치고, 미국 기업들이 중국 시장에 진출하는 것을 막고, 위안화의 가치를 억제하고, 외국 기업들이 경쟁할 수 없을 정도로 막대한 보조금을 중국 내 기업에 쏟아부었으니 말이다. 그런데도 미국은 반격하지 않았다. 트럼프 행정부 시절 미·중 무역 협상을 주도하고 중국산 수입품에 단계적으로 관세를 인상하는 방안을 마련했던 로버트 라이트하이저는 "우리는 이미 전쟁 중이었다. 그리고 지고 있었다"라고 말했다.[17]

트럼프 행정부의 중국에 대한 경제적 압박 작전은, 그의 대통령 임기 동안 전반적인 혼란 속에서 지속적인 관료들 간의 불화와 내부 공격 때문에 순조롭게 진행되지 못했다. 그 작전의 목표가 명확하지 않거나 일관성이 없을 때도 있었다. 일례로 트럼프 대통령은 기술적 경쟁보다는 미국산 대두와 기타 농산물 판매를 늘려 중국과의 무역적자를 줄이는 데 더 관심이 있는 듯했다. 그는 재임 기간 내내 이 같은 사안에 집착했다. 1930년대 이후로 거의 사용한 적이 없던 수단인 관세를 부활시켜, 그로 인해 발생한 미·중 무역전쟁이 신문의 머리기사를 장식했다. 하지만 트럼프의 중국 정책에서 가장 오래 지속된 부분은, 중국이 몇 가지 핵심 기술에서 세계적 주도권을 가지지 못하게 막으려는 노력이었다. 특히 5G 통신 인프라와 전체 디지털 경제를 뒷받침하는 반도체가 여기에 해당했다. 이러한 기술적 대립은 가까운 미래에도 미국의 대중국 정책의 핵심으로 남을 것이다.

화웨이와 세계 5G 네트워크를 장악하려는 이 기업의 목표는 미국이 중국을 잘못 판단하고 있다는 것을 상징적으로 보여주는 사건이 되었다. 그리고 이는 미국 정부에 상황을 반전시킬 첫 번째 중요한 기회를 제공했다.

화웨이의 시작은 소박했다. 중국 인민해방군의 전직 장교이자 중국공산당원인 런정페이는 1987년에 5,000달러의 창업 자금으로 회사를 설립했다.[18] 처음에 화웨이는 외국산 전화 교환기switch를 수입해 재판매하는 사업을 했다. 하지만 2010년대 초반에 이르러, 이 기업은 세계 최대의 통신 장비 제조업체가 되었다. 이러한 변화에는 중국 정부의 지원과 해외의 전문 지식이라는 두 가지 요소가 중요한 역할을 했다.

1994년, 화웨이가 자체 전화 교환기 생산을 시작하고 인민해방군에 그것을 판매하는 첫 계약을 따낸 직후, 런정페이는 중국의 국가주석 장쩌민江澤民을 만났다.[19] 런정페이는 그에게 화웨이가 생산하는 통신 장비가 중국의 국가안보에 중요한 기술이라고 말했다.[20] 런정페이는 점점 더 연결되어 가는 세상에서 자체 전화 교환기 장비가 없는 국가는 군대가 없는 국가와 같다고 주장했다. 장쩌민은 이에 동의했고, 그 후 몇 년 동안 중국 정부는 화웨이에 750억 달러 규모의 보조금과 신용 지원, 세금 감면 혜택 등을 제공했다. 화웨이는 이와 같은 국가의 지원을 자체 제조 역량을 강화하는 데 사용했다.[21] 동시에 중국 정부는 화웨이를 외국 경쟁으로부터 보호하기 위해 관세와 기타 보호무역주의 조치를 시행했다.[22]

런정페이: 화웨이의 창립자이자 CEO.

국내에서의 위치가 확고해지자, 화웨이는 전 세계로 확장하는 것을 목표로 삼았다. 중국 정부의 전폭적인 지원 덕분에 화웨이는 스웨덴의 에릭슨Ericsson이나 캐나다의 노텔Nortel 같은 경쟁업체보다 가격을 30% 이상 아무런 어려움 없이 낮출 수 있었다. 하지만 화웨이가 품질 면에서 이런 글로벌 통신 업계의 선두 주자와 경쟁하려면, 중국 기업들이 갖고 있지 않은 전문 지식이 필요했다.

이를 위해 런정페이는 외국 기술을 복제하는 전담 팀을 만들었다.[23] 주로 기술이전이 필요한 합작 투자 같은 합법적인 수단을 통해 이루어졌고, 미국인 경영 컨설턴트들에게 막대한 비용을 지불하며 후한 대우를 해주었다. 덕분에 IBM에서 온 다수의 자문단은 화웨이가 2005년에 영국의 통신 회사인 BT와 첫 해외 대규모 계약을 체결하는 데 도움을 주었다.

하지만 화웨이는 정당한 방법 외에 더 의심스러운 수법도 썼다. 시스코의 코드를 불법으로 복사하여 자사의 라우터 중 하나에 사용했고, 국가의 지원을 받은 중국 해커가 노텔의 기밀 정보를 대량으로 훔쳐 이득을 취했다.[24] 미국 국가안보국의 오랜 수장인 키스 알렉산더 Keith Alexander 장군은 중국이 지식재산권과 산업 기밀을 사이버 절도한 것을 두고, "역사상 가장 큰 부의 이전"이라고 불렀다.[25] 화웨이는 그 절도의 가장 큰 수혜자였다.

2010년대 후반 영국과 다른 나라들이 5G 네트워크를 구축하기 시작했을 때, 화웨이는 이미 세계적인 거대 기업이 되어 있었다. 통신 장비 시장에서 유일하게 살아남은 경쟁업체는 에릭슨과 핀란드 기업 노키아 두 곳뿐이었다. 다른 모든 기업은 인수되거나 사라졌다. 포틴저는 "화웨이는 지식재산을 절도하고 보조금으로 미국, 캐나다, 유럽의 모든 경쟁업체를 사업에서 몰아냈다"라고 한탄했다.[26] 예컨대 노텔은 2009년에 파산신청을 했고, 그 후 화웨이는 노텔의 전직 직원을 다수 채용했다.[27]

또한 화웨이는 새로운 사업 영역을 개척하고 인접 시장으로 발을 넓혔다. 화웨이는 자체 휴대전화를 판매하기 시작했고, 한국의 삼성을 바짝 뒤쫓으며 애플을 제치고 세계 2위(2018년 기록-옮긴이)의 스마트폰 제조업체가 되었다.[28] 화웨이의 칩 설계 부문 회사인 하이실리콘HiSilicon은 세계 최대의 칩 파운드리 기업인 TSMC의 두 번째로 큰 고객이 되었다.[29] 중국 정부가 화웨이에 보조금과 기타 불공정한 이점을 제공하면서 국제 무역 체계의 규칙을 따르지 않았음에도, 미국과 다른 나라들은 어떠한 처벌도 가하지 않았다.[30] 그동안의 이 같은 무반응을 고려하면, 중국이나 화웨이의 선택을 마냥 비난하기는 어렵다.

─────

화웨이의 성장은 중국의 부상이라는 더 큰 이야기의 일부에 불과하다. 이 이야기에서 미국은 핵심적인 역할을 했고, 결국 훗날 많은 미국인은 이를 후회하게 되었다. 냉전의 마지막 시기와 그 후 수십 년 동안 미국의 패권이 이어지면서, 미국은 러시아에 했던 실수를 중국에도 똑같이 반복했다. 하지만 이번 실수는 훨씬 더 변명의 여지가 없었다. 유럽에서 1989년은 베를린 장벽이 무너진 해이자, 민주주의 운동이 소련을 무너뜨리고 승리한 혁명과 재탄생의 해였다. 한편 중국에서 1989년은 천안문 광장에서 민주주의를 요구하는 시위대가 잔혹하게 진압된 피비린내 나는 해이자 희망이 좌절된 해였다. 소련의 붕괴 이후 러시아는 진정한 민주주의 국가는 아니었지만 민주주의가 목표인 것만큼은 분명했다. 천안문 학살 이후 등장한 중국이라는 국가는 그런 변화를 절대로 원하지 않았다. 그런데도 미국의 지도자들은 중국을 국제 경제에 편입시키면 중국이 민주주의의 길로 나아갈 것으로 기대했다. 중국인들이 일단 경제적 자유를 맛보면 결국 정치적 자유도 요구할 것으로 보았다. 그것은 단지 시간문제일 뿐이라고 생각했다.

하지만 미국이 역사의 종말(냉전 종식 후 미국 주도의 세계 질서가 불변할 것이라는 믿음으로, 프랜시스 후쿠야마 Francis Fukuyama가 한 주장이다.-옮긴이)을 맞이했다고 생각하며 기뻐하는 동안, 중국은 미국의 지배에 불편함을 느꼈다. 1989년부터 1991년까지 중국 관리들은 정치학자인 러시 도시Rush Doshi가 "트라우마 삼중주traumatic trifecta"라고 부른 사건을 경험했다.[31] 첫 번째는 천안문 시위로, 이는 중국공산당에게 서구 자유주의 이념이 어떻게 국내에 불안을 야기할 수 있는지 보여주었다. 두 번째는 걸프 전쟁인데, 이 전쟁은 미국의 막대하고 점점 더 독보적인 위치를 차지하고 있는 군사력을 보여주었다. 마지막으로 세 번째는 소련의 해체로, 미국의 권력에 대한 주요한 균형추가 사라지면서, 미국이 공산주의 정권에 실존적 위협이 될 수 있다고 인식했다.

중국의 지도자들에게 이 세 가지 사건은 미국이 중국의 가장 큰 적이라는 것을 공고히 하는 계기가 되었다.[32] 하지만 이 사건들은 또한 적과 정면으로 맞서는 데 따르는 위험도 분명히 보여주었다. 중국이 미국을 제치고 세계 최강국으로 거듭나기 위해서는 서서히 체계적으로 접근해야 하며, 압도적인 힘을 길러 우위를 점할 때까지 대립을 피해야 했다(도광양회韜光養晦. 덩샤오핑이 밝힌 대외 관계 지도 방침에 사용된 표현이다.-옮긴이). 덩샤오핑의 유명한 격언에 따라 중국은 힘을 감추고 때를 기다렸다.[33]

이 전략의 핵심은 경제적 경쟁을 하는 데 수단과 방법을 가리지 않는 것이었다. 중국은 겉보기에 해롭지 않아 보이는 학술적 협력에서부터 노골적인 간첩 행위에 이르기까지 다양한 방법으로 외국의 산업 비밀에 접근하여, 이를 통해 자국의 경제와 군사를 현대화했다.[34] 미국 사회의 개방성을 이용하여 미국의 연구소들에 중국공산당 요원을 심어놓기도 했다. 또한 미국 기업들이 단기적 이윤을 추구하는 것을 악용하여, 거대한 중국 시장에 접근하기 위한 전제 조건으로 미국 기업들의 핵심 기술과 지식재산을 중국 기업들과 공유하도록 요구했다. 게다가 미국의 자만을 이용하여 국제 경제 규칙을 무시하고, 선호하는 중국 기업들에 정부가 보조금을 쏟아부어 외국의 경쟁으로부터 그들 기업을 보호했다. 이 모든 과정이 보복에 대한 두려움 없이 이루어졌다.

사실 미국은 중국의 야망을 억제하기는커녕 오히려 그 야망이 실현되도록 도왔다. 보잉, 제너럴일렉트릭 등 미국의 다국적 기업들의 집중적인 로비 이후, 2000년에 빌 클린턴은 공화당 의원들과 힘을 합쳐 중국에 미국과의 영구적인 정상 무역 특권을 부여했다.[35] 그는 또한 다음 해 중국이 세계무역기구WTO에 가입할 수 있는 길을 열어주었는데, 이는 중국의 경제 성장을 급격하게 끌어올리는 중대한 전환점이 되었다.

중국이 민주주의 국가로 발전할 것이라는 미국 정책 입안자들의 확신과 미국 기업들의 새로운 시장에 대한 갈망이 서로를 더욱 강화했다. 미국의 정치계와 기업계는 자신들이 잘하는 일과 선한 일을 동시에 하고 있다는 믿음에 안주하고 있었다. 중국이 국제 경제에 통합되면 결국 민주적 변화가 일어날 것이라는 압도적인 의견은 "시대를 만난 아이디어(덧붙이자면 부유한 엘리트층의 이익에 맞는 아이디어)보다 더 강력한 것은 없다"라는 점을 증명하는 듯했다.

클린턴은 2000년 3월 연설에서 "중국이 WTO에 가입하는 것은 단순히 우리 제품을 더 많이 수입하는 데 동의한 것이 아닙니다. 그들은 민주주의의 가장 소중한 가치 중 하나인 경제적 자유를 수입하는 데 동의한 것입니다"라고 선언했다.[36] 그리고 이렇게 덧붙였다. "중국이 경제를 더 많이 자유화할수록 그 나라 국민의 잠재력이 더욱 완전히 해방될 것입니다." 한편 클린턴은 인터넷 초창기였던 당시 중국 국민의 인터넷 접근을 통제하려는 중국 정부의 시도를 비웃었다. 클린턴은 "중국이 인터넷을 단속하려 노력하고 있다는 것은 의심의 여지가 없습니다. 행운을 빕니다! 그건 마치 벽에 젤리를 못으로 박으려는 것과 같아요"라고 말했다. 청중은 폭소를 터뜨렸다.

중국이 WTO에 가입한 지 얼마 지나지 않아 일부 미국 관리들은 클린턴의 낙관적인 예측에 의문을 제기했다. 중국은 WTO 회원국에 제공되는 개방적인 무역 체제의 혜택으로 수출이 급증했지만, WTO 규정의 정신(그리고 그 규정의 내용)을 상습적으로 위반했다. 즉 국내 기업에 보조금을 지급하고, 시장 접근을 차단하고, 지식재산권을 짓밟는 등의 방식이었다. 중국 정부는 WTO를 교묘하게 이용할 수 있는 체계로 여겼고, 다른 회원국들이 값싼 중국산 수입품에 빠져 엄청나게 소비하고 있는 상황에서 이들 국가가 어떤 대응을 취하는지 시험했다. 이와 같은 상황이 벌어지는 가운데 WTO의 분쟁 해결 방식은 중국의 경제적 부정행위를 막는 데 무능하다는 것이 드러났다.

미국 정부의 경우, 중국 경제의 급속한 성장과 미국 경제와의 점점 더 긴밀해지는 통합이 미국의 행동을 막는 강력한 동기가 된 셈이었다. 1989년 천안문 학살과 2000년 미·중 경제 관계 정상화 사이에 양국 간 무역 규모는 연간 약 150억 달러에서 거의 1,200억 달러로 급증했다.[37] 5년 후, 그 규모는 3,000억 달러에 가까워졌다.[38] 중국은 미국의 두 번째로 큰 무역 상대국으로 급부상했다.[39] 그러한 성장 뒤에는 수많은 미국인의 (사라진) 일자리와 미국 소비자들이 열심히 소비한 값싼 제품들이 있었다. 결과적으로 중국 경제가 급상승하자, 미국 관리들은 중국의 성장을 억제할 그 어떤 방법도 없다는 무력감을 느꼈다. 만약 중국의 정치 체제가 미국 관리들이 예상한 대로 발전하고 있었다면 이는 괜찮았을지도 모른다. 하지만 그렇지 않았고, 그 사실을 부정하기 어려웠다.

2005년 조지 W. 부시 행정부의 국무부 부장관인 로버트 졸릭Robert Zoellick은 중국이 국제 체계에서 풍족한 보상을 거두는 것과 "미국의 지식 경제의 심장부를 공격하는 지식재산의 광범위한 도용과 위조"를 둘 다 할 수는 없다고 경고했다.[40] 그러나 졸릭의 해결책은 여전히 중국이 언젠가는 제2차 세계대전 이후의 국제 질서를 지탱하는 규범과 제도를 수호하는 나라가 될 수 있다는 낙관론을 반영하고 있었다. 졸릭은 "이제는 중국이 국제 체계에 가입할 수 있도록 문을 여는 정책에서 한 걸음 더 나아가야 할 때다. 우리는 중국이 그 체계 속에서 책임 있는 이해당사자가 되도록 촉구해야 한다"라고 말했다.[41] 졸릭이 보기에 미국은 중국을 WTO와 다른 국제 구조에 포함하는 데만 너무 초점을 맞추고, 중국이 그 규칙을 준수하도록 요구하는 데는 미흡했다.

하지만 중국 정부는 그런 규칙을 따를 동기가 거의 없었다. 중국은 이미 국제 경제에 통합되면서 많은 혜택을 누렸고, 이를 잃을까 두려워할 이유가 없었다. 날이 갈수록 중국 경제는 국제 경제 체계에 점점 더 깊숙이 자리 잡았고, 중국을 퇴출하는 데 드는 비용은 더욱 감당하기 어려워졌다. 이때도 중국이 할 수 있는 논리적인 행동은 기다리는 것이었다. 자신의 힘을 계속해서 숨기고 때를 기다리는 것 말이다.

중국의 불미스러운 전술이 미국 경제의 일부를 훼손하고 있었지만 그보다 더 시급한 문제들이 있었다. 미국은 러시아에 그랬던 것처럼 중국을 그 자체로 하나의 외교 정책 문제로 보지 않고, 핵 개발을 추진하는 이란에 대한 정책에서부터 세계 탄소 배출을 억제하기 위한 경쟁에 이르기까지 더 큰 세계적 문제의 주요 변수로 여겼다. 다시 말해 중국의 경제 정책을 문제 삼는 것은 미국 내 영향력 있는 기업들의 반발을 살 뿐만 아니라, 이처럼 다양하게 얽힌 세계적 문제에 대한 중국과의 협력까지 위태롭게 할 수 있었다.

러시아의 경우와 마찬가지로 다시 희망이 경험을 이겼다. 미국은 아무리 시간이 걸리더라도 중국이 변화할 것이라는 믿음을 유지했다. 결국 중국은 변하지 않았다. 변한 것은 힘의 균형뿐이었고, 그것은 미국에 유리한 변화가 아니었다.

38 | 각성

The Awakening

헨리 폴슨은 중국에서 사업을 하며 경력을 쌓았다. 1997년에는 골드만삭스 회장으로서 차이나텔레콤China Telecom의 상장을 성사시키는 데 도움을 주었다. 이로써 차이나텔레콤은 뉴욕증권거래소에 상장된 최초의 주요 중국 국유기업이 되었다. 2004년 폴슨은 골드만삭스가 중국에 합작법인을 설립할 때 중국 정부의 승인을 받을 수 있도록 도왔고,[42] 이를 통해 골드만삭스는 처음으로 중국 본토 고객에게 투자은행 서비스를 제공할 수 있게 되었다. 폴슨이 2006년에 재무부 장관으로 임명되었을 당시 이미 중국을 70여 차례나 방문한 상태였다.[43]

폴슨의 성공 비결은 적절한 사람들과 친분을 쌓을 수 있는 능력이었다. 그중 한 명이 왕치산王岐山이었다. 왕치산은 은행가이자 관료로, 거대한 중국건설은행의 총재를 지낸 후 베이징 시장을 거쳐, 마침내 중국의 부총리가 되었다. 폴슨은 그를 "타고난 지도자"라고 추켜세웠다.[44] 그래서 2008년 세계 금융위기가 절정이던 시기에 두 사람이 베이징에서 만났을 때, 왕치산의 비판적인 말은 폴슨에게 큰 충격을 주었다. 왕치산은 "당신은 나의 스승이었지만, 이제 내가 스승의 영역에 있군요. 그리고 당신의 시스템을 좀 보세요. 우리는 더 이상 당신에게 배울 것이 있는지 확신이 서지 않는군요"라고 말했다.[45] 훗날 폴슨은 "세계 금융위기는 겸손을 배우게 한 경험이었고, 왕치산과의 대화는 그중에서도 가장 겸허해지는 순간이었다"라고 회상했다.[46]

2008년 금융위기는 미국과 지정학적 서열에서 미국의 위상에 대한 인식에 큰 타격을 입혔다. 미국과 그 주요 동맹국들이 경기 침체에서 허우적거릴 때, 중국은 미국의 세 배 규모에 달하는 거대한 경기 부양책의 도움을 받아 앞으로 나아갔다.[47] 이러한 경기 부양책은 중국의 강력한 경제 성장을 지탱했을 뿐만 아니라, 아시아 전역의 성장을 촉진하고 흔들리는 세계 경제를 안정시키는 데에도 도움을 주었다.[48]

중국은 위기에서 벗어나 새로운 자신감을 얻었고, 자신의 정당한 자리를 차지하고자 열망했다. 2009년 연설에서 중국의 지도자 후진타오는 "국제적 힘의 균형에 큰 변화"가 일어났다고 말했다. 이는 오랫동안 힘을 숨기고 때를 기다리는 전략에서 벗어나야 한다는 것을 의미했다. 중국이 이제 "적극적으로 성과를 내야 한다"

라는 후진타오의 지시는 모호했지만, 그것은 거의 20년 동안 중국 공산당 지도자들이 따라온 덩샤오핑의 원칙을 처음으로 수정한 것이었다.[49] 이제 중국은 스스로를 내세울 수 있는 충분한 힘을 갖게 되었다.

그로부터 1년 후인 2010년 9월 7일 아침, 중국의 한 어선이 센카쿠 열도 근처에서 일본 해안경비대 선박 두 척을 들이받았다.[50] 그곳은 일본의 행정적 관할하에 있지만 일본과 중국이 모두 영유권을 주장하는 분쟁 지역이었다. 일본 당국은 중국인 선장을 잡아 구금했고, 이 때문에 외교적 갈등이 발생하여 중국 정부가 일본으로 향하는 희토류 광물 수출을 차단했다.[51] 희토류는 스마트폰, 풍력 발전기, 자동차 등 모든 종류의 첨단 기술 제품(즉 일본 기업들의 주력 제품 분야)에 필수적인 원료인데, 당시 중국은 전 세계 희토류 생산량의 약 97%를 차지하고 있었다.

중국 정부는 일본에 희토류 광물의 판매를 금지한다고 공식적으로 발표한 적은 없었다. 다만 선적이 중단되었을 뿐이다. 일본 당국이 중국인 선장을 석방한 후에도 이 같은 금수 조치는 두 달 동안 더 이어졌다. 일본은 국내 개발 및 중국 외의 다른 나라로부터 희토류 공급을 확보하기 위해 수억 달러를 투자했다.[52] 전 세계가 이 분쟁에 주목했다. 중국 정부는 미국 제재의 '확대 관할권(국내법을 해외까지 적용하는 규정-옮긴이)'에 반대했지만, 정작 자신들은 경제전쟁을 벌이는 것을 주저하지 않았다. 다만 지금은 비공식적으로 그리고 은밀히 책임을 회피하며 경제전쟁을 수행하고 있지만 말이다.

국가는 무엇으로 싸우는가

2012년 시진핑이 후진타오의 뒤를 이어 최고 지도자가 되었을 때, 일부 서구 전문가들은 중국 정부가 기존 방침을 바꿀 것으로 예상했다. 시진핑은 정치, 경제 개혁가로 널리 평가받았기 때문이다. 그러나 이 새로운 지도자는 곧 자신이 골수 공산당 당원이며, 국내에서는 중국공산당의 권위주의적 통제를 강화하고 해외에서는 그것의 영향력을 확대하는 데 전념하고 있음을 보여주었다.

시진핑의 아버지인 시중쉰習仲勛은 마오쩌둥의 동지이자 중국공산당의 고위 인사이며, 1950년대 후반에 중국의 부총리를 지낸 인물이다. 젊은 시절 시진핑은 명문 예비학교에 다녔고, 베이징에 있는 대규모 지도부 관저인 중난하이로 아버지를 자주 방문했다. 중난하이는 중국공산당 고위 간부들이 거주하고 일하는 곳이다. 그의 삶은 10대 때, 마오쩌둥이 그의 아버지를 당에서 추방하면서 완전히 뒤바뀌었다.[53] 시진핑은 구금되어 아버지를 비난하도록 강요받았으며, 중국 시골의 한 가난한 마을로 추방되었다. 그의 여동생은 홍위병에 의해 내몰려 박해를 당하다가 자살한 것으로 알려져 있다.[54]

그렇지만 이 고난이 시진핑에게 공산당에 대한 환멸을 갖게 한 것은 아니었다. 오히려 당을 더욱 충실히 받아들였다. 그는 1974년에 중국공산당에 정식으로 입당했고, 꾸준히 지위가 올랐다. 중국 학자 리처드 맥그리거Richard McGregor의 말을 빌리자면, 시진핑은 "자기 세대에서 가장 공산주의 이념에 철저한 지도자the Reddest leader"가 되기로 했다.[55]

시진핑이 2012년에 집권한 직후, 중국공산당 지도부는 시진핑 통치의 중요한 경전이 될 내부 지침을 배포했다. 이른바 '문서 번호 9Document No.9'로 알려진 이 문건은 서구가 중국공산당의 통제에 실존적인 위협이 된다는 내용을 포괄적으로 기술한 것이다.[56] 이 문서는 당원들에게 "이념적 상황을 복잡하고 치열한 투쟁으로 분명히 인식할 것"을 촉구했고, 입헌 민주주의, 시민사회, 언론의 자유 원칙을 "잘못된 이념적 경향"이라고 일축했다. 이 문서는 "서구의 반중" 세력이 자유주의 개혁을 구실로 중국 내에 혁명을 조장하고, 나아가 국가를 분열시키려 할 것이라고 경고했다.

이것은 결코 개혁가의 언어가 아니었다. 그리고 국제 질서에서 '책임 있는 이해당사자'라는 중국의 위상에도 좋은 징조가 아니었다. 대신에 시진핑은 21세기 경제 제국을 건설하고자 했다. 이 제국은 미국의 세계적인 경제 지배 네트워크에 맞설 수 있고, 궁극적으로 중국의 '국가적 부흥'을 이루기 위한 발판 역할을 하게 될 것이다.[57] 이는 미국을 대체하여 세계 최고의 초강대국이 되겠다는 뜻이었다.

이러한 이유로 디지털 기술이 핵심 영역으로 자리 잡았다. 시진핑은 중국의 급성장하는 기술 산업에 대한 당의 장악력을 강화하기 위해 구글 같은 미국 기술 기업들의 진입을 차단하고, 마윈馬雲 같은 중국의 기업가들을 주변으로 밀어냈다.[58] 또한 시진핑은 국내의 반대 의견이 사회 전반에 퍼지기 전에 이를 억누를 수 있도록 조지 오웰의 소설을 떠올리게 하는 방대한 감시 체제를 구축했다.

시진핑은 이 같은 기술 권위주의를 사용하여 특히 신장 위구르 자치구 북서부 지역의 이슬람 중심 소수민족인 위구르족을 가혹하게 탄압했다. 2010년대 중반부터 신장 위구르 자치구 당국은 100만 명이 넘는 위구르족을 강제 수용소에 구금했다.[59] 이는 제2차 세계대전 이래 가장 큰 규모의 소수민족 집단에 대한 강제 수용을 단행한 것이다. 화웨이와 다른 중국의 기술 기업들이 얼굴 인식 기술, 위치 추적 도구, 휴대전화 이용 기록 분석과 같이 국가가 목표물을 검거하는 데 사용할 수단을 제공한 덕분에 이런 심각한 인권 침해가 가능했다.[60]

또한 이 새로운 기술들은 중국의 경제적 제국주의를 더욱 촉진했다. 시진핑은 이 같은 기술 권위주의 도구들을 수출하겠다고 제안하며 외국 독재자들의 환심을 사고자 했다. 중국공산당은 자국의 통신 및 보안 인프라를 개선하려는 국가에 이런 국산 기술을 저렴한 가격에 제공했다. 이로써 중국공산당은 모든 곳에 눈과 귀를 확보하고 외국 정부에 강력한 영향력을 행사할 수 있게 되었다.

2013년에 시진핑은 중국 자금으로 운영되는 인프라를 통해 전 세계를 연결한다는 원대한 비전인 일대일로 구상을 출범했다.[61] 예를 들면 스리랑카에는 최신식 컨테이너 터미널이 들어섰고, 몰디브에는 섬들을 잇는 다리들이 생겼으며, 세르비아와 잠비아에는 화웨이 데이터센터와 감시 시스템이 설치되었다. 이 모든 것이 중국의 자금 덕분에 가능했다. 이러한 프로젝트들이 수익을 내지 못하는 것은 물론이거니와 실질적인 개발 효과를 거두지 못한다는 것은 문제가 되지 않았다. 이 프로젝트들은 현대 사회가 기능하는 데 필요한 인프라를 통해 중국이 영향력을 행사할 수 있게 해주었기 때문이다.

한편 이 대규모 프로젝트들에는 조건이 따랐다. 이 시설들은 중국 기업이 중국 노동자를 고용하여 중국 자재로 건설해야 했다. 그 결과 중국은 2008년에 막대한 경기 부양책으로 발생한 초과 노동력을 일부 수출할 수 있었다. 하지만 심각한 문제는 중국의 지원을 받은 수혜국들이 곧 빚과 이자 상환에 허덕이게 되었다는 점이다.[62] 이는 일대일로 대출의 이자율이 일반적인 인프라 대출보다 몇 배나 높았기 때문이다.[63] 이 국가들이 빚을 갚는 데 어려움을 겪자, 중국은 자신들이 건설한 인프라를 그대로 압류했다. 이런 식으로 중국은 2017년에 스리랑카 함반토타 항구에 대한 99년 동안의 임대 계약을 확보했다.[64] 이러한 중국의 방식은 '부채함정 외교debt-trap diplomacy'로 알려지게 되었다.

시진핑은 일대일로를 시작한 해에 아시아인프라투자은행AIIB도 출범시켰다.[65] 이 은행은 중국이 주도하는 다자간 개발은행으로, 워싱턴에 본부를 둔 세계은행에 맞서기 위해 설립되었다. 아시아인프라투자은행은 일대일로 프로젝트에 소액의 자금만 지원했지만, 이는 중국의 경제적 제국주의가 순수한 개발 지원인 것처럼 둔갑시키는 역할을 함으로써 그 구상에 정통성을 부여했다.

어니스트 헤밍웨이는 파산이 일어나는 방식을 두 단계의 진행 과정으로 묘사했다.[66] "점진적으로, 그러다 갑자기." 미국이 시진핑의 지정학적 야망의 범위와 의미를 깨닫게 된 과정도 마찬가지

였다. 2015년 초, 중국이 전 세계 국가들에게 아시아인프라투자은행에 가입하도록 로비를 펼치자, 이러한 깨달음이 갑자기 현실로 다가오기 시작했다. 당시 중국의 매력 공세는 몰디브와 스리랑카 같은 작은 국가들을 넘어, 미국의 가장 가까운 동맹국을 포함한 서구의 주요 국가들까지 겨냥하고 있었다.[67]

가장 먼저 대열을 이탈한 나라는 영국이었다. 그해 3월에 영국의 재무부 장관 조지 오스본George Osborne은 영국이 "아시아인프라투자은행에 가입하려는 최초의 주요 서구 국가"가 될 것이라고 발표했다.[68] 오바마 행정부의 한 관리가 〈파이낸셜타임스〉와의 인터뷰에서 영국 정부의 "중국에 대한 끊임없는 순응"을 비난했지만 아무 소용이 없었다.[69] 영국 정부의 발표 후 며칠 만에 호주, 프랑스, 독일, 이탈리아가 모두 영국의 선례를 따라 중국의 새로운 은행에 가입하기로 했다.

오바마 행정부의 또 다른 고위 관리는 아시아인프라투자은행 사태로 인해 "미국이 세계에서 차지하는 지도적 위치에 대한 실제적인 우려와 불안"에 휩싸였다고 말했다. 동맹은 미국의 경쟁자들에 대한 우위를 차지할 수 있는 가장 큰 이점이었고, 세계적 지도력을 주장할 수 있는 가장 강력한 근거였다. 하지만 이제 중국의 힘이 너무 커져서 그 유대 관계가 느슨해지고 있었다.

그 불안감은 미국의 펜타곤 내부에서도 확산되고 있었다. 중국의 경제적 제국주의(또한 남중국해에 군사용 인공섬을 건설하는 것 같은 더욱 적극적인 군사 활동 등)는 미국의 동맹을 위협하는 것을 넘어 미국의 군사적 우위를 위태롭게 했다. 중국의 인구는 미국의 4배 이상이었고, 경제는 몇 년 안에 세계 최대 규모가 될 것으로 예상되었다. 군사적 경쟁에서 이런 규모는 자체로 고유한 힘이 있었다.

국방부 장관 애슈턴 카터Ashton Carter와 부장관 로버트 워크Robert Work는 미국이 중국의 수적 우위를 상쇄하려면, 중국에 대해 결정적인 기술적 우위를 확보해야 한다고 주장했다. 그러나 군사 경쟁의 미래를 뒷받침할 기술 혁신 대부분은 미국의 민간 부문에서 이루어지고 있었다.[70] 이 말은 자유시장에서는 중국도 이런 혁신에 접근할 수 있다는 뜻이었다. 트럼프 행정부의 국가안전보장회의에서 맷 포틴저 밑에서 일했던 맷 터핀Matt Turpin은 이 상황을 당시 미·중 경쟁의 "본질적인 모순"이라고 묘사했다.[71] 펜타곤의 임무는 군사적 도전자들을 막는 것인데, 국방부의 역량이 "미국의 민간 경제, 세계화된 연구개발 인프라, 그리고 미국의 주요 경쟁자가 중심적인 위치를 차지하고 있는 기술 산업"에 달려 있었다. 실제 미국과 중국 사이의 기술 격차는 빠르게 줄어들고 있었다. 인공지능AI과 양자 컴퓨팅 같은 최첨단 기술 분야에서는 누가 선두를 차지하고 있는지조차 분명하지 않았다.

이제 펜타곤은 중국을 미국의 가장 위협적인 군사적 적수로 인식했다. 그러나 재무부와 상무부 같은 미국의 경제 기관은 경쟁이나 전면적인 대립보다는 협력이 더 큰 이익을 가져올 것이라는 생각에 여전히 집착했다. 게다가 중국에서 정치적, 경제적 자유화의 선순환이 일어날 것이라는 생각도 여전했다. 하지만 그런 자유화는 거의 찾아볼 수 없었다. 오히려 시진핑의 체계적인 권력 집중이 그의 나라를 반대 방향으로 밀어붙이고 있었다.

미국의 경제 관료들이 추진하는 중국 정책은 국방부 동료들의 정책과 점점 더 서로 엇갈리고 있었다. 문제는 미·중 경제 관계를 군사적 경쟁의 영역에서 분리할 명확한 방법이 없다는 것이었다. 우선 실리콘밸리가 미국과 중국의 군산복합체 모두에게 점점 더 중요해지고 있었다. 문제를 더욱 복잡하게 만든 것은 중국 정부와 자국의 민간 부문과의 관계였다. 중국 정부는 '군-민간 융합'이라는 접근 방식으로 군사와 상업 영역 간의 장벽을 허물었다.[72] 중국 기업들이 지식재산권 침해와 강제적인 기술이전으로 세계 시장을 정복하는 데 도움을 받은 것처럼, 중국의 군대 현대화도 그 덕분에 가속화했다. 중국의 민간 기업조차 중국공산당을 위해 정보를 수집할 법적 의무가 있었고, 군부와 협력해야 했다.

2015년 5월, 시진핑은 중국의 경제력, 군사력, 지정학적 야망이 점점 더 하나로 묶여 나눌 수가 없음을 보여주는 새로운 구상을 발표했다. 이른바 '중국 제조 2025'는 중국이 핵심 기술 분야에서 자립을 달성하기 위한 광범위한 전략이었다.[73] 이것은 중국 기업들이 2020년까지 여러 첨단 기술 제품의 국내 시장점유율 40%를 목표로 하고, 2025년까지는 70%의 시장점유율을 확보한다는 계획이었다.[74] 그러면서 시진핑은 중국과 미국 간의 '윈-윈 협력'을 강조하는 말을 자주 언급했다.[75] 그러나 시장점유율 확대를 위한 중국의 이 같은 노력은 서구 기업들의 희생으로 성공할 수 있는 것이기에 완전히 제로섬 게임이었다.

그렇지만 '중국 제조 2025'는 미국 기업들이 중국에 대한 태도를 바꾸는 계기로 작용했다. 빌 클린턴이 중국의 WTO 가입을 추진한 이래로, 대기업들은 미국 정계에서 중국의 중요한 동맹이었다. 이제 중국의 공공연한 목표는 이들 기업의 시장점유율을 잠식하는 것이었다.

그 목표는 중국이 외국산 컴퓨터 칩의 의존도를 줄이려는 계획에서 가장 분명하게 드러났다. 칩, 달리 말해 반도체는 디지털 경제의 기반이 되는 요소다. 중국은 석유보다 반도체에 더 많은 돈을 쓰고 있다. 2015년에 중국은 반도체의 약 85%를 수입했다.[76] '중국 제조 2025'는 이 수치를 30%로 낮추는 것을 목표로 했다. 이 목표를 달성하기 위해 중국은 '빅 펀드Big Fund'라는 투자 수단을 출범시켰다. 이 펀드는 국내 반도체 제조업체에 수십억 달러를 넘어 수천억 달러에 이르는 금액을 투자하려는 계획이었다.[77]

미국의 반도체 산업은 미국 경제의 최고 보석으로 여겨지는 핵심 분야였다. 특정 준금속을 다루는 매우 뛰어난 기술 덕분에, 해당 지역에 '실리콘'이라는 이름이 붙어 실리콘밸리가 될 정도였다. 하지만 이 시장은 치열한 경쟁이 벌어지는 곳이었고, 규모의 경제가 무자비하게 작용하는 분야이기도 했다. 만약 중국이 자국의 칩 제조업체에 수천억 달러를 쏟아붓기 시작한다면, 서구의 칩 산업은 머지않아 통신 장비 부문과 화웨이의 예전 경쟁자들이 겪었던 길을 밟게 될지도 모를 일이었다.

이러한 중국의 계획이 전해지자, 미국의 반도체 제조업체들은 크게 우려하며 동요했다. 2015년 말 반도체산업협회(반도체 산업의 주요 로비 단체) 이사회가 회의를 열었을 때, 한 참가자에 따르면 브라이언 크르자니크Brian Krzanich 회장이 "두려움에 가득 찬 눈으

로" 회의실에 들어왔다고 한다.[78] 크르자니크는 '중국 제조 2025'
가 미국의 기술 패권에 대한 실존적인 위협이라고 경고했다. 그날
회의에는 상무부 고위 관료인 브루스 앤드루스Bruce Andrews도 참
석했다. 크르자니크는 앤드루스에게 "뭔가 조치를 취하지 않는다
면, 미국 산업은 종말을 맞이하게 될 것입니다"라고 말했다.

앤드루스도 이에 동의했고, 그의 상사인 상무부 장관 페니 프
리츠커Penny Pritzker에게 그 경고를 전달했다. 앤드루스는 미국의
철강 산업을 예로 들어 말했다. 미국의 철강 산업 대부분이 최근
수십 년 동안 중국 경쟁업체에 의해 큰 타격을 입었고, 미국 정부
가 늦게나마 대응하며 노력했지만 그 피해가 계속되고 있기 때문
이다.[79] 앤드루스는 프리츠커에게 "10년 뒤에는 우리가 오늘 철강
산업에 대해 나눈 것과 똑같은 대화를 반도체 산업에 대해 나누지
않기를 바랍니다"라고 말했다.

2016년 11월 2일, 프리츠커는 워싱턴의 싱크탱크인 전략 및
국제문제 연구소CSIS에서 미·중 간의 칩 제조 경쟁에 대해 연설했
다. 프리츠커는 "(이 분야에서) 우리는 지도적 위치를 양보할 수 없
습니다"라고 선언했다.[80] 그리고 이렇게 덧붙였다. "어떤 국가든
이 산업을 지배하려 하거나 불공정한 무역 관행과 인위적인 대규
모 비非시장적 국가 개입을 통해 혁신을 방해하려 한다면, 우리가
용납하지 않을 것입니다." 하지만 2개월 후 발표된 백악관 보고서
는 미국 정부가 반도체 기술 분야에서 미국을 따라잡기 위해 불공
정한 관행을 사용하는 중국을 저지할 능력에 대해 비관적인 입장
을 내놓았다. 이 보고서는 "미국이 중국의 산업 정책으로 인한 위

험을 완화하는 데 성공하려면 더 빠른 혁신밖에 방법이 없다. 정책은 원칙적으로 기술 확산을 늦출 수는 있지만 확산 자체를 막을 수는 없다"라고 주장했다.[81]

백악관이 중국공산당의 경제적 부정행위에 맞서 싸우는 것보다 중국을 앞지르는 혁신을 시도해야 한다고 주장한 주된 이유는, 성공적인 반격을 위해서는 다른 국가들의 지원이 필요하기 때문이었다. 이 보고서는 다른 국가들의 지원이 가능할지 의구심을 제기했으며, 그런 지원 없이 미국이 혼자 행동하는 것은 가치가 없다고 지적했다. 그리고 "반도체 산업이 세계화된 세상에서 일방적인 조치는 점점 더 효과적이지 않다"라고 밝혔다.[82]

그러나 미국이 지난 10년 동안 경제전쟁에서 배운 모든 것은 세계화가 미국의 경제 무기의 힘을 실제로 '증가'시킨다는 사실이었다. 심지어 미국이 일방적으로 경제 무기를 사용한 경우라도 말이다. 확실히 중국과의 경제적 충돌은 미국이 이제껏 시도했던 그 어떤 경제전쟁과도 다를 것이다. 중국 경제는 단순히 규모만 큰 것이 아니었다. 중국 경제는 러시아나 이란보다 훨씬 더 국제 금융 체계와 공급망에 철저히 얽혀 있었다. 미국 경제와의 연결고리는 매우 깊었고 사실상 모든 산업에 걸쳐 있었다. 이러한 연결고리는 중국과의 어떠한 경제적 갈등도 위험으로 가득 차게 만들 수 있지만, 동시에 그 연결고리야말로 미국의 경제 무기고에 힘을 실어주는 요소이기도 했다.

백 가지 중국 정책을
꽃피우다

Let a Hundred China Policies Bloom

2017년 1월 20일 정오, 도널드 트럼프는 미국 국회의사당 계단에서 취임 연설을 하기 위해 연단에 올랐다. 하늘은 흐리고 비가 내리는 가운데, 미국의 새로운 대통령은 마이크를 잡았다.

트럼프는 텔레프롬프터를 곁눈질하며 "수십 년 동안 우리는 미국 산업을 희생시키면서 외국 산업을 부유하게 했습니다. 우리는 다른 나라들을 부유하게 만들었지만, 정작 우리나라의 부와 힘, 자신감은 지평선 너머로 사라졌습니다. 공장들은 하나둘씩 문을 닫고 우리나라를 떠났습니다. 뒤에 남겨진 수백만 명의 미국 노동자들은 전혀 생각도 하지 않은 채 말입니다"라고 나지막이 말했다.[83]

암울한 표현이기는 했지만, 이 발언은 트럼프의 기준으로 보면 온건한 편이었다. 심지어 선거운동 기간에는 "중국이 우리나라를 강간하는 것을 계속 놔둘 수 없습니다. 중국이 하는 일이 바로 그 같은 짓입니다. 이것은 세계 역사상 가장 큰 도둑질입니다"라고 거칠게 말하기도 했다.[84] 결국 트럼프는 중국과의 경제적 경쟁으로 지역 산업이 가장 큰 피해를 본 것으로 추정되는 상위 100개 카운티 중 89곳에서 승리했다.[85]

트럼프가 취임 연설에서 '미국 우선주의'를 자신의 국정 철학으로 선언하기 며칠 전, 시진핑은 스위스 다보스에서 열린 세계경제포럼WEF에 참석했다.[86] 이 중국 지도자는 세상과 그 속에서 자신의 역할에 대해 트럼프와는 매우 다른 그림을 그렸다. 트럼프가 기존의 틀을 깨뜨리는 혁신가disrupter가 되겠다고 공언했다면, 시진핑은 자신을 현상 유지의 수호자defender로 내세웠다. 포럼의 청중 중 다수를 부유하게 만들어주었던 그 현상 유지 말이다.

시진핑은 다보스 포럼 연설에서 "경제적 세계화는 한때는 알리바바가 천일야화에서 찾은 보물 동굴처럼 여겨졌지만, 지금은 많은 사람이 판도라의 상자로 생각하고 있습니다"라고 말했다.[87] 트럼프의 보호주의적 성향으로 대표되는 이런 추세는 잘못된 것이라며, 시진핑은 "내가 말하고 싶은 요점은 세계를 괴롭히는 문제들 중 많은 것이 경제적 세계화 때문에 발생한 것이 아니라는 점입니다"라고 주장했다. 설령 그렇다 하더라도 조류를 거슬러 헤엄쳐 봤자 소용없다는 것이다. 시진핑은 "좋든 싫든 세계 경제는 벗어날 수 없는 거대한 바다입니다"라고 말했고, 청중은 고개를 끄

덕이며 동의했다. 워싱턴에서의 논란과 상관없이 중국은 '무역전쟁에서 승자는 아무도 없을 것'이라고 보았기 때문에 '개방적인 윈-윈 협력 모델'을 추구했다.

다보스에서 시진핑의 연설과 트럼프의 취임 연설의 대조는 극명했다. 떠오르는 강대국인 중국이 기존 강대국인 미국보다 현재의 세계 상황에 더 만족하는 것처럼 보인다는 사실은 2001년에 중국이 WTO에 가입한 이후 얼마나 많은 것들이 변했는지를 알 수 있다. 그해 중국의 경제 규모는 미국의 10%에 불과했다. 그렇지만 트럼프가 취임 선서를 할 당시에는 그 규모가 미국의 70%로 급증했다.[88] 1세기가 넘는 기간 동안 미국의 경제력에 이토록 근접한 도전자는 없었다.[89]

트럼프는 기존 질서에 변화를 일으키려 했지만, 그의 외교 정책은 거듭된 시행착오로 어려움을 겪었다. 대통령 후보 시절 트럼프는 러시아에 대해 "블라디미르 푸틴과 매우 잘 지낼 것"이라고 약속했다.[90] 트럼프의 수석 전략가인 마이클 플린과 스티브 배넌Steve Bannon은 러시아와 힘을 합쳐 중국에 맞서는 '역逆 닉슨' 전략(1969년 닉슨 대통령은 닉슨 독트린을 발표했는데, 그 내용에는 중국과의 관계 개선을 통해 소련을 견제하는 내용도 포함되어 있었다.–옮긴이)을 실현하는 것을 꿈꿨다.[91] 플린은 3주 만에 국가안보 보좌관에서 물러났고 배넌은 7개월 만에 해임되었지만, 그들이 머무르는 동안 트럼프 행정부의 일부 관리들은 러시아에 대한 제재를 무조건 해제하는 방안을 검토했다.[92] 2017년 2월 말, 국무부에서 은퇴할 때까지 제재정책조정관으로 재직하던 대니얼 프리드는 이 사실이 우려되어 의회 의원들에게 관련 내용을 알렸다.[93] 이 보고를 접한 의회 의원들은 너무 놀라, 대통령이 제재를 해제하려는 어떤 결정도 거부할 수 있는 권한을 의회에 부여하는 법안을 마련했다. 미국의 적국에 대한 제재법CAATSA으로 알려진 이 법안은 초당적인 지지를 받으며 하원과 상원을 통과했다.[94] 미국 의회가 대통령의 거부권을 무효화할 수 있는 표를 확보한 가운데, 트럼프는 마지못해 법안에 서명하면서 이 조치가 "중대한 결함이 있다"라고 한탄하는 성명을 덧붙였다.[95]

또한 트럼프는 이란에 대한 미국의 외교 정책을 뒤집으려는 커다란 계획도 세웠는데, 그 시작으로 핵 협정을 폐기하려 했다(그는 이 핵 협정이 "끔찍한 거래"이자 "역대 최악의 협상"일 것이라고 표현했다).[96] 하지만 트럼프의 국가안보 팀(플린의 후임인 국가안보 보좌관 H. R. 맥마스터McMaster가 조직을 이끌고 있었다)조차 그 계획이 바람직하지 않다고 생각했다. 이란은 핵 의무를 준수하고 있었고, 미국의 동맹국들은 이 합의를 강력히 지지했다. 이 협정을 철회하면 미국은 국제적으로 고립될 수도 있을 것이다. 맥마스터와 렉스 틸러슨(엑슨모빌을 떠난 뒤 뜻밖에 트럼프의 첫 국무부 장관이 된 인물)은 대통령을 설득해 당분간 이 협정을 유지하도록 했다. 단순히 이란 핵 협정을 폐기하기보다는 이란과 다른 당사국들에 협정을 강화하도록 압박하는 것이 더 나았다.[97]

트럼프는 중국에 대해서도 예상보다 덜 공격적인 태도를 보였다. 처음에 그는 이전 행정부들의 방침을 따랐고, 중국과의 관계는 다른 더 시급해 보이는 문제인 북한의 핵 프로그램 뒤로 미루

국가는 무엇으로 싸우는가

어 두었다. 오바마는 퇴임하면서 트럼프에게 북한이 그의 가장 시급한 국가안보 문제가 될 것이라고 조언했다.[98] 중국은 북한 대외 무역의 최대 90%를 차지하기 때문에 평양에 막대한 영향력을 행사할 수 있었다.[99] 2017년 3월 틸러슨이 국무부 장관으로서 처음 베이징을 방문했을 때, 그는 미국의 중국에 대한 정책이 강경해질 것이라는 기색을 전혀 내비치지 않았다. 대신 그는 유화적인 태도로 북한의 핵 프로그램을 억제하는 데 필요한 지원을 요청했다.[100] 틸러슨과 함께 이번 순방에 나선 맷 포틴저는 미국의 최고 외교관이 시진핑의 발언을 그대로 따온 "윈-윈 해법"의 필요성을 강조하자 불편한 표정을 지었다.[101]

트럼프 경제 팀의 수장인 재무부 장관 스티븐 므누신과 국가경제위원회 위원장인 게리 콘도 중국에 대해 강경 노선을 추진하는 데 관심이 없었다. 그들은 골드만삭스에서 자신들의 전 상사로 함께 일했던 헨리 폴슨의 길을 따라, 미국과 중국 경제 간의 유대를 강화하는 것을 원했다. 트럼프 내각에서 가장 부유한 두 사람인 므누신과 콘은 자신을 "정말 부유한 사람"이라고 자랑스러워하는 사람이 이끄는 행정부에서 첫 몇 달 동안 상당한 영향력과 사회적 명성을 누렸다.[102] 반면 트럼프 대통령이 자신의 마라라고Mar-a-Lago 리조트에서 시진핑 주석을 처음 만났을 때, 그의 가장 강경한 중국 정책 고문인 피터 나바로는 원래 참석자 명단에서 제외되어 있었다.[103] 하지만 마지막 순간에 스티브 배넌이 나바로를 팜비치행 비행기에 몰래 태워준 덕분에 회의에 참석할 수 있었다.

마라라고에서 열린 트럼프-시진핑 정상회담의 분위기는 긍정

도널드 트럼프와 시진핑: 2017년 4월, 두 정상은 마라라고에서 초콜릿 케이크를 먹으며 친밀감을 쌓았다.

적이었다. 이방카 트럼프Ivanka Trump와 재러드 쿠슈너Jared Kushner의 어린 자녀들이 중국 민요를 불렀고, 중국 정부는 이방카가 중국에서 보석과 핸드백을 판매할 수 있도록 여러 상표를 승인했다.[104] 이날 트럼프는 중국의 주석에게 "지금까지 본 것 중 가장 아름다운 초콜릿 케이크"를 대접했다.[105] 또한 트럼프는 시진핑에게 중국이 북한을 통제한다면, 미국이 중국의 경제적 부정행위(그리고 심지어 트럼프가 가장 싫어하는 미국의 대중국 무역적자)를 용서할 수 있다고 말했다. "대단한 거래를 하고 싶은가요?" 트럼프가 제안했다. "북한 문제를 해결하세요. 그러면 미국이 적자여도 감수할 만한 가치가 있습니다."[106]

　　　　　　　　국가는 무엇으로 싸우는가

그렇게 말했지만 트럼프는 이 정상회담을 통해 대중국 무역적자 문제를 해결하려 했고, 양측은 앞으로 100일 동안 중국에 미국의 수출을 늘릴 방법을 찾기로 합의했다.[107] 이것은 트럼프가 미국의 엄청난 대중국 무역적자를 단번에 해결할 수 있는 무역 협상을 찾기 시작한 출발점이었다. 무역적자와 관련한 협상은 미·중 관계에서 다른 어떤 것보다 트럼프가 가장 중요하게 여기고 그를 사로잡았던 어려운 목표이기도 했다. 트럼프는 미국의 대중국 수입이 대중국 수출보다 많다는 사실을 싫어했다. 그는 이것을 미국이 중국에 '패배했다'는 증거로 여겼기 때문이다.[108] 그러나 평균적인 미국인은 평균적인 중국인보다 더 많이 소비하고 훨씬 더 높은 생활 수준을 누리고 있다. 그는 미국의 무역적자가 그 사실을 반영한다는 점을 파악하지 못하는 듯했다. 또한 그는 미국의 대중국 수출을 늘려 무역적자를 해소하려면 상상할 수 없을 정도로 수출을 크게 늘려야 한다는 점도 이해하지 못한 것 같았다. 트럼프가 대통령으로 취임하기 전 해에 미국과 중국의 무역적자는 무려 3,500억 달러에 달했는데, 이는 미국의 대중국 수출 총액의 세 배에 달하는 규모였다.[109] 단순히 미국의 수출을 늘리겠다고 약속하는 무역 협정을 체결하는 것만으로는 이렇게 큰 격차를 해소하는 것이 불가능했지만 트럼프는 개의치 않고 계속 밀어붙였다.

트럼프의 경제 팀이 이 손에 잡히지 않는 어려운 목표를 추구하는 동안, 그의 국가안보 팀은 완전히 다른 접근 방식을 마련하고 있었다. 맷 포틴저는 중국공산당이 미국에 대해 다양한 방식으로 '경제적 침략'을 벌이고 있다는 내용을 실은 내부 백서를 작성했다.[110] 이 문서의 제목도 그 내용 그대로였다. 이 문서는 중국이 서구의 중요 기술을 훔쳐 디지털 경제를 장악하고, 풍족한 보조금으로 자국 기업을 지원하려는 중국의 계획을 강조했다. 아울러 미국이 수출 통제 및 중국이 장악하려는 기술에 초점을 맞춘 투자 제한과 같이 자체적인 경제 무기를 동원해야 한다고 주장했다.[111] 포틴저와 맥마스터는 2017년 10월에 트럼프에게 이 문서를 보고했다. 대통령은 이 문서에 서명했고, 그것은 적어도 서류상으로는 트럼프 행정부의 첫 공식적인 중국 전략이 되었다.[112]

한편 미국 무역대표부의 로버트 라이트하이저 대표는 무역전쟁을 준비하고 있었다. 트럼프 행정부는 스티븐 므누신, 게리 콘,

상사의 귀를 사로잡기 위한 경쟁: 로버트 라이트하이저(왼쪽)와 스티븐 므누신(오른쪽)이 오벌 오피스에서 도널드 트럼프 앞에 앉아 있다.

상무부 장관 윌버 로스 등 전직 사업가들이 넘쳐났다. 이들은 자신들의 재정적 성공이 무역 전문가임을 입증한다고 믿었고, 트럼프의 대중국 정책을 두고 주도권 경쟁을 벌였다. 라이트하이저 역시 부유했지만, 그가 부자가 된 방법은 달랐다.[113] 그는 중국과 여러 나라들의 불공정한 무역 관행을 고소하는 변호사로서 수백만 달러를 벌었다. 또한 레이건 행정부에서 미국 무역대표부 부대표를 맡기도 했다. 그는 전직 금융인이었던 내각 동료들보다 무역 정책에 매우 깊은 지식을 갖추고 있었다.[114]

큰 키에 단호한 성향인 라이트하이저는 70번째 생일을 앞두고 트럼프 행정부에 합류했다. 그는 1990년대 자유무역 합의가 대세일 때 홀로 반대해 왔으며, 중국의 WTO 가입도 공개적으로 반대한 바 있다. 그는 1997년 〈뉴욕타임스〉에 기고한 칼럼에서 "중국이 WTO에 가입하는 목적은 세계 무역에서 지배적인 위치를 차지하기 위해서다"라고 경고했다.[115] 그리고 이렇게 주장했다. "만약 중국이 오랫동안 요구해 온 관대한 조건으로 WTO에 가입하게 된다면, 이 나라의 거의 모든 제조업 일자리는 위험에 처할 것이다." 이제 자신의 주장이 옳았다고 느낀 라이트하이저는 중국 제품에 엄청난 관세를 부과하기 위한 준비 작업을 시작했다. 라이트하이저는 "관세는 우리가 중국 경제와 분리할 수 있는 유일한 방법"이라고 설명하며, "매년 숙적에게 수천억 달러를 보내는 것을 멈출 방법"이라고 덧붙였다.[116] 그가 보기에 관세는 (트럼프가 바랐던 것처럼) 미국 수출을 늘리는 것이 아니라, 중국에서 수입을 줄임으로써 미국의 무역적자를 메우는 것이 도움이 된다고 여겼다. 즉 미국인들이 월마트와 아마존 같은 곳에서 구매하는 수없이 다양한 중국산 전자 제품, 장난감, 가구, 의류 등을 줄이는 방식이었다. 이는 더 실용적인 접근 방식이지만, 동시에 이런 값싼 제품을 구매하는 데 익숙한 미국 소비자와 기업들에게는 비용이 많이 드는 방법이었다.

라이트하이저는 미·중 간의 상업적 관계를 저해하는 정책은 어떤 것이든 법정 다툼으로 이어질 것이라는 점을 충분히 알고 있었다. 특히 중국 제품을 수입하는 미국 기업들에게 세금을 부과하는 구식 관세가 여기에 해당했는데, 이는 미국 기업들이 많은 부담을 떠안게 된다는 의미였다.[117]

라이트하이저는 자신이 구상한 관세를 향후 법적으로 보호하기 위해 1974년의 무역법 제301조를 참고했다. 이 법은 다른 나라들이 미국의 상거래에 지장을 주거나 제한하는 '부당한' 행위에 관여한 경우, 미국 정부가 관세 및 기타 무역 제재를 부과할 수 있도록 하는 조항이었다.[118] 미국 정부는 1995년 WTO 창설 이래, 이러한 권한을 거의 행사하지 않았지만 그 법은 여전히 유효했다. 라이트하이저는 미국이 중국의 지식재산권 도용과 강제 기술이전이 제301조의 요건을 충족한다는 것을 입증한다면, 미국 정부는 중국에 보복 관세를 부과할 강력한 법적 근거를 갖게 될 것이라고 판단했다.[119] 므누신과 로스가 중국과의 100일간 무역 협상에서 아무런 성과를 내지 못한 것이 분명해지자, 라이트하이저는 곧바로 트럼프를 설득하여 중국의 무역 관행에 대한 제301조 조사를 승인하도록 했다.

무역법 제301조에 의거한 철저한 조사는 미국 관세가 법정에서 무효가 되는 것을 막을 수 있으며, 이는 정치적으로도 현명한 조치가 될 것이다. 대기업과 노동계는 중국 문제에 대해 의견이 일치하는 경우가 드물었지만, 중국 기업이 미국 기업의 비밀을 훔치는 것을 중단해야 한다는 점에는 모두가 동의했다. 라이트하이저가 8월에 조사를 시작하면서 밝혔듯이, 그는 "미국의 지식재산권, 혁신 또는 기술 개발을 해칠 수 있는 중국의 법률과 정책 및 관행"에 대해 조사를 집중했다.[120] 이는 정치적으로 반박할 수 없는 사안의 근거를 마련하기 위함이었다.

2017년 11월, 중국의 경제적 침략에 대응하기 위한 포틴저의 내부 전략 문서가 승인되고 라이트하이저의 제301조 조사가 진행하는 가운데, 트럼프 대통령은 국빈 방문을 위해 베이징으로 향했다. 중국 측은 엄청난 규모의 호화로운 일정을 준비했다. 시진핑 주석과 그의 부인이자 유명 가수인 펑리위안彭麗媛은 500년 넘게 중국 황제들이 거주했던 호화로운 궁전 단지인 자금성 입구에서 도널드 트럼프와 멜라니아 트럼프Melania Trump를 기다렸다. 그들이 트럼프에게 중국 역사의 흐름을 소개하기 위한 투어를 시작했을 때, 맥마스터 국가안보 보좌관은 맷 포틴저가 어디에도 보이지 않는다는 것을 깨달았다.[121] 알고 보니 포틴저는 자금성 문에서 출입이 거부당한 상태였다. 맥마스터는 시진핑이 중국에 대한 지식을 갖춘 통역사의 개입 없이 트럼프에게 자신의 역사관을 직접 전하려는 것을 원했기 때문이라고 의심했다.

다음 날 트럼프와 그의 고문들은 시진핑 정권의 이인자인 리커창 李克强 총리를 만났다. 리커창은 그들에게 자신만의 역사 강의를 펼쳤는데, 그 결론은 중국의 현대화가 이제 완료되었으며 중국은 더 이상 기술 혁신을 위해 미국이 필요하지 않다는 것이었다. 앞으로 미국은 중국에 식량, 석유, 그리고 기타 원자재를 공급하는 역할을 하게 될 것이라는 뜻도 내비쳤다.

트럼프는 미국 농부들이 더 많은 콩을 팔 수 있도록 돕고 싶었을지도 모르지만, 리커창이 미국을 중국이라는 경제 제국의 배후지 정도로 묘사하는 것은 참을 수 없었다. 리커창의 연설이 끝나자, 트럼프는 바로 일어섰고 회의를 갑자기 끝냈다. 맥마스터는 나중에 이 일화에 대해 다음과 같이 썼다. "트럼프 대통령을 포함해서 우리 측 사람들은 중국이 미국과의 관계를 어떻게 생각하는지 의구심을 품고 있었다. 리커창은 그 긴 연설로 이런 의구심을 해소해 주었어야 했다."[122] 그 일이 그렇게 간단했더라면 좋았을 텐데 말이다.

40 | 단서: ZTE

The Clue: ZTE

2018년 3월 22일, 로버트 라이트하이저는 중국의 무역 관행에 대한 제301조 조사 결과를 상세히 설명하는 215페이지 분량의 보고서를 발표했다.[123] 이 보고서에서 그는 중국이 미국에서 훔친 기술과 지식재산을 이용하여 경제 제국을 건설하려 한다고 주장했다.

라이트하이저의 검토는 철저했다. 그는 일련의 청문회를 열었고, 그 자리에서 업계 지도자들과 노조 대표들, 그리고 법학자들은 중국이 미국 기술을 훔치기 위한 작전 계획playbook이 있다고 증언했다.[124] 또한 그는 70명 이상의 청원인들로부터 의견을 수집했는데, 이들은 주로 무역 관련 협회의 사람들이었다. 심지어 한때 중국의 WTO 가입을 위해 치열하게 로비 활동을 벌였던 미·중 기업협의회USCBC도 이 일에 의견을 보탰다. 미·중 기업협의회는 18페이지 분량의 신랄한 편지에서 "중국 시장에 진출하기 위한 조건으로 기술이전을 해야 한다는 요구는 미국의 핵심 산업에 종사하는 기업들이 심각하게 우려하는 사안이다. 이 미국 기업들은 종종 기술을 공유해야 할지, 아니면 세계 2위 경제권인 중국 시장에 진입하지 말 것인지 간에 어려운 선택을 해야 한다"라고 자세히 밝혔다.[125]

중국의 경제 정책에 대한 불만은 셀 수 없을 정도로 많았다. 중국 정부의 보조금 정책과 불평등한 무역 장벽은 디트로이트 자동차 제조업체와 펜실베이니아 철강 제조업체부터 조지아 닭 농장주, 노스캐롤라이나 가구 장인까지 모두를 위협했다. 그중에서도 한 가지 두드러지는 분야가 있었는데, 바로 기술이었다.

라이트하이저의 제301조 조사 보고서는 중국 정부가 "경제와 국가안보상의 이유로 광범위한 기술 분야에서 국내 우위와 세계적 리더십을 확보하려 한다"라고 밝혔다.[126] 기술적 우위를 확보한다면 중국은 경제적, 군사적으로, 그리고 시간이 지나면서 외교적으로도 미국을 앞지를 수 있을 것이다. 만약 미국이 기술적 리더십을 잃는다면, 다른 모든 것은 부차적 문제로 거의 중요하지 않게 될 것이다.

하지만 효과적인 기술적 반격이 어떤 모습일지는 여전히 불투명했다. 라이트하이저가 선호하는 수단인 관세는 미국의 국내 시장에서 중국 기술에 대한 수요를 줄이겠지만, 다른 지역에서는 중국 제품의 경쟁력을 떨어뜨리지는 않을 것이다. 따라서 관세는 중국 기업이 미국 기업의 세계 시장점유율을 빼앗는 것을 막는 데는 별 도움이 되지 않을 것이다. 미국 정부도 미국의 기술 기업에 보조금을 늘릴 수는 있겠지만, 중국공산당이 국영기업에 제공한 막대한 현금 투입에는 결코 미치지 못할 것이다. 그리고 그것이 가능하다 해도 중국의 기업들이 미국의 혁신 기술을 훔치고 모방하는 것을 막지는 못할 것이다.

트럼프 행정부가 화웨이의 5G 지배력을 저지하기 위해 처음에 시도한 것은 이러한 어려움에 대한 사례 연구였다. 국가안전보장회의 전략기획 담당 수석국장인 로버트 스팔딩Robert Spalding이 이끄는 이 전략은 미국의 5G 네트워크를 화웨이 기술로부터 보호하는 것이 목표였다. 그러나 비교적 소규모였던 이 프로젝트조차 즉시 장애물에 부딪혔다.

당시 AT&T, 버라이즌Verizon 등 미국의 주요 통신 회사들은 5G 역량을 구축하고 시험하는 중이었다. 물론 수년 동안 미국의 통신 회사들은 중국 1위, 2위의 통신 장비 제조업체인 화웨이와 ZTE가 만든 장비를 대체로 기피했다. 2012년 하원 정보위원회의 한 보고서는 "화웨이와 ZTE가 외국 정부의 영향으로부터 자유롭다고 간주할 수 없다"라고 결론지었다.[127] 또한 "화웨이와 ZTE가 미국의 중요 인프라에 장비를 공급하는 데 따르는 위험은 미국의 핵심적인 국가안보 이익을 훼손할 수 있다"라고 밝혔기 때문이다. 미국의 주요 통신 회사들은 법적 의무는 없었지만, 그 경고에 따라 화웨이와 ZTE에서 기지국을 구매하는 것을 중단했다[128] (몇몇 소규모 농촌 지역의 통신 회사들은 화웨이의 장비가 다른 대체 장비보다 훨씬 저렴했기 때문에 화웨이 장비를 계속해서 사용했다).

그러나 주요 통신 회사 임원들은 주주 가치를 극대화해야 한다는 의무를 무시할 수 없었다. 2017년 무렵 화웨이의 5G 장비는 동급 최고의 제품으로 여겨졌다. 또한 에릭슨과 노키아가 만든 동급 장비보다 30% 저렴했으며, 때로는 유리한 금융 조건과 함께 제공되었다. 따라서 미국의 통신 회사들이 미국 의회와의 신사협정에 불과한 협의에 근거하여 중국 제조업체를 불매하기로 한 결정은 점점 설득력을 잃어가고 있었다.[129] 더욱 강력한 정부 조치가 없다면 경제적인 이유로 미국의 5G 네트워크는 화웨이 장비로 구축될 수도 있었다.

스팔딩이 제안한 해결책은 미국 정부가 국가의 5G 네트워크 구축에 훨씬 더 큰 역할을 해야 한다는 것이었다.[130] 연방 정부가 그 구축에 필요한 모든 장비를 직접 조달하여 중국산 부품이 없는지 확인한 후 AT&T, 스프린트Sprint, 버라이즌, T-모바일 같은 통신 회사에 이를 임대하는 것이다. 또 다른 선택지는 정부가 주요 통신 회사들을 컨소시엄으로 조직하여, 공동으로 자금을 조달하고 전국적인 네트워크를 구축하는 것이다.

스팔딩의 아이디어가 아직 초기 개발 단계에 있을 때인 2018년 1월 28일, 뉴스 매체 〈악시오스Axios〉는 "특종: 5G 네트워크의 국유화를 고려 중인 트럼프 팀"이라는 제목의 기사를 보도했다. 당시 유출된 스팔딩의 파워포인트 자료와 메모를 근거로 작성된 이 기사는 "트럼프 행정부의 국가안보 관리들이 중국을 막기 위해 미국의 모바일 네트워크 일부를 사상 처음으로 연방정부가 인수하는 것을 고려하고 있다"라고 밝혔다.**131**

트럼프 행정부가 통신 산업을 국유화하려 한다고 우려한 통신 회사들은 스팔딩의 구상을 저지하기 위해 재빨리 움직였다. 백악관은 이 사태를 수습하기 위해 분주히 움직였고, 연방통신위원회FCC 위원장은 "혁신과 투자를 주도하는 데는 정부가 아니라 시장이 가장 적합하다"라는 의사를 표했다.**132** 결국 72시간 만에 스팔딩은 짐을 싸라는 지시를 받았다. 스팔딩은 나중에 회상하며 이렇게 말했다. "'당신의 노고에 감사드립니다' 같은 말은 없었다. 그냥 '나가라. 다시는 보지 않길 바란다'라는 식으로 말했을 뿐이다."**133**

스팔딩은 떠났지만, 맷 포틴저와 국가안전보장회의의 중국 전문가 팀은 화웨이에 대한 경고를 계속 전했다. 미국 정부의 나머지 대다수는 화웨이가 5G 시장 전체를 차지하는 것을 무슨 수로 막을 수 있을지 의문을 제기했다. 포틴저 아래에서 일했고 전직 해병대 전투기 조종사였던 이반 카나파티Ivan Kanapathy는 "정보기관을 포함한 모든 사람이 '이건 가망 없는 일인데 NSC에는 미친 사람들만 모여 있네'라고 말했다. 그것은 마치 '너희들은 졌어. 화웨이를 막을 수는 없어'라는 말 같았다"라고 회상했다.**134**

그해 4월에 ZTE를 둘러싼 수년간의 법적 분쟁에서 새로운 진전이 있었고, 이때 그 비판론자들이 틀렸다는 것을 증명할 실마리가 나타났다. 이 사건은 오바마 대통령의 2기 임기 중 발생한 일로 거슬러 올라간다. 당시 미국 당국은 보스턴 로건 공항의 보안

검색대를 통과하던 ZTE 최고재무책임자의 노트북을 압수했다. 그 노트북은 ZTE가 미국의 기술을 사서 이란에 재판매하려는 정교한 음모를 보여주는 문서들이 가득 들어 있는 그야말로 문서의 '보물 창고'였다.[135] 즉 ZTE가 미국의 제재와 수출 통제법을 위반하다가 마침 공항에서 적발되어 잡힌 것이다.[136]

이에 대응하여 오바마 행정부의 상무부는 미국 기업들이 ZTE에 제품을 판매하지 못하도록 명령을 내렸다.[137] ZTE는 구글의 소프트웨어와 인텔 및 퀄컴Qualcomm의 칩 등 미국에서 수입하는 제품에 크게 의존하고 있었기 때문에 서둘러 협상 테이블로 나섰다. 새로운 행정부가 들어선 후에도 협상이 계속되다가, 윌버 로스가 트럼프 행정부의 상무부 장관으로 취임한 지 일주일 만에 양측은 합의에 도달했다. ZTE는 형사상 혐의에 유죄를 인정하고 경영진을 개편하며, 12억 달러의 벌금을 지불하는 데 동의했다.[138] 이것은 미국 정부가 수출 통제 사건에 부과한 벌금 가운데 역대 최대 규모였다. 지난 10년 동안 거대 글로벌 기업들은 미국의 금융 제재를 위반할까 봐 끊임없이 걱정했다. 이제 그들 기업에게는 또 다른 걱정거리가 생겼다. 바로 수출 통제였다. 이것은 외국 기업이 미국의 금융 시스템에 접근하지 못하게 막는 것이 아니라, 특정 미국 제품을 구매하지 못하도록 막는 규제였다.

로스가 상무부 장관에 취임할 무렵에는 대통령의 서명이 이루어지기 직전이라 그 합의에 관여한 바는 거의 없었지만, 그래도 그것은 장관으로서 그의 첫 번째 주요 공적 활동이었다. 로스는 2018년 초에 ZTE가 합의 조건을 위반했다는 사실을 알게 되었을

국가는 무엇으로 싸우는가

때 분노했다[139](심지어 이 회사는 징계를 약속했던 임원들에게 거액의 보너스를 지급하기도 했다). 4월 16일, 로스는 ZTE에 대해 '거부 명령denial order'을 승인했다.[140] 이는 해당 중국 기업이 '모든' 미국산 제품을 구매하지 못하게 하는 엄격한 수출 통제 조치로, 과거에는 거의 사용된 적이 없었다. 미국 제재의 힘은 달러와 미국 금융 체계가 없어서는 안 될 중요한 요소라는 점에서 나왔다. 한편 ZTE에 대한 거부 명령의 힘은 미국의 기술 없이는 사업이 불가능하다는 점에서 나왔다.

그 영향은 신속하고 파괴적이었다. 상무부가 벌금을 부과한 다음 날, ZTE는 처벌이 미치는 "전반적인 영향"을 평가한다면서 홍콩 및 선전 거래소에서 자사 주식 거래를 중단했다.[141] 3주 후 이 회사는 다음과 같은 충격적인 발표를 했다. "거부 명령의 영향으로 회사의 주요 운영 활동이 중단되었다."[142] ZTE는 사실상 문을 닫았다. 미국 정부가 첨단 기술 분야에서 미국의 핵심적 역할을 무기화함으로써, 중국에서 두 번째로 큰 통신 장비 제조업체가 파괴되기 직전이었다. 그리고 이 모든 일이 한 달도 채 되지 않아 일어났다.

시진핑 주석은 중국의 주요 기술 기업이 붕괴하는 것을 가만히 앉아서 보고만 있을 수 없었다. 5월 8일, 그는 트럼프 대통령에게 긴급 전화를 걸었다.[143] 시진핑은 트럼프에게 개인적인 부탁이라며 ZTE에 대한 제재를 유예해 달라고 요청했다. 그는 일자리를 잃게 될 위기에 처한 수만 명의 중국인 노동자를 언급했다(이러한 호소가 유권자에게 답할 필요가 없는 일당 독재 정권의 수장보다 민주주의 지도자에게서 나왔다면 훨씬 더 설득력이 있었을 테지만 말이다). 어쨌든 트럼프는 언젠가 시진핑이 빚을 갚을 것으로 생각하고 동의했다.[144]

며칠 후 트럼프는 트위터에 갑작스러운 정책 변경을 공개했다. 이를 두고 그의 한 보좌관은 "대통령이 지금까지 올린 트윗 중 그와 가장 어울리지 않는 트윗"이라고 표현했다. 그 내용은 다음과 같았다.

중국의 시진핑 주석과 저는 중국의 거대한 통신 회사인 ZTE가 신속하게 사업을 재개할 수 있도록 협력하고 있습니다. 중국에서 너무 많은 일자리가 사라졌습니다. 상무부에 이를 해결하라는 지시를 전달했습니다![145]

트럼프가 갑자기 중국의 일자리에 관심을 보인 이유는 아무도 알 수 없었다. 다음 날 그는 또 다른 트윗을 올려 미국의 기업들 역시 ZTE의 미래에 이해관계가 있다고 밝혔다.

중국의 대형 휴대전화 회사이기도 한 ZTE는 미국 기업들로부터 각 부품의 상당 부분을 구매합니다. 이 조치는 우리가 중국과 협상 중인 더 큰 규모의 무역 협정과 시진핑 주석과의 개인적인 관계를 반영한 것이기도 합니다.[146]

트럼프는 ZTE에게 살아날 기회를 주었다. 그의 동기 또한 차츰 분명해지고 있었다. 트럼프는 자신이 원하던 중국과의 무역 협정을 성사시킬 수만 있다면, 국가안보에 대한 우려도 접어두고 상무부 장관의 결정도 무시할 의향이 있었다. 이제 트럼프의 의도가 그의 행정부와 전 세계에 분명히 드러났고, 시진핑은 앞으로 이 점을 자신의 이익을 위해 활용하려 할 것이다.

미국 의회는 입법을 통해 트럼프의 ZTE에 대한 양보를 뒤집으려 했으나 실패했다.[147] 상무부는 ZTE와 급히 협상을 재개했고, 6월에 로스 상무부 장관은 중국 기업이 추가로 10억 달러의 벌금을 내는 데 동의하는 또 다른 합의안을 충실히 발표했다.[148] 이해할 수 없게도, 이 금액은 첫 번째 벌금보다 적었다. ZTE 입장에서는 사업을 접는 것보다 벌금을 내는 것이 훨씬 더 나은 거래였다. 얼마 지나지 않아 이 회사는 사업을 재개했고, 주가는 반등했다.[149]

ZTE는 가까스로 살아남았지만, 중국 지도자들에게 이 사건은 자국 기술 강자들의 취약성을 깨닫게 해준 계기가 되었다. 중국이 항상 미국 대통령의 호의에 의지할 수는 없었다. 최초의 거부 명령이 내려진 직후, 시진핑은 중국 국민에게 "역사적 기회를 정확히 인식하여" 자립적인 기술 혁신을 이루라고 촉구했다.[150] 그는 중국의 외국산 하드웨어와 소프트웨어에 대한 의존을 종식하기 위해 여러 가지 새로운 구상을 추진했다.[151] 그 후 몇 달 동안 중국 과학기술부가 운영하는 한 신문은 "우리의 초크포인트(결정적

취약점)는 무엇인가?"라는 제목의 기사를 35개나 연재했다. 중국은 ZTE에 내려진 거부 명령이라는 '강력한 타격'을 받은 후, 고성능 컴퓨터 칩을 포함한 미국이 통제하는 다양한 '초크포인트'에 대한 의존을 시급히 끊어야 할 필요성을 절감했다.[152]

ZTE 사건은 미국 정부에도 위기의식을 느끼게 된 순간이었다. 지금껏 미국이 러시아와 이란에 행사했던 것 같은 경제적 영향력을 중국에 행사하기는 어려울 것이라는 인식이 일반적인 통념이었다. 특히 미국이 일방적으로 행동한다면 더욱 그러할 것이다. 하지만 백악관에는 윌버 로스 상무부 장관이 있었고, 그는 펜 한 번의 움직임으로 중국의 한 선도적인 기술 기업을 쓰러뜨렸다가 다시 살려냈다.

거의 같은 시기에 일어난 두 가지 사건도 미국의 경제 무기가 다른 나라들의 도움 없이 광범위한 영향력을 미칠 수 있다는 점을 더욱 잘 보여주었다. 몇 주 전 세르게이 스크리팔_{Sergei Skripal}이라는 전직 러시아 이중 첩자와 그의 딸 율리아가 영국 솔즈베리의 한 공원 벤치에서 의식을 잃은 채 발견된 사건이 있었다. 그들은 소련이 처음 개발한 치명적인 신경 작용제인 노비촉에 중독되어 있었다.[153] 영국 정부는 이 공격이 러시아와 관련이 있음을 입증하는 결정적인 정보를 동맹국들과 신속하게 공유했다.[154]

러시아가 NATO 영토에서 화학무기를 사용한 너무나 뻔뻔스러운 이 행위에 대해 트럼프조차 대응이 필요하다고 인정했다. 먼저 국무부는 러시아 관리 60명을 미국에서 추방하고, 시애틀에 있는 러시아 영사관을 폐쇄했다.[155] 몇 주 후, 재무부는 2014년 이후 처음으로 러시아에 대한 주요 제재를 발표했다. 그 제재 대상 중에는 올리가르히, 즉 러시아 재벌인 올레크 데리파스카Oleg Deripaska와 그의 알루미늄 기업인 루살Rusal도 포함되었다. 오바마 행정부의 '메스 같은' 제재는 러시아의 대상을 오직 미국 자본시장에서만 금지했던 것과 달리, 이번 경우는 루살을 미국 금융 체계에서 완전히 배제하는 차단 제재였다.[156] 루살이 전 세계 알루미늄 생산량의 약 7%를 차지하는 세계에서 두 번째로 큰 알루미늄 기업이었다는 점을 고려하면 이는 결코 사소한 일이 아니었다.

ZTE에 대한 거부 명령처럼 루살에 대한 제재도 일방적으로 진행되었다. 트럼프 행정부의 어느 누구도 사전에 미국의 동맹국들과 협의하지 않았다. 이러한 움직임은 전 세계 시장에 충격을 주었다. 루살의 주가는 절반으로 폭락했다. 런던금속거래소LME는 구매자가 해당 금속이 루살에서 제조되지 않았음을 증명할 수 없을 경우, 러시아산 알루미늄 거래를 거부했다.[157] 그 결과 알루미늄 가격이 30%나 급등하면서, 보잉의 항공기 생산부터 포드의 F-150 픽업트럭 제조까지 모든 것에 영향을 미쳤다.[158] 미국의 고위 경영자들과 외교관들이 며칠간 끊임없이 로비 활동을 한 끝에 재무부는 루살에 대한 제재를 면제했고, 결국 그해 말에 체결한 데리파스카와의 협상의 일환으로 제재를 해제했다.[159]

시진핑이 ZTE를 위해 트럼프에게 관용을 베풀어 달라고 요청한 날, 트럼프는 미국은 이란 핵 협정에서 탈퇴한다고 발표했다.[160] 트럼프는 렉스 틸러슨을 국무부 장관에서 해임하고, 마찬가지로 H. R. 맥마스터를 국가안보 보좌관에서 해임했다. 그리고 각각 마이크 폼페이오Mike Pompeo와 존 볼턴으로 교체했다. 이 두 사람 모두 이란 핵 협정을 불살라버리는 데 전혀 거리낌이 없는 인물이었다. 이후 트럼프는 일명 '최대 압박maximum pressure'이라는 접근 방식으로 이란에 대한 제재를 부활시켰다. 결국 이런 조치는 오바마 시대의 모든 제재를 다시 도입하고 강력히 집행하는 것과 같았다. 이 제재들은 다른 주요 국가의 지지를 받지 못했다. 그래도 그것들은 이란의 경제를 뒤엎어 놓을 것이다.

단 몇 주 만에, 트럼프 행정부는 미국의 경제 무기가 미국이 단독으로 행동하더라도 엄청난 속도로 파괴적인 영향을 미칠 수 있음을 보여주었다. 이는 중국, 러시아, 이란과 같은 미국의 경쟁국들(이 국가들 모두 미국의 직접적인 표적이다)뿐만 아니라 독일, 일본 등의 동맹국들에도 불안한 사실이었다. 또한 트럼프는 전임 대통령보다 훨씬 위험을 두려워하지 않는 모습을 보였다. 오바마 행정부의 관계자들은 제재의 경제적 역효과를 걱정하며, 미국의 동맹국들과 협력하는 데 수많은 시간을 들였다. 반면 트럼프 행정부는 아무런 경고도 없이 즉흥적으로 행동했고, 그로 인한 부수적 피해는 아랑곳하지 않고 감수했다.

적어도 외국의 적대국들은 트럼프가 ZTE와 루살을 다루는 방식에서 드러난 변덕과 무책임함을 보며 위안을 얻었을 것이다. 미국의 대통령이라는 인물은 금방 화를 내다가도, 자기가 선호하는 지지 세력이자 유권자 집단인 미국의 CEO들과 외국의 독재자들이 불평하면 곧바로 굴복했다. 이런 사람들의 반발에 직면하면 트럼프는 아무런 대가를 얻지 못해도, 심지어 의회와 자기 행정부의 강경파들에게 비판받을 것이 뻔함에도 입장을 번복할 것이다.

그러나 맷 포틴저에게는 트럼프의 정책 전환보다 ZTE에 대한 공격이 가르쳐준 교훈이 더 중요했다. 즉 미국 정부가 미국 달러를 이용했던 것처럼, 기술을 초크포인트로 이용할 수 있다는 교훈이었다. 사실 미국의 기술은 너무나 필수적이어서 그 기술에 대한 접근을 차단하면(포틴저가 그의 전략 보고서에서 이미 권고했던 조치), 중국의 주요 기술 기업들은 파멸의 소용돌이에 빠질 수 있었다. 앞으로 중국의 경제적 부정행위가 새롭게 드러날 때마다, 포틴저와 그의 동료들은 이 교훈을 되새길 것이다.

41 검증: 푸젠진화반도체

The Validation: Fujian Jinhua

2018년 9월 29일 토요일, 워싱턴에 있는 중국 대사관에 고위 인사와 외교관들이 모였다. 이 대사관 건물은 유명한 중국계 미국인 건축가 I. M. 페이Pei가 디자인한 것으로 레고와 비슷한 모양의 석회암 건물이다. 그들은 마오쩌둥이 1949년에 중화인민공화국의 수립을 선포한 것을 기념하는 명절인 중국 국경절을 기념하기 위해 모였다.

이날 주최자인 추이톈카이崔天凱 주미 중국 대사는 "상호 존중과 윈-윈 협력"의 필요성에 대해 특별할 것 없는 상투적인 외교 연설을 했다.[161] 또한 맷 포틴저도 참석했는데, 그는 격식은 생략하고 평소와 달리 거리낌이 없이 솔직한 태도로 청중에게 연설했다. 그는 "미국에서 경쟁은 부정적인 단어가 아닙니다. 트럼프 행정부는 경쟁이라는 개념을 전면에 내세워 대중국 정책을 수정했습니다. 이것은 곧 대통령의 국가안보 전략의 최우선 과제입니다"라고 말했다.[162]

포틴저는 청중에게 미·중 관계의 현 상황을 에둘러 말하지 말고 솔직하게 소통할 것을 촉구했다. 그러면서 중국어로 말을 바꾸어 공자의 《논어》에 나온 구절을 읊었다. "이름이 바르지 못하면 말이 바르지 못하고, 말이 바르지 못하면 일이 바르게 이루어지지 않는다."[163] (《논어》 자로 제13편 제3장. 名不正, 則言不順, 言不順, 則事不成.-옮긴이)

포틴저의 발언은 이미 모두가 알고 있는 사실을 대변한 것이었다. 여름 동안 트럼프 대통령은 로버트 라이트하이저의 제301조 조사에 이은 후속 조치로 많은 기대를 모았던 무역전쟁을 시작하며 중국에 대규모 관세를 부과했다.[164] 백악관 경제자문위원회는 관세가 미국의 수입업체보다 중국의 수출업체에 더 큰 타격을 줄 수 있는 상품 카테고리를 선별하기 위해 알고리즘을 개발했다. 그 알고리즘은 첨단 기술 제품과 산업용 제품 목록을 추천했다.

중국 정부는 즉각 보복했고, 갈등이 격화되는 악순환이 시작되었다. 포틴저가 중국 대사관에서 연설할 즈음, 라이트하이저 팀은 중국에서 미국으로 수입되는 연간 5,000억 달러가 넘는 물품의 절반에 관세를 부과했다.[165] 대치가 격화하면서 다우존스 산업평균지수는 약 1,000포인트 하락했다.[166] 전 재무부 장관으로 현재는 일리노이주의 작은 마을에 살고 있는[167] 절반쯤 은퇴한 현인이

자 자선가인 헨리 폴슨은 "경제적 철의 장막"이 세계 경제를 파괴할 위험이 있다고 경고했다.[168]

무역전쟁이 언론에 대서특필되는 가운데, 미국 행정부와 의회는 그만큼 중요하면서도 주목은 덜 받는 일련의 조치를 동시에 추진했다. 8월에 트럼프 대통령은 미국 외국인투자위원회CFIUS의 권한을 강화하는 법안에 서명했다.[169] 이 기관은 외국 기업이 미국 기업을 인수하려는 것이 국가안보에 위협이 되는지를 심의하여 인수 시도를 차단하는 것이 임무였다. 새로운 법률에 따르면 핵심 기술과 관련한 모든 외국인 투자는 먼저 이 위원회의 승인을 받아야 했다. 아울러 이 위원회에 소수 지분 투자까지도 차단할 수 있는 권한을 부여했다.

이 법률은 중국을 특정해 언급하지는 않았다. 하지만 이 법의 주요 지지자 중 한 명인 존 코닌John Cornyn 상원의원은 "이 법의 입법 취지는 중요하고 비교적 간단하다. 바로 중국과 관련 있다"라고 증언했다.[170] 중국 정부의 지원을 받는 기업이 샌드힐 로드의 다른 벤처캐피털 펀드들처럼 실리콘밸리의 기술 스타트업의 지분을 자유롭게 사들이던 시대는 끝났다.

그 후 몇 달 동안 트럼프는 수출 통제 권한을 강화하는 법안에 서명하고, 미국 국제개발금융공사DFC를 설립했다.[171] 이 기관은 중국의 일대일로 구상에 맞서 미국이 해외 투자를 할 수 있도록 마련된 새로운 기관이었다. 미국 의회에서는 초당적으로 구성된 상원의원 그룹이 법안을 제출했는데, 모든 연방 기관이 화웨이와 ZTE 제품을 구매하지 못하게 할 뿐만 아니라, 해당 제품을 구매

국가는 무엇으로 싸우는가

한 기업과 거래하는 것도 금지하는 내용이었다.[172] 이로써 화웨이와 ZTE 장비를 사용하는 미국 기업들은 미국 정부와 거래를 못하게 되는데, 이는 사실상 두 회사의 장비 구매를 거의 전면 금지하는 것과 같았다. 이 수정안은 국방부 연간 예산안의 일부로 통과되었다. 미국 정계에서는 중국이 미국의 기술 부문과 일정 거리를 두어야 한다는 의견이 커지고 있었고, 이를 실행에 옮길 정책적 수단들이 등장하고 있었다.

하지만 중국이 미국의 기술적 우위를 지탱하는 핵심 기둥인 반도체 산업을 잠식하여 갉아먹는 것을 막을 명확한 전략은 아직 없었다. 오바마 행정부의 마지막 시기에, 미국 반도체 산업의 로비스트들은 중국이 그 시장에서 미국 기업의 주도적 역할을 대체하려 부단히 노력한다고 경고했지만 의미 있는 정책 변화를 가져오지는 못했다.

그런 의미에서 마이크론Micron의 사례는 교훈적으로 시사하는 바가 크다. 아이다호주 보이시Boise에 본사를 둔 마이크론은 미국 최대의 메모리 칩 제조업체로, 이 분야는 반도체 산업 중에서도 극도로 경쟁이 치열한 영역이다. 이러한 칩의 세계 시장은 단 세 곳의 기업이 주도하고 있는데,[173] 바로 마이크론과 한국 기업인 삼성, SK하이닉스였다. 메모리 칩을 대량 생산하려면 정교한 기술력과 수십억 달러의 투자가 필요했다. 따라서 신규 진입자가 이런 장벽을 넘는 것은 사실상 불가능했다. 물론 그 신규 진입자가 중국공산당의 후원을 받는다면 얘기가 달라질 테지만 말이다.

아니나 다를까 2016년에 중국 중앙 정부는 중국의 남동부 해안 지방인 푸젠성의 당국과 협력하여 자국 내 메모리 칩 기업을 설립했다.[174] 50억 달러 이상의 정부 자본을 기반으로 세워진 푸젠진화반도체(JHICC, 이하 '푸젠진화'로 칭함)라는 이름의 이 새로운 벤처 기업은 '중국 제조 2025'의 핵심 목표인 중국의 반도체 자립을 추진할 것이다.

그다음에 일어난 일은 중국의 지식재산권 침해의 전형적인 사례였다. 중국 푸젠성은 대만에서 바다 건너 불과 160킬로미터 떨어진 곳에 마주 보고 있다. 대만에는 마이크론이 수천 명의 숙련된 엔지니어를 고용하여 자사의 독점 메모리 칩을 생산하는 공장을 운영하고 있다. 푸젠진화는 UMC라는 대만의 반도체 파운드리 업체를 내세워(푸젠진화가 직접 나서지 않고 UMC를 통해 인력을 영입했음을 의미한다.-옮긴이), 마이크론의 대만 자회사 사장인 스티븐 첸Stephen Chen과 대만 마이크론의 여러 고위 직원들을 영입했다.[175] 구체적으로 말하자면, 첸은 UMC의 수석 부사장으로 새로 부임하여 메모리 칩 기술을 푸젠진화로 이전하는 계약을 협상했고, 이전에 마이크론에서 함께 일하던 동료들을 몇 명 영입했다.[176] 그들 중 한 명인 케니 왕Kenny Wang은 마이크론의 귀중한 산업 기밀이 담긴 900개의 비밀 파일을 푸젠진화로 가져왔다.[177] 푸젠진화와 UMC는 이렇게 훔친 정보를 이용하여 중국에서 특허를 출원했다.

2017년 말, 마이크론은 캘리포니아에서 푸젠진화를 상대로 고소했다.[178] 그다음 해에 푸젠진화는 자사의 본거지인 푸젠성에서 마이크론을 상대로 반소를 제기했다. 마이크론에게 불리한 상황이 펼쳐졌다고 말하는 것은 너무 점잖은 표현에 불과하다. 푸젠성 지방 정부는 푸젠진화의 일부 지분을 가진 소유주였고, 마이크론이 소송을 제기한 이 회사는 중국공산당의 최우선 전략 목표를 추진하려 설립한 회사라는 점이었다. 당시 푸젠성 법원은 마이크론이 경쟁업체의 특허를 침해하고 있다고 결론 내리고, 신속하게 푸젠진화의 손을 들어주었다. 터무니없는 판결이었다. 하지만 마이크론은 연간 매출 300억 달러 가운데 절반 이상을 차지하는 중국 시장에 대한 접근을 위태롭게 할 수 있는 입장을 표하는 것을 우려했다.[179] 이에 마이크론은 미국 정부의 지원이 필요했다.

2018년 여름, 마이크론의 CEO 산제이 메로트라Sanjay Mehrotra는 트럼프 행정부에 도움을 요청했다. 그는 먼저 푸젠진화에 차단 제재를 부과해 달라고 재무부에 요청했다. 하지만 중국에 경제적 압력을 가하는 것을 여전히 꺼리는 스티븐 므누신 재무부 장관의 즉각적인 반대에 부딪혔다.[180] 한편 메로트라는 윌버 로스 상무부 장관과는 더 잘 통했고 좋은 결과를 끌어낸 적도 있었다. 로스는 므누신과 달리 막강한 미국 달러의 문지기 역할을 할 권한은 없었다. 하지만 그는 중국에 더 강경한 입장을 보이는 인물이었고, 상무부 장관으로서 외국 기업들이 미국의 핵심 기술을 구매하는 것을 막을 수는 있었다. 몇 달 전 로스가 ZTE에 가한 타격은 이러한 제재들이 파괴적인 효과가 있음을 보여주었다.

중국 반도체 회사에 대한 수출 통제는 중국 통신 회사에 수출 통제를 가했던 것만큼이나 타격을 줄 수 있다. 그 이유는 미국 기업들이 첨단 칩을 생산하는 데 필요한 최첨단 기계 장비를 거의 독점하고 있었기 때문이다. 실리콘밸리의 세 개 기업들(어플라이드 머티어리얼즈Applied Materials, 램리서치Lam Research, KLA)이 이런 공급망의 중요한 부분을 차지했고, 몇 안 되는 경쟁업체는 일본에만 있었다. 미국이나 일본 기업의 기계 없이는 첨단 칩을 생산하는 것이 불가능했다.[181] 푸젠진화는 메모리 칩의 본격적인 생산을 불과 몇 달 앞두고 있었지만, 공장을 가동하는 데 필요한 기계와 예비 부품을 확보할 수 없다면 그동안 회사가 쌓은 모든 성과가 무너질 수 있었다.[182]

지금까지 상무부는 미국의 국가안보 이익이라는 좁은 정의에 들어맞을 때(전형적인 예로 기업이 불량 정권이나 테러 집단을 지원하다가 적발되었을 때)만 가장 강력한 수출 통제를 시행했다. 예를 들어 ZTE는 미국에서 만든 기술을 이란에 재수출하는 식으로 미국의 제재를 위반했다. 그러나 로스 상무부 장관은 국가안보의 개념을 좀 더 넓게 보는 관점을 지지하게 되었으며, 여기에는 중국의 지식재산권 침해도 포함되었다.

10월 29일 상무부는 푸젠진화를 수출 통제 목록에 추가한다고 발표했다.[183] 이는 미국 기업이 중국 기업에 무엇이든 판매하려면, 먼저 미국 정부의 허가를 받아야 한다는 뜻이었다. 이 조치는 거부 명령만큼 가혹하지는 않았지만 면허가 거의 발급되지 않았기 때문에 실질적인 효과는 비슷했다. 3일 후, 법무부는 마이크론의 영업 비밀을 훔친 혐의로 푸젠진화를 형사 고발했다.[184] 그리고 국가안전보장회의 관리들은 일본 정부로부터 자국 기업들 역시 푸젠진화와 거래를 중단하겠다는 약속을 받아냈다. 얼마 지나

지 않아 푸젠진화는 생산을 중단해야 했다.[185]

불과 몇 달 만에 두 번째로, 로스는 중국의 대표적인 기술 기업을 무너뜨렸다. 10년 전 미국 재무부가 그랬던 것처럼, 상무부도 그간 저평가받던 경제 무기의 위력을 보여주었다. 미국 기술에 대한 접근을 제한하는 것은 미국 달러에 접근을 차단하는 것만큼이나 큰 피해를 줄 수 있다는 것이 드러났다. 일기예보와 인구조사를 포함한 잡다한 업무를 맡고 있던 상무부가 미국 국가안보 정책의 중심 무대에 올라서고 있었다.

42 화웨이에 대한
첫 번째 공격

The First Shot at Huawei

2018년 12월, 도널드 트럼프 대통령과 시진핑 주석은 G20 정상회의의 참석을 위해 부에노스아이레스에 있었다.[186] 두 정부 간의 경제적 갈등이 깊어가는 가운데, 어느 날 밤 두 사람은 파크 하얏트 호텔에서 함께 식사(빵, 스테이크, 양파, 리코타 치즈 등) 자리를 가졌다.

트럼프 대통령은 시진핑 주석에게 중국의 미국산 농산물 구매를 늘리고, 북한의 핵 프로그램을 억제하는 데 도움을 줄 것을 다시 한번 요청했다. 또한 트럼프는 미국으로 들어오는 펜타닐 밀매를 억제할 것도 강하게 요구했다. 이에 시진핑은 수용적인 태도를 보였다. 트럼프는 호의의 표시로, 새해 첫날 발효될 예정이었던

국가는 무엇으로 싸우는가

미국의 다음 관세 조치를 연기하기로 했다.[187] 두 사람의 대화는 정중했고, 심지어 친근하기까지 했다. 트럼프와 시진핑은 또한 미·중 무역 협상을 다시 추진하기로 약속했다.[188] 중국 측 무역 협상단은 시진핑의 어린 시절 친구이자 뛰어난 경제학자인 류허劉鶴가 이끌게 되었다. 미국 측 협상단을 이끌 사람은 로버트 라이트하이저였다. 트럼프는 맷 포틴저와 재러드 쿠슈너의 권유에 따라 스티븐 므누신 재무부 장관을 제치고, 라이트하이저를 대중국 미국 무역 협상단의 수석 대표로 임명했다.

그러나 그날 밤 미·중 관계에서 가장 큰 뉴스는 부에노스아이레스가 아닌 밴쿠버 국제공항의 도착 게이트에서 나왔다. 트럼프와 시진핑이 저녁 식사를 하던 무렵, 화웨이의 창업자 런정페이의 딸이자 최고재무관리자인 멍완저우孟晚舟가 홍콩발 비행기에서 내리자마자 캐나다 당국에 체포된 것이다.[189]

그 체포는 미국 법 집행기관의 요청에 따라 이루어졌으며, 이 집행기관은 미국에서 재판을 받도록 멍완저우의 인도를 요청했다. 미국 당국은 수년 전 화웨이가 스카이콤Skycom이라는 자회사를 이용해 통신 장비를 이란으로 전달하고(이는 미국 제재를 위반한 것이다) 1억 달러 이상의 돈을 챙겼다고 의심했다.

멍완저우는 과거 스카이콤 이사로 재직했지만, 해당 기업이 화웨이와 아무런 관계가 없다고 부인했다. 하지만 화웨이가 거래하는 은행인 HSBC의 반응은 달랐다. 2012년에 HSBC는 미국의 제재를 위반한 혐의로 19억 달러의 벌금을 받았는데, 이는 HSBC가 두 번 다시 경험하고 싶지 않은 기억이었다. 당시 HSBC는 독립적인 감시인을 배치하기로 합의하고, 미국 금융전쟁의 창시자인 스튜어트 레비를 최고법무책임자로 고용했다. HSBC는 멍완저우의 진술이 의심스럽고 화웨이가 미국의 제재를 위반했을 가능성이 있다고 결론을 내린 후, 이 사실을 브루클린에 있는 연방 검찰에 알렸다.[190]

화웨이의 제재 위반 증거는 HSBC의 의심을 훨씬 뛰어넘는 것이었다. 2014년에 미국 당국이 보스턴 로건 공항에서 ZTE 최고 재무관리자의 노트북을 압수했을 당시, 그들은 ZTE의 제재 위반 증거를 발견했다. 그런데 그 노트북에는 ZTE의 더 큰 경쟁자(코드명 'F7'로 확인된 기업)가 미국의 제재를 피하려 훨씬 더 정교한 방법을 개발했다는 내용을 설명하는 문서도 들어 있었다. 이 문서에는 F7이 이란 같은 국가에서 자사를 대신해 계약을 체결하고 이행하기 위해 "위장 회사"를 이용했다고 설명했다.[191] ZTE는 "이 위장 회사의 자본 신용도와 역량은 우리 회사보다 상대적으로 뛰어나다. … 이 방법은 위험을 더 효과적으로 차단할 수 있다"라고 아쉬워했다. 세부 사항을 살펴볼 때 F7이 사실상 화웨이라는 데는 거의 의심의 여지가 없었다.

정의의 수레바퀴는 천천히 돌았지만 결국 2018년 8월, 3년간의 조사 끝에 미국 검찰은 멍완저우와 화웨이에 대한 비공개 기소를 제기했다. 그리고 브루클린의 한 연방 판사는 멍완저우에 대한 체포 영장을 발부했다.[192] 이 모든 것이 트럼프와 그의 국가안보 팀에게는 알려지지 않은 채 이루어졌다.

체포 영장이 발부된 뒤 4개월 후, 멍완저우가 밴쿠버를 경유할 때(그녀는 멕시코로 가는 중이었다) 캐나다의 법 집행기관이 미국의 기관을 대신해 그녀를 체포할 기회를 잡았다. 국가안보 보좌관 존 볼턴은 약 24시간 전에 그 체포가 임박했다는 소식을 들었지만, 트럼프 대통령에게 알리지 않기로 했다. 트럼프가 실수로 부에노스아이레스에서 열리는 저녁 만찬 자리에서 시진핑에게 소식을 누설할까 봐 걱정해서였다. 트럼프와 시진핑은 서로 작별 인사를 한 후에야 멍완저우의 체포 사실을 알게 되었다.

이 중국 최대 사기업의 후계자는 당시 캐나다의 감옥에서 인도 절차를 기다리고 있었다(그녀는 이후 수백만 달러에 달하는 자신의 밴쿠버 저택에서 가택 연금 상태로 지냈다).[193] 예상대로 트럼프는 수석 보좌진에게 멍완저우는 "중국의 이방카 트럼프"라고 말하며, 그녀의 체포에 불만을 토로했다. 중국의 관리들은 미국과 캐나다가 멍완저우의 인권을 "심각하게 해쳤다"라고 비난했다.[194] 그 후 얼마 지나지 않아 중국 당국은 거의 노골적인 인질 외교 행위로, 캐나다 국민 두 명을 체포했다.[195] 이들은 전직 외교관인 마이클 코브릭Michael Kovrig과 사업가 마이클 스페이버Michael Spavor로, 조작된 혐의가 씌워져 구금되었다.

멍완저우의 체포는 기업계에도 큰 충격을 주었다. 화웨이의 혐의는 미국의 법 집행기관이 ZTE에 적용한 혐의와 비슷했다. 따라서 화웨이 역시 곧 강력한 수출 통제 대상이 될 수 있다는 것은 당연했다. 이것은 최소한 매년 화웨이에 수십억 달러 규모의 부품을 판매했던 미국 기업들에게 엄청난 타격을 줄 것이라는 의미였다. 만약 이 제재로 화웨이 자체가 흔들린다면, 그 여파는 전 세계적으로 미칠 것이다. 화웨이는 ZTE보다 규모가 크고 회복력도 뛰어났지만 여전히 미국의 기술에 크게 의존하고 있었다. 예를 들어 화웨이가 판매하는 개인용 컴퓨터는 인텔 프로세서를 탑재하고 있고, 스마트폰은 미국산 메모리 칩과 무선 주파수 부품을 사용하고 있었다. 심지어 화웨이가 자랑하는 5G 장비조차 미국산 반도체와 기타 마이크로 전자 장비가 없으면 작동할 수 없었다. 화웨이의 자체 칩 설계 부문 회사인 하이실리콘의 경우도 대만의 TSMC에 생산을 맡겼는데, TSMC의 파운드리는 미국의 소프트웨어와 공작기계로 운영되었다. 한 통신 회사의 고위 임원은 〈파이낸셜타임스〉와의 인터뷰에서 화웨이에 대해 ZTE식의 거부 명령을 내리면, 글로벌 통신 산업에 "소형 핵무기" 같은 효과를 가져올 것이라고 말했다.[196]

실제로 그로 인한 폭발 반경은 화웨이를 훨씬 넘어 통신 분야 외의 분야에까지 미칠 것이다. 2018년에 화웨이가 미국의 기업들로부터 부품과 서비스를 구매하는 데 쓴 비용은 약 110억 달러였다.[197] 이는 그해 미국의 대중국 총수출액 1,200억 달러 중 상당 부분을 차지하는 규모로 더 큰 딜레마에 부딪힐 수 있었다.[198] 즉 트럼프 대통령은 중국에 특정한 미국 상품의 수출을 금지할 수도 있고, 무역적자를 메우기 위해 그런 상품의 수출을 늘릴 수도 있지만, 두 가지를 동시에 할 수 없다는 딜레마였다.

중국 정부도 비슷한 문제에 직면했다. 지금까지 중국이 보복 관세에서 유일하게 면제한 두 가지 주요 미국 수입품이 미국의 반도체와 상업용 항공기라는 점은 의미심장하다.[199] 중국은 이런 제품들이 필요했지만, '중국 제조 2025'에 따른 노력에도 불구하고 대체 가능한 제품이 거의 없었다. 실제로 부에노스아이레스에서 트럼프와 시진핑의 저녁 만찬 이후 무역 협상이 재개되었을 때, 중국 협상자들은 향후 몇 년 동안 수천억 달러 규모의 미국산 칩을 구매하겠다고 제안했었다.[200]

런정페이는 화웨이가 미국의 형사 고발과 멍완저우의 체포로 발생한 난관을 견뎌낼 수 있을 것이라는 자신감을 드러냈다. 한동안은 그의 자신감이 맞는 것처럼 보였다. 2018년 말 화웨이는 포르투갈에서 대규모 5G 신규 계약을 체결했다. 당시 화웨이는 전 세계적으로 20건 이상의 상업용 5G 계약을 체결했고, 확고한 시장 선두 주자로서의 지위를 보여주었다. 포틴저와 그의 동료들은 영국, 독일 등의 다른 국가들이 향후 5G 네트워크에서 화웨이를 제외하도록 압력을 가하고 있었다.[201] 그러나 공식적으로 또는 사실상의 금지 조치를 시행한 호주, 일본, 뉴질랜드를 제외하면 진전이 거의 없었다.[202] 이러한 결과에 "행동은 말보다 더 큰 소리를 낸다"(말보다 행동이 더 중요하다는 뜻의 영어 속담-옮긴이)며 화웨이의 이사회 구성원 중 한 명이 의기양양하게 말했다.[203] 화웨이의 저렴한 가격과 유리한 금융 조건, 믿을 수 있는 고객 서비스는 미국 정부의 경고를 압도했다.

화웨이를 기소해서 수출 통제의 가능성이 열렸지만, 이를 어떻게 진행해야 할지 트럼프 행정부는 의견이 엇갈렸다. 국가안전보장회의의 포틴저와 그의 팀은 화웨이를 강경하게 처벌하려는 쪽이었지만, 구체적인 행동 방침을 추천하는 일은 정부의 다른 부서들에 맡겼다. 국무부에서는 국제 안보 및 핵확산 방지 담당 차관보인 크리스토퍼 포드Christopher Ford가 화웨이에 대한 수출 통제를 추진했고, 화웨이를 기업 제재 목록에 추가할 것(푸젠진화반도체에 내린 제재와 같은 것)을 제안했다.[204] 한편 재무부의 고위 관리들, 특히 스티븐 므누신 재무부 장관은 이 계획에 격렬히 반대했다.

월버 로스 상무부 장관은 두 가지 생각을 하고 있었다. 로스는 중국에 강경한 입장이었고, 상무부 관리들은 국가안보 문제에 발언권을 갖게 되어 기쁘게 생각하면서도 난처한 입장이었다. 상무부의 주요 관리 대상은 미국 산업계였으며, 화웨이에 대한 제재나 수출 통제로 그들 기업은 잃을 것이 많았다. 로스는 아직 결정을 내리지 않았지만, 수출 통제를 담당하는 상무부 관리들은 국무부 차관보 포드의 제안을 적극적으로 거부했다.

적어도 나자크 니카흐타르Nazak Nikakhtar가 나타나기 전까지는 그랬다. 니카흐타르는 이란 태생의 40대 중반의 무역 전문 변호사로, 2018년 상무부에 들어오기 전까지는 미국 기업들을 대리하여 상업 분쟁을 처리하는 일을 주로 맡았다. 처음에 그녀는 무역 문제를 다루었다. 그러나 2019년 초 로스 상무부 장관이 정식 책임자를 찾을 때까지 수출 통제를 감독하는 상무국을 임시로 맡아달라고 그녀에게 요청했다. 그로 인해 니카흐타르는 중요한 순간에 화웨이에 대한 논쟁의 중심에 서게 되었다.

로버트 라이트하이저와 마찬가지로 니카흐타르도 중국 경쟁업체에 의해 부당한 대우를 받은 기업들을 변호하며 경력을 쌓았다. 그녀는 "우리가 중국이 WTO에 가입하도록 허용한 그때부터 중국의 약탈적 경제 전략이 우리 산업을 잠식하는 것을 실제로 보게 되었다"라고 주장했다.[205] 니카흐타르의 말에 따르면, 중국의 전략은 산업을 아래에서부터 장악하는 것이었다. 먼저 중국 기업들은 미국 기업들이 기꺼이 넘겨준 저底마진 사업 부문을 떠맡았다. 그다음 중국 기업들은 매출을 연구개발에 재투자하여 차츰 가치가 높은 부문으로 사슬을 따라 올라갔다. 그 과정에서 줄곧 중국 기업들은 막대한 보조금과 훔친 지식재산권, 그리고 기타 불공정한 이점을 활용하여 비용이 많이 드는 기술개발 단계를 건너뛰고 경쟁업체보다 낮은 가격으로 제품을 내놓을 수 있었다. 결국 중국 기업들은 전체 산업을 장악하게 되었다. 화웨이가 세계 통신 장비 시장에서 성장한 전략과 정확히 일치하는 과정이다.

한편 이 같은 중국의 관행에 대응하기 위한 미국 정부의 수단 (예컨대 WTO에 분쟁을 제기하는 것)은 심각하게 부족했다.[206] 이러한 수단은 경제적 부정행위를 저지른 뒤 부인해 버리는 중국의 방식을 저지하기 위한 목적으로 고안된 것이 아니었다. 니카흐타르는 "우리는 지금까지 미국 산업에 대한 이런 공격을 목격해 왔다. 하지만 이에 적절하게 맞서 싸울 수 있도록 우리의 법률은 보완되지 않았다"라고 설명했다.[207]

만약 니카흐타르가 마음대로 할 수 있었다면, 재무부는 화웨이에 차단 제재를 가했을 것이다. 하지만 이는 므누신 재무부 장관 하의 재무부에서는 불가능한 일이었기 때문에, 그녀는 화웨이를 제재 목록에 추가하려는 국무부의 제안을 지지하기로 했다. 당연히 몇몇 미국 기업들이 큰 고객을 잃을 수 있었으므로, 상무부의 많은 동료는 그 결정에 불안해했다. 그러나 그렇게 하지 않으면 화웨이에 미국의 국가안보를 계속 위협할 수 있는 자유 통행권을 주는 셈이었다. 이러한 논리로 니카흐타르는 로스 상무부 장관을 설득하고, 회의적인 동료들의 의견을 뒤집는 데 간신히 성공했다. 이렇게 수출 통제를 관리하는 기관들(국무부, 상무부, 국방부, 에너지부) 간에 화웨이를 수출 제재 목록에 추가하는 합의가 이루어졌다. 재무부가 반대 의사를 표명했지만, 그것은 재무부가 결정할 수 있는 사항은 아니었다.

화웨이에 대한 수출 통제를 시행하는 데 따르는 중대한 경제적, 외교적 파장을 고려할 때, 최종 결정은 트럼프 대통령에게 달려 있었다. 하지만 대통령의 승인을 받는 것은 자체로 또 다른 문제였다. 트럼프는 중국과의 무역 협정을 추진하고 있었는데, 이것은 그가 대통령 임기 중 가장 큰 업적으로 생각하는 일이었다. 라이트하이저와 중국의 수석 협상자인 류허 간에는 진전이 있는 듯했다. 그들은 150페이지 분량의 협정을 작성 중이었는데 (최소한 초안 형태로라도) 중국이 지식재산권의 보호를 위한 노력을 더 강화하고, 강제적 기술이전을 중단하기 위해 법률 및 규정을 개정하도록 하는 내용이었다.[208] 그 과정에서 라이트하이저는 류허를 존중하게 되었고, 그가 진지하게 협상에 임하고 있다고 믿었다. 그런데 화웨이에 강력한 제재를 가하면 그런 진전은 위태롭게 될 것이었다.

트럼프가 아첨에 잘 넘어가는 것으로 유명하다는 점도 도움이 되지는 않았다. 실제 화웨이는 수출 통제를 피하기 위해 온갖 수단을 동원해 아첨하는 것을 주저하지 않았다. 런정페이는 최근 아첨 공세에 동참해 트럼프의 감세 정책을 칭찬하고, 그를 "위대한 대통령"이라고 치켜세우는 등 보기 드문 공개 인터뷰를 했다. 화웨이에 대담함, 공격성, 혹독한 근무 시간을 장려하며 '늑대 문화'를 주입했던 70대 CEO에게는 흔치 않은 행동이었다.[209] 그는 중국에서 스티브 잡스 같은 용감한 기업가이자 타협하지 않는 선구자로 명성을 떨쳤다. 하지만 딸이 캐나다에서 가택 연금을 받고 있고 그의 사업이 미국의 제재에 직면하자, 런정페이 회장은 유화적인 태도를 꺼내 들었다. 그는 인터뷰에서 "나는 내 나라를 사랑하고 공산당을 지지합니다. 하지만 나는 전 세계 어느 나라에도 해를 끼치는 일은 절대 하지 않을 겁니다"라고 말했다.[210] 그 후 몇 주 동안 화웨이는 전 세계 언론에 대대적인 홍보를 했다. "들리는 것을 전부 믿지 마세요. 직접 와서 우리를 만나보세요."[211] 이 문구는 화웨이가 2019년 2월 〈월스트리트저널〉에 게재한 전면 광고에서 호소한 내용이었다.

중국 정부도 미국의 과열된 분위기를 진정시키는 데 힘을 보탰다. 3월에 리커창 총리는 중국의 거수기 의회(전국인민대표대회를 말한다. 형식적으로 승인만 하는 입법기관이어서 서구에서는 '거수기' 또는 '고무도장' 의회라고도 칭한다. 저자는 고무도장이라는 표현을 썼다.-옮긴이) 연례 회의를 시작하며, 경제에 관해 약 2시간에 달하는 연설을 했다. 인민대회당 연단에서 리커창 총리는 세금 감면과 오염 억제 구상을 이야기했다. 하지만 지난 몇 년 동안 그의 연설에서 자주 등장했고, 라이트하이저가 제301조 보고서에서 길게 인용했

던 '중국 제조 2025'에 대해서는 언급하지 않았다.[212]

중국이 태도를 완화하고 무역 회담에 긍정적인 진전이 있는데도 불구하고, 미국의 국가안보 담당 관리들은 여전히 경계를 늦추지 않았다. 중국 정부는 원치 않는 미국의 조치를 막기 위해 경제 관계 개선에 대한 가능성을 자주 언급했다. 동시에 중국의 세계 경제 지배를 위한 노력도 활발히 추진했다. 3월 12일, 유럽연합은 중국을 "체제적 경쟁자systemic rival"로 규정하는 공개 전략을 발표했다.[213] 이는 유럽연합이 중국과의 동반관계와 협력을 강조하던 기존 모습과는 다른 처음 있는 일이었다. 그런데 불과 일주일 만에 이탈리아의 주세페 콘테Giuseppe Conte 총리는 시진핑 주석을 로마에서 맞이하며, 이탈리아가 일대일로 구상에 참여하는 최초의 주요 민주주의 국가가 될 것이라고 발표했다.[214] 그 후 얼마 지나지 않아 독일은 미국의 압력에도 불구하고, 향후 자국의 5G 인프라 구축에서 화웨이를 제외하지 않을 것이라고 밝혔다.[215] 다음 달이 되자 영국이 그 뒤를 따랐고, 필립 해먼드 재무부 장관이 베이징으로 날아가 영국도 일대일로를 추진하는 데 협력하겠다고 제안했다.

미국이 중국과 경제 관계를 재설정하려던 희망은 5월 3일 금요일에 무너졌다. 그날 라이트하이저의 무역 협상 팀은 중국 측 협상 팀으로부터 예상치 못한 이메일을 받았다. 그 이메일에는 마이크로소프트 워드 형식의 무역 협정 초안이 첨부되어 있었는데, 중국 측이 수정한 내용이 '변경 내용 추적Track Changes' 기능으로 표시되어 있었다. 즉 지식재산권과 강제 기술이전 등의 문제에 대한

국가는 무엇으로 싸우는가

중국의 주요 양보안들이 모두 빨간색 선으로 그어져 있었다.[216] 짐작하건대 시진핑 주석이 개입하여 제안된 양보안들이 너무 지나치다고 판단한 것 같았다.[217]

너무 화가 난 트럼프 대통령은 주말에 트위터를 통해 며칠 안에 중국에 대한 관세를 인상하겠다고 경고했다. "중국과의 무역 협상은 계속되고 있지만, 그들이 재협상을 시도하는 바람에 너무 느리게 진행되고 있습니다. 어림없죠!"[218] 트럼프는 격노했다. 그리고 새로운 관세는 일주일 후에 발효되었다.[219]

분노에 찬 트럼프는 이제야 드디어 화웨이에 대한 수출 통제를 고려할 준비가 되었다. 5월 15일 수요일 오후 3시 30분경, 트럼프와 그의 수석 보좌진은 백악관 오벌 오피스에 모여 그 아이디어를 논의했다. 이번에도 스티븐 므누신 재무부 장관은 수출 통제가 미국 산업에 미칠 여파와 중국과의 무역 협상이 완전히 무산될 위험을 언급하며 이 계획에 찬물을 끼얹으려 했다.[220] 이 주장에 대해 볼턴 국가안보 보좌관과 로스 상무부 장관은 반대 의견을 제시했다. 그리고 마침내 트럼프는 수출 통제를 진행하기로 결정했다.

마지막 수단으로, 므누신은 로스의 보도자료 초안이 너무 극단적이라고 불평했다. "최소한 좀 더 어조를 누그러뜨릴 수는 없었나요?" 이에 로스는 그 성명을 소리 내어 읽었다. 그러자 트럼프는 "정말 끝내주는 성명이군요"라며 열광했다. 그리고 이렇게 덧붙였다. "아름답군요. '대통령의 승인을 받아'라는 문구를 추가하세요."[221]

43 | 잘못된 출발

A False Start

중국 남동부 내륙의 장시성은 굽이굽이 펼쳐진 산과 울창한 숲으로 유명하다. 이곳은 마오쩌둥과 그의 추종자들이 숨어 지내며 중국 최초의 공산주의 정부를 수립한 지역이다.[222] 또한 장시성은 공산주의자들이 전국을 가로질러 1년에 걸쳐 약 9,600킬로미터나 도보로 이동한 가혹한 대장정Long March의 출발점이기도 했는데,[223] 훗날 이는 중화인민공화국의 창설 신화가 되었다.

2019년 5월 20일 트럼프 행정부가 화웨이에 대한 수출 통제를 시행한 지 5일 후, 시진핑은 수석 무역 협상가이자 어린 시절 친구인 류허와 함께 장시성을 방문해 대장정이 시작된 장소에 헌화했다.[224] 시진핑은 환호하는 군중 앞에서 이렇게 선언했다. "우리는 홍군이 여정을 시작한 때를 기억하기 위해 이곳 대장정의 출발점에 왔습니다. 우리는 이제 새로운 대장정에 돌입하고 있으며, 다시 처음부터 시작해야 합니다!"[225] 화웨이를 겨냥한 최근 미국의 충격적인 조치에 대해 시진핑은 도전적인 태도를 보였다.

장시성이 중요한 이유는 역사 때문만은 아니었다. 이 지역은 여러 대규모 희토류 가공 시설이 모여 있는 희토류 생산의 중심지로, 당시 시진핑이 방문했을 때 그중 한 곳을 시찰했다[226](중국은 세계에서 가장 큰 희토류 매장량을 자랑하며, 중국 기업들은 희토류를 필수 산업 자재로 가공하는 생산 공정 단계를 지배하고 있다).[227] 희토류 무역에서 중국이 차지하는 지배적 지위는 중국에 상당한 지정학

중국이 가진 비장의 카드: 2019년 5월, 장시성의 희토류 가공 시설을 시찰하는 시진핑.

적 영향력을 갖게 해주었다. 중국 정부는 2010년에 일본으로 가는 희토류 광물 수출을 중단하며 그 영향력을 입증했다. 화웨이가 미국의 칩과 소프트웨어에 의존한 것처럼 록히드마틴Lockheed Martin은 중국의 희토류에 의존했다.[228] 일찍이 덩샤오핑은 "중동에는 석유가 있고, 중국에는 희토류가 있다"라고 말한 바 있다.[229]

시진핑 주석이 장시성을 방문한 지 며칠 후, 중국 경제계획 기관(중국 국가발전개혁위원회NDRC를 말한다.-옮긴이)의 온라인 게시판에는 "희토류가 미국의 부당한 억압에 맞서는 중국의 대항 무기가 될 것인가?"라는 질문이 제기되었다.[230] 중국공산당의 공식 기관지인 〈인민일보人民日報〉는 중국이 1962년 인도와 전쟁을 벌이기 전, 그리고 1979년 베트남을 공격하기 전에도 신문에 보도했던 불길한 문구를 실었다. "경고하지 않았다고 말하지 말라."[231]

중국 정부 입장에서 화웨이에 대한 수출 통제는 전환점이었다. 그때까지도 중국의 관리들 대부분은 트럼프 대통령이 국가안전보장회의의 맷 포틴저와 다른 강경파들이 주장하는 장기적인 경제 전쟁을 원하지 않는다고 믿었다. 트럼프는 중국에 강경한 태도를 보이고 싶어 했고, 신속한 경제적 '승리'를 거두기를 원했다. 따라서 그가 무역전쟁에서 승리를 선언한 후에는 미·중 관계가 정상으로 돌아갈 것이라고 보았다. 그런데 화웨이에 관한 결정은 이런 믿음을 흔들었다. 어느 중국 관리는 "이 사건은 중국이 무역전쟁을 바라보는 방식의 분수령이 되는 순간이었다. 미국의 의도가 무역만은 아니라는 것이 매우 확실했다. 정치적이면서도 전략적인 측면이 모두 있었다. 그들은 중국이 더 강해지지 않도록 막고 싶

어 한다"라고 말했다.[232]

5월 말, 중국 상무부는 미국 상무부의 제재 목록에 해당하는 '비신뢰 기업 목록Unreliable Entity List'을 자체적으로 만들 것이라고 발표했다.[233] 자세한 내용은 밝히지 않았지만 중국 관리들은 "중국 기업의 합법적 권리와 이익을 훼손하고, 중국의 국가안보와 이익을 위협하는"[234] 것으로 의심되는 외국 기업을 블랙리스트에 올릴 계획이라고 알렸다. 또한 중국 정부는 전통적이면서도 비공식적인 경제전쟁의 방식도 사용했다. 그들은 마이크로소프트, 델Dell, 삼성, 그리고 기타 외국 기업의 임원들을 소환하여 화웨이에 대한 미국의 수출 통제를 따를 경우 끔찍한 결과가 있을 것이라고 경고했다.[235]

그럼에도 몇몇 기업들은 미국의 수출 통제를 준수하여 며칠 만에 화웨이와의 관계를 끊었다. 화웨이와 거래를 중단한 가장 큰 기업 중 하나는 구글이었다.[236] 화웨이가 중국 외 지역에서 판매하는 스마트폰 대부분은 구글의 독점적인 안드로이드 운영체제 버전을 사용했는데, 이제 화웨이는 구글의 운영체제를 포기해야 했다. 그러면 향후 화웨이 스마트폰 사용자는 구글 플레이 스토어(최대 규모의 모바일 앱 마켓플레이스 중 하나)에 접근할 수 없게 되며, 지메일과 유튜브 같은 구글 제품도 이용할 수 없을 것이다. 기존 사용자들도 결국 소프트웨어 업데이트를 받지 못할 것이다.

화웨이 스마트폰은 저렴하고 수요가 많았지만, 만약 세계에서 가장 기본적이고 인기 있는 앱들이 탑재되지 않는다면 중국 외의 소비자들에게 이를 구매하도록 만들기는 쉽지 않을 것이다(구글은 오래전부터 중국 내에서 금지되어 왔기 때문에, 화웨이를 포기하기로 한 구글의 결정은 화웨이의 국내 판매에는 별로 영향을 미치지 않을 것이다). 화웨이의 국제 스마트폰 매출은 당시 5월에만 40%나 급락했다. 항상 자신감이 넘치던 런정페이조차 당황할 정도였다. 런정페이 회장은 "미국이 이렇게 치밀한 전략과 결단력으로 화웨이를 공격할 것이라고는 생각하지 못했다"라고 말했다.[237] 그는 자신의 회사가 스마트폰 생산을 300억 달러 정도 감축해야 할 것으로 추정했다.

한편 미국의 수출 통제는 화웨이의 5G 사업에는 거의 영향을 미치지 않은 것으로 보였다. 화웨이의 최고전략설계자가 언급했듯이, "런정페이는 우리 회사가 항상 플랜 B를 준비하고 있어야 한다"고 주장했고,[238] 실제로 그런 준비가 되어 있었다. 전년도에 미국 정부가 ZTE에 거부 명령을 내린 이후, 화웨이는 반도체와 기타 핵심 부품을 비축하기 시작했다. 당시 화웨이는 5G 기지국을 구축하는 데 필요한 1년 치 칩을 확보하고 있었으므로, 미국 공급업체와 거래가 차단되었음에도 적어도 한동안은 이 부문의 작업에서는 차질 없이 진행할 수 있었다.[239] 화웨이는 미국의 제재 목록에 오른 지 2개월 만에 5G 네트워크 계약을 11건 더 체결했다.[240]

반면 미국의 칩 제조업체들은 화웨이에 대한 이런 조치의 파급 효과를 실감했다.[241] 화웨이에서 매출의 5%를 벌어들이던 퀄컴의 주가는 폭락했고, 다른 미국의 반도체 기업들의 주가도 폭락했다. 이전에 푸젠진화반도체에 대한 수출 통제를 촉구했던 미국의

국가는 무엇으로 싸우는가

반도체 제조업체 마이크론 역시 큰 타격을 입었다. 화웨이는 마이크론의 가장 큰 고객으로, 이 중국 기업 덕분에 얻는 연간 매출은 수십억 달러에 달했다. 마이크론의 연간 매출액 중 10% 이상이 위태로운 지경에 처하게 된 것이다.

곧 마이크론의 CEO인 산제이 메로트라가 워싱턴을 다시 방문했다. 다만 이번에는 수출 통제에 찬성이 아니라 반대 의견을 내세웠다.[242] 이전에 메로트라가 미국에 푸젠진화반도체에 대한 제재를 요구했을 때, 스티븐 므누신은 그를 방해했다. 이제 므누신 재무부 장관은 그의 동맹이 되었다. 므누신은 메로트라와 반도체 산업협회 이사회의 다른 임원들과 함께 상무부의 윌버 로스를 찾아갔다.[243] 한 상무부 관계자가 '적대적' 분위기였다고 표현한 발표에서 므누신과 반도체 기업의 임원들은 화웨이에 대한 제재 때문에 미국 기업들이 어쩌면 산업 붕괴 수준에 가까운 막대한 매출을 잃을 수 있다고 주장했다. 그들은 로스 상무부 장관이 화웨이를 제재 기업 목록에서 제외해야 하며, 그것이 어렵다면 처벌을 완화해 미국과 화웨이 간의 거래가 이전과 비슷한 수준으로 유지될 수 있도록 해야 한다고 주장했다.

로스는 확고한 태도를 고수했지만 오랜 기간 사업가로서 일해왔기에 임원들의 우려를 이해했다. 해당 기업들이 화웨이와 많은 사업을 한 이유는, 그것이 수익성이 높고 합법적이었기 때문이다. 실제로 최근까지도 미국 정부는 오히려 그런 거래를 장려했다. 미국은 이 기업들과 화웨이와의 관계가 경제적 상호의존의 한 모습으로서 중국이 민주적 개혁을 받아들이고, 미·중 간의 우호적인 관계를 유지하는 데 도움을 줄 것으로 여겼다.

불안한 반도체 기업의 임원들 입장에서는 화웨이에 대한 공격이 더 큰 경제전쟁의 시작처럼 보였다. 화웨이에 부품을 판매하는 것이 미국의 국가안보를 훼손한다면, 다른 중국의 기술 기업에 부품을 판매하는 것도 똑같이 해석하지 않을까? 이러한 우려는 상무부가 화웨이를 제재 목록에 추가한 지 한 달 후에, 미국 기업과 긴밀한 관계를 맺고 있는 중국의 슈퍼컴퓨터 제조업체인 수곤Sugon에 수출 통제를 부과하면서 더욱 커졌다.[244] 미국 행정부의 접근 방식이 이르게 될 논리적 결말은 미국과 중국 간의 훨씬 더 광범위한 기술적 분리decoupling인 것으로 보였다. 수십 년 동안 이어진 미·중 간 기술 분야의 사업적 관계가 무너질 수도 있었다.

6월에 시진핑 주석은 트럼프 대통령에게 다시 전화를 걸었다. 시진핑은 ZTE에 대한 제재 완화를 얻어낼 때처럼, 트럼프에게 화웨이에 대한 제재를 풀어달라고 간청했다.[245] 하지만 이번에 그의 간청에는 위협이 섞여 있었다. 미국이 화웨이 문제를 양보하지 않으면, 전반적인 미·중 관계가 어려움을 겪을 것이라는 내용이었다. 트럼프는 아직 무역 합의를 최우선 과제로 삼고 있었으므로, 이 요구를 심각하게 받아들이고 화웨이에 대한 제재를 해제하는 것도 무역 협상의 한 주제로 논의될 수 있다고 의견을 밝혔다.

10일 후, 또 다른 G20 정상회의의 부대 행사로 트럼프 대통령과 시진핑 주석은 일본 오사카의 임페리얼 호텔에서 직접 만났다. 시진핑은 다시 한번 화웨이를 제재에서 풀어달라고 촉구했다. 무역 협상을 재개하고 싶었던 트럼프는 시진핑에게 살짝 양보할 준비가 되어 있었다.[246] 다음 날 기자회견에서 트럼프는 화웨이에 대한 제재를 완화할 것이라고 밝혔다. 트럼프는 "미국 기업들은 화웨이에 장비를 판매할 수 있습니다"라고 단언했다. 그리고 이렇게 말을 이어갔다. 다만 "미국의 국가안보에 큰 문제가 없는 장비에 한하는 이야기입니다."[247] 트럼프는 자신의 바뀐 태도를 변명하듯, "미국 기업들이 화웨이에 제품을 판매할 수 없는 상황에 못마땅해했습니다"라고 말했다.[248]

트럼프가 어떤 양보를 했는지 그 성격과 범위는 명확히 알려지지 않았다. 어쨌든 화웨이는 환호했고,[249] 반대로 볼턴과 포틴저, 그리고 다른 국가안보 관리들은 분노했다.[250] 이 일은 ZTE 사건 때의 정책 번복이 다시 시작되는 것처럼 보였다. 하지만 그 규모가 훨씬 더 컸고 심각한 영향을 미칠 수 있었다. 트럼프의 정책을 시행할 최종 책임자인 로스 상무부 장관은 일이 커지기 전에 서둘렀다. 트럼프의 기자회견이 끝난 직후, 로스는 화웨이가 제재 목록에는 남아 있겠지만 상무부는 "미국의 국가안보에 위협이 되지 않는 경우" 화웨이에게 특정 판매에 대한 허가권을 주는 것을 사안별로 고려하고 있다고 설명했다.[251] 또한 로스는 상무부가 거부를 기본 전제로 하는 '거부 추정' 원칙을 적용하여 허가 신청을 검토할 것이라고 강조했다.

이어지는 몇 달 동안 상무부는 화웨이에 제품 판매를 희망하는 미국 기업으로부터 수백 개의 허가 신청 건을 접수했다. 하지만 상무부 관리들이 이를 평가하기 위한 일관된 기준을 만드는 데 어려움을 겪었기 때문에 처리가 늦어졌다.[252] 그렇게 기다리는 동안 미국의 반도체 기업들은 수출 통제를 우회할 합법적인 방법을 찾아냈다.[253] 이 규정에는 허점이 많았는데, 이는 부분적으로 재무부와 달리 상무부가 지난 10년 동안 경제전쟁의 최전선에 있지 않았기 때문이다. 예를 들어 미국 외 지역에서 칩을 생산하는 미국 기업들은 허가권 없이도 화웨이에 칩을 판매할 수 있었다. 또한 제재 목록에 명확하게 이름이 지정되지 않은 화웨이의 자회사에 칩을 계속 판매할 수 있었다.

반도체 기업들은 이를 알아채고 최대한 활용했다. 마이크론이 화웨이에 메모리 칩 판매를 재개하면서, 마이크론 주가가 급등하기도 했다.[254] 영국의 대표적 칩 설계 기업인 암Arm은 처음에는 자사 제품이 미국의 지식재산에 의존하고 있다는 이유로 화웨이와의 사업을 중단했다. 하지만 암은 곧 태도를 바꾸어, 화웨이에 판매하는 자사 제품이 "영국의 원천기술"로 만든 것이라고 설명했다.[255]

제재가 고통을 주는 데는 성공했지만, 화웨이를 겨냥해 발사한 그 경제 무기는 실패로 돌아간 것처럼 보였다. 이 공격으로 화웨이는 중국 외 지역에서 스마트폰 판매가 전부 사라지기는 했어도, 국내 판매를 확대하여 이 같은 손실을 메웠다. 중요한 점은 화웨이의 5G 사업이 아무런 탈 없이 살아남았다는 것이다. 실제 화웨이는 60건 이상의 상업 계약을 체결하며 여전히 우위를 점하고 있었다.[256] 2019년 3분기 말까지 화웨이의 총매출은 860억 달러에 달했다.[257] 이는 지난해 같은 기간보다 약 25% 증가한 수치였다. 화웨이가 이런 예상치 못한 사태에 대비하여 5G 부품을 비축

국가는 무엇으로 싸우는가

해 둔 것이 도움이 되었다. 그러나 화웨이가 회복한 가장 중요한 이유는 미국의 수출 통제가 대다수의 세계적 기업이 그처럼 큰 고객을 기피하게 만들 만큼 충분히 강력하지는 않았기 때문이다.

미국 기업들은 최악의 상황은 피했지만, 화웨이 제한으로 인해 발생한 시장 왜곡에 대해서는 여전히 큰 불만을 표했다. 지금껏 자국에 투자했던 미국의 반도체 제조업체들이 차별을 받았기 때문이다. 국내에서 생산한 반도체를 더 이상 화웨이에 판매할 수 없게 된 반면, 해외로 생산 시설을 옮긴 경쟁업체들은 번창했다. 그로 인해 생산 시설을 더 많이 해외로 이전하려는 왜곡된 유인 효과가 생겨났다.

더욱 심각한 것은 일본, 한국, 대만 등의 경쟁업체들이 화웨이에 제품을 판매하는 데 아무런 제한을 받지 않는다는 점이었다. 중국의 대기업들은 미국에서 공급받을 수 없었던 제품들을 그들 기업에서 얻을 수 있었다. 미국 기업들이 거대 고객인 화웨이를 거부할 때 외국의 경쟁업체들이 미국의 사업을 차지한다면, 화웨이는 아무런 피해를 입지 않는데 미국 기업들만 피해를 보게 될 것이다. 미국의 정책이 이런 비논리적인 결과를 가져오자, 포틴저 같은 국가안보 담당자부터 므누신 같은 경제 담당자, 그리고 해당 기업들에 이르기까지 미국 측의 누구도 그 정책에 만족하지 못했다.

2019년 여름이 끝날 무렵이 되자, 미국의 수출 통제가 화웨이에 끼친 피해는 ZTE나 푸젠진화반도체에 가했던 피해만큼 크지 않다는 것이 분명해졌다. 수출 통제는 화웨이가 글로벌 5G 시장을 장악하는 것을 막는 데 아무런 역할도 하지 못했다. 설상가상으로 수출 통제는 중국이 새로운 종류의 경제 무기를 개발하도록 유도했으며, 미국 산업계를 격분시켰다. 상무부는 경제전쟁의 핵심 지휘 본부가 되었지만, 갑자기 그들의 무기고가 그렇게 강력해 보이지 않았다.

10여 년 전, 이미 스튜어트 레비는 이란 경제에 심각한 압박을 가하려면 미국 기업들만 이란과 사업하지 못하게 하는 것으로는 충분하지 않다는 것을 깨달았다. 전 세계의 기업들이 이란 시장에서 철수하도록 만들어야 하고, 미국은 그들에게 이 같은 철수를 강요할 수 있었다. 다시 말해 화웨이를 막기 위해서도 결국 같은 논리를 적용해야 한다는 것을 알게 되었다.

44

백도어
그리고 배신

"Backdoors" and "Betrayal"

트럼프 대통령의 임기 3년 차에 맷 포틴저는 생존자로서 두각을 나타냈다. 그는 마이클 플린, H. R. 맥마스터, 존 볼턴 이 세 명의 국가안보 보좌관보다 오래 자리를 지켰다. 포틴저는 이제 4대 국가안보 보좌관인 로버트 오브라이언 Robert O'Brien의 부보좌관으로 일하고 있었다. 그는 또한 자신이 주도한 대중국 정책들의 얼굴로서 더욱 눈에 띄는 역할을 맡기 시작했다.

2019년 9월 19일, 포틴저는 백악관에서 도보로 조금 떨어진 곳에 있는 헤이-애덤스 호텔에서 반도체산업협회 회원들과 회동했다.[258] 그는 해당 업계의 우려를 듣고, 아울러 설득도 하기 위해 그 자리에 있었다. 상무부가 화웨이에 수출 통제를 부과한 이후로 미국의 칩 제조업체들은 이를 우회할 방법을 찾고 있었다. 포틴저는 그곳에 모인 임원진에게 화웨이를 상대로 판매를 줄이는 것이 장기적으로는 더 현명한 전략이라는 점을 설득하고자 했다.

포틴저는 화웨이가 부분적으로는 중국공산당의 첩보 부서 역할을 했다고 설명했다. 아프리카에서 중국의 첩보 활동이 그 대표적인 사례였다. 에티오피아 수도 아디스아바바에 있는 아프리카 연합AU의 본부는 미래형 복합 단지로, 중국 정부의 후원과 화웨이의 최첨단 네트워크 장비로 지어졌다. 2012년 건설이 완료된 후 중국의 정보기관은 해당 화웨이 장비를 '백도어backdoor(뒷문 또는 비밀통로. IT 분야에서는 정상적인 인증 절차 없이 시스템에 접근하기 위해 만든 침입 통로를 말한다.-옮긴이)'로 사용해 5년 동안 매일 밤 건물 서버에서 자료를 빼냈다[259](포틴저가 공개적으로 언급할 수 없었던 것은, 당시에는 그 사실이 여전히 기밀이었기 때문이다. 미국은 화웨이가 자사 장비에 숨겨진 비슷한 '백도어'를 이용해 전 세계의 통신망에 비밀리에 접근할 수 있다는 정보를 입수했다).[260] 이러한 첩보 행위만 문제가 되는 것은 아니었다. 화웨이의 5G 장비는 중국 정부가 언젠가 발전소, 물 공급 시스템, 그리고 기타 중요 인프라를 차단하는 데 사용할 수 있는 '킬 스위치' 역할을 할 수도 있었다.[261] 그러한 이유로 중국공산당은 화웨이가 글로벌 5G 우위를 차지하도록 끊임없이 지원하고 있었다.

포틴저는 발표를 마치고 회의실 안을 둘러보았다. 그는 "이 자리에 앉아 있는 모든 사람은 양심에 가책을 느껴야 합니다"라고 말했다.[262] 미국의 반도체 산업은 화웨이에 핵심 부품을 판매했

국가는 무엇으로 싸우는가

고, 이는 간접적으로 화웨이의 성장을 돕고 있었다. 포틴저는 이런데도 평소처럼 사업을 계속 진행하는 것은 마치 냉전이 한창이던 때 소련이 할인을 제시했다고 KGB에 미국의 통신 시스템을 구축하도록 허용하는 것과 다름없다고 주장했다.[263]

그 임원들은 포틴저의 주장에 공감했지만, 대부분은 그가 설명한 문제에 대해 미국 정부가 실질적으로 여러 조치를 취할 수 있을지 의심했다. 우선 미국의 통신망과 긴밀하게 연결된 유럽의 통신망은 이미 기존 서비스에서 화웨이 제품에 크게 의존하고 있었다.[264] 독일의 4G 네트워크 기지국 중 50% 이상이 화웨이 기술을 사용했으며, 유럽 대륙에서 독일만 그런 것이 아니었다.[265] 유럽이 통신망을 5G로 개선할 때 화웨이에 대한 의존도는 더욱 심해질 것으로 보였다. 화웨이는 이 최신 기술에서 이전 세대보다 훨씬 더 우위를 차지하고 있었고, 유럽 정부들은 화웨이를 블랙리스트에 올려 달라는 미국 정부의 요청을 거부하고 있었기 때문이다. 그 임원들은 포틴저의 설명에 간단하고도 실망스러운 답변을 했다. 즉 미국 정부가 화웨이의 지배력으로 인해 생기는 모든 위험을 피하고자 한다면 미국 기업들이 화웨이와 관계를 끊는 것만으로는 충분하지 않고, 유럽 기업들 역시 화웨이와 거래를 중단해야 할 것이라는 내용이었다.

심지어 트럼프 행정부 내에서조차 중국을 경제적 파트너가 아니라 경쟁자로 보아야 한다는 점을 모두가 인식하고 있는 것은 아니었다. 관리들이 트럼프의 의중을 알기가 힘들기도 했고, 대통령의 모호하고 즉흥적인 지시들(트럼프가 이 문제에 관해 가장 마지막으로 한 말은 "미국 기업들은 국가안보에 큰 문제가 없는 한 화웨이에 장비를 판매할 수 있다"였다[266])은 상황을 명확히 하는 데 별 도움이 되지 않았다. 상무부 관리들은 화웨이에 대한 수출 통제 면제를 요청하는 미국 기업들의 허가 신청서에 파묻혀 허우적거리고 있었고, 무엇을 해야 할지 확신도 없었다.

포틴저는 상무부 동료들에게 트럼프 대통령이 양면 전략을 추구하고 있다고 말했다. 한편으로는 대통령이 시진핑과 개인적인 관계를 유지하며 좀 더 우호적인 관계를 추구하는 모습을 보이려 한다는 것이다. 그러나 다른 한편으로 대통령은 조직의 관리들이 "우리가 할 수 있는 한 가장 세게 주먹을 날리기를 원합니다"라고 설명했다. 사실상 포틴저는 상무부 관리들에게 트럼프의 말을 진지하게 받아들이되, 문자 그대로 받아들이지 말라고 한 셈이다. 트럼프가 공개적으로 중국에 한 유화적인 발언들은 걸러 듣고, 중국을 상대로 '강경한' 기본 입장을 유지하라는 것이었다.

그 회의 결과, 유럽과 아시아의 미국 동맹국들을 화웨이 제재에 동참하도록 하는 문제가 남게 되었다. 이 같은 상황에서 미국과 동맹국들은 냉전 당시 비슷한 모델을 사용한 적이 있는데, 소련이 특정한 핵심 기술에 접근하지 못하도록 대공산권 수출통제위원회CoCom를 결성한 것이다.[267] 이 전략을 다시 도입하면 화웨이에 대한 압박을 극대화하는 동시에 미국 산업의 경쟁적 이익을 보호하는 데 도움이 될 것이다.

하지만 트럼프는 동맹국들과 협력하는 것을 극도로 경계하면서도 그들을 조롱하는 것을 즐기는 듯했다. 2018년 백악관 회동에서 프랑스 대통령 에마뉘엘 마크롱Emmanuel Macron이 중국 문제를 함께 해결하자고 제안했을 때, 트럼프는 유럽연합이 "중국보다 더 나쁘다"라고 비난하며 독일의 대미 자동차 수출 문제에 대해 격렬한 불만을 쏟아냈다.[268] 2019년 가을 무렵, 유럽 국가들 대부분은 화웨이가 그들의 5G 네트워크 구축에 참여하도록 허용할 계획이었다. 유럽 국가들이 자국의 디지털 미래를 화웨이에 걸고 있는 상황에서, 바로 그 기업의 핵심 기술 접근을 차단하려는 미국의 십자군 전쟁에 동참하는 것은 말이 되지 않았다.

동맹국들과의 협력이 거의 불가능해 보이자 (외국의 경쟁업체들과 대등한 경쟁 환경을 만들고자 열망했던) 미국 반도체 산업의 상무부 관리들과 로비스트들은 좀 더 공격적인 접근 방식을 내놓았다. 즉 전 세계 화웨이의 사업 파트너에게 압력을 가하는 전략이었다. 그들의 첫 번째 아이디어는 외국산 제품 중 미국산 재료(부품 등 내용물-옮긴이)를 25% 이상 사용했을 경우, 미국의 수출 통제를 받도록 규정하는 '최소 허용 기준de minimis rule'을 개정하는 것이었다. 이 기준을 낮추면 제품에 미국산 부품이 일부라도 포함된 칩 제조업체들은 어디든 화웨이에 제품을 판매하기가 더 어려워질 것이다.

문제는 이 최소 허용 기준이 물리적 구성 요소에만 적용된다는 점이었다. 따라서 기업들이 해외로 제조 시설을 이전하고, 미국산 부품을 외국산 부품으로 대체하려는 행위를 더욱 부추길 수 있었다. 이 규정은 화웨이를 무너뜨리지도 못할 것이고, 미국 기업들에게 더욱 공평한 사업 환경을 만들어내지도 못할 것이다. 어쩌면 이 같은 문제들을 악화시킬 수도 있었다.

이러한 우려 때문에 상무부 관리와 로비스트들은 두 번째 방안을 검토하기 시작했다. 즉 1959년에 제정되어 잘 알려지지 않은 정책인 해외직접생산품규칙FDPR을 다시 꺼내 화웨이를 상대로 적용할 수 있도록 수정하는 것이었다.[269] 원래 이 규칙은 외국의 공장에서 미국 기술을 사용하여 미사일 부품이나 기타 민감한 품목을 생산할 경우, 해당 품목은 미국의 수출 통제를 받는다고 명시했다. 화웨이에 초점을 맞춰 새롭게 수정한 해외직접생산품규칙은, 해당 칩이 미국산 부품을 일부 포함할 경우 규제한다는 식이 아니라 "미국 기술을 사용하여 만들어진 것이라면 전 세계 어디에서든" 화웨이에 대한 칩 판매를 금지할 수 있다고 규정했다. 사실상 거의 모든 첨단 반도체는 미국 기업들이 생산한 지식재산권, 설계 소프트웨어, 공작기계에 의존했다. 흔히 칩은 해외에서 제조되지만 반도체 공급망의 전체 가치를 살펴볼 때, 미국 산업은 (그 핵심 기술과 설계, 장비 등의 부문에서-옮긴이) 39%를 차지했고, 중국 기업들은 6%에 불과했다. 어떤 나라도 미국의 점유율에 근접하지 못했다.[270]

새로운 해외직접생산품규칙은 2차 제재와 거의 비슷한 방식으로 작용할 것이다. 오바마 행정부 시절 미국의 2차 제재는 전 세계 기업들에게 다음과 같은 엄중한 선택지를 제시했다. 즉 미국과 거래할 수도 있고 이란과 거래할 수도 있지만, 두 나라 모두와 할 수는 없다는 것이었다. 이 강압적인 수단은 파괴적인 효과를 발휘해 이란의 석유 판매를 대폭 줄이고, 이란의 은행들을 국제 금융

　　　　　　　　　국가는 무엇으로 싸우는가

체계에서 단절시켰다. 트럼프 행정부는 이란 핵 협정을 탈퇴한 후, 이란에 대한 훨씬 더 강력한 2차 제재를 다시 부과했다. 다른 나라들이 반대했지만 이번에도 전 세계 기업들은 2차 제재를 따랐다.

새로운 해외직접생산품규칙의 실질적인 의미도 이와 유사할 것이다. 세계 최대 반도체 파운드리인 대만의 기술 대기업 TSMC는 애플에 이어 화웨이가 두 번째로 큰 고객이었다.[271] 화웨이는 TSMC 매출의 15% 이상을 차지했다.[272] 하지만 TSMC가 파운드리를 운영하기 위해서는 다양한 미국산 소프트웨어와 공작기계 역시 필요했다. 이제 새로운 해외직접생산품규칙은 TSMC와 전 세계의 칩 제조업체에게 다음과 같은 선택지를 제시할 것이다. 화웨이에 칩을 팔 수도 있고 미국의 기술을 살 수도 있지만, 이 두 가지를 모두 할 수는 없다고 말이다.

해외직접생산품규칙의 개발과 논의가 진행되는 동안 트럼프 행정부는 동맹국들이 화웨이를 배제하도록 외교적 압박을 이어갔다. 2019년 후반에 미국 정부는 화웨이에 대해 가장 강력한 증거라고 여겨지는 것을 제시했다. 그것은 바로 화웨이가 10년 이상 자사 장비에 비밀 '백도어'를 내장해 전 세계 통신망에 접근했다는 정보였다.[273]

12월에 베를린을 방문했을 때, 포틴저는 이 정보를 독일 관리들과 공유했다. 그 후 독일 외무부는 화웨이가 일으키는 심각한 간첩 활동의 위협에 대해 실제로 포틴저가 '확실한 증거'를 제공했다는 내용의 메모를 작성했다.[274] 심지어 앙겔라 메르켈 총리

소속 정당의 한 의원은 화웨이에 독일의 5G 네트워크를 구축하도록 허용하는 것은 "통제권과 주권을 모조리 내주는 것"이라고까지 말했다.[275]

그러나 독일은 어려운 상황에 처해 있었다. 3대 통신 사업자가 모두 화웨이에 크게 의존하고 있었기 때문이다.[276] 시장 선두 주자인 도이체텔레콤은 이미 화웨이 장비를 탑재한 5G 기지국 설치에 착수했다.[277] 이 상황에서 화웨이를 금지하면 엄청난 비용이 발생하고, 미래 독일의 산업적 역량을 유지하는 데 도움을 줄 것으로 기대했던 5G 네트워크의 구축이 지연될 수 있었다.

독일의 주요 자동차 제조업체들은 나름대로 화웨이에서 부품을 구매하고, 이 회사와 연구개발 부문에서 협력하는 중이었다. 또한 그들 기업은 중국에서 막대한 돈을 벌고 있었다. 폭스바겐은 매출의 거의 절반을 중국에서 벌어들였다. 하지만 이제 그 매출이 위태로워질 수도 있었다. 독일 주재 중국 대사인 우켄吳愨은 독일이 자국 시장에서 화웨이를 배제할 경우 그에 대한 '대가'가 따를 것이라고 경고하며, 독일의 자동차 제조업체들이 처벌받게 될 것이라고 밝혔다. 폭스바겐 CEO 헤르베르트 디스는 만약 중국 시장에 접근할 수 없다면 수만 개의 일자리가 독일에서 사라질 것이라고 경고했다.[278]

중국 정부의 위협을 허풍으로 치부할 수는 없었다. 2019년 가을 홍콩에서 중국공산당의 점진적인 영토 장악에 반대하는 대규모 거리 시위가 벌어지고 있을 때, NBA 휴스턴 로키츠의 단장인 대릴 모리Daryl Morey는 다음과 같은 문구가 적힌 사진 한 장을 트위터에 올렸다. "자유를 위해 싸우자. 홍콩과 함께하자."[279] 이러한 도발에 중국은 국영 TV에서 NBA 경기 중계를 취소했고,[280] 휴스턴 로키츠는 중국에서 상당수의 후원 계약을 잃었다. 모리의 트윗으로 NBA는 수억 달러의 손실을 보았다.[281] 만약 독일이 화웨이를 블랙리스트에 올린다면, 중국이 얼마나 강하게 대응할지 누가 알겠는가?

2020년 1월, 이번에 포틴저는 런던으로 가서 독일 관리들에게 공개한 것과 동일한 정보를 공유했다.[282] 하지만 이전과 마찬가지로 그의 경고는 쇠귀에 경 읽기였다. 영국도 독일과 비슷한 곤경에 처해 있었다. 신임 총리 보리스 존슨Boris Johnson은 전임 총리 테리사 메이보다 트럼프 행정부와 더 긴밀하게 협력했다. 그러나 존슨 역시 국내에 대규모 인프라 투자 계획을 추진하겠다는 공약을 한 상태였다. 그것은 "환상적인 완전한 광섬유 브로드밴드"가 "모든 가정으로 뻗어나갈 것"이라는 약속이었다.[283] 영국의 통신 회사 임원들은 존슨에게 화웨이가 네트워크에서 배제되면 이 공약을 지키는 것은 불가능하다고 경고했다.[284]

영국이 정책을 바꾸도록 하기 위한 마지막 시도로, 미국의 공화당 상원의원 세 명은 영국 국가안보위원회에 편지를 보냈다. 그들은 "한 동맹국이 다른 동맹국에게 보내는 진심 어린 호소"라며 화웨이의 금지를 촉구했으며, "미국·영국 간의 정보 공유"를 재검토해야 하는 상황에 이르는 것을 원하지 않는다고 경고했다.[285] 한 공화당 의원은 5G 인프라에 화웨이를 사용하는 모든 국가와의 정보 공유를 명시적으로 중단하는 법안을 발의하기도 했다. 2020년

1월 24일, 트럼프 대통령은 자신을 "영국의 트럼프"라고 칭송하며 동지라고 느끼는 존슨 총리에게 전화를 걸었다.[286] 하지만 존슨은 여전히 태도를 바꾸지 않았다. 이에 분노한 트럼프는 존슨이 "배신했다"고 비난하며 전화를 끊어버렸다.[287]

며칠 후 영국 정부는 화웨이가 자국의 5G 네트워크 도입에 참여하는 것을 허용한다고 공식적으로 발표했다. 동시에 미국에 대한 상징적인 양보로, 영국의 통신 사업자가 화웨이에서 조달할 수 있는 장비의 양을 35%로 제한했다.[288]

포틴저와 대화할 때 영국의 정보 당국자들은 화웨이로 인한 어떤 위협도 통제할 수 있다는 자신감을 계속해서 표명했다. 하지만 런던의 결정이 국가안보를 고려한 것은 아니라는 점도 분명했다. 가장 중요한 요인은 영국이 더 이상 중국의 호의를 구하는 것도 아니라는 점이다. 화웨이는 영국에 '값싼' 광대역 인터넷을 제공하고 있었다. 단지 그뿐이었다. 이는 거래의 왕이라 불리는 트럼프가 누구보다 더 잘 이해했어야 할 결정이었다.

국가는 무엇으로 싸우는가

45

화웨이에 대한
두 번째 공격

The Second Shot at Huawei

2020년 2월 14일, 낸시 펠로시_{Nancy Pelosi} 미국 하원의장이 뮌헨 안보 회의 연단에 올랐다. 회의가 열린 바이에리셔 호프 호텔의 연회장은 외교계의 저명인사로 가득 차 있었다. 이 연회장은 2007년 블라디미르 푸틴이 미국을 권좌에서 끌어내리겠다고 맹세했던 바로 그 장소였다.

그 자리에 있던 유럽인들에게 펠로시의 존재는 신선한 바람과 같았다. 불과 2개월 전, 펠로시는 트럼프 대통령의 권력 남용과 의회 방해 혐의로 그에 대한 탄핵 조사를 추진했다.[289] 그녀는 미국 정계에서 트럼프의 가장 강력한 정적이었으며, 그 대통령과 달리 유럽이라는 미국의 동맹을 강력하게 옹호했다.

하지만 펠로시는 그날의 연설에서 적어도 한 가지 문제에서는 자신과 트럼프의 의견이 일치한다는 점을 분명히 했다. 펠로시는 "여기 계신 많은 분에게 달갑지 않을 수도 있는 말을 하려고 합니다. 하지만 여러분이 솔직한 의견을 원하셨으니 말하겠습니다. 그것은 바로 5G와 사이버 보안에 관한 주제입니다"라고 밝혔다. 그리고 이렇게 말을 이어갔다.

중국은 통신 대기업인 화웨이를 통해 자국의 디지털 독재 체제를 수출하려 하고 있으며, 화웨이의 기술을 채택하지 않는 국가에는 경제적 보복을 하겠다고 위협하고 있습니다. 미국은 화웨이를 국가안보에 위협이 되는 기업으로 간주하고 있으며, 제재 목록에 포함하고 미국 기업과의 거래를 제한했습니다. 각국은 재정적인 편의를 이유로 자국의 통신 인프라를 중국에 넘겨줘서는 안 됩니다. 이 같은 잘못된 양보는 시진핑 주석이 민주주의적 가치와 인권, 경제적 독립, 국가안보를 훼손하도록 더욱 부추길 뿐입니다.

펠로시는 유럽 국가들이 화웨이에게 5G 네트워크 구축을 맡기려는 계획을 고집한다면, 이는 "민주주의보다 독재"를 선택하는 것이나 다름없다고 단언했다.[290] 펠로시의 단호한 어조는 연회장에 있던 많은 사람을 매우 놀라게 했다. 그녀가 연설을 마치자, 청중 한 명이 "그 말은 트럼프 대통령의 중국 정책에 실질적으로 동의한다는 뜻인가요?"라고 질문을 던졌다.

펠로시는 "우리는 그 점에 대해서는 의견이 일치했습니다"라고 답했다. 그리고 런정페이가 평생 중국군과 맺어온 관계를 언급하며 이렇게 말했다. "인민해방군이 설립한 조직에 그런 권한을 주어서는 안 된다는 것이 왜 모든 사람에게 당연한 사실로 받아들여지지 않는지 모르겠습니다."[291] 그녀는 이어서 "그것은 우리와 가치를 공유하지 않는 독재 정부가 5G라는 통신망을 지배하려는 가장 교활한 형태의 공격입니다"라고 말했다.

미국은 대선을 불과 10개월 앞두고 있었다. 트럼프가 중요하게 생각하는 여러 관심사에 대해 세계 지도자들은 그저 그의 임기가 끝날 때까지 기다리면 해결될 것으로 보았다. 하지만 펠로시는 화웨이 문제는 그런 식으로 정권이 바뀌며 사라질 쟁점이 아니라는 점을 분명히 했다.

다음 날 뮌헨에서 한 연설에서 마이크 폼페이오 국무부 장관과 마크 에스퍼Mark Esper 국방부 장관은 펠로시의 발언에 공감을 표했다. 폼페이오는 "화웨이와 중국의 다른 국영 기술 기업들은 중국 정보기관의 트로이 목마"라고 경고했다.[292] 에스퍼는 "장기적으로 볼 때, 우리만의 자체적인 안전한 5G 네트워크를 개발하는 것이 낫습니다. 그것이 결국 중국 당 지도부에 종속된 막대한 보조금을 받는 중국의 공급업체와 협력해 얻을 수 있는 어떤 이익보다 훨씬 더 클 것입니다"라고 조언했다.[293]

유럽인들은 이전에도 이런 주장을 들어본 적이 있었다. 하지만 그들은 여전히 확신하지 못했다. 에스토니아의 전 대통령 투마스 헨드릭 일베스Toomas Hendrik Ilves는 청중 속 많은 사람이 느끼는 불만에 목소리를 냈다. 폼페이오와 에스퍼가 무대에서 질문을 받을 때, 일베스는 이렇게 물었다. "유럽의 많은 사람도 화웨이와 관련해 상당한 위험성이 있다는 데 동의합니다. 미국 또한 적어도 1년간 우리에게 '화웨이를 사용하지 말라'고 말해 왔습니다. 하지만 대안이 있나요? 노키아와 에릭슨에 보조금을 지원할 건가요? 제 말은, 그러면 우리가 무엇을 얻게 되나요? 화웨이를 사용하지 않는 것 외에 우리에게 다른 선택이 있나요?"[294]

일베스의 말은 일리가 있었다. 화웨이가 중국의 불공정한 경제 관행으로 이득을 본 것은 맞지만, 총구를 들이대고 제품을 판매해서 세계 최대의 통신 장비 제조업체가 된 것은 아니었으니 말이다. 화웨이는 자본주의 국가의 경쟁자들을 그들의 게임 방식인 자본주의로 이김으로써 그런 지배력을 획득했다. 즉 신뢰할 수 있는 제품, 우수한 고객 서비스, 시장에서 제일 낮은 가격으로 사업을 성공으로 이끌었다. 그리고 이제 미국의 가장 가까운 동맹국인 영국이 공식적으로 화웨이에 승인 도장을 찍으면서 걷잡을 수 없는 물길이 열린 셈이었다. 뮌헨 안보 회의가 끝난 지 며칠 후, 화웨이의 통신 사업carrier business 부문 사장인 라이언 딩Ryan Ding은 자사가 91건의 상용 5G 계약을 체결했고, 그중 유럽이 차지하는 것이 47건이라고 발표했다. 딩은 화웨이가 "5G 기술력이 경쟁업체보다 18개월 앞서 있다"라고 자랑했다.[295]

순풍에 돛을 달고 화웨이는 공세에 나섰다. 2월 26일, 화웨이의 순환 회장인 궈핑郭平은 바르셀로나에서 열린 이동통신 산업의 주요 박람회인 모바일 월드 콩그레스MWC에서 연설했다. 그의 메시지는 간단했다. 미국은 보안에 대해 과장해서 떠들기보다는 자신

국가는 무엇으로 싸우는가

을 돌아봐야 한다는 내용이었다. 그리고 궈핑은 마치 주문을 외우듯 이렇게 물었다. "프리즘Prism아, 벽에 걸린 프리즘아. 누가 가장 신뢰할 수 있는 사람이지?296 … 이 질문을 이해하지 못하겠다면 에드워드 스노든Edward Snowden에게 물어보세요." 궈핑은 전직 국가안보국의 계약직 직원인 스노든이 유출한 프리즘PRISM을 언급한 것이었다. 프리즘은 외국인들의 온라인 데이터를 수집하는 미국의 정보 감시 프로그램이었다.297 이렇듯 궈핑은 미국 정부의 화웨이에 대한 경고는 위선적이고 신뢰할 수 없다고 보았다. 오히려 궈핑은 화웨이가 더 안전한 선택이라고 주장했다.

국무부 경제 담당 차관인 키스 크라크Keith Krach는 좌절감을 느끼며 이를 지켜보았다.298 크라크는 국무부 포기 보텀 본부의 화려한 7층에서 일하는 여느 관리들과는 다른 특이한 이력을 가지고 있었다. 오하이오주 클리블랜드 외곽에서 자란 크라크는 아버지의 기계 공장에서 용접공으로 일했었다. 그 후 퍼듀대학교와 하버드 경영대학원을 졸업한 뒤, 제너럴모터스에 입사해 빠르게 승진했다. 그리고 결국 실리콘밸리로 가서 전자상거래 스타트업을 창업하여 이후 매각했고, 전자서명 기업인 도큐사인DocuSign의 CEO를 역임했다.299 이처럼 크라크는 외교 경험은 없었지만 기업 경영자로서 배운 모든 경험 덕분에 미국 정부가 화웨이에 대응하는 방식에 의문을 품게 되었다.

국무부에서 근무한 지 두 번째 주가 되었을 때, 크라크는 워싱턴 주재 이탈리아 대사관에서 열린 만찬에 초대되었다. 이 행사에는 로마에서 방문한 이탈리아 경제부 장관과 만나는 시간도 마련되어 있었다. 크라크는 보좌관들과 함께 자신이 말해야 할 요점을 정리했다.

어느 보좌관이 "그에게 5G 얘기를 해보세요"라고 추천했다.

크라크는 당황하며 "5G 얘기가 뭐죠?"라고 물었다.

그 보좌관은 "'화웨이를 사지 마세요'라고 전하는 것이죠"라고 설명했다.

크라크는 믿을 수 없다는 듯이 자신의 보좌관을 바라보았다. 그는 "내가 평생 들어본 말 중에 가장 어리석은 소리군요"라고 말했다. "만약 내가 CEO인데 누군가 와서 '화웨이를 사지 마세요'라고 말한다면, 나는 내 비서실장에게 넌지시 '화웨이를 한번 살펴봐. 화웨이에 뭔가 정말 좋은 것이 있는 게 틀림없어'라고 말할 겁니다."

본질적으로 크라크는 에스토니아 정치인 일베스가 폼페이오와 에스퍼에게 따져 물었던 의견에 동의했다. 화웨이를 이기려면 미국은 더 나은 대안을 제시해야 했다. 갑자기 아무것도 없는 상태에서 그런 대안을 만들어낼 수는 없겠지만, 그 시작으로서 크라크는 5G 보안을 위한 산업 표준이 될 원칙들을 마련하자고 제안했다.[300] 이러한 원칙은 특정 국가나 기업을 차별하지 않겠지만 화웨이를 배제하는 방식으로 설계될 것이다. 그런 다음 크라크는 정부, 시민 사회단체, 그리고 통신 회사로부터 이 '클린 네트워크' 원칙에 동참할 서명자를 모을 계획이었다.[301] 크라크는 장기적으로 미국이 새로운 해외 통신 프로젝트에 재정 지원을 제공할 수 있으며, 그 자금 지원은 클린 네트워크에 참여하는 것을 조건으로 할

국가는 무엇으로 싸우는가

수 있다고 제안했다.

몇 년 전 미국의 대이란 경제전쟁을 지휘하던 스튜어트 레비는 외국 정부의 관리들과 협상하는 것보다 외국 은행가들에게 이란과의 거래에서 발생하는 법적, 평판적 위험을 직접 설명하는 것이 더 효과적일 때가 많다는 것을 알게 되었다. 크라크도 비슷한 접근 방식을 떠올렸다. 만일 각국 정부가 화웨이를 전면적으로 금지하는 것을 거부하더라도, 미국은 각국 통신 회사들이 자체적으로 중국 기업을 배제하도록 설득할 수 있을 것이다. 통신 회사들은 클린 네트워크에 가입했다고 고객에게 홍보할 수도 있다.

크라크의 전략은 합리적이기는 했지만 미국 경제전쟁의 가장 큰 약점을 드러냈다. 바로 미국 정부가 경제 활동을 활성화하는 것보다 차단하는 데 더 능숙하다는 사실이었다. 이는 하룻밤 사이에 해결될 수 없는 문제였다. 6G가 나올 무렵에는 해결될 수도 있겠지만 말이다. 하지만 날이 갈수록 화웨이는 전 세계 5G 네트워크에서 영향력을 확대해 나갔다.

────────

한편 완전히 다른 기원을 가진 또 다른 위험이 놀라운 속도로 확산되고 있었다. 맷 포틴저는 중국에서 기자로 일하던 시절, 2003년의 사스SARS 발병 사태를 취재했다. 당시 중국 당국은 이 사태에 대해 거짓말로 일관했고, 그사이에 수백 명의 국민이 목숨을 잃었다.[302] 최근 우한에서 새로운 정체불명의 바이러스가 발병했다는 보고가 나오자, 포틴저는 예전에 연락하던 중국 의사들에게 물어보고, 중국의 소셜 미디어를 분석하며 무슨 일이 일어나고 있는지 파악하려 애썼다. 그는 곧 상황이 중국 정부가 묘사한 것보다 훨씬 더 심각하다는 결론을 내렸다. 이러한 포틴저의 조사 결과는 2020년 1월 말 트럼프 대통령이 중국 여행객의 미국 입국을 금지하는 결정을 내리는 데 중요한 역할을 했다.[303]

트럼프 대통령은 코로나19COVID-19 팬데믹이라는 엄청난 위기에 직면했을 때, 본능적으로 심각하게 받아들이기보다는 부인하는 반응을 보였다. 2월에 시진핑 주석에게 걸려 온 전화 통화에서 중국이 이번 발병을 억제하기 위해 전력을 다하고 있다고 확언했을 때,[304] 트럼프는 그 말을 듣고 안심했다. 심지어 3월 말이 되어, 이번 팬데믹이 100년에 한 번 발생할까 말까 하는 규모로 진행 중이라는 사실이 확실해진 순간에도 트럼프는 희망적인 태도를 보였다. 미국 정부의 전염병 예방 캠페인 구호가 "15일 안에 확산을 늦추자"였을 정도로 몇 주 안에 그 모든 사태가 끝날 것이라는 망상을 계속 이어갔다.[305] 한편 마스크가 심각하게 부족해지자(당시 중국은 전 세계 의료용 마스크의 85%를 생산하고 있었는데, 자국 내 공급을 유지하기 위해 수출을 막았다),[306] 미국 공중 보건 당국은 일반 대중에게는 마스크가 소용없지만, 의료 종사자들에게는 절실히 필요하다는 혼란스럽고 잘못된 메시지를 방송했다.[307]

중국은 초기에 일련의 엄격한 봉쇄 조치를 시행함으로써, 자국 내 코로나19의 발병을 무자비한 효율성으로 통제했다.[308] 중국에서 하루 확진자 수가 몇 명 단위로 줄어들 무렵, 미국은 수만 명의

국가는 무엇으로 싸우는가

확진자를 기록하며 병원과 영안실이 넘쳐났다. 많은 중국공산당 간부들은 이번 팬데믹을 2008년 금융위기와 거의 비슷한 맥락으로 인식했다. 다시 말해 중국 체제의 우월성을 입증하는 또 다른 증거로 여겼다.

미국에 대한 중국의 메시지는 그런 인식을 반영했으며, 중국의 어조는 점차 안심시키는 것에서 위협적인 것으로 바뀌었다. 중국 외교관들은 트럼프 행정부 관리들에게 만약 '우한 바이러스'라는 용어를 계속 사용한다면, 중국이 미국에 대한 의료품 수출을 중단할 수도 있다고 말했다.[309] 중국의 한 국영 매체는 미국이 화웨이에 대한 견해를 완화하지 않으면 중국산 마스크를 얻을 수 없을 것이라고 경고했다.[310] 또한 호주가 코로나19의 기원에 대해 독립적인 조사를 추진하자, 중국은 호주산 소고기와 와인, 보리의 수입을 차단하는 전방위적인 제재를 가했다.[311] 그리고 스웨덴 언론이 중국공산당을 불쾌하게 만드는 기사를 보도하자, 스웨덴 주재 중국 대사는 공개 인터뷰에서 "우리는 친구에게는 고급 와인을, 적에게는 총을 준비합니다"라고 선언했다.[312] 자신의 힘을 숨기고 때를 기다리던 시대는 지났다. 중국은 이제 '전랑 외교Wolf Warrior diplomacy'라고 불리는 기조를 추구하고 있었다.

트럼프 대통령과 그의 팀은 곧 부정에서 분노로 돌아섰다. 중국 정부의 은폐로 100년 만에 최악의 팬데믹이 발생하여 수천 명의 미국인이 사망했으며, 세계 경제가 마비되었다는 분노, 미국이 곤경에 처했을 때 시진핑이 중국의 힘을 과시하고 미국을 걷어차고 있다는 분노, 그리고 트럼프의 경제전쟁이 목표를 달성하지 못했다는 분노였다. 관세는 무역적자를 해소하지 못했고 수출 통제는 화웨이를 막지 못했다.[313] 그로 인해 경제 제국을 건설하려는 중국의 열망은 잦아들지 않고 오히려 더욱 발전했다.

2020년 5월 트럼프는 국가안전보장회의를 주재하여, 그의 행정부가 지난가을부터 개발해 온 새로운 경제 무기에 대한 제안을 논의했다. 즉 전 세계 기업들은 해외직접생산품규칙에 따라 미국의 기술을 사용하여 제조한 칩을 화웨이에 판매할 수 없게 될 것이다. 이 규정을 준수하려면 제조업체는 화웨이에 대한 판매를 중단하거나, 또는 공장 가동에 사용되는 모든 미국산 소프트웨어와 공작기계를 폐기해야 할 수도 있었다. 2차 제재와 마찬가지로 해외직접생산품규칙은 기업들이 미국과 화웨이 중 하나를 선택하도록 사실상 강제할 것이다.

이 새로운 무기를 배치하는 데는 상당한 위험이 따랐다. 물론 기업들이 미국과 이란의 경우처럼 훨씬 규모가 작은 적대국 하나를 선택해야 할 때는 대부분의 기업에게 그 답은 고민할 필요도 없는 너무도 명확한 것이었다. 하지만 중국의 화웨이 같은 세계적 기업과 관계를 끊는 경우는 상황이 다를 수 있었다. 또 다른 문제는 해외직접생산품규칙이 금융기관이 아니라, TSMC와 삼성 같은 산업계 거물들에게 그런 선택을 강요할 것이라는 점이었다. 이러한 강력한 기업들은 미국의 제재를 준수하는 것이 거래 관행상 익숙하지 않았고, 자국에서 대형 은행들보다 더 큰 정치적 영향력을 지니고 있었다. 게다가 해외직접생산품규칙이 이 같은 산업계 거물들을 설득해 화웨이와 거래를 끊도록 유도하는 데 성공했더라

국가는 무엇으로 싸우는가

도 중국이 혹독하게 보복할 수도 있었다. 중국이 전랑 외교를 채택했다는 것은 중국의 반발이 확실하게 일어난다고 단정할 수는 없지만, 반발이 있을 가능성이 크다는 강력한 증거였다.

트럼프 대통령의 국가안보 팀이 백악관 상황실에 모였을 때, 해외직접생산품규칙을 가장 강력하게 지지한 사람은 법무부 장관인 빌 바Bill Barr였다. 바 장관이 감독하는 FBI는 최근 화웨이에 대한 비밀 조사 결과를 백악관에 브리핑했다. 이 FBI의 보고서는 미국 중서부 지역의 이동통신 기지국cell tower에 설치된 화웨이 장비가 민감한 군사 시설 근처에 있어서 미국의 핵무기와 관련된 통신을 가로채거나, 심지어 교란할 수 있다는 결론을 내렸다. 즉 위기 상황에서 중국은 이 화웨이 장비를 킬 스위치로 사용하여 미국의 핵무기 통제와 지휘를 차단할 가능성이 있었다.[314] 만약 화웨이가 차세대 인터넷의 중추가 되는 데 성공한다면, 바 장관은 "오늘날 미국이 경제 제재에 가하는 힘은 우리가 중국의 손에 넘겨주게 될 전례 없는 경제적 영향력에 비하면 하늘과 땅 차이일 것"이라고 결론지었다.[315]

바 장관의 주장은 결국 받아들여졌다. 5월 15일, 상무부는 중국의 5G 거물인 화웨이를 상대로 개선은 되었지만 아직 검증되지 않은 경제 무기인 해외직접생산품규칙을 발동했다.[316] 당시 이 규칙은 상무부 웹사이트에 게시된 보도자료와 몇 가지 규제 전문 용어에 불과했다. 하지만 잠재적 파괴력은 엄청났다.

세계는 그 충격에 대비해야 했다.

46

도미노가 넘어지다

The Dominoes Fall

해외직접생산품규칙에는 수천억 달러 규모의 사업이 관련되어 있었다. 화웨이뿐만 아니라 이 기업에 반도체를 공급하는 수많은 기업이 전부 관여되었다. 그래서 기업 변호사들이 빠져나갈 구멍을 찾는 데 오랜 시간이 걸리지 않았다. 해외직접생산품규칙은 미국 외 국가의 기업에도 수출 통제를 확대했지만, 그 대상은 화웨이와 그 계열사로 직접 향하는 품목에만 적용되었다. 따라서 이 기업들은 여전히 화웨이를 대신해 기지국과 스마트폰을 조립하는 하청업체에 칩을 판매할 수 있었다. 이는 중대한 실수였고, 미국 상무부의 기술관료들은 정책을 보완하기 위해 서둘러 움직였다.

해외직접생산품규칙의 성공과 실패를 좌우할 기업 중에서 가장 영향력 있는 기업은 대만에 본사를 둔 세계 최대 반도체 파운드리인 TSMC였다. TSMC가 화웨이 및 미국 기업들 모두와 긴밀한 관계를 맺고 있다는 사실은 해외직접생산품규칙이 전 세계 기업들에게 어떤 딜레마를 안겨주는지 보여주는 대표적인 예였다. 화웨이는 TSMC의 두 번째로 큰 고객이지만, TSMC 또한 자사 파운드리를 운영하는 데 미국의 기술에 의존했으며, 모든 애플 아이폰을 실행하는 프로세서와 대부분의 첨단 인공지능 알고리즘을 구동하는 엔비디아 칩을 생산했다.[317]

결국 TSMC는 미국과의 관계가 더 중요하다고 결정했다. 상무부가 해외직접생산품규칙을 발표한 지 몇 주 후, TSMC 회장은 회사가 제재의 허점을 악용하지 않고 화웨이와 관계를 끊을 것이라고 발표했다.[318] 또한 TSMC는 애리조나에 새로운 칩 공장을 짓는 데 120억 달러를 투자할 계획이라고 밝혔다.[319] 이 거래는 키스 크라크가 부분적으로 중재하여 성사되었고, 미국 연방 정부와 주 정부가 대규모의 보조금을 지원하기로 했다.

다른 기업들도 이 발표에 주목했다. 미국 정부의 발표가 있고 며칠 되지 않아, 영국 정부는 자국의 5G 네트워크에서 화웨이의 역할을 긴급하게 재검토하기 시작했다.[320] 그동안 영국 정부는 화웨이를 금지하라는 미국의 강력한 압박을 견뎌왔다. 보리스 존슨은 자신이 존경하고 종종 칭찬했던 도널드 트럼프의 개인적인 요청도 거부했었다.[321] 그런데 이제 상무부 웹사이트에 게재된 그 하나의 게시물이 수년간의 회유와 위협보다 영국 정부의 화웨이에 대한 신뢰를 흔들어놓는 데 더 큰 영향을 미쳤다.

영국 정부의 관리들에 따르면, 해외직접생산품규칙은 영국의 5G 네트워크에서 차지하는 화웨이의 역할에 "매우, 매우 심각한" 영향을 미칠 것이다.[322] 우선 TSMC와 다른 공급업체를 잃으면 화웨이는 부품 목록을 전면 수정해야 하고, 이 때문에 영국 정보 기관은 화웨이 시스템의 내부 작동 방식을 정확히 파악할 수 없게 된다. 영국의 한 관리는 "공급망의 운영 방식에 대해 우리가 오랫동안 쌓아온 이해가 한순간에 사라져 버렸다"라고 한탄했다.[323] 더욱이 이 규정은 화웨이의 사업적 미래도 위태롭게 했다.

영국은 정말 그렇게 불확실한 전망의 기업과 디지털 경제를 구축하고 싶을까? 오랫동안 화웨이에서 제품을 구매할 수 있도록 허가해 달라고 주장해 온 영국의 통신 회사 임원들조차 이제는 주저하고 있었다. 화웨이는 새로운 미국의 규정이 자사의 납품에 어떤 영향을 미칠지 영국의 고객들에게 정확히 알려줄 수 있으려면 '몇 달'이 걸릴 것이라고 인정했다.[324]

실제로 화웨이는 자사 사업에 미칠 영향을 미화하지 않고 솔직하게 말했다. 화웨이는 "이 결정은 자의적이고 악의적이며, 전 세계의 산업 전체를 위협할 수 있습니다.[325] 이 새로운 규정은 우리가 170개국 이상에 수천억 달러를 들여 구축한 네트워크의 확장과 유지 관리 및 지속적인 운영에 영향을 미칠 것입니다"라며 강력히 항의하는 성명을 발표했다. 해외직접생산품규칙이 발표된 지 불과 72시간 만에 열린 화웨이의 애널리스트 연례 회의에서 순환 회장인 궈핑은 엄숙한 어조로 이렇게 말했다. "우리는 이제 살아남는 방법을 알아내기 위해 열심히 노력할 것입니다. 지금 우리에게 가장 중요한 키워드는 생존입니다."[326]

미국은 이란과 러시아를 상대로 한 경제전쟁에서 금융의 영향력을 무기화해 파괴적인 결과를 얻어냈다. 이란은 달러가 끊기자 물물교환에 의존하기도 했다. 러시아는 SWIFT를 대체할 자체 시스템을 구축하고, 중국과 250억 달러 규모의 통화 스와프 계약을 체결했다.[327] 그리고 두 나라 모두 금을 비축했다. 중국 지도자들은 언젠가 자신들도 같은 운명을 겪게 될지도 모른다고 생각하며 불안한 마음으로 이를 지켜보았다. 러시아가 크림반도를 합병한 지 1년 후인 2015년에 중국은 SWIFT를 대체하는 독자적인 국제 결제망인 CIPSCross-Border Interbank Payment System를 출범시켰다.[328] 이 프로젝트는 중국 통화인 위안화를 국제화하고, 미국의 금융 무기에 대한 중국의 취약성을 줄이기 위한 좀 더 광범위한 전략의 일부였다.

이제 중국이 우려했던 미국의 경제적 공격이 현실이 되었다. 다만 그 공격은 미국의 재정적 힘에 의존한 것이 아니었다. 대신 미국은 최첨단 기술 분야에서의 자국의 리더십을 무기화하고 있었다. 화웨이의 공식 성명은 그 핵심을 명확히 나타냈다. "미국은 자국의 기술적 강점을 이용하여 국경 너머의 기업들을 짓밟고 있습니다."[329]

화웨이가 공격받자 이 회사는 많은 중국인에게 엄청난 국가적 자부심의 원천이 되었고, 이는 그들 국가의 성장을 미국이 받아들이지 않는다는 것을 보여주는 상징이 되었다. 미국은 중국의 경제

멍완저우: 밴쿠버 저택 밖으로 나온 화웨이의 최고재무관리자(그리고 중국의 애국적 상징이 된 인물).

적 제국주의를 견제하고 있다고 생각할지 모르지만, 중국의 관점에서 볼 때 미국은 이미 경제적 제국을 가지고 있었고 그 특권적 지위를 이용해 중국을 억압하고 있었다. 이에 중국의 소셜 미디어 이용자들은 화웨이에 대한 지지를 표명하고, 화웨이 제품을 구매할 것을 약속했다.[330] 밴쿠버에서 가택 연금 중인 화웨이의 최고재무관리자 멍완저우는 중국 언론에서 마치 특급 유명인처럼 대우받았다. 중국 언론은 그녀를 "화웨이의 공주"라고 칭하며 (발목에 위치 추적 장치를 차고) 세련된 드레스를 입고 다니는 화려한 사진을 보도했다.[331]

화웨이와 중국 국민 모두 중국 정부의 대응을 기대했다. 한 화웨이 임원은 "중국 정부는 화웨이가 도마 위에서 처참하게 난도질 당하는 것을 그냥 지켜보지 않을 것"이라고 예측했다.[332] 얼마 지나지 않아 시진핑 주석은 중국의 기술 자립을 향한 노력에 박차를 가할 새로운 경제 전략을 공개했다.[333] 중국 정부는 지극히 평범해 보이는 '이중 순환dual circulation'이라는 이름의 이 새로운 전략을 뒷받침하기 위해 향후 몇 년 동안 약 1조 5,000억 달러를 투자하기로 공언했다.[334] 그중 대부분의 투자액은 화웨이 같은 국내 기술 대기업으로 흘러들어 갈 것이다.

또한 중국은 화웨이를 거부하는 국가들은 아주 혹독한 대가를 치르게 될 것이라는 경고를 더욱 확고히 했다. 해외직접생산품규칙이 얼마나 잘 작동하는지를 가장 잘 보여주는 예는 미국의 경고에 가장 주저하던 국가 중 하나인 영국에서 진행하고 있는 '화웨이 사업에 대한 긴급 재검토'였다. 중국 정부는 영국이 입장을 바꾸면 자신들이 호의적이지 않을 것이라는 점을 영국에 알려주고 싶었다. 이에 영국 주재 중국 대사인 류샤오밍劉曉明은 기자들에게 "중국은 여러분의 친구가 되고 싶습니다. 또한 여러분의 파트너가 되고 싶습니다. 하지만 중국을 적대적인 국가로 만들고 싶다면, 그에 따른 결과를 감수해야 할 것입니다"라고 말했다.[335]

브렉시트 이후 영국 정치인들은 중국에서 미래를 기대했다. 유럽 대륙과의 실패한 결혼을 청산한 후, 영국은 영·중 관계의 황금기를 맞이할 준비가 되어 있었다. 그런데 이제 그 구상은 위태로운 상황에 놓였다. 류샤오밍 대사는 "중국의 기업계 모두가 영국이 화웨이를 어떻게 다루는지 지켜보고 있습니다"라고 강조했다.[336] 미국 정부의 압력에 굴복하면 대가를 치러야 할 것이라는 뜻이었다. 그리고 그는 이렇게 덧붙였다. "다른 나라의 장단에 맞춰 춤을 춘다면 어떻게 스스로를 대영제국이라고 부를 수 있겠습니까?"

이미 영국의 통신 사업자들은 화웨이의 저렴한 가격만으로는 더 이상 매력적이지 않다는 사실을 마지못해 인정하고 있었다. 고급 칩을 사용할 수 없다면 화웨이 제품이 얼마나 잘 작동할지, 그리고 장기적으로 화웨이가 장비를 잘 유지할 수 있을지 알 수 없었다.[337] 하지만 영국이 긴급 재검토를 마치기도 전에, 영국의 최대 이동통신 회사의 모회사인 텔레포니카Telefónica는 키스 크라크의 클린 네트워크에 가입하기로 합의했다.[338]

영국 정부는 조금 더 망설였다. 결국 지구 반대편에서 벌어진 중국의 위압적인 행동이 힘든 결정을 더 쉽게 받아들이도록 만들었다. 2020년 6월 30일 오후 11시, 시진핑 주석은 홍콩의 새로운 국가보안법을 강압적으로 밀어붙여 통과시켰다.[339] 그동안 홍콩은 영국이 1997년에 중국에 반환한 이후로 '일국양제—國兩制'라는 정책에 따라 반半자치적으로 운영되었다.[340] 그런데 새로운 국가보안법은 중국 정부에 홍콩에 대한 광범위한 권한을 부여했다. 이 법은 지난 1년 동안 홍콩을 뒤흔든 민주주의 시위를 진압하려는 명백한 목적이 있었다. 영국의 관점에서 홍콩의 자유가 파괴된 것은 남의 일이 아니었다. 많은 영국인에게는 이 과거의 식민지에 살았던 그들의 가족, 친구, 동료들이 있었다. 따라서 이것이 중국이 만들어가는 미래라면 영국은 그 미래에 전혀 참여하고 싶지 않았다.

2주 후 보리스 존슨 총리는 판단을 내렸다. 화웨이는 영국의 5G 네트워크에서 완전히 배제될 것이라는 내용이었다.[341] 통신 사업자들은 연말까지 화웨이 장비 구매를 중단해야 하고, 2027년까지 기존 시스템에서 화웨이 장비를 제거해야 한다. 이러한 조치로 영국은 약 20억 파운드의 손해를 입고, 5G 구축은 최대 3년까지 지연될 것으로 보였다.[342] 하지만 영국 정부는 달리 실행 가능한 방안을 찾을 수 없었다.

8월에 미국 상무부는 기존 해외직접생산품규칙의 허점을 보완한 개정안을 발표했다.[343] 크레디트스위스 은행은 투자 분석 보고서에서 "이번 조치는 화웨이의 반도체 조달 능력을 상당히(거의 완전히) 제한할 것으로 보인다"라고 평가했다.[344] 그리고 몇 주 만에 대만의 미디어텍MediaTek과 한국의 삼성, SK하이닉스를 포함한 많은 아시아의 주요 칩 제조업체들이 화웨이와 관계를 끊을 계획이라고 발표했다.[345]

런정페이는 화웨이에서 수십 년 동안 '늑대 문화wolf culture(화웨이의 독특한 기업 문화-옮긴이)'를 키워왔다. 그의 직원들은 끈기와 해낼 수 있다는 불굴의 정신으로 높은 평가를 받았다. 하지만 이제는 임원들이 회사를 그만두고, 주문이 줄어들며, 근무 시간도 줄어들고 있었다. 화웨이 연구개발 부서의 한 직원은 "회사는 우리에게 이런 전쟁 상황에 익숙해져야 한다고 계속 강조했다. 하지만 우리는 여전히 걱정된다. 우리가 받는 혜택이 사라지는 것은 아닌지, 그리고 결국 나도 해고 대상이 되는 것은 아닌지 말이다"

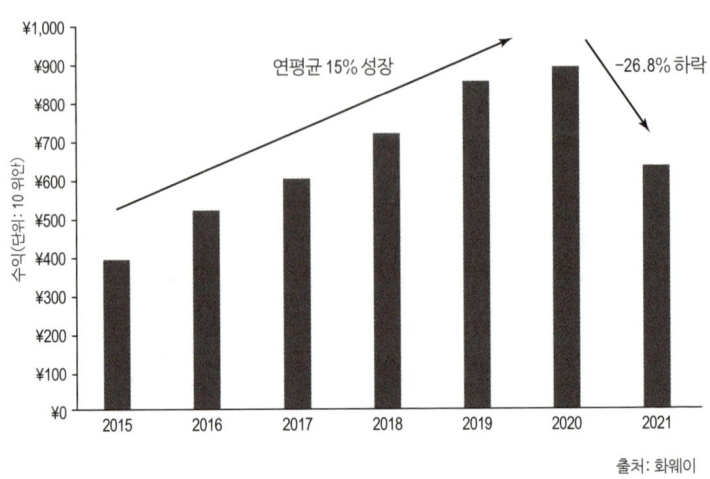

화웨이의 수익(2015~2021년)

연평균 15% 성장

-26.8% 하락

수익(단위: 10위안)

¥1,000
¥900
¥800
¥700
¥600
¥500
¥400
¥300
¥200
¥100
¥0

2015 2016 2017 2018 2019 2020 2021

출처: 화웨이

라고 밝혔다.[346] 이 회사 게시판에서 또 다른 직원은 "우리가 아직도 만들 수 있는 어떤 제품이 있을까?"라고 물었다.

중국 기술 분야의 유명한 분석가인 단 왕Dan Wang은 그 질문에 대한 답을 추정해 제시했다. 그는 "화웨이에 대한 사형선고"라는 제목의 보고서에서 화웨이가 "내년 초 재고가 소진되면, 5G 네트워크 장비 및 스마트폰 제조업체로서의 역할은 아마도 끝날 것"이라고 예측했다.[347] 그 후 몇 달 동안 화웨이의 성장은 정체되었다.[348] 그러다 2021년 상반기에 매출이 거의 30%나 급락했다.[349] 심지어 자국 시장을 대상으로 한 화웨이의 생산량조차 부진했다. 화웨이는 주력 부문인 스마트폰 생산을 연기했고, 중국의 자체 5G 네트워크의 출시도 미루었다.[350] 이에 화웨이의 임원들은 새로운 사업 분야로 전환하기 위해 필사적으로 노력했다.[351]

국가는 무엇으로 싸우는가

미국의 관리들은 영국이 화웨이를 맨 처음 승인하면 도미노 효과가 일어날 것을 우려했다. 이는 영국이 수년 전 아시아인프라투자은행에 가입한 뒤 다른 나라들이 그 중국 은행에 줄지어 가입했던 것처럼, 다른 나라들이 영국을 따라 화웨이를 승인할 것으로 보았다. 이제 영국 정부가 화웨이를 금지하기로 한 결정은 그 도미노를 반대 방향으로 밀었다. 화웨이가 어려움을 겪자 점점 더 많은 국가가 5G 네트워크에서 화웨이를 배제하기로 결정했다. 이미 화웨이와 5G 계약을 체결했던 통신 회사들도 서둘러 계약을 해지했다. 맷 포틴저조차 상황이 이렇게 빨리 뒤바뀐 것에 놀랄 정도였다.

47 | 철의 장막

Iron Curtain

2020년 10월 23일, 도널드 트럼프와 조 바이든이 미국 대선에서 맞붙기 불과 2주 전에 맷 포틴저는 백악관의 책장 앞에서 카메라를 응시하고 있었다. 트럼프 행정부가 이룬 중국 정책의 업적을 설명하는 자리였다. 포틴저가 중국어로 전달하고 온라인으로 방송될 이 담화는 '중국과 세계의 관계에 관한 대화'라고 할 수 있었다.[352]

냉전 이후 미국이 추진한 중국 정책이 실패한 것은 중국을 세계 경제에 편입시키면 민주주의적 변화를 이룰 것이라는 잘못된 믿음 때문이었다. 그 이론에 따르면 중국이 세계 경제에 통합되면 체계 안의 '책임 있는 이해당사자'가 될 것으로 보았다. 이러한 가

국가는 무엇으로 싸우는가

정이 틀렸다는 것이 증명된 후에도 미국은 뿌리 깊은 기업의 이익과 순전히 관성 때문에 이 정책을 오랫동안 고수했다. 마침내 트럼프 행정부는 방향을 바꾸었다.

포틴저가 생각하기에 중국에 대응하려면 두 가지 간단한 원칙을 따라야 했다. 바로 상호주의와 솔직함이다.[353] 그는 "상호주의는 한 나라가 당신의 이익을 해치면 그 대가를 치르게 한다는 단순한 개념이다. 이것은 본질상 방어적인 접근 방식이고 공정한 경쟁과 억제라는 개념에 뿌리를 두고 있다"라고 말했다.

중국이 수십 년 동안 미국을 상대로 경제적 공격을 퍼붓는 동안 미국 정부는 대체로 이를 참고 견디는 쪽을 택했다. 하지만 트럼프 행정부하에서 미국은 반격에 나섰다.

처음에는 관세처럼 거칠고 덜 정교한 도구로 시작했지만, 결국 혁신적인 경제 무기로 이어졌다. 이러한 경제 무기는 세계 기술 생태계에서 차지하는 미국의 핵심적 위치로부터 힘을 얻은 것이다.

또한 포틴저가 묘사한 솔직함의 원칙은 "우리가 친구, 적, 자신에 대해 솔직하고 공개적으로 말할 때 민주주의가 가장 안전하다는 생각"이었다.[354] 문제를 회피하고 덮어두는 것(또는 상황을 완화하려고 문제를 축소하는 것)은 미국에게는 아무런 행동도 취하지 않을 구실을 주고, 중국에게는 선을 넘어도 좋다는 신호를 줄 뿐이기 때문이다.

확실히 트럼프 행정부는 이런 통찰력을 바탕으로 일관성을 가지고 다양한 방식을 실행했다. 트럼프 대통령의 재임 동안 최우선 과제는 '사상 최대 규모의 무역 협정'을 통해 미·중 간의 경제적 관계를 재설정하는 것이었다.

이 협정은 코로나19의 발발로 미·중 관계가 틀어지기 직전인 2020년 초에 매우 축소된 형태로 체결되었다.[355] 그리 놀라울 것도 없이 중국은 이 미미한 '1단계' 무역 협정에서조차 약속을 지키지 않았고, 이 협정은 미국의 대중 무역적자를 메우는 데 아무런 도움이 되지 않았다.[356]

트럼프는 달성하기 힘든 목표를 추구하면서 중대한 양보를 했지만, 중국은 어떠한 보답도 하지 않았다. 트럼프는 처음에는 ZTE에 대해, 그리고 나중에는 화웨이에 대해 반복적으로 행정부의 정책을 철회했다(트럼프가 초기의 화웨이 규제를 완화한 후, 미국 기업들은 상무부의 허가를 통해 수천억 달러 규모의 장비를 화웨이에 판매할 수 있었다).[357]

스티븐 므누신이 이끄는 재무부는 중국에 대해 더욱 강경한 정책을 시행하는 데 끝내 동의하지 않았다. 다른 나라들을 대상으로 한 이전의 작전에서는 많은 전략을 개발했던 기관이 중국을 상대로 한 경제전쟁에서는 방관자로만 일관했다.

그럼에도 불구하고 트럼프 대통령의 임기 4년 차가 되자, 미국 정부의 중국 정책은 대체로 포틴저의 원칙과 일치하게 되었다. 미국의 관리들은 더 이상 중국의 경제적 부정행위를 지적하는 데 주저하지 않았다. 솔직함이 소심함을 대체했다.

더욱 중요한 것은 미국이 디지털 경제의 주도권을 잡으려는 중국의 노력에 맞서고 있다는 점이었다. 중국의 기술 기업들은 중국 정부의 막대한 보조금, 지식재산권 도용, 미국 경쟁업체들에 대한 금지 조치 등에 힘입어 이미 상당한 진전을 이루었다. 그러나 이제 미국은 중국이 절실히 필요로 하고 해외에서만 얻을 수 있으며, 아직 자체적으로 생산할 수 없는 기반 기술에 대한 중국의 접근을 차단함으로써 되갚아 주고 있었다. 그리고 트럼프 임기의 마지막 몇 달 동안 미국 행정부에는 이러한 경제전쟁을 추진하는 데 방해되는 모든 것이 사라진 듯했다.

실제로 중국이 코로나19를 통제하지 못하고 또한 홍콩의 자유를 억압하자, 미국은 보복을 준비했다.

해외직접생산품규칙이 발표된 지 얼마 지나지 않아 트럼프 행정부는 틱톡 금지라는 방안을 고려했다.[358] 중국의 이 동영상 공유 앱은 기록적인 속도로 급성장하며 미국 청소년들 사이에서 가장 인기 있는 소셜 미디어 플랫폼이 되었다. 틱톡의 모회사인 바이트댄스ByteDance는 비상장 기업이었으며, 최대 주주 중에는 유명한 미국 투자자들이 포함되어 있었다. 하지만 미국의 관리들은 이 기업이 중국법에 따라 중국의 정보기관과 협력할 수밖에 없을 것이라고 염려했다.

수천만 명에 이르는 미국인의 생체 정보, 위치 정보, 검색 기록 같은 개인 정보를 중국공산당에 예속된 기업에 제공하는 것이 과연 좋은 생각일까?[359]

트럼프 행정부는 그렇지 않다고 보았고, 틱톡에 무차별적인 공격을 시작했다. 처음에는 이 기업이 미국 내 자산을 처분하도록 압박했다.[360] 그런 뒤 해당 앱을 오라클Oracle에 매각하려 협상을 시도했는데, 그 이유는 오라클의 CEO인 사프라 캣츠_{Safra Catz}가 백악관의 가까운 측근이었기 때문이다.[361]

이러한 노력이 실패하자 미국 정부는 국제비상경제권한법_{IEEPA}(대통령에게 광범위한 제재 권한을 부여하는 법)에 따라 틱톡을 전면적으로 금지하고자 했다.[362] 하지만 9월 말 이 금지 조치가 발효되기 불과 몇 시간 전에, 한 연방 판사가 이를 저지했다.[363] 1988년의 국제비상경제권한법 개정안에서는 대통령이 '정보 자료'를 제재하는 것을 금지했기 때문이다.[364] 결국 소셜 미디어 플랫폼인 틱톡은 이 개정안의 보호를 받게 되었다.[365]

미국 정부의 다음 목표는 SMIC였다. SMIC는 2000년에 전 TSMC 직원이었던 리처드 창_{張汝京}이 설립했으며, 대만의 세계적인 반도체 파운드리인 TSMC를 대체할 중국의 해결책으로 제시되었다.[366] SMIC는 아직 TSMC를 따라잡지는 못했지만 의미 있는 진전을 보이고 있었다. 당시 시진핑 주석의 자급자족 목표에 힘입어 SMIC는 높은 성장세를 기록하는 중이었다.

SMIC는 뉴욕증권거래소에서 상장 폐지된 후, 2020년 7월 상하이에 주식을 상장했다. 중국 정부의 막대한 지원을 받을 것이라는 기대에 힘입어, SMIC는 상하이 증시에 상장하는 첫날 거의 80억 달러에 달하는 자금을 모았다.[367] 이는 지난 10년 동안 중국 본토에서 이루어진 공모 중에 가장 큰 규모였다. 중국 정부가 미국의 '기술 봉쇄'를 무너뜨릴 계획을 세우는 과정에서 SMIC는 그 계획의 중심에 있는 자국산 칩 챔피언이었다.[368]

SMIC의 성장은 백악관을 놀라게 했다. 화웨이와 그 기업과 거래하는 공급업체들이 미국 기술에 접근하는 것을 차단해야 한다면, SMIC도 마찬가지로 차단해야 했다. 다른 외국의 반도체 제조업체와 마찬가지로 이미 SMIC도 미국 기술을 사용해 화웨이에 반도체를 공급하는 것이 금지되어 있었다. 하지만 중국 정부의 막대한 지원을 받는 절반쯤 국유화된 기업인 SMIC가 미국의 규정을 준수하리라 기대하기는 어려웠다. 게다가 중국의 '군·민 융합' 정책을 감안하면, 미국은 SMIC 칩이 중국의 군사 기술에도 사용될 것이라고 가정해야 했다.

2020년 8월, 버지니아에 있는 한 방위산업체가 널리 배포한 보고서는 SMIC와 중국 군대 간의 관계를 상당히 구체적으로 기술했다.[369] 몇 주 후 미국 상무부는 SMIC에 대한 수출이 군사적 목적으로 전용될 수 있는 "용납하기 힘든 위험"을 안고 있다고 경고했다.[370]

SMIC의 가장 중요한 공급업체 중 두 곳은 미국의 반도체 제조 장비업체인 어플라이드 머티어리얼즈와 램리서치였다. SMIC는 지난 한 해 동안 이들 기업과 20억 달러 이상의 장비 주문을 체결했다.[371] 상무부는 두 기업에 SMIC에 대한 판매를 중단하도록 지시했다.

미국 정부가 가장 우려했던 점은 SMIC가 네덜란드 기업 ASML이 만든 초정밀 반도체 제조 장비에 접근할 수 있다는 것이었다. 극자외선 리소그래피extreme ultraviolet lithography(극자외선 파장의 광원을 사용하여 실리콘 웨이퍼에 패턴을 만드는 리소그래피 기술을 활용한 제조 공정-옮긴이) 장비로 알려진 이것은 역사상 가장 비싼 대량 생산을 위한 공작기계였다.[372] 다른 기업들은 이와 유사한 제품을 만들지 못했으며 최첨단 칩을 생산하는 데 필수적인 기계였다.

ASML은 이 기계를 SMIC에 약 1억 5,000만 달러에 팔기로 합의했다.[373] 트럼프 행정부의 압력으로 네덜란드 정부는 이 거래에 필요한 수출 허가 승인을 미루고 있었다. 하지만 미국 정부는 외교적 압력이 언제까지나 효과를 발휘할 것이라고 기대할 수 없었다. ASML은 네덜란드에서 가장 중요한 기업이었으며, 이곳의 임원진은 네덜란드 정부에 큰 영향력을 미치고 있었기 때문이다. 중국은 엄청난 시장이었기에 ASML이 중국에 기계를 판매하지 못하면 많은 수익을 놓칠 수밖에 없었다.

미국 정부는 어떠한 어려움이 있어도 SMIC에 대한 판매를 막겠다고 결심했다. 국가안전보장회의 관계자에 따르면, 필요한 경우 대통령이 미 해군을 동원해 선적을 추적해야 한다는 분위기가 지배적이었다.

바이든이 대선에서 트럼프를 이긴 지 한 달 정도 지난 12월에 상무부는 SMIC를 제재 목록에 추가했다.[374] 또한 상무부는 해당 기업에 적용할 새로운 해외직접생산품규칙도 작성했다. 이 규칙은 실제로 발표되지는 않았지만 규칙이 존재한다는 자체만으로도, 트럼프 행정부가 네덜란드 정부로부터 판매 중단을 계속 유지하기 위한 신사협정을 확보하는 데 필요한 영향력을 행사할 수 있었다.

이러한 움직임은 대통령 선거와 바이든의 취임 사이의 레임덕 시기에 있었던 일련의 유사한 조치들 중 하나였다. 이를테면 세계

국가는 무엇으로 싸우는가

최대의 상업용 드론 제조업체인 DJI와 수십 곳의 다른 중국의 기술 기업을 표적으로 추가적인 수출 통제가 이루어졌다.[375]

그리고 새로운 규정에 따라 미국인은 중국군대와 관련된 30개 이상의 기업 주식에 투자하는 것이 금지되었다.[376] 그 기업 목록에는 비디오 감시 기업인 하이크비전Hikvision과 통신 사업자인 차이나모바일 등이 포함되어 있었다. 중국의 거대 석유 회사인 중국해양석유총공사CNOOC를 겨냥한 여러 가지 제한 조치도 취해졌다.[377]

백악관에서 마지막 시간을 보내던 포틴저는 중국 최대의 기술 기업들에 대한 투자를 금지하는 내용의 내부 논의에 참여했다. 그 대상은 전자상거래 거대 기업 알리바바, 소셜 미디어 대기업 텐센트Tencent, 검색엔진 대기업 바이두Baidu 등이었다(얼마 후 포틴저는 2021년 1월 6일 미국 국회의사당에서 일어난 폭동을 선동한 트럼프의 역할에 항의하며 사임했다).[378]

이 계획은 결국 폐기되었지만, 이를 통해 트럼프의 대중국 경제 전쟁의 범위가 얼마나 확대되었는지를 알 수 있다.[379]

───────

10년 전만 해도 미국의 관리들은 세계 시장을 혼란에 빠뜨릴까 봐 우려하여, 이란 중앙은행에 제재를 가하는 것을 망설였다. 비슷한 걱정 때문에 오바마 행정부는 러시아에 제재를 가할 때 '메스처럼' 정밀하게 설계했다.

이처럼 부수적인 피해가 발생할 위험을 고려하여 미국은 경제 무기고를 신중하게 사용해야 했다. 제재 대상 국가의 경제가 무너지면 다른 모든 국가의 경제도 함께 피해를 줄 것이므로, 가장 강력한 무기를 해당 국가에 겨누지 않는 것이 최선이었다.

그렇지만 중국이 이 같은 설명에 해당한다고 말하는 것은 엄청난 과소평가일 것이다. 중국의 경제 규모는 세계에서 두 번째로 컸으며, 사실상 모든 공급망의 핵심 연결고리였고 120개 이상의 국가에서 가장 중요한 교역 상대국이었다.[380]

이러한 이유로 트럼프가 백악관에 입성하기 전까지는 미국이 중국을 상대로 공격적인 경제 제재를 가할 것이라고는 생각조차 할 수 없었다. 중국 경제는 너무 크고, 중요하며 미국의 경제와 너무 밀접하게 얽혀 있어서 중국에 압박을 가하기에는 무리가 있었다. 중국을 상대로 한 경제전쟁은 엄청난 후유증을 가져와 세계 경제가 침체에 빠질 것이 분명해 보였다.

트럼프는 이런 기존의 생각을 뒤엎었다. 포틴저는 "모두가 세상이 끝장날 것이라고 말했다. 하지만 그렇지 않았다. 우리가 스스로 겁먹은 것이었다"라고 회상했다.[381] 중국과의 경제전쟁에 따른 반발은 의외로 제한적이었다.

트럼프 행정부 시기 미국의 경제는 코로나19가 닥치기 전까지는 순조롭게 성장했다.[382] 시진핑의 위협은 실제라기보다 으름장에 불과했다.

중국 정부는 미국 기업들을 중국의 '비신뢰 기업 목록'에 올리는 것조차 꺼렸다.[383] 대신 중국은 트럼프가 백악관에서 보내는 마지막 날에 포틴저, 크라크, 그리고 다른 트럼프 행정부의 관리들에게 개별적인 제재를 가하는 것과 같은 상징적인 조치를 취하는 데 집중했을 뿐이다.[384]

포틴저는 "우리는 실제로 엄청난 영향력을 갖고 있다. 아직 그 영향력을 사용할 수 있을 때 사용해야 한다"라고 말했다.[385]

트럼프 행정부는 미국의 대중국 정책에 큰 변화를 가져왔다. 또한 미국의 경제전쟁에도 더 광범위한 영향을 미쳤다. 2018년 상무부가 ZTE에 대한 거부 명령을 내리기 전까지 주요 전투 무대는 금융 시스템이었고, 선택한 무기는 달러였다. 실제 금융 제재로 인해 이란 경제는 붕괴했고, 러시아 경제는 붕괴 직전까지 치달았다. 그러나 ZTE에 가한 거부 명령(아이러니하게도 이 조치는 ZTE가 이란 제재를 위반한 것으로부터 시작되었다[386])은 기술 분야가 경제 전쟁의 유망한 분야라는 것을 보여주었다. 이로써 미국 기술에 대한 접근이 달러에 대한 접근만큼 중요할 수 있으며, 그런 접근을 차단하면 치명적일 수 있다는 것이 밝혀졌다.

이처럼 기술 접근을 차단하는 방식은 몇 가지 선례도 있었다. 그중 가장 유명한 것은 2014년에 오바마 행정부가 러시아의 해양 석유 시추 기술에 대한 접근을 차단하기로 한 결정이었다. 하지만 트럼프 행정부의 중국 기술 기업을 상대로 한 작전은 이런 접근 방식을 체계적인 정책 수준으로 끌어올렸다.

기술 접근 제한이 충분한 피해를 주지 못했더라도, 여전히 기존의 금융 무기를 보완하는 중요한 역할은 할 수 있었다. 그리고 금융 공세가 불가능할 때(예를 들어 스티븐 므누신의 경우처럼 재무부 장관이 반대할 때) 기술에 대한 접근 제한을 통해 다른 기관인 상무부가 그 공백을 메울 수 있었다.

실제로 이란 작전이 재무부의 위상에 미친 영향과 마찬가지로, 중국을 상대로 한 미국의 첨단 기술 공세는 상무부의 위상을 높여 주었다. 역사적으로 상무부는 '경제 성장'이 그 부처의 공식 사명일 정도로 기업을 억누를 수 있는 정책에 반대했지만, 점차 경제 전쟁을 위한 또 다른 지휘 본부의 역할을 하게 되었다.[387]

이란 제재 작전 덕분에 스튜어트 레비, 애덤 주빈, 데이비드 코헨은 전형적인 제재 기술 전문 관료로 자리 잡았고, 이란 자금의 흔적을 찾기 위해 국제 금융 체계를 수색하는 싱크탱크와 지지 모임들의 연결망까지 만들어졌다.

지금은 대학과 싱크탱크들이 국제 반도체 공급망을 연구하고, 인공지능에 대한 중국의 투자를 추적하기 위해 연구 프로그램을 설립하여 새로운 부서를 창설하고 있다. 외교 정책 전문가를 꿈꾸는 사람들은 한때 아랍어를 배우고 테러 방지를 공부했지만, 지금은 중국어를 배우고 해외직접생산품규칙의 세부 내용을 분석하고 있다.

또한 트럼프 행정부는 미국이 경제전쟁에서 추구해야 할 목표를 새롭게 정의했다.

오바마 행정부 시기에 경제적 압박은 항상 어떤 목적을 달성하기 위한 수단이었다. 예를 들어 이란 핵 프로그램의 억제라든지, 러시아군을 우크라이나 영토에서 철수하게 만드는 것이 목적이었다. 그리고 이때 경제적 피해는 상대의 행동을 변화시키기 위한 것이었다. 오바마 행정부는 그런 제재가 징벌적이거나 영구적이지 않다고 강조하는 데 주의를 기울였다. 이란과 러시아가 정책을 바꾸면 그 제재는 바로 해제될 것이었다.

한편 트럼프 행정부 관리들의 마음속에는 그런 행동에 따른 실용적인 계산이 존재하지 않았다. 시진핑 주석은 미국의 저항에 직면해서도 제국주의적 야망을 뒤집거나 포기하지 않을 것이다. 시진핑은 중국이 미국을 대체해 세계 최고의 초강대국이 되는 것이 자국의 운명이라고 믿었다.

그래서 트럼프 행정부는 출구를 마련해 놓으려는 노력을 거의 하지 않았다. 트럼프 행정부는 중국이 글로벌 5G 네트워크를 장악하는 것을 위협으로 선언했고, 그 위협을 주도하는 기업들을 약화시키고자 했다. 아무도 공개적으로 말하지는 않았지만, 모두가 이런 노력이 영구적인 것이 되리라 예상했다.

이러한 처벌은 행동을 바꾸려는 것이 아니라, 세계 경제에서 중국의 역할을 축소하려는 것이었다. 시간이 지나면서 중국에 경제적 피해를 주는 것이 그 자체로 하나의 목적이 되었다.

오바마 행정부 마지막 해에 잭 루 재무부 장관은 미국의 제재가 경제 세계화의 흐름을 되돌려 와해시킬 수 있다는 우려를 표명했다. 루 장관은 이를 명백한 부작용, 즉 미국의 정책에 따른 전혀 의도치 않은 결과로 여겼다.

하지만 트럼프 행정부는 그런 식으로 보지 않았다. 그들에게 부분적으로 세계화를 되돌리는 것은 미국의 이익에 부합했고, 따라서 적극적이고 명확한 목표가 되었다.

예를 들어 화웨이는 170개국 이상에서 사업을 운영했다. 어떤 면에서 그것은 세계화의 전형적인 사례였다. 그러나 트럼프 행정부가 보기에 국제 경제에서 화웨이의 역할은 해결해야 할 문제였다.

이와 같이 화웨이가 해결해야 할 문제라면 중국의 다른 기업들은 어떨까? 중국 기업들은 거의 모든 주요 산업과 기술 공급망에서 두드러진 모습을 보이고 있다. 트럼프 정책의 숨은 뜻, 어쩌면 논리적인 종착점은 (누구도 공개적으로 언급하지는 않았지만) 미·중 간의 훨씬 더 광범위한 경제적 분리decoupling일 것이다.

사적으로 일부 트럼프 행정부 관리들은 이런 전망을 환영했다. 한 고위 행정부 관리는 "이를 공정하게 실현할 수 있는 유일한 방법은 (중국과) 모든 무역을 중단하는 것"이라고 인정했다. 그리고 이렇게 덧붙였다. "중국에서 벌어지는 모든 나쁜 일들을 살펴보면, 그 해답은 중국과의 무역을 중단하는 것이다. 그렇지 않으면 중국의 부상과 우리의 몰락을 계속 부추길 뿐이다." 여러 요인을 고려할 때, 2020년에 중국이 미국의 최대 무역 상대국이고 5,000억 달러 이상의 수출과 수입을 차지했다는 사실은 중요한 문제가 아니었다.[388]

중국을 상대로 한 경제전쟁이 자연스럽게 마무리된다면, 세계는 1990년대와 2000년대의 초세계화와는 거리가 먼 서로 경쟁하는 진영들로 분열된 세계가 만들어질 것이다. 동서 냉전 시대의 대립과 마찬가지로, 중국이 한 진영을 이끌고 미국이 다른 진영을 이끄는 식으로 깔끔하게 진영이 나뉘는 모습은 상당히 설득력이

국가는 무엇으로 싸우는가

있어 보였다.

하지만 트럼프가 집권하면서 유럽도 자체적인 진영을 형성하며 적어도 세 개의 진영이 생길 가능성이 커졌다. 트럼프는 유럽연합을 "중국보다 나쁘다"라고 평했고, 그들의 의견에는 거의 신경 쓰지 않았다. 트럼프 행정부가 화웨이에 대한 수출 통제를 강력히 밀어붙인 것도 영국과 다른 유럽 국가들로부터 그 중국 기업을 금지하는 정책을 놓고 지지를 얻는 데 실패했기 때문이다. 이는 대니얼 프리드가 국제 연락 그룹을 만들어 러시아 제재에 대한 유럽연합의 지지를 확보하기 위해 끊임없이 노력한 것과는 전혀 다른 모습이었다.

다음과 같은 일 또한 우연이 아니었다. 2017년 2월 프리드가 외무부에서 은퇴했을 때, 트럼프 행정부는 국무부 제재정책조정관 역할을 할 후임자를 구하지 않았다. 그래서 그 직책의 사무실이 없어졌다.[389]

트럼프 대통령의 이란 핵 협정 탈퇴 발표는 영국, 프랑스, 독일을 매우 분노하게 했고, 그 결과 이들 국가는 그 후 몇 년 동안 미국과 자신들을 연결하는 일부 경제적 관계를 약화하기 위해 적극적으로 노력했다.

독일 외무부 장관 하이코 마스Heiko Maas는 "미국과 별개로 독립된 결제 채널을 만들어 유럽의 자율성을 강화하는 것이 필수적이다"라고 선언했다.[390] 프랑스 재무부 장관 브뤼노 르 메르Bruno Le Maire도 이에 동의했다. 르 메르는 "나는 유럽이 종속적인 대륙이 아닌 주권을 가진 대륙이 되기를 바란다. 그러려면 완전히 독립적인 금융 수단을 갖춰야 한다"라고 말했다.[391] 영국, 프랑스, 독일은 힘을 합쳐 무역거래지원기구INSTEX를 설립했다.[392] 이 기구는 유럽 기업들이 미국의 제재를 우회해 이란과 사업할 수 있도록 만든 통로였다.

그러나 무역거래지원기구는 출발부터 어려움을 겪었다.[393] 아이러니하게도 참여 기업들이 미국으로부터 2차 제재를 받을까 두려워했기 때문이다. 하지만 미국의 경제적 제약을 우회하려는 노골적인 시도라는 것만으로도 주목할 만한 일이었다.

트럼프 대통령의 임기 마지막 몇 달 동안 미국이 중국의 기술 분야에 대한 공세를 강화했을 때 유럽연합은 동참하지 않았다. 오히려 유럽의 관리들은 그 시간에 중국과 획기적인 투자 협정을 마무리하고 있었다. 미국 정부의 강력한 반대에도 불구하고 독일 총리 앙겔라 메르켈은 유럽과 중국 경제를 더욱 긴밀하게 연결할 협정 체결을 최우선 과제로 삼았다.

조 바이든 행정부의 국가안보 보좌관으로 임명된 제이크 설리번은 유럽연합-중국 회담에 대한 우려가 커졌다.[394] 미국의 차기 대통령이 대서양 관계를 개선할 태세를 갖추고 있는데, 유럽연합은 왜 중국과 서둘러 합의를 이루려는 것일까? 설리번은 12월 말 트위터에 "바이든-해리스 행정부는 중국의 경제 관행이라는 공통의 우려 사항에 대해 유럽의 파트너들과 조속히 협의를 시작하기를 희망한다"라고 올렸다.[395]

유럽연합 지도자들은 이러한 호소를 무시했다. 며칠 후 메르켈은 프랑스 대통령 에마뉘엘 마크롱, 유럽연합 집행위원장 우르줄

국가는 무엇으로 싸우는가

라 폰데어라이엔, 시진핑 주석과 거래를 마무리하기 위한 화상 통화에 참여했다.[396]

유럽연합은 이 합의에 대해 "중국이 지금까지 체결한 협정 중 가장 원대한 협정"이라고 극찬했다.[397] 중국은 중국공산당 창당 100주년을 앞두고 이 협정을 시진핑 주석의 최고 업적이라고 치켜세우며 축하했다.[398]

미국은 마침내 중국의 경제적 침략에 맞서 싸우기 시작했다. 그 결과 화웨이의 5G 사업은 큰 타격을 입었다. 하지만 승리에는 대가가 따랐다. 새로운 경제적 철의 장막이 전 세계에 드리워지면서 미국은 결국 장막 뒤에 홀로 남겨질 위기에 처했다.

제5부

러시아의
우크라이나 침공

48 실무자

The Practitioner

2022년 2월의 마지막 금요일, 달립 싱은 아이젠하워 행정동 건물에서 그의 팀원들과 모였다. 프랑스 제2제정 양식으로 지어진 이 웅장한 단지는 백악관 웨스트 윙과 좁은 보도를 사이에 두고 있으며, 대통령의 구상을 정책으로 전환하기 위해 쉴 새 없이 근무하는 관리들의 본거지다. 그날 싱과 그의 직원들은 평소보다 더 지쳐 있었다. 그들은 러시아 군대가 키이우로 향하는 것을 막기 위해 미국의 경제력을 활용할 방법을 찾고 있었다.

러시아의 전면적인 우크라이나 침공이 발발한 지 하루도 채 지나지 않은 때였다. 그 시간 동안 미국과 동맹국들은 몇몇 러시아 은행을 제재한다고 발표했지만 상황에 걸맞은 처벌은 아니었다.

국가는 무엇으로 싸우는가

러시아군이 전차와 장갑차, 그리고 낙하산병들을 우크라이나 수도로 집결시키는 가운데 싱은 백악관에 더욱 단호한 태도를 보일 것을 촉구했다.

다른 한편에서는 신중하게 대응할 것을 요구했다. 학계에서 존경받는 경제학자이자 전 연방준비제도이사회 의장인 재닛 옐런이 이끄는 재무부는 러시아 경제가 제재로 인해 매우 심각한 상태에 직면해 있다고 경고했다. 한 번의 실수가 서구와 세계 경제 전체에 끔찍한 부수적 피해를 가져올 수 있다고 보았다.

달립 싱은 다른 사람들만큼 이런 경고를 중시하지는 않았다. 어쩌면 그가 단순히 위험을 감수하는 성향이 강해서일 수도 있다. 정부에 들어오기 전 싱은 골드만삭스의 트레이드 부서에서 경험을 쌓았고, 그곳에서 그는 사내 헤지펀드의 운영을 도왔다. 이 헤지펀드는 수익성이 매우 높았지만, 전반적인 은행 체계에 너무나 큰 위험을 초래하기 때문에 2008년 금융위기 이후 대부분 금지되었다.[1] 하지만 싱은 지난번 경제전쟁에서 익힌 교훈을 활용하여 움직이고 있었다. 8년 전 재무부에서 근무할 때, 싱은 러시아의 크림반도 합병 이후 대러시아 제재를 설계하는 일을 도왔다. 당시 싱도 옐런처럼 전 세계 금융위기의 가능성을 걱정했었다. 그 결과를 놓고 보았을 때, 러시아 경제는 제재 때문에 침체에 빠졌지만 세계 시장은 별문제 없이 유지되었다.

싱은 옐런 같은 학문적 배경은 없었지만, 그의 이력은 골드만삭스, 재무부, 뉴욕 연방준비제도이사회 등 공공 영역과 민간 영역 양쪽의 금융 권력 기관을 두루 거쳐온 발자취를 보여주었다.

한 동료는 그를 "〈이코노미스트〉지 자체"라고 표현하기도 했다.[2] 빛나는 검은 머리에 약간의 흰머리가 섞인 40대 중반의 싱은 바이든 행정부에서 국제 경제 부문의 최고위 관리였다. 2021년에 백악관 사무실보다 넓고 천장이 높으며 화려한 조명과 오래된 가구가 있는 새 사무실로 이사했을 때, 싱은 단 두 가지만 바꾸었다. 하나는 로버트 E. 리Robert E. Lee와 율리시스 S. 그랜트Ulysses S. Grant의 남북전쟁 시대 그림을 무하마드 알리의 사진으로 바꾸는 것이었다. 또 하나는 블룸버그 단말기를 설치하여 실시간으로 시장을 모니터링하는 것이었다.

그날 러시아 전차들이 우크라이나로 진군하자, 싱의 직원들은 낙담했다. 2014년 이후 오랫동안 가한 제재도, 그리고 우크라이나 국경에 러시아가 몇 달씩 군대를 증강하는 동안 백악관이 반복적으로 경고한 것도 블라디미르 푸틴을 물러서게 하지 못했기 때문이다. 전날 가해진 제재 역시 전혀 효과가 없었다. 그의 팀원들은 이제 어떻게 할지 싱을 쳐다보았다.

싱도 그들을 뚫어지게 쳐다보았다. 그는 몇 주 동안 거의 잠을 자지 못했고, 그의 따뜻한 갈색 눈도 피곤함으로 흐릿해져 있었다. 그는 "중앙은행에 대해 뭔가 해봅시다"라고 말했다.

러시아 중앙은행은 자산이 6,300억 달러가 넘을 만큼 엄청난 규모였다.[3] 지난 수십 년 동안 어느 해를 비교하든 이란의 '전체'

달립 싱: 바이든 행정부의 국제 경제 담당 국가안보 부보좌관.

GDP보다 더 큰 규모였다. 이처럼 가득 채운 금고는 푸틴이 러시아의 경제를 '제재에 견딜 수 있게' 만들려는 시도였다. 그러나 은행 준비금의 절반 이상이 달러나 유로, 파운드, 엔으로 구성되어 있어서 실제로는 서구의 제재에 노출되어 있었다.[4]

푸틴이 그런 노출을 허용했다는 것은 서구가 중앙은행을 공격할 것이라고 예상하지 못했다는 뜻이기도 했다. 이것은 그 러시아 대통령처럼 의심 많고 경계심이 강한 사람에게는 놀라운 일이겠지만, 결국 서구가 약하고 무능하다는 그의 견해와도 일치하는 것이었다. 푸틴과 그의 보좌진은 특히 유럽 지도자들의 소극적인 태도를 확신했기 때문에, 러시아 중앙은행의 오랜 총재인 엘비라 나비울리나는 러시아가 보유한 대부분의 외환보유액을 달러 대신

유로로 보유하는 이례적인 선택을 했다.[5]

푸틴의 입장에서 볼 때, 러시아 중앙은행은 현대 역사상 가장 큰 제재 대상이었다. 미국 정부의 외교 정책 수립자들조차 이 은행을 타격하는 일이 너무나 터무니없다고 생각했다. 어떤 기관이 제재하기에 너무 규모가 크다면 바로 이 기관을 두고 하는 말일 것이다.

문제는 싱이 그의 팀원들에게 주장했듯이, 러시아 중앙은행이 외환보유액을 사용하여 루블을 지탱하고 위기에 처한 러시아 금융권에 구제금융을 제공할 수 있다는 점이었다. 2014년에 나비울리나가 제재의 타격을 완화하려고 1,000억 달러 이상의 보유액을 사용했던 것처럼 말이다.[6] 러시아 중앙은행이 안정적이라면, 러시아 경제에 대한 미국의 다른 공격도 거의 막을 수 있을 것이다. 반면 푸틴이 미국이 러시아 중앙은행을 공격할 것이라고 예상하지 못했다면, 푸틴이 서구에 반복적으로 행했던 것과 같은 기습 방식으로 그를 놀라게 할 수도 있다는 의미였다.

러시아 중앙은행에 대한 제재는 너무나 극단적인 선택이어서 철저한 사전 심사를 받은 적이 없었다. 해외자산통제국(재무부 제재 기구의 핵심 부서)이나 재닛 옐런 재무부 장관, 또는 경제적 영향을 평가할 다른 전문가들 모두 이를 검토한 적이 없었다. 더욱 큰 문제는 유럽연합과 이 방안을 진지하게 논의한 적이 없다는 것이었다. 그리고 싱은 조 바이든의 첫 질문이 '유럽인들이 이것을 지지할까'가 되리라는 것을 알고 있었다.

"유럽과 통화하려면 누구에게 전화해야 하나요?" 이 유명한 헨

국가는 무엇으로 싸우는가

리 키신저의 농담(그는 1973년 5월 미국과 유럽 간의 외교 회담에서 당시 유럽의 정치적 분열을 지적하며 이 같은 농담을 했다.-옮긴이)에 대한 싱의 대답은 비요른 세이버트라는 독일 관료였다.[7] 세이버트는 유럽연합 집행위원장이자 사실상 유럽연합의 행정부를 이끌었던 우르줄라 폰데어라이엔의 수석 고문으로 일한 바 있다. 유럽연합에서 세이버트도 미국 정부의 싱과 비슷하게 러시아에 대한 경제전쟁의 수석 전략가라는 비공식적인 역할을 맡고 있었다. 지난 몇 달 동안 러시아의 침공이 점점 더 확실해지면서 싱은 세이버트와 전화 통화를 자주 했다. 이는 서구가 제재를 준비하는 데 결정적인 역할을 했다.

싱은 아이젠하워 행정동 건물에서 팀원들과 회의한 뒤, 보관함에서 휴대전화를 꺼내 신호를 찾기 위해 밖으로 달려 나갔다(미국의 주요 행정부 건물은 보안을 이유로 휴대전화 사용이 제한되거나 불가능한 곳이 있다.-옮긴이). 세이버트도 전화를 기다리고 있었다. 그는 유럽 전역에서 수십만 명의 사람이 러시아의 침략에 반대하는 거리 시위에 참여하고 있어서 중대한 정치적 변화가 이루어지는 느낌이라고 전했다. 이러한 이유로 그 주 초에는 너무 극단적으로 보였던 조치들이 이제는 현실적인 방안이 되고 있었다. 세이버트는 싱에게 "우리는 몇 달 동안 이 바위를 산 위로 굴려 올렸어요. 이제 내리막길이 시작되고 있습니다"라고 말했다.

49 | 빗나간 계획

The Best-Laid Plans

2020년 12월, 국가안보 보좌관 내정자인 제이크 설리번이 달립 싱에게 차기 행정부의 '셰르파sherpa (G7, G20과 같은 중요한 정상회담에서 대통령의 의제를 준비하는 담당자를 일컫는다)' 역할을 맡을 의향이 있는지 물었을 때, 두 사람 모두 그 일이 경제 전쟁에 집중될 것이라고는 예상하지 못했다. 싱의 임무는 차기 조 바이든 대통령의 광범위한 경제 프로그램에서 외교 정책 요소를 이끄는 것이었다. 이 프로그램은 단순히 코로나19 팬데믹으로 인한 피해를 해결하는 것을 넘어 근본적인 패러다임의 전환을 구상했다. 즉 수십 년 동안의 신자유주의 교리를 버리고 국가 이익을 위해 좀 더 강력한 정부 개입을 추진하는 것이다.[8] 그 대상이 미국의 노동자를 지원하는 것이든, 청정에너지 전환을 촉진하는 것이든, 중국과의 경쟁에서 우위를 차지하는 것이든 상관없이 말이다.

이 새로운 행정부의 경제전쟁에 대한 야망은 해당 분야에 깊은 경험을 가진 고위 관리들이 포진해 있었음에도 비교적 온건한 수준이었다. 설리번과 그의 부보좌관인 존 파이너Jon Finer는 이란 핵 협상으로 이어진 작전에서 활약했던 베테랑이었다. 이제 국무부 이인자가 된 웬디 셔먼, CIA 국장 빌 번스, 번스의 부국장인 데이비드 코헨도 마찬가지였다. 2014년 우크라이나 사태 때 중심적인 역할을 한 인물인 빅토리아 눌란드도 국무부로 복귀했다. 이들은 우크라이나 위기를 경험하며 경제 무기의 효과를 이해했지만, 파이너가 설명했듯이 "그 사용에 대해 신중하고 겸손할 필요가 있다는 것"도 깨달았다.[9]

트럼프 행정부 시기의 제재 정책 역시 반면교사 역할을 했다. 미국 역사상 어떤 행정부도 경제적 처벌을 그렇게 함부로 사용한 적은 없었다. 트럼프의 단 한 차례 임기 동안 해외자산통제국은 조지 W. 부시의 두 임기를 합친 것보다 더 많고, 버락 오바마의 8년 임기 동안과 거의 비슷한 수의 제재를 개인과 기업에 가했다.[10] 트럼프 행정부의 제재는 동맹국의 지원이나 도움 없이 일방적으로 부과되었을 때조차 매우 파괴적인 것으로 드러났다. 그러나 제재 대상들을 미국의 뜻에 따르도록 굴복시킨 적은 거의 없었다. 또한 트럼프의 공격적이고 단독적인 접근 방식은 미국의 동맹국을 포함한 많은 국가들이 미국이 통제하는 초크포인트에서 경제 활동을 옮겨 더욱 독립을 추구하는 방향으로 나아가도록 만들었다.

이러한 암울한 역학 관계의 사례로는 이란을 들 수 있다. 트럼프는 국제적 지지를 받지 못했음에도 2015년에 핵 협정을 파기하고, 이란 경제를 억누르는 공격적인 제재를 다시 도입했다.[11] 이 제재는 2013년에 하산 로하니가 이란 대통령으로 선출되기 전과 거의 비슷한 수준의 경기침체를 불러왔다.[12] 오바마 행정부와는 달리 트럼프 행정부는 진지한 협상을 통해 이란 정권에 실행 가능한 출구를 제시한 적이 없었다. 이에 이란 정부는 핵 프로그램을 재개하며 핵 협정 파기에 대응했고, 그 결과 핵폭탄을 만드는 데 필요한 시간은 1년에서 단 몇 주로 단축되었다.[13] 그사이 미국의 가장 가까운 동맹 3개국(영국, 프랑스, 독일)은 트럼프의 대이란 제재를 우회하기 위한 금융 채널을 만들기 위해 협력했다.[14] 로하니 대통령은 그동안 핵 외교를 옹호했지만 이란 국민의 신뢰를 잃었고, 2021년 그의 후임으로 극우 강경파 대통령이 선출되었다.[15] 미국과 이란 양측이 수년 동안 쌓아온 노력이 수포로 돌아갔다.

트럼프 행정부는 또한 베네수엘라의 독재자 니콜라스 마두로 Nicolás Maduro 대통령을 축출하기 위해서도 제재를 사용했다.[16] 미국의 제재와 마두로의 부패, 심각한 정책 실패가 맞물려 베네수엘라 경제는 급격히 추락했다. 그런데도 트럼프 행정부는 마두로를 축출하는 데는 실패했다. 마두로가 러시아와 중국의 경제적 지원을 받아 권력을 유지할 수 있었기 때문이다.[17] 그러나 이 제재는 1990년대 유엔 금수 조치 당시 이라크가 겪었던 것과 비슷한 심각한 인도주의적 위기를 초래했다.[18]

심지어 트럼프 행정부는 국제형사재판소의 검사인 파투 벤수

국가는 무엇으로 싸우는가

다Fatou Bensouda와 그녀의 동료 한 명에게까지 제재를 가했다.[19] 그들이 아프가니스탄에서 일어난 미군의 전쟁 범죄에 대한 혐의를 조사하기 시작했다는 이유 때문이었다. 트럼프의 이런 조치는 일부 정치인이 보기에 너무 극단적이었기 때문에, 여러 영향력 있는 인사들은 대통령에게 제재 부과 권한을 부여하는 법인 국제비상경제권한법IEEPA을 개정해 그 권한을 제한하자고 주장했다.[20]

새로운 행정부는 이처럼 도를 넘는 제재와 국제적으로 심각하게 손상된 미국의 이미지를 회복하고자 경제전쟁 문제에 좀 더 신중하게 대처하려 했으며, 미국의 제재 정책을 전면 재검토하겠다는 계획을 발표했다.[21] 변화하는 정치적 바람을 반영하듯, 이 검토는 오바마 행정부 시절 재무부 장관이자 고별 연설에서 "제재의 과도한 사용"을 경고했던 잭 루의 가르침을 받은 월리 아데예모Wally Adeyemo가 맡게 되었다.[22]

바이든이 트럼프의 정책에서 바꾸려고 하지 않은 유일한 분야는 중국과 관련된 것이었다. 실제 바이든 행정부는 트럼프가 화웨이에 부과한 수출 통제를 강화하고, 중국의 첨단 기술에 대한 접근을 더욱 포괄적으로 제한할 계획을 세우고자 했다.

새 대통령은 또한 공인된 대러시아 강경파이기도 했다. 2014년 부통령 시절 바이든은 오바마 대통령에게 푸틴이 크림반도를 정복한 대가로 "피와 돈을 치르게" 하자고 촉구했으며, 우크라이나에 무기를 보내자고 주장했다.[23] 하지만 그 이후로 러시아는 2016년 미국 대선에 개입하고, 야당 지도자인 알렉세이 나발니Alexei Navalny의 독살을 시도했으며, 솔라윈즈SolarWinds라는 기업이 만든 소프트웨어에 악성 코드를 삽입해 미국 정부를 해킹하고, 아프가니스탄 무장 세력이 미국 군인을 죽이도록 현상금을 거는 등의 여러 잘못된 범죄 행위를 쌓아왔다.[24] 트럼프는 러시아를 화나게 할 만한 조치를 취하는 것을 꺼렸기 때문에, 이러한 문제는 대부분 무시되었다. 2020년 선거운동에서 바이든은 트럼프를 "푸틴의 강아지"라고 비난하며, 자신이 러시아 독재자와 '정면으로 맞섰던' 경험을 내세웠다.[25]

하지만 중국과의 경쟁에 집중해야 하는 문제와 코로나19 팬데믹 상황에서 정부를 이끌어야 했던 어려움이 겹치면서, 러시아는 바이든의 외교 정책 우선순위에 포함되지 못했다. 바이든의 주요 목표는 미·러 관계에서 일정 수준의 억제력을 다시 확립하여 '안정적이고 예측 가능한 관계'를 확보하는 것이었다.[26] 이것은 우크라이나의 시계를 되돌려 상황을 원상 복구하는 것을 의미하지는 않았다. 러시아는 거의 10년 가까이 크림반도를 통치해 왔고, 러시아의 대리인들은 여전히 돈바스 지역 일부를 차지하고 있었다. 우크라이나의 동부 전선은 지난 4년 동안 크게 변화한 것이 없었다. 또한 2015년에 체결되었으나 아직 이행되지 않은 민스크 Ⅱ 협정 이후로 외교적 돌파구도 없었다. 바이든의 팀은 현 상황을 바꿀 방법이 제한적이라고 보았다. 러시아-우크라이나 전쟁은 또 다른 동결 분쟁 frozen conflict 으로 변한 듯했다.

바이든 대통령은 2021년 4월 러시아에 새로운 제재를 대거 부과하는 행정명령에 서명했다.[27] 그중 가장 강력한 제재는 미국 은행들이 러시아 정부에 직접 자금을 대출해 주는 것을 금지한 조치

국가는 무엇으로 싸우는가

였다. 이는 트럼프 시대와는 다른 분위기를 보여주는 신호였지만 즉각적인 영향은 미미했다. 달립 싱의 보좌관으로 일했던 제재 전문가 피터 하렐Peter Harrell은 "우리는 초반에 너무 강하게 밀어붙여서 상황을 악화시키고 있다는 인상을 주고 싶지 않았다"라고 회상했다.[28]

그러나 지평선에 폭풍우 구름이 몰려오고 있었다. 바이든이 새로운 제재를 발표한 것과 거의 동시에 러시아는 우크라이나 국경을 따라 약 10만 명의 병력을 집결시켰다.[29] 푸틴이 크림반도를 정복하고, 7년 전 돈바스를 침공한 이후 가장 큰 규모의 군사력 증강을 단행한 것이었다.[30] 이러한 병력 증강은 미국 정보기관의 우려를 불러일으켰다. 국가정보국장인 애브릴 헤인스Avril Haines는 푸틴이 "어떤 형태로든 군사적 행동을 고려하고 있는 것이 분명하다"라고 말했다.[31] 상황을 완화하기 위해 바이든은 푸틴에게 전화를 걸어 물러날 것을 요청했으며, 몇 달 안에 직접 만나자고 제안했다.[32] 바이든은 전화 통화 후, 백악관에서 한 연설에서 "미국은 러시아와의 긴장과 갈등의 악순환을 시작할 의도가 없다"라고 말했다.[33] 며칠 후 러시아군은 우크라이나 국경에서 철수해 기지로 돌아갔다.[34] 그리고 바이든이 푸틴과 약속한 정상회담의 시간과 장소가 정해졌다. 2021년 6월 16일, 외교의 중심지인 제네바였다.[35]

"미국이 돌아왔다"

"America Is Back"

바이든 대통령은 자신감 넘치는 모습으로 제네바에 도착했다. 그는 직전에 대통령으로서는 처음으로 영국에서 열린 G7 회의에 참석하고 오는 길이었으며, 미국의 세계적 동맹을 되살릴 가능성에 대해 낙관적으로 느끼고 있었다. 바이든은 푸틴 대통령과의 일대일 회담에서 이런 자신감을 드러냈다. 이제 러시아군은 우크라이나 국경에서 철수했기 때문에 바이든은 최근 러시아 해커가 미국 정부 시스템과 주요 미국 송유관 업체에 가한 사이버 공격 등 국내 문제에 더 집중했다.[36] 이 두 남자 사이에는 아무런 애정이 없었지만 둘 다 싸움을 걸 생각도 없어 보였다. 바이든은 그 러시아 상대에 대해 "그가 지금 가장 원하지 않는 것이

냉전이라고 생각한다"라고 말했다.[37] 푸틴은 "인생에 행복이란 없다. 그저 잠깐 행복이 반짝일 뿐이다"라며 톨스토이를 인용해 묘사했다.[38] 미국과 러시아 사이의 진정한 우정은 불가능했지만, 바이든은 "우리는 약간의 반짝임을 보았다고 생각한다"라고 말했다.

바이든은 귀국 직후 러시아와 유럽에 또 다른 화해의 신호를 보냈다. 최근 몇 년 동안 미국과 독일의 관계는 노르트스트림 2 사업 때문에 긴장 상태에 있었다. 이것은 러시아의 천연가스를 발트해 깊은 곳을 거쳐 독일로 직접 수송하는 해저 가스관 건설 사업이었다(이전의 노르트스트림 1은 2011년에 개통되었다. 노르트스트림 2는 기존 가스관의 용량을 두 배로 늘린 것이다. 이 시스템이 완성되면 유럽으로 수출되는 러시아 가스의 수송 물량 대부분을 처리할 수 있게 된다).[39] 이 새로운 프로젝트가 2015년에 발표된 이후, 폴란드와 발트 3국 등 대서양 동맹의 대러시아 강경파 회원국들은 이를 불편해했다. 이 가스관을 통하면 러시아의 가스는 동유럽을 거치지 않고도 독일과 서유럽의 다른 지역으로 갈 수 있기 때문이다.[40] 따라서 해당 국가는 러시아가 옛 제국의 속국들을 별다른 제지도 없이 괴롭힐 수 있게 될 것을 우려했다. 또한 노르트스트림 2는 미국 의회도 분노하게 했다. 미국 의원들은 독일과 러시아의 경제적 관계가 깊어지는 것을 반대했고, 유럽이 에너지 수요를 충족시키기 위해 미국산 액화천연가스LNG를 사용하기를 원했다.

바이든 행정부는 이제 독일과 휴전 협상에 나섰다. 트럼프와 바이든이 모두 위협했지만 결코 실행하지는 않았던 노르트스트림 2에 대한 제재를 부과하지 않기로 합의했다.[41] 그 대가로 독일은 러시아가 "우크라이나에 추가적인 공격 행위"를 할 경우, 러시아에 대한 더 강력한 처벌을 지지하겠다고 약속했다.[42]

바이든은 뒤이은 첫 외교 정책 연설에서 "미국이 돌아왔습니다"라고 선언했다.[43] 그는 그 말을 행동으로 옮기고 있었다. 바이든은 트럼프의 '미국 우선주의'라는 허세가 불러온 피해 중 일부를 되돌리고 있었다. 그는 중요한 동맹에 새로운 활력을 불어넣고 미·러 관계에 어느 정도의 안정성을 부여하여, 오늘날 가장 큰 도전인 코로나19와 기후 변화, 그리고 중국에 대처할 시간과 자원을 확보하고 있었다. 하지만 미국 대통령의 외교 정책 구상은 역사의 변덕스러움에 무너진 경우가 많았다. 바이든이 제네바에서 푸틴과 회동한 지 한 달도 채 되지 않아, 러시아 대통령은 우크라이나 민족국가는 허구이며, 우크라이나는 "양도할 수 없는 러시아의 일부"라는 약 5,000단어 분량의 장황한 선언문을 발표했다.[44] 푸틴은 소련 붕괴 후 러시아가 "영토를 빼앗겼다"라고 주장하며, 돈바스 지역을 합병할 가능성도 암시했다.[45] 러시아의 한 신문은 이 글을 푸틴의 "우크라이나에 대한 마지막 최후통첩"이라고 불렀다.[46] 미국 언론에는 거의 보도되지 않았지만, 이 선언문은 백악관의 경계를 불러일으켰다.[47] 바이든의 외교 정책 허니문(새로운 정권이 출범한 직후 국민 여론이나 언론으로부터 호의적인 평가가 이어지는 기간을 일컬음-옮긴이)은 당시 아프가니스탄에서 미군 철수가 엉망으로 진행되면서 8월에 공식적으로 끝났다. 바이든은 "미국 역사상 가장 긴 전쟁을 끝내겠다"고 약속했지만, 아프가니스탄을 송두리째 탈레반에게 넘길 생각은 없었다.[48] 하지만 결과적으로 미국이 20년간 기울인 노력과 수조 달러의 투자가 무의미했다는 것을 보여주었다. 미국의 아프가니스탄 철군으로 인해 카불 공항은 절박한 아프가니스탄 사람들로 가득 차며 혼란에 빠졌고, 나라를 떠나기 위해 어떤 비행기라도 타려고 활주로에 몰려들었다. 더욱이 공항 게이트 근처의 군중 속에서 자살 폭탄 테러범이 조끼를 터뜨려 180명 이상이 사망하기도 했다.[49]

미국이 지원했던 아프가니스탄 정부의 급속한 붕괴와 카불의 함락은 미국의 국가적 수치였다. 20년간 전쟁을 치르고 이 나라를 점령했음에도 불구하고, 미국의 관리들은 탈레반의 진격에 직면했을 때 자신들의 대리인들이 얼마나 빨리 그리고 완벽하게 흔들릴지 예측하지 못했다. 이 사태로 제이크 설리번 국가안보 보좌관은 사임 요구에 직면했다.[50] 44세의 그는 오랫동안 미국 외교 정책의 떠오르는 스타였고, 양당 모두에게 찬사를 받는 인물이었다. 바이든은 설리번을 "한 세대에 한 번 나올 법한 지성인"이라고 극찬하기까지 했다.[51] 이제 설리번의 명성은 탈레반에 대한 마지막 저항의 조각들만큼이나 빠르게 무너질 위기에 처해 있었다.

9월 초까지 미군은 아프가니스탄에서 철수를 완료했다. 거의 같은 시기에 카불에서 수천 킬로미터 떨어진 곳에서 러시아는 '자파드 Zapad'로 불리는 군사 훈련을 준비하고 있었다. 자파드는 러시아어로 '서쪽'을 의미한다. 러시아는 과거에 서쪽 국경을 따라 비슷한 훈련을 실시한 적이 있었다. 하지만 미군이 입수한 정보를 분석한 결과, 올해의 자파드 훈련이 이전보다 훨씬 규모가 크다는 것을 알게 되었다.[52]

51

역사의 파도에 맞서는 목소리

Standing Athwart History, Yelling Stop

미국의 관리들은 러시아의 두 번째 전면적인 우크라이나 침공이 마치 지구로 돌진하는 운석처럼 느껴졌다. 수천 킬로미터 떨어진 곳에서 운석이 다가오는 것을 보고 있지만, 거리가 멀다고 운석이 덜 무서운 것은 아니기 때문이다. 초가을이 되자, 미국의 정보기관은 푸틴이 군대와 탱크를 전투 위치로 이동시키고 있고, 그 계획의 핵심은 키이우로 돌진하는 것이라고 결론지었다. 그들 정보기관은 우크라이나 국경 근처에 러시아군이 약 10만 명 규모로 기존보다 병력을 증강한 것뿐만 아니라, 일반적인 훈련에 필요하지 않은 물류 자원과 탄약 재고 등 다른 것들이 포함되어 있었기 때문에 그 같은 결론을 확신했다.[53] 게다가 미국의 관리들은 푸틴의 의도를 파악할 수 있을 만큼 충분한 정보를 확보했다고 보았다.[54] 그들은 푸틴의 최종 목표가 인구는 약 4,000만 명이고, 면적은 독일의 두 배에 가까운 우크라이나에 대한 완전한 승리라고 예측했다.[55] 합동참모본부 의장인 마크 밀리 Mark Milley 장군은 오벌 오피스에서 바이든에게 이런 암울한 결론을 브리핑했다. 그리고 다가올 유혈 사태에 대해 이렇게 경고했다. "이것은 제2차 세계대전 이후 가장 끔찍한 전투 작전이 될 것입니다."[56]

미국 역사상 가장 큰 국가안보 위기 중 많은 사건(진주만 공격이나 9.11 사태를 생각해 보라)에서 정보기관들은 사건의 실마리를 미리 찾아내지 못했다. 그들은 흩어져 있는 정보들을 연결하여 종합적으로 상황을 파악하는 데 너무 늦은 나머지 실패하기 일쑤였다.[57] 관리들은 사건을 주도하기는커녕 사건을 뒤쫓아가기에 급급했다. 이러한 예측 불가능성과 준비 부족은 특히 경제전쟁에 치명적일 수 있다. 숫자의 분석이 정리되고 외교가 완료될 때쯤이면 위기는 이미 한창 진행 중이어서 이를 되돌리거나 해결하기가 훨씬 어려워지기 때문이다. 미국이 이란의 경제를 억제하는 방법을 알아냈을 때, 이란의 핵 프로그램은 이미 진행 중이었다. 2014년에 오바마 행정부가 러시아에 제재를 가했을 때, 러시아 군대는 이미 크림반도와 돈바스에서 실질적인 변화를 이루어내고 있었다. 그리고 미국 정부가 화웨이에 전면적인 압박을 가했을 때, 중국 기업들은 이미 글로벌 통신 시장을 장악하고 있었다.

반면에 푸틴이 키이우를 점령하려고 음모를 꾸미고 있을 때, 미국은 이를 확실히 포착했다. 반격을 준비할 시간은 충분했다.

만약 서구가 2014년에 보여주었던 것보다 더 신속하고 단호하게 행동한다면, 가혹한 경제적 보복이라는 위협만으로도 러시아 대통령을 제국주의적 환상에서 벗어나게 만들어 침공을 시작하기 전에 막을 수 있을 것이라고 보았다.

아프가니스탄 참사는 바이든이 부통령과 상원 외교위원회 위원장으로서 재임하며 신중하게 쌓아온 정치인으로서의 명성을 크게 실추시켰다. 미국 정보기관은 탈레반이 카불을 점령하기에는 너무 멀리 떨어져 있어서 많은 시간이 걸릴 것으로 예상했지만, 실제로는 예상이 빗나갔고 그 오판으로 인해 대통령을 잘못된 길로 이끌었다.[58] 시간이 지나, 현재 훨씬 더 큰 위기가 다가오고 있다는 증거가 드러났고, 백악관은 그 문제에 선제적으로 대응하기로 했다. 미국 정보 당국에 따르면, 푸틴은 서구의 제재를 포함한 모든 전쟁 비용을 그들이 감당할 만한 수준일 것으로 예상했다.[59] 푸틴은 러시아가 엄청나게 비난받겠지만, 크림반도 합병 이후와 마찬가지로 실제 경제적인 고통은 오래가지 않으리라고 보았다.[60] 전쟁을 피하고 싶다면 서구는 신속하게 행동하여 러시아가 그런 생각을 버리도록 해야 했다.

제이크 설리번은 웨스트 윙의 모서리 부분에 있는 사무실에서 매일 회의하며 러시아 문제에 관해 주도적인 역할을 했다. 그의 직원들은 무슨 일이 있어도 미국과 러시아 군대 사이의 직접적인 충돌은 피해야 한다는 것을 알고 있었다. 러시아 군대는 조지아, 크림반도, 시리아에서 그 힘을 과시하고 있었다. 그 지역에서의 사태 이후로 여러 해 동안 러시아는 큰 비용을 들여 군 현대화 프로그램을 실행했다.[61] 핵전쟁으로 확산하는 것을 피할 수 있다 하더라도 러시아 군대는 강력한 상대가 될 것이며, 아마도 미국이 나치 독일 이후 만나는 가장 강력한 상대가 될 것이다.

한편 경제전쟁은 미국을 전통적인 전쟁터에서 벗어나게 해줄 것이다. 경제전쟁으로 미국의 가장 큰 강점을 활용할 수도 있다. 설리번의 보좌관인 존 파이너는 "미국은 러시아보다 상당한 군사적 우위를 가지고 있지만, 그것이 경제적 우위만큼 결정적이지는 않다. 미국은 경제적 영향력을 행사해 '러시아가 우리에게 줄 수 있는 것보다 더 큰 고통'을 러시아에 안겨줄 수 있다"라고 말했다.[62]

2014년과 마찬가지로 유럽연합의 지지를 확보하는 것이 가장 중요했다. 안타깝게도 크림반도 합병 이후로 유럽연합은 러시아의 석유와 가스에 대한 의존도를 낮추기 위해 별로 노력하지 않았다. 오히려 유럽의 러시아 에너지 의존도는 증가했다.[63] 조만간 가동될 것으로 보이는 노르트스트림 2 가스관은 이런 의존도를 더욱 심화시킬 것이다. 전체적으로 보면 2021년에도 러시아는 여전히 유럽연합의 다섯 번째로 큰 교역 상대국이었다[64](미국과 비교해 보면 러시아는 미국의 무역 상대국 상위 20위에도 들지 못했다. 미국은 소량의 러시아산 석유만을 수입했다). 만약 이 상황이 극단으로 치닫는다면, 아마도 바이든은 2차 제재의 위협을 통해 유럽이 태도를 바꾸도록 강요할 수도 있을 것이다. 하지만 그렇게 하면 트럼프 시대 이후에 미국의 동맹을 회복하려는 그의 목표에 도움이 되지는 않을 것이다.

미국 정부는 유럽연합이 러시아군 증강의 심각성을 깨닫도록 관련 정보를 미리 충분히 공유하기로 했다. 유럽 국가들은 러시아와 긴밀한 경제적 관계를 맺고 있었으므로 철저한 사전 검토 없이 공격적인 제재를 단행할 수는 없었다. 아울러 유럽 국가들은 러시아에 의해 침공이 일어날 가능성이 크다고 실제로 믿지 않는 한 필요한 준비 작업을 주저할 것이 분명했다. 따라서 이를 해결할 가장 좋은 방법은 그런 결론을 뒷받침하는 미국의 압도적인 정보력을 공개하는 것이었다.

10월 말 로마에서 열린 G20 정상회담은 이러한 러시아 문제의 긴박성을 알릴 기회였다. 달립 싱은 유럽연합 집행위원회와 영국 총리실 측 상대인 비요른 세이버트와 조나단 블랙Jonathan Black과 각각 협의하면서, 다른 셰르파(국제 협력 대사) 중 누구도 2014년 러시아 제재 때 재직했던 사람이 거의 없다는 사실을 깨달았다(그들의 상사 중 몇몇만 남아 있을 뿐이었다). 그 당시 싱과 동료들은 세계 경제로 그 위험이 전파되는 것을 걱정했지만, 그들의 두려움은 기우에 불과했던 것으로 드러났다. 싱은 이제 미국과 유럽연합의 경험이 부족한 관리들도 같은 함정에 빠질 것을 걱정했다.

게다가 이번에는 서구 정부들이 점진적으로 제재를 강화할 시간적인 여유도 없을 것이다. 미국 정보 당국에 따르면 푸틴은 전격전을 준비하고 있으며, 첫 번째 전투 작전이 시작된 지 48시간 이내에 그의 대대들이 키이우에 러시아 국기를 게양할 것으로 기대하고 있었다. 로마에서 싱은 각국의 셰르파 동료들에게 "2014년과 달리 우리는 점진적인 제재 강화를 고려할 여유가 없습니다. 가장 강한 제재부터 시작해야 합니다"라고 경고했다. 서구 정부들은 이 문제에 대해 미리 사전 경고를 받았고, 그 이점을 이용해 푸틴에게 불리한 상황을 만들 수 있을 것이다. 싱은 각국 당사자들에게 미국 정부에 동참해 "우리가 가진 가장 엄중한 제재를 부과할 것이라는 공개적인 메시지"를 보내자고 권유했다.

싱의 각국 동료들은 그의 메시지를 경청했지만, 많은 사람들은 여전히 그가 허세를 부린다고 의심했다. 그들이 보기에 푸틴은 볼로디미르 젤렌스키 우크라이나 대통령에게 압력을 가해 특정 양보를 이끌어낸 다음, 몇 달 전에 그랬던 것처럼 군대를 기지로 철수하라고 명령할 수도 있다고 여겼다. 푸틴의 참모들조차 전쟁이 곧 일어날 것이라고는 생각하지 않았다. 싱이 러시아의 셰르파인 스베틀라나 루카시Svetlana Lukash를 만났을 때, 그녀는 미국이 러시아의 대규모 우크라이나 침공을 대비하고 있다는 말을 듣고 진심으로 믿을 수 없다는 듯한 표정을 지었다. 푸틴은 체스 선수나 도박꾼 부류의 사람이지 미치광이는 아니었기 때문이다.

G20 정상회의에서 지정학적으로 중요한 국가들 사이에서도 회의적이고 주저하는 분위기가 지배적이었다. 브라질, 인도, 튀르키예 같은 국가들은 유럽에서 일어나는 대규모 지상전에 전혀 관여하고 싶어 하지 않았다. 그들은 심지어 제재를 통한 방식조차 고개를 저으며 방관자로 남기로 했다. 준비할 시간이 충분했음에도 불구하고 바이든은 여전히 해결해야 할 일들이 쌓여 있었다.

52 | 고유가 습격

Panic at the Pump

11월 초, 빌 번스 CIA 국장은 그가 한때 고향이라 불렀던 도시인 모스크바로 돌아왔다. 이 65세의 전직 러시아 주재 미국 대사는 회색 콧수염과 부드러운 웅변으로 외교계의 전설로 회자되었다. 그가 모스크바에 온 이유는 푸틴 대통령을 만나 우크라이나 국경의 러시아 군사력 증강을 둘러싼 긴장을 논의하기 위해서였다. 하지만 모스크바에 도착하고 나서 번스는 푸틴이 그곳에 없다는 사실을 알게 되었다. 러시아 대통령은 새로 확산하고 있는 코로나19를 피하려고 남쪽으로 약 1,600킬로미터 떨어진 흑해 연안의 자택에 머무르고 있었다. 그래서 번스는 크렘린 사무실로 안내되었고, 러시아 지도자와 전화 통화를 했다.

예상치 못한 의전 변경은 번스의 방문이 갖는 심리적 무게감을 약화시켰다.[65] 번스 CIA 국장은 원래 바이든의 편지를 러시아 지도자인 푸틴에게 직접 전달하려 했었기 때문이다. 대신 번스는 전화로 직접 다음과 같은 위협을 전할 수밖에 없었다. 즉 러시아가 우크라이나를 침공한다면, 푸틴은 2014년에 겪었던 것보다 훨씬 더 심각하고 즉각적인 경제적 결과에 직면하게 될 것이라는 내용이었다. 그리고 그 대가가 너무 클 것이므로 단순히 그것을 감수하고 모든 국가가 잊고 지나가기를 기다렸다가, 다시 평소처럼 사업을 재개할 수는 없을 것이라고 설명했다.

번스의 말은 미국의 관리들이 신중하게 각본을 짜고 여러 번 수정한 것이었다. 그의 위협은 의도적으로 모호하게 남겨 두었다. 어떤 처벌이나 목표도 구체적으로 명시하지 않았다. 이는 부분적으로 미국의 관리들이 푸틴에게 그들의 정확한 계획을 알리고 싶지 않았기 때문이다. 하지만 백악관이 아직 무엇을 할지 결정하지 못했다는 더 실제적인 이유도 있었다.

제재 방안의 목록을 작성하는 업무는 백악관의 달립 싱과 재무부의 월리 아데예모가 맡았다. 그들의 작업은 세계 경제 환경의 지각 변동 때문에 더욱 복잡해졌다. 2021년 하반기 무렵, 코로나19 팬데믹으로 침체했던 석유 수요는 빠르게 회복 중이었다. 2020년에 생산량을 대폭 줄였던 석유 생산업체들은 수요를 따라잡는 데 어려움을 겪고 있었다. 이에 따른 공급 부족으로 유가는 7년 만에 최고치를 기록했다.[66] 에너지 비용이 치솟아 온갖 종류의 제품 가격이 올랐기 때문에, 미국인들은 주유소와 일상의 쇼핑 모두에서

어려움을 겪었다. 2021년 11월이 되자, 40년 만에 가장 높은 수준의 인플레이션이 발생했다.[67]

이러한 추세는 백악관에 큰 두려움을 안겨주었다. 1970년대와 같은 인플레이션이 나타난다면 확실히 어떤 대통령도 정권을 유지하지 못할 것이다. 바이든의 비서실장인 론 클레인Ron Klain은 매일 오전 3시 30분경에 잠에서 깨면 휴대전화를 꺼내 전국의 평균 휘발유 가격을 불안한 마음으로 확인했다.[68]

사실상 러시아에 제재를 다시 시작하기에는 최악의 시점이었다. 러시아 경제에서 제재를 가했을 때 큰 타격을 줄 수 있는 대상들은 대부분 석유 및 가스 분야와 연관되어 있었다. 사우디아라비아나 바레인 같은 전통적인 산유국과 비교해도 러시아의 경제는 다각화가 부족했다.[69] 러시아 정부는 연방 예산의 거의 절반을 화석연료 판매로 충당할 정도로 그 산업에 크게 의존하고 있었다.[70] 하지만 러시아 에너지 산업에 타격을 가하면 유가와 인플레이션이 더욱 상승할 수 있었다.

미국의 관리들은 가장 큰 석유 동맹국인 사우디아라비아가 러시아로 인한 공급 손실을 상쇄할 만큼 석유 생산을 늘릴 것으로 기대했다. 하지만 사우디아라비아에 대한 그들의 호소는 아무런 소용이 없었다. 미국과 사우디아라비아의 관계는 좋지 않았으며, 게다가 사우디아라비아 정부는 석유 생산 결정에 대한 외부 압력을 철저히 막고자 했다[71](2012년에 사우디아라비아는 이란에 더욱 강력한 제재가 가해지도록 석유 생산량을 늘려 달라는 미국의 요청을 거부했다. 그 제재의 목표가 사우디아라비아 정부의 이익과 잘 맞아떨어졌는데도 말이다). 백악관이 내린 결론은 새로운 미국의 제재가 서구에서 일어나려 하는 경제위기를 부추기지 않도록 러시아의 가장 중요한 산업을 피해야 한다는 것이었다. 미국의 경제전쟁 기획자 중 한 명은 이런 상부의 명령을 설명하며, 다음과 같이 말했다. "어떤 제재를 가하든 에너지 분야는 꼭 제외하도록 하라는 것이었다."

이 지시를 지키면서 동시에 (바이든이 푸틴에게 위협한 수준에 맞춰) 러시아에 큰 대가를 치르게 하는 것은 결코 쉬운 일이 아니었다. 마침내 국가안전보장회의의 싱 팀과 재무부의 아데예모 팀은 같은 제안에 도달했다. 바로 러시아의 최대 은행을 공격하는 것이었다. 2014년에 오바마 행정부는 러시아의 서구 자금 의존도를 핵심 취약점으로 지목한 적이 있었다. 당시 미국은 유럽연합과 함께 러시아의 대형 은행과 에너지 기업, 방산 기업이 미국과 유럽의 자본시장에서 자금을 조달하지 못하도록 했다. 싱과 아데예모는 이 전략을 더 큰 규모로 다시 적용할 것을 추천했다. 이번에는 자본시장에만 초점을 맞추지 않고, 미국이 그 은행들의 달러 사용을 완전히 막는 차단 제재를 가한다는 계획이었다(미국이 러시아의 주요 기업에 차단 제재를 가한 적은 딱 한 번 있었다. 2018년에 알루미늄 대기업인 루살에 대한 제재였다. 하지만 부수적인 피해가 너무 커서 트럼프 행정부는 즉시 제재를 철회했다).

유가 상승으로 러시아가 계속해서 오일머니의 혜택을 보장받는 상황에서 금융 부문에 대한 제재만으로 러시아에 타격을 주기에 충분할지는 불확실했다. 그러나 현재로서는 이것이 바이든 팀이 할 수 있는 최선이었고, 미국의 금융 제재는 과거에도 상당한 위력을 입증한 바 있었다.

이러한 계획을 진행하면서 제이크 설리번은 두 번째 공격 방향을 제안했다. 바이든 행정부가 출범한 이후, 그는 중국에 대한 트럼프의 기술 관련 수출 통제를 강화하고 확대하는 프로젝트를 이끌어왔다. 러시아에도 비슷한 제한을 가하지 않을 이유가 없지 않은가? 중국과 마찬가지로 러시아도 칩과 기타 서구의 기술에 크게 의존했다. 화웨이에 부과한 해외직접생산품규칙을 확대한 형태로 광범위한 수출 통제가 이루어지면, 러시아 경제에 타격을 줄 뿐만 아니라 군산복합체에도 악영향을 끼칠 것이다.

이제 전략의 윤곽이 드러나고 있었다. 금융과 기술 분야가 주요 제재 대상이 될 것이다. 에너지 분야는 지금은 제외할 것이다. 제한적이기는 했지만 석유 및 가스를 제재 대상에서 제외하라는 지침은 적어도 에너지 제재는 전혀 생각하고 있지 않은 유럽연합의 이해관계와 미국의 이해관계를 일치시키는 이점이 있었다.

대부분의 유럽 정부는 대규모 침공이 일어날 것이라는 예측에는 여전히 의심했지만, 최악의 상황에 대비하는 것이 낫다는 데는 동의했다.[72] 그들은 또한 러시아 정부와 외교를 계속 이어가겠다는 바이든의 개방적인 태도에 어느 정도 안도감을 느꼈다.[73] 12월 7일, 바이든은 푸틴과 통화하며 유럽 안보에 대한 러시아의 우려를 해소하는 것을 포함해 대치 상황에서 벗어날 방법을 제안했다.[74] 하루 뒤에 올라프 숄츠 Olaf Scholz가 16년 동안 재직한 앙겔라 메르켈의 뒤를 이어 독일 총리가 되었다.[75] 러시아에 대한 숄츠의 입장은 다소 불분명했지만, 유럽연합에서 가장 중요한 국가가 레

국가는 무엇으로 싸우는가

임덕 정부에 의해 운영되지 않는 것은 도움이 되었다. 그 직후 공식 성명을 통해 유럽연합 27개국 지도자들은 모두 바이든이 푸틴에게 한 경고를 반복했다.[76] "우크라이나에 대한 추가적인 군사 공격은 엄청난 결과와 심각한 대가를 불러올 것이다."[77] 서구의 모호했던 금지선이 더욱 명확해지고 있었다.

"침략은 침략이다"

"An Invasion Is an Invasion"

브뤼셀에 있는 유럽연합 집행위원회의 거대한 X자형 본부인 베를레몽Berlaymont 건물의 13층. 그곳에서 비요른 세이버트는 사람들이 전형적인 유럽연합 관료의 사무실이라고 생각할 만한 격식 있는 사무실을 사용하고 있었다.[78] 회의용 테이블과 서류 더미들, 화분 한 그루만 외로이 놓인 사무실이었다. 세이버트는 정책 전문가이자 정치적으로 노련한 수완가였다. 키가 크고 안경을 쓴 그는 매우 유연한 성격을 지녔으며, 누구에게나 맞춰 자신의 주장을 전달할 수 있는 능력이 있었다. 이것은 브뤼셀에서 유용한 능력인데, 그곳에서는 좋은 아이디어를 개발하는 것뿐만 아니라 27개국의 대표들 각자가 그 아이디어를 자신이 생각해 낸 것처럼 느끼게 만드는 것이 중요했기 때문이다.

세이버트의 사무실은 그의 상사이자 집행위원회 위원장인 우르줄라 폰데어라이엔 사무실의 복도 건너편에 있었다.[79] 뒤로 빗어 넘긴 금발 머리에 당당한 존재감을 보여주는 폰데어라이엔은 유럽연합의 수장 자리에 오르기까지 복잡한 길을 걸었다. 폰데어라이엔은 세이버트와 마찬가지로 유럽연합 고위 관료의 딸로 브뤼셀과 독일 하노버를 오가며 자랐다. 그녀는 의사로서 경력을 시작했고, 일곱 명의 자녀를 키웠으며, 남편이 교수로 재직하고 있던 스탠퍼드대학교의 햇살이 가득한 캠퍼스에서 주부로 시간을 보냈다. 폰데어라이엔은 2005년 47세의 나이로 가족부 장관으로 앙겔라 메르켈 정부에 들어갔고, 마침내 국방부 장관까지 올랐으며 한때 메르켈의 후계자로 여겨졌다.[80] 하지만 독일 수상이 되는 대신, 그녀는 2019년에 유럽연합 집행위원장으로 선출되었고 그 자리에 오른 최초의 여성이 되었다.[81] 폰데어라이엔은 직무에 대한 강한 의지를 보여주기 위해 브뤼셀의 사무실 옆에 약 23제곱미터 크기의 집을 마련했다.[82]

세이버트도 그의 상사와 마찬가지로 하버드대학교와 미 육군 전쟁대학U.S. Army War College에서 연구원으로 일하며 미국에서 시간을 보냈다. 유럽연합 집행위원회는 유럽 군사 문제에는 큰 역할을 하지 않았으므로, 국방 전략 분야라는 세이버트의 배경은 그를 이례적인 존재로 만들었다. 그러나 세이버트의 전문성은 유럽연합 문턱에서 벌어질 거대한 지상전을 생각하면 현재의 위기에 적합했다. 2022년 1월까지 세이버트와 달립 싱은 하루에도 여러 번

강력한 유럽연합 관료들: 우르줄라 폰데어라이엔(가운데)과 그녀의 수석 보좌관인 비요른 세이버트(왼쪽).

통화했다. 전화 통화를 하지 않을 때는 왓츠앱 WhatsApp으로 문자를 주고받았다. 그들의 팀은 주 2회 보안 화상회의를 열어 가능한 제재 방안을 논의했다. 세이버트의 팀은 금융과 기술에 집중하자는 미국의 제안을 빠르게 수용했다. 이 두 분야는 서구가 러시아에 비해 비대칭적 영향력, 다시 말해 훨씬 더 강력한 우위를 차지하고 있는 분야였다.

세이버트는 브뤼셀 곳곳을 다니며 이 아이디어에 대한 지지를 얻기 위해 노력했다. 정치적으로 피해를 줄 수 있는 정보 유출을 막기 위해 그는 다양한 국가의 대표단과 소규모 회의만 했으며 어떠한 내용도 서류로 남기지 않았다.[83] 그 회의에는 항상 유럽연합

동부 지역의 대표들을 포함시켜 논의를 더욱 강경한 방향으로 이끌었다.[84] 또한 회의가 교착 상태에 빠질 수 있었기 때문에 27개 회원국의 모든 대표를 동시에 소집하는 방식은 피했다. 천천히 그러나 확실하게 제재안은 세이버트나 싱이 관여한 흔적 없이 비밀리에 퍼져나갔다.

이 제재 계획이 유럽보다 미국에 더 큰 영향을 미치는 두 산업에 초점을 맞춘 점도 도움이 되었다. 미국 경제의 보석이자 세계 금융과 기술의 중심지인 월스트리트와 실리콘밸리가 경제전쟁의 최전선이 되는 것이다. 이 말은 미국의 대기업들이 수익성 있는 사업 부문을 희생해야 한다는 뜻이었다. 미국 정부가 자국 경제의 가장 중요한 두 부문을 무기화하겠다고 약속했다는 점이 가장 중요했다. 이 때문에 미국 달러의 국제적 신뢰가 위태로워지고, 세계가 서로 독립적인 평행 기술 생태계 parallel technology ecosystem로 분열되는 속도가 빨라질 가능성이 있었다. 미국은 상당한 위험을 감수하고 있었지만, 유럽연합에 러시아로부터 핵심적인 에너지 수입을 중단하라고 요구하지는 않았다. 그 때문에 유럽인들은 이 계획을 훨씬 쉽게 받아들일 수 있게 되었다.

새해 직전에 백악관은 러시아의 우크라이나 침공을 가정한 정교한 가상훈련을 여러 차례 실시하여, 미국 관리들의 대응 방안을 마련했다.[85] 이 프로젝트는 국가안전보장회의 전략기획 담당 국

장인 알렉스 빅Alex Bick이 주도했으며, 미국이 아프가니스탄에서 철수할 때 발생한 재앙에서 영감을 얻었다. 당시 관리들은 미국 인력이 철수하기 전까지는 카불이 여전히 우호적인 세력의 통제 하에 있을 것으로 잘못 계산했다. 빅의 지시에 따라 국가안전보장회의는 모든 관련 정부기관의 대표자들을 소집해, 푸틴이 어디에서 어떻게 공격할지 다양한 시나리오를 시뮬레이션했다.

훈련 결과, 러시아의 공격이 전면적인 침공에 미치지 못할 경우 어떻게 대응할지에 대해 관리들 사이에 의견 차이가 있음이 드러났다. 다른 몇몇 제재 논의에서와 마찬가지로 재무부 관리들은 자제를 촉구했다. 예를 들어 러시아의 영토적 야망이 돈바스 지역에만 국한된다면, 광범위한 제재를 가하고 국제 금융 체계에 부담을 주는 것이 정말 가치가 있을까? 당시 세계 경제는 인플레이션이 심화되고, 오미크론Omicron이라고 알려진 전염성이 매우 강한 새로운 코로나19 변종이 빠르게 확산하면서 취약한 상태에 있었다. 그러나 재무부의 신중함에는 문제가 있었다. 러시아 전차가 우크라이나 영토를 일단 침범한 후에는 그들이 어디로 갈지 알 수 없고, 억제하기 가장 좋은 시기는 이미 지나갔을 것이기 때문이다. 또한 대규모 침략과 소규모 군사 행동, 그리고 어떤 형태의 기만전술을 구별하는 것은 매우 어려운 일이었다. 러시아의 공격이 한창 진행되는 중에 서구가 가장 피해야 할 것은 무엇이 '침략'인지를 두고 논쟁하는 행태였다.

1월 말까지 미국과 동맹국들은 통일된 입장을 정리했다. 러시아 전차가 한 대라도 국경을 넘으면 제재가 발동되기에 충분하다는 합의였다. 바이든 행정부는 "침략은 침략일 뿐이다"라고 말했다.[86] 그들은 각종 가능한 상황에 맞춰 각기 다른 제재 방안을 준비하지 않기로 했다. 다만 데이 제로Day Zero라는 이름의 대규모 제재 패키지 하나만 준비할 것이다. 싱이 즐겨 말했듯이, 서구는 "높은 곳에서 시작해 높은 곳에 머무를 것이다."

1월이 지나면서 우크라이나 위기의 외교적인 해결 전망이 어두워졌다. 우크라이나 인근 지역에서 러시아군의 활동은 계속 증가했고, 불길하게도 야전병원을 위한 혈액과 장비가 국경으로 이동하고 있었다.[87]

미국 정부에서 가장 경험이 풍부한 협상가 가운데 한 명인 웬디 셔먼이 러시아 외무부 차관 세르게이 랴브코프Sergei Ryabkov와 협상을 타결해 보려는 노력은 아무런 성과도 거두지 못했다.[88] 랴브코프의 요구는 매우 과도했다. 러시아가 원하는 것은 NATO 확장의 영구적인 종료와 1997년 이후 NATO에 가입한 폴란드 및 발트 3국 등의 국가에서 모든 NATO 군대와 무기를 철수하는 것이었다.[89] 셔먼은 회의를 마친 뒤 러시아가 전쟁을 염두에 두고 있으며, 단지 외교적 절차만 형식적으로 밟고 있을 뿐이라고 확신했다.[90] 그 후 제네바에서 열린 토니 블링컨 국무부 장관과 세르게이 라브로프 러시아 외무부 장관 간의 회담도 실망스러운 결과로 끝났다.

외교가 더 이상 해결책이 될 수 없다면, 미국의 차선책은 억제였다. 푸틴은 우크라이나를 침략했을 경우 러시아가 겪을 경제적, 군사적 고통이 얼마나 클지를 깨달아야 했다. 동시에 그에게 상황을 격화시킬 구실을 주어서는 안 되었다. 일부 미국 의회 의원들은 미국이 제재를 즉시 발효해야 한다고 주장했다.[91] 그러나 선제 공격은 실제로 푸틴의 침략 동기를 더욱 '증가시킬' 수 있었다. 블링컨은 "제재의 목적은 우선적으로 러시아가 전쟁에 돌입하지 못하게 막는 것이다. 제재를 발동하는 즉시, 그 억제력은 사라질 것이다"라고 설명했다.[92]

대신 바이든 행정부는 우크라이나 침략이 임박했다고 공개적으로 경고했고, 러시아가 침략자라고 강력히 주장했다. 그 과정에서 전 세계적인 공동 대응을 위한 근거가 만들어지고 있었다. 또한 우크라이나에 무기를 보내는 것(바이든은 견착식 미사일인 재블린의 전달을 승인했다)과 강력한 제재를 가하겠다고 위협하는 것과 같은 미국의 행동을 정당화했다.[93]

바이든은 2022년 1월 31일 백악관에서 발표한 성명에서 "러시아가 대화를 통해 미국과 우리의 동맹국, 파트너국 각자의 안보 문제를 해결하는 데 진심을 보인다면, 우리는 선의로 계속 협력할 것입니다. 대신 러시아가 외교를 거부하고 우크라이나 공격을 선택한다면, 러시아는 그 책임을 져야 할 것이며 신속하고 엄중한 결과에 직면하게 될 것입니다"라고 밝혔다.[94] 그 마지막 문구인 "신속하고 엄중한 결과"의 정확한 의미는 앞으로 몇 주 동안 핵심 관건이 될 것이다.

그렇지만 푸틴은 다른 누구보다 오직 한 사람의 의견에 주의를 기울이는 듯했다. 바로 시진핑이었다. 2월 4일 베이징 동계 올림픽 개막일에 푸틴은 중국 국가주석을 만나 광범위한 새로운 중·

제한 없는 우정: 2022년 베이징 동계 올림픽에서 푸틴과 시진핑은 새로운 중·러 협력 관계를 선언했다.

러 협력 관계를 발표했다. 이 발표와 함께 5,000단어 이상의 공동 성명서를 통해 "두 나라 사이의 우정에는 제한이 없습니다. 협력에는 '금지된' 영역이 없습니다"라고 선언했다.[95] 서구 정보 당국의 보고에 따르면, 시진핑은 푸틴에게 모든 침공을 동계 올림픽 이후로 연기해 달라고 요청했다고 한다.[96] 이것이 사실이라면 러시아가 계획한 제국주의적 정복 전쟁이 중국 정부의 묵인 아래 이루어졌다는 우려스러운 신호였다. 동계 올림픽 폐막식은 2월 20일에 예정되어 있었다. 이 말은 서구 관리들은 모든 준비를 마칠 시간이 2주밖에 없다는 뜻이었다.

억제력은 역량과 의지의 결합이 필요하다. 서구가 러시아의 경제를 압박할 능력이 있다는 사실에는 의심의 여지가 없었다. 문제는 그런 의지가 있느냐였다. 워싱턴, 브뤼셀, 그리고 다른 G7 수도의 관료들 간의 긴밀한 협력(몇 년 전 대니얼 프리드가 주도했던 대서양 횡단 외교의 확장된 형태이자, 수십 년 만의 미국과 동맹국 간의 가장 집중적인 협력)은 고무적이었다. 그러나 궁극적으로 행동의 여부를 결정하는 것은 선출직 지도자들의 손에 달려 있고, 그들이 전부 푸틴과 대립하기를 원했던 것은 아니었다.

새로운 독일 총리인 올라프 숄츠는 외교 정책에 거의 관심을 드러내지 않는 점잖은 정치인이었다.[97] 그의 정당인 사회민주당은 전통적으로 러시아와 좀 더 우호적인 관계를 선호했다. 이 당의 저명한 인사들이 러시아에 대한 제재를 공개적으로 비판한 적도 있었다.[98] 숄츠 본인의 견해는 여전히 불분명했고, 12월에 집권한 이후로 그는 우크라이나 국경 상황에 대해 침묵을 지켜왔다.[99] 숄츠는 러시아와의 직접적인 외교 접촉을 피했고, 우크라이나에 무기를 지원하는 것도 거부했다. 그의 소극적 태도는 미국에서 신뢰할 수 있는 파트너로서 독일의 평판을 빠르게 실추시키고 있었다. 1월 말 미국 주재 독일 대사인 에밀리 하버 Emily Haber는 본국으로 보낸 전보에 "베를린, 문제가 생겼습니다"라고 썼다.[100]

2월 초에 숄츠가 백악관을 방문한 것을 계기로 늦었지만 약간의 진전이 이루어졌다. 바이든과의 공동 기자회견에서 숄츠 독일

독일 총리: 2022년 2월 7일 백악관에서 올라프 숄츠(왼쪽)가 조 바이든 옆에서 연설하고 있다.

총리는 러시아의 공격이 있을 경우 "엄격한 제재"를 지지하겠다고 약속했다.[101] 이때 한 기자가 독일과 미국 사이에 오랫동안 논쟁 대상이었던 노르트스트림 2에 대해 질문했다. 바이든은 "러시아가 침공하면 노르트스트림 2는 더 이상 존재하지 않을 것입니다. 우리는 그 프로젝트를 끝낼 것입니다"라고 말했다.[102] 숄츠는 바이든의 위협에 대해 명확한 입장을 밝히지도, 부인하지도 않았다.

그 무대 뒤에서는 관리들이 '데이 제로'의 제재 대상을 파악하기 위해 분주히 움직였다. 데이 제로 제재는 러시아 군대가 우크라이나를 침공하자마자 발효될 재정적, 기술적 처벌이었다. 재정적인 측면에서는 목표 선택이 명확했다. 러시아의 두 대형 은행인 스베르방크와 VTB는 러시아 가계 예금의 거의 60%를 차지했으며, 러시아에서 지급되는 전체 임금의 절반 이상은 스베르방크를 통해 이루어졌다.[103] 러시아에서 세 번째로 큰 은행인 가스프롬방크는 시장점유율은 상당히 낮았지만 러시아의 에너지 판매 대금을 처리했다.[104] 금융 제재가 효과를 보려면 세 개 은행 전부는 아니더라도, 최소한 그 은행들 중 한 곳은 타격해야 했다. 한편 기술 중심의 수출 통제는 더욱 논란이 많은 문제였다. 하지만 몇 주 동안에 걸친 장기간의 협상 끝에 미국과 유럽의 관리들은 데이 제로 제재 패키지에 외국산 칩에 크게 의존하고 있는 러시아에 대한 반도체 수출 제한을 넣는 데 합의했다[105](미국은 해외직접생산품규칙을 발효하여 이 제재를 실행하고, 유럽연합은 그에 상응하는 자체적인 제한 조치를 발표하기로 했다).

이러한 협상이 진행되는 동안 달립 싱과 그의 보좌관 중 한 명인 피터 하렐은 미국의 주요 기업 임원들에게 전화를 걸어 대규모 제재 가능성에 대비할 것을 촉구했다. 이에 따라 주요 임원들 중 다수는 자산 정리부터 인력 대피에 이르기까지 러시아 시장에서 철수하기 위한 비상 계획을 수립하라고 기업들에 신속히 지시했다. 사실 새로운 제재가 러시아의 사업장을 닫도록 요구하든 그렇지 않든, 러시아의 보복 방법에 따라 어차피 철수해야 할 수도 있었다. 싱과 하렐은 이처럼 일반 전화로 이루어진 통화 내용을 러시아 정보기관이 도청하고 있을 것으로 추정했고, 오히려 그것을 기대했다. 러시아 정부가 이런 논의를 도청한다면 우크라이나 침공으로 치러야 할 실질적인 비용을 명확히 계산하는 데 도움이 될

국가는 무엇으로 싸우는가

것이다.

또한 싱은 미국 행정부의 적극적인 공개 홍보 활동에서 좀 더 눈에 띄는 역할을 맡았다. 2월 18일에 싱은 백악관 대변인 젠 사키Jen Psaki와 함께 기자들에게 바이든이 언급한 "신속하고 엄중한 결과"라는 위협이 무엇을 의미하는지에 대한 자세한 내용을 밝혔다. 그는 "러시아가 우크라이나를 침공한다면 국제 사회에서 따돌림받는 국가가 되고, 국제 금융시장에서 고립될 것이며, 첨단 기술의 지원을 받지 못하게 될 것입니다"라고 말했다.[106] 서구는 세계 경제의 중요한 초크포인트를 통제하고 있었으므로 이런 일을 실행할 힘이 있었다. 싱은 "금융 제재와 수출 통제는 러시아가 필요로 하지만 미국이나 우리의 동맹국 및 파트너 국가 외에는 어디에서도 구할 수 없는 것을 러시아가 얻지 못하게 차단하는 것입니다"라고 덧붙였다. 서구는 자신들의 강점을 이해하고 있으며 그 제재를 사용할 준비가 되어 있었다.

2월 20일 일요일 정오, 바이든 대통령은 국가안전보장회의 모임을 긴급 소집했다.[107] 이에 제이크 설리번 국가안보 보좌관, 토니 블링컨 국무부 장관, 재닛 옐런 재무부 장관, 빌 번스 CIA 국장, 달립 싱 국가안보 부보좌관, 그리고 다른 고위 관리들이 모두 의료용 마스크를 쓰고 상황실에 모였다. 베이징에서는 불꽃놀이가 밤하늘을 밝히며 동계 올림픽의 마무리를 알렸다. 이제 러시아 전차는 언제든 키이우를 향해 진군할 수 있었다.

옐런은 금융 제재 패키지가 잘 준비되어 있다고 말했다. 그 핵심은 러시아의 두 대형 은행인 스베르방크와 VTB에 대한 제재였다. 그러나 한 가지 문제가 있었다. 스베르방크와 VTB는 빈과 프랑크푸르트에 자회사를 두고 있었기 때문에, 차단 제재는 유럽 은행들의 체계에까지 영향을 미칠 위험이 있었다. 따라서 가장 현명한 방법은 스베르방크와 VTB의 모든 자산을 동결하지 않고, 미국 영토에서 그들이 은행 서비스를 이용하지 못하게 하는 것이었다.[108] 이를 보완하기 위해 재무부는 몇몇 소규모 러시아 은행들에 차단 제재를 부과할 것이다.

싱은 이러한 조치가 충분하지 않다고 생각했지만, 추상적인 논의가 진행되는 와중에 더 이상 논쟁하는 것은 무의미하다고 생각했다. 세이버트가 싱에게 자주 말했듯이 그들이 할 수 있는 최선은 정책 전문가들 사이에서 합의를 형성하고, 결정적인 순간이 왔을 때 상사가 선택할 수 있도록 방안들을 준비해 두는 것이었다. 지도자들은 전쟁이라는 피할 수 없는 참혹한 광경, 즉 탱크가 굴러가고, 미사일이 떨어지고, 건물이 불타는 광경에 직면하기 전까지는 대부분 주저할 가능성이 컸기 때문이다.

54 숄츠의 일격

The Scholz Jolt

2월 21일 월요일, 블라디미르 푸틴 대통령은 넓은 크렘린 연회장의 작은 책상 뒤에 앉아 있었다. 우뚝 솟은 하얀 기둥, 청동상, 그리고 금빛 장식에 둘러싸인 푸틴은 안보위원회 위원들을 살펴보고 있었다. 위원들은 너무 멀리 앉아 있어서, 그가 마이크에 대고 말하지 않으면 거의 소리를 들을 수 없을 정도였다.

공식적으로 그들은 도네츠크 인민공화국과 루한스크 인민공화국의 독립 승인을 논의하려 모였다. 돈바스 지역의 이 두 소국은 2014년 이래 러시아가 지원하는 군벌의 지배를 받고 있었다. 그러나 이 텔레비전 회의의 진짜 목적은, 푸틴이 곧 시작하려는 전쟁이 고위 간부들로부터 전폭적인 지지를 받고 있다는 것을 방송으로 보여주려는 것이었다.

스탈린식 공개재판을 연상시키는 상황에서 푸틴은 그 자리에 모인 관리들에게 돈바스에 대한 견해를 캐물었고, 그들이 자리에서 몸을 움찔거리며 미적지근하게 웅얼웅얼 대답하자 매섭게 노려보았다. "직설적으로 말씀하시오!" 말을 제대로 잇지 못하는 외국 정보기관 책임자 세르게이 나리시킨Sergei Naryshkin에게 푸틴이 소리쳤다.[109] 나리시킨은 눈에 띄게 당황한 표정으로 도네츠크와 루한스크를 러시아에 합병하는 것을 지지한다고 말했다. 푸틴은 그 지역의 독립을 인정할지 여부를 논의하려 모인 것이지, 그 지역을 러시아 일부로 만들지를 논의하기 위해 모인 것이 아니라고 그에게 상기시켰다.

회의를 마친 후, 푸틴은 분리된 두 공화국을 인정하는 법령에 서명하고, 우크라이나 국경을 따라 곳곳에 주둔한 15만 명 이상의 러시아 군대에게 돈바스에서 '평화 유지' 임무를 수행하라고 명령했다.[110] 이 법령은 안보위원회의 만장일치 지지를 받았다. 이러한 합의가 중요한 것은 아니었다. 외무부 장관 세르게이 라브로프는 당시 러시아의 한 올리가르히에게 푸틴의 유일한 진짜 조언자는 이반 4세(이반 뇌제), 표트르 대제, 캐서린 대제뿐이라고 말했다고 한다.[111]

그날 늦게 돈바스에서 러시아 장갑차들이 그 지역을 돌파하고 있다는 첫 번째 목격자 보고가 입수되었다.[112] 바이든 대통령은 대응 조치를 원했지만, 일부 유럽 정부들은 데이 제로 제재를 시행하기를 꺼렸다. 푸틴의 진짜 계획이 우크라이나 전역을 침공하

회의를 이끄는 푸틴: 2022년 2월 21일, 크렘린에서 블라디미르 푸틴이 TV로 중계되는 안보위원회 회의를 주재하고 있다.

는 것이 아니라 도네츠크와 루한스크의 통제권을 강화하려는 작전일 것이라는 희망 때문이었다. 이에 따라 백악관은 급히 몇 가지 대안적인 처벌 방안을 준비했다. 월요일 오후, 바이든은 도네츠크와 루한스크에 무역 제재를 부과하는 행정명령에 서명했다.[113] 이것은 오바마 대통령이 2014년 크림반도에 부과했던 제재와 유사했다. 합리적이긴 했지만 실효성은 없는 조치였다. 기자들은 바이든 행정부의 관리들에게 다음과 같은 질문을 퍼부었다. "이게 '침공'인가요?" 그리고 "만약 침략이라면 처벌이 왜 이렇게 약한가요?" 존 파이너가 다음 날 아침에 명확한 정의를 내렸다. "침략은 침략입니다. 그리고 그 침공은 현재 진행 중입니다."[114]

그 직후 미국은 러시아 국영 개발은행인 VEB에 대한 차단 제재와 러시아 국채에 대한 더 엄격한 제한을 발표했다.

두 번째 경고 사격은 예상치 못한 곳에서 들려왔다. 바로 독일이었다. 화요일, 올라프 숄츠 총리는 독일 정부의 노르트스트림 2 가스관 인증을 취소한다고 발표하며, 110억 달러 규모의 해저 인프라를 무용지물로 만들었다.[115] 몇 주 동안 눈에 띄게 침묵을 지키다가 행한 숄츠의 이 깜짝 발표는 독일뿐만 아니라 유럽연합 전체의 전환점이 되었다. 러시아에 대한 유럽연합 진영의 토론은 이번에도 익숙한 양상을 따랐다. 폴란드와 리투아니아 같은 동부 국가들은 더 강경한 정책을 추진했고, 그리스와 헝가리, 그리고 일부 국가들은 신중함을 촉구했다. 이번에도 독일의 입장이 균형을 한쪽으로 기울게 했다. 노르트스트림 2를 취소하기로 한 숄츠의 결정은 독일이 이제 행동에 나서는 국가 편에 섰다는 것을 의미했다. 곧 유럽연합은 VEB에 대한 미국의 제재와 도네츠크와 루한스크에 대한 금수 조치에 발을 맞추기로 합의했다.[116] 일본과 다른 G7 국가들도 이를 따랐다.[117]

숄츠의 적극적인 행보는 다른 유럽 지도자들을 (정치적 질투심 때문에 그럴 수도 있겠지만) 자극하는 효과를 가져왔다. 과시적인 성향의 영국 총리 보리스 존슨은 우크라이나 위기를 통해 자신을 현대판 처칠로 포장하고, 브렉시트의 설계자라는 논란 많은 유산을 넘어 더욱 고귀한 명예를 얻을 기회로 여겼다. 존슨은 숄츠처럼 말수 적고 따분한 사람에게 밀려나는 일을 절대 용납하지 못하는 성격이었다. 2월 23일 수요일 새벽에 존슨은 내각과 긴급회의를 열어 제재 방안을 논의했다. 존슨은 강경한 태도를 보였으며, 러시아 은행들을 SWIFT에서 퇴출하는 것을 포함해 좀 더 공격적인 조치를 추진할 준비가 되어 있었다. 이 조치들은 데이 제로 제재보다 너무 극단적이라고 여겨졌던 것으로, 정작 데이 제로 제재도 아직 발표되지 않은 상태였다. 그날 늦게 존슨은 바클레이즈, 골드만삭스, HSBC, 로이즈의 임원들과 통화하며, 다음 제재는 "정말로 큰 타격을 줄 것"이라고 경고했다.[118] 영국의 셰르파인 조나단 블랙은 왓츠앱을 통해 G7 동료들에게 영국 정부가 이전에 연락 그룹이 논의했던 수준보다 훨씬 더 강력한 제재를 가할 준비가 되었다고 알렸다. 그 답글들에 따르면, 다른 나라의 수도에서도 기류가 바뀌고 있는 것으로 나타났다.

서구 정부들은 이 순간을 위해 수개월 동안 대비해 왔다. 신속한 행동을 취하기 위해서, 그리고 푸틴에게 침략이 엄청난 대가를 불러올 것이라는 신호를 보내기 위해서였다. 하지만 막상 그 순간이 닥치자, 그들의 계획은 충분하지 않은 것처럼 보였다.

55 | 뱅크 대 탱크

Banks vs. Tanks

2월 24일 목요일, 모스크바 시간으로 오전 5시 직전에 블라디미르 푸틴 대통령이 러시아 TV 화면에 다시 등장했다. 푸틴은 월요일 안보위원회 회의 때 연설했던 자리에 다시 앉아 우크라이나의 "비무장화와 탈나치화"를 위한 "특별 군사 작전"을 명령했다고 발표했다.[119] 잠시 후 하르키우에서 키이우, 오데사까지 우크라이나 전역의 공항과 도시에 미사일이 쏟아졌다.[120] 그 규모와 정밀성 면에서 이번 공격은 2003년에 미국이 이라크를 침공한 이후 본 적 없는 무자비한 군사력 과시였다.

하지만 침공 초기였음에도 푸틴이 곤경에 처했다는 징후가 있었다. 푸틴은 20년 이상을 러시아 국가의 수장으로 지내면서 항상 상대보다 두 발 앞서 나가는 뛰어난 전략가라는 이미지를 만들어 냈다. 하지만 그는 몇 주 전에 미국의 관리들이 예측했던 대본을 정확히 따르고 있었다. 즉 침공 계획을 부인하면서 군대를 증강하고, 돈바스 지역에서 러시아어 사용자들이 박해받고 있다는 평계를 댔으며, 그 후의 침공이 키이우의 '나치' 압제자로부터 그 주민들을 보호하는 데 필요한 행위라고 주장한 것이다. 푸틴은 또한 점점 부주의해졌다. 푸틴은 목요일 아침에 침공을 발표하는 자리에서 월요일 안보위원회 회의 때 입었던 것과 같은 검은색 재킷과 적갈색 넥타이를 착용하고 있었다. 현대 정치인들의 보수적인 복장 기준에 비추어 보더라도 그런 단조로움은 이상했다. 이후 크렘린 웹사이트의 메타데이터에 의해 밝혀졌듯이, 그 이유는 푸틴이 3일 전에, 즉 돈바스의 두 개의 소국을 승인한 직후에 전쟁 연설을 미리 녹화했기 때문이었다.[121]

하지만 그중 어느 것도 우크라이나가 세계 최강 수준의 군사력을 보유한 국가로부터 전면적인 공격을 받고 있다는 참담한 현실을 바꾸지는 못했다. 러시아 전차는 우크라이나의 동쪽과 북쪽에서 국경을 넘어왔다. 북쪽에서는 벨라루스를 집결지로 삼았다. 약 300만 명의 주민이 거주하는 키이우는 벨라루스 국경에서 불과 225킬로미터 떨어져 있었다.[122] 러시아의 전격전으로 하루이틀 안에 주파할 수 있는 거리였다. 서구의 관리들은 러시아군이 우크라이나 정부를 '참수'하기 위해 수도로 직진할 것으로 예상했다.[123] 우크라이나군이 오래 버틸 수 있을지는 의문이었다. 러시아 군인들은 키이우 거리에서 승리 행진을 할 것으로 생각해 퍼레

이드 군복을 챙겼다.[124]

달립 싱은 한 시간이라도 잠을 잘 수 있기를 바라며 나무가 우거진 거리의 집에 돌아왔을 때 그 소식을 들었다. 싱은 가방에 에스프레소 캡슐을 가득 채운 뒤, 차에 올라타 포토맥강을 따라 백악관으로 돌아왔다. 본격적인 우크라이나 침공이 시작되었다는 것은 싱과 G7 측이 몇 달씩 준비해 온 '데이 제로' 제재를 발동할 때가 되었다는 뜻이었다. 데이 제로 계획의 핵심은 러시아의 두 대형 은행인 스베르방크와 VTB에 대한 처벌로 두 은행의 달러 거래를 막는 것, 그리고 러시아 경제 전체에 대한 첨단 기술 수출 통제였다. 이제 필요한 것은 바이든의 최종 승인만 남았을 뿐이었다.

바이든 대통령과 국가안전보장회의 관리들이 백악관 상황실에 모이는 데는 몇 시간 정도 걸릴 것이고, 싱은 그 시간을 이용해 더욱 강력한 대응을 촉구할 계획이었다. 싱은 다른 G7 셰르파들과의 논의를 통해 미국의 동맹국들이 미국의 뒤를 따를 것이라고 확신했다. 유럽의 상황을 고려하여 금융 무기의 사용을 제한할 필요가 더 이상 없었다. 백악관 내에서 싱은 VTB의 달러 사용을 금지하고 모든 자산을 동결하도록 처벌의 수준을 차단 제재로 상향하는 것을 추진했다. 싱의 팀은 스베르방크에 대해서도 이런 무기를 사용할 준비가 되어 있었지만, 재무부의 좀 더 신중한 동료들과의 마찰을 불러일으키는 위험을 감수하고 싶지는 않았다.

바이든이 회의를 시작하고 얼마 안 되어 토론 주제는 VTB로 바뀌었다. 미국 정부는 러시아에서 두 번째로 큰 은행을 가장 파괴적인 경제 무기로 공격해야 할까? 이에 대해 재닛 옐런은 우려

국가는 무엇으로 싸우는가

를 표명했다. VTB는 러시아 은행 산업의 총자산 중 20%를 보유하고 있었기 때문이다.[125] 이는 재무부가 지금까지 차단한 금융기관 가운데 가장 큰 은행이었다. 하지만 옐런이 가장 걱정했던 것은 VTB가 자회사를 운영하는 곳인 독일이었다. 베를린은 아직 VTB에 제재를 가할 준비가 되지 않았고, 미국이 그 은행을 일방적으로 공격한다면 대서양 동맹의 단합이 깨질 수도 있었다.

싱은 옐런의 말을 듣는 동안 메모를 적어 설리번 국가안보 보좌관에게 건넸다. 싱은 옐런 재무부 장관의 의견에 동의하지 않았다. 싱은 올라프 숄츠의 셰르파이자 독일 골드만삭스의 전 공동 대표였던 외르크 쿠키스 Jörg Kukies와 긴밀한 접촉을 유지하고 있었다. 숄츠는 경제전쟁에 관한 것은 쿠키스의 의견을 따르는 편이었고, 싱은 쿠키스가 VTB 제재에 동의할 것이라고 확신했다. 시간이 없었으므로 설리번과 싱은 밖으로 나가 국가안보 보좌관 사무실로 서둘러 향했다. 싱은 설리번을 옆에 두고 쿠키스에게 전화를 걸어, 미국 정부가 VTB에 차단 제재를 가할 경우 독일 정부가 어떻게 반응할지를 물었다. 쿠키스는 "그 정도는 감수할 수 있습니다"라고 말했다. 두 남자는 백악관 상황실로 돌아와 소식을 전했다.

바이든은 이 제재 패키지를 승인했다. 여기에는 VTB에 대한 차단 제재 외에도, 미국 정부가 미국의 금융기관에 30일 이내에 스베르방크의 모든 대리 계좌를 폐쇄하도록 요구하는 제재가 포함되었다. 이것은 러시아의 두 은행이 달러 지급을 처리하지 못하게 막는 조치였다. VTB, 스베르방크, 그리고 다른 러시아의 금융기관들은 매일 거의 400억 달러에 이르는 달러 거래를 처리했었다.[126] 이제 이런 흐름은 거의 중단될 것이다. 또한 재무부는 몇몇 소규모 러시아 은행들에 차단 제재를 가하고, (2014년 이후 대부분 제재를 받고 있던) 푸틴의 측근 그룹을 넘어 그들의 가족과 수많은 다른 러시아 올리가르히도 개인 자산 동결을 확대하기로 했다. 동시에 상무부는 미국 기업과 미국의 장비 및 소프트웨어를 사용하는 해외 기업들이 생산하는 반도체와 기타 첨단 장비를 러시아가 사용하지 못하도록 러시아에 대한 해외직접생산품규칙을 발표했다.[127] 이 발표 직후 TSMC와 전 세계의 다른 대형 칩 제조업체들은 2년 전에 화웨이에 했던 것처럼 러시아에 대한 판매를 중단했다.[128] 곧 다른 G7 국가들도 미국이 내린 최신 제재에 맞춰 그에 상응하는 처벌을 시행하겠다고 약속했다.

우크라이나 침공이 있기 몇 주 전 러시아 금융시장은 급등락을 반복했는데, 바이든이 말한 "신속하고 엄중한 결과"라는 위협이 허세인지 실질적인 위협인지를 두고 트레이더들이 베팅을 했기 때문이다.[129] 그 후 2월 24일, 러시아 금융시장의 자유낙하가 시작되었다. 러시아의 주요 주식시장은 단 하루 만에 가치의 3분의 1을 잃었다.[130] 달러 대비 루블의 가치가 사상 최저치를 기록했다.

이러한 상황 때문에 서구의 지도자들은 잠시 안도감을 느꼈지만, 러시아가 전장에서 진격을 이어감에 따라 그 기분은 점차 사라졌다. 러시아의 침공으로 수십만 명의 우크라이나인들이 고향을 떠났다. 연이은 폭발로 주거 건물이 무너졌고 수없이 많은 민간인이 사망했다.[131] 젤렌스키 대통령은 계엄령을 선포하고, 전국민 동원령을 내려 18세에서 60세까지의 모든 우크라이나 남성

의 출국을 금지했다.[132]

이 모든 일에 비하면 제재 조치는 부족하게 느껴졌다. 서구의 주요 목표(즉 러시아의 침략을 미리 예방한다는 목표)를 놓고 보았을 때, 그 조치들은 완벽한 실패였다. 수개월에 걸친 준비와 위협, 그리고 넘지 말아야 할 선을 그었음에도 푸틴은 전혀 개의치 않았다. 그 주 초에 푸틴은 러시아 국민에게 "미국과 그 동맹국들은 우크라이나 상황과 상관없이 항상 추가적인 제재를 가할 명분을 찾을 것입니다. 그들의 유일한 목표는 러시아의 발전을 억제하는 것입니다"라고 주장했다.[133] 실제로 푸틴이 제재가 필연적으로 가해질 것이라고 믿었는지 아닌지는 알 수 없다. 어느 쪽이든 푸틴은 새로운 제재가 극복하기 불가능할 것이라고 여기지 않은 듯했다. 2014년에 단행된 제재의 고통도 점차 가라앉았고, 지난 몇 년 동안 러시아의 추가적인 도발 행위도 별다른 대가를 치르지 않았기 때문이다. 바이든과 다른 서구 지도자들이 거듭 경고했지만, 푸틴은 침략의 경제적 대가가 그를 단념시킬 만큼 부담스럽다고는 여기지 않았던 것이 분명하다.

이제 데이 제로 제재가 공개된 가운데, '일반 허가 8호General License 8'라는 평범한 제목의 PDF 문서는 푸틴의 결론을 뒷받침하는 것처럼 보였다.[134] 해외자산통제국은 데이 제로 제재와 관련해 많은 문서와 정보를 공개했는데, 그중 한 문서에는 러시아의 에너지 관련 거래(예를 들어 석유, 천연가스, 석탄 등에 대한 지급)는 금융 제재에서 면제한다는 내용이 들어 있었다. 바이든 대통령은 처벌 조치를 발표하는 연설에서 이 면제를 특별히 강조했다. 그는 이

데이 제로 제재가 미국인에게 미칠 "비용을 낮추기 위해 적극적인 조처를 하고 있습니다"라고 국민을 안심시켰다. 그리고 "러시아의 에너지 관련 지급이 계속될 수 있도록 면제 조항을 특별히 고안"한 것도 그 이유 때문이라고 밝혔다.[135]

데이 제로 제재를 면밀히 조사한 학자, 금융 분석가, 변호사들은 러시아의 에너지 부문을 그대로 두기로 한 결정이 중대한 허점이라고 즉각 지적했다.[136] 푸틴이 안보위원회를 TV로 중계하며 무시무시한 침공 계획을 발표한 지 24시간 만에, 미국과 유럽의 동맹국들은 러시아에 석유 구매 대금으로 약 3억 5,000만 달러, 천연가스 구매 대금으로 약 2억 5,000만 달러를 지급했다.[137] 일반 허가 8호가 유지되는 한 지급해야 할 금액이 오를 것으로 예상했기 때문이다. 2월 24일, 유가는 2014년 이후 처음으로 배럴당 100달러를 넘어섰다.[138]

그날 저녁 유럽연합 회원국 20곳의 수장이 브뤼셀에 모두 모여 긴급회의를 가졌을 때, 그들은 데이 제로 제재가 최신 버전이기는 해도 여전히 부족하다는 느낌을 떨칠 수 없었다. 끔찍한 제국주의 전쟁이 유럽연합과 NATO의 안전한 도시와 마을에서 차로 조금만 달리면 도착하는 곳에서 벌어지고 있었다. 브뤼셀에 모인 지도자들은 키이우 어딘가의 벙커에 숨은 녹색 군복을 입은 볼로디미르 젤렌스키와 영상 통화를 나누었다.

젤렌스키는 "이것이 내가 살아 있는 마지막 모습일지도 모릅니다"라고 경고했다.[139] 그는 우크라이나인들이 유럽이 공유하는 가치를 추구하다 목숨을 잃고 있다고 말하며, 바로 지금이야말로 유럽연합이 나서야 할 때라고 말했다.[140] 정장을 차려입고 브뤼셀의 회의실에 편안하게 앉아 있던 유럽 지도자들 중 몇몇은 눈물을 터뜨렸다.[141]

56 | 판도라의 상자

Pandora's Box

    2월 25일 금요일 아침, 달립 싱은 사무실로 가던 중 라파예트 광장에 모인 시위대와 마주쳤다. 그들은 이틀째 이어지는 러시아 침공에 반대하는 시위를 벌이고 있었다. 그들 중 일부는 "러시아를 SWIFT에서 퇴출하라!"라고 쓰인 표지판을 흔들고 있었다.[142] 미국의 경제 무기가 얼마나 중요한 역할을 하는지 보여주는 한 예였다.

    볼로디미르 젤렌스키 대통령도 유럽연합 지도자들과의 전화 통화에서 같은 요구를 했다. 이 제안은 빠르게 퍼져나갔고, 주요 유럽 도시의 시위자들 역시 그 제재를 요구하기 시작했다.[143] 곧 싱의 휴대전화는 러시아 은행들을 SWIFT에서 추방할 수 있는 제재가 가능한지 묻는 유럽 동료들의 문자로 가득 찼다.

싱은 이러한 움직임을 마다하지는 않았지만 그에 따르는 지나친 기대가 부담스러웠다. SWIFT 금지라는 아이디어는 언론인과 의회 의원들이 지난 2012년에 이란을 고립시킨 데 그것이 큰 역할을 했다고 과도하게 믿었기 때문에 주목받았다. 또한 몇 년 전에 러시아가 자국 은행에 동일한 조치를 시도한다면 강력하게 보복하겠다고 경고한 것도 주목받는 이유가 되었다. 확실히 SWIFT에 접근할 수 있다는 것은 중요한 가치가 있었다. 1만 1,000개 이상의 은행이 이 서비스를 이용하여 매일 4,000만 건이 넘는 메시지를 주고받았으므로,[144] 이 전산망 서비스는 국가 간 지급의 공용어 역할을 했다. 하지만 SWIFT가 절대적으로 필요한 것은 아니었다. 2014년 크림반도 합병과 그에 따른 제재 이후 러시아가 만든 SPFS를 포함해, 그것과 비슷한 시스템이 있었다.[145] 실제로 이란은 SWIFT 금지 때문이 아니라, 주요 이란 은행들이 '모두' 미국의 차단 제재를 당했기 때문에 국제 금융 체계에서 배제되었다. 러시아의 금융 부문이 이란과 같은 수준으로 고립되기까지는 아직 갈 길이 멀었으며, SWIFT 접근을 차단하는 것만으로는 부족했다. 따라서 싱은 러시아 금융 체계의 심장인 러시아 중앙은행을 공격하는 것이 성공 가능성이 더 클 것으로 믿었다.

2014년 말, 서구의 자본시장 제재와 유가 폭락이 맞물려 루블이 급락했다. 러시아 경제는 중앙은행 총재인 엘비라 나비울리나 덕분에 더 나쁜 상황을 면할 수 있었다. 그녀는 재빨리 금리를 인상하고, 국가의 외환보유액을 소진하여 루블을 안정시켰다. 무엇보다도 이 사건은 러시아에 외환 보유를 늘려야 한다는 점을 일깨워 주었다. 그 후 몇 년 동안 러시아 중앙은행은 6,300억 달러가 넘는 외화를 대비 자금으로 축적했다.[146] 이 자금은 루블을 방어하고, 수입품을 구매하며, 군사 작전을 지원하는 데 사용될 수 있었다.

이제 나비울리나는 제재로 다시 폭락한 루블을 떠받치기 위해 이전의 전략을 되풀이하여 러시아의 외환보유액을 동원해 루블을 사들일 것이다. 이러한 거래에서 그녀의 상대는 다른 중앙은행들과 국제 금융기관이었다. 그러나 러시아의 외환보유액 대부분은 달러와 유로, 기타 G7 국가들의 통화로 이루어져 있으므로, 러시아의 금융 거래 상대는 필연적으로 미국과 유럽연합, 다른 동맹국 정부의 관할권에 속한 기관이 될 것이다.[147] 따라서 미국과 그 동맹국들이 원한다면 러시아의 거대한 외환보유액을 무용지물로 만들 수 있었다. 바로 이것이 싱이 생각한 방법이었다. 러시아 중앙은행에 제재를 가해 그 은행이 축적한 경화를 쓸 수 없게 만드는 것이다.

미국은 과거에 다른 중앙은행에도 제재를 가한 적이 있었다. 가장 주목할 만한 예는 2012년에 오바마 행정부가 의회의 압력을 받아 이란 중앙은행을 제재의 표적으로 삼았을 때다. 이 조치는 이란 경제에 심각한 타격을 입히고, 이란 정부를 핵 협상 자리로 이끈 결정적인 석유 제재의 기반이 되었다. 하지만 러시아 중앙은행은 이란 중앙은행보다 규모가 6배 이상 컸으며, 국제 금융 체계에 훨씬 더 깊게 통합되어 있었다.[148] 러시아의 침공이 일어나기 전 몇 달 동안 G7은 러시아 중앙은행에 대한 제재를 준비하지 않았다. 당시 이 제재를 추진한 유일한 고위 관리는 전직 〈파이낸셜 타임스〉의 모스크바 지국장이었던 캐나다 재무부 장관 크리스티아 프릴랜드Chrystia Freeland였다.[149] 하지만 그녀의 주장은 별다른 호응을 얻지 못했다. 사람들이 더 강력한 제재라며 떠올리는 것은 오로지 SWIFT뿐이었다.

그날 금요일 오후 일찍 싱은 독일의 비요른 세이버트와 영국의 조나단 블랙에게 러시아 중앙은행 제재에 대한 아이디어를 설명했다. 두 사람 모두 직감적으로 그 아이디어의 장점을 파악했지만, 그들의 지도자들이 그 제재를 진지하게 고려한 적이 없었기 때문에 반응을 알려면 시간이 필요하다고 조언했다. 그들은 SWIFT와 중앙은행 제재를 포함한 제재의 다음 단계를 논의하기 위해 그날 저녁 G7 셰르파 회의를 소집하는 것에 동의했다.

그 통화 회의가 시작되자마자, 셰르파들은 몇몇 러시아 은행들을 SWIFT에서 제외하는 것에 신속히 동의했다. 그러고 나서야 싱은 가장 중요한 주제인 러시아 중앙은행 제재에 대해 언급했다. 그는 이 조치가 얼마나 중요한지 솔직하게 말했다. 즉 미국은 러시아 중앙은행이 수십 년 동안 체계적으로 축적한 외환보유액을 사용하지 못하게 막을 것이고, 그 때문에 달러의 미래가 위험해질 수도 있다고 전했다. 달러는 세계의 기축통화이다. 전 세계 외환보유액의 약 60%가 달러였다.[150] 다른 많은 사람과 마찬가지로 싱도 달러가 미국의 번영을 뒷받침하고, 미국 정부를 기능하게 해주는 국가적 보물이라고 여겼다. 그렇지만 미국이 이런 식으로 통

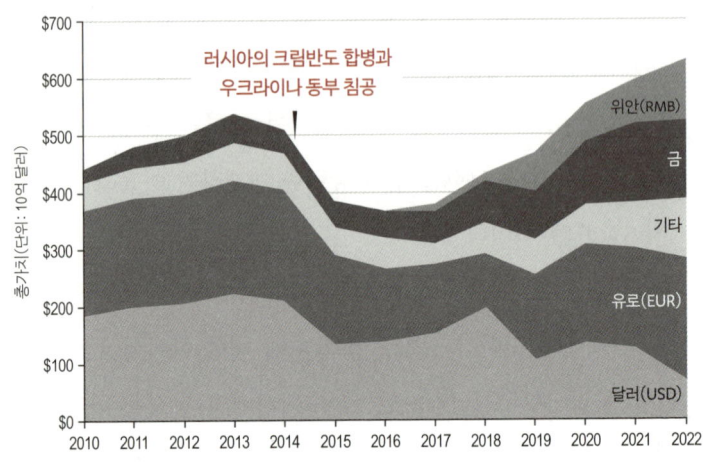

러시아의 외환보유액(2010~2022년)

러시아의 크림반도 합병과
우크라이나 동부 침공

위안(RMB)

금

기타

유로(EUR)

달러(USD)

기타: 영국 파운드, 일본 엔, 캐나다 달러, 그리고 다른 국가의 화폐

출처: 러시아 중앙은행

화를 무기화한다면, 다른 중앙은행은 달러를 보유하는 것이 더 이상 안전하지 않다고 느낄 수도 있었다. 하지만 싱은 이 위험을 감수할 가치가 있다고 믿었다.

다른 셰르파들은 싱의 말의 무게를 알아챘다. 잠시 침묵이 흐른 뒤, 싱은 역사적으로 G7 회원국 중 제재에 가장 소극적이었던 이탈리아로부터 힘을 얻었다. 싱과 마찬가지로 이탈리아 총리 마리오 드라기Mario Draghi도 골드만삭스에서 일한 적이 있었고, 두 사람은 10년 이상 서로 알고 지냈다. 드라기는 이탈리아 중앙은행 총재로 일했으며, 결국 유럽중앙은행 총재까지 역임한 인물이다. 유로존 위기가 한창일 때, 그는 유럽중앙은행이 유로화를 지키기 위해 "필요한 모든 것"을 할 것이라고 선언하여 유명해졌다.[151] 또

국가는 무엇으로 싸우는가

한 싱은 드라기의 외교 고문인 루이지 마티올로Luigi Mattiolo와도 친밀한 관계를 구축했다. G7 전화 회의에서 싱이 중앙은행 제재에 대한 제안을 마치자, 불쑥 마티올로가 나서서 드라기 총리가 그 제안을 지지할 것으로 생각한다고 말했다. 블랙도 보리스 존슨이 제안을 지지할 수 있다고 덧붙였고, 세이버트도 우르줄라 폰데어라이엔에 대해 똑같은 말을 전했다. 캐나다도 찬성했고, 독일과 프랑스는 반대를 표명하지 않았다(도쿄는 한밤중이어서 일본의 셰르파인 스즈키 히로시鈴木浩는 전화를 받지 못했다). 논의가 끝날 즈음, G7 셰르파들은 러시아 중앙은행에 대해 어떤 식으로든 조처하기로 구두로 합의했다.

불과 몇 시간 만에 싱은 다른 G7 셰르파들에게 자신의 큰 구상을 납득시켰다. 하지만 그는 아직 자신의 정부를 설득하기 전이었다.

"큰 나라는 허세를 부리지 않는다."[152] 바이든 대통령이 즐겨 인용하던 이 말이 다음 날 아침 일찍 사무실을 서성이던 싱의 머릿속에 맴돌았다. 싱은 러시아 중앙은행을 제재하면 바이든의 이 신조를 실행에 옮길 수 있고, 바이든이 푸틴에게 경고했던 "신속하고 엄중한 결과"가 빈말이 아니었음을 증명할 수 있다고 믿었다.

지난 24시간 동안 싱은 그 제안에 상당한 추진력을 불어넣었지만 절대 방심하지 않았다. VTB 은행에 대한 차단 제재를 최종 통과시키는 것도 힘겨운 싸움이었는데, 지금 논의하고 있는 제재는 그보다 훨씬 심각한 사안이었다. 싱과 그의 팀은 이 아이디어를 어떻게 포장할지 신중하게 고민해야 한다는 것을 알고 있었다.

신중론자들을 달래기 위해 그들은 계획을 마련했다. 즉 싱은 러시아 중앙은행에 대한 제재를 명시적으로 주장하지는 않기로 했다. 대신 그는 러시아 중앙은행이 '우리의 제재 효과를 약화시키는 방식으로 국제 준비금을 동원하지 못하도록 하는' 정책을 지지할 것이다.[153] 일종의 수사적 눈속임인 것은 맞다. 하지만 러시아를 강하게 압박하면서도 세계 경제에 미칠 영향을 최소화하려는 상반된 충동 사이에서 고민하는 지도자들을 설득하기 위해 세밀하게 고안한 말이었다. 러시아 중앙은행의 자산은 '동결frozen'되지 않고 '고정immobilized'될 것이다.[154] 물론 이는 아무런 차이가 없는 구분이다. 싱과 그의 팀은 G7 지도자들이 그런 조치를 할 것을 약속하는 내용의 성명서를 작성한 뒤, 비요른 세이버트에게 보내 의견을 수렴하고 유럽연합 내 다른 국가들과 조정하도록 했다.

싱이 생각하기에 세계의 지도자들은 이미 러시아 제재에 상당한 정치적 자산을 쏟아부은 상태였다. 만약 푸틴이 중앙은행의 부를 이용하여 러시아 경제를 지탱할 수 있다면, 제재의 영향을 상쇄할 수 있을 것이다. 이러한 가능성을 차단하려면 러시아 중앙은행이 서구 은행과 거래하는 것을 금지해야 한다. 이 논리는 반박하기 힘들었다. 세이버트와 다른 셰르파들이 그 계획을 상사들에게 제시했을 때, 우크라이나의 양파 모양 돔이 있는 도시들에 러시아의 폭탄이 쏟아지는 것을 공포에 질려 지켜보던 그들은 그 계획을 실행할 준비가 되어 있었다.

결국 미국이 결정적인 투표권을 갖게 되었다. 싱은 제이크 설리번 국가안보 보좌관에게 이 제안이 G7의 다른 국가들 내에서 어떻게 진행되고 있는지 계속 알려주었고, 설리번은 바이든 대통령과 대화를 주선해 그의 승인을 받기로 했다. 그날 바이든은 가족의 장례식에 참석하느라 윌밍턴에 있었다. 설리번은 바이든의 수석 고문들을 자신의 사무실로 모아 대통령과 전화 회의를 했다.[155] 싱은 존 파이너, 론 클레인, 그리고 바이든의 고위 보좌관인 스티브 리케티와 함께 설리번의 테이블 주위에 모여 앉았고, 전화 선에는 바이든, 토니 블링컨 국무부 장관, 재닛 옐런 재무부 장관이 있었다. 설리번은 지금까지의 상황을 전달한 뒤, 싱에게 다음 제재 패키지의 현황을 대통령에게 보고하도록 했다. 싱은 러시아 중앙은행의 자산을 고정해야 하는 이유를 설명했다. 그러면 러시아가 다른 모든 제재의 효과를 약화시키는 것을 막을 수 있고, 무엇보다 푸틴이 이를 예상하지 못한다는 것이 큰 장점이었다. 이것은 크렘린을 기습 공격할 기회였다.

싱의 말이 끝나자, 바이든은 옐런에게 그녀의 견해를 물었다. 옐런은 주저했다. 전 연방준비제도이사회 의장이었던 그녀는 세계의 기축통화 역할을 하는 달러를 무기로 삼는다는 생각을 좋아하지 않았다. 옐런은 그녀의 팀이 미국의 경제적 주도권의 근간을 위태롭게 할 수도 있는 이 제안을 분석하도록 시간을 갖기를 원했다. 그들은 판도라의 상자를 여는 중이었고, 그 파급 효과는 여러 세대에 걸쳐 영향을 줄 수 있기 때문이다.

싱은 옐런의 생각에 공감했다. 그가 보기에 달러의 국제적 지

재닛 옐런: 바이든 행정부 시기 미국의 재무부 장관.

위는 엄청난 특권이었다. 덕분에 미국은 경제적 충격을 흡수할 수 있고 정부, 가계, 기업은 다른 나라에 비해 훨씬 낮은 비용으로 자금을 조달할 수 있었다. 또한 싱은 30년 손위인 경제학자 출신 정책 입안자인 옐런을 존경했고, 그녀의 경력을 따르는 것이 꿈이었다. 하지만 그는 이런 제재의 기회가 마냥 지속되지는 않을 것이라고 우려했다. 게다가 아무리 분석해도 모든 의심이 완전히 사라지지는 않을 것이다. 옐런이 그 조치가 미국의 경제적 이익을 국가 안보라는 더 높은 목적에 종속시킬 것이라고 지적한 것은 옳았다. 하지만 미국 정부는 세계의 다른 기축통화(유로, 파운드, 엔 등) 발행국과 협력하여 유엔헌장을 노골적으로 위반한 러시아를 저지하려는 중이었다.[156] 시간이 촉박했다. 첫 금융시장이 일요일 밤에

국가는 무엇으로 싸우는가

개장할 예정이었고, 러시아 탱크들은 키이우로 진군하고 있었다.

옐런은 요지부동이었다. 그녀는 이 문제를 숙고할 시간과 다른 G7 재무부 장관들과 논의할 시간이 필요했다. 바이든은 재무부 장관이 반대하는 행동 방침을 밀고 나갈 수 없었기 때문에 회의는 아무런 결정 없이 끝났다.

설리번의 사무실을 나서자마자, 싱은 브뤼셀의 세이버트와 영국의 블랙과 전화 통화를 했다. 그는 바로 요점만 말했다. "여러분이 준비되었다는 것도 알고, 이것을 추진한 사람이 나라는 것도 알지만 아직 옐런이 확보되지 않았습니다." 그들은 이탈리아 총리인 마리오 드라기에게 직접 옐런에게 전화하여 설득해 보도록 요청하기로 했다. 외국의 지도자가 미국의 재무부 장관에게 직접 전화를 거는 일은 이례적이었다. 하지만 옐런과 드라기는 수년 전부터 긴밀한 관계를 유지해 왔다. 옐런이 연방준비제도이사회 의장이고, 드라기가 유럽중앙은행을 이끌던 시절 두 사람은 함께 협력했다. 세이버트는 폰데어라이엔을 설득하여 드라기에게 전화하게 했고, 폰데어라이엔은 드라기를 설득하여 옐런에게 전화하도록 했다.

그 뒤 오후 1시쯤, 싱은 딸로부터 전화를 받았다. 낯선 남자가 집 주변을 배회하고 있다는 것이었다.[157] 싱은 곧바로 비밀경호국에 알린 다음, 차로 뛰어가 가족을 지키기 위해 집으로 질주했다. 싱이 집에 도착했을 때, 그 남자는 이미 가고 없었다. 훔쳐 간 것도 없었고, 싱의 딸에게 접근하지도 않았다. 아마도 누군가가 최근 미국의 최고 경제전쟁 기획자로 주목받고 있는 싱을 위협하려

했던 것 같았다. 불안하면서도 우선 다행으로 여기며, 그는 오후 3시경 백악관으로 돌아왔다. 싱이 그의 사무실로 돌아왔을 때, 드라기는 이미 옐런과 통화를 마친 상태였다. 이제 옐런은 찬성으로 돌아섰고, 바이든은 그 제안에 서명했다.

백악관 언론 팀은 G7 성명을 생중계로 발표할 준비가 되어 있었지만, 싱은 일본 셰르파인 스즈키 히로시와 아직 대화를 나누지 않았다는 사실을 깨달았다. 그가 G7 전화 회의에 참석하지 못했기 때문이다. 지난 몇 시간 동안의 활동이 너무 바빠서 싱은 그 사실을 잊어버리고 말았다. 일본은 G7의 중요한 회원국이자 주요 기축통화를 발행하는 국가였으므로 이는 심각한 실수였다.

싱은 스즈키에게 전화해서 진심으로 사과했다. 백악관의 모든 사람은 대규모 기자회견 준비가 완료된 상태였다. 일본이 이 제안을 지지할 수 있을까? 외교관답게 스즈키는 전혀 기분 나쁜 기색을 드러내지 않았다. 그는 일본 총리 기시다 후미오岸田文雄의 허락을 받기 위해 최선을 다할 것이라고 말했다. 싱과 백악관 언론 팀은 한 시간 정도 기다렸다가, 스즈키로부터 다시 전화를 받았다. 도쿄는 새벽이었고, 그는 기시다에게 제시간에 설명을 전달할 수 없었다. 하지만 기다릴 필요는 없었다. 그는 기시다 총리가 사무실로 돌아오면 승인할 것이라고 확신했다.

오후 5시 30분경, 워싱턴에서 일본을 제외한 G7 회원국은 러시아 중앙은행을 표적으로 삼겠다는 성명을 발표했다.**158** 해당 성명은 세부 내용이 부족했고 법적 효력도 미약했다. 그 성명은 단지 미래에 행동하겠다는 약속일 뿐이었다. 그런데도 이는 전례 없는 경제전쟁 행위였으므로, 향후 금융시장을 뒤흔들고 러시아에 대한 인식을 영원히 바꿀 것이 분명했다.

싱은 성명 발표와 함께 진행된 배경 설명에서 기자들에게 이렇게 말했다. "포트리스 러시아Fortress Russia('요새 러시아'라는 의미로, 러시아가 외부의 위협으로부터 국가적 안전과 독립을 유지하려는 노력을 나타낸다.-옮긴이)에 대해 들어보았을 것입니다. 6,300억 달러 규모의 전쟁 대비를 위한 외환보유액이 그것이죠. 인상적이지만 러시아가 그 외환보유고를 사용할 수 있을 때만 인상적이죠."[159] 싱은 자신감 넘치는 어조로 말을 이었다. "이번 조치로 러시아가 경제 제재를 견뎌낼 수 있다는 주장이 신화에 불과하다는 것이 드러날 것입니다."

적어도 한 가지는 그가 옳았다. 러시아는 기습당했다. 세르게이 라브로프는 나중에 러시아 중앙은행에 대한 제재 움직임을 두고 "아무도 그런 일이 일어날 것이라고 예상하지 못했다. 그것은 그냥 도둑질이었다"라고 말했다.[160]

57 총구 앞의 통화 정책

Monetary Policy at the Point of a Gun

2월 27일 일요일 저녁, G7 성명서를 발표하고 24시
간이 조금 넘은 시점에 달립 싱은 블룸버그 단말기를 응시하며 첫
루블 환율이 나타나는 것을 긴장한 채로 지켜보았다. 러시아의 통
화는 올해 초 1달러당 75루블의 가치로 시작해 며칠 전 약 80루
블로 떨어질 때까지 그 수준을 유지했다. 현재 루블은 1달러당
100루블을 훨씬 밑도는 가격에 거래되고 있었다.[161] 1루블의 가
치가 미국의 1센트보다 낮아진 것이다.

그날 아침 제이크 설리번은 싱에게 러시아 중앙은행에 대한 제
재의 반응이 걱정되는지 물었다. 그 제재는 다음 날 아침에 공식
적으로 발효될 예정이었다. 두 사람 모두 이것이 미지의 영역이

며, 별다른 사전 계획 없이 발을 들였다는 것을 알고 있었다. 싱은 "이 제재가 충분한 타격을 입힐지는 걱정하지 않아요. 오히려 그 충격이 우리의 통제 능력을 벗어날까 봐 걱정입니다"라고 실토했다. 그들은 이 같은 조치로 세계 금융위기를 촉발하고 싶지 않았고, 국제 금융 체계의 무책임한 관리자로 여겨지는 것도 원하지 않았다. 첫 번째 자료가 조금씩 수집되면서, 싱은 그런 식의 파국적인 성공을 거둔 것은 아닐까 걱정했다.

러시아 중앙은행의 준비금을 고정하는 제재는 뉴욕과 런던의 금융가에서 모스크바와 상트페테르부르크의 거리까지 영향을 미쳤다.[162] 러시아인들은 현금을 될 수 있는 한 모두 외화로 찾기 위해 서둘렀다. 은행과 ATM 기기 밖에는 줄이 늘어섰고, 때로는 한 블록 전체를 휘감을 정도로 긴 줄이 생기기도 했다. 이는 러시아의 11개 시간대에 걸쳐 전국적으로 일어난 대규모 은행 인출 사태였다.[163] 은행 지점들에 달러가 전부 떨어지자, 심지어 어떤 사람들은 현금 수송차가 짐을 내리는 것을 확인하려고 도시 곳곳을 돌아다니며 현금 수송차를 쫓아다녔다.[164]

일요일 밤이 되었을 때, 푸틴이 국영 텔레비전에 다시 등장했다. 그는 "경제 분야에서 우리나라에 대한 비우호적인 조치"들이 가해졌으니, 러시아 핵전력에 최고 경계 태세를 갖추라고 명령했다.[165] 러시아는 경제적 측면에서 서구에 맞설 수단은 부족할지 몰라도 다른 무기들은 보유하고 있었다. 하지만 러시아에서 '이민'이라는 단어의 구글 검색이 다섯 배나 급증했다.[166]

러시아 중앙은행에 대한 제재의 여파는 러시아에만 국한되지 않았다. 유럽중앙은행은 유럽에 있는 스베르방크의 자회사들이 유동성 고갈로 곧 파산할 것이라고 경고했다.[167] 미국이 스베르방크에 처벌을 내리기까지 아직 몇 주가 남았고, 유럽연합이 SWIFT에서 배제한 7개 러시아 은행들에 스베르방크가 포함되지 않은 상황에서도 이런 일이 일어났다.[168] 이는 재닛 옐런이 우려했던 재정적 전염의 징후였다.

러시아가 키이우를 공격하기 한 달 전, 푸틴은 모스크바 외곽에 있는 자택에서 러시아의 주요 경제 지도자들과 비밀 회동을 가졌다.[169] 이 회의에서 엘비라 나비울리나와 스베르방크의 CEO인 게르만 그레프Herman Gref, 그리고 몇몇 다른 인사들은 우크라이나의 긴장 고조가 가져올 경제적 여파를 경고했다. 지금 상황에 새로운 서구의 제재가 더해진다면 러시아 경제는 파멸적인 악순환에 빠질 위험이 있었다. 푸틴은 어떻게 하면 타격을 완화할 수 있을지 물었다. 대답은 명백했지만("그냥 우크라이나에서 물러나면 됩니다"라고 말이다), 누구도 그렇게 말할 용기가 없었다.

나비울리나는 러시아 정부 내 강경파가 그녀를 세르게이 글라지예프로 교체하려는 노력에도 불구하고 중앙은행 총재직을 유지했다. 글라지예프는 푸틴의 고문이자 열렬한 민족주의자로, 한때 유럽연합이 우크라이나를 "적그리스도의 왕국"으로 유혹한다고 비난한 인물이었다.[170] 이제 푸틴의 외교적 모험주의로 발생한 피

국가는 무엇으로 싸우는가

해를 완화하는 책임이 다시 한번 그녀의 손에 맡겨졌다.

나비울리나는 세계에서 가장 존경받는 중앙은행 총재 중 한 명으로 발돋움하는 과정에서 자기만의 독특한 의상 스타일을 개발했다. 경제와 통화 정책에 대한 견해를 전달할 때, 자신의 견해를 상징하는 브로치를 착용하는 것이다.[171] 말하자면 비둘기 브로치는 그녀가 이자율을 인하한다는 뜻이고, 매 브로치는 그녀가 이자율을 인상한다는 뜻이었다. 하지만 2월 28일 월요일, 최근의 제재로 은행 인출 사태가 절정에 달해 크렘린에서 푸틴을 만났을 때, 나비울리나는 옷깃에 브로치를 달고 있지 않았다.[172] 그것은 서구가 러시아 중앙은행에 공격을 감행하자 그녀가 대비하지 못했고, 아직 계획을 세우지 않았다는 암묵적인 인정처럼 보였다.

모스크바에 있는 거의 모든 사람과 마찬가지로, 나비울리나도 텔레비전을 통해 우크라이나 침공 소식을 처음 접했다.[173] 그리고 그녀도 러시아의 다른 금융 엘리트처럼 진퇴양난에 처해 있었다. 다시 말해 그녀는 사임하고 좀 더 순응적이면서도 능력은 떨어지는 후임자에게 자리를 내줄 수도 있었다. 하지만 그 경우 전쟁에 반대 의사를 표명했다는 이유로 정치적 박해를 받을 위험이 있었다. 아니면 그 자리에 머물며 서구의 비난과 그녀가 고국을 떠나기 힘들게 만들 개인적인 제재를 받으면서, 푸틴이 정의롭지 못한 전쟁을 이어가도록 도울 수도 있었다. 결국 나비울리나는 후자를 선택했다.

보통 때라면 나비울리나는 루블의 폭락을 늦추기 위해 외환보유액을 사용했을 것이다. 러시아 중앙은행의 달러와 유로를 이용하여 대량으로 루블을 사들인다면, 루블의 수요가 늘어나고 결과적으로 루블의 가격이 오를 것이다. 그렇지만 더 이상 그 방법을 쓸 수 없게 되자, 그녀는 더 과격한 방법을 택했다. 그 주 월요일에 나비울리나는 이자율을 무려 20%로 두 배 이상 인상하고, 모스크바 증권거래소의 거래를 중단했다.[174]

나비울리나는 제재 체계의 약점을 재빨리 알아냈다. 그것은 러시아 화석연료가 세계 시장으로 흘러들어 가는 것을 막는 조치를 서구가 행할 마음이 없다는 사실이었다. 러시아 중앙은행이 경화에 접근하지 못하는 중에도 러시아의 석유 및 가스 거대 기업인 로스네프트와 가스프롬은 매일 10억 달러 이상을 벌어들이고 있었다. 그래서 러시아 정부는 러시아 기업들에게 올해 초부터 해외에서 벌어들인 모든 돈의 80%를 루블로 환전하라고 명령했다.[175] 본질적으로 러시아는 국가의 거대 수출 기업들을 사실상 중앙은행으로 활용하고 있었다.[176] 서구가 러시아의 에너지 판매를 겨냥하는 것을 망설이는 한 이런 전략을 막을 방법은 거의 없었다.

G7 정상들의 성명 발표 이후, 수많은 다국적 기업이 러시아에서 투자를 철수할 계획이라고 발표했다. 런던에 본사를 둔 석유 회사인 BP는 약 250억 달러의 손실을 감수하고 로스네프트 지분 약 20%를 포기하겠다고 선언했다.[177] 자본 유출의 광풍을 막기 위해 러시아 정부는 외국인의 러시아 자산 매각을 금지했다.[178] 그리고 전국적인 은행 인출 사태를 막기 위해 일반 러시아 국민에게는 엄격한 외환 통제를 시행했다. 이 법령에 따라 러시아 국민은 해외로 자금을 이체할 수 없고, 1만 달러 이상의 외화를 인출

할 수 없으며, 국외로 여행할 때 그와 같은 액수의 현금을 소지하고 출국할 수 없게 되었다.[179] 또한 러시아 정부는 러시아인이 루블을 달러와 유로로 바꿀 수 있는 현금 기반 거래소를 폐쇄하라고 명령했다.[180]

이러한 가혹한 조치에도 불구하고 러시아의 국내 반응은 잠잠했다. 외환 통제를 감독하느니 차라리 사임하겠다고 친구들에게 말하던 나비울리나는 여전히 그 직책에 남았다.[181] 은행 밖에서는 대규모 시위나 폭력적인 소요가 일어나지 않았다. 한 저명한 러시아 경제학자가 이 현상을 빠르게 지적했다. "중앙은행은 진압 경찰의 지원을 받고 있다."[182]

나비울리나는 지금껏 러시아를 국제 금융 체계에 정착시키고 자신의 경력을 만들어준 그 구조를 하나하나 해체하고 있었다. 서구의 제재는 러시아를 고립으로 몰아가고 있었고, 나비울리나의 비상조치는 그 효과를 더욱 심화시키고 있었다.

이렇듯 붕괴된 상황을 조사한 분석가들은 러시아 경제가 2022년에 10~15% 위축되어 지난 20년간의 경제 성장이 수포로 돌아갈 수 있다고 예측했다.[183] 이러한 예상은 충격적이었다. 그 제재가 발표되기 전 분석가들은 러시아 경제가 3% 이상 성장할 것으로 예상했기 때문이다.[184] 이제는 이란이 경제전쟁이 한창이었을 때 겪었던 것보다 러시아 경제가 훨씬 더 심각한 침체에 빠질 것처럼 보였다.

1991년 미국이 유엔을 이끌고 쿠웨이트에서 사담 후세인의 군대를 몰아냈을 때, 전 세계는 미군이 불과 100시간 만에 기술적 우월성을 활용해 이라크군을 격파하는 모습을 경이롭게 바라보았다. 새로운 시대가 열리는 것 같았다. 미국은 무시무시한 효율성으로 적을 파괴할 수 있는 초강대국이 되었다. G7이 러시아 중앙은행에 대한 공격을 개시한 지 몇 주 후 세계는 다른 형태의 초강대국을 목격하는 듯했다. 그것은 정밀 유도 미사일을 사용하는 나라가 아닌, 눈에 보이지 않는 강력한 경제적 초크포인트를 공략하는 초강대국이었다.

바이든 대통령은 3월 1일 의회 국정 연설에서 자랑스러움을 감추지 않았다. 바이든은 푸틴이 "우크라이나로 진격하면 세계가 그에게 굴복할 것으로 생각했지만 크게 오판한 것입니다"라고 말했다. 미국과 동맹국들은 단결을 유지했다. 그들은 우크라이나가 가장 절박한 시간에 곁을 지켰고, '푸틴의 6,300억 달러 전쟁 자금을 쓸모없게 만든 강력한 경제 제재'로 러시아를 강타했다. 그리고 이 모든 것은 시작에 불과했다. 바이든은 "앞으로 무슨 일이 일어날지 푸틴은 전혀 모를 것입니다"라고 말했다.[185]

미국 하원 의사당은 박수갈채로 뒤덮였고, 극심한 당파 갈등으로 분열된 워싱턴에서 공화당과 민주당이 보기 드문 단결의 순간을 보여주었다.

58 포템킨 통화

A Potemkin Currency

3월 3일 목요일, 독일 국기를 게양한 유조선이 영국 북서쪽 머지강 하구로 진입했다. 그 배는 리버풀을 지나 트랜미어Tranmere 석유 터미널에 정박할 허가를 받았는데, 그곳에서 러시아산 원유를 하역할 예정이었다.[186]

해당 유조선이나 화물 모두 서구의 제재를 위반한 부분은 없었지만, 석유 터미널의 부두 노동자들은 하역 작업을 거부했다. 영국의 노동조합 유나이트Unite의 대표인 샤론 그레이엄Sharon Graham은 소속 노동자들이 "어떤 상황에서도 러시아산 석유를 하역하지 않을 것"이라고 선언했다.[187] 다른 주요 유럽 항구들의 노동조합 대표들과 부두 노동자들도 비슷한 서약을 했다. 유럽 최대 항구인 로테르담을 관리하는 네덜란드 주요 부두 노동조합의 대변인은 "이 석유에 피가 묻어 있고, 이 석탄에 피가 묻어 있으며, 이 가스에 피가 묻어 있다"라고 말했다.[188]

미국과 유럽의 관리들은 의도적으로 러시아의 석유와 가스 판매를 제재에서 제외했다. 석유와 가스는 세계 최대의 화석연료 수출국인 러시아가 서구에 비해 우위를 차지하는 유일한 경제 부문이었다.[189] 그렇기에 러시아의 석유와 가스 수출을 막으면 국제 에너지 가격이 사상 최고치를 경신할 것이고, 유럽의 일부 지역은 말 그대로 암흑에 빠질 가능성이 있었다. 하지만 리버풀과 로테르담의 부두 노동자들이 보여주었듯이, 경제전쟁에는 전통적인 군사적 갈등에서 나타나는 엄격한 지휘 통제 구조가 없다. 부분적으로 경제전쟁의 결과는 각 순간 국제 시장을 형성하는 수백만 명의 민간 행위자의 결정에 달려 있다는 뜻이다. 그 결정이 정부의 의도와 일치하는지는 중요하지 않다.

이러한 역학 관계에 더해 우크라이나군이 전장에서 놀라운 회복력을 보여주면서, 멀리서 전쟁을 지켜보는 사람들이 침략을 묵인하며 아무런 행동도 하지 않고 좌시할 수만은 없게 되었다. 최초 러시아 침공 이후 일주일 만에 군사 분석가들은 우크라이나의 자체 방어 능력을 지나치게 비관적으로 보았고, 러시아의 군사적 역량을 과도하게 높게 평가했다는 것이 분명해졌다. 전쟁 초기에 우크라이나군은 러시아 정예 낙하산 부대가 키이우 북서쪽의 안토노프 공항(공식 명칭은 호스토멜 공항이다. 이 공항의 운영사이자 항공기 회사인 안토노프의 이름을 따서 불리고 있기도 하다.─옮긴이)을 빠르게 점령하려는 것을 막았다.[190] 러시아는 이 공항을 우크라이나 수도를 공격하기 위한 발판으로 사용하려 했었다. 결국 러시아군은 이 공항을 점령했지만 계획보다 오랜 시간이 걸렸고, 그 과정에서 활주로가 너무 심하게 파손되어 더 이상 사용할 수 없었다. 또한 우크라이나군은 수십 대의 비행기와 헬리콥터를 격추하여 러시아의 제공권 우위를 빼앗았다.[191] 러시아 탱크와 군용 차량으로 이루어진 약 56킬로미터 길이의 대열은 키이우에 도달하기 전에 멈췄다.[192] 푸틴이 의도한 전격전 계획은 실패했고, 우크라이나 정부를 전복하여 친러시아 꼭두각시 정권을 수립한다는 그의 본래 전쟁 목표는 전망이 급격히 어두워지고 있었다. 우크라이나가 거대한 이웃을 무찌를 수 있을 것으로 생각하는 사람들도 나타나기 시작했다.

전장에서 보여준 우크라이나의 놀라운 성취는 국제 사회의 엄청난 지지를 얻었다. 미국은 우크라이나에 수십억 달러 규모의 무기를 지원하기로 합의했다.[193] 유럽연합도 동참했다. 우르줄라 폰데어라이엔이 지적했듯이, 이것은 유럽연합 진영이 "공격받는 국가에 무기와 기타 장비의 구매 및 인도"에 자금을 지원한 최초의 사례였다.[194] 독일의 올라프 숄츠 총리는 연방의회에서 연설하며 역사적 전환점이란 뜻의 '자이텐벤데Zeitenwende'를 선언하고, 국방 예산에 1,000억 유로를 긴급 증액하는 것을 시작으로 자국의 이류 군대를 세계적인 군대로 현대화하겠다고 약속했다.[195] 심지어 전통적으로 중립을 고수하던 스위스조차 G7이 러시아 중앙은행에 가한 제재를 따르며 중립에서 벗어났다.[196]

애플, 코카콜라, 맥도날드 등 수백 개의 다국적 기업도 러시아에서 철수한다고 발표했다.[197] 법적 필요성 때문이라기보다는 전쟁과 연관된다는 낙인을 피하기 위해서였다. 새로운 법무부 특별팀인 클렙토캡처KleptoCapture는 미국 내의 러시아 자산을 추적하고 압수하는 일을 착수했다. 유럽의 법 집행기관들도 자기 영역에서 똑같은 일을 했다. 대부분의 러시아 올리가르히는 자신들이 법이 닿지 않는 곳에 있다고 믿었지만, 그들의 슈퍼요트는 그렇지 않았다.[198] 러시아 광산 재벌 알리셰르 우스마노프Alisher Usmanov는 대형 실내 수영장까지 있는 약 152미터 길이의 요트 딜바르를 내놓아야 했는데, 이것은 현재 독일 당국에 의해 압류된 상태이다. 로스네프트의 CEO 이고르 세친이 소유한 약 135미터 길이의 요트 크레센트도 스페인에서 같은 운명을 맞았다.[199] 축구 팀 첼시의 구단주인 로만 아브라모비치Roman Abramovich는 명망 높은 첼시 축구 클럽의 팬들에게 작별 인사를 고하며 "마지막으로 스탬퍼드 브리지를 방문해 여러분에게 직접 작별 인사를 전하고 싶습니다"라고 말했다(그는 2022년 3월 첼시를 매각한다고 발표했다.-옮긴이).[200] 영국 당국은 그에게 축구 팀을 매각하고, 그 수익금을 우크라이나 전쟁 피해자들에게 기부하라고 압박했다.[201] 러시아는 경제적 분야뿐만 아니라 정치적, 문화적으로도 버림받은 나라가 된 듯했다.

하지만 이 모든 것에도 불구하고 러시아가 기회가 있을 때마다 자국의 힘을 과시하고, 서구와 경제전쟁을 치르며 발생한 손해를 다른 대상에게 전가하는 것을 멈추지 않았다. 러시아와 우크라이나는 전 세계 밀 수출량의 거의 3분의 1을 차지했는데, 전쟁이 발발한 지 며칠 만에 밀 가격이 사상 최고치를 경신했다.[202] 이는 트레이더들이 공급 차질과 부족 사태에 대비하면서 가격이 급등했기 때문이다. 또한 푸틴은 글로벌 사우스Global South(주로 남반구에 위치한 신흥국과 개발도상국을 통칭함-옮긴이) 국가들이 러시아에 유리한 조건으로 전쟁 종식을 주장하도록 압력을 가하는 시도를 했다. 예를 들면 푸틴은 우크라이나 항구에 해상 봉쇄를 명령했다. 유엔이 그 봉쇄로 아프리카와 중동의 대부분 지역이 기근에 시달릴 수 있다고 경고했음에도 불구하고,[203] 그는 흑해를 통한 곡물 운송을 막았다.[204]

그런 가운데 3월 22일에 카자흐스탄의 원유를 흑해에 있는 러시아 노보로시스크 항구까지 운반하는 카스피해 송유관 컨소시엄CPC의 일부가 폭풍으로 손상되었다.[205] 러시아 관리들은 이 사건을 구실로 삼아 피해 규모를 의도적으로 과장해, 카자흐스탄에서 오는 매일 100만 배럴 이상의 원유 공급을 중단시켰다.[206] 이 계략은 성공적이었다. 유가는 배럴당 120달러를 돌파하여,[207] 2008년에 기록한 역대 최고치인 147달러에 가까워졌다.[208]

하지만 이런 인위적인 석유 부족 현상도 서구 여론을 러시아에 유리하게 바꾸지 못했다. 한 여론조사에 따르면, 미국인의 거의 80%가 휘발유 가격이 인상되더라도 러시아산 석유에 대한 금수 조치를 지지하는 것으로 나타났다.[209] 석유 회사 셸이 러시아 원유를 대폭 할인된 가격으로 매수했다는 언론 보도가 나오자 격렬한 정치적 반발이 일어나기도 했다. 당시 셸은 이 같은 선택을 한 것에 사과하고 러시아에서의 모든 사업을 중단할 계획이라고 발표했다.[210] 정치적 압력에 둔감하기로 악명 높은 엑슨모빌조차 러시아에 약 40억 달러 규모의 자산을 남겨둔 채 철수하기로 결정했다.[211] 한편 백악관 관리들은 에너지 및 금융 기업의 경영자들에게 전화를 걸어 상황이 그렇더라도 실제로는 러시아산 석유 거래를 계속할 수 있다는 점을 상기시켰다. 백악관에서 이러한 전화 통화를 하도록 이끌었던 피터 하렐은 "대중의 여론은 정책적 여론보다 훨씬 더 빠르게 러시아 에너지에 반대하는 쪽으로 돌아섰다"라고 설명했다.[212]

러시아와 우크라이나 전쟁이 발발한 지 일주일도 채 안 되어, 캐나다는 러시아에서의 석유 수입을 일방적으로 금지했다.[213] 미국 의회의 압력을 받자, 바이든 행정부도 곧 같은 조처를 했다.[214] 두 국가 모두 러시아의 화석연료에 의존하고 있지 않았기 때문에 그렇게 큰 희생이 따르는 결정은 아니었다(미국은 러시아에서 소량의 석유를 구매했었지만, 다른 곳에서 구매하면 그 정도의 부족분은 메울 수 있을 것으로 예상했다).[215] 그 후 얼마 지나지 않아 영국과 호주가 러시아 석유에 대한 금수 조치에 동참했다.[216]

이제 유럽연합도 이 같은 석유 금수 조치에 동참해야 한다는 압력이 커지고 있었다. 그러나 유럽 국가들은 매일 러시아로부터 400만 배럴 이상의 원유와 기타 석유 상품을 구매했다. 이것은 유럽 전체 석유 수입의 약 30%에 해당했다.[217] 이 정도 규모의 구매를 하룻밤 사이에 완전히 중단하는 것은 현실적인 선택지가 아니었다. 게다가 러시아산 천연가스는 대체하기 힘든 자원이어서 줄이는 일이 훨씬 더 어려웠다.[218]

3월 말이 되었을 때, 러시아군은 키이우 주변에서 물러나고 있었다. 우크라이나군은 수도를 성공적으로 방어하여, 러시아군이 다른 곳에 화력을 집중하도록 만들었다.[219] 반면 경제적으로 러시아의 전장 상황은 몇 주 전보다 나아졌는데, 이는 부분적으로 워싱턴에서 내린 결정 덕분이었다. 제재 때문에 러시아가 채무불이행에 빠지지 않도록 미국 재무부가 러시아 정부의 지속적인 부채 상환을 허용한 것이다.[220] 그에 관해 백악관과 협의도 없었고, 대부분 시장 참여자들의 기대와 다른 결정이었다.

재무부의 관리들은 러시아 정부의 자금에서 나온 돈이 외국 채권자들에게 흘러가는 것이 해가 되지 않는다고 생각했지만, 이 결정은 의도치 않게 러시아에 대한 투자자들의 신뢰를 높이는 결과를 낳았다. 러시아 정부의 조치도 어느 정도 안도감을 주었다. 2014년에 시행된 제재 이후 만들어진 지급 시스템 덕분에 비자와 마스터카드가 3월 초에 러시아에서 철수한 후에도 러시아 신용카드는 계속 사용할 수 있었다.[221] 또한 러시아 중앙은행의 긴급 조치로 루블은 안정되었고, 그달 말에는 전쟁 전 달러 환율로 회복되었다.[222] 물론 이러한 회복 대부분은 시장 역학에 의해 조성된 것이 아니었다. 러시아 정부가 수출업체들에게 루블을 매입하도록 강요하고, 대부분의 판매 경로를 차단하는 전략을 통해 인위적으로 만든 것이었다.[223] 그러나 루블이 이제 '포템킨 통화Potemkin currency(여기서 포템킨이란 '겉만 번지르르하다'는 뜻을 내포하고 있다. 러시아 귀족인 그리고리 포템킨이 여왕의 방문을 맞아 마을을 겉만 꾸민 것에서 유래했다.-옮긴이)'가 되었더라도 위기의 소용돌이가 가라앉

았다는 것은 부인할 수 없었다.[224]

시간이 지날수록 러시아는 서구에 대한 보복을 점점 더 노골적으로 감행했다. 3월 마지막 날, 푸틴은 유럽연합 회원국을 포함한 '적대적'인 국가들에 대응하여 러시아 천연가스를 수입하는 구매자의 의무에 관한 법령에 서명했다. 이 법령에 따르면 구매자는 결제 대금을 제재를 받지 않는 러시아 최대 은행인 가스프롬방크 계좌에 루블로 지급해야 했다.[225] 푸틴은 이를 따르지 않는 국가는 러시아산 가스 공급을 완전히 잃을 수 있다고 경고했다.

푸틴의 자신감(그리고 현재 러시아 경제에 만연한 상대적 평온함)의 가장 큰 이유는 서구의 입장에서는 불편한 진실이었다. 즉 러시아가 일부 서구의 석유 고객을 잃었음에도 엄청나게 치솟은 유가 덕분에 에너지 수출로 뜻밖의 이익을 거둘 수 있었다는 점이다. 실제로 러시아는 이 전쟁으로 막대한 이득을 보고 있었다. 러시아의 무역흑자는 10년 만에 최고 수준으로 증가했다.[226] 서구의 경제전쟁 계획에 균열이 생기기 시작했다. 석유 문제를 해결하지 않고는 푸틴에게 침략의 대가를 치르게 할 방법은 없었다.

국가는 무엇으로 싸우는가

59 | 공급과 수요

Supply and Demand

텍사스주 프리포트에서 루이지애나주 배턴루지까지 미국의 멕시코만 연안을 따라 약 480킬로미터에 걸쳐 지하 소금 동굴 네트워크가 펼쳐져 있다.[227] 1973년 아랍 석유 금수 조치의 충격을 겪고 난 후, 미국 정부가 인수한 이 동굴들은 미국 경제 안보의 핵심 역할을 맡아왔다. 이곳은 총 7억 배럴에 달하는 저장 용량을 가진 대규모 정부 운영 석유 저장소로, 이 같은 전략 석유 비축물SPR을 보관하고 있는 부지이다.[228]

이 전략 비축유는 원래 전쟁과 자연재해로 발생하는 공급 충격을 완화할 목적으로 마련되었다. 지금껏 대통령들이 비상 인출을 명령한 것은 딱 세 번뿐이었다.[229] 즉 1991년 걸프 전쟁 중, 2005년

허리케인 카트리나로 미국의 국내 석유 생산의 25%가 중단되었을 때, 그리고 2011년 리비아 내전 중이었을 때다.

2021년 말 사우디아라비아에 원유 증산을 요청했다가 실패한 후, 달립 싱과 그의 몇몇 동료는 전략 비축유에서 5,000만 배럴의 석유를 방출하도록 조치했다.[230] 그들은 중국, 인도, 일본, 한국 등 다른 주요 석유 소비국과 협력하여 이 조치를 조율했으며, 각각 자국의 전략 비축유를 방출하기로 합의했다. 이것은 석유 공급 차질에 대한 대응이 아니라, 석유 가격을 안정시키고 사우디아라비아가 원유 증산을 늘리도록 유도하려는 이례적인 비축유 사용이었다.[231]

2022년 3월 무렵 유가가 지속해서 상승하자, 백악관은 이번에는 훨씬 큰 규모의 전략 비축유 방출을 고려하게 되었다. 싱은 대규모의 비축유 방출이 미국 정부가 충분한 석유 공급을 유지하려는 의지와 유가를 낮추려는 노력을 보여줄 수 있을 것으로 기대했다. 이는 결과적으로 러시아에 더욱 공격적인 에너지 관련 제재를 가할 수 있는 여지를 만들어줄 것이다. 당시 국가경제위원회 위원장인 브라이언 디스Brian Deese는 6개월 동안 하루 100만 배럴씩 총 1억 8,000만 배럴을 방출할 것을 권고했다. 이는 러시아의 한 달분 원유 수출량보다 많은 엄청난 규모였다.[232]

이 계획은 즉각 저항에 부딪혔다. 에너지부 관계자들은 전략 비축유가 그런 잦은 방출을 감안해 만들어진 것이 아니라고 경고했다. 비축유를 꺼내려면 엔지니어들이 담수를 동굴 바닥에 주입하여 석유를 표면으로 밀어 올려야 했다.[233] 이 과정을 너무 자주 실행하면 동굴의 형태가 바뀌어 구조적 안정성이 떨어지고, 유지보수에 큰 비용이 들 수 있었다.[234] 미국 정부의 변호사들은 전 세계 석유 공급이 아직 심각하게 부족한 상태가 아닌 상황에서 대통령이 그렇게 막대한 규모의 원유를 방출할 법적 권한이 있는지 의문을 제기했다.[235] 석유 산업의 경영자들과 로비스트들 역시 이 아이디어에 반대했다. 대신 그들은 행정부에 국내 화석연료 투자에 대한 규제를 철폐할 것을 요구했다[236](이것은 다소 기만적인 요구였다. 미국의 석유 생산업체들은 급등하는 유가 덕분에 현금이 풍부했고 투자와 생산 확대를 위한 여력도 충분했지만, 그들은 그 이익을 주주들에게 돌려주는 것을 선호했다).[237]

하지만 이런 반대 의견 중 어느 것도 백악관의 뜻을 바꾸지 못했고, 3월 말까지 대규모의 전략 비축유를 방출하는 계획이 마무리되었다. 이번에도 미국은 동맹국들과 협력해 움직였다. 유럽연합은 전략 비축유 약 3,000만 배럴을 매각하여 미국의 방출을 지원하기로 했다.[238] 그 대가로 바이든 행정부는 유럽에 LNG 공급을 늘리고, 유럽연합이 러시아 가스 의존도를 줄일 수 있도록 최대한 돕겠다고 약속했다.[239]

바이든은 3월 31일, 미국 역사상 가장 큰 규모의 전략 비축유 방출[240]을 발표하는 연설에서 "푸틴의 전쟁은 미국과 우리의 동맹국, 그리고 전 세계의 민주주의 국가들에 비용을 부과하고 있습니다"라고 말했다.[241] 미국의 기업들이 그 비용을 상쇄할 만큼 빠르게 행동하지 않았기 때문에 정부가 직접 나서서 문제를 해결하고 있었다.

이 소금 동굴을 비우는 것은 푸틴의 석유 자금 차단이라는 큰 장애물 하나를 극복하는 데 도움이 되었다. 바로 시장에 충분한 석유 공급을 보장할 수 있기 때문이다. 하지만 또 다른 장애물이 수요 측면에서 나타났다. 서구가 러시아산 석유를 거부하려는 노력을 확대하고 있는데, 그 시점에 다른 나라들이 구매를 늘린다면 그 노력은 아무런 소용이 없게 될 것이다. 불행히도 그런 일은 이미 일어나고 있었다. 영국이 러시아산 석유 수입을 전면 금지하고 유럽연합 국가들이 정치적 반발을 우려하여 수입을 줄이자, 러시아는 재빨리 자국의 물량을 중국과 튀르키예, 그리고 무엇보다 인도로 돌렸다.

러시아와 우크라이나 전쟁이 시작되고 첫 달 동안 인도의 러시아산 석유 구매량은 전년 평균보다 6배 이상 급증했으며 증가 속도가 둔화할 조짐이 보이지 않았다.[242] 인도 정부는 러시아와 우크라이나 분쟁에서 어느 편도 들지 않았고, 대중의 여론도 나뉘어 있었다.[243] 따라서 인도 정유소들은 다른 구매자가 없어 할인된 가격으로 팔고 있는 러시아산 원유를 점점 더 많이 사들이는 것을 피할 이유가 없다고 생각했다. 상황을 더욱 악화시킨 것은 인도 중앙은행이 러시아와 새로운 루피-루블 결제 체계를 논의하고 있다는 점이었다.[244] 이 일이 이루어진다면 두 국가는 서구의 금융 제재를 피하면서 무역을 할 수 있을 것이다. 인도가 계속해서 중립을 주장했지만 이런 행동은 러시아에게는 경제적 생명선이 되

국가는 무엇으로 싸우는가

었다.

　인도와 러시아 사이의 명백한 관계 회복은 백악관을 놀라게 했다. 물론 인도와 러시아는 오랫동안 친밀한 관계와 밀접한 군사적 유대를 유지해 왔다.[245] 그러나 서구의 우크라이나 전쟁에 대한 대응으로 러시아는 인도의 주요 전략적 경쟁국인 중국에 경제적, 정치적 의존도가 매우 높아졌다. 결과적으로 미국의 관리들은 이 전쟁이 인도를 자신들의 지정학적 진영으로 더욱 밀어 넣을 것으로 예상했다. 그런데 어찌 된 일인지 그 반대의 상황이 벌어지고 있었다.

　서구의 제재는 에너지 거래를 명시적으로 제재 대상에서 제외했기 때문에 인도의 석유 수입은 전혀 불법적인 것이 아니었다. 그러나 그 규모 자체가 문제였다. 이것은 러시아가 여전히 거래할 준비가 되어 있으며, 서구가 러시아와 무역을 줄이고 있을 때 다른 나라들이 러시아와의 무역을 확대해도 아무런 낙인이 찍히지 않을 것이라는 신호를 글로벌 사우스 국가에 보낸 것과 같았다. 미국 관리들의 입장은 모순적인 면이 있었지만(그들은 러시아의 석유가 계속 흐르기를 원했으면서도, 그 석유가 향하는 곳은 마음에 들지 않았다), 그렇다고 그들의 불만이 해소되는 것은 아니었다.

　이러한 우려 때문에 백악관은 인도에 특사를 파견하기로 했다. 그 임무는 인도와 밀접한 개인적 인연이 있는 달립 싱에게 맡겨졌다(그는 인도 이민자의 아들이었고,[246] 미국 의회에서 의원을 지낸 최초의 아시아계 미국인이자 인도 태생 정치인인 달립 싱 사운드Dalip Singh Saund의 친척이기도 했다[247]). 3월 말 달립 싱이 뉴델리에 도착했을 때, 나렌드라 모디Narendra Modi 총리의 수석 비서관인 P. K. 미쉬라Mishra에게 "나는 인도를 제 대가족의 일부로 생각합니다. 그리고 가족 사이라면 진실을 말해야 하죠. 그것이 어려운 진실이라 할지라도요"라고 말했다. 싱은 미국이 "역사의 잘못된 편에 선 적"이 여러 번 있었다고 인정하며, 자신의 "조상의 고향인 인도가 이제 잘못된 편에 서지 않도록 촉구"하기 위해 왔다고 말했다. 그리고 싱은 인도가 러시아로부터 구매한 무기와 에너지를 대체할 수 있도록 미국이 지원하겠다고 제안했다.[248] 그는 또한 인도의 석유 구매가 합법적이기는 하지만 그 규모가 너무 커서 제재의 효과를 훼손하고 있다고 주장했으며, 인도에 제안된 루피-루블 결제 체계는 러시아가 제재를 우회할 완벽한 수단이 될 위험이 있다고 경고했다. 그 자리에서 미쉬라는 아무런 약속도 하지 않았지만 토론은 따뜻하고 우호적으로 진행되었다.

싱은 인도 언론에도 비슷한 주장을 전하며 "이러한 제재를 적극적으로 회피하거나, 제재를 무력화하는 시도를 하는 국가들은 그에 상응하는 대가를 치르게 될 것입니다"라고 경고하기도 했다.[249] 인도 언론은 정부 관리들보다 싱의 발언에 훨씬 더 비판적인 반응을 보였다. 그들의 눈에는 백악관이 인도계 미국인을 보내 (자체로도 강대국인) 인도가 오랜 동맹국인 러시아를 버리도록 압박하려 한 것은 대단히 뻔뻔한 행동이라고 여겼다. 인도의 한 매체는 "싱이 천재일지는 몰라도, 외교관으로서는 확실히 형편없다"라고 비꼬았다.[250]

의기소침해진 싱은 인도 임페리얼 호텔에서 여행 가방을 챙겨

공항으로 향했다. 지난 6개월 동안 싱은 수면 부족과 사랑하는 사람들과 떨어져 지내는 시간의 연속이었다. 그의 노력 덕분에 현대사에서 가장 강력한 제재를 실행할 수 있었지만, 여전히 우크라이나에서는 매일 새로운 참상의 소식이 들려오고 있었다. 이제 그는 부모님의 나라에서 언론의 집중포화를 맞고 있었다. 그는 백악관에서 떠나는 것을 깊이 고민하기 시작했다.

싱이 뉴델리를 떠난 직후, 세르게이 라브로프는 자신의 회의 일정에 맞춰 인도에 도착했다.[251] 그는 싱과는 다른 메시지를 가지고 이곳으로 왔다. 라브로프는 러시아와 인도가 "수십 년 동안" 충실한 친구였다고 말했다. 그리고 이렇게 말을 이었다. "우리는 인도가 원하는 모든 상품을 공급할 준비가 되어 있습니다." 루피-루블 결제 체계를 놓고 보았을 때 인도는 자국의 이익을 우선시한 것이고, 이는 타당한 일이었다. 라브로프는 "인도는 하룻밤 사이에 여러분의 돈을 훔칠 수 있는 체계에 의존해서는 안 됩니다"라고 설명했다.[252]

60 | 루빅큐브

The Rubik's Cube

4월 1일, 우크라이나군은 러시아군이 얼마 전에 철수한 키이우 주변 도시로 진격했다. 우크라이나군은 수도 북서쪽의 중산층 가족들이 많이 사는 울창한 교외 지역으로 들어가던 중 처참하면서도 구역질 나는 광경을 마주했다.[253] 거리에 수많은 시신이 흩어져 있었기 때문이다. 러시아 군인들이 몇 주 동안 자행한 폭력의 희생자들이었다. 그들 중 다수는 민간인이었고, 근거리에서 총격을 받아 쓰러진 자리에서 썩어가고 있었다.[254] 희생자들 중 일부는 고문을 당했고 또 다른 일부는 강간을 당했는데, 이것은 분명 고의적인 전쟁 범죄였다.[255]

달립 싱이 뉴델리에서 워싱턴으로 돌아오고 있을 때, 부차Bucha

국가는 무엇으로 싸우는가

에서 일어난 학살 소식이 퍼졌다. 싱과 그의 직원들은 이번에는 재무부의 의견을 거의 참고하지 않은 채 보복적 제재안을 준비했다. 지난 몇 달 동안 재닛 옐런 재무부 장관과 그녀의 팀은 제재의 잠재적인 부정적 여파를 우려했다. 또한 제재로 인해 달러와 미국의 국제 금융 관리 측면에서 장기적으로 평판이 손상되는 것을 우려해, 이에 관한 위험성을 경고하며 제동을 걸고 있었다. 싱과 그의 동료들은 재무부의 지나치게 조심스러운 태도에 실망해서 (그리고 러시아가 부채를 계속 상환하도록 허용한 재무부의 결정에 여전히 화가 나서) 이제 재무부의 개입을 최소화하고자 했다.

부차에서 일어난 잔혹 행위에 대응해 미국은 스베르방크에 대한 처벌을 강화했고,[256] 러시아 최대 민간 은행인 알파방크Alfa-Bank에 차단 제재를 부과했다. 그리고 러시아에 대한 미국 기업들의 모든 신규 투자를 금지했다.[257] 백악관은 또한 러시아의 부채 상환에 대한 재무부의 결정을 뒤집었다.[258] 그 결과 러시아는 볼셰비키 혁명 직후인 1918년 이래 처음으로 대외 채무불이행이라는 피할 수 없는 상황에 처하게 되었다(러시아 정부는 가장 최근인 1998년에는 국내 부채 채무불이행을 겪었다).[259] 싱은 외채 채무불이행이 러시아를 금융적 외톨이 상태로 고착시켜, 투자자들이 그 나라를 계속 의심의 눈초리로 보게 만들 것으로 예상했다. 그것은 시간이 지나도 지울 수 없는 오점이 될 것이다.

러시아에 부과한 미국의 금융 제재는 이제 거의 최대 수준에 도달했다. 러시아에 대한 기술 부문 수출 통제도 시행되었지만, 그 효과가 나타나기까지는 시간이 걸릴 것이다. 이로써 러시아의 에너지 산업을 어떻게 할 것인가 하는 문제만 남았다. 미국과 유럽의 비축유가 긴급 방출되었지만, 유가는 배럴당 100달러 이상을 유지하고 있었다. 러시아는 석유와 가스 판매로 매일 약 10억 달러를 벌어들이며 석유 수익이 전년 대비 50%나 급증했다.[260] 싱이 뉴델리를 방문한 후에도 인도의 러시아산 석유 수입은 계속해서 증가했다.[261] 봄이 되자, 인도의 그해 러시아산 석유 구매량은 이미 2021년 전체 구매량을 넘어섰다.

10년 전, 일련의 혁신적인 미국 제재로 이란의 석유 판매가 급감했고, 1,000억 달러 이상의 이란 자금이 해외 조건부 계좌에 묶였다. 바이든 행정부에는 이 작전에 참여했던 경험자가 여럿 남아 있었다. 우선 백악관에는 피터 하렐 국제경제 담당 수석국장이 있었다. 애틀랜타 출신으로 정치적 통찰력을 지닌 변호사인 하렐은 오바마 행정부 시기 국무부에서 일했으며, 이란 석유 제재를 시행하는 과정에서 막후 역할로 활약했다. 재무부에는 해외자산통제국 차관인 안드레아 가키Andrea Gacki가 있었다. 그녀는 10년 이상이 기관에서 다양한 지도적 역할을 수행했다. 또한 테러 및 금융정보국 차관보인 엘리자베스 로젠버그Elizabeth Rosenberg는 석유 및 가스 담당 기자로 경력을 시작한 후, 오바마 행정부 시기 재무부에 합류한 인물로 데이비드 코헨이 이란에 대한 석유 제재를 주도했을 때 그의 조언자 역할을 했다. 마지막으로 국무부에는 바이든이 신뢰하는 측근인 아모스 호크스테인이 있었다. 그는 2012년에 중국과 인도의 정유업체들이 이란산 석유 구매를 줄이도록 설득하는 데 도움을 주었다.

국가는 무엇으로 싸우는가

이란 석유에 대한 핵심 제재는 두 가지 측면에서 효과를 발휘했다. 첫째, 제재는 이란에서의 '매출량'을 줄였다. 미국 의회의 요청에 따라 오바마 행정부는 이란산 석유를 구매하는 모든 기업에 2차 제재를 부과하겠다고 위협했다. 더불어 6개월마다 이란산 석유의 총구매량을 상당량 줄이는 국가에는 제재 면제를 제공했다. 따라서 각국은 시간이 지남에 따라 이란산 석유의 수입을 점진적으로 줄일 동기가 생겼고, 실제로 그렇게 움직였다. 그 정책이 발효된 지 18개월 만에 이란의 석유 판매량은 60%나 급감했다. 둘째, 미국의 제재로 이란 정부가 석유 자금을 '사용'하는 방식이 제한되었다. 미국은 은행들에게 이란의 석유 자산을 해외 조건부 계좌에 묶어두도록 요구함으로써 이 같은 결과를 이끌어냈다. 이란 정부는 이 동결 자금을 식량, 의약품, 그리고 기타 제재를 받지 않는 물품을 구매하는 데에만 사용할 수 있었다. 이를 준수하지 않는 은행은 2차 제재를 받았다.

이러한 제재 성공 모델이 있었음에도, 바이든 행정부의 관리들은 이를 러시아에 적용하는 데 주저했다. 유가가 이미 최고치에 가까워진 상황에서 행정부 내의 누구도 러시아산 원유를 시장에서 없애는 정책을 옹호하지 않았다. 그렇게 되면 유가가 더욱 상승할 가능성이 있었기 때문이다. 문제는 러시아의 원유 수출 규모가 너무 크다는 것이었다. 러시아는 매일 원유 500만 배럴을 판매했는데, 2012년 초에 이란이 판매한 양의 두 배에 해당했다.[262] 더불어 디젤과 기타 석유 제품도 300만 배럴을 판매했다. 미국 내의 정치적 상황도 달랐다. 2012년 당시 의회는 거부권을 행사할 수 없는 다수결로 법안을 통과시켜, 오바마 행정부가 이란의 석유 판매를 겨냥하도록 압박했다. 하지만 2022년에 의회는 러시아에 관한 정책을 대체로 바이든에게 위임했다. 러시아 경제를 파괴하는 것은 이란 경제를 파괴하는 것보다 정치적으로 더 위험한 도박이었기 때문이다. 또 워싱턴에는 그런 조치를 촉구하는 로비스트와 이해 집단이 이란 때보다 훨씬 적었다.

바이든 행정부가 러시아의 석유 수출량 감축을 추진하지 않고 단지 조건부 계좌를 만들도록 추진하더라도, 푸틴은 석유 판매를 거부하는 방법으로 보복할 가능성이 있었다. 미국 행정부의 경제학자들은 푸틴이 자신의 경제와 연방 예산에 치명적인 피해를 줄 그런 일을 하리라고는 생각하지 않았다. 반면 일부 러시아 전문가들은 푸틴이 그렇게 할 정도로 미쳤을지도 모른다고 생각했다. 간단히 말해 미국은 새로운 전략이 필요했다.

관심을 끌었던 첫 번째 아이디어는 관세였다. 이는 러시아산 석유를 계속 수입하는 미국의 동맹국들에게 석유 구매 세금을 부과하는 방식이다.[263] 경제학자들은 이 개념을 좋아했다. 그 이유는 구매자들은 정부에 지불해야 하는 세금을 보상하기 위해 러시아에 더 낮은 가격을 요구할 수밖에 없고, 결국 러시아의 석유 수익이 줄어들 것이라고 보았기 때문이다. 그러면 동맹국의 정부는 그렇게 얻은 세금 수입으로 우크라이나를 재정적으로 지원할 수 있었다. 하지만 이런 접근 방식에도 큰 단점이 있었다. 첫 번째는 정치적 이유였다. 동맹국의 유권자들이 관세 때문에 주유소 가격이 급등한다고 비난할 수 있었다. 두 번째는 외교적 문제였다. 관세가 의도한 대로 효과를 거두려면 중국, 인도, 튀르키예를 포함한 러시아 석유를 구매하는 모든 주요 국가가 동참해야 했다. 그러나 후자의 국가들은 러시아에 대한 그런 공개적인 처벌 조치에 반대할 것이 거의 확실했다.

바이든 행정부는 러시아의 석유 수익은 줄이되 판매량을 줄이지 않는 전략이 필요했다. 덧붙여 그 전략은 러시아의 가장 큰 비서구 고객들의 공식적인 지원 없이도 효과를 발휘해야 했다. 마치 정치와 경제로 이루어진 루빅큐브 같았다. 한쪽 면의 색상을 정렬하려고 하면, 다른 쪽 면의 색상이 뒤섞였다.

마침내 안드레아 가키와 피터 하렐은 한 가지 아이디어를 생각해 냈다. 러시아와 우크라이나 전쟁 초기부터 이탈리아 총리 마리오 드라기는 유럽의 기업들이 러시아 천연가스를 구매하는 가격에 상한선을 두도록 유럽연합에 촉구했다. 드라기의 제안을 러시아의 석유 판매에 다시 활용해 적용한다면 어떨까? 구체적으로는 미국이 러시아산 석유가 특정 가격 이하로 '판매되지 않으면', 모든 러시아산 석유 구매자에게 징벌적 조치(아마도 2차 제재 포함)를 가할 것이라고 위협하는 방법이었다. 그 과정에서 몇몇 유럽연합 회원국을 포함하여 여전히 러시아에서 석유를 구매하는 서구 국가들은 그 가격을 초과하는 금액의 지급을 거부할 수 있다. 또한 미국 정부는 러시아의 석유 수출을 돕는 보험 회사와 해운 회사에 압력을 가해 이 '가격 상한'을 넘는 가격에 판매된 모든 화물의 서비스를 거부하도록 압박할 수도 있다. 사실상 서구는 사용할 수 있는 모든 경제적 초크포인트를 이용해 러시아가 석유 1배럴당

벌어들이는 가격에 상한선을 정하는 것이 가능했다. 가키가 말했 듯이 목표는 "제재를 이용해 석유를 더 저렴하게 만드는 것"이었 는데 믿기 어려울 정도로 좋은 개념이었다.[264] 가키나 하렐이 제 재에 관해 오랫동안 경험한 바에 따르면 그것이 불가능한 일은 아 니었다. 가키는 또한 옐런 재무부 장관이 드라기를 존경한다는 것 을 알고 있었으므로, 이 구상이 그녀의 지지를 얻을 수 있으리라 확신했다.

가키와 하렐이 이 아이디어에 장점이 있다고 본 데는 다른 이

국가는 무엇으로 싸우는가

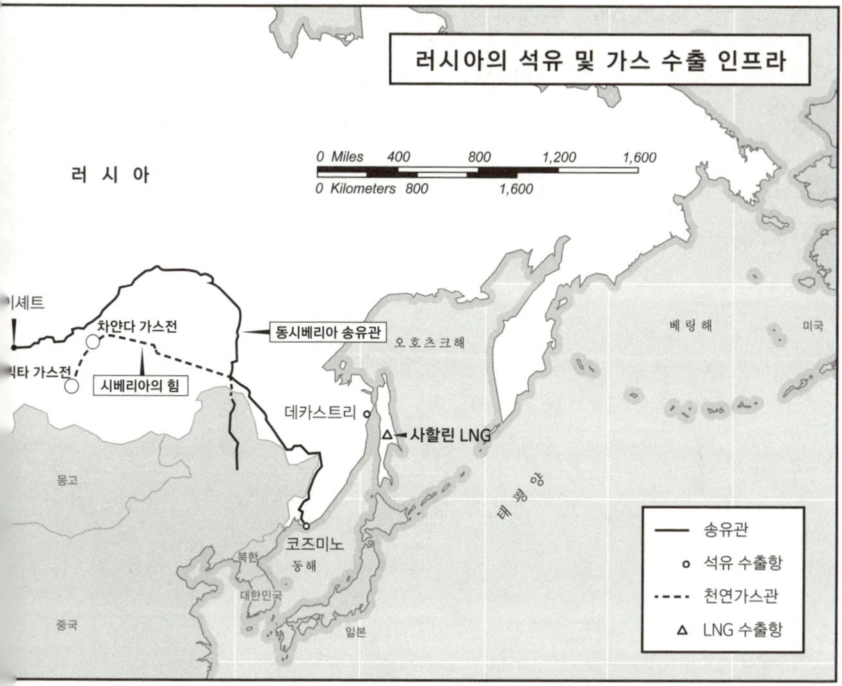

러시아의 석유 및 가스 수출 인프라
0 Miles 400 800 1,200 1,600
0 Kilometers 800 1,600
러 시 아
차얀다 가스전
동시베리아 송유관
시베리아의 힘
오호츠크해
데카스트리
사할린 LNG
베링해
미국
몽고
태평양
코즈미노
북한
동해
대한민국
중국
일본
송유관
석유 수출항
천연가스관
LNG 수출항

※ 원서의 지도에는 '동해'가 아니라 '일본해(Sea of Japan)'로 표기되어 있음을 밝혀 둔다(-옮긴이).

유도 있었다. 하렐은 "수입국인 중국, 인도, 튀르키예가 공개적으로 이 제안에 동참할 필요는 없었다"라고 말했다.[265] 바이든 정부의 관리들이 러시아산 석유를 구매한 정유업체 및 거래업체와 직접 대화하여 가격 상한을 준수하는 것의 이점과 위반할 경우의 위험을 설명할 수 있기 때문이다. 동시에 그들은 중국, 인도, 튀르키예 정부와 조용히 협의할 수 있었다. 이들 국가는 모두 러시아에 공개적으로 반대하는 입장을 표하지 않고도 석유 수입 비용이 줄어드는 형태로 정책의 혜택을 크게 누릴 수 있었다. 계획대로 진행된다면 러시아는 계속 막대한 양의 석유를 수출하게 되겠지만, 석유 1배럴로 얻는 수익은 훨씬 줄어들 것이다.

이 검증되지 않은 아이디어에 확신을 얻으려면 갈 길이 멀었고, 실제로 구현하는 일은 훨씬 더 어려운 길이었다. 하지만 미국 정부는 마침내 루빅큐브를 맞출 잠재적 해결책을 찾아냈다.

61 다른 대안이 있을까?

"What Other Option Do We Have?"

워싱턴에는 정책 아이디어가 워낙 흔하기 때문에 어떤 구상이 지적 가치만으로 실현되는 경우는 드물다. 대부분은 정치인, 사업가, 사상적 지도자, 유권자 등 다양한 우선순위와 이해관계를 가진 복잡한 후원자 네트워크가 있어야만 어떤 일을 이룰 수 있다. 한때 〈콩그레셔널 쿼털리Congressional Quarterly〉의 기자로 이런 과정을 취재한 적이 있던 피터 하렐은 자신과 안드레아 가키가 러시아산 석유 가격 상한에 대한 아이디어를 내놓을 때도 이와 다르지 않을 것이라고 생각했다. 그래서 하렐은 에너지 기업의 임원, 석유 거래업자, 그리고 제재 전문가로 이루어진 인맥을 이용해 이 아이디어를 생태계에 풀어놓기로 했다.

이 아이디어에 대해 하렐이 받은 반응은 모두 "아니오"라는 확실한 답변이었다. 미국 정부는 물론이고 세계 석유 거래에 관여하는 수많은 은행, 보험 회사, 정유소, 해운 회사들이 특정 러시아산 석유 화물에 지급한 정확한 가격을 어떻게 확인할 수 있겠는가? 이것이 가능하다고 하더라도 가격 상한 수준은 어떻게 정할 것인가? 석유시장은 전 세계 무역의 약 5%를 차지할 정도로 방대했고, 그중 일부 지역은 기회와 무법이 판치는 황야 같았다.**266** 즉 크고 빠른 수익을 낼 수 있다는 유혹은 상당수 의심스러운 행위자들을 끌어들였다. 그곳은 워싱턴의 관료들이 통제하기에는 너무 광대하고 험난한 영역이었다.

오바마 행정부도 이란에 대한 경제전쟁 도중에 가격 상한과 비슷한 개념을 고려한 적이 있었다. 당시에도 이 아이디어는 지금과 같은 이유로 매력적이었다. 부족한 석유시장에서 필수적인 공급을 차단하지 않고도 상대국의 석유 달러, 즉 석유 판매 수입의 흐름을 줄일 수 있었기 때문이다. 하지만 결국 이 아이디어는 실행하기가 너무 어렵다는 평가를 받았다. 그보다는 이란의 석유 '판매량'을 줄이기가 더 쉬워 보였다. 이란 항구에 드나드는 유조선 수를 세는 것만으로도 제재 규정 등의 준수 여부를 감시할 수 있기 때문이다. 그로부터 10년이 지났지만 이런 단점들은 여전히 남아 있었다. 또한 석유 가격 상한은 매우 복잡한 작동 방식을 가지고 있어서 대중에게 설명하기 어려웠다. 달립 싱의 백악관 동료 중 일부가 불평했듯이, 그것은 한마디로 그다지 "섹시하지" 않았다. 하지만 더 나은 계획이 없었으므로 싱은 재무부에 가격 상한

국가는 무엇으로 싸우는가

제안에 대해 심층적인 평가를 해달라고 지시했다.

이 검토는 재무부 고위 관리이자 재닛 옐런의 UC 버클리(캘리포니아대학교 버클리 캠퍼스) 경제학부 교수 시절 동료로 일했던 캐서린 볼프람Catherine Wolfram이 이끌었다. 석유 가격 상한에 대한 볼프람의 결론은 긍정적이었다. 그녀는 러시아가 전략적으로 석유 판매를 중단하는 식으로 무기화할 가능성은 작다고 판단했다. 그 판매 수입이 포기할 수 없을 만큼 중요했기 때문이다. 또한 볼프람은 러시아가 엄격한 가격 상한선에 직면하더라도, 거의 같은 양의 석유를 계속 판매할 것으로 보았다. 그녀는 "러시아의 공급은 본질적으로 100% 비탄력적(공급자가 가격 변화에 민감하지 않은 것을 말한다. 가격이 상승하든 하락하든 생산량이 비슷한 상태이다.-옮긴이)이다.[267] 한계비용이 매우 낮기 때문이다. 따라서 가격이 10달러만 넘으면, 그들은 가능한 한 많이 수출할 것이다"라고 설명했다. 최근 경험이 이를 잘 보여주었다. 코로나19 팬데믹의 초기 몇 달 동안 러시아의 유가가 배럴당 15달러 이하로 급락했을 때도, 러시아는 계속해서 대량의 원유를 생산했다.[268]

그사이 부차와 다른 우크라이나 도시에서 러시아가 전쟁 범죄를 저질렀다는 증거가 계속해서 쌓이고 있었다. 잔혹 행위의 규모도 커졌다. 러시아의 우크라이나 전면 침공 전, 우크라이나인 48만 명이 거주하던 마리우폴에서 러시아의 폭격으로 수만 명의 민간인이 사망하고, 도시의 상당 부분이 파괴되었다.[269] 유럽연합 국가들에서 대중의 분노와 전면적인 석유 금수 조치에 대한 요구가 커지자, 옐런은 공개적으로 신중하게 접근할 것을 촉구했다. 그녀는 "중기적으로 보았을 때, 유럽은 에너지와 관련해 러시아에 대한 의존도를 분명히 줄여야 한다. 하지만 유럽은 러시아산 석유 수입의 전면적인 금지 같은 조치에 대해서는 신중하게 생각해야 한다"라고 말했다.[270] 그녀는 유럽연합의 금수 조치는 "국제 유가를 분명히 상승시킬 것이며 유럽과 세계의 다른 지역에 피해를 줄 것"이고, 심지어 러시아 정부에 도움이 될지도 모른다고 지적했다. 결국 서구는 러시아의 에너지 횡재를 줄이면서도 석유와 가스 판매가 이어질 방법을 찾는 것이 더 낫다고 판단했다. 이 말은 가격 상한 제도의 가능성을 간접적으로나마 분명히 언급한 것이었다.

그 후 얼마 지나지 않아 볼프람과 다른 재무부 관리들은 가격 상한 아이디어에 대한 슬라이드 자료를 작성하여 비요른 세이버트에게 보냈고, 유럽연합이 금수 조치에 매달리지 않도록 유도했다. 그러나 유럽연합은 전면적인 금지 조치 쪽으로 입장이 확고히 기울어져 있어서 정치적 흐름을 바꾸기에는 너무 늦은 시도였다. 결국 가격 상한은 도입하기도 전에 무산되었다.

달립 싱은 경제전쟁은 아직 끝나지 않았지만, 5월에 백악관을 사임하기로 마음먹었다.[271] 끊임없는 제재 작전은 개인적으로 큰 부담이 되었고 가족과 더 많은 시간을 가지고 싶었다.

━━━━━

2022년 5월 4일, 우르줄라 폰데어라이엔 유럽연합 집행위원회 위원장은 프랑스 스트라스부르에서 열린 유럽 의회에서 우크라이나 전쟁에 대해 열정적인 연설을 했다. 우크라이나인들은 국제법의 신성불가침에 대한 "근본적인 이념을 재확인하기 위해 싸우고" 있으며, 그 결과 "유럽연합의 미래가 우크라이나에서 쓰이고 있다"고 말했다.[272] 이러한 실존적 위기를 고려할 때 유럽연합이 러시아 석유에 대한 의존을 종식할 때가 왔다는 내용이었다. 연설에서 폰데어라이엔은 유럽연합이 연말까지 러시아산 석유 수입을 단계적으로 중단할 것을 제안했다.

폰데어라이엔의 발표는 예상된 일이었지만 큰 사건이었다. 세계 최대의 러시아 석유 구매 진영이 수개월 내에 철수할 준비를 하고 있었다. 이는 국제 석유시장을 근본적으로 재편할 것이 확실했다. 유럽연합은 미지의 세계로 도약하고 있었다.

그날 늦게 폰데어라이엔이 제안한 내용의 모든 세부 사항이 공개되었다. 구체적으로 말하자면 유럽연합이 러시아산 석유가 어디로 향하는지와 관계없이, 그와 관련된 거래에 유럽 기업들이 운송, 중개, 보험 및 금융 서비스를 제공하지 못하도록 금지할 계획이라는 사실도 알려졌다.[273] 예를 들어 러시아가 인도에 석유를 계속 판매하려면, 유럽연합에 기반을 둔 기업의 서비스를 전혀 이용하지 않고도 판매할 방법을 찾아야 했다. 이는 물류 측면에서 큰 어려움이었다. 워싱턴 관리들에게 유럽연합의 '서비스 금지' 소식은 예상치 못한 난감함을 안겨주었다. 단순한 금수 조치가 내려졌다면 무역 경로와 고객 관계는 재편되겠지만, 러시아의 총 석유 공급량은 그대로 유지될 것이다. 하지만 여기에 서비스 금지 조치가 더해지면 러시아산 석유 중 일부가 시장에서 완전히 사라질 위험이 있었다.[274] 러시아가 적절한 보험을 확보하거나 모든 석유 물량을 운반할 유조선을 충분히 확보하는 데 어려움을 겪을 수 있기 때문이다. 그렇게 되면 유가가 급등할 가능성이 매우 컸고, 그것이야말로 바이든 행정부가 애써 막으려 했던 결과였다. 실제로 거래자들과 에너지 분석가들이 폰데어라이엔의 제안을 분석하고 그 영향을 검토하자, 유가가 오르기 시작했다.

그러나 유럽연합은 여러 서비스 금지 조치가 논리적으로 타당하다고 여겼으며, 유럽연합이 이전에 이란에 적용한 조치이기도 했다. 유럽의 정유 회사와 무역 회사가 러시아산 석유를 사는 것이 금지되었다면 유럽의 은행, 해운 회사, 보험 회사가 다른 나라의 러시아산 석유 조달을 돕는 것을 어떻게 허용할 수 있겠는가? 또한 이 조치는 유럽연합 전역이 석유 제재의 부담을 좀 더 공평하게 나누는 방법이기도 했다. 금수 조치를 이행하려면 일부 유럽연합 회원국은 다른 회원국보다 러시아산 석유 구매를 더 많이 줄여야 했다. 하지만 서비스 금지 조치를 추가한다면 27개 회원국 전체에 미치는 영향을 고르게 하여 불균형을 해소할 수 있을 것이다.

볼프람과 재무부 동료들은 유럽연합의 새로운 제안을 검토하며 긴장감에 심장이 요동쳤다. 그들의 모델을 통한 분석에 따르면, 만약 그 제안이 시행될 경우 유가는 배럴당 180달러 이상으로 상승해 역대 최고치를 훌쩍 넘을 수 있었다.[275] 월스트리트의 한 은행의 상품 부문 담당자는 재무부 관리들에게 자사 모델은 최대 300달러까지 훨씬 더 가파른 상승을 예측했다고 말했다. 어느 시나리오든 세계 경제는 고통스러운 경기침체에 빠질 수 있었다.

이러한 예측은 바이든 행정부의 관리들을 놀라게 했다. 유럽연합의 서비스 금지 조치로 석유 가격이 얼마나 오르느냐에 따라 러시아는 석유를 '덜' 팔고도 '더 많은' 돈을 벌게 되는 정책의 역효과가 나타날 수도 있었다. 하지만 재무부 관리들이 이런 우려를 유럽 담당자들에게 전달했을 때, 그들은 대수롭지 않은 듯 어깨를 으쓱했다. 서비스 금지 조치는 이미 확정된 것처럼 보였다. 미국의 관리들은 플랜 B로 전환해야 했다. 즉 러시아의 석유가 계속 유입되도록 유럽연합의 서비스 금지에 예외적인 통로를 찾는 것이었다. 그들은 이 목적을 달성하기 위한 가장 좋은 방법은 가격 상한 아이디어를 되살려 그것이 일종의 완화 장치 역할을 하도록 수정하는 것이라고 결론지었다.

미국의 관리들은 유럽연합의 서비스 금지에 대한 면제를 중심으로 가격 상한선을 설정할 수 있다고 생각했다. 구체적으로 러시아산 석유가 상한선 '이상'의 가격에 판매되면 서비스 금지 조치가 적용되지만, 러시아산 석유가 상한선 '이하'의 가격에 판매되면 서비스 금지 조치가 면제된다. 예를 들어 러시아가 인도에 석유 화물을 판매한다면, 인도 구매자가 상한선 이하의 가격을 러시아에 지급하는 한 유럽의 기업은 보험과 유조선을 제공할 수 있다. 서구가 이런 합의를 확실히 실행할 수만 있다면 잠재적인 공급 부족을 완화하고, 전 세계 석유 공급을 유지하는 동시에 러시아의 수입을 줄이는 두 마리 토끼를 잡을 수 있을 것이다.

물론 유럽인들이 이 방안을 받아들일 것이라는 보장은 없었고, 그것이 효과가 있을 것이라는 보장은 더욱 없었다. 하지만 유가의 향후 추이에 대한 암울한 전망 때문에(그리고 다른 실행 가능한 대안도 없었으므로) 바이든 행정부의 회의론자들조차 이 수정된 가격 상한 방식이 필요하다고 보기 시작했다. 백악관의 한 고위 관계자는 "젠장, 러시아산 석유가 시장에서 사라진다면 그야말로 재앙이 될 거야. 우리에게 다른 선택지는 뭐가 있지?"라며 당시의 절박했던 심정을 말해 주었다. 러시아의 석유 수익을 줄이려는 제안으로 시작한 논의가 세계 경제의 재앙을 막기 위한 긴급한 계획으로 변모하고 있었다.

유럽연합에서 이 같은 우려가 외면당하자, 미국 관리들은 영국으로 관심을 돌렸다. 어쩌면 영국이 서비스 금지 조치의 대안을 마련하는 데 동맹이 되어 유럽연합을 설득할 수도 있을 것으로 생각했다. 최소한 미국의 재무부 관리들은 영국 정부가 유럽연합이 제시한 모델을 따라 자체 서비스 금지 조치를 내리는 것을 막고 싶어 했다. 영국은 해상보험의 국제적 중심지였으므로 영국이 서비스 금지 조치를 내린다면, 유럽연합의 조치로 생긴 경제적 영향을 더욱 악화시킬 수 있었다. 영국이 다른 접근 방식을 취하도록 설득하기 위해 월리 아데예모와 엘리자베스 로젠버그는 영국의 관리들에게 전화를 걸어 서비스 금지 조치가 끔찍한 결과를 불러올 수 있다고 경고했다. 볼프람은 재무부의 수석 경제학자이자 상사인 벤 해리스Ben Harris와 함께 영국에 자신의 분석 내용을 설명했다. 그들의 접촉은 의도했던 효과를 거두었다. 영국은 유럽연합이 이끄는 서비스 금지를 따르지 않기로 했으며, 임박한 시장 혼란을 완화할 수 있는 가격 상한제 구축에 관해 미국과 협력하기로 했다.

국가는 무엇으로 싸우는가

이렇듯 미국과 영국은 협력하기로 합의했지만, 두 나라 모두 가격 상한이 효과를 거두려면 궁극적으로 동맹국들의 지지를 얻어야 한다는 점을 알고 있었다. 국제 P&I 클럽그룹IGP&I은 전 세계 유조선 선단의 대부분이 가입한 상호보험 연합체로 런던에 본사를 두고 있지만, 그 회원들은 유럽연합, 일본 및 다른 지역에 기반을 둔 클럽으로 구성되어 있다.[276] 이 기구의 관계자는 유럽연합이 서비스 금지 조치를 시행하면, 모든 회원 클럽이 러시아산 석유를 운송하는 선박에 대한 보험 적용을 즉시 중단할 것이라고 밝혔다.[277] 결과적으로 미국과 영국의 관리들은 유럽연합이 지지할 수 있는 방식으로 가격 상한 제안을 설계해야 한다는 것을 깨달았다.

5월 31일, 27개국 유럽연합 정상들은 폰데어라이엔의 제재 제안에 공식적으로 서명했다.[278] 뒤이은 최종 협상에서 몇 가지 항목이 완화되었다. 유럽연합은 전면적인 금수 조치를 시행하는 대신, 6개월 안에 러시아산 석유 구매의 약 90%를 단계적으로 줄이기로 합의했다.[279] 또한 동일한 일정에 따라 서비스 금지 조치를 시행하기로 합의했으나, 한 가지 중요한 예외가 있었다. 그리스와 몰타는 해상 운송 부문에서 면제를 받았기 때문에 서비스 금지 조치는 보험과 금융 분야에만 적용하기로 했다.[280] 그런데도 〈월스트리트저널〉은 이번 조치가 "러시아에 대한 역대 가장 강력한 제재"라고 보도했다.[281]

이와 같은 금수 조치와 서비스 금지 조치는 모두 12월 5일 이전까지는 발효되지 않을 것이다. 그러나 바이든 행정부의 관리들은 이미 그 충격에 대비하고 있었다. 유럽연합의 제재가 확정되자, 유가는 배럴당 120달러까지 치솟았다.[282] 이는 러시아와 우크라이나 전쟁 초기 이후 최고 수준이었다.

국가는 무엇으로 싸우는가

62 | 서비스 제공자 카르텔

The Service Providers' Cartel

예년보다 유난히 더운 6월의 어느 날, 미국의 대표단은 파리의 베르시Bercy에 있는 프랑스 재무부의 거대한 현대식 본부 회의실에 앉아 있었다. 미국 재무부에서 온 3인조 관리들인 엘리자베스 로젠버그, 벤 해리스, 캐서린 볼프람은 테이블 중앙쪽에 착석했다. 유럽연합이 석유 서비스 금지 조치를 추진하기로 한 후, 재닛 옐런 재무부 장관은 가격 상한을 실현하는 것을 최우선 과제로 삼았다. 그녀는 로젠버그, 해리스, 볼프람에게 그 일을 맡겼다.

이 3인조 관리들은 최근 유럽연합이 발표한 제재의 극적인 결과를 경고하기 위해 파리에 왔다. 그들은 유럽연합이 석유 관련 서비스의 금지 조치를 강행한다면, 유가가 급등하고 세계 경제는 침체에 빠질 것으로 확신했다. 비록 가격 상한이 완벽한 선택지는 아니겠지만, 그 잔인한 운명을 피할 수 있는 최선의 기회였다.

베르시 본부의 내부 방은 사람들로 가득 차 있고 창문은 닫혀 있으며 에어컨조차 없었다. 미국 재무부 팀은 주인인 프랑스 팀이 도착하기를 기다리며 땀을 뻘뻘 흘리고 있었다. 마침내 프랑스 대표단의 대표가 들어왔을 때, 그녀의 동료 가운데 한 명이 안부를 물었다. 그녀는 이들 미국인도 들을 수 있을 만큼 큰 소리로 프랑스어로 쏘아붙였다. "음, 지금 5시 30분인데, 내가 어떨 것 같아요?"

이 발언이 다음에 이어질 회의의 전체 분위기를 좌우했다. 프랑스 팀은 미국인들의 분석을 정중하게 경청한 다음 그들이 왜 틀렸는지 설명하고, 프랑스는 절대 유럽연합의 석유 제재를 수정하는 데 동의하지 않을 것이라고 말했다. 프랑스는 브뤼셀에서 그 제재들을 성사시키기 위해 힘들게 노력했으므로, 미국의 과도한 불안 때문에 다시 논쟁을 벌일 가치가 전혀 없다고 여겼다. 게다가 미국이 옳다고 해도 가격 상한은 실패할 운명이었다. 미국 같은 초강대국조차 유가를 결정할 수는 없기 때문이다. 프랑스 관리들 대표가 말한 대로 "러시아인들은 재닛 옐런이 자신들의 석유 가격을 결정하도록 하게 두느니, 차라리 풀을 뜯어 먹고 살겠다고 할 것"이다. 1시간 넘게 회의가 진행되었지만, 결국 아무런 진전 없이 끝났다. 미국인들이 방을 나가자, 프랑스인들은 신선한 공기를 들이기 위해 창문을 열었다.

이들 미국 대표단은 베를린, 브뤼셀, 런던까지 방문하는 3일간의 일정 중 이제 겨우 한 곳을 경험한 것뿐이었다. 독일인들은 프랑스인들만큼 적대적이지는 않았지만, 그들 역시 설득이 불가능했다. 브뤼셀의 유럽연합 관리들은 미국의 방문자들에게 유럽 제재의 반응이 이미 석유시장에 반영되었기 때문에 유가가 더 오를 위험은 거의 없다고 말했다. 런던에서의 대화는 이보다는 우호적이었다. 영국과 논의를 위해 월리 아데예모도 미국 대표단에 합류했다. 영국의 관리들은 미국이 우려하는 만큼 유가가 급등할 것이라고는 보지 않았다. 하지만 그달 말에 열리는 G7 연례 정상회의에서 가격 상한을 지지하며 미국의 노력을 돕기로 했다.

경제전쟁이 시작된 이래로, 미국은 G7의 정치적 권위에 의존하여 가장 야심 찬 새로운 제재 아이디어를 추진해 왔다. 2월에 달립 싱은 다른 G7 셰르파들과의 관계를 활용해 그들의 지지를 확보함으로써, 러시아 중앙은행에 대한 공격을 신속하게 조율했다. 바이든 행정부는 가격 상한을 실현할 수 있는 가장 좋은 기회는 G7으로부터 다시 한번 약속을 받아내고, 독일 바이에른에서 열리는 G7 정상회의에서 해당 조치를 공개적으로 발표하는 것이라고 판단했다.

달립 싱의 후임으로 백악관 셰르파가 된 인물은 전 재무부 관리이자 세계 최대 자산운용사인 블랙록의 수석 투자 전략가인 마이크 파일Mike Pyle이었다. 파일은 싱만큼 국제 경제 분야에서 경험이 많았지만 이 제재 작전에는 중간에 합류했기 때문에 경제전쟁이라는 어둠의 기술에는 생소했다. 다행히 다른 관리들 사이에 연속성이 있었고, 피터 하렐이 G7 공동성명의 석유 가격 상한에 대한 초안 작성을 주도했다.

하렐의 목표는 G7 정부들이 가격 상한을 실질적인 정책으로 마련하도록 명확히 지시하는 내용을 성명에 삽입하는 것이었다. 그러나 프랑스가 이를 받아들이지 않으리라는 것이 곧 분명해졌다. 일본도 역시 반발했다. 그들은 러시아 극동의 사할린-2 프로젝트에서 생산되는 LNG에 의존하고 있었고, 일본이 가격 상한을 지지할 경우 러시아가 이 중요한 공급을 차단할까 봐 걱정했다.[283] 다가올 정상회의의 주최국으로서 독일은 주도적인 역할을 맡았다. 독일은 G7이 세계 시장을 안정화하는 동시에 러시아의 에너지 수익을 줄일 수 있는 "다양한 접근 방식을 고려한다"는 내용의 타협안을 제안했다.[284] 그러한 접근 방식에는 가격 상한도 포함되었다. 이는 백악관의 바람에는 미치지 못했지만 로젠버그, 해리스, 볼프람과 같은 재무부 관리들에게 미국의 동맹국과 함께 이 개념을 개발할 수 있는 정치적 명분을 줄 것이다. 바이든 대통령이 바바리아(바이에른) 알프스의 성에서 다른 G7 지도자들을 만났을 때 마이크 파일이 마지막으로 밀어붙이고 대통령까지 합류한 것에 힘입어, 결국 6월 28일에 발표한 공동성명에 그 내용을 포함시킬 수 있었다.

———

G7의 공식적인 승인 덕분에 미국의 재무부 관리들은 본격적으로 새로운 경제 무기를 만들어나갈 최상의 지원을 확보할 수 있었

다. 7월에 영국의 관리들은 워싱턴에서 며칠을 보내며, 그 가격 상한을 실제로 어떻게 적용할지 논의했다. 해결해야 할 과제의 목록은 길었다. 가격 상한을 판매 시점(러시아 수출 터미널)에 적용할 것인가, 아니면 배송 시점(예를 들어 인도의 항구)에 적용할 것인가? 이 가격 상한에 만료일을 둘 것인가, 아니면 G7이 러시아산 석유 가격을 무기한 억제하기로 약속할 것인가?

무엇보다 가장 큰 질문 한 가지는 다음과 같았다. G7은 서비스 금지 조치를 면제해 주는 방식을 통해 가격 상한 정책을 시행하는 것에서 나아가, 2차 제재라는 위협을 동원해 그 정책을 강제할 방침인가? 스위스의 석유 거래 회사든, 중국의 정유 회사든, 세계 어느 곳에서든 규정을 준수하지 않는 그 어떤 주체에게 그런 회초리를 휘두를 것인가? 이러한 위협은 대이란 석유 제재의 성공에 중요한 역할을 했지만 당시 많은 논란을 불러일으켰다. 한편으로 2차 제재는 가격 상한 정책에 실질적인 힘을 실어줄 수 있으며, 2차 제재 없이는 그 정책이 효과적이지 않을 수도 있다. 게다가 2차 제재라는 채찍은 매력적인 당근과 함께 제공될 것이다. 가격 상한을 준수한다는 것은 러시아에 석유 대금을 '덜' 지불하는 것을 의미했고, 이처럼 석유 가격이 '싸졌다고' 불평할 사람은 아무도 없을 것이기 때문이다. 동시에 G7이 우크라이나를 지원하기 위해 국제적 지지를 끌어내려고 노력했지만, 글로벌 사우스(남반구의 신흥국과 개도국-옮긴이)에서는 별다른 진전이 없는 상황에서 2차 제재를 포함시키는 것은 일부 미국과 영국의 관리들을 불편하게 만들었다.

그보다 더 큰 또 다른 장애물도 있었다. 유럽연합은 오랫동안 2차 제재를 불법으로 규탄해 왔고, 심지어 유럽의 기업들이 2차 제재를 준수하는 것을 금지하는 법안을 통과시킨 적도 있었다[285] (어쨌든 유럽의 기업들은 2차 제재를 준수하는 경향이 있었고, 2차 제재를 금지하는 법이 집행된 경우는 거의 없었다). 로젠버그는 "유럽은 2차 제재를 극도로 꺼렸고, 절대 그것을 받아들이지 않을 것"이라고 설명했다.[286]

이 모든 것은 2차 제재가 이상적이지 못한 집행 도구라는 것을 보여주었다. 그 대안으로 미국과 영국의 관리들은 일종의 카르텔을 만드는 것을 구상했다. G7 회원국이 해당 석유 거래가 가격 상한선을 준수하는 경우에만, 자국 기업이 러시아산 석유 운송을 위한 서비스를 제공하도록 허용하는 방식이다.[287] 그렇지만 사실상 G7 전체가 유럽연합의 서비스 금지에 동참하고 선박 운송까지 포함해 조치를 강화한 후, G7이 정한 가격 상한선 이하의 러시아산 석유 판매에 대해서는 금지를 면제하기로 공동 합의할 것이다. 쉽게 말해 러시아는 인도에 석유를 판매하면서 영국의 보험이나 그리스의 유조선을 이용할 수 있다. 하지만 러시아산 석유가 G7의 가격 상한보다 낮은 가격에 판매되어야만 그 서비스 이용이 가능하다.

석유 소비국들은 오랫동안 산유국이 행사하는 가격 결정에 대한 영향력을 자신들도 확보하기를 열망해 왔다. 일찍이 1973년 초에 미국 경제가 아랍의 석유 금수 조치로 신음하고 있을 때, 헨리 키신저는 OPEC을 견제할 구매자 카르텔을 만들자는 구상을 내놓았지만 큰 진전은 없었다.[288] 현재 미국이 구상하고 있는 것은 '구매자' 카르텔이 아니었다. 모든 G7 회원국이 러시아산 석유 수입을 중단했거나 그렇게 할 계획을 세웠기 때문이다. 그것은 '서비스 제공업체' 카르텔이었고, 그 목적은 구매자 카르텔과 비슷했다. 즉 세계 최대 석유 수출국 중 하나인 러시아가 석유 상품 값으로 받는 가격을 통제하는 것이었다.

이 전략은 두 가지 가정에 기초하고 있다. 첫 번째는 러시아가 G7이 제공하는 서비스(구체적으로는 영국의 보험, 유럽의 해운, 미국의 금융)에 접근하지 않고는 자국 석유의 상당 부분을 판매하는 것이 불가능하다는 가정이다. 이 세 가지 물류의 구성 요소 중에서 영국의 보험은 특히 중요한 초크포인트였다. 런던에 기반을 둔 국제 P&I 클럽그룹은 전 세계 유조선 선단의 약 95%에 상호보험을 제공함으로써 영국을 해상보험의 국제적인 중심지로 만들었다.[289]

두 번째는 러시아산 석유 구매자가 가격 상한을 활용해 러시아 판매자로부터 더 낮은 가격에 석유를 사려고 협상할 것이라는 가정이다. 하지만 그런 일은 거의 보장할 수는 없다. 구매자들이 러시아의 반감을 사는 것을 우려하여 가격 인하 요구를 주저할 수 있기 때문이다. 물론 러시아가 석유를 가격 상한 이하의 값으로 판매하는 것을 거부할 수도 있다.

미국의 재무부 관리들은 시장 상황을 살펴보기 위해 러시아산 석유의 주요 구매자들과 비공식적으로 접촉했다. 그 과정에서 그들이 접한 반응은 고무적이었다. 인도와 튀르키예 관리들은 가격 상한을 공식적으로 지지하지는 않지만, 자국의 기업들이 러시아 석유 공급업체와 가격 협상을 강하게 추진하는 것을 막지는 않을 계획이라고 밝혔다. 8월에 자카르타에서 로젠버그와 볼프람은 인도네시아 관리들로부터 미래에 가격 상한이 시행될 가능성만으로도 러시아산 석유 구매자들이 가격 협상에서 유리한 입장이 되었다고 들었다.[290] 로젠버그와 볼프람이 귀국한 직후, 한 인도네시아 장관은 인스타그램에 러시아가 자국에 석유를 "국제 시장가격보다 30% 낮은 가격"으로 판매하겠다는 제안을 했다고 글을 올리며 이러한 정보를 공개했다.[291]

또 다른 중요한 증거는 8월 말에 아데예모와 볼프람이 함께 뭄바이를 방문했을 때 나타났다.[292] 인도의 한 정유 회사 임원들이 설령 러시아가 대안을 제시하더라도 G7 해상보험이 적용되지 않는 석유는 구입을 꺼릴 것이라고 설명했다. 그 임원들은 발트해의 러시아 항구에서 인도까지 석유 화물이 먼 항해를 하는 동안 충돌이나 다른 사고가 발생했을 때, 러시아가 배상금을 지급하지 않을 것을 우려했다. 알다시피 러시아는 법치주의로 유명한 나라가 아니었고, 푸틴의 막대한 전쟁 비용 지출과 서구의 지속적인 제재의 부담 때문에 러시아의 재정 상태가 결코 안심할 만한 수준이 아니었다.

이러한 논의 결과는 서비스 제공업체 카르텔이 2차 제재의 위협 없이도 가격 상한을 시행하는 데 필요한 영향력을 가질 것이라는 바이든 행정부의 판단을 뒷받침해 주는 듯했다. 특히 해상보험 같은 필수적인 물류 서비스를 제공하지 않겠다는 위협만으로도, 전 세계의 민간 기업들이 규정을 따르도록 만드는 데 충분할 것으

국가는 무엇으로 싸우는가

로 보였다. 이처럼 미국의 관리들은 2차 제재의 가능성을 배제하지 않았지만, 그것은 최후의 수단으로만 고려했다.

9월 2일, G7 재무부 장관들은 유럽연합이 러시아산 석유 수입을 대폭 줄이기로 한 날짜인 12월 5일까지 가격 상한 정책을 시행하겠다고 공식적으로 약속했다.[293] 우크라이나 관리들은 이 결정을 환영했으며, 그중 한 관리는 가격 상한이 "바로 우리에게 필요한 것"이라며 찬사를 보냈다.[294] 실제로 우크라이나는 받을 수 있는 모든 도움을 필요로 했다. 키이우에서 러시아군을 격퇴하고 초기 침공의 충격을 견뎌낸 우크라이나군은 이제 반격을 준비하고 있었다.[295]

경제적 소모전

An Economic War of Attrition

러시아가 우크라이나를 침공하기 전, 서구가 제재 작전을 세우고 있을 때 그 주된 목표는 (러시아에 대한) 억제였다. 어쩌면 고통스러운 경제적 타격을 가할 것이라는 위협만으로, 푸틴이 제국주의적 망상을 포기하도록 만들 수도 있다고 보았다. 하지만 그런 노력이 실패하자 목표가 바뀌었다. 이제 서구의 일부 인사들은 제재를 향후 평화 협상에서 우크라이나가 활용할 수 있는 유리한 지렛대로 보았다. 그러나 이것은 있을 법한 일이 아니었다. 이 전쟁이 시작된 지 8개월 만에, 우크라이나의 재건 비용은 이미 5,000억 달러에서 1조 달러 이상으로 추산되었다.[296] 러시아가 우크라이나에 막대한 배상금을 지급하지 않는 한 제재가 해제된다는 것은 생각할 수 없는 일이었고, 러시아가 배상하는 것 또한 상상하기 힘든 일이었다. 더 가능성 있는 것은 서구가 결국 우크라이나 재건을 지원하기 위해 러시아 자산을 압류하는 시나리오였다.[297] 여기에는 러시아 중앙은행의 고정된 3,000억 달러 이상의 외환보유액도 포함되었다.

분명한 것은 제재가 더 이상 러시아의 태도 변화를 목표로 하지 않는다는 점이었다. 서구는 더 단순한 것을 목표로 삼았다.[298] 즉 러시아 경제를 타격하여 결과적으로 푸틴이 정복의 꿈을 이루기 힘들게 만드는 것이었다. 제재는 이제 소모전의 도구가 되었으며, 러시아의 힘을 조금씩 갉아먹어 들어가 결국 러시아가 우크라이나 또는 다른 나라에 더 이상 심각한 위협이 되지 않도록 만드는 수단이었다.[299] 트럼프 행정부가 중국을 지정학적 경쟁 상대로 지정하고 경제전쟁으로 중국에 유리했던 세계화의 측면을 되돌리려 한 것처럼, 바이든 행정부는 러시아에 같은 입장을 취했다. 푸틴이 세계화의 혜택을 이용하여 러시아를 강대국으로 재부상하게 만들었던 시대는 끝났다. 미국의 국방부 장관 로이드 오스틴Lloyd Austin은 4월 키이우를 방문한 후, 당시 직설적인 표현으로 논란을 일으킨 발언에서[300] 다음과 같은 새로운 공통된 합의를 피력했다. "우리는 러시아가 우크라이나 침공과 같은 일을 다시는 할 수 없을 정도로 약화되기를 원한다."[301]

제재는 이 같은 전략의 한 축에 불과했다. 전쟁이 진행됨에 따라 미국 정부는 우크라이나에 군사 지원을 크게 늘려 수천억 달러 상당의 첨단 무기를 제공했다.[302] 여름이 되었을 즈음, 미국은 하

전시 동맹: 볼로디미르 젤렌스키와 제이크 설리번 미국 국가안보 보좌관(오른쪽)이 키이우에서 악수하고 있다.

이마스HIMARS도 우크라이나에 보냈다. 이것은 트럭에 장착하는 무기 체계 중 하나로 약 80킬로미터 거리에서 정밀 유도 로켓을 발사할 수 있었다.[303] 하이마스는 동급 러시아산 무기보다 더 정교했으므로 우크라이나가 전장에서 질적인 우위를 점할 수 있었다. 우크라이나군의 우월한 사기와 전술에 힘입어 하이마스는 전쟁의 흐름을 바꾸는 데 도움을 주었다. 남부 지역에서는 우크라이나군이 이 신무기로 러시아의 보급선을 파괴하여 엄청난 피해를 주었다.[304] 초가을 무렵에는 우크라이나의 반격이 상당한 진전을 이루었다. 우크라이나가 자국의 영토 대부분을 탈환할 가능성이 보이기 시작했다.

국가는 무엇으로 싸우는가

미국과 동맹국의 군사적 지원은 우크라이나가 침략자를 몰아내는 데 필수적이었다. 한편 경제전쟁은 러시아의 군사력을 약화하고 자국의 사기를 떨어뜨림으로써 보조적인 역할을 할 수 있다. 이는 러시아가 일부 무기의 재고를 보충하는 데 어려움을 겪고 있다는 점에서 이미 분명히 드러났다. 거대한 군산복합체가 있었지만 러시아는 최첨단 무기를 생산하는 데 들어가는 컴퓨터 칩을 서구의 수입에 의존했다.[305] 그런데 러시아는 해외직접생산품규칙과 다른 수출 통제 때문에 이런 부품을 확보할 수 없었다. 러시아 군대는 소련 시대의 무기를 꺼내 쓸 수밖에 없었는데, 그 무기는 우크라이나가 서구에서 받은 첨단 장비의 상대가 되지 못했다.

반도체 칩 부족 사태는 러시아 경제 전반에 큰 영향을 미쳤다. 러시아 당국은 반도체 칩을 확보하기 위해 수입한 냉장고와 식기세척기까지 분해하기에 이르렀고, 그 여파로 일반 시민들은 익숙했던 소비재를 구하기 어려워졌다.[306] 더욱 문제인 것은 반도체 칩의 부족으로 러시아의 자동차, 트럭, 기관차 산업이 황폐해졌다는 점이다.[307] 300만 명 이상의 러시아인을 고용하고 있는 자동차 제조업과 그 관련 산업이 특히 큰 타격을 입었다. 2022년 9월, 해당 부문의 생산량은 지난해 같은 기간보다 80%나 감소했다.[308] 수백만 명의 러시아 노동자가 일시 해고를 당하거나 무급 휴직 등의 처지에 놓였다.[309]

반도체 외의 분야에서도 부족 현상이 심각했다. 러시아 주요 산업 대부분은 투입재의 50% 이상을 수입에 의존했다.[310] 전쟁의 영향으로 육계용 병아리와 트랙터용 타이어조차 부족해졌다.[311]

운 좋게 사업을 계속할 수 있었던 기업들도 제품의 품질이 떨어지는 것을 겪어야 했다. 러시아 정부는 외국산 부품의 공급난을 고려해 승용차의 안전 기준을 완화하기도 했다. 러시아 최대의 자동차 제조업체인 아브토바즈AvtoVAZ는 에어백과 ABS(브레이크 잠금 방지 장치)가 없는 차량을 판매하기 시작했다.[312] 이전에 푸틴은 러시아 국민의 삶을 개선하여 국내 지지를 얻었지만, 이제 경제 상황은 소련 시절의 추억을 떠올리게 했다. 제재 대상이 된 러시아의 한 올리가르히는 "이제 소시지에 종이가 더 많이 들어가겠어"라며 농담조로 투덜거렸다.[313]

러시아는 곧장 해결책을 찾아 나섰다. 약 2만 2,530킬로미터에 달하는 러시아 국경선에는 제재와 수출 통제의 영향을 받지 않고 사업할 수 있는 많은 뒷길이 있었다. 러시아 기업들은 아르메니아, 카자흐스탄 등의 인접국에 위장 회사를 세운 뒤, 그곳을 통해 상품을 수입하여 러시아 국경을 넘어 밀수했다.[314] 미국과 동맹국들은 이런 행위를 막기 힘들었는데, 특히 밀수품이 컴퓨터 칩만큼 작을 때는 더욱 그랬다.[315] 이전에 이란이 그랬던 것처럼 러시아도 시간이 지남에 따라 제재를 회피할 창의적인 방법을 찾아낼 것이다. 미국 정부와 다른 G7 정부들도 한발 앞서 나가려 노력하겠지만, 그 결과는 마치 끝없이 쫓고 쫓기는 고양이와 쥐의 술래잡기 같은 양상이 될 것이다.

러시아를 상대로 압박을 유지할 확실한 방법이 하나 있다면, 그것은 러시아 경제에 현금을 공급하지 않는 것이었다. 구매할 돈이 없다면 밀수 경로는 별 소용이 없을 것이다. 이는 러시아의 전

국가는 무엇으로 싸우는가

쟁 수행 능력에도 동일하게 적용되었다. 군대가 스마트 폭탄을 사용하든 옛 소련 시대의 유물을 사용하든 군인의 훈련, 장비, 배치에는 엄청난 비용이 든다. 특히 장기간에 걸쳐 대규모 병력을 유지하는 데는 더욱 그렇다.

9월 21일, 전장에서 전세를 뒤집기 위한 필사적인 시도로 푸틴은 징집령을 내려 약 30만 명의 민간인을 군에 동원하는 계획을 발표했다.[316] 이에 수만 명의 러시아인이 우크라이나 전선에 투입되는 것을 피하려고 나라를 탈출했고, 수많은 용감한 시위자들은 체포당하는 것을 각오하고 거리로 나섰다.[317] 그 직후 푸틴은 우크라이나의 도네츠크, 루한스크, 헤르손, 자포리자 지역을 공식적으로 합병했다(이 지역 중 상당 부분은 러시아의 지배 아래 있던 지역이 아니다). 그리고 푸틴은 이 지역이 '영원히' 러시아 일부로 남도록 정부가 할 수 있는 '모든 수단'을 동원할 것이라고 맹세했다.[318]

러시아의 징집 강행과 영토 합병은 군사적, 정치적 갈등을 심각하게 고조시켰다. 그러나 이 때문에 푸틴 정권은 긴급하게 현금이 더욱 필요하게 되었다. 석유 수출은 여전히 러시아의 가장 중요한 현금 수입의 원천이었으며, 경제의 나머지 부분이 위축되면서 그 중요성은 더욱 커졌다. 서구가 러시아 정부로 흘러드는 석유 자금의 흐름을 끊는 일이 지금 절실히 필요했다. 다시 말해 가격 상한이 반드시 적용되어야 했다.

64 | 분할된 시장

A Partitioned Market

국제 에너지 산업계의 인사들은 가격 상한을 아무 것도 모르는 워싱턴 관료들이 내놓은 터무니없는 계획이라고 보았다. 〈블룸버그〉의 칼럼니스트인 하비에르 블라스_{Javier Blas}는 이 정책을 조롱하는 트윗을 올려 큰 화제가 되었다. "나와 친구들은 우리 동네 술집의 맥주에 가격 상한을 정하기로 합의했습니다. … 참고로 말하면, 사실 우리는 그 술집에서 맥주를 마실 계획은 없어요. 술집 주인은 가격 상한을 지키는 사람에게는 맥주를 팔지 않겠다고 말하더군요. 그래서 그곳에서 술을 자주 마시는 다른 손님들은 가격 상한에 동참하지 않겠다고 합니다. 성공하길."[319]

이러한 조롱에 재무부는 크게 당황했고, 재무부의 수석 경제학

자 벤 해리스가 공식 트위터 계정에서 이 글에 대응했다. 해리스
는 "G7이 세계 석유 무역에 필수적인 금융과 기타 서비스를 독점
하고 있기 때문에 특정 가격 이상의 거래를 제한할 수 있습니다.
국제 에너지 거래는 동네 술집보다 조금 더 복잡합니다"라고 반박
했다.[320] 하지만 상품 시장 분석가부터 학자들까지 해리스의 주장
을 믿는 사람은 거의 없었다. 해리스는 당시 "수많은 사람이 나를
바보라고 불렀다"라고 회상했다.[321]

가격 상한이 공개적으로 비난받고 있음에도 불구하고, 해리스
와 엘리자베스 로젠버그는 가격 상한제를 시행할 은행, 보험 회
사, 상품 거래소, 정유 회사, 선주, 선적 등록 당국과 의미 있는 협
의를 하고 있었다. 그들의 대화 상대 중 다수는 평소 최대한 재무
부의 눈에 띄지 않으려 하던 사람들이었다(특히 석유 거래자들은 미
국 정부와 투명하게 협력하기보다는 제재를 회피하는 행태로 잘 알려져
있었다).[322] 하지만 재무부는 대화를 모색해야 했다. 최악의 시나
리오는 기업들이 가격 상한을 지키는 것이 불가능하다고 보고, 러
시아산 석유에서 완전히 손을 떼는 것이 낫다고 판단하는 것이었
다. 이러한 과도한 준수는 미국의 제재와 관련하여 흔하게 나타나
는 경향이었다. 2015년 핵 협정 이후 주요 유럽 기업들이 이란 시
장에 다시 진출하지 않은 것이 그 대표적인 사례이다. 현 상황에
서 재무부는 과도한 제재 준수 때문에 러시아산 석유가 시장에서
사라지고, 그 결과 국제 유가가 급등하는 것을 우려했다. 이것은
바로 가격 상한이 막으려 했던 결과였다.

해리스와 로젠버그는 이 대화를 하는 과정에서 미국이 '함정수

사'를 하는 것이 아니라는 점을 의심 많은 기업 임원들에게 설득하는 데 엄청난 시간을 들여야 했다. 그들은 가격 상한이 재무부와 민간 기업들 모두에게 윈-윈이 될 것이라고 주장했다. 기업의 경영진이 의견을 제시하여 정책이 현실적으로 실행되도록 돕고, 재무부는 이처럼 협의 과정에 기업들을 참여시킴으로써 그 기업이 해당 정책을 준수할 것이라는 암묵적인 확신을 얻을 수 있다는 것이었다. 은행과 기업들은 오랫동안 경제전쟁의 최전선에서 보병 역할을 해왔다. 이제는 그들도 장군들에게 조언할 기회를 얻게 되었다.

아랍의 산유국들은 점점 더 불안한 마음으로 이 과정이 전개되는 것을 지켜보았다. 세계 석유시장의 핵심 국가인 사우디아라비아는 가격 결정권을 행사하는 데 익숙했는데, 이는 1970년대부터 이어져 온 특권이었으며 OPEC+를 이끌면서 유지해 왔다(2016년에 OPEC은 생산 수준을 조정하기 위해 러시아와 다른 9개국을 초대했고, 이로써 비非OPEC 주요 산유국 모임인 OPEC+가 탄생했다).[323] 가격 상한은 이 카르텔의 가격 결정권을 위협했다. 만약 G7이 러시아 석유 가격을 억제하는 데 성공한다면, 서구가 석유시장의 기능에 필수적인 서비스에 대한 접근을 통제함으로써 이 시장을 좌우할 수 있다는 것이 증명될 것이다. 그리고 오늘 러시아를 향해 발사된 경제 무기가 내일은 다른 석유 수출국을 겨냥할 수도 있었다. OPEC+ 국가의 장관들이 10월 5일 빈에서 회의를 가질 예정인 가운데, 그들의 행보에 관심이 고조되었다.

미국의 관리들은 사우디아라비아의 지지가 필요하다고 판단했다. 그보다 몇 달 전 바이든 대통령이 사우디아라비아의 왕세자 무함마드 빈 살만Mohammed bin Salman(서구에서는 MBS라는 약어로 더 잘 알려져 있다)을 직접 만나기 위해 제다로 가기도 했다. 이 방문은 바이든이 2018년에 〈워싱턴포스트〉의 기자 자말 카슈끄지 Jamal Khashoggi 살해 사건에 대해 사우디아라비아에 "대가를 치르게 하겠다"라고 공언했던 것을 감안하면 중요한 외교적 전환이었다.[324] 당시 바이든은 사우디아라비아가 석유 생산량을 늘려 유가 부담을 줄이겠다는 막연한 약속을 받고 회담을 마쳤다.[325] 10월 OPEC+ 회의를 앞두고 아모스 호크스테인과 다른 미국의 관리들은 제다를 다시 방문해 빈 살만에게 이 약속을 상기시켰고, 그들은 사우디아라비아가 최소한 석유 감산을 지지하지는 않을 것이라는 확답을 받았다.[326]

하지만 결정의 순간이 오자, 사우디아라비아 정부는 러시아 편을 들었다. 빈 회의에서 OPEC+ 장관들은 하루 200만 배럴의 석유 생산량을 줄이기로 합의했다.[327] 이것은 가격 상한에 대한 직접적인 공격이었다.[328] G7이 러시아산 석유 가격을 낮추려고 노력해도 OPEC+가 공동으로 생산량을 줄여 가격이 급등한다면 그 노력은 무의미했다.

백악관은 격분하며 그 결정을 "근시안적"이라고 비난했고, 의회와 협력하여 "OPEC의 에너지 가격 통제를 약화시키겠다"라고 밝혔다.[329] OPEC+의 결정 직전에 재무부는 가격 상한이 에너지 비용을 낮춰 글로벌 사우스 국가들이 수십억 달러를 절약할 수 있다고 홍보했었다.[330] 이제 이러한 약속은 그저 시기상조인 것처럼 보였다.

OPEC+의 러시아 대표인 알렉산더 노박Alexander Novak은 빈 회의의 연설에서 가격 상한이 도입될 경우, 러시아는 추가로 감산할 준비가 되어 있다고 선언했다.**331** 이는 가볍게 받아들일 수 없는 위협이었다. 이전에 캐서린 볼프람은 러시아 정부에 석유 수익은 너무나 귀중하기 때문에 수출을 중단할 가능성은 작다고 평가했다. 하지만 그렇더라도 푸틴은 그 길을 택할 수도 있으며, 유가를 더욱 끌어올려 다가오는 미국 중간선거에서 바이든에게 정치적 타격을 주려는 계산일 수도 있었다.

러시아는 이미 가스와 관련하여 에너지 수출을 무기화할 의도를 보여준 적이 있었다. 9월에 가스프롬은 노르트스트림 1 가스관을 통해 유럽으로 공급되는 모든 가스를 무기한 중단했다.**332** 이 가스관은 발트해를 통해 러시아에서 독일까지 연결된다. 그런데 몇 주 후에 이 가스관은 원인을 알 수 없는 사건으로 인해 파손되었다. 전쟁이 시작된 이후 러시아가 유럽연합 국가들에 공급하는 천연가스는 전체적으로 80% 이상 감소했다.**333** 러시아가 주요 수출 소득원인 석유 수입을 포기하는 것은 가스 수입을 잃는 것보다 훨씬 더 어렵겠지만 당시 상황은 여전히 위태로웠다.**334**

결국 이런 두려움은 근거 없는 것으로 판명되었다. 러시아는 석유 수출을 중단하지 않았고, 민주당은 중간선거에서 예상보다 더 나은 성적을 거두었다.**335** 10월 중순, 바이든 행정부는 미국 정부의 전략 비축유에서 추가로 1,500만 배럴의 원유를 매각해 대통령이 3월에 명령했던 긴급 방출을 마무리했다.**336** 그러는 동안

국가는 무엇으로 싸우는가

미국(지속적인 인플레이션으로 연준이 금리를 인상했다)과 중국(대규모 코로나19 감염 확산으로 경제가 어려웠다 [337])의 경제 상황 변화가 국제 유가에 하락 압력을 가했다. 12월 5일, 가격 상한제 시행일이 다가오면서 석유시장 상황은 놀라울 정도로 호전되었다. 이제 G7에게 남은 일은 가격을 결정하는 것뿐이었다.

　미국 재무부는 경제 예측 모델을 기반으로 한 가격 상한을 깊이 신뢰했다. 이는 학계의 경제학자 군단이 만들어낸 복잡한 수학적 모델로, 엘리트 경제학자이자 전 연방준비제도이사회 의장인 재닛 옐런 재무부 장관의 검토를 거친 것이었다. 하지만 실제 가격을 정할 때가 되자, 그 과정은 과학이라기보다는 예술에 가까웠다.

　바이든 행정부가 판단하기에 가격 상한은 현재 시장가격보다 낮아야 하지만 러시아가 석유를 계속 판매할 수 있을 만큼 높아야 했다. 이는 범위가 매우 넓어서 어떻게 그 범위를 계산할 것인지 의견이 분분했다. 우선 여러 기준 중 고려할 수 있는 것 하나는 러시아의 한계생산비용이었다.[338] 이것은 러시아가 이윤을 내며, 그에 따라 계속 판매할 유인이 생기는 최저 가격선이었다. 문제는 모든 러시아 유전의 생산비용이 같지 않다는 점이었다. 러시아의 일부 유전은 저렴하고 효율적이지만 그렇지 않은 유전도 있었다. 유전의 정확한 숫자도 알아내기 힘들었다. 재무부 관리들은 한계생산비용이 배럴당 25~35달러 사이가 될 것으로 추정했다. 대부분의 독립적인 분석가들은 이보다 훨씬 낮게 보았고, 심지어 배럴당 10달러 미만으로 추정하기도 했다. 그러나 경제적으로 타당하든, 그렇지 않든 배럴당 10달러라는 상한은 너무 굴욕적인 수준이어서 러시아 정부가 석유 판매를 중단할 것이 거의 확실했다.

또 다른 참고할 기준은 러시아 정부의 예산이었다. 최근 몇 년 동안의 예산에서는 유가를 배럴당 45달러로 예상했다.[339] 그 임곗값을 초과하는 가격이라면 러시아 예산은 항상 흑자가 날 것으로 전망했다. 당시 군사비 지출이 급증하고 제재가 강화되면서, 러시아의 석유 수입에 대한 예산 의존도가 극적으로 높아졌다. 손익분기점은 최소한 70달러로 상승했다.[340] 이 임곗값 아래로 가격 상한을 설정하면 러시아 정부가 재정적자에 빠질 것으로 예상할 수 있었다.

가격을 설정하는 세 번째 방식은 러시아의 우크라이나 침공을 기준으로, 그 이전의 몇 년과 비교해 대략 유가가 얼마나 올랐는지 계산하는 것이었다. 그런 다음 현재 유가에서 증가분을 빼면 전쟁의 영향이 없을 때 유가가 대략 어느 정도일지 알 수 있다. 이 방식을 사용하면 배럴당 55~65달러의 수익이 발생했는데, 이는 러시아가 수출을 계속할 동기를 갖기에 충분한 수준이었다. 또한 정치적으로 설득하기에 유리하다는 이점도 있었다.[341]

결국 가장 유익한 의견은 인도와 튀르키예 등 러시아산 석유 구매국들과의 협의에서 나왔다. 즉 가격 상한을 너무 낮게 정하면, 이들 구매자는 러시아와의 협상에서 실효성 있는 영향력을 행사할 수 없다는 점이었다. 예를 들어 시장가격이 거의 90달러인데

국가는 무엇으로 싸우는가

가격 상한을 30달러로 정한다면, 인도는 상한선을 준수하는 입장에서 러시아산 석유를 30달러에 사겠다고 요구할 수밖에 없다. 이 경우 러시아 정부는 판매를 중단하겠다고 경고한 바 있다.[342] 그리고 미국의 최우선 과제는 러시아가 '석유를 계속 판매하도록' 동기를 부여하는 것이었다. 따라서 더 나은 접근 방식은 러시아가 석유를 계속 팔도록 확실한 동기를 제공하면서, 동시에 인도와 튀르키예, 다른 구매국들이 더 큰 할인을 요구할 수 있는 신뢰할 만한 협상력을 가지도록 보수적인 가격 상한선을 설정하는 것이었다.

러시아산 석유 가격 상한의 마감 기한인 12월 5일을 2주 앞둔 시점에도 가격은 여전히 정해지지 않은 상태였다. G7이 가격 상한을 지지했지만 유럽연합 27개 회원국 모두 최종 가격에 합의해야 했고, 유럽연합 내부의 의견 차이는 G7 국가 간의 의견 차이보다 훨씬 컸기 때문이다. 유럽연합 내에서는 폴란드와 발트 3국이 볼로디미르 젤렌스키의 강력한 요구로 30달러의 상한선을 추진하고 있었다. 우크라이나군이 진군하는 상황에서 러시아를 엄청난 재정 위기에 빠뜨릴 것이라는 판단 때문이었다(우크라이나군이 러시아가 정복한 가장 큰 도시인 헤르손을 막 해방시켰을 때).[343] 한편 러시아산 원유 운송과 가장 깊은 이해관계가 있는 유럽연합 국가들(그리스, 키프로스, 몰타)은 70달러 이상의 상한선을 요구했다.[344] 이것은 당시 러시아가 받던 가격과 거의 같은 기준이었다. 결국 비요른 세이버트는 G7 동료들에게 "완전히 악몽이에요"라고 상황을 전했다. 이 문제에 관해 교착 상태가 더 심해지는 것을 피하고자 미국과 다른 G7 국가들은 세이버트에게 유럽연합 회원국에 65~70달러의 가격 범위를 제시하도록 승인했다. 그리고 최종 가격은 유럽연합의 내부 협상을 통해 정하도록 했다.[345]

폴란드는 30달러를 고수했다. 이 나라는 마감일이 점점 다가올수록 양보를 거부하며 치킨 게임을 벌일 준비를 했다. 결국 재닛 옐런과 토니 블링컨을 비롯한 미국의 고위 관리들과 전화 통화를 하고 나서야, 폴란드는 가격 상한을 60달러로 낮추면 양보하기로 동의했다.[346] 이 결정은 합리적이라고 여겨졌고, 가격 상한 정책이 발효되기 약 48시간 전에 최종 가격으로 결정되었다.[347] 바이든 행정부의 관계자들은 안도감을 느꼈다. 그들은 이 지점에 도달하기 위해 6개월 이상 열심히 싸웠다. 그들은 바보라는 소리를 들었고, 그보다 더 심한 말도 들었다. 이제 그들의 실험적인 경제 무기는 정말로 중요하고도 유일한 심판관인 시장에 의해 시험받게 되었다.

가격 상한의 시행 초기에 나타난 증거는 놀라웠다. 12월 5일 자정이 지나자, 이스탄불 중심부를 흐르는 좁은 해협인 보스포루스 해협 어귀에 교통 체증이 발생했다.[348] 튀르키예 해상 당국은 선적한 화물이 가격 상한을 준수한다는 것을 입증하지 못하면, 유조선들이 해당 초크포인트를 통과하는 것을 막았다. 그 증거로 튀르키예 관리들은 국제 P&I 클럽그룹 회원사가 보증하는 "해당 선박이 운송하는 기간 또는 그 선박이 튀르키예 해역에 있는 동안 어떠한 상황에서도 보험 적용이 유지된다"라고 적힌 서면 확인서를 요구했다.[349] 국제 보험그룹IIG의 주요 회원인 런던 P&I 클럽그룹은 이 요구 사항이 기준을 "훨씬 넘어섰다"라고 불평했지만, 튀르키예 정부는 요지부동이었다.[350] 튀르키예의 해사총국 국장은 보스포루스해협에서 유조선과 관련하여 사고가 나면 "우리나라에 치명적인 결과를 초래할 것이다. 가격 상한제가 시행됨에 따라 우리는 유조선들의 P&I 보험의 보장이 여전히 유효하고 포괄적인지 어떤 식으로든 반드시 확인해야 한다"라고 말했다.[351] 튀르키예는 가격 상한을 매우 진지하게 받아들이고 있지만 그 행동은 과도한 준수로 보였고, 석유시장에 공급 위기를 촉발할 위험이 있었다. 가격 상한이 오히려 너무 잘 작동해서 생긴 문제였다.

여러 날 동안 긴장감이 감도는 시간 속에서 미국과 유럽의 관리들, 그리고 주요 P&I 클럽그룹의 임원들은 튀르키예 당국의 담당자들과 해결책을 찾기 위해 협의했다. 가격 상한이 발효된 지 약 일주일 후 튀르키예 당국은 마침내 유조선들의 운항을 허가했다.[352] 막혀 있던 상황이 풀렸다.

유조선들이 보스포루스해협을 자유롭게 항해하면서 국제 유가는 그해 최저 수준인 배럴당 80달러 아래로 떨어졌다.[353] 러시아 유가는 더욱 하락해 배럴당 50달러 이하로 떨어져, 상한선인 60달러 아래에서 안정적으로 유지되었다.[354] 우크라이나 침공 전, 러시아산 석유는 국제 기준인 브렌트유와 거의 같은 가격에 판매되었다. 이제는 30달러 이상의 할인이 적용되고 있다.[355] 부분적으로 이는 러시아 석유 무역에 대한 지리적 변화가 반영된 결과였다. 발트해에 있는 러시아의 석유 항구에서 로테르담과 다른 유럽연합의 수입 터미널까지 여정은 일주일도 채 걸리지 않았다. 그런데 이제 러시아 석유의 주요 해상 운송 경로가 된 인도까지의 여정은 한 달 이상이나 걸렸다.[356] 인도로 가는 운송비용이 증가하면서 러시아 석유 생산업체들의 수입이 감소했다.

이러한 할인은 가격 상한이 효과를 발휘하고 있다는 것을 보여주었다. 유가는 급등하지 않고 오히려 급락하여 전 세계 소비자들에게 이익이 되었다. 그리고 러시아산 석유의 급격한 할인은 러시아 정부의 수익을 계속 갉아먹고 있었다. 2023년 상반기에 러시아의 석유 수입은 전년 대비 약 50% 감소했고, 러시아 정부는 상당한 재정적자를 떠안게 되었다.[357] 러시아 정부는 전쟁 자금을 조달하기 위해 러시아의 석유 회사들로부터 점점 더 많은 돈을 짜내야 했다. 하지만 그 기업들은 이미 제재로 투자 부족에 시달리고 있고, 주요 수출 시장에서도 배제된 상태였다. 국제에너지기구는 러시아가 2030년까지 석유와 가스 수입에서 1조 달러 이상의 손실을 볼 것으로 전망했다.[358] 석유 수출국인 러시아로서는 다른 수단으로는 채우기 힘든 재정적 구멍이었다. 이번 가격 상한 공격이 우크라이나에 유리하게 전쟁의 흐름을 바꿀 만큼 효과가 빠르지 않을 수도 있다. 하지만 시간이 지나면서 이런 추세는 푸틴과 그의 제국주의적 야망에 불리하게 작용할 것이다.

또한 러시아 석유 사업의 변화는 한 시대의 종말이라는 더 큰 무언가를 의미했다. 석유시장은 세계화의 상징이었으며 배들은 바다를 누비며 공통된 기준과 서비스를 통해 석유를 판매해 왔다. 하지만 그런 시절은 끝났다. 분자 수준에서 보면 러시아산 석유는 북해나 사우디아라비아의 석유와 비슷할 수 있다. 하지만 가까운 미래에는 별도의 공급망에 의존하고 더 낮은 가격에 판매될 것이다.

국가는 무엇으로 싸우는가

석유 산업과 이를 둘러싼 국제 관계 연구로 유명한 역사가인 대니얼 예긴 Daniel Yergin 은 처음에는 가격 상한에 회의적이어서, 그것이 "매우 어려운" 프로젝트라고 보았다.[359] 하지만 발효된 지 얼마 지나지 않아, 그는 가격 상한이 세계사적으로 매우 중요한 의미를 지닌다는 것을 알았다. 12월 말에 예긴은 가격 상한과 유럽연합의 금수 조치가 "국제 석유시장의 종말을 의미한다. … 그 자리에 남은 것은 분할된 시장이며, 그 경계는 경제 및 물류뿐만 아니라 지정학적 전략에 의해서도 결정된다"라고 설명했다.[360]

지난 15년 동안 경제전쟁은 국제 금융 체계를 재구성했다. 이제 서구가 푸틴의 러시아를 무력화하려는 과정에서 국제 석유시장도 똑같은 변화를 겪고 있었다.

제6부

세계 경제의
분열

65 작은 마당과 높은 울타리

"Small Yard and High Fence"

2022년 11월 말, 중국의 세관 직원들은 가짜 임신배를 착용한 채 입국하려던 한 여성을 체포했다.[1] 그녀의 불룩한 가짜 배 안에는 엄청난 양의 컴퓨터 칩이 숨겨져 있었다. 이 수법은 중국 전역에서 벌어지는 더 큰 흐름의 일부였다. 중국의 기업들은 외국산 반도체와 칩 제조 장비를 가능한 한 많이 비축하기 위해 경쟁적으로 나섰고, 그들의 창고를 수십억 달러 상당의 장비로 가득 채우고 있었다.[2] 얼마 지나지 않아 급증하는 이 물품들의 수요를 맞추기 위해 활성화된 암시장이 형성되었다.

10월 7일에 미국 상무부가 발표한 중국에 대한 새로운 수출 통제 조치들이 이런 구매 열풍을 일으킨 원인이었다.[3] 이 광범위한 규정에는 중국의 첨단 반도체와 슈퍼컴퓨터 접근을 차단하는 것을 목표로 하는 세 가지의 새로운 해외직접생산품규칙이 포함되었다. 즉 미국의 기업과 기술을 사용하는 전 세계 모든 기업이 새로운 규정의 적용 대상이었다. 미국 정부와 국무부는 이 같은 내용을 아무런 논평 없이 발표했다. 그에 대해 언급한 홍보라고는 상무부 산업안보국의 판에 박힌 보도자료뿐이었다.[4] 홍보를 자제한 것은 중국을 자극하지 않으려는 계산된 시도였지만, 그렇다고 해당 규정이 가진 중요성이 덜한 것은 결코 아니었다. 한 백악관 고위 관리는 이 조치에 대해 "정말 엄청나게 큰일"이라고 말하기도 했다.

석유시장은 분열 중인 세계 경제의 한 단면일 뿐이었다. 기술 산업에서도 경제전쟁은 세계화의 핵심인 국가 간 공급망을 무너 뜨리고 있었다.

이 과정을 주도한 수출 통제는 오랜 시간 동안 미국의 여러 행정부를 거쳐 만들어졌다. 조 바이든은 여러 면에서 전임자의 정책을 부정하며 대통령직에 올랐지만, 도널드 트럼프가 중국의 기술 부문에 가한 강력한 제재는 철회하지 않고 오히려 강화했다. 전임 행정부와 마찬가지로 바이든 팀은 미국의 첨단 기술 분야의 우위를 지정학적 힘의 핵심으로 여겼다.[5] 특히 점점 치열해지는 미국과 중국 간의 경쟁 구도에서는 더욱 그러했다. 바이든과 그의 참모들은 백악관에 입성하자마자, 트럼프 시기의 화웨이에 대한 수

출 통제를 중국의 기술 산업 전체로 확대할 계획을 세웠다.

타룬 차브라Tarun Chhabra가 백악관 국가안전보장회의의 신설 직책인 기술·국가안보 담당 수석국장을 맡으며, 이 작업을 주도하도록 발탁되었다. 차브라는 실리콘밸리의 자금 지원을 받아 2019년에 설립된 싱크탱크인 조지타운대학교의 안보 및 신흥기술센터 CSET에서 백악관으로 영입되었다.[6] 불과 몇 년 만에 이 센터는 기술과 국가안보가 교차하는 이슈에 대해 미국 정계가 가장 의지하는 기관으로 자리 잡았다. 차브라는 안보 및 신흥기술센터 출신의 다른 전문가들을 모아 새롭게 국가안전보장회의의 부서를 구성하여, 중국과의 기술 경쟁에서 미국 정책의 잘못된 점을 모두 바로잡을 팀을 만들었다.

바이든 행정부가 트럼프의 수출 통제를 강화하기 위해 할 수 있는 일은 많았다. 왜냐하면 수출 통제의 그 모든 영향에도 불구하고 그동안은 주로 하나의 특정 중국 기술 대기업에만 집중하고 있었기 때문이다. 트럼프는 여러 중국의 기술 기업을 상무부의 제재 목록에 추가하여 미국산 제품이 이들 기업에 직접 수출되는 것을 차단했지만, 그보다 훨씬 광범위한 효력을 가진 해외직접생산품규칙은 화웨이에만 적용했다. 그렇지만 바이든 행정부는 서두르지 않기로 했다. 2020년에도 미·중 무역 규모는 무려 6,150억 달러에 달했으며, 트럼프의 무역전쟁과 코로나19 팬데믹으로 인한 공급망 혼란에도 불구하고 중국은 미국에서 상품 교역 규모가 가장 큰 상대국이었다.[7] 이러한 깊은 유대 관계와 그것에 의존하는 수백만 개의 미국 내 일자리와 생계 때문에 바이든 행정부는 중국

국가는 무엇으로 싸우는가

에 검증되지 않은 경제 무기를 쉽게 사용할 수 없고, 그에 따른 반발도 피할 수 없다는 의미였다. 그들은 철저히 준비한 뒤에 움직여야 했다.

또한 트럼프 행정부와 달리 바이든 팀은 동맹국들과 협력하여 행동하기를 원했다. 유럽연합과 일본, 한국, 호주 등 인도-태평양 지역의 민주주의 우방국들의 지원을 확보하는 것은 분명 작전을 지연시킬 수는 있지만 그만큼 더 강력한 결과를 낳을 가능성이 컸다. 이 점은 특히 수출 통제와 관련해서 두드러졌다. 중국의 기술 부문은 실리콘밸리뿐만 아니라 네덜란드와 일본의 핵심 부품에 의존하고 있었는데, 이들 국가는 중국의 반도체 산업이 따라오지 못할 수준의 정밀함을 갖춘 공작기계와 소프트웨어를 제공하고 있었기 때문이다.

고급 칩 제조에 필수적인 극자외선EUV 기술이 그 대표적인 예다. 이 분야의 시장 선도 기업인 네덜란드의 기업 ASML은 상상을 초월하는 복잡성을 가진 EUV 장비를 판매했다. 이 장비는 10만 개의 부품으로 구성되고, 이것을 작동하려면 ASML 직원들의 전문적이고도 광범위한 교육이 필요했다.[8] 크기는 버스만 하고 가격은 대당 약 1억 5,000만 달러인 이 기계는 전 세계 어디에서도 찾아볼 수 없는 독보적인 상품이어서 중요한 초크포인트가 되었다.[9] 제이크 설리번은 바이든의 국가안보 보좌관으로 취임하고 얼마 되지 않아, 네덜란드 측 담당자와 이 문제를 논의했다. 네덜란드 정부는 ASML이 중국으로 EUV 장비를 수출하는 데 필요한 허가를 계속 보류하겠다고 약속했다.[10] 그러나 네덜란드를 설득하여 전면적인 수출 통제에 동참시키는 것은 훨씬 더 힘든 일이었다. 중국 정부는 허가 지연과 관련해 네덜란드 정부에 상당한 압력을 가하고 있었다. ASML은 수출 통제가 역효과를 낼 수 있다고 경고 했다.[11] 중국은 세계 최대의 반도체 제조 장비 구매국으로 국제 시장의 약 30%를 차지했다.[12] 중국과 거래를 끊는다는 것은 ASML이 연구개발에 투자할 막대한 수익을 포기해야 하며, 그러 면 최첨단 기술을 유지하기 어려워질 수 있다는 뜻이었다.

미국 관리들의 광범위한 노력에도 불구하고 네덜란드는 행동 하는 데 주저했다. 일본도 마찬가지였는데, 일본의 반도체 산업은 또 하나의 중요한 초크포인트였기 때문이다.[13] 경제적으로 너무 큰돈이 걸려 있었고, 일본은 자국 기업들에게 불이익이 생기는 것 을 경계했다.

바이든 행정부의 관리들이 다음 단계를 고심하는 동안, 최근 러시아에 부과한 해외직접생산품규칙은 반도체 중심의 수출 통제 가 국가 전체의 경제를 표적으로 삼을 때 어떤 성과를 거둘 수 있 는지 보여주었다.[14] 이 규칙은 거의 40개에 이르는 다른 정부들이 발표한 유사한 제재 조치들과[15] 더불어 러시아의 군산복합체에 엄청난 피해를 주었다.[16] 하지만 사람들은 그것이 너무 미흡하고 늦은 대응은 아닌지 의문을 품지 않을 수 없었다. 러시아군은 이 미 우크라이나의 광범위한 지역을 점령했으며, 푸틴은 그 지역을 방어하는 데 필요한 모든 수단을 동원하겠다고 맹세했다. 어쨌든 러시아는 우크라이나의 도시들과 중요 인프라를 파괴하기 위해 최첨단 무기가 필요하지는 않았다. 소련 시대의 구식 폭탄으로도

국가는 무엇으로 싸우는가

그렇게 할 수 있었기 때문이다.

러시아에 대한 수출 통제는 효과가 있었지만 수년 전에 더 일찍 시행되었어야 했다는 이런 암울한 평가 때문에 백악관은 중국에 대한 좀 더 강력한 기술 제재를 서둘러야 한다고 확신하게 되었다. 제이크 설리번은 이제부터 미국은 반도체 기술 분야에서 "가능한 한 큰 격차"를 유지하는 것을 목표로 할 것이라고 설명했다.[17] 미국은 더 이상 중국과의 모든 경제 관계가 윈-윈이라는 환상에 빠지지 않을 것이라는 뜻이었다. 설리번은 세계화의 전성기 시절 "우리의 안일함과 고유한 개방성을 경쟁국들과 적대국들이 이용했던 일"이 다시 반복되지 않도록 하려는 조치였다고 밝혔다.[18] 설리번의 이 같은 발언은 트럼프 행정부 관리의 입에서 나올 법한 말이었다.

2022년 8월 초에는 낸시 펠로시 하원의장이 대만을 방문하기도 했다.[19] 지난 25년간 대만을 찾은 미국의 정부 인사 가운데 최고위직 인물이었다. 중국의 반응은 즉각적이고 격렬했으며, 이는 중국이 조만간 대만을 침략할지도 모른다는 현실적인 가능성을 보여주는 추가적인 증거로 여겨졌다. 당시 중국군은 수일간에 걸쳐 정교한 군사 훈련을 실시했다. 대만의 도시 위로 미사일을 발사하고 섬 주변 전역에서 해군 기동 훈련을 벌였는데, 마치 상륙 작전을 위한 예행연습처럼 보일 정도였다.[20] 그 군사 훈련이 너무 광범위하여 대만 인근 해역의 상선들은 전부 대피해야 했다.[21] 또한 중국 정부는 100개가 넘는 대만 제품의 수입을 금지했고,[22] 대만의 공식적인 독립을 지지했다는 혐의로 한 사업가를 체포했다.

중국과 '제한 없는' 협력 관계를 구축했던 푸틴처럼, 시진핑도 침략 전쟁이 그 대가를 치를 만한 가치가 있다고 판단할 수도 있었다. 만약 미국이 수출 통제로 중국의 군사력을 약화시킬 의향이 있다면 빨리 행동하는 편이 나았다.

이러한 위기감을 느낀 바이든 행정부는 독자적으로 움직이기로 했다. 미국만의 자체적인 강화된 수출 통제를 먼저 시행하고, 그 다음에 네덜란드, 일본, 그리고 다른 국가의 지원을 확보하는 데 주력할 계획이었다. 첫 번째 단계로, 8월 말에 상무부는 엔비디아에 주요 그래픽처리장치GPU(인공지능 알고리즘을 실행하는 데 필요한 연산 능력을 제공하는 장치)를 중국의 양대 기술 기업인 알리바바와 텐센트에 판매하는 것을 중단하라고 지시했다.[23] 또한 그달에 바이든은 미국의 칩 산업에 500억 달러 이상을 투자하는 내용을 포함하는 'CHIPS 및 과학법(여기서 CHIPS는 '반도체 생산 촉진을 위한 유용한 지원 정책 수립Creating Helpful Incentives to Produce Semiconductors'의 약자다.-옮긴이)'에 서명했다.[24] 당시 기준으로 세계 최첨단 칩의 90% 이상이 대만의 TSMC에서 생산되고 있어서 중국이 대만을 침략하면 이러한 의존성은 재앙이 될 수 있었다.[25] 마침내 10월 7일 상무부는 중국의 기술 부문을 겨냥한 세 가지 새로운 해외직접생산품규칙을 발표했다. 한 상무부 관리는 이 조치를 미국의 동맹국이 뒤따를 수 있도록 확신을 주기 위한 일종의 "착수금down payment"이라고 표현했다.[26]

이러한 미국의 독자적인 조치는 즉각적인 영향을 미쳤다. 미국 반도체 산업의 3대 거물인 어플라이드 머티어리얼즈, 램리서치,

국가는 무엇으로 싸우는가

KLA는 중국과의 사업을 중단하고, 중국 반도체 제조업체들의 장비 운용을 돕던 직원들을 본국으로 철수시키기 시작했다.[27] 네덜란드의 EUV 제조업체인 ASML은 미국 시민권자, 영주권 소지자, 미국에 거주하는 외국인 직원들 모두에게 중국 고객과의 거래를 즉각 중단하라고 지시했다.[28] 이렇듯 새로운 수출 통제가 발표된 후, 첫 거래일에 중국의 반도체 주식 가치는 약 100억 달러 가까이 하락했다.[29]

이 조치들은 미국의 동맹국에도 바람직한 효과를 가져왔다. 2023년 3월, 네덜란드와 일본은 각각 ASML과 도쿄일렉트론Tokyo Electron 같은 자국 기업이 중국에 중요한 칩 제조 장비를 판매하는 것을 금지하는 자체적인 수출 통제 조치를 시행하기로 합의했다.[30] 미국의 경제전쟁의 새로운 모델이 등장하고 있었다. 미국은 동맹국과 어깨를 나란히 하며 협력하면서도 앞에서 주도적인 역할을 할 것이다. 위기가 시작되기 전에 선제적으로 행동할 것이며, 뒤늦게 위기를 수습하려 허둥대는 일은 피할 것이다. 그리고 경제 무기의 사용과 적극적인 국내 투자를 결합하여 미래의 충격에 대한 미국의 방어력을 강화할 것이다.

2023년 4월, 제이크 설리번은 워싱턴의 브루킹스연구소에서 행한 연설에서, 국제 경제 정책에 대한 "새로운 워싱턴 합의"의 구상을 구체적으로 밝혔다. 자유시장 근본주의 시대는 끝났다. 그 대신 미국은 일자리를 미국에 유치하고 반도체, 생명공학, 청정에너지 같은 분야에서 미국의 주도권을 유지하기 위해 막대한 보조금을 포함한 공격적인 산업 정책을 채택할 것이다(바이든 행정부는 반도체 산업에 투자했던 것처럼 국내 청정에너지 부문에도 인플레이션 감축법IRA을 통해 수십억 달러를 투자했다[31]. 이 전략에서 수출 통제는 중심적인 역할을 하겠지만, 그 적용 범위는 '군사적 균형을 무너뜨리는 기술'에 초점을 맞출 것이다. 우르줄라 폰데어라이엔의 표현을 빌려 설리번은 미국은 "위험을 제거하고 다변화하려는 것이지 단절(디커플링)하는 것이 아니다"라고 선언했다. 그리고 이때의 "맞춤형 조치는 (중국이 말한 대로) 기술 봉쇄에 해당하지 않는다"라고 말했다.[32] 설리번은 미국의 경제 전체를 벽으로 막는 것이 아니라 "높은 울타리"로 기반 기술이라는 "작은 마당"을 보호하는 것이 목표라고 주장했다.[33] 경제전쟁을 한다고 해서 세계화를 완전히 뒤집을 필요는 없었다. 조금의 상호의존조차 허용할 수 없을 만큼 중요한 분야는 차단할 수 있지만, 다른 분야의 국가 간 연결은 여전히 긴밀하게 유지될 것이다.

그렇지만 미국의 수출 통제는 의심할 여지 없이 '높은 울타리'를 의미했다. 설리번이 주장했듯이, 그것이 '작은 마당'만 둘러쌀 것인지는 논쟁의 여지가 있었다. 설리번은 컴퓨팅 관련 기술, 생명공학 기술, 청정에너지 기술을 "앞으로 10년 동안 특별히 중요한" 세 가지 "기술군"으로 규정했으며, 이 각각의 분야에서 미국의 주도권 확보가 "국가안보의 필수 불가결"한 요소라고 말했다.[34] 이 세 가지 분야는 소규모 산업이 아니다. 이 산업들은 미국 경제에서 가장 빠르게 성장하는 부문이었다. 게다가 중국이 미국의 수출 통제에 보복할 것이 분명했기 때문에, 이는 점차 다른 분야까지 휘말리는 보복 경제전쟁으로 이어질 수도 있었다. 아니나 다를까

국가는 무엇으로 싸우는가

설리번이 브루킹스연구소에서 연설한 지 몇 달 후, 중국 정부는 칩과 태양광 패널, 광섬유 제조에 필수적인 핵심 광물인 갈륨과 게르마늄의 수출을 제한한다고 발표했다.[35]

바이든 행정부가 중국에 대한 새로운 수출 통제 조치를 마무리하고 있을 즈음, 러시아 군용기 한 대가 테헤란에 착륙했다. 군용기 안에는 우크라이나에서 러시아의 손에 넘어간 미국과 영국의 군사 장비가 실려 있었다. 이란은 이 무기를 역설계할 목적으로 연구하고자 했다. 또한 군용기에는 현금 1억 4,000만 유로도 함께 실려 있었다.[36] 러시아와 이란에 대한 제재가 너무 심해 두 나라 사이에 돈을 이체할 다른 확실한 방법이 없었기 때문이다. 그 대가로 이란은 러시아에게 자국에서 생산한 자폭형 드론인 샤헤드 Shahed를 100대 이상 제공했다. 이러한 '자살 드론'은 목표물(이번 경우는 우크라이나의 핵심 인프라가 대상이다)로 직접 날아가 충돌 시 폭발하도록 설계된 것이다. 이것은 제2차 세계대전 당시 적의 군함을 향해 돌진해 비행기로 들이받는 일본의 가미카제 조종사의 원격 조종 버전인 셈이다.[37]

백악관의 한 고위 관리는 "우리는 공개적으로 명백하게 러시아 경제에 타격을 주려고 노력하고 있다. 그러나 중국 경제에 대해서는 공개적으로 명백하게 해를 끼치려는 것이 '아니다'"라고 말했다. 하지만 러시아, 중국, 이란 관리들에게는 그런 구별이 별로 중요하지 않았다. 그들은 모두 서구가 하나로 뭉쳐 조직적으로 자국을 공격의 표적으로 삼고 있다고 여겼다. 그 결과 세 국가 모두 서로 간의 상업적 관계를 강화하고, 서구의 경제적 초크포인트를 피해 갈 우회로를 구축하기 위한 노력에 힘을 쏟았다.[38] 이 과정에서 러시아와 이란은 긴밀한 군사적 동반자가 되었고, 중국과 러시아 간에는 무역이 번성했다. 중국 기업들은 러시아에 산업용 부품, 방탄조끼, 그리고 전장에서 사용할 수 있는 다양한 장비를 공급했다. 중국은 이란산 석유 수입을 늘리고, 이란과 사우디아라비아 간의 합의를 중개하여 이란이 외교적 고립에서 벗어나도록 하는 데 도움을 주었다.[39]

이러한 권위주의 세력의 결집은 세계 경제의 새로운 단계를 예고한 것으로, 앞선 세계화 시대와는 근본적으로 다른 것이었다. 세계의 기본 상태, 즉 국제 사회의 표준 질서는 더 이상 자본과 무역이 자유롭게 흐르는 모습이 아니었다. 이제 경제전쟁은 일상이 되었고, 미국인이 지난날 희망했던 것보다 훨씬 평화롭지 못한 세상의 피할 수 없는 특징이 되었다.

앨런 그린스펀은 2007년 연방준비제도이사회 의장직에서 물러난 직후, "세계화 덕분에 이제 미국의 정책들 상당 부분은 세계 시장의 힘이 결정하게 되었다"라고 말했다.[40] 그러나 시간이 지나며 드러났듯이, 세계 시장의 힘은 중요한 경제적 초크포인트를 장악한 국가들의 힘에 상대가 되지 않았다. 규제 없는 자유시장 시대는 끝났다. 이는 전 세계적인 경제전쟁의 갈등 속에서 발생한 부수적인 결과이자 피해였다.

　　　　　　　　국가는 무엇으로 싸우는가

경제 안보를 위한 경쟁

The Scramble for Economic Security

"매일 밤 나는 모든 국가가 왜 달러를 기반으로 무역해야 하는지 스스로 묻습니다."[41]

2023년 4월 더할 나위 없이 화창한 봄날, 루이스 이나시우 룰라 다 실바 Luiz Inácio Lula da Silva 대통령은 상하이에 머물고 있었다. 브라질, 러시아, 인도, 중국, 남아프리카공화국을 포함한 신흥 시장 국가들의 모임인 브릭스BRICS 회의에 참석하기 위해서였다. 브라질 대통령으로서 두 번째 임기를 시작한 룰라는 이 정상회의에서 행한 열정적인 연설에서 세계 경제의 중심 역할을 하는 달러에 대해 공개적으로 의문을 제기했다. 룰라는 "왜 우리는 우리 통화로 무역을 할 수 없습니까? 금본위제가 사라진 후 달러를 (기축)

브릭스의 벽: 브릭스 국가 지도자들은 러시아와 우크라이나 전쟁 중에 단결하며 결속력을 과시했다.

통화로 결정한 것은 누구입니까?"라고 물었다.

사실 전 세계 기업들에게 국가 간 거래에 달러를 사용해야 한다고 강요하는 사람은 아무도 없었다. 그들은 달러가 편리하고, 신뢰할 수 있으며, 그것을 대체할 마땅한 대안도 없다고 보았기 때문에 달러를 사용했다. 하지만 미국은 제2차 세계대전 이후 브레턴우즈 체제 창설과 마셜 플랜을 시작으로 달러를 높은 지위로 끌어올리기 위해 적극적인 조치를 취했다. 1970년대에 사우디아라비아와 협상해 석유 가격을 달러로 책정하도록 한 합의들은 달러 통화의 패권을 더욱 공고히 했다. 그 후 수십 년 동안 진행된 서구의 금융 규제 완화를 위한 정책들 역시 그 영향력을 더욱 확대했다. 좀 더 최근에는 연방준비제도이사회가 2008년 금융위기,

국가는 무엇으로 싸우는가

그리고 2020년에 코로나19 사태 때 그것들이 세계적 금융위기로 확산하는 것을 억제하려 대규모로 개입했는데, 이 또한 비슷한 효과를 가져왔다. 게다가 중국의 관리들은 국제적으로 위안화가 달러와 경쟁할 수 있게 하는 개혁을 추진하기보다는 중국공산당의 권위주의적 통제를 우선시함으로써 의도치 않게 달러가 기존 역할을 유지하는 데 도움을 주었다.

브릭스는 결성된 지 10년이 넘었지만, 국가 간 상호 이익에 대한 인식보다는 내부적인 경쟁이 두드러지는 느슨한 연합체에 불과했다. 이 다섯 국가는 한때 월스트리트에서 세계 경제 성장의 차세대 동력으로 주목받았다(브릭스라는 이름은 골드만삭스의 어느 경제학자가 지은 것이다). 그렇지만 실제로는 진지한 지정학적 목적이 없는 말 잔치만 오가는 모임일 뿐이었다. 오히려 두 회원국인 인도와 중국 간의 긴장이 고조되면서, 최근 몇 년 동안 이 모임의 잠재력에 대한 의구심만 커졌을 뿐이다.[42] 그러나 우크라이나에서 유혈 사태가 벌어지는 가운데 브릭스 회원국들은 적어도 하나의 공통된 목적을 발견했다. 즉 서구의 경제 무기로부터 서로를 보호하는 것이었다. 브라질, 인도, 남아프리카공화국은 제재를 받는 나라는 아니었지만, 자신들이 G7의 러시아산 석유 가격 상한과 서구의 러시아 및 중국에 대한 수출 통제라는 교차 사격에 휘말렸다고 느꼈다. 그리고 G7이 러시아의 대형 은행들을 국제 금융 체계에서 제외하고, 러시아의 국가 준비금 3,000억 달러 이상을 동결하자 그들 국가는 충격을 받지 않을 수 없었다. 서구가 러시아와 중국 같은 강대국을 상대로 이런 경제 무기를 사용할 수 있다면, 사실상 누구든 그 대상이 될 수 있다고 보았다.

브릭스의 반발은 전 세계적 추세의 일부일 뿐이었다. 각국 정부는 경쟁국들이 악용할 수 있는 취약점을 서둘러 보완하기 위해 경제 안보를 두고 경쟁하는 중이었다. 결과적으로 상호의존도가 높은 세계 경제는 심화되는 지정학적 경쟁하에서는 잘 어울리지 않는 것으로 드러났다. 공급망 전문가들은 예기치 못한 위기와 자연재해에 대비해 더 많은 예비 자원과 회복력을 갖춰야 한다고 오랫동안 주장해 왔다. 하지만 그들의 요구는 대부분 무시되었다. 가격 인하를 위해 치열한 경쟁이 벌어지는 기업 환경에서 그들의 주장을 수용하여 얻는 이익은 너무 작고 비용은 너무 높았기 때문이다. 코로나19 팬데믹과 그에 따른 공급망 중단 때문에 일부 사람들은 이런 방정식을 다시 살펴보게 되었다.[43] 그러다 결정적으로 러시아와 중국을 겨냥한 서구의 경제전쟁이 균형을 무너뜨렸고, 점점 더 많은 국가와 기업이 공급망과 금융 관계를 다각화했다. 이러한 변화를 지휘한 사람들은 한때 국경과 장벽의 해체를 앞장서 주장했던 바로 그 관리자들이었다.[44]

브릭스 국가들이 서구의 경제 무기로부터 자신들을 보호할 준비를 하는 동안, 서구도 반대 방향에서 똑같은 일을 했다. 중국과 러시아는 오랫동안 각자의 방식으로 경제전쟁을 벌여왔다.[45] 때로 그들은 베일 뒤에 숨어 부인하기도 했지만, 점점 더 공개적으로 그런 일을 벌이는 것을 서슴지 않고 있다. 중국과 러시아의 전술이 더욱 공격적으로 변하자, 미국과 동맹국들은 방어에 집중하기 시작했다.[46] 예를 들어 트럼프 행정부가 화웨이의 5G 야망을

국가는 무엇으로 싸우는가

억제하려고 싸운 주된 이유는, 그렇게 하지 않으면 중국이 엄청난 경제적 영향력을 축적하게 될 것이라는 우려 때문이었다. 미국의 화웨이에 대한 수출 통제는 중국의 미래 경제전쟁 능력에 대한 '선제공격preventive strike'이었다. 잠재적 공격을 미리 예방하려는 좀 더 넓은 차원의 의도가 이제는 서구의 국제 경제 정책의 핵심이 되었다. 2022년 3월, 캐서린 타이Katherine Tai 미국 무역대표부 대표는 "우리가 현재 겪고 있는 형태의 세계화는 우리를 더 안전하다고 느끼는 곳으로 이끌지 못했다. … 우리는 공급망 문제와 신뢰하기 어려운 상대국에 대한 의존성 문제라는 측면에서 점점 더 불안을 느끼고 있다"라고 설명했다.[47]

재닛 옐런이 말했듯이, 그 해답은 '프렌드쇼어링friendshoring('프렌드friend'와 인건비가 낮은 해외 국가에서 생산하는 전략이라는 '오프쇼어링offshoring'의 합성어-옮긴이)'이었다.[48] 미국이 완전한 자급자족이라는 달성할 수 없는 목표를 위해 노력하는 대신, 중국과 러시아, 다른 적대국에 대한 의존도를 낮추면서 '우리가 의지할 수 있다고 생각하는 국가들'과 경제적 통합을 추구한다는 개념이었다. 옐런은 "어떤 국가들이 핵심 원자재와 기술 또는 제품에 대한 시장 지위를 이용하여 미국의 경제를 교란하거나 원치 않는 지정학적 영향력을 행사하는 것을 허용할 수 없다"라고 말했다. 미국 정부의 핵심 기조는 더 이상 '자유무역'이 아니라 '안보무역'으로 바뀌었다.[49]

2023년 5월 히로시마에서 열린 G7 정상회의에서 각국 정상들은 이 협의체를 경제 안보 동맹으로 전환하겠다고 서약하는 전면적인 성명을 발표했다.[50] G7은 앞으로 '경제적 강압'으로부터 자신들의 진영을 방어하기 위해 집단행동을 취하기로 했다.[51] G7은 각국 정부가 "경제적 취약성과 의존성을 악용하려는" 시도가 "눈에 띄게 증가하고 있는" 상황을 고려할 때 불가피한 대응이라고 설명했다(G7의 주요 회원국인 미국이 세계에서 가장 유능하게 그 기술을 구사한다는 사실에 대해서는 그들이 언급하지 않았지만 말이다). 당시 G7 정상회의의 개최국인 일본은 이미 외국의 경제적 강압으로부터 자국을 보호하기 위해 국내법을 개정하고, 경제 안보 담당 장관을 내각급 대신大臣으로 임명했다.[52] 히로시마 정상회의 후 한 달 뒤에, 유럽연합은 사상 처음으로 경제 안보 전략을 발표했다.[53]

　브릭스의 반발에서 알 수 있듯이, 이 모든 것의 문제는 외부에서 보면 방어적 조치가 그다지 방어적인 것으로 보이지 않을 수 있다는 점이었다. 세계 경제는 학자들이 '안보 딜레마'라고 부르는 상황을 겪고 있다.[54] 즉 한 국가가 경제 안보를 강화하기 위해 경제 무기를 증강하면, 다른 국가들도 불안하다고 느끼면서 그에 따라 자체 경제 무기를 증강하는 것이다. 그 결과 경제적 군비 경쟁은 앞으로 더욱 심화될 가능성이 컸다. 정부와 기업의 지도자들이 경제적 의존성을 취약점으로 인식하는 순간부터 그 사실을 외면할 수 없게 된다. 미국의 새로운 행정부가 제재 사용을 자제하겠다고 다짐하더라도, 중국의 지도자들은 여전히 달러에 지나치게 의존하는 것을 불편하게 여길 것이다. 마찬가지로 중국이 아무리 안심하라는 신호를 보낸다 해도, 의약품이나 핵심 광물 등을 중국에 의존하는 데 따르는 미국의 우려는 해소되지 않을 것이다.

한번 잃어버린 신뢰는 쉽게 회복되지 않는다. 이제 경제 안보를 향한 경쟁이 진행되고 있는 상황에서, 모든 국가가 다시 출발선으로 돌아갈 가능성은 거의 없다.

초크포인트 깨뜨리기

Breaking the Chokepoints

스튜어트 레비는 경제전쟁 시대의 무대마다 어김 없이 중심에 등장한 인물이었다. 그는 워싱턴, 월스트리트, 실리콘 밸리를 유연하게 오가며 모든 중요한 순간을 함께했다. 레비는 재무부에서 테러 및 금융정보국 초대 차관으로 재직하면서, 이란을 국제 금융 체계에서 배제하는 전략을 고안했다. 이후 그는 HSBC 은행의 최고법률책임자로서 대규모의 규정 준수 개혁compliance reform을 감독했는데, 이는 결과적으로 HSBC 은행과 그와 유사한 다른 은행들을 미국의 경제전쟁에서 매우 효과적인 보병으로 변모시킨 셈이었다. 또한 HSBC 은행의 레비 팀은 화웨이 설립자의 딸인 멍완저우가 주도한 제재 회피 계획을 밝히는 데 중요한 역할을 했다.[55] 이 사건은 트럼프 행정부가 중국의 거대 기술 기업인 화웨이를 압박하고 영향력을 축소시키려는 작전을 시작한 계기가 되었다.

러시아가 우크라이나를 전면 침공할 당시 레비는 페이스북(현 메타)이 주도하는 디엠협회Diem Association라는 컨소시엄의 CEO를 맡고 있었다. 원래 리브라Libra라는 이름으로 시작한 디엠협회는 디지털 화폐 혹은 암호화폐를 출시할 계획이었다. 암호화폐 개발 자들은 이것이 언젠가 달러를 대체하여 금융 체계의 기반이 될 것 이라고 기대했다.[56] 그들은 암호화폐가 기존 거래에 필요한 전통 적인 중개 인프라를 거치지 않고도 전 세계로 자금을 훨씬 더 빠 르고 쉽게 보낼 수 있는 역할을 할 것이라고 보았다.[57] 하지만 중 개 인프라(대리 은행, 거래 청산 기관, SWIFT와 같은 메시징 서비스 등) 는 서구가 금융전쟁을 수행하는 데 의존했던 바로 그 초크포인트 였다. 그러한 이유도 있고, 페이스북의 공식 모토가 한때 "빠르게 움직이고, 관습을 타파하라"였기 때문에 워싱턴의 정치인과 규제 당국은 디엠협회의 암호화폐 프로젝트를 깊은 의심의 눈초리로 바라보았다.[58]

디엠협회의 CEO 자리를 제안받았을 때, 레비 역시 디엠 프로 젝트에 회의적이긴 했다. 그는 "암호화폐가 재무부에서 사용하는 제재 도구들의 유형에 위협이 된다고 생각했다. 그것은 매우 위험 한 것처럼 보였다"라고 말했다.[59] 하지만 디엠협회의 지휘를 맡게 되면서, 그는 미국의 국가안보 이익과 완벽하게 맞아떨어지는 암 호화폐를 개발할 수 있을 것이라는 기대가 생겼다. 페이스북과 디엠협회의 다른 구성원들은 레비가 워싱턴의 규제기관을 설득할 수 있기를 바랐다.[60] 레비는 디지털 화폐가 미국의 금융 권력을 훼손하지 않게 하려고 그들의 조직에 동참했다.

암호화폐는 달러의 지속적인 세계적 지배를 위협하는 여러 잠재적 위협 중 하나일 뿐이다. 러시아와 중국을 비롯한 다른 나라들도 미국 달러의 패권적 지위를 약화하려고 노력했다. 그들은 처음에 SWIFT 및 미국에 본사를 둔 거래 청산 기관인 CHIPS의 서비스에 의존하지 않고도 국제 결제를 처리할 수 있는 대체 중개 시스템을 만드는 데 집중했다.[61] 하지만 이런 구상은 해외에서 호응을 얻기 힘들었다. 그러한 시도가 성공하더라도 그것만으로는 미국의 금융 제재의 위력은 약화되지 않을 것이다. 세계 경제에 참여하기 위해 달러의 사용이 필수적인 한, 달러 접근을 차단할 수 있는 미국의 능력은 어떤 금융 메시징 서비스나 결제 수단을 사용하든 무시무시한 경제 무기로 남을 것이기 때문이다.

현재로서는 달러의 역할이 실질적으로 흔들리고 있다는 징후는 거의 없다. 많은 사람이 2008년 금융위기가 달러를 세계 기축통화의 자리에서 끌어내릴 것으로 예측했고, 중국은 금융위기 직후 위안화를 달러의 대체 통화로 내세우기 위해 힘을 쏟았다. 하지만 달러는 그 이후로 점점 더 중요해졌는데, 이는 주로 미국의 통화 정책 덕분이었다.[62] 2008년 세계가 금융 붕괴 직전에 놓였을 때, 미국 연방준비제도이사회는 다른 주요 중앙은행들과 스와프 계약을 확대하여 구제에 나섰다. 그 결과 스스로 세계의 최종 대부자lender로서 자리매김했다.[63] 2020년 코로나19 팬데믹 초기

국가는 무엇으로 싸우는가

단계에서 세계 경제가 급격히 침체했을 때 연방준비제도이사회는 다시 한번 스와프 계약을 사용하여 필요한 곳에 달러 자금을 공급했다.[64] 그동안 미국의 공격적인 제재가 달러의 신뢰를 흔들었지만, 연방준비제도이사회의 단호한 개입은 그보다 달러의 신뢰를 공고히 하는 데 훨씬 더 큰 역할을 했다.[65]

이와 대조적으로 중국이 위안화를 국제화하려는 시도는 실패로 끝났다. 2015년 8월 중국 정부는 둔화한 경제 성장을 촉진하기 위한 노력으로 위안화 가치를 평가절하했다.[66] 하지만 그 때문에 자본이 유출되었고, 중국 지도자들은 크게 놀라 자본 통제를 강화했다. 결국 위안화에 대한 신뢰가 급락했다. 그해에 거의 30%까지 치솟았던 중국의 대외 무역에서 위안화가 차지하는 결제 비중은 절반 아래로 감소했다.[67] 달러의 지배력을 가장 잘 보여주는 사실을 하나만 꼽으라면, 아마도 이 사례일 것이다. 중국은 단연 세계 최대의 수출국이지만 오늘날까지도 중국 통화로 결제가 이루어지는 무역 거래는 30% 미만이다.[68] 나머지 금액은 대부분 미국 달러로 결제된다. 간단히 말해서 중국은 가장 많이 물건을 팔고 있지만, 구매자들이 달러가 아닌 다른 통화로 결제하도록 하는 데는 어려움을 겪고 있다.

달러를 기축통화 자리에서 끌어내리려는 중국의 가장 야심 찬 시도는 중국 중앙은행이 발행하는 디지털 화폐의 형태로 나타났다. 2020년에 중국은 e-CNY라고 불리는 디지털 위안화의 시범 버전을 출시했다. 그 이후 중국 정부는 수억 명의 시민에게 e-CNY를 채택하도록 유도했으며, 그로써 e-CNY는 세계에서 가장 널리 사용되는 정부 발행 디지털 화폐가 되었다.**69** 미국은 모바일 결제 분야에서 중국에 뒤처져 있다. 현재 중국에서는 알리페이Alipay와 위챗WeChat 등의 모바일 앱을 통해 거의 모든 거래를 처리할 수 있으므로, 머지않아 중국은 디지털 화폐 분야에서 세계적인 선도국이자 표준을 정립하는 국가가 될지도 모른다.**70** 이러한 변화로 중국의 금융 영향력이 커질 것은 분명하며, 이는 미국의 경제 무기 체계에 큰 위협이 될 것이다. e-CNY는 중국 중앙은행의 대차 대조표상 직접적인 부채로, 사실상 현금에 해당하는 디지털 화폐이다. 이 말은 어떠한 중개자를 거치지 않고도 e-CNY의 소유권이 바뀔 수 있다는 뜻이다. 미국 금융 권력의 관점에서 볼 때, e-CNY는 암호화폐가 가진 모든 단점과 더불어 중국 정부가 모든 거래를 감시할 수 있다는 또 하나의 단점을 가지고 있다.**71**

만약 e-CNY가 국제적인 성공을 거둔다면, 달러는 실제로 심각한 위협에 직면할 수 있다. 하지만 그런 시나리오에서도 미국 달러가 그 즉시 저절로 특권적 지위를 잃지는 않을 것이다. 많은 국가가 미국의 경제 무기를 두려워하지만, 만일 중국이 미국과 같은 역량을 가진다면 훨씬 더 불안할 것이다.**72** 외국 정부들이 미국의 제재를 크게 두려워하고 있지만, 미국은 주요 초강대국 경쟁자들보다 경제전쟁에서 비교적 일관된 태도를 보여 왔다. 러시아가 국제법을 명백히 위반하며 정복 전쟁을 일으킨 것에 대응하여, 미국이 러시아 중앙은행의 준비금을 동결하는 것은 별개의 문제로 어느 정도 이해할 수 있는 조치이다. 하지만 중국이 최근 몇 년 동안 취한 조치들은 전혀 납득이 가지 않는다. 중국은 호주가 코

국가는 무엇으로 싸우는가

로나19의 기원에 관해 조사를 제안했다는 이유만으로 무역 제재를 단행했다. 또한 리투아니아가 빌뉴스에 대만 대표 사무소의 개설을 허용했다는 이유로 가혹한 경제적 처벌을 내렸다.

게다가 중국의 국가 감시에 대한 광범위한 우려도 존재한다. 중국의 대표적인 모바일 결제 앱인 알리페이와 위챗의 사례는 시사하는 바가 크다.[73] 두 앱 모두 중국에서 성공을 거두었고 중국인 관광객도 세계적으로 구매력이 높았음에도, 두 앱은 해외에서 시장점유율을 확보하는 데 어려움을 겪었다. 그 주된 이유는 다른 나라 정부들이 자국민이 중국의 감시에 노출되는 것을 우려했기 때문이다. 2020년 6월 중국-인도 국경에서 중국군과 인도군 사이에 치명적인 충돌이 발생한 후, 인도는 알리페이와 위챗을 포함한 수십 개의 인기 있는 중국 모바일 앱을 금지했다.[74] 중국이 사용자 개인 정보를 훔치고 있다는 우려 때문이었다. 그때 이후로 인도에서 가장 인기 있는 모바일 앱은 중국산이 아니며, 페이스북이 소유한 메시지 플랫폼인 왓츠앱이다.[75] 디지털 위안화도 알리페이와 위챗이 해외에서 별다른 성과를 거두지 못한 것과 같은 이유로, 세계적인 지배력을 확보하는 데 어려움을 겪을 것이다.

미국은 디지털 화폐 분야에서 여전히 중국을 앞지를 기회가 있다. 사실 스튜어트 레비는 미국 정부가 페이스북의 암호화폐 프로젝트를 지원하도록 설득하는 데 실패했고, 디엠협회는 재닛 옐런과 다른 미국 관리들의 반발로 2022년에 사업을 종료하고 해체되었다.[76] 하지만 연방준비제도이사회도 천천히 그러나 확실하게 이 흐름에 가세하고 있다. 2022년 말, 뉴욕 연방준비은행은 씨티

은행, 마스터카드, 웰스파고Wells Fargo 등 미국 금융업계의 여러 대형 기관들과 협력하여 디지털 달러를 시범적으로 운영할 것이라고 발표했다.[77] 또한 기존에 이틀이 걸리던 국경 간 결제를 디지털 달러가 획기적으로 단축하여 단 몇 초 만에 처리할 수 있음을 보여주는 실험도 진행했다.[78] 연방준비제도이사회는 이런 노력을 확대하고 궁극적으로 자체 디지털 화폐를 발행할 충분한 이유가 있는데, 그렇게 되면 중국이 아닌 미국이 이 분야의 표준을 주도하여 설정할 수 있을 것이다.

위안화가 달러와 맞먹을 만큼 성장하려면 미국 자본시장의 깊이와 유동성, 그리고 국경 간 이동의 용이성 측면에서 아직 갈 길이 멀다. 그러나 가장 큰 장애물은 중국이라는 국가의 성격일 수 있다. 중국은 점점 더 권위주의적이 되고 있으며 법치주의의 제약에서 벗어나고 있다. 이상적인 화폐는 운전자가 도로를 크게 의식하지 않고 자연스럽게 사용하듯이 일상적인 인프라로 기능해야 한다. 일반적인 기업이 사용하는 통화에 대해 걱정할 필요가 없게 될수록 더 좋다. 달러는 미국의 제재와 연관되어 있어서 일부 기업들이 사용을 망설일 수도 있지만, 위안화는 그보다 훨씬 더 위험한 대안이다.[79] 그리고 거래가 잘못되었을 때, 기업의 임원들 대부분은 중국의 법정보다는 미국의 법정에 서는 것을 더 선호한다.

향후 몇 년 동안 중국이 더욱 성숙한 자본시장을 구축하거나, 자본 통제를 완화할 수도 있을 것이다. 하지만 중국이 정치 체제 전체를 더 나은 방향으로 완전히 개혁하지 않는 한, 또는 미국의 정치 체제가 더 나쁜 방향으로 바뀌지 않는 한, 중국이 달러의 근본적인 강점을 따라잡기는 힘들다. 결과적으로 달러의 패권과 이에 기반한 미국의 경제 무기 체계의 가장 큰 위협은 중국이 아니라 미국 자체의 정치 체제에서 초래될 수도 있다. 만약 미래의 미국 행정부가 연방준비제도이사회를 정치화하고 통화 정책의 독립성을 없앤다면(더 나쁘게는 사법 제도가 훼손되고, 법치주의가 의문시된다면) 달러가 위안화에 비해 가지는 이점들은 사라지기 시작할 것이다.

모든 초크포인트가 동일한 영향력을 가진 것은 아니다. 미국이 통제하는 다른 초크포인트들은 달러만큼 강력하지 않다. 그렇지만 그것들을 무너뜨리는 일은 결코 쉽지도 값싸지도 않다.

러시아는 이미 석유와 가스 수출의 전 과정을 아우르는 독자적인 공급망을 구축하는 데 전력을 기울이고 있다. 육상에서는 중국으로 연결되는 파이프라인을 이용해 러시아의 가장 중요한 에너지 흐름을 제재로부터 보호하고 있다. 해상에서는 서구의 운송과 보험에 의존하지 않고 인도 등지로 석유를 수출하는 방법을 찾아내는 데 성공했다. 이를 위해 러시아는 해상 안전 규정을 위반하고 트랜스폰더transponder(일종의 자동 응답 장치-옮긴이)를 끈 채 은밀하게 운항하는 100척 이상의 노후 유조선으로 이루어진 '그림자 함대'를 집결시켰다.[80] 비록 제재와 전쟁 때문에 경제적 여력이 거의 없지만 러시아는 언젠가는 유조선을 수백 척 더 구매하여 모든 운송 수요를 자체적으로 해결할 수 있을 것이다. 오히려 서구의 해상보험 회사를 대체하는 일이 더 어려운 과제가 될 것이다. 그렇지만 2012년 석유 제재 이후 이란이 국가 보증을 통해 보험 문제를 해결했던 것처럼, 결국 러시아 역시 그런 방식으로 문제를 해결할 수 있을 것이다.[81] 석유는 매우 중요한 상품이기 때문에 시간이 지남에 따라 구매자들은 미심쩍은 서비스를 이것저것 동원해서라도 러시아산 석유를 확보할 방법을 찾을 것이다. 미국이 가격 상한을 시행하기 위해 이용한 초크포인트는 세계 석유 시장을 분열시키고 러시아의 수익을 상당 부분 갉아먹었지만, 그 조치로 러시아의 무역을 영원히 억제할 수는 없다.

한편 사우디아라비아와 다른 주요 산유국들이 언젠가 달러가 아닌 다른 통화로 석유 대금을 받기로 할 수도 있다. 중국은 이미 일부 에너지 대금을 자국 통화로 결제하고 있으며, 시진핑 주석은 석유 거래 전반에 걸쳐 위안화 사용을 확대해야 한다고 촉구했다.[82] 하지만 그 가능성은 현실성이 떨어진다. 우선 산유국들은 석유 판매로 벌어들인 막대한 자금을 투자할 곳이 필요한데, 미국의 자본시장은 상대적으로 중국보다 훨씬 더 안정적이고 유동성도 풍부하다. 사우디아라비아 리얄과 아랍에미리트 디르함을 포함한 대부분의 중동 통화는 달러에 고정되어 있으므로, 이들 국가가 환율을 유지하려면 꾸준히 달러가 유입되어야 한다. 그리고 사우디아라비아 정부가 중국이 석유 대금을 위안화로 결제하도록 허용한다면 인도, 일본, 한국 등 다른 주요 수입국도 자국 통화 결제를 요구할 수 있다.[83] 그렇게 되면 산유국 정부는 재정 운영에 어려

국가는 무엇으로 싸우는가

움을 겪게 될 것이다. 가장 수월한 선택은 지난 반세기 동안 꽤 잘 작동해 온 오일머니 체제를 그대로 유지하는 것이다.

그러면 중국의 첨단 기술 접근을 막으려는 서구의 노력은 어떤 결과를 낳았을까? 이는 시간이 지나야 답을 알 수 있겠지만, 중국이 반도체 산업에서 서구의 초크포인트를 돌파하려면 막대한 자금뿐만 아니라 비범한 기술적 독창성도 필요할 것이다. 중국은 두 가지 모두를 총동원하려는 의지를 보이고 있다. 중국 정부는 자국 반도체 산업에 수백억 달러 규모의 자금을 추가로 투입하고 있으며,[84] 자립형 반도체 설계 및 생산망을 구축하기 위한 국가 차원의 조직적인 지원 계획의 책임을 화웨이에 맡겼다.[85] 이러한 노력은 이미 성과를 거두고 있다. 2023년 8월, 화웨이는 통신 속도가 최신 아이폰에 맞먹는 새로운 5G 스마트폰을 출시하여 세상을 놀라게 했다.[86] 메이트 60 프로로 알려진 이 신형 모델은 화웨이의 하이실리콘 사업부에서 설계하고, SMIC에서 제조한 첨단 칩을 탑재했다.[87] 그것은 정확히 미국의 수출 통제가 중국이 생산하지 못하게 막으려던 기술 유형이었다.

그 점을 확실히 강조하기 위해 중국공산당의 한 고위 관리는 화웨이를 설득해 메이트 60 프로 출시일을 미국의 수출 통제를 감독하는 상무부 장관 지나 러몬도Gina Raimondo의 베이징 방문에 맞춰 앞당겼다.[88] 중국의 국영 언론은 "미국의 극단적인 억압이 실패했다"라며 의기양양했다.[89] 미국의 관리들조차 화웨이와 SMIC가 (대량 판매를 위한) 시장용 스마트폰에 필요한 수준의 첨단 칩을 생산할 수 있다는 사실에 놀랐다. 알고 보니, 중국 기업들은 최신이 아닌 ASML 노광기와 불법 복제한 미국의 소프트웨어, 그리고 최근 수출 통제가 발효되기 전에 비축해 둔 방대한 양의 서구 장비와 예비 부품을 활용하여 이런 성과를 달성한 것이었 다.[90] 이 제조 공정은 TSMC가 비슷한 칩을 만들 때보다 훨씬 느리고 비용이 많이 들었으며, 제품이 수익성이 있을지조차 분명하지 않았다. 하지만 그런 점은 중국 정부에게는 중요하지 않았다. 어떤 손실이라도 정부가 기꺼이 감수할 생각이었기 때문이다.

이와 같은 중국 기업들의 온갖 노력과 인상적인 제품 출시에도 불구하고, 그들은 TSMC 같은 최첨단 칩 제조업체보다 최소한 5년 이상 뒤처져 있으며 어플라이드 머티어리얼즈, ASML, 도쿄일렉트론 같은 장비 제조업체와는 그 격차가 훨씬 더 크다.[91] 화웨이와 SMIC는 여전히 서구 기술에 크게 의존하고 있으며, 재고와 활발한 지하 시장, 그리고 수출 통제의 허점을 이용하여 서구 기술에 대한 접근성을 유지해 왔다.[92] 하지만 재고는 언젠가 고갈될 것이고, 지하 시장과 허점으로 생긴 문제는 미국과 동맹국들의 제재 강화로 해결할 수 있다. 중국이 미국, 유럽, 일본, 한국, 대만의 최고급 기술로 만든 칩과 동등한 수준의 칩을 생산할 수 있는 수직 계열화된 국내 산업을 구축하는 것은 극도로 어려울 것이다. 어쩌면 불가능할 수도 있다. 하지만 그렇다고 해서 중국이 노력을 멈추지는 않을 것이며, 서구를 따라잡기 위해 반도체 분야에 엄청난 돈을 쏟아붓겠지만 목표한 수준에 도달하지는 못할 것으로 보인다.[93]

중국이 기술 경쟁의 장場에서 공평한 위치를 차지할 더 그럴듯한 방법은 기존의 초크포인트보다는 새롭게 떠오르는 초크포인트에 대한 통제력을 강화하는 것이다. 그중에서 가장 중요한 것은 청정에너지 기술로, 이 산업은 중국이 지배하고 있는 핵심 광물 공급망에 의존하고 있다. 중국은 전기 자동차 제조에 필수적인 리튬과 코발트의 전 세계 공급량의 약 3분의 2를 생산한다. 또한 중국은 알루미늄, 흑연, 니켈 등 청정에너지 전환에 필요한 다른 원자재의 주요 생산국이며,[94] 갈륨과 같이 희귀하고 덜 알려진 핵심 광물의 전 세계 공급도 거의 '전부' 장악하고 있다.[95] 중국의 청정에너지 기술 역량을 가장 생생하게 보여주는 사례는 자동차 산업의 급격한 성장이다. 주로 전기자동차의 성장에 힘입어 중국은 2023년에 세계 최대 자동차 수출국이 되었으며, 판매량은 전년 대비 50%가 넘는 놀라운 증가세를 보여주었다.[96]

이렇듯 눈에 띄는 수치에도 불구하고, 중국의 청정에너지 초크포인트에 대한 지배력은 오래가지 않을 수도 있다. 예를 들어 중국의 핵심 광물 시장 지배력은 천연자원이 풍부해서라기보다는 광물 '가공'의 전문성에서 비롯된 것이다.[97] 중국이 해당 분야에서 상당한 우위를 차지하고 있지만, 광물 가공의 기술적 과제는 다른 나라들이 시간이 지남에 따라 따라잡기 어려울 만큼 복잡하지는 않다. 특히 미국의 인플레이션감축법에 포함된 청정 기술에 대한 넉넉한 정부 보조금 등의 지원이 있다면 더욱 그렇다.[98]

그러나 적어도 앞으로 수년 동안은 중국이 경제전쟁에서 이용할 수 있는 초크포인트는 청정에너지 산업이 될 것이다. 중국은 무엇보다도 이런 우위를 이용하여 서구가 '기술 봉쇄'를 강화하는 것을 막을 수 있다. 2023년 7월 중국이 갈륨 및 게르마늄의 수출 통제를 발표하자, 미국의 고위급 관리들은 중국 측에 접촉하여 미국은 단지 "좁은 범위의 위험 완화"만을 원하며, 이후에 양국은 "본격적인 외교를 시작할 수 있다"라고 공식적인 입장을 표명했다.[99] 이는 중국의 경고가 의도한 효과를 거두었음을 보여주는 신호였다. 하지만 중국이 핵심 광물을 무기화하면 미·중 경제 관계가 완전히 파괴되는 경제전쟁의 악순환으로 이어질 위험도 있다.[100] 현실은 냉혹하다. 앞으로 수년 동안 경제 안보를 위한 쟁탈전은 단지 초크포인트를 무너뜨리는 것을 넘어 세계 경제까지 무너뜨릴 가능성이 더 크다.

68 전략과 희생

Strategy and Sacrifice

이 모든 것이 과연 가치 있는 일일까? 이란에 대한 제재는 2015년 핵 협정의 길을 열었고, 이는 이란의 핵 개발을 제한했다. 하지만 이 합의는 결국 미국의 국내 정치에 휘말려 무산되었다. 그리고 도널드 트럼프 대통령이 2018년에 이 협정을 파기한 후 이란은 핵 개발을 재개했으며, 합의가 체결되기 이전보다 핵무기 제조에 더 가까이 다가섰다.[101] 또한 화웨이에 대한 수출 통제는 이 회사의 글로벌 5G 네트워크를 장악하려는 시도를 저지하고 수익이 급감하도록 만들었다. 하지만 중국의 경제적 침략을 종식하지도 못했고, 미·중 관계에 새로운 안정적 균형을 만들어내지도 못했다. 무엇보다도 비극적인 것은 러시아에 경제 무기를 집중적으로 퍼부었음에도 우크라이나 침공을 막지 못했다는 점이다. 이처럼 엇갈린 성과를 감안하면 경제전쟁의 이점이 그에 따르는 대가만큼 가치가 있는지 의문을 품는 것은 당연하다.

오토 폰 비스마르크Otto von Bismarck의 격언에 따르면, 정치는 가능성의 예술이다.[102] 제재, 수출 통제, 그리고 다른 경제 무기들은 만능 해결책이 아니다. 하지만 어떠한 국가 통치 수단도 마찬가지로 만능 해결책은 아니다. 그런 도구는 애초에 존재하지 않는다. 2000년대 중반 미국의 외교 정책에서 경제전쟁이 부상한 것은 결코 우연이 아니다. 이는 미국이 주도한 두 차례의 값비싸고 최종적으로 실패로 끝난 아프가니스탄 및 이라크 전쟁 직후에 나타난 현상이었다. 미국 정부가 제재에 관심을 갖게 된 것은 군사력이라는 주요 대안에 환멸을 느꼈을 뿐만 아니라 제재의 효과를 확신했기 때문이다.

2022년 러시아에 대한 제재는 우크라이나 침공을 막지 못했다. 또한 우크라이나가 전장에서 결정적인 승리를 거둘 수 있을 만큼 러시아의 군사력을 신속하고 철저하게 약화시키지도 못했다. 하지만 제재로 발생한 러시아 경제의 지속적인 피해로 인해 러시아는 가까운 시일 내에 전쟁 전 수준의 경제적, 군사적 힘을 회복하기 어려울 것이다.[103] 이러한 관점에서 제재는 세계화의 치명적인 결함을 바로잡았다고 볼 수 있다. 즉 푸틴의 러시아처럼 국제 질서를 전복시키려는 국가가 미국이 주도하는 세계 질서로부터 이익을 얻으면서도, 동시에 그 질서를 뒤엎으려는 노력을 바로잡았다.

더욱이 경제전쟁 자체의 장단점을 따져볼 때는 실제와 반대되는 다른 선택지가 어떤 결과를 낳았을지 고려하는 것도 중요하다. 만약 2022년에 서구가 러시아에 대해 강력한 경제 무기로 공격하지 않았다면 세계는 어떻게 되었을까? 아마도 유럽은 여전히 러시아 에너지에 의존하고 있을 것이다. 러시아의 경제와 전쟁 체계는 서구의 자금과 기술에 힘입어 계속해서 성장했을 것이다. 이 경우 얻게 될 교훈은 나머지 세계에 무슨 짓을 하든 상관없이, 즉 아무리 국제 질서를 어겨도 국제 경제의 혜택을 계속해서 누릴 수 있다고 여길 것이라는 점이다. 이를테면 중국은 대만을 무력으로 점령하는 데 장애물이 별로 없다고 생각할 것이며, 이웃 국가의 영토를 탐하는 다른 미래의 침략자들도 마찬가지일 것이다.

제재의 경고 효과를 의심한다고 하더라도, 미국과 그 동맹국들이 러시아와 경제적 상호의존 관계를 유지하는 것이 더 나았을 것이라고 보기는 어렵다. 최소한 러시아가 2014년에 크림반도를 합병한 이후로, 아니면 2008년에 조지아를 침공한 이후로 그런 관계는 의미가 없어졌다. 서구가 마침내 러시아의 그토록 극악무도한 침략 행위가 벌어진 후에야 비로소 그 관계를 끊었다는 것은 안타까운 일이다. 제재는 이제 푸틴의 제국주의적 외교 정책을 떠받쳐 온 경제 모델을 약화시키고 있으며, 그가 더 큰 피해를 입히기 어렵게 만들고 있다.

2014년으로 돌아가 보면 대니얼 프리드가 G7을 러시아에 맞서는 경제전쟁 연합으로 탈바꿈하는 것을 도울 때, 그 과정에서 외교적으로 중대한 대가를 감수해야 했다. 모든 동맹국이 미국만큼 러시아에 가혹한 제재를 부과할 의향이 없었기 때문에, 서구의 단결은 러시아에 대한 더욱 강력한 조치를 포기하고서야 이룰 수 있었다. 오바마 행정부는 이런 수준의 타협을 받아들일 수 있다고 여겼다. 강력한 제재가 대서양 동맹에 균열을 일으켜 푸틴에게 크림반도보다 더 큰 전리품을 안겨준다면 그것이 무슨 소용이 있겠는가? 반면 트럼프 행정부 때 이런 고려 사항은 무시되었고, 미국은 큰 대가를 치러야 했다. 트럼프의 독자적인 경제전쟁은 중국, 이란, 베네수엘라 같은 국가에 큰 피해를 입혔지만, 동시에 미국의 가장 가까운 우방국 사이에도 깊은 불신을 심어주었다. 미국 정부는 외교가 아니라 경제적 고통이라는 위협을 통해 화웨이에 대한 제재 작전의 지지를 얻었다. 미국은 2차 제재와 마찬가지로, 해외직접생산품규칙을 통해 세계에 미국과 화웨이 중 하나를 선택하라고 강요했다.

러시아가 우크라이나에 전면적인 침공을 개시했을 때, 바이든 행정부는 러시아에 강력한 제재를 가하고 동맹국들의 단결을 유지한다는 두 가지 목적을 전부 달성했다. 부분적으로는 전쟁의 잔혹함이 불러온 충격, 우크라이나인의 용기, 그리고 유럽 전역에서 엄중한 제재에 대한 대중의 지지가 확대된 덕분이었다. 하지만 이는 미국과 유럽연합, 그리고 다른 G7 국가 간에 수개월 동안 이어진 외교 덕분이기도 했다. 이를테면 조 바이든과 우르줄라 폰데어라이엔, 달립 싱과 비요른 세이버트, 그리고 이후 다른 수많은 공직자 사이에 구축된 신뢰는 위기의 순간에 결정적인 역할을 했다.

G7 경제권은 전 세계 GDP의 거의 절반을 차지하며, 특히 세계 경제의 가장 중요한 산업 부문에서 이들 국가의 지배력은 그보다

훨씬 더 크다.[104] 이러한 G7 진영이 단결하여 러시아에 제재를 부과했기 때문에 다른 경우보다 처벌이 훨씬 더 강력했다. 또한 미국은 동맹국들과 협력함으로써, 제재 작전이 미국의 경제적 리더십에 대한 세계적인 찬반 투표로 쟁점화되는 것을 막을 수 있었다. 러시아가 2018년부터 외환보유액을 달러에서 유로로 '전환'하기로 결정한 것은 바로 이런 식의 찬반 논쟁이 일어날 것이라고 예상했기 때문이다.[105] 러시아의 지도자들은 언젠가 미국이 자신들을 상대로 경제적 공세를 펼치더라도 유럽연합이 동참하지 않으리라고 믿었다. 이 가정이 옳았다면 다른 나라들도 러시아와 비슷한 결론을 내렸을 것이다. 예를 들어 미국이 러시아 중앙은행을 표적으로 삼았는데 유럽연합이 이에 동참하기를 거부했다면, 전 세계 국가들이 달러에서 유로로 대거 이동하는 결과가 나타났을 것이다. 하지만 유럽연합의 반응은 예상과 달랐고, 러시아는 허를 찔려 전쟁 자금의 절반 이상이 동결(즉 고정)되었다.

흥미롭게도 러시아 제재 이후 달러의 국제 결제 사용량은 사상 최고치를 기록하며 위안화나 다른 어떤 통화보다 훨씬 더 큰 폭으로 증가했다.[106] 사실상 미국은 세계의 다른 기축통화 발행국과 협력함으로써 국제 금융 체계에서 주도권을 잃지 않으면서도 그 리더십을 무기화할 수 있었다. 제이크 설리번 국가안보 보좌관이 G7을 "자유세계의 운영위원회"라고 칭송한 것도 그만한 이유가 있었던 셈이다.[107]

한편 푸틴은 외교적 관계를 통해 많은 이득을 얻었다. 인도, 중국, 튀르키예, 아랍에미리트 등과 같이 G7이 아닌 국가들이 러시아와 계속 사업을 하겠다는 입장을 표명하면서 제재의 타격이 다소 완화되었다. 러시아는 가장 큰 석유시장인 유럽연합을 잃자, 재빨리 인도라는 새로운 시장을 찾았다. 인도는 이전에는 러시아산 석유를 거의 구매하지 않았지만, 하루 200만 배럴을 구매하는 수준으로 늘어났다.[108] 2023년이 되자, 러시아는 인도의 가장 큰 해외 석유 공급원이 되었다.[109] 중국 역시 러시아와의 무역을 대폭 확대해 서구 기업들이 떠나면서 생긴 공백을 메웠다.[110] 튀르키예는 러시아산 석유 수입을 늘리고, 과거 러시아가 유럽연합에서 수입하던 제품 중 상당수를 대신 공급하기 시작했다.[111] 아랍에미리트는 수년간 이란에 대한 제재가 시행되는 과정에서 터득한 수법을 다시 사용하며, 제재를 회피하기 위한 만능 거점으로 떠올랐다. 현재 두바이는 러시아의 제재를 받는 올리가르히들의 안식처이자, 많은 러시아 석유 거래상의 본거지가 되었다.[112]

부분적으로 이런 완충 장치 덕분에 러시아 제재의 즉각적인 영향은 분석가들이 처음 예상했던 것만큼 파괴적이지 않았다. 2022년 러시아의 국가 경제는 2% 넘게 위축되었다.[113] 이는 상당히 큰 감소였지만(원래 제재가 없었다면 러시아 경제는 성장세를 기록했을 것이다), 제재 시행 초기에 러시아의 GDP가 10% 또는 15%까지 감소할 것이라는 심각한 전망과는 거리가 멀었다. 다음해 러시아 경제는 군사비 지출과 국내 무기 생산의 급증에 힘입어 완만한 성장세로 돌아섰지만, 이는 더 큰 경제적 문제를 가리는 눈속임에 불과했다.[114] 하지만 많은 글로벌 사우스 국가들이 제재에 동참하지 않으려 했기 때문에, 러시아 경제는 급격한 붕괴가

국가는 무엇으로 싸우는가

아닌 점진적인 하락을 겪고 있다. 어쨌든 이 같은 쇠퇴는 피할 수 없는 상황이다.

G7이 경제전쟁과 관련하여 "자유세계의 운영위원회"로 부상하면서, 브릭스는 그에 대응하는 세력으로 결집하고 있다. 2023년 8월, 브릭스 진영은 아르헨티나, 이집트, 에티오피아, 이란, 사우디아라비아, 아랍에미리트 6개국을 신규 회원국으로 초대했다.[115] 특히 이란이 이 협력체에 포함된 것은 주목할 만한 일이다. 오바마 행정부 시기 중국과 인도, 러시아는 미국의 핵 외교를 지지하는 차원에서 대이란 제재를 마지못해 받아들였다. 아랍에미리트 역시 결국 이란과의 경제적 관계를 단절했다. 당시 사우디아라비아 국왕은 미국의 관리들에게 이란의 핵 시설을 폭격하여 "뱀의 머리를 잘라내라"고 촉구했다.[116] 그런데 이제 이 같은 국가들이 이란의 외교적 재건을 돕고 있다.[117]

그로부터 2개월 후 하마스는 이스라엘을 상대로 일련의 잔혹한 공격을 감행했다. 이 때문에 가자지구에서 전쟁이 일어나 중동 전체가 휩쓸릴 위험이 발생했다. 갑자기 미국 정계에서는 하마스의 후원자인 이란을 압박하는 것이 다시 최우선 과제가 되었다. 하지만 이번에 미국은 국제적인 지지를 덜 받는 상황에서 대처해야 했다. 또한 러시아와 이란이라는 두 거대 산유국을 동시에 제재하는 데 따르는 위험을 감수해야 했다.[118] 러시아와 우크라이나 전쟁이 시작된 이후로, 유가 상승이라는 유령은 바이든 행정부를 따라다니며 괴롭혀 왔다. 이는 백악관이 러시아에 대해 미국의 경제 무기를 전면적으로 사용하기를 꺼리는 주된 이유였다. 특히 그 제재 대상이 러시아의 석유 수출이 될 때는 더욱 그러했다. 러시아와 이란을 상대로 한 양면 경제전쟁은 이런 두려움을 더욱 증폭시킬 것이 분명했다.

지정학적 또는 이념적 관점에서 확장된 브릭스는 이란이 가입하면서 더욱 일관성을 잃었다. 그러나 이는 브릭스 협력체의 통합된 목적이 서구의 경제 무기를 무디게 하는 것임을 더욱 확실히 보여주었다. 브릭스 국가들이 달러의 지배적인 지위를 끌어내리거나 최첨단 서구 기술의 대안을 만들어내지 못할지라도, 자신들이 공격받을 때마다 서로를 지원할 수는 있을 것이다. 중국에게 브릭스는 대만을 침공할 경우 직면하게 될 경제적 처벌의 파도를 막는 방어벽이 될 수 있다.

———

미국의 관리들은 제재로 러시아의 군수 산업 기반에 피해를 준 것에 만족했으며, G7의 단결을 유지하기 위한 자신들의 노력을 자랑스러워했다. 하지만 그들은 억제 전략이 실패했다는 부정할 수 없는 현실도 받아들여야 했다. 바이든 행정부는 대규모 제재 위협이 푸틴의 우크라이나 침공을 애초에 막을 수 있을 것으로 기대했다. 전쟁이 일어나기 몇 달 전부터 "신속하고 엄중한 결과"가 있을 것이라는 경고를 공개적으로 반복한 이유는 바로 이런 의도 때문이었다. 하지만 이 경고는 효과가 없었다. 푸틴이 탱크에 출격 명령을 내리는 순간, 이미 제재의 가장 중요한 목표는 실패한 것이나 다름없었다.

억제 전략은 애초부터 실패할 운명이었는지도 모른다. 푸틴은 무슨 일이 있어도 제국주의적 계획을 고집했을 가능성이 있기 때문이다. 어쩌면 '경제적' 고통의 위협만으로는 충분하지 않았을 수 있다. 성공적인 억제 전략을 위해서는 신뢰할 만한 군사적 위협이 필요했을지도 모른다. 하지만 미국은 그런 위협을 감수할 준비가 전혀 되어 있지 않았다. 진실은 알 수 없지만, 미국과 동맹국들이 무엇을 더 잘할 수 있었는지 묻는 것은 의미가 있다.

아마도 그 해답의 실마리는 러시아 중앙은행에 대한 제재에서 찾을 수 있을 듯하다. 러시아 외무부 장관 세르게이 라브로프는 모스크바의 '누구도' G7이 중앙은행을 제재의 표적으로 삼을 것이라고 예상하지 못했다고 인정했으며, 엘비라 나비울리나는 이를 예측하지 못했다는 이유로 내부적으로 사임하라는 압력을 받았다.[119] 어떤 면에서 러시아 관리들의 이 같은 놀라움은 좋은 일이었다. 만약 그들이 이런 움직임을 예상했다면 중앙은행 준비금의 절반 이상이 제재에 노출되지 않았을 것이고, G7은 러시아의 우크라이나 침공 이후 며칠 만에 러시아의 전쟁 자금을 그렇게 많이 묶어둘 수 없었을 것이다. 이 일화는 러시아 정부가 맞닥뜨릴 제재의 심각성을 과소평가했다는 것을 시사한다. 그리고 적이 우리 행동의 능력이나 의지를 '과소평가'한다면 억제력은 효과를 발휘할 수 없다.

이로부터 중요한 교훈을 얻을 수 있다. G7은 침공이 시작되기 훨씬 전부터 가능한 제재 방안들을 준비하는 데 수많은 시간을 들였지만, 사전에 구체적인 대응 방안에 대해서는 합의에 도달하지 못했다. 비요른 세이버트가 자주 강조했듯이, 유럽의 지도자들은 행동 방침을 결정하기 전에 전쟁의 참상에 대한 자료를 '눈으로 직접' 살펴봐야 했다.[120] 워싱턴에서는 달립 싱이 강경한 조치를 추진했지만, 침공 전날까지도 바이든 행정부는 러시아를 얼마나 강하게 공격할 것인지를 두고 의견이 엇갈렸다. 모스크바의 누구도 러시아 중앙은행이 제재를 받을 것으로 예상하지 못했다는 가장 확실한 증거는, 마찬가지로 워싱턴이나 브뤼셀의 누구도 그 제재를 예상하지 못했다는 점이다. "신속하고 엄중한 결과"라는 공개적인 위협 뒤에는 그 말이 무엇을 의미하는지 아직 결정하지 못한 G7 연합이 있었다는 뜻이다. 서구는 이를 푸틴의 상상에 맡겼고, 여느 때처럼 푸틴은 서구가 약한 모습을 보일 것이라고 결론을 내렸다. 만약 미국과 G7 국가들이 과거로 돌아가 모든 것을 다시 할 수 있다면, 러시아 미사일이 우크라이나의 도시에 쏟아지기 전에 러시아가 부담하게 될 비용을 명확히 밝히고, 경제전쟁에 대한 그들의 결의를 단단히 하는 것이 더 도움이 되었을 것이다.

미국은 러시아와 우크라이나 전쟁에서 얻은 교훈을 바탕으로 제재의 또 다른 상충 관계(즉 제재를 통해 얻는 이익과 그로 인해 발생하는 손해 및 부작용 사이의 관계-옮긴이)를 고려해야 한다. 경제 무기를 비축하는 것은 억제력 측면에서는 도움이 될 수 있지만, 억제 자체가 실현 불가능한 목표라면 그것을 비축해 두는 것은 별 의미가 없다. 달리 말하자면 제재로 푸틴을 막을 수 없었다는 것이 사실이라면, 서구는 침공 전에 러시아 경제를 최대한 약화시키는 편이 더 나았을 것이다. G7이 저지른 가장 큰 실수는 석유 제재에 대한 본격적인 논의를 전쟁이 시작된 이후로 미룬 것이다. 왜냐하면 그때부터 가격 상한과 유럽연합의 석유 금수 조치를 시행하는 데 거의 10개월이 걸렸기 때문이다. 그 결과 러시아는 2022년에 석유 수출로 무려 약 2,200억 달러를 벌어들였는데, 이는 러시아가 거둔 역대 최고의 단일 연도 에너지 수익이었다.[121]

한편 중국에 대한 서구의 정책은 불편한 의미를 내포하고 있다. 만약 미국의 관리들이 시진핑 주석이 언젠가 대만을 정복하려 한다고 판단했다면, 가장 논리적인 행동 방침은 '지금 당장' 중국의 권력을 약화하는 더 공격적인 조치를 취하는 것이다.[122] 물론 이것은 서구에 상당한 경제적 비용을 초래할 것이다. 하지만 전쟁이 발발한 후에 비용을 부담하는 것보다 지금 당장 이런 비용을 부담하는 것이 낫다. 경제적 약화에는 시간이 걸리고, '작은 마당에 높은 울타리'라는 생각에 기반한 현재의 접근 방식은 중국의 군사력에 심각한 타격을 주기에는 역부족일 수 있다.

여러 가지 면에서 이번에는 미국과 그 동맹국들에 운이 따랐다. 그들은 러시아의 우크라이나 침공에 앞서 조기 경보를 받을 수 있는 행운을 누렸다. 덕분에 그 지도자들은 거의 5개월이나 대응을 준비할 시간이 있었다. 미래에 서구는 이런 이점을 기대할 수 없다. 중국이 대만을 침략하기로 결정한다면, 이는 2014년에 러시아가 크림반도를 합병했을 때와 마찬가지로 G7을 깜짝 놀라게 할 수 있다. 중국을 상대로 한 서구의 경제전쟁 목표가 억제인지 소모인지는 중요하지 않다. 어느 쪽이든 지금이 바로 준비할 때다.[123]

이러한 준비는 정책과 외교에 중점을 두어 이루어져야 한다. 제재와 수출 통제의 방안을 작성하고, 이를 동맹국들과 조율하여 일관된 전략에 담아내야 한다. 하지만 동시에 정치적 배경도 고려해야 한다. 미국인들은 수년간 이어진 아프가니스탄과 이라크에서의 전쟁으로 군사력을 사용하는 것에 대해 마음이 떠났다. 그것이 너무도 비용이 많이 들고 무의미한 것처럼 보였기 때문이다. 특히 제재를 이용하여 미국 경제에 거의 아무런 손실 없이 이란 핵 협정 체결이라는 성과를 거두자, 이후에는 경제전쟁이 비교적 더 나은 선택으로 보였다. 그러나 미국이 러시아와 중국을 상대로 경제 무기의 사용을 확대하면서, 다른 강대국에 대한 제재가 실효성을 가지려면 미국이 실질적인 경제적 위험을 감수해야 한다는 점이 분명해졌다. 2022년에 러시아 제재의 즉각적인 효과가 기대에 미치지 못한 것은, 바이든 행정부가 러시아의 석유 판매를 감축하고 휘발유 가격을 인상할 경우 초래될 국내의 정치적 파장을 우려했기 때문이다.[124] 중국에 대한 제재를 대폭 확대하면 훨씬 더 큰 위험이 초래될 것이다. 미국 경제에 대한 역풍이 불가피하다. 따라서 대만 관련 분쟁에 대비하여 전략을 세우는 미국의 관리들은 정치적 현실을 고려하고 피해를 줄이기 위한 사전 조치를 마련하여, 미국 국민에게 앞으로 견뎌야 할 비용을 인식시킬 필요가 있다.

러시아와의 경제전쟁에서 얻을 수 있는 핵심 교훈이 있다면, 어려운 선택을 미루는 것이 미국에 전혀 도움이 되지 않는다는 사실이다. 제재와 수출 통제는 희생이 따르게 마련인데, 특히 그것이

국가는 무엇으로 싸우는가

다른 거대 경제국을 대상으로 한다면 더욱 그러하다. 또한 이 같은 압박이 성공하려면 집중적인 준비가 필요하다. 미국이 지난 20년 동안 그랬던 것처럼 이런 경제 무기에 계속 의존하려 한다면, 그 비용을 명확히 인식하고 경제 무기를 사용할 때 좀 더 의도적이고 계획적이어야 한다. 그래야만 희생이 헛되지 않을 것이다.

불가능한 삼위일체

경제적 상호의존, 경제 안보, 지정학적 경쟁

경제전쟁의 시대는 아무런 경고도 없이 스튜어트 레비에 의해 지극히 조용히 시작되었다. 당시 별로 알려지지 않은 관리였던 그는 재무부의 새로운 부서를 지휘하며 대통령이 틀렸다는 것을 증명하려 애썼다. 이란의 핵 개발이 급속히 진전될 때, 조지 W. 부시 대통령은 미국의 "(과도한 제재가) 스스로 이란에 대한 영향력을 제한하는 결과로 이어졌다"라고 한탄했다.[1] 당시에는 전쟁을 하거나, 이란이 핵무기 보유국 대열에 합류하도록 내버려두는 것 외에는 선택지가 없어 보였다. 하지만 레비는 또 다른 방법이 있다는 것을 보여주고자 했다.

이후 몇 년 동안 레비와 그의 동료들은 미국의 제재 정책을 개편했다. 법률적 전문성과 금융 부문의 리스크 계산에 대한 이해를 활용하여, 그들은 이란을 세계 경제에서 고립시키려는 작전에 다국적 은행들을 동원했다. 더욱이 미국 의회가 재촉하면서, 그들은 새로운 경제 무기가 어디까지 효용이 있는지 실험했다. 심지어 해외 조건부 계좌에 있는 이란의 석유 자금 1,000억 달러 이상을 동결하는 방법까지 찾아낼 정도였다. 시간이 지나면서 이런 경제적 압박은 이란의 정치적 변화를 촉발했고, 2015년 핵 협상으로 가는 길을 열어주었다. 미국은 이란의 핵 야망을 보류시키는 데 성공했고, 버락 오바마 대통령이 이듬해 연설에서 자랑스럽게 말했듯이 "총 한 발 쏘지 않고" 이를 달성했다.[2]

이란과 핵 협상이 진행되는 동안, 블라디미르 푸틴 대통령은 크림반도에 '작은 녹색 인간들'을 투입하고, 재빠르게 그 지역을 합병함으로써 세계를 충격에 빠뜨렸다. 미국의 관리들은 러시아의 이런 노골적인 제국주의적 영토 강탈을 응징하려고 결심했지만, 같은 핵 강국과 전쟁을 벌이는 위험은 감수하고 싶지 않아 다시 경제 무기를 꺼내 들었다. 러시아는 이란보다 까다로운 표적이었다. 세계 경제에서 러시아가 훨씬 더 크고 중요한 역할을 했기 때문이다. 유럽 국가들은 러시아의 석유와 가스에 의존하고 있었다. 만약 제재가 러시아에 너무 큰 피해를 준다면, 그 여파는 곧바로 유럽까지 미칠 것이다. 거기에서 나아가 미국으로 확산될 수도 있었다. 결과적으로 러시아에 가하는 모든 제재는 제한된 범위 내에서 '메스처럼' 정밀하게 움직여야 했다. 또한 대서양 동맹 관계가 깨지지 않도록 유럽 동맹국의 지지도 얻어내야 했다.

또 다른 주요 관리인 대니얼 프리드는 외무부에서 거의 40년간 근무한 후 마지막 직책을 수행 중인 미국의 베테랑 외교관이었다. 프리드는 유럽연합과 G7의 다른 국가들과 제재 연합을 결성하여 초기 단계의 경제적 NATO 동맹을 구축했다. 이 동맹이 부과한 제재는 외과수술처럼 정밀했음에도 러시아 경제를 급격히 악화시켰다. 예상치 못한 심각한 피해에 크게 놀란 서구의 지도자들은 한 발 물러나 러시아와 우크라이나의 갈등이 가라앉기만을 기도했다. 그리고 2017년 도널드 트럼프가 백악관에 입성한 이후 대러시아 제재는 점차 약화되었다.

트럼프는 러시아를 제외한 거의 모든 국가에 대해 미국 역사상 그 어느 대통령보다 제재를 가하기를 좋아했다.[3] 이러한 접근 방식은 종종 득보다 실이 많았다. 트럼프 행정부는 이란 핵 협정을 파기하고, 이란에 '최대 압박' 제재를 가하려고 했다. 하지만 이란의 핵 개발 족쇄를 풀어주기만 했을 뿐 어떠한 가치 있는 성과도 거두지 못했다. 그사이 다른 나라들은 미국의 경제전쟁이 가진 힘과 자의적이고도 예측 불가능한 태도를 갈수록 경계하게 되었고, 그로부터 스스로를 보호하기 위한 노력을 강화했다. 러시아 중앙은행은 보유한 달러 대부분을 유로와 금으로 교환했다. 중국은 자국 통화를 국제적으로 홍보할 새로운 방법으로 위안화의 디지털 버전을 출시하고, 자체 금융 메시징 및 결제 플랫폼을 구축했다. 심지어 유럽연합조차 미국의 제재를 우회할 방법을 모색했다.

적어도 한 가지 문제에서는 트럼프 행정부가 좀 더 생산적인 유산을 남겼다. 맷 포틴저가 인내심을 가지고 이끈 덕분에, 미국은 중국의 경제 정책이 미국의 기술적 리더십에 도전하고 디지털 경제에서 패권을 차지하려는 조직적인 시도라는 것을 인식하게 되었다. 중국 당국과 기업들이 서구와 거래하면서 저지른 오랜 부정행위는 지식재산권 침해부터 강제 기술이전, 불공정 무역 관행에 이르기까지 다양했다. 하지만 중국이 단순히 경제적 이득을 얻기 위해 그런 것은 아니다. 그러한 방법이 지정학적 서열에서 미국을 대체하고 최상위에 오르기 위한 중국 전략의 핵심적인 부분이기 때문이다. 이 전략의 선두에는 화웨이가 있었다. 화웨이는 명목상 중국 최대의 사기업이었지만 실제로는 중국공산당의 거대한 계획의 선봉에 있었다.

이러한 중국의 계획을 좌절시키기 위해 미국의 관리들은 지금까지와는 다른 경제 무기를 활용했다. 중국을 국제 금융 체계에서 차단하려 애쓰지 않고, 대신 화웨이와 다른 중국 기업들이 첨단 기술에 접근하지 못하도록 막는 데 집중했다. 이러한 중국 기업들은 월스트리트에는 진출할 수 있지만 실리콘밸리에서는 밀려날 것이다. 트럼프 행정부의 관리들이 이런 접근 방식에 도달하기까지 여러 해에 걸친 수차례의 실패가 있었지만, 트럼프의 임기 마지막해에 화웨이는 미국의 수출 통제로 곤경에 처하게 되었다.[4] 바이든 행정부에 이르러서는 첨단 기술 봉쇄를 모든 중국의 기업으로 확대하고, 핵심 기술 분야에서 중국에 대해 "가능한 한 큰 격차를 유지"하겠다는 정책을 명확히 선언했다.[5] 수십 년 동안 미·중 관계를 규정했던 세계화의 '윈-윈 논리'는 이제 경쟁하는 초강대국 간의 기술적 대결이라는 '제로섬 게임' 현실로 바뀌었다.

이 세 가지 제재 작전(즉 2000년대 중반부터 2015년 핵 협상까지 이란에 대한 제재, 2014년 크림반도 합병 이후 러시아에 대한 제재, 2010년대 중반부터 현재까지 중국에 대한 제재)에서 미국의 관리들은 오래 곪아온 문제나 예상치 못한 위기를 해결하려다가 뒷북을 치는 상황에 자주 놓였다. 그러나 러시아가 2022년 우크라이나를 전면 침공한 이후에 벌어진 미국의 최근 경제전쟁에서는 그렇지 않았다. 미국의 관리들은 러시아가 침공을 준비하고 있다는 사실을 수개월 전부터 알고 있었다. 따라서 그들은 제재로 사후에 러시아의 침략을 되돌리거나 처벌하는 식이 아니라, 사전에 제재를 사용하여 러시아의 침략을 '억제'할 기회가 생겼다. 하지만 조 바이든 대통령이 러시아가 우크라이나를 다시 공격한다면 "역사상 가장 강력한 제재"를 받게 될 것이라고 위협하고, 여러 유럽의 지도자들도 이 위협을 반복했지만 푸틴을 설득하는 데는 실패했다.[6] 어쨌든 러시아는 전쟁에 나섰고, 서구는 그 위협을 실행에 옮길 수밖에 없었다.

이제 푸틴의 전쟁을 수행하려는 의지를 꺾고 러시아 경제를 영구적으로 약화시키고자 미국과 동맹국들은 이전에 이란과 중국에 사용했던 조치를 다시 꺼내 들었다. 즉 러시아 중앙은행과 두 개의 대형 상업은행에 대한 금융 제재와 첨단 기술 수출 통제가 그것이었다. 그러나 서구는 에너지 가격이 급등하는 것을 우려했으므로, 처음에는 러시아 경제의 생명줄인 석유 수익을 줄이기 위한 조치를 취하지 않았다. 미국과 동맹국들은 9개월이 지나서야 가격 상한 제도를 도입했는데, 이는 이란의 석유 수익을 효과적으로 고갈시킨 제재보다 훨씬 완화된 방식이었다. 지금까지 러시아 제재의 효과는 상당히 컸지만 동시에 실망스럽기도 했다. 러시아는 세계 경제의 주요 부분에서 배제되었고, 그 과정에서 세계 강대국으로서의 위상도 크게 약화했지만 우크라이나에서의 전쟁은 계속되었다. 경제 무기도 푸틴의 군대를 막을 수는 없었다.

더욱이 트럼프의 이란 제재와 미국의 중국 기술 부문 압박에 이어 시행된 러시아에 대한 엄청난 규모의 제재들은 좀 더 광범위한 경제 안보 경쟁 시대를 촉발했다. 오늘날 전 세계 정부들은 자국을 외부의 압력에 취약하게 만드는 세계화의 여러 측면을 되돌리기 위해 노력하고 있다. 경제전쟁 시대를 가능하게 만든 초크포인트들이 이제는 너무나 뚜렷한 취약점이 되어, 냉전 종식 이후 번영해 온 상호의존적인 세계 경제를 위협하고 있다.

그 이유 중 일부는 미국이 경제 무기를 사용하는 것에 점점 더 대담해졌기 때문이다. 스튜어트 레비는 "이란에 제재를 가할 때는 우리가 마체테machete (벌목도 혹은 정글도라고 불리는 도검-옮긴이)로 일일이 쳐내며 길을 열었지만, 이제는 사람들이 매우 빠르게 그 길을 갈 수 있게 되었다"라고 회상했다.[7] 미국은 제재와 수출 통제를 빈번하게 사용하고 있지만, 아직 경제전쟁의 기술을 완벽하게 다듬지는 못했다. 대신 미국 정부는 여전히 임시방편적인 과정과 초보적인 정책 장치에 의존하고 있다. 국방부가 전통적인 전쟁을 준비하는 방식과 비교했을 때(즉 전문 군인을 모집하여 훈련하고, 계획을 고안하고, 이를 반복적으로 연습하는 방식), 경제전쟁을 담당하는 미국의 기관들은 여전히 마이너리그에서 뛰고 있다고 할 수 있다.

따라서 미국이 경쟁력을 강화하려면 사람에 대한 투자부터 시작해야 한다. 성공적인 경제전쟁을 펼치려면 여러 분야의 기술이 필요하다. 예를 들면 애덤 주빈의 법적 통찰력, 대니얼 프리드의 외교적 수완, 맷 포틴저의 지역 전문성, 그리고 달립 싱의 경제적 창의성 같은 것들이다. 한 사람이 이 모든 분야를 완벽하게 다루기는 쉽지 않으므로, 미국 정부는 이를 수행할 수 있는 팀을 육성해야 한다. 덧붙여 이 팀의 모든 구성원은 동료의 관점을 이해할 수 있을 만큼 각 분야에 어느 정도 충분한 지식을 갖춰야 한다.

가장 좋은 방법은 미국 정부 내에 상설 경제전쟁협의회를 만드는 것이다.[8] 이 협의회는 국무부, 재무부, 상무부, CIA, 그리고 기타 관련 기관에서 임시로 파견된 관리들로 구성하여 모두 최소 1~2년 이상 임기를 수행하도록 운영하면 된다. 관리들은 이 협의회에 합류하기 전에 경제전쟁의 모든 기본 사항을 포함하는 훈련 프로그램을 이수해야 한다. 또한 이 협의회에 민간 부문 인재를 영입하여, 산업계 전문가가 영향력 있는 임무를 통해 국가에 봉사할 수 있도록 연결 다리를 구축해야 한다. 대학에도 역할이 있다. 공공정책과 국제 관계 분야의 학위 과정에 경제전쟁에 관한 필수 과목이 포함되어야 하며, 이를 군사 문제만큼 중요한 주제로 다루어야 한다.

경제전쟁협의회는 미래의 경제전쟁에 대비한 계획 수립이라는 시급한 과제를 맡게 될 것이다.[9] 일반적으로 미국의 관리들은 위기 상황에 직면하면 백악관 상황실로 달려가 새로운 제재의 방안을 조율한다. 따라서 정부 소속 경제학자들은 극심한 시간적 압박

속에서 제재의 영향을 예측해야 하는데, 이 때문에 지나치게 조심스러운 태도를 보이곤 한다. 이 책에서 다룬 모든 사건에서 미국 정부가 새로운 경제 무기의 부정적인 파급 효과를 '과대평가한' 데는 이 같은 이유가 있다. 따라서 경제전쟁협의회는 위기가 '발생하기 전'에 새로운 제재 아이디어를 개발하고, 이 구상을 철저히 검토함으로써 이런 문제를 바로잡아야 한다.[10]

제재는 항생제와 같다. 올바르게 사용하면 효과가 좋지만, 남용하거나 부적절하게 사용하면 많은 문제를 일으킨다. 때에 따라 제재는 애초에 잘못된 접근 방식일 수도 있다. 예를 들어 미국이 정권 교체를 추구할 때(트럼프 행정부가 이란과 베네수엘라에서 한 것처럼) 제재만으로 그 목적을 달성할 것이라고 기대하는 것은 어리석은 짓이다. 어떤 경우에는 제재가 그에 대한 저항을 이겨낼 만큼 충분히 강력한 수준으로, 충분히 오랜 기간에 걸쳐 시행될 때만 효과를 낼 수 있다. 바로 오바마와 바이든이 러시아에 대응하면서 직면한 문제이다. 그들은 제재를 점진적으로 강화했으며 그 과정에서 러시아는 제재에 적응하고 저항력을 키울 시간을 벌었다. 그 결과 두 대통령 모두 러시아 경제에 결정타를 날리지는 못했다. 적어도 바이든의 경우에는 그것이 목표였는데도 말이다. 따라서 이왕 하려면 전면적인 조치가 최선일 수 있고, 그렇지 않으면 아예 하지 않는 것이 낫다.

미국이 경제전쟁의 여파를 더 잘 견딜 수 있는 나라였다면 이와 같은 원칙을 따르기가 한결 수월했을 것이다. 미국의 산업 역량에 투자하고, '프렌드쇼어링'을 통해 공급망을 강화하는 것은 중요한 조치이지만 그 이상의 조치가 필요하다. 이를테면 국내에서 석유 소비를 줄이면 환경적 이점 외에도, 미국의 가정과 기업들을 유가 충격으로부터 보호할 수 있다. 이는 향후 경제전쟁에서도 미국을 훨씬 더 튼튼한 기반 위에 올려놓을 것이다. 백악관 관리들이 국내 휘발유 가격을 끊임없이 신경 써야 하는 일이 없었다면, 미국은 훨씬 더 자유롭게 효과적인 제재를 만들어낼 수 있었을 것이다.

미국은 또한 제재와 수출 통제의 새로운 활용 방안도 모색해야 한다. 오늘날 인류가 직면한 가장 큰 과제는 기후변화와 규제되지 않은 인공지능의 위험 등이 포함된다. 이는 일반적으로 경제전쟁의 영역이 아닌 초국가적인 집단행동 차원의 문제이다. 하지만 미국이 기업들을 이란이나 러시아와 거래하지 못하게 막을 수 있는 것처럼, 세계 어느 곳에서든 기업들이 탄소 집약적 에너지 프로젝트에 참여하지 못하게 막을 수는 있을 것이다. 이러한 프로젝트는 대개 상당한 자금과 기술을 필요로 하므로, 이 제한은 실제로 큰 파장을 일으킬 것이다. 한편 정교한 인공지능은 주로 미국 기업들이 생산하는 하드웨어에 의존한다. 실리콘밸리에 본사를 둔 엔비디아 기업 하나가 전 세계적으로 판매되는 인공지능 칩의 70% 이상을 설계한다.[11] 미국은 외국 정부와 기업들이 인공지능의 책임 있는 사용을 위한 표준을 채택하도록 설득하기 위해, 엔비디아와 다른 미국의 기술 기업들이 이런 표준을 채택하지 않는 상대와 거래하는 것을 금지할 수 있다.[12]

미국의 경제 무기 체계를 그런 식으로 활용하는 것은 겉으로 보이는 것만큼 특별한 일은 아니다. 실제로 이 같은 경제 무기 활용은 최근 미국이 중국과 러시아에 취한 경제 조치와 동일한 논리를 따른다. 장기적으로 이롭기보다 해로울 수 있는 세계화의 여러 측면을 되돌리거나 영구적으로 축소한다는 논리이다. 지난 30년 동안 중국과 러시아는 미국과의 긴밀한 경제적 관계를 이용하여 군대를 현대화하고 광범위한 감시 국가를 건설했다. 미국의 관리들은 이 과정에 동참했고 때로는 이를 장려했다. 제한 없는 무역과 투자는 자연스럽고, 궁극적으로 이로운 일로 여겨졌다. 특히 미국의 기업들이 돈을 벌고 있을 때는 더욱 그러했다. 이제 미국 정부는 노선을 바꾸기 위해 경제 무기를 사용하고 있으며, 또한 탄소 집약적 거대 프로젝트와 위험한 인공지능 적용을 통제하기 위해서도 같은 조처를 할 수 있다.

미국은 경제전쟁 역량을 강화하는 것 외에도 동맹국들과 협력할 수 있는 역량을 강화해야 한다. G7은 이미 경제 안보 동맹이 되겠다는 열망을 선언했다.[13] 앞으로 수년 동안 미국 정부는 같은 생각을 하는 민주주의 국가들과 협력하여 정기적으로 제재 계획에 관한 대화를 함으로써 이런 비전에 투자해야 한다.[14] 새로운 경제 무기 아이디어를 미리 개발하고 검토하는 것이 미국에 도움이 되듯이, 위기 상황에서 외교가 병목 현상을 일으키지 않도록 동맹국들과 조기에 협력하는 것 역시 도움이 될 것이다. 새로운 경제적 공세가 있을 때마다 외교관들이 매번 국제적 연합을 처음부터 구축해야 하는 상황은 없어야 한다.

하지만 오늘날 미국 경제에 대한 국가 전략의 가장 큰 약점은 채찍이 부족한 것이 아니라 당근이 부족하다는 것이다. 지금까지 모든 행정부가 제재와 수출 통제를 가장 유혹적으로 여기는 이유는 미국 법률이 이를 쉽게 시행할 수 있도록 해주기 때문이다. 대통령이 행정명령에 서명하기만 하면(자, 끝!) 곧바로 효력이 발생한다. 대규모 외국인 투자나 국제 경제 협정의 경우 일반적으로 미국 의회의 지지가 필요하므로 그렇게 간단히 끝나지 않는다. 미국 정부에 대규모 국부 펀드와 원유는 기본이고, 필수 광물과 기타 상품의 전략적 비축분, 중국의 일대일로 정책과 같은 규모로 해외에 자본을 투자할 수 있는 재량권을 가지고 있다면 미국의 정책이 얼마나 더 효과적일지 상상해 보자. 불행히도 미국은 정치적 어려움 때문에 다른 여러 나라들이 보유한 경제적 자산을 갖지 못하게 되었다.

앞으로 수년 동안 경제전쟁에서 싸우고 이기는 일은 갈수록 어려워질 것이다. 특히 중국과 다른 나라들이 공격 능력과 방어 체계를 모두 강화하고 있기 때문이다. 미국은 지금까지의 성과에 안주할 여유가 없다. 미국은 경제 무기 체계를 지속적으로 개선하고, 금융과 기술 분야에서 세계적 우위를 굳건히 할 국내 투자를 시행해야 한다. 결국 이것들이야말로 미국이 가진 힘의 기반이기 때문이다.

———

모든 시대는 그 시대를 파괴하는 씨앗을 품고 있다. 제2차 세계대전 이후 브레턴우즈에서 수립된 체제는 자본 통제와 고정환율을 통해 국제 금융을 억제하는 것이 경제 회복과 정치적 안정에 필수적이라는 전제를 토대로 한다. 당시 거의 30년 동안 이 체제는 효과적으로 작동했다. 그 체제 덕분에 전쟁의 잔해 속에서 어느 때보다 역동적이고 생산적인 세계 경제가 탄생했다. 수년간 이어진 전투와 독재, 군사 점령의 고통으로 찢겼던 나라들이 번영하는 복지국가로 탈바꿈했다. 프랑스인들은 이 시대를 '영광의 30년 les trente glorieuses'이라 부르며 애틋하게 기억한다.**15** 하지만 브레턴우즈 체제를 성공적으로 이끌었던 핵심 요소들이 결국에는 마찰을 불러왔다. 원래는 안정성을 보장하는 것으로 여겨졌던 고정환율은 불신과 분노의 원천이 되었다. 다국적 기업들은 자본 통제를 회피할 방법을 찾아냈고, 그들의 노력은 점차 몇몇 이기적인 정부들의 지원을 끌어냈다. 1970년대 초 브레턴우즈 체제가 붕괴했을 때, 그 체제는 스스로 만든 구조의 무게에 짓눌려 무너졌다.

경제적 세계화 시대는 1990년대에 두드러지게 나타나 21세기까지 지속되었는데, 브레턴우즈 체제와는 달리 뚜렷한 시작 순간이 없었다. 그렇지만 이 시대는 결국 경제적 상호의존이 세계를 더 부유하고 안전하게 만들 것이라는 기본 전제 위에 세워졌다. 한동안은 이런 전제가 효과가 있었다. '영광의 30년'에 포함되지 못했던 세계 경제의 일부 국가들(중국, 구소련권, 다른 개발도상국 등)도 각자의 경제적 기적을 경험했고, 미국과 동료 선진국들 역시 또 다른 번영기를 누렸다.

경제적 상호의존은 실제로 세계를 더 부유하게 만들었다. 하지만 그것이 세상을 더 안전하게 만들 수 있다는 것을 끝내 증명하지는 못했다. 지금처럼 전쟁과 지정학적 긴장이 고조된 시대에는 기억하기 어렵지만, 통합된 시장과 공급망의 원-윈 논리[16]는 한 때 국가 간 갈등을 사라지게 할 것이라고 여겨졌다.[17] 국가 간 경쟁이 어느 정도 남아 있더라도 이 경쟁은 단지 '소프트 파워'의 영역에서만 일어날 것으로 기대했다.[18] 예를 들어 월드컵과 유로비전 송 콘테스트 등이 과거의 지정학적 책략을 대체하는 것이다. 농구 스타인 르브론 제임스와 야오밍이 존 F. 케네디와 니키타 흐루쇼프의 자리를 대신하는 세상 말이다.

그러나 이 낙관적인 서사에는 한 가지 중요한 인식이 빠져 있었다. 초세계화가 가능해진 이유는 오직 냉전이 끝났기 때문이라는 사실이다. 세계적 규모의 경제 통합은 냉전의 원인이 아니라 종식의 결과였다. 역사학자 존 루이스 개디스John Lewis Gaddis가 쓴 것처럼 냉전 당시는 미국과 소련 경제 사이의 극심한 분열로 상호의존보다는 '상호 독립'을 특징으로 하는 관계가 형성되었다.[19] 오늘날 우리 곁의 세계 경제는 현재 존재하는 더 위험한 지정학적 환경에 맞춰 설계된 것이 아니라, 여전히 1990년대의 평화로운 지정학적 환경을 위해 구축된 세계 경제이다.

세계화의 승리 행진은 2008년 금융위기와 그에 따른 선진국 전역의 정치적 반발을 거치면서 처음으로 속도를 늦추었다.[20] 수십 년 동안 국내 불평등이 심해지고, 제조업이 꾸준히 쇠퇴한 것에 대한 대중의 분노가 폭발한 결과였다. 그러나 세계화가 본격적으로 후퇴하게 된 계기는 경제적 상호의존성을 자산이 아닌 부채

국가는 무엇으로 싸우는가

로 보기 시작하면서부터였다. 모든 강대국의 경제가 서로 연결되어 있기 때문에, 각국 정부는 초크포인트를 이용하여 경쟁국에 압력을 가할 수 있었다. 또한 핵전쟁의 공멸 위협 때문에 강대국들 간의 전쟁을 상상조차 할 수 없게 된 세상에서 세계화는 국가들에게 더욱 현실적인 싸움 방식을 제공했다. 이것이 바로 미국이 경제 무기 체계를 구축한 맥락이며 경제전쟁 시대가 시작된 이유다.

경제전쟁 시대가 언제 끝날지는 아직 알 수 없지만, 어떻게 끝날지는 상상할 수 있다. 미국, 중국, 유럽연합, 러시아의 정책 입안자들이 직면한 선택의 고민은 '경제적 상호의존, 경제 안보, 지정학적 경쟁'으로 구성된 불가능한 삼위일체로 이해할 수 있다. 그중 두 가지는 공존할 수 있지만, 세 가지가 함께 공존할 수는 없다.

냉전 시기에는 지정학적 경쟁이 가장 중요했다. 각 진영은 적과의 상호의존을 포기했기 때문에 일정 수준의 경제 안보를 누렸다. 하지만 냉전이 종식되자 이런 계산은 바뀌었다. 서구의 승리로 지정학적 경쟁이라는 개념은 거의 무의미해졌다. 미국의 군사적, 경제적, 문화적 힘이 절정에 달한 상황에서 경쟁할 것이 무엇이 남아 있었을까? 그 평화로운 시절 미국은 중국과 러시아를 불길한 경쟁자라기보다는 더 친해질 가능성이 있는 친구로 보았다. 따라서 미국은 경제 안보를 잃는다는 인식이 없이 마음껏 경제적 상호의존을 수용할 수 있었다.

오늘날 또 다른 변화가 다가오고 있다. 러시아의 제국주의와 중국의 세계 제패의 시도는 지정학적 경쟁을 다시 격렬하게 되살렸다. 그러나 경제적 상호의존은 여전히 존재한다. 그 결과 미국,

중국, 유럽, 러시아 등 어느 강대국도 경제 안보 면에서 안정감을 느끼지 못하게 되었다. 뭔가는 양보해야 한다.

안정감을 회복하는 한 가지 방법은 경쟁을 억제하는 것이다. 하지만 오늘날 강대국들 간의 이해관계 충돌과 억눌린 불만 때문에 이것은 있을 수 없는 일이다. 더 가능성이 큰 결과는 경제적 상호의존성이 계속해서 해체되는 세계이다. 현재 미국은 중국과의 관계에서 약간의 상호의존성을 감하고, 대신 큰 경제 안보를 얻어내려 하고 있다. 그것은 성사되기 힘든 거래이고, 시간이 지남에 따라 상호의존성을 줄이려는 시도는 더욱 공격적이고 전방위적으로 확대될 것이다.

경제전쟁 시대는 그것이 의존하는 초크포인트가 압박 지점으로서 더 이상 무의미해질 때 끝날 가능성이 크다. 그 일은 지금으로부터 10년 후 또는 20년 후에 일어날 수도 있고, 그보다 훨씬 더 늦게 일어날 수도 있다. 오늘날의 초크포인트들은 그것을 구축하는 것만큼이나 깨뜨리는 일도 어려울 것이다. 시간이 지나면서 일부 초크포인트들은 사라지겠지만, 새로운 산업의 등장으로 다른 곳에 새로운 초크포인트들이 생길 것이다. 하지만 결국 강대국들은 그 초크포인트들을 서서히 약화시켜 더 이상 심각한 위협이 되지 않도록 만들 방법을 찾을 것이다. 가장 큰 의문은 그것이 점진적으로(즉 '프렌드쇼어링'과 자체 공급을 위한 장기 투자를 통해) 일어날 것인가, 아니면 대만이나 다른 분쟁 지역에서 파괴적인 강대국들 간의 전쟁이 발발하여 갑자기 일어날 것인가 하는 점이다.

경제전쟁 시대의 종식을 환호하는 사람들도 분명 있을 것이다.

국가는 무엇으로 싸우는가

어쩌면 박수갈채를 보낼 이유가 생길지도 모른다. 만약 강대국들이 더 이상 상대국의 경제 무기를 두려워하지 않는다면 새로운 안정이 찾아올 것이기 때문이다. 세계는 경제적 상호의존 덕분에 가능했던 효율성과 저렴한 가격을 잃겠지만, 대신 경제적 안정감을 얻게 될 것이다. 공급망이 본국으로 돌아오고, 고용 기회도 늘어날 것이다. 세계는 경제 진영으로 나뉘겠지만 어쨌든 평화는 유지될 것이다.

더욱 암울한 시나리오도 있다. 역사를 통틀어 강대국들 간의 경쟁은 피할 수 없는 고질적인 현실이었다. 오늘날의 경제 무기가 더 이상 힘을 쓰지 못하게 된 후에도, 이러한 경쟁 상황은 계속될 가능성이 크다. 지정학적 갈등을 경제 분야로 옮길 능력이 없어진다면, 강대국들은 다시 한번 실제 전장에서 싸우게 될 수도 있다. 경제전쟁이 가진 모든 단점에도 불구하고 사람들이 기대하는 것은, 그것이 좀 더 폭력적인 형태의 전쟁을 '대신'할 수 있다는 점이다. 언젠가 경제전쟁 시대도 끝나겠지만, 막상 사라지고 나면 우리는 그 시대를 그리워하게 될지도 모른다.

감사의 글

이 책은 수십 년 동안의 배움과 경험의 산물입니다. 그 시간 동안 가족, 친구, 선생님, 동료들의 지원이라는 축복을 누렸습니다. 이렇게 모든 것이 합쳐져 이 책이 나올 수 있었습니다.

부모님인 질과 마크 피시먼은 헤아릴 수 없을 만큼의 사랑과 지원을 주었습니다. 어머니는 꿈을 좇도록 격려해 주었고 호기심을 키워주었으며 독서와 글쓰기를 소중히 여기는 마음을 심어주었습니다. 그녀의 조건 없는 사랑은 삶의 버팀목이었고, 그녀의 가치관은 늘 변함없는 나침반이었습니다. 아버지는 내가 아는 사람 가운데 가장 현명하고 믿음직한 사람으로, 내 영웅입니다. 그는 자기 절제와 우선순위를 바로 세우는 것의 중요성을 가르쳐주었습니다. 부모님은 무엇보다도 인간관계가 중요하다는 것을 일깨워 주었습니다. 내가 이룬·어떤 성공도 부모님 없이는 가능하지 않았을 것입니다.

다른 사람들처럼 내 삶도 훌륭한 선생님들의 가르침 속에 형성되었습니다. 글래드윈 초등학교에서 델마 윌리엄스는 수업 중에 나 스스로 높은 기준을 가져야 한다고 가르쳐주었습니다. 웰시밸리 중학교에서 재닛 정과 찰리 플래스터는 학문적 진지함의 즐거움을 보여주었습니다. 해리튼 고등학교에서 폴 키니는 국제 문제에 대해, 수잔 그로스는 외국 문화에, 브라이언 고뱅은 과학적 탐구에, 크리스 산타마리아는 역사에 대한 나의 관심을 북돋워 주었습니다. 12년의 공교육을 받는 동안 만난 모든 훌륭한 선생님들께 감사드립니다.

예일대학교에서 보낸 시간 덕분에 이후 외교 정책 분야에서 일하고, 작가로서 활동할 기초를 다질 수 있었습니다. 도널드 케이건은 내가 경험한 최고의 교수님이었습니다. 네 학기 동안의 수업과 여름 연구 펠로우십을 통해 그는 역사적 결정을 평가하고 논리 있는 주장을 전개하는 방법을 가르쳐주었습니다. 연대기 형식을 따르는 구성 등을 포함해, 이 책의 많은 부분이 그의 영향을 받았습니다. '대전략 연구'의 강사들이자 국제 문제에 관한 뛰어난 책의 저자들인 존 개디스, 찰리 힐, 폴 케네디, 월터 러셀 미드는 나의 글쓰기를 향상시켜 주었고, 역사 공부와 현대 외교 정책을 연결하는 데 도움을 주었습니다. 그들은 졸업 후에도 오랫동안 조언과 지원을 제공했습니다. 애덤 투즈는 글로벌 경제학에 관심을 갖게 했고, 나의 졸업 논문인 "1870년대 새로 통일된 독일에 대한 영국의 정책"의 지도를 맡아주었습니다. 그는 내가 지적 범위를 넓힐 수 있도록 이끌어주었습니다. 조앤 프리먼, 로버트 그린버그, 존 해리스, 주세페 마조타, 숀 맥미킨, 스티븐 로치, 팀 스나이더, 찰스 월튼, 그리고 디렉티드 스터디스 과정의 강사들도 나의 사고에 지속적인 영향을 미쳤습니다.

브렌던 심스는 1990년대 초반 케임브리지대학교에서 미국의 외교 정책에 관한 논문을 전문적으로 지도해 주었습니다. 그 프로젝트는 어느 정도 이 책의 예고편이었습니다. 암리타 날리카는 국제 정치경제에 대한 이해를 더욱 깊게 해주었습니다. 그녀의 영향은 브레턴우즈 체제의 부흥과 몰락을 다룬 이 책의 앞부분에서 뚜렷하게 드러납니다. 스탠퍼드대학교에서 에드 바티스타, 롭 체스, 피터 드마르조, 데이비드 도슨, 키스 헤네시, 조슈아 로, 콘돌리자 라이스, 아밋 세루, 롭 시걸, 러스 시걸먼과 그들의 동료들은 사업과 공공 업무뿐만 아니라 삶과 직업적 과제를 관리하는 방법에 대해서도 많은 것을 가르쳐주었습니다.

미국 정부에서 일했던 시간은 내게 큰 영향을 미쳤습니다. 재무부에서 공무원으로 일할 첫 기회를 준 데이비드 코헨과 연방 기관에서 어떻게 근무할지 알려준 젠 파울러와 리즈 로젠버그에게 감사드립니다. 국무부에 있는 동안에는 정보의 홍수 속에서 경력 가운데 가장 만족스러운 몇 년을 보냈습니다. 존 파이너, 대니얼 프리드, 피터 하렐, 존 휴스, 앤드류 켈러, 데이비드 맥킨, 싯다르트 모한다스, 그리고 나를 믿고 변화를 만들 수 있는 위치에 서게 해준 많은 분께 감사드립니다. 또한 정책 기획 참모부와 경제 제재 정책 및 집행국의 동료들에게 가치 있는 일을 함께해 준 우정과 협력에 감사드립니다. 해외자산통제국의 브라이언 오툴, 애덤 스미스, 그리고 다른 동료들은 최고의 여행 동반자였고, 제재가 실제로 어떻게 작동하는지 세부 사항을 배우는 데 도움을 주었습니다. 국방부에서는 내가 국무부 출신이라는 점을 개의치 않고 기꺼이 받아들여 준 군 장교들과 국방 전문가들과 함께 일할 수 있어 행운이었습니다. 마틴 뎀프시 장군의 참모 팀CAG에 있는 동료들은 언제나 내 마음속에 특별한 자리를 차지할 것입니다. 정부 밖에서는 비아Via, 〈포린어페어스Foreign Affairs〉, 죽스Zoox, CNAS, 대서양협의회의 동료들이 내게 배움과 성장의 중요한 기회를 제공했습니다. 특히 미셸 플러노이, 기드온 로즈, 맷 올슨, 제프리 골드스타인, 존 포스터, 카리안 찬, 브래드 허쉬필드를 비롯해 직업과 삶의 중요한 전환점에서 지혜와 지원을 제공해 준 분께 감사드립니다.

이 책이 세상에 나오도록 도와준 분의 목록은 아주 깁니다. 목록 맨 위에는 내 최고의 에이전트인 게일 로스와 포트폴리오 출판사의 편집자 노아 슈워츠버그가 있습니다. 두 명 모두 내가 생각하는 기획의 비전을 바로 이해하고, 헤아릴 수 없을 만큼 많은 지원을 해주었습니다. 게일은 책 제안서를 제출하고 판매하는 복잡한 과정을 안내해 주었고, 포트폴리오의 노아와 에이드리언 잭하임이라는 완벽한 파트너를 찾도록 도와주었습니다. 노아는 편집자 이상의 존재입니다. 그는 책에 대한 계획을 실행할 수 있도록 믿어주고 모든 것이 제대로 돌아가도록 깊은 관심을 주었으며, 중요한 순간에 지침과 격려를 해주는 코치였습니다. 모든 작가가 노아 같은 편집자를 만날 수 있다면 정말 행운일 것입니다. 시작부터 끝까지 에이드리언이 보여준 열정은 첫 책을 집필하는 내게 자신감을 불어넣어 주었습니다. 또한 이 출판 프로젝트를 지원해 준 니키 파파도풀로스, 원고가 실제 책으로 완성되도록 힘써 준 레일라 샌들린, 신중한 법률 검토를 수행해 준 캐럴린 폴리, 제작 과정을 감독한 라이언 보일에게도 감사를 전합니다. 이 책을 전 세계 독자들에게 소개하기 위해 노력한 오쿠무라 리츠코, 그리고 홍보와 마케팅을 관리한 커스틴 번트, 린지 프레베트, 사바나 비숍, 캐서린 모리셋, 레이첼 발도프, 테일러 윌리엄스에게 감사드립니다. 포트폴리오 팀의 일원이 되어 행운이라고 생각합니다.

컬럼비아대학교의 글로벌에너지정책센터CGEP는 이와 같은 규모의 프로젝트를 추진하는 데 이상적인 지적 환경을 제공했습니다. 글로벌에너지정책센터의 창립 이사인 제이슨 보르도프는 이 책이 아직 아이디어 단계였을 때부터 가치를 알아봐 주었고, 기꺼이 기관 차원의 지원을 해주었습니다. 그는 책을 쓰는 사람에게 줄 수 있는 가장 큰 선물인 책을 읽고, 생각하고, 글을 쓸 수 있는 시간과 공간을 제공해 주었습니다. 글로벌에너지정책센터의 연구책임자인 멜리사 로트와 로버트 존스턴 역시 내가 이 프로젝트를 완수해 낼 것이라 믿어주었습니다. 그사이 글로벌에너지정책센터의 동료들은 필요할 때마다 내게 조언을 해주었습니다. 또한 이 프로젝트의 초기 단계에서 도움을 준 글로벌에너지정책센터의 전

　　　　　　　　　　　국가는 무엇으로 싸우는가

커뮤니케이션 담당 부국장인 나탈리 볼크에게도 감사드립니다.

지난 몇 년 동안 강의했던 컬럼비아대학교 국제 및 공공 정책 대학원이 이 프로젝트에서 중심적인 역할을 했습니다. 내 수업인 '경제 및 금융 국가 전략'이 이 책에 영감을 주었고, 강의 계획서로 초기 개요를 구성했습니다. 내 수업을 지원해 주고, 많은 훌륭한 학생에게 추천해 준 안드레아 부블라와 리처드 롭에게 감사드립니다. 이 책의 아이디어와 주장은 내 수업을 수강한 모든 헌신적인 학생들의 영향을 받았습니다.

컬럼비아대학교 국제 및 공공 정책 대학원에서 가르치는 일은 생각을 정리하고 새로운 생각을 떠올리는 데 도움을 주었고, 이 책을 만드는 데 직접적인 역할을 한 여러 학생을 만나게 해주었습니다. 수업의 첫 번째 회차에서 가장 우수한 학생들이었던 케빈 브루넬리와 키란 카울은 이 프로젝트를 시작한 직후에 시간제 연구원으로 합류했습니다(케빈은 졸업 후 글로벌에너지정책센터에서 정규직으로 일했는데, 그 자리에서 근무하며 이 프로젝트의 완성을 도와주었습니다). 케빈과 키란의 도움이 없었다면 이 책은 지금과 전혀 달랐을 것입니다. 케빈은 끈기 있게 뉴스 보도와 증언, 연설, 그리고 기타 1차 출처를 추적했습니다. 그의 세부 사항에 대한 예리한 통찰력, 정치와 에너지 정책에 대한 깊은 이해, 그리고 지적 호기심 덕분에 최종 결과물이 크게 향상되었습니다. 키란의 꼼꼼한 조사와 분석 능력은 이 책이 묘사한 제재의 경제적 영향을 이해하는 데 큰 도움을 주었습니다. 그녀는 경제 데이터와 금융 언론을 샅샅이 뒤졌고, 그 모든 것을 이해하고 조사하는 과정에서 생각을 나누는 파트너 역할을 했습니다. 케빈과 키란이 같은 팀이 된 것을 정말 행운이라고 생각합니다. 그리고 이제 그 두 사람이 각자 공직 생활을 시작했으므로 우리 모두에게 행운이라고 생각합니다.

재크 크리빈과 레이철 시푸는 이 프로젝트의 마지막 단계에서 시간제 연구 보조원으로 합류하여 두 사람 모두 귀중한 기여를 했습니다. 재크는 도표에 필요한 자료를 수집하고 모형을 만들고 점차 그것들을 다듬었습니다. 레이철은 주석의 형식을 정하고 정리했으며, 마지막 몇 장에 대한 조사를 도와주었고, 등장인물과 용어 해설을 구성하는 데 도움을 주었습니다. 재크와 레이철 모두 원고 전체를 읽고 좋은 제안을 해주었습니다.

이 책을 위해 100명이 넘는 분이 인터뷰에 응해 주었는데 깊은 감사를 드립니다. 그들 중 많은 사람이 몇 시간씩이나 시간을 들여 기억을 공유하고 사실을 확인하며 나 대신 증거를 찾아냈습니다. 그들의 이야기는 이 책을 풍성하게 해주었으며, 공정하고 정확한 전달자가 될 것이라 믿어준 그들에게 감사드립니다. 일부 인터뷰 대상자의 목록(책에 언급하는 것에 동의한 사람만 적음)은 출처 정보에 나와 있습니다.

몇몇 편집자, 사실 확인자, 예술가들이 이 책을 헤아릴 수 없을 만큼 다양한 방법으로 풍성하게 만들어주었습니다. 〈포린어페어스〉의 전 편집자였던 빅터 브레헨마허에게 큰 감사를 표하고 싶습니다. 편집에 관한 그의 날카로운 판단 덕분에 책의 모든 부분이 개선되었습니다. 그는 불필요한 세부 사항을 줄이고 이야기를 간결하게 정리했으며 핵심 주장을 명확히 하는 데 도움을 주었습니다. 그는 함께 일해 본 편집자 중 가장 뛰어난 사람입니다. 또 다른 뛰어난 편집자인 우샤 사하이는 자신의 중요한 연설문 작성 업무 사이의 짧은 2주 동안 내 원고를 다듬는 데 큰 도움을 주었습니다. 그녀는 내 실수를 막아주었고 꾸준히 단순하게 표현하도록 이끌어주었습니다. 원래는 글을 쓰며 휴가를 즐겼을지도 모를 그 시기에 일부러 시간을 내어 협업해 준 것에 대해 진심으로 감사드립니다. 마크 히츠는 1부를 생각하는 데 도움을 주었고, 문장을 간결하게 다듬는 데 귀중한 제안을 해주었습니다. 이 책이 좋은 시작을 할 수 있도록 해준 마크에게 감사드립니다. 카티아 조리치와 코린 레옹은 이 책의 모든 사실을 꼼꼼히 검토해 수많은 실수를 방지했습니다. 그들의 철저함과 전문성에 감사드립니다. 헨리 눈은 눈길을 끌면서도 개념적으로 기발한 표지를 만들었고, 알리사 테오도르는 책의 아름다운 내지 디자인을 맡아주었습니다. 제프 워드는 지도와 차트를 그렸고(그리고 내가 여러 번 수정 요청을 한 것도 참아주었습니다), 에디 와인버그는 사진을 수집했습니다. 두 사람과 일하는 것은 정말 기분 좋은 일이었습니다. 이 책은 나의 첫 책인데, 집필을 시작할 때는 이 모든 과정을 나 혼자 감내해야 하는 외로운 작업이 될까 봐 크게 걱정했습니다. 하지만 위에 언급한 사람들 덕분에 예상했던 것보다 이 프로젝트가 훨씬 더 팀워크가 돋보이고 (그리고 훨씬 더 즐거운) 작업이 되었습니다.

원고를 다 쓰고 난 뒤에는 많은 친구, 동료, 가족들이 친절하게 원고 전체를 읽어주었습니다. 원고 초안을 읽고 최종 결과를 크게 향상하도록 피드백을 제공해 준 해리슨 아바트, 제이슨 보르도프,

샘 브레이드바트, 리처드 댄지그, 애덤 도이치, 마크 피시먼, 크리슈나 자, 크리스 밀러, 싯다르트 모한다스, 스튜어트 리드, 에도아르도 사라발레, 애덤 베르하셀트에게 감사드립니다. 벤 얼터는 책 제안서를 검토하고 항상 의견을 요청하는 전화에 응답해 주었습니다. 웨스 미첼은 도표와 표지에 대한 귀중한 제안을 나누어주었습니다. 루이스 나이트와 앨 송은 일찍부터 책을 쓰는 것을 고려해 보라고 격려했습니다. 해나 조노우 얼터, 맥스 바바코우, 메릴 브레이드바트, 제이 도켄도르프, 대니 아이작슨, 리 아이작슨, 윌리 칼레마, 샘 클라이너, 조던 슈나이더는 창작 과정과 참고 자료부터 표지 디자인과 내지 디자인까지 모든 것에 대한 조언을 제공했습니다. 린다 킨슬러, 레브 메난드, 크리스 밀러, 애런 오코넬, 스튜어트 레이드, 타티아나 슐로스버그, 알렉스 워드, 알리 와인은 모두 최근에 자신의 책을 완성했거나 집필 중이었는데, 이 프로젝트의 시작 단계에서 유용한 조언을 해주었고 중요한 결정을 내리는 데 도움을 주었습니다. 특별히 스튜어트에게 감사드립니다. 그는 내가 대중을 대상으로 글을 쓰도록 처음으로 독려해 주었고, 그의 현명한 조언에 여러 번 의지했습니다.

이 모든 이들 덕분에 이 책이 훨씬 더 좋아졌습니다. 물론 부족한 점이 있다면 그것은 전적으로 나의 책임입니다.

친구들은 내가 하는 모든 일을 조건 없이 지지해 주었고, 이 책도 예외가 아니었습니다. 어린 시절, 대학, 대학원 시절 친구들은 내게 가족과 같습니다. 그들은 변함없이 충실했고, 어떤 어려움 속에서도 항상 내 편에 서 있었습니다. 친구들이 삶을 여러 면에

국가는 무엇으로 싸우는가

서 풍요롭게 해준 것에 대해 끝없이 감사합니다.

조부모님은 좋은 본보기가 되어주셨고 인생에 지울 수 없는 영향을 남겼습니다. 그들의 사랑과 노고가 없었다면 지금의 내가 될 수 없었을 것입니다. 할머니인 애너벨과 외할머니인 가야트리가 이 책의 출판을 함께 축하해 주실 수 있어 감사를 드립니다. 그들의 사랑과 지지는 내게 세상 그 자체와 같습니다.

형제자매인 서맨사와 조시, 그리고 처남 처제인 라훌, 리사, 스티븐, 시드니는 항상 나를 응원해 주었습니다. 내가 그들을 얼마나 사랑하는지 아마 그들은 알지 못할 것입니다. 장인 장모님인 반다나와 크리슈나 자는 10년 넘게 사랑과 격려, 지원을 베풀어주었습니다. 그들을 두 번째 부모님으로 모실 수 있어 너무나 큰 축복이라 생각합니다.

이 책을 써야겠다고 처음 생각한 것은 딸 이바가 태어난 지 몇 달 후였고, 책을 끝낸 것은 아들 아얀이 태어난 지 몇 달 후였습니다. 그 둘이 내 삶을 환하게 밝혀 주었습니다. 그들이 성장하고, 웃고, 배우는 것을 보는 것보다 더 큰 기쁨은 없다고 생각합니다. 글을 쓰고 있을 때 이바가 방으로 들어올 때마다, 그들의 삶에 이렇게 가까이 함께할 수 있는 프로젝트를 진행하게 되어 정말 행운이라고 느꼈습니다. 두 아이를 이루 말로 다할 수 없을 만큼 사랑합니다.

무엇보다 가장 큰 감사는 아내 레피에게 전하고 싶습니다. 그녀는 모든 것의 동반자이자 내 인생의 사랑입니다. 내가 새로운 아이디어를 꺼낼 때마다 레피는 늘 그래 왔듯이, 이 책을 쓸 때도 격려해 주었고 잘 쓸 수 있다는 자신감을 주었습니다. 그녀는 이 책의 전 과정에 걸쳐 조언해 주었고, 아주 세세한 부분까지도 조언 요청에 답하며 수십 가지의 날카로운 수정 사항을 제시해 주었습니다. 내가 마감에 집중하느라 정신없이 바쁠 때마다, 그녀는 늘 나서서 도와주었습니다. 그리고 기쁨과 슬픔, 성공과 좌절 같은 인생의 온갖 우여곡절을 함께하며 변함없이 지지해 주었습니다. 이 책을 그녀에게 바칩니다.

"때리는 사람의 말도 들어봐야 한다." 이 책을 맡을 때 우선 떠올랐던 생각이다.

미국이 주먹을 휘두르고 있다. 자유무역 시대가 끝나고 경제전쟁 시대가 도래한 오늘날 미국은 이란, 러시아, 중국 등과 한바탕 드잡이한 뒤 아직도 분에 겨워하는 중이다. 도널드 트럼프 대통령은 2기 집권을 맞아 각종 정책을 통해 '충격과 공포Shock and Awe' 전략을 거침없이 사용하고 있다. 덕분에 한때 소중했던 동맹국들도 마치 소년병처럼 무역전쟁에 징집당해 끌려 나오는 형편이다. 잘못하면 관세와 제재의 총알이 날아다니는 이 전장에서 어쩌면 우리나라는 누구에게도 위로받지 못하는 부수적 피해자가 될 수

도 있다. 그렇다면 우리는 누구의 말을 들어보며 상황 파악을 할
수 있을까?

저자인 에드워드 피시먼은 이처럼 무시무시한 새로운 유형의
전장에 대해 그동안의 역사와 제재 현장 상황, 경제전쟁의 미래
모습 등을 직접 들려주는 '때리는 사람'이다. 지금까지 제재에 관
한 책은 주로 미국을 취재한 특파원이나 국제통상 관련 학자들의
분석이 거의 전부였다. 하지만 이 제재 담당 가해자는 실무자로서
의 경험을 논리정연하게 글로 정리했고, 설득력이 가득한 이유들
을 내놓았다.

저자는 버락 오바마 1기 때인 2011년에 처음 재무부 테러 및
금융정보국TFI 차관의 특별보좌관으로 공직을 맡은 뒤, 국무부 이
란 제재 팀에서 근무했다. 2014년에 국방부 합참의장 특별보좌관
으로 잠시 제재 현장에서 멀어지는 듯하더니, 같은 해 러시아의
크림반도 합병 사건이 터지자 바로 국무부로 돌아와 경제 제재정
책 및 러시아·유럽 책임자를 맡아 러시아 제재를 담당했다. 특히
2015년부터 2017년까지는 국무부 정책기획실에서 그야말로 경
제 제재의 전략을 짠 당사자이기도 하다.

이후 2017년에 트럼프 1기의 시작과 함께 저자는 공직에서 물
러나 학계로 갔지만, 대통령이 바뀌었다고 '경제전쟁'의 효능을
알아버린 미국이 기본 틀을 바꾼 것은 아니었다. 트럼프는 1기 임
기 내내 중국과 제재 문제로 씨름했으며, 이어지는 조 바이든 시
기에도 제재는 미국의 가장 중요한 국가 간 갈등의 해결 도구 역
할을 유지했다. 그러므로 자유무역 시대가 끝났다는 사실은 의심

할 여지가 없다.

이러한 경험을 바탕으로 저자는 시대가 바뀌어 우리가 이미 '경제전쟁 시대'에 살고 있다는 사실을 깨닫게 해준다. 저자는 우리의 마음은 평화로운 탈냉전의 '자유무역 시대'에 살고 있는데, 몸은 이미 변해 버린 대립 우선의 지정학적 환경에 들어서 있으므로, 지금의 제재나 관세의 모습은 변화에 맞춰 세계 경제가 개조되는 과정이라고 강변한다. 저자는 이 과정을 내부자의 관점에서 정리하여 역사적인 통찰력을 제공한다.

게다가 이 책은 그런 제재의 역사를 편리하게도 연대기 형식으로 정리했다. 이를테면 2부 이란, 3부 러시아(크림반도 합병), 4부 중국, 5부 러시아(우크라이나 침공)로 이어지는 미국 제재의 대상을 따라갈 수 있어서 경제전쟁 시대 미국의 행보와 거기에 엮인 사건을 일목요연하게 알 수 있다. 특히 시대의 변화 때문인지 정책의 변화 때문인지, 우연하게도 각 주제는 미국 대통령의 임기와 대략 맞물리므로 독자가 시기별로 더 잘 이해할 수 있다는 것도 장점이다. 즉, 각 부는 '이란(부시와 오바마)-러시아(오바마)-중국(트럼프 1기)-러시아(바이든)' 순으로 연결할 수 있다. 이렇게 저자가 제시한 미국의 '달러 패권과 반도체 등 첨단 기술의 무기화 과정'을 따라가다 보면, 독자는 제재의 기원과 작용 경과, 제재 수단의 허점과 보완 역사를 자연스럽게 알 수 있다.

물론 저자가 미국의 제재 담당자라고 해서 단순히 자신의 기억만을 바탕으로 글을 쓴 것은 아니다. 컬럼비아대학교의 국제 및 공공 정책 교수로서 학문적 엄격함이 대단하다. 주석과 출처 정보

등 확인할 수 있는 각종 인터뷰와 꼼꼼한 자료 수집을 보면, 이 책이 향후 경제전쟁을 기록한 1차 사료 역할을 하리라는 것을 알 수 있다. 알다시피 1차 사료를 보는 재미는 잘 정리된 역사서를 보는 것과는 다른 생생한 현실감을 준다. 실제 재래식 전투 현장에 참여한 사람의 글을 본 적이 있을 것이다. 예를 들어 아쟁쿠르 전투에 참여한 프랑스 기사 장 드 와브랭Jean de Wavrin의 기록, 트라팔가르 해전에서 넬슨 제독의 죽음을 돌본 의사 윌리엄 비티William Beatty의 기록 등인데, 그런 글은 그날 현장의 공기와 기록한 자의 감정까지 읽을 수 있다. 마찬가지로 경제전쟁 현장의 한가운데 있었던 당사자가 제재 작전 참가자들을 인터뷰하고 분석한 이 책은 1차 사료의 생동감과 정확함까지 접할 수 있다.

다만 마냥 남의 이야기처럼 책을 즐길 수만은 없다는 것이 안타까웠다. 책 여러 곳에 우리나라의 기업인 삼성, SK하이닉스 등과 제재의 장기말이 된 여러 대상이 등장한다. 그렇게 우리나라의 운명까지 판돈으로 걸린 대국에 트럼프 2기 정부는 미국 우선의 배타적인 애국주의를 내세워 다음 날 뉴스가 두려울 정도의 속도로 변화를 이끌고 있다. 오랜 동맹과 규칙을 바탕으로 한 국제 질서는 이제 무의미해졌다. 그리고 그 바탕에는 이 책이 다루는 역사적인 제재와 관세의 도입, 자유무역과 세계화에 대한 근본적인 재평가가 깔려 있다. 이 새로운 경제전쟁 시대에 트럼프가 겨냥하는 대상은 적대국만이 아니다. 미국의 전통적인 동맹국마저 무역적자를 일으키는 위험 인자로 보고 있다. 이것은 거대한 세계관의 변화이자, 우리나라가 이제 쓰러뜨려야 할 적대적인 장기말로 여

국가는 무엇으로 싸우는가

겨질 수 있다는 뜻이기도 하다. 당연히 국가적 안정 측면에서 변화와 혼란이 따라올 것이고, 그 끝은 아무도 가보지 않은 길이어서 누구도 알 수 없을 것이다.

트럼프 특유의 미치광이 전략Madman theory 때문에 그와 행정부 관리들이 무슨 생각인지 가늠하기도 쉽지 않지만, 다음 발자국이 어디로 향할지는 상대가 걸어온 길을 따라가 보면 추측할 수 있기 마련이다. 상대방의 입장이 되어보는 것만큼 상황을 잘 파악하는 방법은 없기 때문이다. '때리는 사람'이었던 저자가 제시한 미국 제재의 역사적 통찰이 독자에게 불안정한 미래에 대한 선택을 돕는 길잡이가 되기를 기대한다.

이 책을 집필하는 데 있어서 인터뷰에 응한 100명이 넘는 현직 및 전직 미국 관리, 외국 관리, 기업 임원의 솔직한 성찰이 없었다면 불가능했을 것이다. 그들 중 많은 사람이 여러 차례에 걸쳐 몇 시간 동안 흔쾌히 대화를 나눠주었고, 사실을 확인하는 작업에도 귀한 시간을 내어 도와주었다.

내부 정책 논의와 외교 회의의 민감성 때문에 인터뷰 대상자 대부분은 실명을 밝히지 않는 조건하에서 자신들의 허심탄회한 이야기를 들려주었다. 그 결과 인터뷰를 바탕으로 사건을 재구성하거나 대화를 다시 완성할 때, 해당 내용을 특정 개인의 발언으로 명시하지 않았다. 내가 인터뷰 내용을 직접 인용하는 유일한 경우는 과거 사건에 대한 개인의 공식적인 분석이나 해석을 옮길 때뿐이다.

따라서 독자는 이 책에 언급된 대화나 장면의 주요 정보 출처가 특정 인물이라고 오해하지 않기를 바란다. 이러한 재구성은 조언자, 동료, 기록자, 기타 목격자의 진술을 포함한 여러 출처의 조합에 기초하고 있다.

거의 모든 경우 이 책에 기술한 사건은 여러 출처를 통해 확인을 거쳤다. 또한 가능할 때마다 여러 제보자가 나를 대신해 찾아준 이메일, 문자 메시지, 개인 일정, 여권 스탬프, 항공권 영수증 등의 기록 증거를 통해 세부 사항과 시간적 흐름을 확인했다. 정확하고 정밀한 기록을 위해 도움을 준 모든 분께 감사드린다. 이 책의 내용 중 주석에 명시적으로 밝히지 않은 부분도 모두 내 인터뷰와 출처에서 얻은 증거를 바탕으로 작성한 것이다.

나는 이 책에 기술된 몇몇 사건에 직접 참여했는데, 특히 2부와 3부에 나오는 사건에 관여했다. 2011년에는 재무부에서 근무했고, 2013년부터 2017년까지는 국무부와 국방부에서 근무했다. 공직에서 물러난 뒤로는 제재 정책에 관해 미국 관리들과 정기적으로 협의해 왔다. 이러한 경험과 그 과정에서 쌓은 인간관계가 없었다면 이 책을 쓸 수 없었을 것이다. 이 개인적인 경험은 확실히 나의 분석에 영향을 미쳤으며, 대화할 적절한 사람을 찾고 누구의 사건 서술을 신뢰해야 할지 판단하는 데 도움이 되었다. 하지만 이 책에 나오는 이야기와 대화, 사실 중 어떤 것도 내 기억에만 의존해서 작성한 것은 없다.

인터뷰 외에도 책, 신문 기사, 연설, 증언, 경제 통계, 학술 논문, 정부 문서 및 보도자료를 포함한 공개적으로 이용 가능한 다양한 출처를 활용했으며, 이 모든 자료는 주석에 기록되어 있다. 이 자료들을 만든 학자, 언론인, 여러 개인에게 감사를 전한다. 그리고 혼란을 피하기 위해 이런 출처에서 인용할 때는 철자를 표준화하고(예를 들어 'Kiev'를 'Kyiv'로 대체하는 작업) 오타를 수정했다.

이 책은 (당대의 사건을 기록한) 역사의 초안이다. 미래의 학자들은 의심할 여지없이 이 책의 설명과 결론에 자신들이 연구한 내용을 보탤 것이다. 특히 추가적인 문서 증거가 확보되면 더욱 그러할 것이다. 바라건대 이 책을 통해 더 많은 사람이 경제전쟁 시대를 이해하는 데 영감을 얻었으면 한다. 경제전쟁 시대는 지난 20년간의 역사에 큰 영향을 미쳤음에도 여전히 충분히 탐구되지 않았다.

인터뷰 명단

익명을 유지하기를 원하는 다른 이들을 포함해, 다음에 열거한 인물들은 친절하게 인터뷰에 응하며 귀중한 통찰력을 나누어주었다. 브루스 앤드루스, 리처드 아슈, 크리스 배케마이어, 에스판드야르 바트망헬리지, 레오나르도 벨로디, 알렉스 빅, 조나단 블랙, 조쉬 블랙, 존 볼턴, 제이슨 보르도프, 맷 보먼, 에릭 브리튼, 조나단 버크, 조쉬 카틴, 타룬 차브라, 크리스티 클라크, 데이비드 코헨, 얼 콤스톡, 애덤 도이치, 마크 두보위츠, 로버트 아인혼, 데이비드 페이스, 존 파이너, 에이탄 피시, 크리스토퍼 포드, 대니얼 프리드, 안드레아 가키, 앤서니 가드너, 대니얼 글레이저, 리처드 골드버그, 자크 골드먼, 브래드 고든, 알렉산더 그레이, 에릭 그린, 피터 하렐, 벤 해리스, 메건 해리스, 더그 헹겔, 헨리크 홀로레이, 존 휴스, 코델 헐, 앤드루 젠슨, 아비 요리시, 이반 카나파티, 숀 케인, 앤드루 켈러, 에밀리 킬크리스, 키스 크라크, 토머스 크루거, 외르크 쿠키스, 찰스 쿱찬, 스튜어트 레비, 잭 루, 로버트 라이트하이저, 에릭 로버, 스티븐 러브그로브, 로리 맥파쿼, 콜린 맥기니스, H. R. 맥마스터, 팀 모리슨, 데이비드 모르틀록, 니콜라스 멀더, 리처드 네퓨, 타일러 닐슨, 나자크 니카흐타르, 빅토리아 눌란드, 브라이언 오툴, 피터 오재그, 카를로스 파스쿠알, 마이클 페드로니, 맷 포틴저, 제이슨 프린스, 엘리자베스 로젠버그, 로버트 루빈, 조쉬 루돌프, 밴스 세르추크, 브래드 세처, 라도스와프 시코르스키, 대니얼 실버버그, 달립 싱, 애덤 스미스, 존 스미스, 콜린 스택, 제임스 스타인버그, 조쉬 스타인먼, 데이비드 스틸웰, 애덤 주빈, 데이비드 테슬러, 리자 토빈, 맷 터핀, 하워드 왁텔, 클리트 윌렘스, 케빈 울프, 캐서린 볼프람, 톰 와일러, 후안 자라테, 조쉬 조퍼, 맷 츠바이크.

지도

도표

국가는 무엇으로 싸우는가

사진

주석

한국어판 서문

1. https://transcripts.cnn.com/show/esrs/date/2025-04-03/segment/01.
2. https://flaglerlive.com/wp-content/uploads/donald-trump-1987-nyt-ad_edited-1.pdf.
3. https://www.wsj.com/livecoverage/harris-trump-election-10-16-2024/card/trump-calls-tariffs-the-most-beautiful-word—YMVPAupw4EjBRp6yobOy.
4. https://www.washingtonpost.com/opinions/2025/01/09/trade-tariffs-globaliza\-tion-protectionism/; https://ycharts.com/indicators/us_gdp_as_a_percentage_of_ world_gdp.
5. https://www.federalregister.gov/documents/2025/04/07/2025-06063/regulating-im\-ports-with-a-reciprocal-tariff-to-rectify-trade-practices-that-contribute-to-large-and; https://www.bbc.com/news/articles/cdjl3k1we8vo.
6. https://www.nytimes.com/2025/03/07/world/canada/trump-trudeau-canada-51st-state.html.
7. https://www.bis.doc.gov/index.php/other-areas/office-of-technology-evaluation-ote/section-232-investigations.
8. https://www.foreignaffairs.com/united-states/tariffs-trade-wars-are-easy-lose.
9. https://www.wsj.com/economy/trump-international-economic-policy-dollar-tar\-iffs-b5076f65.

들어가는 글 : 싸우지 않고 승리하기

1. Donald Kagan, *The Outbreak of the Peloponnesian War* (Ithaca: Cornell University Press, 1989), 179-80.
2. Donald Kagan, *The Fall of the Athenian Empire* (Ithaca: Cornell University Press, 1987), 396-97.
3. Norman Stone, *Turkey: A Short History* (London: Thames & Hudson, 2017), 29-39.
4. Stone, *Turkey*, 30-39.
5. Ahmed Sükrü Esmer, "The Straits: Crux of World Politics," *Foreign Affairs*, January 1947, www.foreignaffairs.com/articles/turkey/1947-01-01/straits-crux-world-politics.
6. Tom Wilson, "How the G7's Oil Price Cap Blocked the Bosphorus," *Financial Times*,

December 6, 2022, www.ft.com/content/dc40a88f-7d20-4a17-a37c-332f35b65942; America Hernandez, Hanne Cokelaere, and Charlie Cooper, "Tanker Pile-up at the Exit of the Black Sea," *Politico*, December 7, 2022, www.politico.eu/article/tanker-pile-up-at-the-exit-of-the-black-sea.

7. Kareem Fahim and Zeynep Karatas, "A Devil's Current, a Hairpin Turn: Aboard a Tanker in the Risky Bosporus Strait," *The Washington Post*, January 9, 2022, www.washingtonpost.com/world/2022/01/09/bosporus-strait-canal-istanbul-erdogan; Lejla Villar and Mason Hamilton, "The Danish and Turkish Straits are Critical to Europe's Crude Oil and Petroleum Trade," U.S. Energy Information Administration, August 18, 2017, www.eia.gov/todayinenergy/detail.php?id=32552.

8. "Price Cap on Crude Oil of Russian Federation Origin," Office of Foreign Assets Control, U.S. Department of the Treasury, December 5, 2022, ofac.treasury.gov/media/929776/download?inline.

9. Robert Perkins, "Fuel for Thought: G7 Price Cap on Russian Oil Hangs on Asia's Ability to Squeeze Russia," S&P Global, September 13, 2022, www.spglobal.com/commodityinsights/en/market-insights/blogs/oil/091322-fft-g7-price-cap-russia-oil; Summer Said and Stephen Kalin, "Saudi Arabia Considers Accepting Yuan Instead of Dollars for Chinese Oil Sales," *The Wall Street Journal*, March 15, 2022, www.wsj.com/articles/saudi-arabia-considers-accepting-yuan-instead-of-dollars-for-chinese-oil-sales-11647351541.

10. Wilson, "Price Cap."

11. "Russian Harmful Foreign Activities Sanctions," Office of Foreign Assets Control, U.S. Department of the Treasury, December 5, 2022, ofac.treasury.gov/sanctions-programs-and-country-information/russian-harmful-foreign-activities-sanctions.

12. 이 책은 토머스 셸링의 경제전쟁 정의인 '다른 국가에 피해를 주는 경제적 수단, 또는 다른 국가에 압력을 가하기 위해 사용하는 피해 위협'을 사용했다. 데이비드 볼드윈David Baldwin이 만든 관련 용어인 '경제적 국가전략conomic statecraft' 대신 셸링의 용어인 '경제전쟁'을 사용한 이유가 있다. 볼드윈의 용어는 긍정적 수단과 부정적 수단을 모두 포함하지만, 이 책은 경제적 수단이 아닌 경제적 무기에 초점을 맞추고 있기 때문이다. 다음을 보라. Thomas Schelling, *International Economics* (Ann Arbor: Allyn & Bacon, 1958), 487; David Baldwin, *Economic Statecraft* (Princeton: Princeton University Press, 2022), 28–50.

13. William Grimes, "Thomas C. Schelling, Master Theorist of Nuclear Strategy, Dies at 95," *The New York Times*, December 13, 2016, www.nytimes.com/2016/12/13/business/economy/thomas-schelling-dead-nobel-laureate.html.

14. Thomas Schelling, *International Economics*, 487.

15. Quoted in Adam Tooze, "Beyond the Crash," *The Guardian*, July 29, 2018, www.theguardian.com/commentisfree/2018/jul/29/city-of-london-desperate-gamble-china-vulnerable-economy.

16. Walter B. Wriston, "Technology and Sovereignty," *Foreign Affairs*, Winter 1988–89, www.foreignaffairs.com/articles/1988-12-01/technology-and-sovereignty.

17. Henry Farrell and Abraham Newman, *Underground Empire: How America Weaponized the World Economy* (New York: Henry Holt and Company, 2023), 17; Patricia Sullivan, "Walter B. Wriston, 85; Chairman of Citicorp," *The Washington Post*, January 21, 2005, www.washingtonpost.com/wp-dyn/articles/A25323-005Jan20.html; "Walter Wriston," *The Wall Street Journal*, January 24, 2005, www.wsj.com/articles/SB110651946402433460.

18.	Walter Wriston, *The Twilight of Sovereignty: How the Information Revolution is Transforming Our World* (New York: Charles Scribner's Sons, 1992), 11.

19.	세계화가 정치와 무관한 흐름으로 여겨지게 된 경위를 알고 싶다면 다음을 보라. Quinn Slobodian, *Globalists: The End of Empire and the Birth of Neoliberalism* (Cambridge: Harvard University Press, 2018).

20.	Farrell and Newman, *Underground Empire*, 20. 저자들은 이렇게 썼다. "아이러니한 점은 [뤼스톤]과 다른 기업 지도자들이 본질상 중앙집권주의자였다는 것이다. 시장을 독점해 다른 기업들이 자신들의 체계를 사용하게 하고 비용을 지급하게 만들려고 했다. 그들은 몇몇 핵심 초크포인트를 중심으로 전 세계적인 연결망을 구축했다."

21.	Henry Farrell and Abraham L. Newman, "Weaponized Interdependence: How Global Economic Networks Shape State Coercion," *International Security* 44, no. 1 (2019), 42–79, direct.mit.edu/isec/article/44/1/42/12237/Weaponized-Interdependence-How-Global-Economic. 패럴과 뉴먼은 '초크포인트 효과chokepoint effect'라는 용어를 국가들이 SWIFT 결제 체계 같은 중심 허브의 사용을 제한하거나 제재하여 압박 수단으로 삼는 상황을 설명할 때 사용한다.

22.	Sun Tzu, *The Art of War*, trans. Samuel B. Griffith (New York: Oxford University Press, 1963), 3.3, p. 77.

23.	Samuel Granados, "Tensions Rise in the World's Most Strategic Oil Chokepoint," Reuters, July 19, 2019, www.reuters.com/graphics/MIDEAST-ATTACKS-HORMUZ/0100B0B50N3/index.html.

24.	Daniel M. Kliman and Richard Fontaine, "Global Swing States: Brazil, India, Indonesia, Turkey and the Future of International Order," German Marshall Fund, November 1, 2012, www.gmfus.org/news/global-swing-states-brazil-india-indonesia-turkey-and-future-international-order; Jared Cohen, "The Rise of Geopolitical Swing States," Goldman Sachs, May 15, 2023, www.gold mansachs.com/intelligence/pages/the-rise-of-geopolitical-swing-states.html.

25.	Jacob J. Lew, "The Evolution of Sanctions and Lessons for the Future" (speech, Washington, D.C., March 30, 2016), Carnegie Endowment for International Peace, carnegieendowment.org/events/2016/03/us-treasury-secretary-jacob-j-lew-on-the-evolution-of-sanctions-and-lessons-for-the-future.

제1부 초크포인트 구축하기

1장 옛 방식: 페리클레스에서 사담까지 경제전쟁의 역사

1.	Donald Kagan, *The Outbreak of the Peloponnesian War* (Ithaca: Cornell University Press, 1989), 251–72. 이 책이 메가라 칙령에 대한 가장 정확한 설명과 분석을 제공한다.

2.	Quoted in Kagan, *Peloponnesian War*, 255.

3.	David Baldwin, *Economic Statecraft* (Princeton: Princeton University Press, 2022), 155–59.

4.	Kagan, *Peloponnesian War*, 265–66.

5.	Alfred Zimmern, *The Greek Commonwealth*, 4th ed. (Oxford: Clarendon Press, 1924), 426.

6.	Kagan, *Peloponnesian War*, 269.

7. Bruce W. Jentleson, *Sanctions: What Everyone Needs to Know* (New York: Oxford University Press, 2022), 47–50.

8. Quoted in Eli F. Heckscher, *The Continental System: An Economic Interpretation* (Oxford: Clarendon Press, 1922), 367.

9. Jentleson, *Sanctions*, 50.

10. Quoted in Nicholas Mulder, *The Economic Weapon: The Rise of Sanctions as a Tool of Modern War* (New Haven: Yale University Press, 2022), 1. 멀더의 책은 전간기戰間期 평화유지 도구로서 제재의 꿈과 현실에 대한 포괄적인 역사를 제공한다.

11. Woodrow Wilson, "Address at the Coliseum at the State Fair Grounds in Indianapolis, Indiana" (speech, September 4, 1919), The American Presidency Project, www.presidency. ucsb.edu/documents/address-the-coliseum-the-state-fair-grounds-indianapolis-indiana.

12. Henry Cabot Lodge, *The Senate and the League of Nations* (New York: Charles Scribner's Sons, 1925); "Senate Rejects the Treaty of Versailles," United States Senate, November 19, 1919, www.senate.gov/about/powers-procedures/treaties/senate-rejects-treaty-of-versailles.htm.

13. Jentleson, *Sanctions*, 50–54.

14. Mulder, *Economic Weapon*, 202–258.

15. Baldwin, *Economic Statecraft*, 162–63; Mulder, *Economic Weapon*, 222; 국제연맹에 대한 두드러진 비판을 보려면 다음을 참조하라. Edward Hallett Carr, *The Twenty Years' Crisis, 1919–1939*, reissued with a new preface by Michael Cox (London: Palgrave Macmillan, 2016).

16. Michael Wines, "Hints of Hussein's Strategy in an Iraqi Map," *The New York Times*, October 24, 1990, www.nytimes.com/1990/10/24/world/mideast-tensions-hints-of-hussein-s-strategy-in-an-iraqi-map.html.

17. David Remnick, "Gorbachev Cautious about Gulf," *The Washington Post*, August 18, 1990, www.washingtonpost.com/archive/politics/1990/08/18/gorbachev-cautious-about-gulf/d6e479a7-ae5a-42fd-8de4-02699aec1e58.

18. UN Security Council, Resolution 661, August 6, 1990, S/RES/661, digitallibrary.un.org/record/94221.

19. UN Security Council, Resolution 661.

20. Patrick E. Tyler and Al Kamen, "American Blockade Is Criticized at U.N.," *The Washington Post*, August 14, 1990, www.washingtonpost.com/archive/politics/1990/08/14/american-blockade-is-criticized-at-un/ed8e8999-3b0b-44ce-8505-09ceb084578f.

21. Jentleson, *Sanctions*, 177–78.

22. "performs as envisioned": George H. W. Bush, "Address Before a Joint Session of the Congress on the Persian Gulf Crisis and the Federal Budget Deficit" (speech, Washington, D.C., September 11, 1990), George H. W. Bush Presidential Library and Museum, bush41library. tamu.edu/archives/public-papers/2217.

23. "Operation Desert Storm," U.S. Army Center of Military History, January 2021, history. army.mil/html/bookshelves/resmat/desert-storm/index.html.

24. UN Security Council, Resolution 687, April 3, 1991, S/RES/687, digitallibrary.un.org/record/110709.

25. Robert J. Schneller Jr., *Anchor of Resolve: A History of U.S. Naval Forces Central*

Command/Fifth Fleet (Washington: Naval Historical Center, 2007), 63–69.

26. UN Security Council, Resolution 986, April 14, 1995, S/RES/986, digitallibrary.un.org/record/176622.

27. Schneller Jr., *Anchor of Resolve*, 66.

28. Swashbuckling oil traders: Javier Blas and Jack Farchy, *The World for Sale: Money, Power, and the Traders Who Barter the Earth's Resources* (New York: Oxford University Press, 2021), 222–32. 저자는 상품 거래자들이 석유-식량 프로그램과 기타 제재 제도를 어떻게 차익이 남는 거래의 기회로 보았는지 자세히 설명한다.

29. Sharon Otterman, "Iraq: Oil for Food Scandal," Council on Foreign Relations, October 28, 2005, www.cfr.org/backgrounder/iraq-oil-for-food-scandal.

30. Otterman, "Oil for Food Scandal."

31. John Mueller and Karl Mueller, "Sanctions of Mass Destruction," *Foreign Affairs*, May/June 1999, www.foreignaffairs.com/articles/iraq/1999-05-01/sanctions-mass-destruction; Schneller Jr., *Anchor of Resolve*, 65.

32. George A. Lopez and David Cortright, "Containing Iraq: Sanctions Worked," *Foreign Affairs*, July 1, 2004, www.foreignaffairs.com/articles/iraq/2004-07-01/containing-iraq-sanctions-worked.

33. On January 30, 2001, 이라크 정책을 주제로 한 조지 W. 부시 행정부의 첫 국가안전보장회의에서, 국방부 장관 도널드 럼즈펠드는 "우리가 왜 제재 따위에 시간 낭비를 해야 하죠?"라고 물었다. 다음을 보라. Peter Baker, *Days of Fire: Bush and Cheney in the White House* (New York: Knopf Doubleday Publishing Group, 2013), 91.

34. Lopez and Cortright, "Containing Iraq."

35. Hans Blix, *Disarming Iraq* (New York: Pantheon Books, 2004), 259.

36. Mueller and Mueller, "Sanctions of Mass Destruction."

2장 보이지 않는 인프라

37. Adam Smith, *The Wealth of Nations* (New York: Modern Library, 2000), 485.

38. "Currency Composition of Official Foreign Exchange Reserves," International Monetary Fund, June 2023, data.imf.org/?sk=e6a5f467-c14b-4aa8-9f6d-5a09ec4e62a4.

39. "Largest Stock Exchange Operators Worldwide as of September 2023, by Market Capitalization of Listed Companies (in Trillion U.S. Dollars)," chart, Statista, accessed October 15, 2023, www.statista.com/statistics/270126/largest-stock-exchange-operators-by-market-capitalization-of-listed-companies.

40. "Summary of Debt Securities Outstanding," table, Data Portal, Bank for International Settlements, April 2023, https://data.bis.org/topics/DSS/tables-and-dashboards/BIS,SEC_C1,1,0; Dorothy Neufeld, "Ranked: The Largest Bond Markets in the World," *Visual Capitalist*, April 12, 2023, www.visualcapitalist.com/ranked-the-largest-bond-markets-in-the-world.

41. Carol Bertaut, Bastian von Beschwitz, and Stephanie Curcuru, "The International Role of the U.S. Dollar: Post-COVID Edition," Board of Governors of the Federal Reserve System, June 23, 2023, www.federalreserve.gov/econres/notes/feds-notes/the-international-role-of-the-us-dollar-post-covid-edition-20230623.html.

42. 90 percent of foreign exchange transactions: Bafundi Maronoti, "Revisiting the International Role of the US Dollar," Bank for International Settlements, *Quarterly Review*, December 2022, www.bis.org/publ/qtrpdf/r_qt2212x.htm.

43. 2022년 기준으로 가장 많이 거래된 통화 쌍 10개 중, 달러가 포함되지 않은 유일한 예외는 10 위인 유로와 영국 파운드 거래였다. "Triennial Central Bank Survey: OTC Foreign Exchange Turnover in April 2022," Monetary and Economic Department, Bank of International Settlements, October 27, 2022, www.bis.org/statistics/rpfx22_fx.pdf.

44. Pierre-Hugues Verdier, *Global Banks on Trial: U.S. Prosecutions and the Remaking of International Finance* (New York: Oxford University Press, 2020), 109-46.

45. David J. Lynch, Simon Denyer, and Heather Long, "U.S. Reaches Deal with China's ZTE That Includes $1 Billion Fine, Commerce Secretary Says," *The Washington Post*, June 7, 2018, www.washingtonpost.com/business/economy/us-reaches-deal-with-chinas-zte-that-includes-1-billion-fine-commerce-secretary-says/2018/06/07/ccffa4b0-6a52-11e8-9e38-24e693b38637_story.html; "OFAC Cites the Use of U.S.-Origin Software and U.S. Network Infrastructure in Reaching a Nearly $8 Million Settlement with a Swiss Commercial Aviation Services Company," Paul, Weiss, Rifkind, Wharton & Garrison, March 16, 2020, www.paulweiss.com/practices/litigation/economic-sanctions-aml/publications/ofac-cites-the-use-of-us-origin-software-and-us-network-infrastructure?id=30879; Paul Mozur and Cecilia Kang, "U.S. Fines ZTE of China $1.19 Billion for Breaching Sanctions," *The New York Times*, March 7, 2017, www.nytimes.com/2017/03/07/technology/zte-china-fine.html.

3장 빗장 풀린 금융시장

46. Benn Steil, *The Battle of Bretton Woods: John Maynard Keynes, Harry Dexter White, and the Making of a New World Order* (Princeton: Princeton University Press, 2013), 337; Helen Thompson, *Disorder: Hard Times in the 21st Century* (Oxford: Oxford University Press, 2022), 108; Michael J. Graetz and Olivia Briffault, "A 'Barbarous Relic': The French, Gold, and the Demise of Bretton Woods," in *The Bretton Woods Agreements, Together with Scholarly Commentaries and Essential Historical Documents*, Naomi Lamoreaux and Ian Shapiro (eds.), Yale University Press, 2019; Yale Law & Economics Research Paper No. 558; Columbia Law & Economics Working Paper No. 560, August 19, 2016, Scholarship Archive, Columbia Law School, scholarship.law.columbia.edu/cgi/viewcontent.cgi?article=3545&context=faculty_scholarship.

47. Graetz and Briffault, "A 'Barbarous Relic.'"

48. International Monetary Fund, "Conflict and Cooperation (1871-1944)," in "Money Matters: An IMF Exhibit—The Importance of Global Cooperation," www.imf.org/external/np/exr/center/mm/eng/mm_cc_01.htm.

49. "The IMF and Bretton Woods Conference," UK Government National Web Archive, webarchive.nationalarchives.gov.uk/ukgwa/20091003173312/http://nationalarchives.gov.uk/cabinetpapers/themes/bretton-woods-conference.htm.

50. Barry Eichengreen, *Globalizing Capital: A History of the International Monetary System*, 3rd ed. (Princeton: Princeton University Press, 2019), 41-85.

51. 국제통화기금(IMF)의 분기 간행물에 실린 기사에 따르면 존 메이너드 케인스와 해리 덱스터 화이트는 브레턴우즈 기관들의 '두 창시자'로 불린다. 다음을 보라. James M. Boughton, "Harry Dexter White and the International Monetary Fund," *Finance & Development*, September 1998, vol. 35, no. 3, www.imf.org/external/pubs/ft/fandd/1998/09/boughton.htm.

52. Niall Ferguson, *The Ascent of Money: A Financial History of the World* (New York: The Penguin Press, 2008), 280–81.

53. Quoted in Eric Helleiner, *States and the Reemergence of Global Finance: From Bretton Woods to the 1990s* (Ithaca: Cornell University Press, 1994), 25.

54. Quoted in James M. Boughton and K. Sarwar Lateef, *Fifty Years After Bretton Woods: The Future of the IMF and the World Bank* (Washington: International Monetary Fund, 1995), 66.

55. Graetz and Briffault, "A 'Barbarous Relic'; "Money: De Gaulle v. the Dollar," *Time*, February 12, 1965, content.time.com/time/subscriber/article/0,33009,840572,00.html.

56. Barry Eichengreen, *Exorbitant Privilege: The Rise and Fall of the Dollar* (Oxford: Oxford University Press, 2011), 4.

57. Milton Friedman, "The Euro-Dollar Market: Some First Principles," *Morgan Guaranty Survey*, Morgan Guaranty Trust Company, October 1969, www.chicagobooth.edu/~/media/44CEE6C8A25B4FF2A48925163DAA2F85.pdf.

58. Helleiner, *Reemergence of Global Finance*, 14, 84.

59. Helleiner, *Reemergence of Global Finance*, 90.

60. Edwin L. Dale Jr., "What Vietnam Did to the American Economy," *The New York Times*, January 28, 1973, www.nytimes.com/1973/01/28/archives/what-vietnam-did-to-the-american-economy-worsening-payments-deficit.html; "Foreign Relations' of the United States, 1969–1976 , Volume III, Foreign Economic Policy, International Monetary Policy, 1969–1972," document 76, eds. Daniel J. Lawler and Erin R. Mahan (Washington: Washington National Records Center, U.S. Department of the Treasury, Office of International Monetary Affairs, 1971), history.state.gov/historicaldocuments/frus1969-76v03/d76; Thompson, *Disorder*, 104.

61. Paul A. Volcker and Toyoo Gyohten, *Changing Fortunes: The World's Money and the Threat to American Leadership* (New York: Times Books, 1992), 77.

62. Richard Nixon, "Address to the Nation Outlining a New Economic Policy: 'The Challenge of Peace' (speech, August 15, 1971), The American Presidency Project, www.presidency.ucsb.edu/node/240602; Jeffrey Garten, *Three Days at Camp David: How a Secret Meeting in 1971 Transformed the Global Economy* (New York: HarperCollins, 2021), 227.

63. Govind Bhutada, "The U.S. Share of the Global Economy over Time," *Visual Capitalist*, January 14, 2021, www.visualcapitalist.com/u-s-share-of-global-economy-over-time; Mike Patton, "U.S. Role in Global Economy Declines Nearly 50%," *Forbes*, February 29, 2016, www.forbes.com/sites/mikepatton/2016/02/29/u-s-role-in-global-economy-declines-nearly-50/?sh=74d9e7405e9e.

4장 사막에서의 거래

64. David E. Spiro, *The Hidden Hand of American Hegemony: Petrodollar Recycling and International Markets* (Ithaca: Cornell University Press, 1999), 23.

65. Art Pine, "War in Vietnam Started 13-Year Spiral of Prices," *The Washington Post*, October 25, 1978, www.washingtonpost.com/archive/politics/1978/10/25/war-in-vietnam-started-13-year-spiral-of-prices/eb322c1f-d1a2-4e40-bfbd-bccae51a9efc; Jeffrey Garten, *Three Days at Camp David: How a Secret Meeting in 1971 Transformed the Global Economy* (New York: HarperCollins, 2021), 23–24.

66. Cecilia Rouse, Jeffery Zhang, and Ernie Tedeschi, "Historical Parallels to Today's Inflationary Episode," Council of Economic Advisers, White House, July 6, 2021, www. whitehouse.gov/cea/written-materials/2021/07/06/historical-parallels-to-todays-inflationary-episode; Phil Gramm and Mike Solon, "Lessons from the Great Inflation of 1973–81," *The Wall Street Journal*, August 2, 2022, www.wsj.com/articles/lessons-from-the-great-inflation-of-1973-81-volcker-reagan-guns-and-butter-bracket-creep-tax-revenue-spending-monetary-policy-11659448515.

67. Daniel Yergin, "The 1973 Energy Crisis: The Oil Embargo and the New Age of Energy" (speech, New York, October 11, 2023), School of International and Public Affairs, Columbia University, www.energypolicy.columbia.edu/events/the-1973-energy-crisis-the-oil-embargo-and-the-new-age-of-energy.

68. Helen Thompson, *Disorder: Hard Times in the 21st Century* (Oxford: Oxford University Press, 2022), 52.

69. Daniel Yergin, *The Prize: The Epic Quest for Oil, Money & Power* (New York: Free Press, 2008), 570–71.

70. Michael Corbett, "Oil Shock of 1973–74," Federal Reserve History, Federal Reserve Bank of Boston, November 22, 2013, www.federalreservehistory.org/essays/oil-shock-of-1973-74.

71. Yergin, *The Prize*, 596.

72. "Excerpts from the Opening Address by Secretary Kissinger at the International Oil Meeting in Washington," *The New York Times*, February 12, 1974, www.nytimes.com/1974/02/12/archives/excerpts-from-the-opening-address-by-secretary-kissinger-at-the.html.

73. Quoted in Eric Helleiner, *States and the Reemergence of Global Finance: From Bretton Woods to the 1990s* (Ithaca: Cornell University Press, 1994), 115.

74. Gary Gerstle, *The Rise and Fall of the Neoliberal Order* (New York: Oxford University Press, 2022), 111–12.

75. Richard W. Stevenson, "William E. Simon, Ex-Treasury Secretary and High-Profile Investor, Is Dead at 72," *The New York Times*, June 5, 2000, www.nytimes.com/2000/06/05/us/william-e-simon-ex-treasury-secretary-and-high-profile-investor-is-dead-at-72.html.

76. Stevenson, "William E. Simon."

77. Yergin, *The Prize*, 598–99.

78. Corbett, "Oil Shock of 1973–74."

79. Spiro, *Hidden Hand*, 1.

80. Andrea Wong, "The Untold Story Behind Saudi Arabia's 41-Year U.S. Debt Secret," *Bloomberg*, May 30, 2016, www.bloomberg.com/news/features/2016-05-30/the-untold-story-behind-saudi-arabia-s-41-year-u-s-debt-secret.

81. Spiro, *Hidden Hand*, ix.

82. Spiro, *Hidden Hand*, 107–9; Andrea Wong, "Untold Story."

83. Spiro, *Hidden Hand*, 105, 121–24.

84. William E. Simon, *A Time for Truth*: (McGraw-Hill: Reader's Digest Press, 1978). 신자유주의와 그것이 미국과 세계에 미친 영향의 설명은 다음을 보라. David Harvey, *A Brief History of Neoliberalism* (New York: Oxford University Press, 2005) and Gary Gerstle, *The Rise and Fall of the Neoliberal Order* (New York: Oxford University Press, 2022).

85. Eric Helleiner, *States and the Reemergence of Global Finance: From Bretton Woods to the 1990s* (Ithaca: Cornell University Press, 1994), 150.

86. Paul Krugman, "Reagan Did It," *The New York Times*, May 31, 2009, www.nytimes.com/2009/06/01/opinion/01krugman.html; Helleiner, *Reemergence of Global Finance*, 147.

87. Jimmy Carter, "The State of the Union Address" (speech, January 19, 1978), The American Presidency Project, www.presidency.ucsb.edu/documents/the-state-the-union-address-delivered-before-joint-session-the-congress-1; Gerstle, *Neoliberal Order*, 67.

88. 신자유주의가 우세해지면서 냉전이 종식되었다는 사실의 함의를 자세히 알아보려면 다음을 참조하라. Edward Fishman, "The Death and Rebirth of American Internationalism," *Boston Review*, August 12, 2020, www.bostonreview.net/articles/death-rebirth-american-internationalism/.

89. George H. W. Bush, "Remarks on Presenting the Presidential Medal of Freedom Awards" (speech, Washington, D.C., November 18, 1991), George H. W. Bush Presidential Library & Museum, bush41library.tamu.edu/archives/public-papers/3642.

90. Paul James and Manfred B. Steger, "A Genealogy of 'Globalization': The Career of a Concept," *Globalizations* 11, no. 4 (2014): 417–34, www.tandfonline.com/doi/full/10.1080/14747731.2014.951186.

91. Michael Kimmage, *The Abandonment of the West: The History of an Idea in American Foreign Policy* (New York: Basic Books, 2020), 254–58; Gerstle, *Neoliberal Order*, 145, 156, 177.

92. Lawrence Summers, "A Fond Farewell: Milton Friedman," *Time*, December 25, 2006, content.time.com/time/specials/packages/article/0,28804,2019341_2017103_2016956,00.html.

93. Helen Thompson, *Disorder: Hard Times in the 21st Century* (Oxford: Oxford University Press, 2022), 131.

94. Gerstle, *Neoliberal Order*, 173–76.

95. Richard W. Stevenson, "Greenspan Named to a Fourth Term as Fed Chairman," *The New York Times*, January 5, 2000, www.nytimes.com/2000/01/05/business/greenspan-named-to-a-fourth-term-as-fed-chairman.html.

96. "About CHIPS," The Clearing House, www.theclearinghouse.org/payment-systems/chips.

97. Henry Farrell and Abraham Newman, *Underground Empire: How America Weaponized the World Economy* (New York: Henry Holt and Company, 2023), 26–28.

98. Marc Levinson, *The Box: How the Shipping Container Made the World Smaller and the World Economy Bigger* (Princeton: Princeton University Press, 2006), 3 55–56.

99. "From 6 to 27 Members," European Commission, February 1, 2020, neighbourhood-enlargement.ec.europa.eu/enlargement-policy/6-27-members_en; "Towards Open and Fair World-wide Trade," European Union, european-union.europa.eu/priorities-and-actions/actions-topic/trade_en.

100. Chris Miller, *Chip War: The Fight for the World's Most Critical Technology* (New York:

Scribner, 2022).

101. "Major Foreign Holders of U.S. Treasury Securities," U.S. Department of the Treasury, ticdata.treasury.gov/resource-center/data-chart-center/tic/Documents/mfhhis01.txt. 1990년대 후반과 2000년대 초반에 미국 국채를 쌓아두는 현상은 중국만의 문제가 아니었다. 1997년 아시아 금융 위기 이후, 전 세계의 정부들은 유사한 통화 위기로부터 자국 경제를 보호하기 위해 달러 표시 자산을 비축하기 시작했다. 클라인Klien과 페티스Pettis에 따르면 1997년 당시 각국 정부가 보유한 달러 표시 외환보유액은 9,700억 달러였으나 2008년에는 5조 달러를 넘어섰다. 다음을 보라. Matthew C. Klein and Michael Pettis, *Trade Wars Are Class Wars: How Rising Inequality Distorts the Global Economy and Threatens International Peace* (New Haven: Yale University Press, 2020), 199–200.

102. Niall Ferguson, *The Ascent of Money: A Financial History of the World* (New York: The Penguin Press, 2008), 304–12; David Barboza, "China's Treasury Holdings Make U.S. Woes Its Own," *The New York Times*, July 18, 2011, www.nytimes.com/2011/07/19/business/china-largest-holder-of-us-debt-remains-tied-to-treasuries.html.

103. Helleiner, *Reemergence of Global Finance*, 1.

104. Bafundi Maronoti, "Revisiting the International Role of the US Dollar," Bank for International Settlements, *Quarterly Review*, December 5, 2022, www.bis.org/publ/qtrpdf/r_qt2212x.htm; "Global Trade Set to Hit Record $32 Trillion in 2022, but Outlook Increasingly Gloomy for 2023," United Nations Conference on Trade and Development, December 13, 2022, unctad.org/news/global-trade-set-hit-record-32-trillion-2022-outlook-increasingly-gloomy-2023; Bank of International Settlements, "Triennial Central Bank Survey: OTC Foreign Exchange Turnover in April 2022," October 27, 2022, www.bis.org/statistics/rpfx22_fx.pdf; "Global Trade Outlook and Statistics," World Trade Organization, April 5, 2023, www.wto.org/english/res_e/booksp_e/trade_outlook23_e.pdf.

105. Kevin Hebner, "The Dollar Is Our Currency, but It's Your Problem," *Investments and Pensions Europe*, October 2007, www.ipe.com/the-dollar-is-our-currency-but-its-your-problem/25599.article#:~:text=At%20the%20G%2D10%20Rome,20%25%20depreciation%20of%20the%20dollar.

106. 재무장관으로서 로버트 루빈은 강달러 유지를 최우선 과제로 삼았으며 "강한 달러는 미국의 이익에 부합한다"라는 말을 자주 했다. Paul Blustein, "Rubin Signals Shift to Curb Dollar's Rise," February 8, 1997, www.washingtonpost.com/wp-srv/politics/govt/admin/stories/rubin020897.htm; Saleha Mohsin, *Paper Soldiers: How the Weaponization of the Dollar Changed the World Order* (New York: Portfolio/Penguin, 2024), 38–55.

107. 저자의 로버트 루빈과의 인터뷰, 2024.

108. 저자의 로버트 루빈과의 인터뷰, 2024.

109. Derek H. Chollet and James Goldgeier, *America Between the Wars: From 11/9 to 9/11* (New York: PublicAffairs, 2008), 73; John Hillen and Michael P. Noonan, "The Coming Transformation of the U.S. Military?" *Foreign Policy Research Institute*, February 4, 2002, www.fpri.org/article/2002/02/the-coming-transformation-of-the-u-s-military.

110. 저자의 스튜어트 레비와의 인터뷰, 2023.

111. "9/11 in Pennsylvania," Pentagon Memorial Fund, 2021, pentagonmemorial.org/events-of-9-11/9-11-in-pennsylvania; Alfred Goldberg, "9/11 Attack," Historical Office, Department of Defense, history.defense.gov/DOD-History/Pentagon/9-11-Attack.

112. Peter Baker, *Days of Fire: Bush and Cheney in the White House* (New York: Knopf Doubleday Publishing Group, 2013), 134.

113. George F. Will, "The End of Our Holiday from History," *The Washington Post*, September 12, 2001, www.washingtonpost.com/archive/opinions/2001/09/12/the-end-of-our-holiday-from-history/9da607fd-8fdc-4f33-b7c9-e6cda00453bb.

114. 다음을 보라. Andrew J. Bacevich, *The New American Militarism: How Americans Are Seduced by War*, 2nd ed. (New York: Oxford University Press, 2013).

115. "Iraq and the World's Biggest Armies," *Los Angeles Times*, March 6, 1991, www.latimes.com/archives/la-xpm-1991-03-06-mn-359-story.html; "Operation Desert Storm," U.S. Army Center of Military History.

116. James T. Patterson, *Restless Giant: The United States from Watergate to Bush v. Gore* (New York: Oxford University Press, 2005), 370–71; Robert C. Owen, *Deliberate Force: A Case Study in Effective Air Campaigning* (Montgomery: Air University Press, 2000).

117. Patterson, *Restless Giant*, 400–401.

118. George W. Bush, "Address to a Joint Session of Congress and the American People" (speech, Washington, D.C., September 20, 2001), The White House, georgewbush-whitehouse.archives.gov/news/releases/2001/09/20010920-8.html.

119. 미국의 이라크와 아프가니스탄에서의 전쟁이 인기를 잃으면서 결국 2006년 공화당은 상하원 모두에서 다수당 지위를 상실하게 되었다. 다음을 보라. John M. Broder, "Democrats Gain Senate and New Influence," *The New York Times*, November 10, 2006, www.nytimes.com/2006/11/10/us/politics/10elect.html.

120. George W. Bush, "Address to a Joint Session of Congress and the American People" (speech, Washington, D.C., September 20, 2001), The White House, georgewbush-whitehouse.archives.gov/news/releases/2001/09/20010920-8.html.

121. 9·11 위원회 조사관들이 작성한 보고서에 따르면 "이번 테러 계획에 알카에다는 약 40만~50만 달러를 사용했으며, 그중 약 30만 달러는 공중납치범들의 미국 내 은행 계좌를 통해 전달되었다". John Roth, Douglas Greenburg, and Serena Wille, "Monograph on Terrorist Financing," National Commission on Terrorist Attacks upon the United States, Staff Report to the Commission, p. 3, govinfo.library.unt.edu/911/staff_statements/911_TerrFin_Monograph.pdf.

122. Juan Zarate, *Treasury's War: The Unleashing of a New Era of Financial Warfare* (New York: PublicAffairs, 2013), 20.

123. Andrew Boyle and Tim Lau, "The President's Extraordinary Sanctions Powers," The Brennan Center for Justice, July 20, 2021, www.brennancenter.org/our-work/research-reports/presidents-extraordinary-sanctions-powers; Christopher A. Casey, Dianne E. Rennack, and Jennifer K. Elsea, "The International Emergency Economic Powers Act: Origins, Evolution, and Use," R45618, September 28, 2023, Congressional Research Service, U.S. Library of Congress, sgp.fas.org/crs/natsec/R45618.pdf.

124. Boyle and Lau, "Sanctions Powers."

125. Bruce Jentleson, *Sanctions: What Everyone Needs to Know* (New York: Oxford University Press, 2022), 2−3.

126. Zarate, *Treasury's War*, 24−25.

127. 2001년 9월 23일 조지 W. 부시 대통령이 서명한 행정명령 13224호는 국무부와 재무부에 테러 용의자와 그들에게 자금을 지원한 자에게 제재를 부과할 수 있는 공동 권한을 부여했다. September 23, 2001, Bureau of Counterterrorism, U.S. Department of State, www.state.gov/executive-order-13224.

128. Zarate, *Treasury's War*, 30, 47, 147; "USA PATRIOT Act," Financial Crimes Enforcement Network, U.S. Department of the Treasury, www.fincen.gov/resources/statutes-regulations/usa-patriot-act.

129. George W. Bush, "President Announces Crackdown on Terrorist Financial Network" (speech, Vienna, Virginia, November 7, 2001), The White House, georgewbush-whitehouse.archives.gov/news/releases/2001/11/20011107-4.html.

130. Zarate, *Treasury's War*, 49−58. 주목할 만한 점은 SWIFT가 1980년대 후반에 당시 법무부 변호사였던(이후 FBI 국장이 된) 로버트 뮬러의 요청을 거절한 일이었다. 하지만 9·11 테러 이후 얼마 지나지 않아 미국인인 SWIFT의 CEO 레너드 슈랭크는 태도를 바꿨다. 재무부와 SWIFT 간에 체결된 '테러자금추적프로그램(TFTP)'은 테러와의 전쟁에서 매우 중요한 프로그램으로 여겨졌다. 이에 따라 부시 행정부는 슈랭크에게 특별한 대우를 해주었다. 후안 자라테에 따르면 그는 연준 의장 앨런 그린스펀과 국가안보보좌관 콘돌리자 라이스를 직접 만났고 부통령 딕 체니의 개인 저택에 머무르기도 했다.

131. "Information on the Office of Enforcement's Operations," GAO-01-305, U.S. General Accounting Office, Department of the Treasury, March 2001, www.gao.gov/assets/gao-01-305.pdf.

132. Zarate, *Treasury's War*, 138.

133. Consolidated Appropriations Act, 2005, Public Law 108-447, 118 Stat. 2809 (December 8, 2004), www.govinfo.gov/content/pkg/PLAW-108publ447/pdf/PLAW-108publ447.pdf; "Fact Sheet: Combating the Financing of Terrorism, Disrupting Terrorism at Its Core," U.S. Department of the Treasury, September 8, 2011, home.treasury.gov/news/press-releases/tg1291.

134. "Combating Illicit Financing: Treasury's Office of Terrorism and Financial Intelligence Could Manage More Effectively to Achieve Its Mission," GAO-09-794, U.S. Government Accountability Office, October 26, 2009, www.gao.gov/assets/a295926.html; Valerie Insinna, "Inside America's Dysfunctional Trillion-Dollar Fighter-Jet Program," *The New York Times*, August 21, 2019, www.nytimes.com/2019/08/21/magazine/f35-joint-strike-fighter-program.html.

135. 저자의 스튜어트 레비와의 인터뷰, 2022.

136. 레비는 이후 재무부 청사 4층에 있는 비슷하게 넓은 사무실로 자리를 옮겼으며, 이 사무실은 현재까지도 테러 및 금융정보(TFI) 담당 차관의 집무실로 남아있다.

137. 저자의 대니 글레이저와의 인터뷰, 2022.

138. 저자의 대니 글레이저와의 인터뷰, 2022.

139. Zarate, *Treasury's War*, xi.

140. George W. Bush, "2002 Graduation Speech at West Point" (speech, West Point, New York, June 1, 2002), The White House, georgewbush-whitehouse.archives.gov/news/releases/

2002/06/20020601-3.html; President George W. Bush, "V: Prevent Our Enemies from Threatening Us, Our Allies, and Our Friends with Weapons of Mass Destruction," in "The National Security Strategy," The White House, September 2002: georgewbush-whitehouse.archives.gov/nsc/nss/2002/nss5.html.

141. George W. Bush, "The State of the Union Address" (speech, Washington, D.C., January 29, 2002), The White House, georgewbush-whitehouse.archives.gov/news/releases/2002/01/20020129-11.html.

142. "Iran Agrees to Nuclear Demands," Carnegie Endowment for International Peace, October 21, 2003, archived at web.archive.org/web/20201217071715/carnegieendowment.org/2003/10/21/iran-agrees-to-nuclear-demands-pub-14521; Semira N. Nikou, "Timeline of Iran's Nuclear Activities," The Iran Primer, The United States Institute of Peace, August 17, 2021, iranprimer.usip.org/resource/timeline-irans-nuclear-activities.

7장 경제 무기의 시험

143. "Transcript of North Korea's Statement on Nuclear Arms," The Wall Street Journal, February 10, 2005, www.wsj.com/articles/SB110806551783751592; James Brooke and David E. Sanger, "North Koreans Say They Hold Nuclear Arms," The New York Times, February 11, 2005, www.nytimes.com/2005/02/11/world/asia/north-koreans-say-they-hold-nuclear-arms.html.

144. Sonni Efron, "U.S. Looks to China to Rein in North Korea," Los Angeles Times, April 23, 2005, www.latimes.com/archives/la-xpm-2005-apr-23-fg-norkor23-story.html; Victor Cha, The Impossible State: North Korea, Past and Future (New York: HarperCollins, 2018), 255–56; Kelsey Davenport, "Chronology of U.S.–North Korean Nuclear and Missile Diplomacy, 1985–2022," Arms Control Association, April 2022, www.armscontrol.org/factsheets/dprkchron.

145. David E. Sanger and William J. Broad, "Evidence Is Cited Linking Koreans to Libya Uranium," The New York Times, May 23, 2004, www.nytimes.com/2004/05/23/world/evidence-is-cited-linking-koreans-to-libya-uranium.html.

146. Cha, Impossible State, 220.

147. Daniel Wertz, "China–North Korea Relations," The National Committee on North Korea, November 2019, www.ncnk.org/resources/briefing-papers/all-briefing-papers/china-north-korea-relations; Jim Yardley, "Sanctions Don't Dent N. Korea–China Trade," The New York Times, October 27, 2006, www.nytimes.com/2006/10/27/world/asia/27border.html.

148. Juan Zarate, Treasury's War: The Unleashing of a New Era of Financial Warfare (New York: PublicAffairs, 2013), 219–21. 북한이 위조한 100달러 지폐는 당시 대부분 은행 창구 직원들이 진짜와 구분하지 못할 정도로 정교해 '슈퍼지폐'라고도 불렸다.

149. Zarate, Treasury's War, 226.

150. U.S. Department of the Treasury, "311 Actions," home.treasury.gov/policy-issues/terrorism-and-illicit-finance/311-actions.

151. David L. Asher, Victor D. Comras, and Patrick M. Cronin, "Pressure: Coercive Economic Statecraft and U.S. National Security," Center for a New American Security, January 2011, www.jstor.org/stable/resrep06338.

152. Zarate, *Treasury's War*, 232.

153. U.S. Department of the Treasury, "Treasury Designates Banco Delta Asia as Primary Money Laundering Concern under USA PATRIOT Act," September 15, 2005, home. treasury.gov/news/press-releases/js2720.

154. Asher, Comras, and Cronin, "Pressure."

155. 방코 델타 아시아 은행을 겨냥한 311조 조치의 결과를 자세히 보려면 다음을 참조하라. Zarate, *Treasury's War*, 239–47.

156. 저자의 대니 글레이저와의 인터뷰, 2022.

157. Zarate, *Treasury's War*, 244.

158. Cha, *Impossible State*, 266.

159. Marc Stein, "Heat Take Big Gambles with Shaq Savings," *ESPN*, August 3, 2005, www. espn.com/nba/columns/story?columnist=stein_marc&id=2123211; "Shaquille O'Neal NBA Salary," *HoopsHype*, hoopshype.com/player/shaquille-oneal/salary.

160. 다음을 보라. Zarate, *Treasury's War*, 249–67, and Davenport, "Chronology." 2007년에 미국은 북한과 핵 문제 협상을 재개하는 조건으로 북한의 2,500만 달러 반환을 지원하기로 합의했다.

제2부 이란과 폭탄

8장 기술관료

1. Michael R. Gordon and Thomas Erdbrink, "In New Nuclear Talks, Technological Gains by Iran Pose Challenges to the West," *The New York Times*, October 14, 2013, www. nytimes.com/2013/10/15/world/middleeast/us-iran-sanctions.html.

2. Nazila Fathi, "Wipe Israel 'Off the Map' Iranian Says," *The New York Times*, October 27, 2005, www.nytimes.com/2005/10/27/world/africa/wipe-israel-off-the-map-iranian-says. html.

3. Adam J. Szubin, "Statement by Adam J. Szubin, Nominee for Under Secretary for Terrorism and Financial Crimes, Before the Senate Committee on Banking, Housing, and Urban Affairs" (speech, Washington, D.C., September 17, 2015), U.S. Department of the Treasury, home.treasury.gov/news/press-releases/jl0165; Joanne Palmer, "Remembering Dr. Zvi Szubin," *Jewish Standard*, blogs.timesofisrael.com/remembering-dr-zvi-szubin.

4. Joanne Palmer, "Who Was That with Cory Booker?" *Jewish Standard*, October 15, 2015, jewishstandard.timesofisrael.com/who-was-that-with-cory-booker.

5. "Iran Nuclear Talks Get Off to 'Positive' Start in Geneva," *Al Jazeera America*, October 15, 2013, http://america.aljazeera.com/articles/2013/10/14/u-s-and-eu-nationsmeetingenev aforirannucleartalks.html; "World Powers Meet Iran for Nuclear Talks in Geneva," *France 24*, October 15, 2013, www.france24.com/en/20131015-geneva-iran-usa-uk-france-israel-nuclear-talks-rouhani-obama-united-nations.

6. Brad Plumer, "Absolutely Everything You Need to Know About How the Government Shutdown Will Work," *The Washington Post*, September 30, 2013, www.washingtonpost. com/news/wonk/wp/2013/09/30/absolutely-everything-you-need-to-know-about-how-the-government-shutdown-will-work.

7. Sigmund Freud, *Civilization and Its Discontents*, trans. James Strachey (New York: W.W. Norton & Company, 2010), 68–69.

8. Djavad Salehi Isfahani, "Iran's Middle Class and the Nuclear Deal," The Brookings Institution, April 8, 2021, www.brookings.edu/articles/irans-middle-class-and-the-nuclear-deal.

9. Karl Russell, Denise Lu, and Anjali Singhvi, "Why This Narrow Strait Next to Iran Is So Critical to the World's Oil Supply," *The New York Times*, July 11, 2019, www.nytimes.com/interactive/2019/07/07/business/economy/iran-strait-of-hormuz-tankers.html.

10. "International Data: Annual Crude and Lease Condensate Reserves," U.S. Energy Information Administration, accessed June 27, 2024, www.eia.gov/international/data/world/petroleum-and-other-liquids/annual-crude-and-lease-condensate-reserves; "International Data: Dry Natural Gas Reserves," U.S. Energy Information Administration, accessed June 27, 2024, www.eia.gov/international/data/world/natural-gas/dry-natural-gas-reserves; Central Intelligence Agency, "Crude Oil: Proved Reserves," www.cia.gov/the-world-factbook/about/archives/2021/field/crude-oil-proved-reserves/country-comparison; Central Intelligence Agency, "Natural Gas: Proved Reserves," www.cia.gov/the-world-factbook/about/archives/2021/field/natural-gas-proved-reserves/country-comparison.

11. Matthew Fuhrmann, "Spreading Temptation: Proliferation and Peaceful Nuclear Cooperation Agreements," *International Security* 34, no. 1 (May 2009), papers.ssrn.com/sol3/papers.cfm?abstract_id=1356091.

12. Ariana Rowberry, "Sixty Years of 'Atoms for Peace' and Iran's Nuclear Program," The Brookings Institution, December 18, 2013, www.brookings.edu/articles/sixty-years-of-atoms-for-peace-and-irans-nuclear-program; Semira N. Nikou, "Timeline of Iran's Nuclear Activities," The Iran Primer, August 17, 2021, iranprimer.usip.org/resource/timeline-irans-nuclear-activities.

13. Rowberry, "Sixty Years."

14. Abbas Milani, "The Shah's Atomic Dreams," *Foreign Policy*, December 29, 2010, foreignpolicy.com/2010/12/29/the-shahs-atomic-dreams.

15. Harrison Kass, "The F-14 Tomcat: A 'Top Gun' Legend and Iran's Best Fighter Jet," *Business Insider*, June 10, 2022, www.businessinsider.com/f14-tomcat-fighter-top-gun-legend-and-iran-best-jet-2022-6.

16. Hooman Estelami, "A Study of Iran's Responses to U.S. Economic Sanctions," *Middle East Review of International Affairs* 3, no. 3 (September 1999), ciaotest.cc.columbia.edu/olj/meria/meria99_esh01.html; "The International Emergency Economic Powers Act: Origins, Evolution, and Use," R45618, Congressional Research Service, U.S. Library of Congress, September 28, 2023, sgp.fas.org/crs/natsec/R45618.pdf.

17. Estelami, "Iran's Responses."

18. Stuart E. Eizenstat, "Do Economic Sanctions Work? Lessons from ILSA & Other US Sanctions Regimes," The Atlantic Council, February 2004, www.atlanticcouncil.org/wp-content/uploads/2004/02/2004-02-Economic_Sanctions.pdf.

19. Jay Solomon, *The Iran Wars: Spy Games, Bank Battles, and the Secret Deals that Reshaped the Middle East* (New York: Penguin Random House, 2016), 119–26.

20. Bryan R. Early, *Busted Sanctions: Explaining Why Economic Sanctions Fail* (Stanford:

Stanford University Press, 2015), 94.

21. Agis Salpukas, "Iran Signs Oil Deal with Conoco; First Since 1980 Break with U.S.," *The New York Times*, March 7, 1995, www.nytimes.com/1995/03/07/world/iran-signs-oil-deal-with-conoco-first-since-1980-break-with-us.html.

22. "Executive Order 12957—Prohibiting Certain Transactions with Respect to the Development of Iranian Petroleum Resources," C.F.R. titles 3 and 50, March 15, 1995, 424–25, www.govinfo.gov/content/pkg/WCPD-1995-03-20/pdf/CPD-1995-03-20-Pg424.pdf.

23. Douglas Jehl, "Oil Concern Ends a Deal with Iran as President Acts," *The New York Times*, March 15, 1995, www.nytimes.com/1995/03/15/us/oil-concern-ends-a-deal-with-iran-as-president-acts.html.

24. Max Berley, "U.S. Senator Cites Total's Business with Iran: French Warned of Sanctions," *The New York Times*, June 3, 1996, www.nytimes.com/1996/06/03/business/worldbusiness/IHT-us-senator-cites-totals-business-with-iran-french.html.

25. Rex J. Zedalis, "The Total S.A. Case: Meaning of 'Investment' under the ILSA," *The American Journal of International Law* 92, no. 3 (July 1998): 539–48, www.jstor.org/stable/2997928.

26. Eizenstat, "Do Economic Sanctions Work?"

27. "Extraterritoriality (Blocking Statute)," European Commission, July 2021, finance.ec.europa.eu/eu-and-world/open-strategic-autonomy/extraterritoriality-blocking-statute_en.

28. 미국과 유럽연합이 이란 및 리비아 제재법(ILSA) 관련 대치를 종식하려 체결한 합의에 관한 이 설명은 주로 아이젠스타트Eizenstat의 "Do Economic Sanctions Work?"에서 인용한 것이다.

29. Eizenstat, "Do Economic Sanctions Work?"

10장 위험한 사업

30. "Comprehensive Report of the Special Advisor to the DCI on Iraq's WMD, with Addendums (Duelfer Report)," Central Intelligence Agency, April 25, 2005, www.govinfo.gov/app/details/GPO-DUELFERREPORT.

31. Jay Solomon, *The Iran Wars: Spy Games, Bank Battles, and the Secret Deals that Reshaped the Middle East* (New York: Penguin Random House, 2016), 116.

32. Connie Bruck, "Exiles," *The New Yorker*, March 6, 2006, p. 48, www.newyorker.com/magazine/2006/03/06/exiles-6.

33. George W. Bush, "2002 State of the Union Address" (speech, Washington, D.C., January 29, 2002), *The Washington Post*, www.washingtonpost.com/wp-srv/onpolitics/transcripts/sou012902.htm.

34. George W. Bush and John Kerry, "Remarks by President Bush and Senator Kerry in First 2004 Presidential Debate" (speech, Miami, October 1, 2004), georgewbush-whitehouse.archives.gov/news/releases/2004/10/20041001.html.

35. George W. Bush, "President Holds Press Conference" (speech, Washington, D.C., December 20, 2004), georgewbush-whitehouse.archives.gov/news/releases/2004/12/20041220-3.html.

36. Scott Peterson, "Waiting for the Rapture in Iran," *The Christian Science Monitor*, December 21, 2005, www.csmonitor.com/2005/1221/p01s04-wome.html.

37. "Iran Agrees to Nuclear Demands," Carnegie Endowment for International Peace, October 21, 2003, carnegieendowment.org/2003/10/21/iran-agrees-to-nuclear-demands-

국가는 무엇으로 싸우는가

pub-14521; Rosalind Ryan, "Iran Resumes Uranium Enrichment," *The Guardian*, August 8, 2005, www.theguardian.com/environment/2005/aug/08/energy.iran.

38. Mahmood Ahmadinejad, "Address by H. E. Dr. Mahmood Ahmadinejad, President of the Islamic Republic of Iran, before the Sixtieth Session of the United Nations General Assembly" (speech, New York, NY, September 17, 2005), www.un.org/webcast/ga/60/statements/iran050917eng.pdf.

39. Joanne Palmer, "Who Was That with Cory Booker?" *Jewish Standard*, October 15, 2015, jewishstandard.timesofisrael.com/who-was-that-with-cory-booker.

40. 저자의 스튜어트 레비와의 인터뷰, 2022.

41. 저자의 스튜어트 레비와의 인터뷰, 2022.

42. "Joint Press Release," The Federal Reserve Board, December 19, 2005, www.federalreserve.gov/boarddocs/press/enforcement/2005/20051219/default.htm.

43. Barnaby J. Feder, "ABN to Pay $80 Million for Violations," *The New York Times*, December 20, 2005, www.nytimes.com/2005/12/20/business/worldbusiness/abn-to-pay-80-million-for-violations.html; "Joint Press Release," *Federal Reserve Board*, December 19, 2005.

44. 스튜어트 레비와 콘돌리자 라이스의 대화에 관한 본 기록은 저자가 한 인터뷰뿐만 아니라 후안 자라테와 로빈 라이트의 보도에도 근거를 두고 있다. 다음을 보라. *Treasury's War: The Unleashing of a New Era of Financial Warfare* (New York: PublicAffairs, 2013), 291–295; Robin Wright, "Stuart Levey's War," *The New York Times Magazine*, October 31, 2008, www.nytimes.com/2008/11/02/magazine/02IRAN-t.html.

11장 스튜어트 레비, 전쟁에 나가다

45. David Wessel and Henry Paulson, Jr., hosted by Steve Inskeep, "Treasury Secretary Resigns, Bush Announces Nominee," *Morning Edition* (podcast), NPR, May 30, 2006, www.npr.org/templates/story/story.php?storyId=5438948.

46. Stuart Levey, "Prepared Remarks by Stuart Levey Before the American Enterprise Institute for Public Policy Research" (speech, Washington, D.C., September 8, 2006), home.treasury.gov/news/press-releases/hp86; U.S. Department of the Treasury Office of Foreign Assets Control, "Treasury Cuts Iran's Bank Saderat Off from U.S. Financial System," September 8, 2006, ofac.treasury.gov/recent-actions/20060908a.

47. Peter S. Goodman, "Treasury Warns G-7 about Iran: Paulson Describes Financial Network to Help Nuclear Drive," *The Washington Post*, September 17, 2006, www.448.washingtonpost.com/archive/politics/2006/09/17/treasury-warns-g-7-about-iran-span-clasbankheadpaulson-describes-financial-network-to-help-nuclear-drivespan/c95859f8-0a62-40b5-b55f-d961a99b60e6.

48. "In the Matter of Standard Chartered Bank, New York Branch," Order Pursuant to Banking Law § 39 (New York State Department of Financial Services, August 6, 2012); Tom Bawden, "Standard Chartered Fights Back," *The Independent*, August 8, 2012, www.independent.co.uk/news/business/news/standard-chartered-fights-back-8022616.html.

49. "Federal Reserve Board Issues Consent Cease and Desist Order, and Assesses Civil Money Penalty against Standard Chartered PLC and Standard Chartered Bank," Board of Governors of the Federal Reserve System, December 10, 2012, www.federalreserve.gov/

newsevents/pressreleases/enforcement20121210a.htm; "Standard Chartered Bank Agrees to Forfeit $227 Million for Illegal Transactions with Iran, Sudan, Libya, and Burma," Office of Public Affairs, U.S. Department of Justice, December 10, 2012, www.justice.gov/opa/pr/standard-chartered-bank-agrees-forfeit-227-million-illegal-transactions-iran-udan-libya-and.

50. "Designation of Iranian Entities and Individuals for Proliferation Activities and Support for Terrorism," U.S. Department of State, October 25, 2007, 2001-2009. state.gov/r/pa/prs/s/2007/oct/94193.htm.

51. U.S. Department of the Treasury, "Treasury Revokes Iran's U-Turn License," November 6, 2008, home.treasury.gov/news/press-releases/200811611403711686.

52. UN Security Council, Resolution 1696, July 31, 2006, S/RES/1696, digitallibrary.un.org/record/580191; UN Security Council, Resolution 1737, December 23, 2006, S/RES/1737, digitallibrary.un.org/record/589783; UN Security Council, Resolution 1747, March 24, 2007, S/RES/1747, digitallibrary.un.org/record/595373; UN Security Council, Resolution 1803, March 3, 2008, S/RES/1803, digitallibrary.un.org/record/621380.

53. Robin Wright, "Stuart Levey's War," The New York Times Magazine, October 31, 2008, www.nytimes.com/2008/11/02/magazine/02IRAN-t.html; Zahra Hosseinian and Fredrik Dahl, "Outgoing Iran Finance Minister Fires Parting Shot," Reuters, April 23, 2008, www.reuters.com/article/uk-iran-economy-minister/outgoing-iran-finance-minister-fires-parting-shot-idUKDAH32038320080423.

54. Wright, "Stuart Levey's War."

55. Anna Fifield, "Iran's Elite Paper Over the Economic Cracks," Financial Times, March 13, 2008, www.ft.com/content/30364c64-f150-11dc-a91a-0000779fd2ac; Najmeh Bozorgmehr, "Iranians Focus on Inflation Woes," Financial Times, March 12, 2008, www.ft.com/content/6be16510-f050-11dc-ba7c-0000779fd2ac.

56. World Bank, "GDP Growth (Annual %): Iran, Islamic Rep.," 2020, data.worldbank.org/indicator/NY.GDP.MKTP.KD.ZG?end=2020&locations=IR&start=1960&view=chart.

57. "Iran Plans 2009-10 Budget on $55-60 Oil Price: Report," Reuters, October 15, 2008, www.reuters.com/article/us-iran-oil-budget/iran-plans-2009-10-budget-on-55-60-oil-price-report-idUSTRE49E3W920081015; "IMF Country Report No. 10/74: Islamic Republic of Iran," International Monetary Fund, March 2010, www.imf.org/external/pubs/ft/scr/2010/cr1074.pdf; "IMF Country Report No. 11/241: Islamic Republic of Iran," International Monetary Fund, August 2011, www.imf.org/external/pubs/ft/scr/2011/cr11241.pdf.

58. Glenn R. Simpson and John R. Wilke, "Sanction Threat Prompts Big Firms to Cut Iran Ties," The Wall Street Journal, January 31, 2006, www.wsj.com/articles/SB113867909286660722.

59. 리비아는 이란 및 리비아 제재법(ILSA)에서 'L'에 해당했으나 2003년 리비아 지도자인 무아마르 카다피가 대량살상무기를 포기하기로 합의한 후 법에서 제외되었다. 이후 이 법은 이란 제재법 (ISA)으로 개명되었다.

60. Tom Lantos, "The Iranian Challenge" (speech, Washington, D.C., March 6, 2007), Committee on Foreign Affairs, U.S. House of Representatives, democrats-foreignaffairs.house.gov/2007/3/advisory-tue-03062007-1200am.

61. Jackie Calmes, "Fed Official Is Said to Be Choice for Treasury," *The New York Times*, November 21, 2006, www.nytimes.com/2008/11/22/us/politics/22policy.html.

62. Zbigniew Brzezinksi, hosted by Ted Koppel, "Obama's Approach to U.S. Relations with Iran," *Talk of the Nation* (podcast), NPR, November 25, 2008, www.npr.org/2008/11/25/97464073/obamas-approach-to-u-s-relations-with-iran.

63. *Chabad-Lubavitch of Georgia v. Miller*, 976 F.2d 1386 (11th Cir. 1992).

64. "Iran Allows Nuclear Inspections," *CBS News*, August 20, 2009, www.cbsnews.com/news/iran-allows-nuclear-inspections.

65. Barack Obama, "Inaugural Address" (speech, Washington, D.C., January 21, 2009), The White House, obamawhitehouse.archives.gov/blog/2009/01/21/president-Barack-obamas-inaugural-address.

66. Jay Solomon, *The Iran Wars: Spy Games, Bank Battles, and the Secret Deals that Reshaped the Middle East* (New York: Penguin Random House, 2016), 1 68–70.

67. Barack Obama, "In Celebration of Nowruz" (video speech, Washington, D.C., March 20, 2009), *The Wall Street Journal*, www.wsj.com/articles/SB123752091165792573.

68. David E. Sanger, James Glanz, and Jo Becker, "Around the World, Distress over Iran," *The New York Times*, November 28, 2010, www.nytimes.com/2010/11/29/world/middleeast/29iran.html.

69. Richard Nephew, *The Art of Sanctions: A View from the Field* (New York: Columbia University Press, 2018), 71–72.

70. Daniel Berman and Thomas Rintoul, "Preliminary Analysis of the Voting Figures in Iran's 2009 Presidential Election," Chatham House, June 21, 2009, www.chathamhouse.org/sites/default/files/public/Research/Middle%20East/iranelection0609.pdf; Ian Black and Saeed Kamali Dehghan, "Riots Erupt in Tehran over 'Stolen' Election,'" *The Guardian*, June 13, 2009, www.theguardian.com/world/2009/jun/13/iran-mahmoud-ahmadinejad-riots-tehran-election.

71. Solomon, *Iran Wars*, 184; Ulrike Putz, "Iranian Demonstrators Put the Regime on the Defensive," *Spiegel International*, December 28, 2009, www.spiegel.de/international/world/violence-in-tehran-iranian-demonstrators-put-the-regime-on-the-defensive-a-669317.html.

72. Daniel Poneman and Sahar Nowrouzzadeh, "The Deal That Got Away: The 2009 Nuclear Fuel Swap with Iran," Belfer Center, Harvard Kennedy School, January 2021, www.belfercenter.org/publication/deal-got-away-2009-nuclear-fuel-swap-iran.

73. Poneman and Nowrouzzadeh, "Deal That Got Away."

74. Barack Obama, Nicolas Sarkozy, Gordon Brown, "Statements by President Obama, French President Sarkozy, and British Prime Minister Brown on Iranian Nuclear Facility" (speeches, Pittsburgh, PA, September 25, 2009), The White House, obamawhitehouse.archives.gov/the-press-office/2009/09/25/statements-president-obama-french-president-sarkozy-and-british-prime-mi.

75. William J. Burns, *The Back Channel: A Memoir of American Diplomacy and the Case for its Renewal* (New York: Penguin Random House, 2019), 350–51.

76. Burns, *Back Channel*, 352.

77. Poneman and Nowrouzzadeh, "Deal That Got Away."

78. Poneman and Nowrouzzadeh, "Deal That Got Away."

13장 우리 편이 아니면 적의 편

79. 조지 W. 부시 대통령은 9·11 테러 이후 한 연설에서 유명한 말을 남겼다. "이제 모든 국가, 모든 지역이 결정을 내려야 합니다. 우리와 함께할 것인가, 아니면 테러리스트와 함께할 것인가". 그는 이후 이 메시지를 더 간결하게 표현하며 말했다. "테러와의 전쟁에서 당신은 우리 편이 아니면 적의 편입니다." 다음을 보라. George W. Bush, "Address to a Joint Session of Congress and the American People" (speech, Washington, D.C., September 20, 2001), The White House, georgewbush-whitehouse.archives.gov/news/releases/2001/09/20010920-8.html and "'You Are Either with Us or Against Us,'" CNN, November 6, 2001, edition.cnn.com/2001/US/11/06/gen.attack.on.terror. 오바마의 노벨상에 대해서는 다음을 보라. "The Nobel Peace Prize 2009 Press Release," The Nobel Prize, October 9, 2009, www.nobelprize.org/prizes/peace/2009/press-release and Steven Erlander and Sheryl Gay Stolberg, "Surprise Nobel for Obama Stirs Praise and Doubts," The New York Times, October 9, 2009, www.nytimes.com/2009/10/10/world/10nobel.html.

80. 시라크에 대해서는 다음을 보라. Elaine Sciolino and Katrin Bennhold, "Chirac Strays from Assailing a Nuclear Iran," The New York Times, February 1, 2007, www.nytimes.com/2007/02/01/world/europe/01france.html. 사르코지에 대해서는 다음을 보라. "Is Sarkozy a Neo-con?" The Economist, October 16, 2007, www.economist.com/certain-ideas-of-urope/2007/10/16/is-sarkozy-a-neo-con.

81. Marybeth Davis et al., "China-Iran: A Limited Partnership," U.S.–China Economic and Security Review Commission, updated April 2013, www.uscc.gov/sites/default/files/Research/China-Iran-A%20Limited%20Partnership.pdf.

82. "Security Council Imposes Additional Sanctions on Iran, Voting 12 in Favour to 2 Against, with 1 Abstention," UN Security Council, June 9, 2010, press.un.org/en/2010/sc9948.doc.htm.

83. UN Security Council, Resolution 1929, June 9, 2010, S/RES/1929, digitallibrary.un.org/record/683939.

84. UN Security Council, Resolution 1929.

85. Michael Hirsh, "Obama Prepares to Get Tough on Iran," Newsweek, December 11, 2009, www.newsweek.com/obama-prepares-get-tough-iran-75581.

86. Richard Nephew, The Art of Sanctions: A View from the Field (New York: Columbia University Press, 2018), 86.

87. "Fact Sheet: Comprehensive Iran Sanctions, Accountability, and Divestment Act (CISADA)," U.S. Department of State, May 23, 2011, 2009-2017.state.gov/e/eb/esc/iransanctions/docs/160710.htm.

88. Jonathan Allen and Amie Parnes, HRC: State Secrets and the Rebirth of Hillary Clinton (New York: Broadway Books, 2014), 186-91.

89. Susan Cornwell, "US Congress OKs Sanctions on Iran's Energy, Banks," Reuters, June 24, 2010, www.reuters.com/article/idUSN2414825120100624.

90. Peter Baker, "Obama Signs into Law Tighter Sanctions on Iran," The New York Times, July 1,

2010, www.nytimes.com/2010/07/02/world/middleeast/02sanctions.html.

91. Barack Obama, "Remarks by the President at Signing of the Iran Sanctions Act" (speech, Washington, D.C., July 1, 2010), The White House, obamawhitehouse.archives.gov/the-press-office/remarks-president-igning-iran-sanctions-act.

92. John McCain, speech in the U.S. Senate, *Congressional Record* 156, part 8 (June 24, 2010): 11596; Cornwell, "US Congress OKs Sanctions."

14장 엑소더스: 탈출

93. John Dennehy, "Dubai's Historic Dhow Trade to Iran Feels Pressure from US Sanctions," *The National*, July 13, 2019, www.thenationalnews.com/uae/government/dubai-s-historic-dhow-trade-to-iran-feels-pressure-from-us-sanctions-1.885424.

94. Karim Sadjadpour, "The Battle of Dubai: The United Arab Emirates and the U.S.-Iran Cold War," Carnegie Endowment for International Peace, July 2011, 5, carnegieendowment.org/files/dubai_iran.pdf.

95. Sadjadpour, "Battle of Dubai," 5.

96. Sadjadpour, "Battle of Dubai," 21.

97. Avi Jorisch, *Iran's Dirty Banking: How the Islamic Republic Skirts International Financial Sanctions* (Arlington: Red Cell Intelligence Group, 2010), 27–28.

98. John Hudson, "Why Did Abu Dhabi Bail Out Dubai World?" *The Atlantic*, December 14, 2009, www.theatlantic.com/business/archive/2009/12/why-did-abu-dhabi-bail-out-dubai-world/347262.

99. Sadjadpour, "Battle of Dubai," 10.

100. Chip Cummins and Jay Solomon, "U.A.E. Cuts Off Ties to Iran Banks," *The Wall Street Journal*, October 6, 2010, www.wsj.com/articles/SB10001424052748703298504575534041013995702.

101. James Brooke, "Iran Extends Influence in Central Asia's Tajikistan," *VOA News*, November 1, 2011, www.voanews.com/a/article--iran-extends-influence-in-central-asias-tajikistan-133111348/168606.html.

102. Orde F. Kittrie, *Lawfare: Law as a Weapon of War* (New York: Oxford University Press, 2016), 141–42.

103. James B. Steinberg, "Briefing on Iran Sanctions Act Implementation" (speech, Washington, D.C., September 30, 2010), U.S. Department of State, 2009-2017.state.gov/s/d/former/steinberg/remarks/2010/169315.htm.

104. "Japan's Inpex Quits Iran Azadegan Oilfield Project," Reuters, October 15, 2010, www.reuters.com/article/japan-iran-inpex/update-2-japans-inpex-quits-iran-azadegan-oilfield-project-idUSTOE69E04E20101015.

105. Josh Rogin, "Will the Obama Administration Sanction Chinese Companies Doing Business in Iran?" *Foreign Policy*, October 5, 2010, foreignpolicy.com/2010/10/05/will-the-obama-administration-sanction-chinese-companies-doing-business-in-iran.

106. Cheyenne Hopkins, "Libya's $37 Billion Stays Frozen over Legal Issues, U.S. Says," *Bloomberg*, August 22, 2011, www.bloomberg.com/news/articles/2011-08-22/libya-s-37-billion-stays-frozen-over-legal-issues-u-s-treasury-says; Barack Obama, "Executive Order 13566, Blocking Property and Prohibiting Certain Transactions Related to Libya," February 25, 2011, The White House, obamawhitehouse.archives.gov/the-press-office/2011/02/25/executive-order-3566-libya; Zarate, *Treasury's War*, 343–47.

107. 저자의 스튜어트 레비와의 인터뷰, 2022.

108. "Is the Mossad Targeting Iran's Nuclear Scientists?" *Time*, November 30, 2010, content.time.com/time/world/article/0,8599,2033725,00.html; Ronen Bergman, "When Israel Hatched a Secret Plan to Assassinate Iranian Scientists," *Politico*, March 5, 2018, www.politico.com/magazine/story/2018/03/05/israel-assassination-iranian-scientists-217223.

109. "Iran: Advanced Centrifuges to Be Set Up Soon at Qom Nuclear Site," *Haaretz*, June 8, 2011, www.haaretz.com/2011-06-08/ty-article/iran-advanced-centrifuges-to-be-set-up-soon-at-qom-nuclear-site/0000017f-dc25-db22-a17f-fcb5c6280000; David E. Sanger and William E. Broad, "Survivor of Attack Leads Nuclear Effort in Tehran," *The New York Times*, July 22, 2021, www.nytimes.com/2011/07/23/world/middleeast/23iran.html; "Is the Mossad Targeting Iran's Nuclear Scientists?" *Time*.

110. Ronen Bergman and Mark Mazzetti, "The Secret History of the Push to Strike Iran," *The New York Times*, September 4, 2019, www.nytimes.com/2019/09/04/magazine/iran-strike-israel-america.html.

111. Jeffrey Goldberg, "Obama to Iran and Israel: 'As President of the United States, I Don't Bluff,'" *The Atlantic*, March 2, 2012, www.theatlantic.com/international/archive/2012/03/obama-to-iran-and-israel-as-president-of-the-united-states-i-dont-bluff/253875.

112. Solomon, *Iran Wars*, 24.

113. Antoine Heuty, "A Ticking Bomb? Iran's Oil and Gas Management," Revenue Watch Institute, February 2012, resourcegovernance.org/sites/default/files/rwi_bp_iran2.pdf.

114. "2011 Brief: Brent Crude Oil Averages over $100 per Barrel in 2011," January 12, 2012, U.S. Energy Information Administration, www.eia.gov/todayinenergy/detail.php?id=4550.

115. "IMF Country Report No.11/41: Islamic Republic of Iran."

116. Nephew, *Art of Sanctions*, 107.

117. Solomon, *Iran Wars*, 194.

118. Mark Kirk and Norm Coleman, "Congressional Roundtable on Iran" (discussion, Washington, D.C., May 2007), Jewish Policy Center, www.jewishpolicycenter.org/2007/05/31/congressional-roundtable-sen-norm-coleman-and-rep.

119. Jay Solomon, "Senators Press Obama on Iran's Central Bank," *The Wall Street Journal*, August 8, 2011, www.wsj.com/articles/SB10001424053111904480904576494463569720404#U502700941592OSH.

120. "Congress & the Middle East: Senate Letter Urging President Obama to Sanction Iranian Central Bank," Jewish Virtual Library, August 9, 2011, www.jewishvirtuallibrary.org/senate-letter-urging-president-obama-to-sanction-iranian-central-bank-august-2011.

121. "Iran Oil Exports: Where Do They Go?" *The Guardian*, June 2011, www.theguardian.com/news/datablog/2012/feb/06/iran-oil-exports-destination.

122. "Two Men Charged in Alleged Plot to Assassinate Saudi Arabian Ambassador to the United States," Federal Bureau of Investigation, October 11, 2011, archives.fbi. gov/archives/newyork/press-releases/2011/two-men-charged-in-alleged-plot-to-assassinate-saudi-arabian-ambassador-to-the-united-states.

123. Benjamin Weiser, "Man Sentenced in Plot to Kill Saudi Ambassador," *The New York Times*, May 30, 2013, www.nytimes.com/2013/05/31/nyregion/mansour-arbabsiar-sentenced-for-plot-to-kill-saudi-ambassador.html.

124. 애덤 슈빈과 한 저자의 인터뷰, 2023.

125. Michael Adler, "What's New in the U.N. Nuclear Report?" U.S. Institute for Peace, November 8, 2011, iranprimer.usip.org/blog/2011/nov/08/what%E2%80%99s-new-un-nuclear-report.

126. Chris McGreal and Julian Borger, "Iran Faces New Wave of Sanctions over Nuclear Programme," *The Guardian*, November 21, 2011, www.theguardian.com/world/2011/nov/21/iran-wave-sanctions-nuclear-programme.

127. Ian Katz and Gonzalo Vina, "U.K., France Increase Pressure on Iran as U.S. Plans Measures," *Bloomberg*, November 21, 2011, www.bloomberg.com/news/articles/2011-11-21/u-k-france-increase-pressure-n-iran-as-u-s-plans-measures.

128. Robert F. Worth and Rick Gladstone, "Iranian Protesters Attack British Embassy," *The New York Times*, November 29, 2011, www.nytimes.com/2011/11/30/world/middleeast/tehran-protesters-storm-british-embassy.html; Adrian Croft, "UK Envoy Tells of Fear as Mob Rampage in Iran Embassy," Reuters, December 2, 2011, www.reuters.com/article/idUS TRE7B1288.

129. John F. Burns, "As Britain Closes Embassies, Iran's Isolation Could Complicate Nuclear Issue," *The New York Times*, November 30, 2011, www.nytimes.com/2011/12/01/world/middleeast/british-embassy-iran-diplomats-evacuated.html.

130. Tim Geithner, "U.S. Strategic Objectives Towards Iran: Hearing Before the Senate Committee on Foreign Relations," 112th Cong., 1st sess., December 1, 2011, www.govinfo.gov/content/pkg/CHRG-112shrg73918/html/CHRG-112shrg73918.htm.

131. 다니엘 글레이저와 한 저자의 인터뷰, 2022.

132. Robert Menendez, "U.S. Strategic Objectives Towards Iran: Hearing Before the Senate Committee on Foreign Relations," 112th Cong., 1st sess., December 1, 2011, www.govinfo.gov/content/pkg/CHRG-112shrg73918/html/CHRG-112shrg73918.htm.

133. Menendez, "U.S. Strategic Objectives."

134. "Menendez, Kirk Amendment for Stronger Sanctions Against Iran Passes Unanimously in the Senate," Office of Senator Menendez, December 1, 2011, www.menendez.senate. gov/newsroom/press/menendez-kirk-amendment-for-stronger-sanctions-against-iran-passes-unanimously-in-the-senate.

17장 좋은 경찰, 나쁜 경찰

135. "Iran Threatens to Block Strait of Hormuz Oil Route," *BBC News*, December 28, 2011, www.bbc.com/news/world-middle-east-16344102.

136. "Section 1245 of the National Defense Authorization Act for Fiscal Year 2012," Bureau of Economic and Business Affairs, U.S. Department of State, November 8, 2012, 2009-2017. state.gov/e/eb/tfs/spi/iran/fs/200286.htm.

137. Justyna Pawlak and Parisa Hafzei, "EU Agrees Embargo on Iranian Crude," Reuters, January 4, 2012, www.reuters.com/article/iran-eu/eu-agrees-embargo-on-iranian-crude-idIND EE8030D720120104.

138. Javier Blas, "Insurance Ban Hits Iranian Oil Sales," *Financial Times*, June 18, 2012, www. ft.com/content/662d2994-b95d-11e1-a470-00144feabdc0.

139. Mark Landler and David E. Sanger, "U.S. and Israel Split on Speed of Iran Threat," *The New York Times*, February 8, 2012, www.nytimes.com/2012/02/09/world/middleeast/ us-and-israel-split-over-how-to-deter-iran.html; Shashank Joshi, "What Is the Zone of Immunity? Iran, Israel, and the IAEA's New Report," The Royal United Services Institute for Defence and Security Studies, September 3, 2012, rusi.org/explore-our-research/ publications/commentary/what-zone-immunity-iran-israel-and-iaeas-new-report.

140. Adam Entous, "Spy vs. Spy: Inside the Fraying U.S.-Israel Ties," *The Wall Street Journal*, October 22, 2015, www.wsj.com/articles/spy-vs-spy-inside-the-fraying-u-s-israel-ties-1445562074 ; Solomon, *Iran Wars*, 198.

141. Edward J. Krauland and Meredith Rathbone, "Examining OFAC Guidance on NDAA Iran Sanctions," Steptoe, March 5, 2012, www.steptoe.com/en/news-publications/examining-ofac-guidance-on-ndaa-iran-sanctions.html.

142. "Pascual, Carlos," The Cuban Studies Institute, cubansinamerica.us/prominent-cuban-americans/law-politics/carlos-pascual.

143. "Iran Oil Exports: Where Do They Go?" *The Guardian*, June 2011, www.theguardian. com/news/datablog/2012/feb/06/iran-oil-exports-destination.

144. Carlos Pascual, "The New Geopolitics of Energy," Center on Global Energy Policy, Columbia University, September 15, 2015, www.energypolicy.columbia.edu/publications/ new-geopolitics-energy.

145. "Three Companies Sanctioned under the Amended Iran Sanctions Act," U.S. Department of State, January 12, 2012, 2009-2017.state.gov/r/pa/prs/ps/2012/01/180552.htm.

146. Hillary Rodham Clinton, *Hard Choices* (New York: Simon & Schuster, 2014), 440.

147. "US 'Not Impressed' with India's Efforts to Cut Iran Oil," *The Jerusalem Post*, May 15, 2012, www.jpost.com/Breaking-News/US-not-mpressed-with-Indias-efforts-to-cut-Iran-oil; "US 'Unhappy' with India's Efforts to Cut Iran Oil Buys," *Hindustan Times*, May 15, 2012, www.hindustantimes.com/business/us-unhappy-with-india-s-efforts-to-cut-iran-oil-buys/story-YPPuYm3ATZTzoMRL2rG5jK.html.

148. "Fact Sheet: Sanctions Related to Iran," The White House, July 31, 2012, obamawhitehouse. archives.gov/the-press-office/2012/07/31/fact-sheet-sanctions-related-iran.

149. "'Cut Off Head of Snake' Saudis Told U.S. on Iran," Reuters, November 29, 2010, www. reuters.com/article/us-wikileaks-iran-saudis/cut-off-head-of-snake-saudis-told-u-s-n-iran-idUSTRE6AS02B20101129.

150. Pascual, "New Geopolitics of Energy"; "U.S. Field Production of Crude Oil," U.S. Energy Information Administration, www.eia.gov/dnav/pet/hist/LeafHandler.ashx?n=PET&s =MCRFPUS2&f=M.

151. Jennifer Rubin, "Senate Passes Iran Sanctions 100-0; Obama Objects (Really)," *The*

국가는 무엇으로 싸우는가

Washington Post, December 2, 2011, www.washingtonpost.com/blogs/right-turn/post/senate-passes-iran-sanctions-100-0-obama-objects-really/2011/12/02/gIQA7yELKO_blog.html.

152. "Menendez Hails Banking Committee Passage of Iran Sanctions Legislation," Office of Senator Menendez, February 2, 2012, www.menendez.senate.gov/newsroom/press/menendez-hails-banking-committee-passage-of-iran-sanctions-legislation.

153. "Swift Instructed to Disconnect Sanctioned Iranian Banks Following EU Council Decision," Swift, March 15, 2012, www.swift.com/insights/press-releases/swift-instructed-to-disconnect-sanctioned-iranian-banks-following-eu-council-decision.

154. U.S. Department of the Treasury, "Treasury Sanctions Kunlun Bank in China and Elaf Bank in Iraq for Business with Designated Iranian Banks," July 31, 2012, home.treasury.gov/news/press-releases/tg1661.

155. 이 아이디어는 2010년 한국 정부가 국제 제재를 피하면서도 이란과의 무역을 지속하기 위해 사용했던 방식에서 영감을 받았다. 당시 한국은 두 국영은행을 지정해 이란 중앙은행을 대신해 이란 석유 수출 대금을 수금하도록 했다. 다음을 보라. Christian Oliver, Song Jung-a, Anna Fifield, "Seoul Finds New Way to Finance Iran Trade," *Financial Times*, October 7, 2010, www.ft.com/content/ae807f44-d1ff-11df-965c-00144feabdc0.

156. "Iran Sanctions Contained in the Iran Threat Reduction and Syria Human Rights Act," U.S. Department of State, September 28, 2012, 2009-2017.state.gov/e/eb/rls/fs/2012/198393.htm.

157. Joseph R. Biden and Paul Ryan, "Vice Presidential Debate" (debate, Danville, KY, October 11, 2012), NPR, www.npr.org/2012/10/11/162754053/transcript-biden-ryan-vice-presidential-debate.

18장 결정적 승리

158. Najmeh Bozorgmehr, "Iran Struggles to Curb Currency Crisis," *Financial Times*, September 27, 2012, www.ft.com/content/f1b5e5ba-0894-11e2-b57f-00144feabdc0.

159. Marcus George and Yeganeh Torbati, "Iran's 'Chicken Crisis' Is Simmering Political Issue," Reuters, July 22, 2012, www.reuters.com/article/us-iran-economy-chicken/irans-chicken-crisis-is-simmering-political-issue-idUKBRE86L08E20120722.

160. Saeed Jamali Dehghan, "Long Queues for Chicken as Ramadan Comes to Sanction-hit Iran," *The Guardian*, July 17, 2012, www.theguardian.com/world/iran-blog/2012/jul/17/long-queues-chicken-ramadan-iran.

161. George and Torbati, "Iran's 'Chicken Crisis.'"

162. Robert Tait, "Chickens Facing Censorship in Iran," *The Telegraph*, July 15, 2012, www.telegraph.co.uk/news/worldnews/middleeast/iran/9401491/Chickens-facing-censorship-in-Iran.html.

163. Najmeh Bozorgmehr, "Iran Develops 'Economy of Resistance,'" *Financial Times*, September 10, 2012, www.ft.com/content/27ec70a6-f911-11e1-8d92-00144feabdc0.

164. Najmeh Bozorgmehr, "Sanctions Take Toll on Iran's Sick," *Financial Times*, September 4, 2012, www.ft.com/content/43abcb36-f5cc-11e1-a6bb-00144feabdc0.

165. Farnaz Fassihi, "Iran Blames Currency's Fall on Rogue Traders, Sanctions," *The Wall Street Journal*, October 2, 2012, www.wsj.com/articles/SB10000872396390444138104578032860

972093062.

166. Najmeh Bozorgmehr, "Rial's Plunge Sparks Tehran Clashes," *Financial Times*, October 3, 2012, www.ft.com/content/86fc0ee8-0d67-11e2-97a1-00144feabdc0.

167. Bozorgmehr, "'Economy of Resistance.'"

168. Bozorgmehr, "'Economy of Resistance.'"

169. D. Parvaz, "Iran Sanctions: All Pain, No Gain," *Al Jazeera*, November 13, 2010, www.aljazeera.com/features/2010/11/13/iran-sanctions-all-pain-no-gain.

170. 1Bozorgmehr, "Iran Struggles to Curb Currency Crisis."

171. Benoît Faucon and Katie Martin, "Pressures Drive Iran's Currency to New Low," *The Wall Street Journal*, October 1, 2012, www.wsj.com/articles/SB1000087239639044592404578029810117268752.

172. Benoît Faucon and Katie Martin, "Iran Currency Slides Further," *The Wall Street Journal*, October 2, 2012, www.wsj.com/articles/SB10000872396390444138104578031913596553342.

173. 4Farnaz Fassihi, "Iran Currency Woes Spark Rare Strike," *The Wall Street Journal*, October 3, 2012, www.wsj.com/articles/SB10000872396390443768804578034402848509458.

174. Fassihi, "Rare Strike."

175. Najmeh Bozorgmehr, "Ahmadi-Nejad Admits Sanctions Hurt Iran," *Financial Times*, October 2, 2012, www.ft.com/content/db368004-0ca1-11e2-a73c-00144feabdc0.

176. Najmeh Bozorgmehr, "Iran Uses Force to Strengthen Rial," *Financial Times*, October 7, 2012, www.ft.com/content/a5f1e336-1087-11e2-a5f7-00144feabdc0.

177. Najmeh Bozorghmehr, "Iran's Currency Traders Forced Underground," *Financial Times*, October 26, 2012, www.ft.com/content/d3396c9c-1c4e-11e2-a63b-00144feabdc0.

178. Carrick Mollenkamp, "HSBC Became Bank to Drug Cartels, Pays Big for Lapses," Reuters, December 11, 2012, www.reuters.com/article/us-hsbc-probe/hsbc-to-pay-1-9-billion-u-s-fine-in-money-laundering-case-idUSBRE8BA05M20121211.

179. Kittrie, *Lawfare*, 144-45.

180. 저자의 스튜어트 레비와의 인터뷰, 2022.

181. 저자의 리처드 네퓨와의 인터뷰, 2022.

182. Farnaz Fassihi and Jay Solomon, "In Iran's Factories and Shops, Tighter Sanctions Exact Toll," *The Wall Street Journal*, January 3, 2013, www.wsj.com/articles/SB10001424127887324595904578120250597512768.

183. Bijan Khajehpour, "Inflation Takes Its Toll on Iran," *Al-Monitor*, May 8, 2013, www.al-monitor.com/originals/2013/05/iran-inflation-economy-outlook.html.

184. Najmeh Bozorghmehr, "Sanctions Benefit Iran's Rich and Powerful," *Financial Times*, March 8, 2013, www.ft.com/content/ae8c8308-80d9-11e2-9fae-00144feabdc0.

185. Javier Blas, "Iran Disguises Tankers in Sanctions Game," *Financial Times*, June 28, 2012, www.ft.com/content/db49c9ba-c13e-11e1-8eca-00144feabdc0.

186. "Treasury Targets Iranian Attempts to Evade Sanctions," U.S. Department of the Treasury, May 9, 2013, home.treasury.gov/news/press-releases/jl1933.

187. "Special Report: Golden Loophole: How an Alleged Turkish Crime Ring Helped Iran," Reuters, April 29, 2014, www.reuters.com/article/us-iran-turkey-special-report/special-report-golden-loophole-how-an-alleged-turkish-crime-ring-helped-iran-idUSBREA3S07120140429.

188. Isobel Finkel and Christian Berthelsen, "U.S. Arrests Top Turkish Banker in Iran Sanctions

Probe," *Bloomberg*, March 28, 2017, www.bloomberg.com/news/articles/2017-03-28/halkbank-deputy-g-m-arrested-in-u-s-in-iran-financing-probe; Patricia Hurtado, "Turkish Trader Says U.S. gents Illegally Searched iPhone," *Bloomberg*, July 18, 2016, www.bloomberg.com/news/articles/2016-07-18/turkish-gold-dealer-wants-statements-to-u-s-suppressed.

189. "Latest on the Race: Economy Top Election Issue," The Iran Primer, May 1, 2013, iranprimer.usip.org/blog/2013/may/01/latest-race-economy-top-lection-issue.

190. Thomas Erdbrink, "In Iran Race, All 8 Candidates Toe Hard Line on Nuclear Might," *The New York Times*, June 9, 2013, www.nytimes.com/2013/06/10/world/middleeast/iran-candidates-toe-hard-line-for-nuclear-bid.html.

191. Thomas Erdbrink, "A Spiritual Center of Power Is a Required Stop on Iran's Campaign Trail," *The New York Times*, June 5, 2013, www.nytimes.com/2013/06/06/world/middleeast/in-iran-qum-is-a-required-campaign-stop.html.

192. Saeed Kamali Dehghan, "Iran Elections: Former Presidents Endorse Moderate Hassan Rouhani," *The Guardian*, June 11, 2013, www.theguardian.com/world/2013/jun/11/iran-elections-presidents-endorse-rouhani.

193. Dehghan, "Former Presidents Endorse Moderate."

194. Dehghan, "Former Presidents Endorse Moderate."

195. "Hassan Rouhani Wins Iran Presidential Election," *BBC News*, June 15, 2013, www.bbc.com/news/world-middle-east-22916174; Thomas Erdbrink, "Iran Moderate Wins Presidency by a Large Margin," *The New York Times*, June 15, 2013, www.nytimes.com/2013/06/16/world/middleeast/iran-election.html.

19장 동결

196. John Kerry, *Every Day is Extra* (New York: Simon & Schuster, 2018), 489–91; Burns, *Back Channel*, 356–59.

197. Kerry, *Every Day is Extra*, 485.

198. Bergman and Mazzetti, "Push to Strike Iran."

199. Burns, *Back Channel*, 361–62.

200. Solomon, *Iran Wars*, 204.

201. Kevan Harris, "Rouhani's Next Test: Empty Coffers," The Iran Primer, December 5, 2013, iranprimer.usip.org/discussion/2013/dec/05/rouhani%E2%80%99s-next-test-empty-offers.

202. Thomas Erdbrink and Rick Gladstone, "Iran's Next President Faults Ahmadinejad on Economy," *The New York Times*, July 15, 2013, www.nytimes.com/2013/07/16/world/middleeast/irans-president-elect-describes-a-bleak-economy.html.

203. Burns, *Back Channel*, 368–69; Solomon, *Iran Wars*, 205.

204. Don Melvin, "6 Lesser-known Facts About Iran's Foreign Minister Javad Zarif," CNN, April 3, 2015, www.cnn.com/2015/04/03/middleeast/irans-foreign-minister-six-things-to-know.

205. World Bank, "GDP Growth (Annual %): Iran, Islamic Rep" 2020, data.worldbank.org/indicator/NY.GDP.MKTP.KD.ZG?end=2020&locations=IR&start=1960&view=chart; Fassihi and Solomon, "Iran's Factories"; Harris, "Rouhani's Next Test."

206. Matthew Philips and Golnar Motevalli, "Iran Gets Ready to Sell to the World," *Bloomberg*, September 10, 2015, www.bloomberg.com/news/articles/2015-09-10/iran-gets-ready-to-sell-oil-to-the-world; "Under Sanctions, Iran's Crude Oil Exports Have Nearly Halved in Three Years," U.S. Energy Information Administration, June 24, 2015, www.eia.gov/todayinenergy/detail.php?id=21792.

207. Fassihi and Solomon, "Iran's Factories."

208. David Pearson, "Iran Provision Hits Renault Earnings," *The Wall Street Journal*, July 26, 2013, www.wsj.com/articles/SB10001424127887324110404578629104294270488.

209. Burns, *Back Channel*, 359.

210. "Designation of Iranian Entities and Individuals for Proliferation Activities and Support for Terrorism," U.S. Department of State, October 25, 2007, 2001-2009. state.gov/r/pa/prs/ps/2007/oct/94193.htm; U.S. Department of the Treasury Office of Foreign Assets Control, "Treasury Cuts Iran's Bank Saderat Off from U.S. Financial System," September 8, 2006, ofac.treasury.gov/recent-actions/20060908a.

211. Burns, *Back Channel*, 371.

212. Elise Labott, Michael Pearson, and Joe Sterling, "Kerry, Iranian Minister Hail 'Constructive' First Meeting," CNN, September 6, 2013, www.cnn.com/2013/09/26/politics/us-iran/ndex.html; Solomon, *Iran Wars*, 7.

213. "Joint Plan of Action on Iran's Nuclear Program," *The New York Times*, November 24, 2013, archive.nytimes.com/www.nytimes.com/interactive/2013/11/25/world/middleeast/iran-nuclear-deal-document.html.

214. "Background Briefing on the Implementation Plan of the P5+1 and Iran's First Step Nuclear Agreement" (teleconference, Washington, D.C., January 13, 2014), U.S. Department of State, 2009-2017.state.gov/r/pa/prs/ps/2014/01/219571.htm.

215. Lazar Berman, "Iran Nuclear Agreement a 'Historic Mistake,' Netanyahu Says," *The Times of Israel*, November 24, 2013, www.timesofisrael.com/iran-nuclear-agreement-a-historic-mistake-prime-minister-says.

20장 "세계는 또 다른 전쟁을 피했다"

216. Laurence Norman, Nour Malas, and Benoît Faucon, "Iran Can't Withdraw Much Oil Revenue under Interim Nuclear Deal," *The Wall Street Journal*, April 6, 2014, www.wsj.com/articles/SB10001424052702304819004579485231513658774.

217. Norman, Malas, and Faucon, "Iran Can't Withdraw Much."

218. Norman, Malas, and Faucon, "Iran Can't Withdraw Much."

219. "BNP Paribas Agrees to Plead Guilty and to Pay $8.9 Billion for Illegally Processing Financial Transactions for Countries Subject to U.S. Economic Sanctions," U.S. Department of Justice, June 30, 2014, www.justice.gov/opa/pr/bnp-paribas-agrees-plead-guilty-and-pay-89-billion-illegally-processing-financial.

220. "2014 Annual Report: New Dynamics," BNP Paribas, 2014, invest.bnpparibas/en/document/annual-report-2014; "BNP's Post-fine Woes," *Deutsche Welle*, July 31, 2014, www.dw.com/en/bnp-paribas-logs-huge-quarterly-loss-after-us-fine/a-17823333; "Hollande Tells Obama Mooted BNP Fine Disproportionate: French Official," Reuters, June 4, 2014, www.reuters.

com/article/bnpparibas-france-hollande/hollande-tells-obama-mooted-bnp-fine-disproportionate-french-official-idUSWEB00O1E20140604; Noémie Bisserbe, "Hollande Backs BNP Paribas in Letter to Obama," *The Wall Street Journal*, June 4, 2014, www.wsj.com/articles/hollande-backs-bnp-paribas-in-letter-to-obama-1401885257.

221. Krishnadev Calamur, "In Speech to Congress, Netanyahu Blasts 'A Very Bad Deal' with Iran," NPR, March 3, 2015, www.npr.org/sections/thetwo-way/2015/0303/390250986/netanyahu-to-outline-iran-threats-in-much-anticipated-speech-to-congress.

222. "Cotton and 46 Fellow Senators to Send Open Letter to the Leaders of the Islamic Republic of Iran," Office of Senator Cotton, March 9, 2015, www.cotton.senate.gov/news/press-releases/cotton-and-46-fellow-senators-to-send-open-letter-to-the-leaders-of-the-islamic-republic-of-iran.

223. Kerry, *Every Day is Extra*, 516.

224. Carol Morello and Karen DeYoung, "Historic Deal Reached with Iran to Limit Nuclear Program," *The Washington Post*, July 14, 2015, www.washingtonpost.com/world/historic-nuclear-deal-with-iran-expected-to-be-announced/2015/07/14/5f8dddb2-29ea-11e5-a5ea-cf74396e59ec_story.html.

225. "Joint Comprehensive Plan of Action," U.S. Department of State, July 14, 2015, 2009-2017.state.gov/documents/organization/245317.pdf.

226. The White House, "The Historic Deal That Will Prevent Iran from Acquiring a Nuclear Weapon," January 16, 2016, obamawhitehouse.archives.gov/issues/foreign-policy/iran-deal.

227. "Joint Comprehensive Plan of Action," U.S. Department of State.

228. "Kissinger Setting Records with Long Vienna Stay," *VOA News*, July 10, 2015, www.voanews.com/a/kerry-setting-records-with-long-vienna-stay-/2856393.html.

229. Kerry, *Every Day is Extra*, 517.

230. Seung Min Kim and Burgess Everett, "Senate Dems Block GOP Measure to Kill Iran Deal," *Politico*, September 10, 2015, www.politico.com/story/2015/09/iran-deal-senate-dems-block-gop-measure-to-kill-213506.

231. "IAEA and Iran: Chronology of Key Events," International Atomic Energy Agency, November 2022, www.iaea.org/newscenter/focus/iran/chronology-of-key-events.

232. Barack Obama, "State of the Union" (speech, Washington, D.C., January 13, 2016), The White House, obamawhitehouse.archives.gov/the-press-office/2016/01/12/remarks-president-barack-obama-%E2%80%93-prepared-delivery-state-union-address.

233. Barack Obama, "Remarks by the President on the Iran Nuclear Deal" (speech, Washington, D.C., August 5, 2015), obamawhitehouse.archives.gov/the-press-office/2015/08/05/remarks-president-iran-nuclear-deal; Joshua Mitnick, "Netanyahu Calls Iran Deal 'Historic Mistake,'" *The Wall Street Journal*, July 14, 2015, www.wsj.com/articles/netanyahu-calls-iran-deal-historic-mistake-1436866617.

21장 흑마법

234. Robert Pape, "Why Economic Sanctions Do Not Work," *International Security* 22, No. 2 (1997): 90-136, doi.org/10.2307/2539368.

235. Neil King Jr., "Powell's Plan for New Sanctions on Iraq Runs Aground at U.N.," *The Wall Street Journal*, July 3, 2001, www.wsj.com/articles/SB99409531596545089;Peter Slevin, "Revised Sanctions on Iraq Backed," *The Washington Post*, May 8, 2002, www.washingtonpost.com/archive/politics/2002/05/08/revised-sanctions-on-iraq-backed/fbc3d951-346-4644-ac20-006a2fd41eb7.

236. David E. Sanger, "Obama Order Sped Up Wave of Cyberattacks Against Iran," *The New York Times*, June 1, 2012, www.nytimes.com/2012/06/01/world/middleeast/obama-rdered-wave-of-cyberattacks-against-iran.html.

237. Danielle Pletka, "Why Does Israel Keep Assassinating Iranian Officials? Because It Works," *Foreign Policy*, June 29, 2022, foreignpolicy.com/2022/06/29/iran-irgc-assassinations-israel-targeted-killing-nuclear.

238. Felicia Schwartz, "Kerry Tries to Drum Up Some Business in Europe for Iran," *The Wall Street Journal*, May 10, 2016, www.wsj.com/articles/kerry-tries-to-drum-up-some-business-in-europe-for-iran-1462902185.

239. Felicia Schwartz and Margot Patrick, "U.S. Secretary of State John Kerry Meets with European Bankers in Iran-Business Push," *The Wall Street Journal*, May 12, 2016, www.wsj.com/articles/kerry-meets-with-european-bankers-in-iran-business-push-1463045793.

240. Stuart Levey, "Kerry's Peculiar Message about Iran for European Banks," *The Wall Street Journal*, May 12, 2016, www.wsj.com/articles/kerrys-peculiar-message-about-iran-for-european-banks-1463093348.

제3부 러시아의 제국주의적 영토 강탈

22장 외교관

1. U.S. Department of State, "Daniel Fried," 2009-2017,state.gov/r/pa/ei/biog/46525.htm.

2. Michael McFaul, *From Cold War to Hot Peace: An American Ambassador in Putin's Russia* (Boston: Houghton Mifflin Harcourt, 2018), 396.

3. "A Brief History of Crimea," *VOA News*, February 27, 2014, www.voanews.com/a/the-history-of-crimea---in-brief-/1860431.html.

4. Vladimir Putin, "Speech at NATO Summit" (speech, Bucharest, Romania, April 2, 2008), *UNIAN*, www.unian.info/world/111033-text-of-putin-s-speech-at-nato-summit-bucharest-april-2-2008.html.

5. Paul D'Anieri, *Ukraine and Russia: From Civilized Divorce to Uncivil War* (Cambridge: Cambridge University Press, 2019), 221-22.

6. Quoted in "Putin Reveals Secrets of Russia's Crimea Takeover Plot," *BBC News*, March 9, 2015, www.bbc.com/news/world-europe-31796226.

7. Tor Bukkvoll, "Russian Special Operations Forces in Crimea and Donbas," *Parameters* 46, no. 2 (Summer 2016), article 4, press.armywarcollege.edu/cgi/viewcontent.cgi?article=291 7&context=parameters.

8. D'Anieri, *Ukraine and Russia*, 226-27.

9. Carl Schreck, "From 'Not Us' to 'Why Hide It?': How Russia Denied Its Crimea Invasion,

Then Admitted It," *Radio Free Europe/Radio Liberty*, February 26, 2019, www.rferl.org/a/from-not-us-to-why-hide-it-how-russia-denied-its-crimea-invasion-then-admitted-it/29791806.html.

10. Quoted in D'Anieri, *Ukraine and Russia*, 227.

11. Frank Hofmann, "The Maidan Movement," *Deutsche Welle*, November 22, 2015, www.dw.com/en/the-maidan-movement-and-the-period-that-followed/a-18867029; D'Anieri, *Ukraine and Russia*, 211.

12. Adam Tooze, *Crashed: How a Decade of Financial Crises Changed the World* (New York: Viking, 2018), 499.

13. "European Energy Security Strategy," European Commission, COM(2014) 330 final, May 28, 2014, eur-lex.europa.eu/legal-content/EN/TXT/PDF/?uri=CELEX:52014DC0330& from=EN.

14. Michael Crowley, "Prisoners Dilemma," *The New Republic*, June 17, 2009, newrepublic.com/article/64253/prisoners-dilemma.

15. Michelle Shephard, "Gitmo's Fallen Czar," *Foreign Policy*, May 23, 2013, foreignpolicy.com/2013/05/23/gitmos-fallen-czar.

16. 저자의 다니엘 프리드와의 인터뷰, 2022.

23장 쓰러진 곰, 재기를 노리다

17. 저자의 다니엘 프리드와의 인터뷰, 2022.

18. Greg Myre, "How the Soviet Union's Collapse Explains the Current Russia-Ukraine Tension," *Morning Edition* (podcast), NPR, December 24, 2021, www.npr.org/2021/12/24/1066861022/how-the-soviet-unions-collapse-explains-the-current-russia-ukraine-tension.

19. Zbigniew Brzezinksi, "The Premature Partnership," *Foreign Affairs*, March–April 1994, www.foreignaffairs.com/articles/russian-federation/1994-03-01/premature-partnership.

20. Norman Stone, *World War One: A Short History* (New York: Basic Books, 2009), 6.

21. Paul D'Anieri, *Ukraine and Russia: From Civilized Divorce to Uncivil War* (Cambridge: Cambridge University Press, 2019), 28, 53–54.

22. Chrystia Freeland, "Russia 'Trying to Isolate Ukraine': Campaign Suspected to Bring Kiev Back under Moscow's Hegemony," *Financial Times*, March 17, 1993.

23. "The National Composition of the Population of Ukraine and Its Linguistic Features," State Statistics Committee of Ukraine, 2001.ukrcensus.gov.ua/results/general/language.

24. D'Anieri, *Ukraine and Russia*, 185.

25. D'Anieri, *Ukraine and Russia*, 34.

26. D'Anieri, *Ukraine and Russia*, 83.

27. Michael McFaul, *From Cold War to Hot Peace: An American Ambassador in Putin's Russia* (Boston: Houghton Mifflin Harcourt, 2018), 402–3.

28. David Hoffman and John F. Harris, "Clinton, Yeltsin Gloss over Chechen War," *The Washington Post*, April 22, 1996, www.washingtonpost.com/archive/politics/1996/04/22/clinton-yeltsin-gloss-over-chechen-war/6c51c44b-34b8-4443-b7ba-8d2cee6d0249.

29. George W. Bush and Vladimir Putin, "Press Conference by President Bush and Russian Federation President Putin" (press conference, Brdo Pri Kranju, Slovenia, June 16, 2001), The

White House, georgewbush-whitehouse.archives.gov/news/releases/2001/06/20010618.html.

30. Daniel Fried, interview by Vazha Tavberidze, Radio Free Europe/Radio Liberty, August 14, 2022, www.rferl.org/a/georgia-russia-war-fried/31987472.html.

31. McFaul, *Cold War*, 87.

32. Vladimir Putin, "Speech and the Following Discussion at the Munich Conference on Security Policy" (speech, Munich, Germany, February 10, 2007), The Kremlin, http://en.kremlin.ru/events/president/transcripts/copy/24034.

33. Victoria Nuland, interview by Michael Kirk, *Frontline*, PBS, June 14, 2017, www.pbs.org/wgbh/frontline/interview/victoria-nuland.

34. Vladimir Putin, "Speech and the Following Discussion," February 10, 2007.

35. Daniel Fried and Kurt Volker, "The Speech in Which Putin Told Us Who He Was," *Politico*, February 18, 2022, www.politico.com/news/magazine/2022/02/18/putin-speech-wake-up-call-post-cold-war-order-liberal-2007-00009918.

36. Helena Spongenberg, "Putin's Speech Raises Alarms in EU," *Bloomberg*, February 12, 2007, www.bloomberg.com/news/articles/2007-02-12/putin-speech-raises-alarms-in-eubusinessweek-business-news-stock-market-and-financial-advice.

37. "Putin: Soviet Collapse a 'Genuine Tragedy,'" *NBC News*, April 25, 2005, www.nbcnews.com/id/wbna7632057; Masha Gessen, "How the Fall of the Berlin Wall Radicalized Putin," *The Daily Beast*, November 9, 2014, www.thedailybeast.com/how-the-fall-of-the-berlin-wall-radicalized-vladimir-putin.

38. McFaul, *Cold War*, 59.

39. D'Anieri, *Ukraine and Russia*, 124–26.

40. D'Anieri, *Ukraine and Russia*, 129.

41. McFaul, *Cold War*, 69.

42. C. J. Chivers, "Yushchenko Wins 52% of Vote; Rival Vows a Challenge," *The New York Times*, December 28, 2004, www.nytimes.com/2004/12/28/world/europe/yushchenko-wins-52-of-vote-rival-vows-a-challenge.html.

43. "Moscow's Martial Arts Fans Boo Putin as He Steps into the Ring," *The Guardian*, November 20, 2011, www.theguardian.com/world/2011/nov/20/putin-booed-moscow-martial-arts-fans.

44. "So Far, Only 31% of Russians Are Ready to Vote for Putin," Levada Center, November 28, 2011, www.levada.ru/2011/11/28/poka-tolko-31-rossiyan-gotov-progolosovat-za-putina; McFaul, *Cold War*, 243.

45. Ellen Barry, "Rally Defying Putin's Party Draws Tens of Thousands," *The New York Times*, December 10, 2011, www.nytimes.com/2011/12/11/world/europe/thousands-protest-in-moscow-russia-in-defiance-of-putin.html.

46. Steve Gutterman, "Protests across Russia to Test Putin and Opponents," Reuters, December 10, 2011, www.reuters.com/article/us-russia-idUSTRE7B610S20111209.

47. Tim Mak, "Putin: McCain Has Blood on His Hands," *Politico*, December 15, 2011, www.politico.com/story/2011/12/putin-mccain-has-blood-on-his-hands-070488.

48. Mark Galeotti, "The Mythical 'Gerasimov Doctrine' and the Language of Threat," *Critical Studies on Security* 7, no. 2 (2019), 157–61, www.tandfonline.com/doi/abs/10.1080/21624887.2018.1441623.

49. Adam Tooze, *Crashed: How a Decade of Financial Crises Changed the World* (New York: Viking, 2018), 128–29.

50. Mike Dorning, "Business at Odds with Obama over Russia Sanctions Threat," *Bloomberg*, June 25, 2014, www.bloomberg.com/news/articles/2014-06-25/business-at-odds-with-obama-over-russia-sanctions-threat.

51. Andrew E. Kramer, "Exxon Reaches Arctic Oil Deal with Russians," *The New York Times*, August 30, 2011, www.nytimes.com/2011/08/31/business/global/exxon-and-rosneft-partner-in-ussian-oil-deal.html.

52. Andrew E. Kramer, "Russia's Desire for Cars Grows, and Foreign Makers Take Notice," *The New York Times*, December 25, 2012, www.nytimes.com/2012/12/26/business/global/foreign-automakers-see-potential-in-russian-market.html.

53. Dorning, "Business at Odds."

54. Tooze, *Crashed*, 499.

55. Catherine Belton, "Russia Joins WTO after 19 years of Talks," *Financial Times*, August 22, 2012, www.ft.com/content/113bd1be-ec6c-11e1-81f4-00144feab49a; Pascal Lamy, "WTO Accession Puts Russia in a Better Position to Address its Domestic Challenges" (speech, January 18, 2013), World Trade Organization, www.wto.org/english/news_e/sppl_e/sppl263_e.htm.

24장 유로마이단

56. Michael McFaul, *From Cold War to Hot Peace: An American Ambassador in Putin's Russia* (Boston: Houghton Mifflin Harcourt, 2018), 393.

57. Paul D'Anieri, *Ukraine and Russia: From Civilized Divorce to Uncivil War* (Cambridge: Cambridge University Press, 2019), 192.

58. Stephen Blank, "Russia Leans on Its Neighbors," *The New York Times*, August 28, 2013, www.nytimes.com/2013/08/29/opinion/global/russia-leans-on-its-neighbors.html.

59. Sergei Glazyev, "Искусственно созданное наваждение" ["Artificially Created Obsession"], *Izborsky Club*, November 7, 2013, izborsk-club.ru/2121; D'Anieri, *Ukraine and Russia*, 201.

60. Veronika Movchan and Ricardo Giucci, "Quantitative Assessment of Ukraine's Regional Integration Options: DCFTA with European Union vs. Customs Union with Russia, Belarus, and Kazakhstan," German Advisory Group, Institute for Economic Research and Policy Consulting, November 2011, www.case-research.eu/sites/default/files/Movchan_0.pdf.

61. D'Anieri, *Ukraine and Russia*, 200–201.

62. Adam Tooze, *Crashed, How a Decade of Financial Crises Changed the World* (New York: Viking, 2018), 493–96; D'Anieri, *Ukraine and Russia*, 202.

63. Tooze, *Crashed*, 495; McFaul, *Cold War*, 393; D'Anieri, *Ukraine and Russia*, 215.

64. "Huge Ukraine Rally over EU Agreement Delay," *BBC News*, November 24, 2013, www.bbc.com/news/world-europe-25078952.

65. John Hudson, "The Undiplomatic Diplomat," *Foreign Policy*, June 18, 2015, foreignpolicy.com/2015/06/18/the-undiplomatic-diplomat.

66. Keith Gessen, "The Quiet Americans Behind the U.S.-Russia Imbroglio," *The New York Times*, May 8, 2018, www.nytimes.com/2018/05/08/magazine/the-quiet-americans-behind-the-us-russia-imbroglio.html.

67. Mark Memmott, "'World is Watching,' U.S. Diplomat Tells Ukraine," NPR, December 11,

2013, www.npr.org/sections/thetwo-way/2013/12/11/250215712/world-is-watching-us-diplomat-tells-ukraine; Laura Smith-Spark, Diana Magnay, Victoria Butenko, "Ukraine Protesters Rebuild Barricades after Crackdown," CNN, December 11, 2013, www.cnn.com/2013/12/11/world/europe/ukraine-protests/index.html.

68. 저자의 다니엘 프리드와의 인터뷰, 2022.

69. "Ukraine's President Signs Anti-protest Bill into Law," *BBC News*, January 17, 2014, www.bbc.com/news/world-europe-25771595; Will Englund and Kathy Lally, "In Ukraine, Protesters Appear to Be Preparing for Battle," *The Washington Post*, January 20, 2014, www.washingtonpost.com/world/in-ukraine-protesters-appear-to-be-preparing-for-battle/2014/01/20/904cdc72-81bd-11e3-9dd4-e7278db80d86_story.html.

70. "Ukraine Crisis: Putin Adviser Accuses US of Meddling," *BBC News*, February 6, 2014, www.bbc.com/news/world-europe-26068994.

71. "Ukraine Crisis: Transcript of Leaked Nuland-Pyatt call," *BBC News*, February 7, 2014, www.bbc.com/news/world-europe-26079957.

72. Ben Rhodes, *The World as It Is: A Memoir of the Obama White House* (New York: Random House, 2018), 268.

73. "A Timeline of the Euromaidan Revolution," *Euromaidan Press*, February 19, 2016, euromaidanpress.com/2016/02/19/a-timeline-of-the-euromaidan-revolution.

74. Sabine Siebold, "Ukraine's President, Opposition Sign Deal to End Crisis," Reuters, February 21, 2014, www.reuters.com/article/uk-ukraine-crisis-signing/ukraines-president-opposition-sign-deal-to-end-crisis-idUKBREA1K1AA20140221.

75. William Booth, "Ukraine's Parliament Votes to Oust President; Former Prime Minister Is Freed from Prison," February 22, 2014, www.washingtonpost.com/world/europe/ukraines-yanukovych-missing-as-protesters-take-control-of-presidential-residence-in-kiev/2014/02/22/802f7c6c-9bd2-11e3-ad71-e03637a299c0_story.html; "Parliament Votes 328–0 to Impeach Yanukovych on Feb. 22; Sets May 25 for New Election; Tymoshenko Free," *Kyiv Post*, February 23, 2014, www.kyivpost.com/post/7028.

76. "In Pictures: Luxury Ukraine Presidential Home Revealed," *BBC News*, February 23, 2014, www.bbc.com/news/world-europe-26307745; Oliver Poole, "Ukraine Uprising: The Private Zoo, the Galleon Moored on a Private Lake, the Fleet of Vintage Cars: Ukrainians Left Open-mouthed at the Opulence of Yanukovych's Country Estate," *The Independent*, February 23, 2014, www.independent.co.uk/news/world/europe/ukraine-uprising-the-private-zoo-the-galleon-moored-on-a-private-lake-the-fleet-of-vintage-cars-ukrainians-left-openmouthed-at-the-opulence-of-yanukovychs-country-estate-946886.html.

77. Tom Watkins, "From Russia, No Love for Yanukovych," CNN, February 28, 2014, www.cnn.com/2014/02/28/world/europe/russia-ukraine-yanukovych-speech/index.html.

25장 "먼저 조준하고 그다음에 쏴라"

78. Pavel Polityuk and Anton Zverev, "Why Ukrainian Forces Gave Up Crimea without a Fight: And NATO Is Alert," Reuters, July 24, 2017, news.yahoo.com/news/why-ukrainian-forces-gave-crimea-without-fight-nato-061847289.html.

79. Josh Rogin and Eli Lake, "U.S. Told Ukraine to Stand Down as Putin Invaded," *Bloomberg*,

August 21, 2015, www.bloomberg.com/view/articles/2015-08-21/u-s-told-ukraine-to-stand-down-as-putin-invaded.

80. 저자의 빅토리아 눌랜드와의 인터뷰, 2022.

81. "Readout of President Obama's Call with President Putin," The White House, March 1, 2014, obamawhitehouse.archives.gov/the-press-office/2014/03/01/readout-president-obama-s-call-president-putin; Ben Rhodes, *The World as It Is: A Memoir of the Obama White House* (New York: Random House, 2018), 271.

82. "Telephone Conversation with US President Barack Obama," The Kremlin, March 2, 2014, http://en.kremlin.ru/events/president/news/20355.

83. Peter Baker, "Obama Team Debates How to Punish Russia," *The New York Times*, March 11, 2014, www.nytimes.com/2014/03/12/world/europe/obama-team-debates-how-to-punish-russia.html.

84. Baker, "Obama Team Debates."

85. 저자의 다니엘 프리드와의 인터뷰, 2022.

86. Doug Palmer, "Lew Talks Sanctions on Russia," *Politico*, March 2, 2014, www.politico.com/story/2014/03/russia-sanctions-ukraine-104164.

87. "The NSA's Secret Spy Hub in Berlin," *Spiegel International*, November 10, 2013, www.spiegel.de/international/germany/cover-story-how-nsa-spied-on-merkel-cell-phone-from-berlin-embassy-a-930205.html.

88. Adam Tooze, *Crashed: How a Decade of Financial Crises Changed the World* (New York: Viking, 2018), 499.

89. Rhodes, *The World as It Is*, 271, 272.

90. 저자의 빅토리아 눌랜드와의 인터뷰, 2022.

91. 저자의 로리 맥파커와의 인터뷰, 2022.

92. Joshua Yaffa, "Putin's Shadow Cabinet and the Bridge to Crimea," *The New Yorker*, May 22, 2017, www.newyorker.com/magazine/2017/05/29/putins-shadow-abinet-and-the-bridge-to-crimea.

93. "Russian Billionaire Arkady Rotenberg Says 'Putin Palace' Is His," *BBC News*, January 30, 2021, www.bbc.com/news/world-europe-55872249.

94. John Kerry, "Press Availability in London" (speech, London, UK, March 14, 2014), U.S. Department of State, 2009-2017.state.gov/secretary/remarks/2014/03/223523.htm.

95. "Executive Order 13661 of March 16, 2014: Blocking Property of Additional Persons Contributing to the Situation in Ukraine," *Code of Federal Regulations*, titles 50 and 3 (2014), www.federalregister.gov/documents/2014/03/19/2014-06141/blocking-property-of-additional-persons-contributing-to-the-situation-in-ukraine.

96. "Fact Sheet: Ukraine-Related Sanctions," The White House, March 17, 2014, obamawhitehouse.archives.gov/the-press-office/2014/03/17/fact-sheet-ukraine-related-sanctions.

97. "Council Condemns the Illegal Referendum in Crimea," European Foreign Affairs Council, March 17, 2014, www.consilium.europa.eu/media/28722/141614.pdf.

98. Vladimir Putin, "Address by President of the Russian Federation" (speech, Moscow, Russia, March 18, 2014), The Kremlin, http://en.kremlin.ru/events/president/news/20603; Steven Lee Myers and Ellen Barry, "Putin Reclaims Crimea for Russia and Bitterly Denounces the West," *The New York Times*, March 18, 2014, www.nytimes.com/2014/03/19/world/europe/ukraine.html.

99. Michael Schulman, "At the 'Game of Thrones' Premiere, Even the Dragons Behaved," *The New York Times*, March 19, 2014, www.nytimes.com/2014/03/20/fashion/game-of-thrones-premiere-party.html.

100. Jayme Deerwester, "'Game of Thrones': Former CIA Deputy Director David Cohen Cameos in Winterfell Soup Line," *USA Today*, April 22, 2019, www.usatoday.com/story/life/tv/2019/04/22/game-thrones-cia-deputy-avid-cohen-cameo-winterfell-soup-line/3536782002.

101. Kate Davidson, "Lew Treated at Hospital on Mexico Trip," *Politico*, March 18, 2014, www.politico.com/story/2014/03/jack-lew-treated-at-hospital-on-mexico-trip-104773; "Treasury Says Lew Leaves Hospital after Surgery," Reuters, March 26, 2014, www.reuters.com/article/us-usa-treasury-lew/treasury-says-lew-leaves-hospital-after-surgery-dUSBREA2P1DV20140326.

102. "Treasury Sanctions Russian Officials, Members of the Russian Leadership's Inner Circle, and an Entity for Involvement in the Situation in Ukraine," U.S. Department of the Treasury, March 20, 2014, home.treasury.gov/news/press-releases/jl23331.

103. "Treasury Sanctions Russian Officials," U.S. Department of the Treasury, March 20, 2014.

104. Rhodes, *The World as It Is*, 271, 272.

105. Barack Obama, "Statement by the President on Ukraine" (speech, Washington, D.C., March 20, 2014), The White House, obamawhitehouse.archives.gov/realitycheck/the-press-office/2014/03/20/statement-president-ukraine.

26장 제재를 위한 연락 그룹

106. Sarah Kent, "Russian Target of U.S. Sanctions Sells Gunvor Stake," *The Wall Street Journal*, March 20, 2014, www.wsj.com/articles/SB10001424052702303802104579451642197912718.

107. David M. Herszenhorn, "What Is Putin's 'New Russia'?" *The New York Times*, April 18, 2014, www.nytimes.com/2014/04/19/world/europe/what-is-putins-new-russia.html.

108. 저자의 로리 맥파커와의 인터뷰, 2022.

109. 저자의 로리 맥파커와의 인터뷰, 2022.

110. 저자의 다니엘 프리드와의 인터뷰, 2022.

111. 저자의 다니엘 프리드와의 인터뷰, 2022.

112. 저자의 다니엘 프리드와의 인터뷰, 2022.

113. Julian Borger, "G7 Countries Snub Putin and Refuse to Attend Planned G8 Summit in Russia," *The Guardian*, March 24, 2014, www.theguardian.com/world/2014/mar/24/g7-countries-snub-putin-refuse-attend-g8-summit-russia.

114. "G7: The Hague Declaration," March 24, 2014, G7 Research Group at the University of Toronto, www.g7.utoronto.ca/summit/2014brussels/hague140324.html; "The Hague Declaration Following the G7 Meeting on 24 March," European Commission, March 24, 2014, ec.europa.eu/commission/presscorner/detail/de/STATEMENT_14_82.

115. 2013년 7월 1일, 크로아티아가 유럽연합에 가입하면서 회원국 수는 27개국에서 28개국으로 늘어났다. 다음을 보라. "Croatia," European Neighbourhood Policy and Enlargement Negotiations, European Commission, accessed July 14, 2024, neighbourhood-enlargement.ec.europa.eu/croatia_en.

116. Martin Wolf, "The G7 Must Accept That It Cannot Run the World," *Financial Times*, May 23, 2023, www.ft.com/content/c8cf024d-87b7-4e18-8fa2-1b8a3f3fbba1; "What Does the G7 Do?" Council on Foreign Relations, June 28, 2023, www.cfr.org/backgrounder/what-does-g7-do.

117. Justin Huggler and Bruno Waterfield, "Ukraine Crisis: Russia Sanctions Would Hurt Germany's Growth," *The Telegraph*, May 9, 2014, www.telegraph.co.uk/news/worldnews/europe/ukraine/10820180/Ukraine-crisis-Russia-sanctions-would-hurt-Germanys-growth.html.

27장 메스

118. David M. Herszenhorn, "Russia Economy Worsens Even Before Sanctions Hit," *The New York Times*, April 16, 2014, www.nytimes.com/2014/04/17/world/europe/russia-economy-worsens-even-before-sanctions-hit.html; Peter Baker and Andrew E. Kramer, "So Far, U.S. Sanctions over Ukraine May Be Inflicting Only Limited Pain on Russia," *The New York Times*, May 2, 2014, www.nytimes.com/2014/05/02/world/europe/so-far-us-sanctions-over-ukraine-may-be-inflicting-only-limited-pain-on-russia.html.

119. Baker and Kramer, "U.S. Sanctions."

120. Kate Davidson, "Lew Warns Russia of More Sanctions," *Politico*, April 10, 2014, www.politico.com/story/2014/04/jack-lew-russia-sanctions-105589.

121. Jacob Kornbluh, "Jack Lew on Shabbat during White House years," *Jewish Insider*, December 12, 2017, jewishinsider.com/2017/12/jack-lew-on-shabbat-during-white-house-years.

122. "Minister of Finance of Ukraine Meets with Representatives of the U.S. Department of the Treasury and U.S. National Security Council," Government of Ukraine, February 26, 2014, www.kmu.gov.ua/en/news/247056979.

123. 푸틴 집권 시기의 러시아 경제 정책과 성과를 자세히 분석한 내용은 다음을 보라. Chris Miller, *Putinomics: Money and Power in Resurgent Russia* (Chapel Hill: University of North Carolina Press, 2018).

124. Richard Connolly, *Russia's Response to Sanctions: How Western Economic Statecraft Is Reshaping Political Economy in Russia* (Cambridge: Cambridge University Press, 2018), 41, 50.

125. *World Energy Outlook 2022* (Paris: International Energy Agency, 2022), www.iea.org/reports/world-energy-outlook-2022.

126. Connolly, *Russia's Response to Sanctions*, 123.

127. Connolly, *Russia's Response to Sanctions*, 49.

128. Adam Tooze, *Crashed: How a Decade of Financial Crises Changed the World* (New York: Viking, 2018), 499; Connolly, *Russia's Response to Sanctions*, 164.

129. "Announcement of Additional Treasury Sanctions on Russian Government Officials and Entities," U.S. Department of the Treasury, April 28, 2014, home.treasury.gov/news/press-releases/jl2369.

130. Philip Shishkin, "U.S. Sanctions over Ukraine Hit Two Russian Banks Hardest," *The Wall Street Journal*, March 5, 2015, www.wsj.com/articles/u-s-sanctions-over-ukraine-hit-

two-russian-banks-hardest-1425597150.

131. Robin Sidel, "Visa, MasterCard Say New Russian Sanctions Hit Two More Banks," *The Wall Street Journal*, April 28, 2014, www.wsj.com/articles/SB100014240527 02304163604579529942428713458.

132. 저자의 다니엘 프리드와의 인터뷰, 2022.

133. 저자의 브래드 세처와의 인터뷰, 2022.

134. 저자의 다니엘 프리드와의 인터뷰, 2022.

135. Anne Gearan, "Further Sanctions against Russia Are Outlined, Tied to Ukraine's Presidential Election," *The Washington Post*, May 8, 2014, www.washingtonpost.com/world/national-security/further-sanctions-against-russia-are-outlined-tied-to-ukraines-presidential-election/2014/05/08/c1841320-d6de-11e3-95d3-3bcd77cd4e11_story.html; Victoria Nuland in "Russia's Destabilization of Ukraine: Hearing Before the House Committee on Foreign Affairs," 113th Cong., 2nd sess., May 8, 2014, docs.house.gov/meetings/FA/FA00/20140508/102206/HHRG-113-FA00-Transcript-20140508.pdf.

136. Connolly, *Russia's Response to Sanctions*, 89.

137. Christian Oliver, Stefan Wagstyl, and Richard McGregor, "Ukraine Crisis: Merkel Toughens Sanctions Talk against Russia," *Financial Times*, June 25, 2014, www.ft.com/content/9bb98d0a-fc7c-11e3-98b8-00144feab7de.

138. "Background Briefing by Senior Administrative Officials on Ukraine," July 16, 2014, The American Presidency Project, www.presidency.ucsb.edu/documents/background-briefing-senior-administration-officials-ukraine; Peter Baker, "Awkward Diplomacy as Leaders Gather," *The New York Times*, June 6, 2014, www.nytimes.com/2014/06/07/world/europe/obama-honors-moment-of-liberation-in-normandy.html.

139. Andrew Lohsen and Pierre Morcos, "Understanding the Normandy Format and Its Relation to the Current Standoff with Russia," Center for International and Strategic Studies, February 9, 2022, www.csis.org/analysis/understanding-normandy-format-and-its-relation-current-standoff-russia.

140. Lidia Kelly and Richard Balmforth, "Poroshenko's Ukraine Peace Plan Gets Limited Support from Putin," Reuters, June 21, 2014, www.reuters.com/article/idUSKBN0EW0EG; "Peace Plan, Unilateral Ceasefire Offer Hope for Resolving Conflict in Ukraine, Political Affairs Official Tells Security Council," United Nations, June 29, 2014, press.un.org/en/2014/sc11448.doc.htm; "Ukraine's Peace Plan Unveiled," *Deutsche Welle*, June 20, 2014, www.dw.com/en/ukraines-poroshenko-unveils-peace-plan-as-russia-defends-border-troop-deployment/a-17725021.

28장 첫 포문을 열다

141. Shaun Walker, "Ukraine Set to Sign EU Pact That Sparked Revolution," *The Guardian*, June 26, 2014, www.theguardian.com/world/2014/jun/26/ukraine-european-union-trade-pact.

142. "Week-long Truce in Ukraine," *Deutsche Welle*, June 20, 2014, www.dw.com/en/ukrainian-president-poroshenko-announces-week-long-cease-fire-in-eastern-ukraine/a-17725729.

143. Christian Oliver and Guy Dinmore, "Italy Leads Calls to Slow Sanctions against Russia," *Financial Times*, June 27, 2014, www.ft.com/content/6b191cca-fd39-11e3-bc93-00144feab7de.

국가는 무엇으로 싸우는가

144. Sam Frizell, "Italy's Youngest Ever Prime Minister Takes the Reins," *Time*, February 22, 2014, time.com/9452/italy-prime-minister-matteo-renzi.

145. Oliver and Dinmore, "Italy Leads Calls."

146. "EU Leaders Choose Juncker to Lead the Future of the Union," European Council, June 27, 2014, www.consilium.europa.eu/en/meetings/european-council/2014/06/26-27.

147. Richard McGregor and Ed Crooks, "Ukraine Crisis: US Considers New Round of Sanctions on Russia," *Financial Times*, June 25, 2014, www.ft.com/content/e902ae62-fc1c-11e3-9a03-00144feab7de.

148. Mike Dorning, "Business at Odds with Obama over Russia Sanctions Threat," *Bloomberg*, June 25, 2014, www.bloomberg.com/news/articles/2014-06-25/business-at-odds-with-obama-over-russia-sanctions-threat.

149. Richard McGregor, "US Business Groups Attack Russia Sanctions," *Financial Times*, June 26, 2014, www.ft.com/content/e76ed66a-fcbd-11e3-81f5-00144feab7de.

150. Andrew Gardner, "Deadline Passes without EU Sanctions on Russia," *Politico*, July 3, 2014, www.politico.eu/article/deadline-passes-without-eu%e2%80%88sanctions-on-russia.

151. 저자의 다니엘 프리드와의 인터뷰, 2022.

152. Vladimir Soldatkin and Andrew Callus, "Rosneft Pays Out in Historic TNK-BP Deal Completion," Reuters, March 21, 2013, www.reuters.com/article/us-rosneft-tnkbp-deal/rosneft-pays-out-in-historic-tnk-bp-deal-completion-idUSBRE92K0IZ20130321.

153. 저자의 달림 싱과의 인터뷰, 2022.

154. "Background Briefing by Senior Administrative Officials on Ukraine," July 16, 2014; Andrew Gardner, "US and EU Strengthen Russian Sanctions," *Politico*, July 17, 2014, www.politico.eu/article/us-and-eu-strengthen-russian-sanctions.

155. Gardner, "Russian Sanctions."

156. Peter Baker and James Kanter, "Raising Stakes on Russia, U.S. Adds Sanctions," *The New York Times*, July 16, 2014, www.nytimes.com/2014/07/17/world/europe/obama-widens-sanctions-against-russia.html.

157. Julie Pace, "US Preparing Unilateral Sanctions on Russia," The Associated Press, July 16, 2014, apnews.com/article/f5b5f816b4e047a783fabc84ad9fcaa2.

158. Alan Katz, Jesse Drucker, and Irina Reznik, "Morgan Stanley Enabled Rosneft as No. 1 until Crimea Grab," *Bloomberg*, August 18, 2014, www.bloomberg.com/news/articles/2014-08-18/morgan-stanley-enabled-rosneft-as-no-1-until-crimea-grab.

29장 MH17

159. Sabrina Tavernise, "Fallen Bodies, Jet Parts, and a Child's Pink Book," *The New York Times*, July 17, 2014, www.nytimes.com/2014/07/18/world/europe/malaysia-airlines-plane-leaves-trail-of-debris.html.

160. Terry Gross, "Malaysia Flight Wreckage Was 'Like the End of the World,'" *Fresh Air* (podcast), NPR, August 6, 2014, www.npr.org/2014/08/06/338197374/malaysia-flight-wreckage-was-like-the-end-of-the-world.

161. "Photographs of Ukrainian Buks Geolocated in Poltava Oblast, Nearly Three Years Later," *Bellingcat*, April 4, 2017, www.bellingcat.com/news/uk-and-europe/2017/04/04/

photographs-ukrainian-buks-geolocated-nearly-three-years-later.

162. Heather Saul, "MH17 Malaysia Airlines Crash: Pro-Russian Separatists 'Discuss Downing of Flight' in Leaked Audio Released by Ukraine Security Service," *The Independent*, July 18, 2014, www.independent.co.uk/news/world/europe/malaysia-airlines-crash-prorussian-separatists-discuss-downing-of-flight-mh17-in-leaked-audio-released-by-ukraine-security-service-9613893.html; Mariano Castillo, "Alleged Phone Call: 'We Have Just Shot Down a Plane,'" CNN, July 18, 2014, www.cnn.com/2014/07/18/world/europe/ukraine-mh17-intercepted-audio/index.html.

163. "Damning Video Shows Pro-Russian Rebels Surprised MH17 Was Civilian," Radio Free Europe/RadioLiberty, July 17, 2015, www.rferl.org/a/ukraine-video-shows-rebels-surprised-mh17-wreckage-civilian/27133474.html.

164. Luke Harding, "Q& A: What We Know and Don't about the Downing of MH17," *The Guardian*, May 24, 2018, www.theguardian.com/world/2018/may/24/qa-mh17-investigation-russian-missile-aircraft-ukraine.

165. John Kerry, interview by David Gregory, *Meet the Press*, NBC News, July 20, 2014, www.nbcnews.com/storyline/ukraine-plane-crash/kerry-says-evidence-shows-russian-backed-separatists-downed-mh17-n160526.

166. Jeff Mason and Steve Holland, "Obama Says Europe Should See Downed Jet as 'Wake-up Call,'" Reuters, July 18, 2014, www.reuters.com/article/ukraine-crisis-obama/obama-says-europe-should-see-downed-jet-as-wake-up-call-idINKBN0FN2PU20140718.

167. Polly Mosendz, "Looters Stole Cash, Credit Cards, and Jewelry from Flight MH17 Crash Victims," *The Atlantic*, July 18, 2014, www.theatlantic.com/international/archive/2014/07/flight-mh17-crash-site-has-been-heavily-looted/374707.

168. "MH17 Incident," Government of the Netherlands, updated January 1, 2023, www.government.nl/topics/mh17-incident.

169. Justyna Pawlak, "Grieving Dutch Minister Made Europe Re-think Russia Sanctions," Reuters, July 25, 2014, www.reuters.com/article/us-ukraine-crisis-eu-insight/grieving-dutch-minister-made-europe-re-think-russia-sanctions-idUSKBN0FU1M520140726.

170. 저자의 라도스와프 시코르스키와의 인터뷰, 2023.

171. Pawlak, "Grieving Dutch Minister."

172. Peter Spiegel, "Ukraine Crisis: EU to Weigh Far-reaching Sanctions on Russia," *Financial Times*, July 24, 2014, www.ft.com/content/15ecc35c-2a14-11e4-a6d4-00144feabdc0.

173. Spiegel, "Ukraine Crisis."

174. Matthew Rocco et al., "Shares in Banks Exposed to Russia Hit on Sanctions Fears," *Financial Times*, February 24, 2022, www.ft.com/content/5b423554-6ce9-49fe-b74c-da41298b565f.

175. Indira A. R. Lakshmanan, "U.S. Sanctions Squeeze Putin, Stop Short of Economic War," *Bloomberg*, July 17, 2014, www.bloomberg.com/news/articles/2014-07-18/u-s-sanctions-squeeze-putin-stop-short-of-economic-war.

176. "Statement by the President of the European Council Herman Van Rompuy and the President of the European Commission in the Name of the European Union on the Agreed Additional Restrictive Measures Against Russia," European Council and European Commission, July 29, 2014, www.consilium.europa.eu/uedocs/cms_data/docs/pressdata/en/ec/144158.pdf; "Announcement of Additional Treasury Sanctions on Russian Financial Institutions and on a Defense Technology Entity," U.S. Department of the Treasury, July

29, 2014, home.treasury.gov/news/press-releases/jl2590.

177. "BNP Paribas Agrees to Plead Guilty and to Pay $8.9 Billion for Illegally Processing Financial Transactions for Countries Subject to U.S. Economic Sanctions," U.S. Department of Justice, June 30, 2014, www.justice.gov/opa/pr/bnp-paribas-agrees-plead-guilty-and-pay-89-billion-illegally-processing-financial.

178. Anna Baraulina and Elena Popina, "Calpers Joins BlackRock's Goldberg Ramping Up on Russian Debt," *Bloomberg*, October 15, 2015, www.bloomberg.com/news/articles/2015-10-15/calpers-joins-blackrock-s-goldberg-ramping-up-on-russian-debt.

179. Neil Buckley and Martin Arnold, "Herman Gref, Sberbank's modernising sanctions survivor," *Financial Times*, January 31, 2016, www.ft.com/content/4abbcba6-c413-11e5-808f-8231cd71622e.

180. "Directive 1 Pursuant to Executive Order 13662," U.S. Department of the Treasury, July 16, 2014, ofac.treasury.gov/media/8681/download?inline; "General License No. 1B," November 28, 2017, U.S. Department of the Treasury, ofac.treasury.gov/media/8971/download?inline.

30장 단계적 확대

181. Fred Weir, "Sour Apples in Russia? Putin Moves to Ban Food Imports from West," *Christian Science Monitor*, August 6, 2014, www.csmonitor.com/World/Europe/2014/0806/Sour-apples-in-Russia-Putin-oves-to-ban-food-imports-from-West.

182. Ivana Kottasova and Inez Torre, "Which Foods Are off Russian Menus?" CNN, August 18, 2014, www.cnn.com/2014/08/14/business/russia-eu-food-embargo/index.html.

183. Sarah Rainsford, "Russians Shocked as Banned Western Food Destroyed," *BBC News*, August 7, 2015, www.bbc.com/news/world-europe-33818186.

184. "The Bonfire of the Vans of Cheese," *The Economist*, August 15, 2015, www.economist.com/europe/2015/08/15/the-bonfire-of-the-vans-of-cheese.

185. "Flexing Its Mussels," *The Economist*, August 20, 2014, www.economist.com/europe/2014/08/20/flexing-its-mussels.

186. Michael Cohen, "Ukraine's Battle at Ilovaisk, August 2014: The Tyranny of Means," *Military Review*, June 10, 2016, www.armyupress.army.mil/Journals/Military-Review/Online-Exclusive/2016-Online-Exclusive-Articles/Ukraines-Battle-at-Ilovaisk.

187. Alec Luhn, "Anatomy of a Bloodbath," *Foreign Policy*, September 6, 2014, foreignpolicy.com/2014/09/06/anatomy-of-a-bloodbath.

188. Ian Traynor, "Putin Claims Russian Forces 'Could Conquer Ukraine Capital in Two Weeks,'" *The Guardian*, September 2, 2014, www.theguardian.com/world/2014/sep/02/putin-russian-forces-could-conquer-ukraine-capital-kiev-fortnight.

189. Igor Sutyagin, "Russian Forces in Ukraine," Royal United Services Institute, March 1, 2015, www.jstor.org/stable/resrep37229.

190. Traynor, "Putin Claims."

191. Anthony Luzzatto Gardner, *Stars with Stripes: The Essential Partnership between the European Union and the United States* (London: Springer Nature, 2020), 256.

192. "Ukraine Crisis: US Senators Urge Arms 'to Fight Russia,'" *BBC News*, September 1, 2014, www.bbc.com/news/world-europe-29007631.

193. John McCain, interview by Major Garrett, *Face the Nation*, *CBS News*, August 31, 2014, www.youtube.com/watch?v=z9tcmpbcIj8.

194. Al Kamen, "State Department Failed to Keep Ukraine President on Message?" *The Washington Post*, October 6, 2014, www.washingtonpost.com/blogs/in-the-loop/wp/2014/10/06/state-department-failed-to-keep-ukraine-president-on-message.

195. Michael McFaul, *From Cold War to Hot Peace: An American Ambassador in Putin's Russia* (Boston: Houghton Mifflin Harcourt, 2018), 286.

196. Daniel Gilbert, "Sanctions over Ukraine Put Exxon at Risk," *The Wall Street Journal*, September 11, 2014, www.wsj.com/articles/sanctions-over-ukraine-put-exxon-at-risk-1410477455.

197. Ed Crooks, "Rex Tillerson: From Exxon's Interests to America's," *Financial Times*, December 13, 2016, www.ft.com/content/7fdfd440-c15a-11e6-81c2-f57d90f6741a.

198. Andrew E. Kramer and Stanley Reed, "For Western Oil Companies, Expanding in Russia Is a Dance Around Sanctions," *The New York Times*, June 9, 2014, www.nytimes.com/2014/06/10/business/international/for-western-oil-companies-expanding-in-russia-is-a-dance-around-sanctions.html; Clifford Krauss, "Potential Crackdown on Russia Risks Also Punishing Western Oil Companies," *The New York Times*, March 27, 2014, www.nytimes.com/2014/03/28/business/energy-environment/potential-crackdown-on-russia-risks-also-punishing-western-oil-companies.html.

199. Daniel Gilbert, "Exxon Sticks with Russia Despite Ukraine Sanctions," *The Wall Street Journal*, May 1, 2014, www.wsj.com/articles/SB10001424052702303678404579535423153883250.

200. *Exxon Mobil Corp. v. Mnuchin*, 430 F. Supp. 3d 220 (N.D. Tex. 2019).

201. John P. Barker et al., "Exxon Mobil Challenged a $2 Million OFAC Penalty—and the District Court Agreed," Arnold & Porter, January 7, 2020, www.arnoldporter.com/en/perspectives/advisories/2020/01/exxon-challenged-a-2-million-ofac.

202. Stanley Reed and Clifford Krauss, "New Sanctions to Stall Exxon's Arctic Oil Plans," *The New York Times*, September 12, 2014, www.nytimes.com/2014/09/13/business/energy-environment/new-sanctions-to-stall-exxons-arctic-oil-plans.html.

203. "Battle for Ukraine: How a Diplomatic Success Unravelled," *Financial Times*, February 3, 2015, www.ft.com/content/7cfc8ac6-ab17-11e4-91d2-00144feab7de.

204. "Chairperson-in-Office Welcomes Minsk Agreement, Assures President Poroshenko of OSCE Support," Organization for Security and Cooperation in Europe, September 5, 2014, www.osce.org/cio/123245.

205. Duncan Allan, "The Minsk Conundrum: Western Policy and Russia's War in Eastern Ukraine," Chatham House, May 22, 2020, www.chathamhouse.org/2020/05/minsk-conundrum-western-policy-and-russias-war-eastern-ukraine-0/minsk-1-agreement.

206. 프랑스가 거래를 취소하기 전까지만 해도 미스트랄 함정 계약은 러시아에 대한 서방 무기 판매 사상 최대 규모였다. 또한 제2차 세계대전 중 미국이 '홀라 프로젝트'를 통해 소련에 해군 함정 149척을 제공한 이후 모스크바로 가는 가장 큰 서방의 군사 이전이었다. Dan Lamothe, "France Backs off Sending Mistral Warship to Russia in $1.7 Billion Deal," *The Washington Post*, September 3, 2014, www.washingtonpost.com/news/checkpoint/wp/2014/09/03/france-backs-off-sending-mistral-warship-to-russia-in-1-7-billion-deal; Sebastien Roblin, "How France Almost Sold Russia Two Powerful Aircraft Carriers," *The National Interest*, September 1, 2019, nationalinterest.org/blog/buzz/how-france-almost-sold-russia-two-

국가는 무엇으로 싸우는가

powerful-aircraft-carriers-77241; Sebastien Roblin, "Your History Book Missed This: In 1945, the U.S. Navy Gave Russia a Fleet of Ships," *The National Interest*, August 23, 2019, nationalinterest.org/blog/buzz/your-history-book-missed-1945-us-navy-gave-russia-fleet-ships-75696.

207. Matthew Campbell and Dawn Kopecki, "Trent Lott's Firm Made a Fortune Lobbying for the Kremlin," *Bloomberg*, May 15, 2015, www.bloomberg.com/news/articles/2015-05-15/washington-insiders-reap-windfall-peddling-influence-for-kremlin; Nick Wadhams and Margaret Talev, "CEO No Stranger in D.C.," *Arkansas Democrat-Gazette*, December 14, 2016, www.arkansasonline.com/news/2016/dec/14/ceo-no-stranger-in-d-c-20161214; The White House, "Visitor Access Records," March 12, 2014, obamawhitehouse.archives.gov/briefing-room/disclosures/visitor-records.

208. Andrew E. Kramer, "The 'Russification' of Oil Exploration,'" *The New York Times*, October 29, 2014, www.nytimes.com/2014/10/30/business/energy-environment/russia-oil-exploration-sanctions.html.

209. Clifford Krauss, "Exxon Halts Oil Drilling in Waters of Russia," *The New York Times*, September 19, 2014, www.nytimes.com/2014/09/20/business/exxon-suspending-700-million-drilling-operation-in-russian-waters.html.

210. Steve LeVine, "ExxonMobil Reportedly Finds Oil in the Russian Arctic," *Quartz*, September 26, 2014, qz.com/272140/exxonmobil-reportedly-finds-oil-in-the-russian-arctic.

31장 만신창이가 된 경제

211. Natalie Sportelli, "The Most Powerful Women in Politics for 2014," *Forbes*, May 28, 2014, www.forbes.com/sites/nataliesportelli/2014/05/28/the-most-powerful-women-in-politics-or-2014/?sh=71a8c194595b; Paddy Hirsch, "Who Is the Real Elvira Nabiullina?" NPR, April 19, 2022, www.npr.org/sections/money/2022/04/19/1093339972/who-is-the-real-elvira-nabiullina; "Yale University President Levin Announces Selection of 2007 Yale World Fellows," *YaleNews*, May 3, 2007, news.yale.edu/2007/05/03/yale-university-president-levin-announces-selection-2007-yale-world-fellows; Jane Lewis, "Elvira Nabiullina: Putin's Central Bank Chief Blindsided by Russia's War on Ukraine," *MoneyWeek*, April 3, 2022, moneyweek.com/investments/stockmarkets/emerging-markets/604656/meet-putins-central-bank-chief-who-was-blindsided.

212. Alexander Gabuev, "A 'Soft Alliance'? Russia-China Relations after the Ukraine Crisis," European Council on Foreign Relations, February 10, 2015, 3, ecfr.eu/publication/a_soft_alliance_russia_china_relations_after_the_ukraine_crisis331.

213. Zachary Keck, "China and Russia Sign Massive Natural Gas Deal," *The Diplomat*, May 21, 2014, thediplomat.com/2014/05/china-and-russia-sign-massive-natural-gas-deal.

214. Gabuev, "A 'Soft Alliance'?," 5.

215. "Russia Signs Deal with China to Help Weather Sanctions," CNBC, October 13, 2014, www.cnbc.com/2014/10/13/russia-signs-deals-with-china-to-help-weather-sanctions.html.

216. Natasha Turak, "Russia's Central Bank Governor Touts Moscow Alternative to SWIFT Transfer System as Protection from US Sanctions," CNBC, May 24, 2018, www.cnbc.com/2018/05/23/russias-central-bank-governor-touts-moscow-alternative-to-swift-transfer-system-as-

protection-from-us-sanctions.html.

217. Alec Luhn, "Russia Demands $3.8bn Security Deposit from Visa and Mastercard," *The Guardian*, May 6, 2014, www.theguardian.com/world/2014/may/06/russia-security-deposit-visa-mastercard-sanctions-ukraine.

218. Richard Connolly, *Russia's Response to Sanctions: How Western Economic Statecraft is Reshaping Political Economy in Russia* (Cambridge: Cambridge University Press, 2018), 184.

219. Michael Birnbaum, "Russia Bans Food Imports from U.S., E.U.," *The Washington Post*, August 7, 2014, www.washingtonpost.com/world/russia-bans-food-imports-from-us-eu/2014/08/07/a29f5bea-1e14-11e4-82f9-2cd6fa8da5c4_story.html.

220. Connolly, *Russia's Response to Sanctions*, 50.

221. Anjali Raval and Gregory Meyer, "Oil Hits Lows as Market Chokes on Oversupply," *Financial Times*, October 6, 2014, www.ft.com/content/583e408c-4d19-11e4-bf60-00144feab7de.

222. John Aglionby, Harriet Agnew, and Christopher Adams, "Rosneft Changes Accounting Policy to Ease Effect of Rouble's Fall," *Financial Times*, February 3, 2015, www.ft.com/content/6610a368-ab7d-11e4-8070-00144feab7de; Kathrin Hille and Ralph Atkins, "Russian Companies Face Credit Crunch Danger," *Financial Times*, October 7, 2014, www.ft.com/content/70a578b4-4d70-11e4-9683-00144feab7de; Ksenia Galouchko and Stephen Bierman, "Putin Readies Aid as Rosneft's $21 Billion of Debt Looms," *Bloomberg*, November 16, 2014, www.bloomberg.com/news/articles/2014-11-16/putin-readies-aid-as-rosneft-s-21-billion-looms-russia-credit.

223. Darya Korsunskaya and Oksana Kobzeva, "Russia's Rosneft Seeks to Increase Stake in Bashneft," Reuters, October 28, 2016, www.reuters.com/article/us-russia-bashneft-rosneft-oil/russias-rosneft-seeks-to-increase-stake-in-bashneft-idUSKCN12S12J; Dina Khrennikova and Jake Rudnitsky, "Moscow Court Rules to Nationalize Sistema's Bashneft Shares," *Bloomberg*, October 30, 2014, www.bloomberg.com/news/articles/2014-10-30/russia-keeps-sistema-claims-to-bashneft-shares-as-decision-looms.

224. "On the Edge of Recession," *The Economist*, October 4, 2014, www.economist.com/europe/2014/10/04/on-the-edge-of-recession.

225. Kathrin Hille, "Putin Seeks to Calm Investor Jitters over Russia," *Financial Times*, October 2, 2014, www.ft.com/content/c70c8060-4a2f-11e4-bc07-00144feab7de.

226. Andrew E. Kramer, "Putin Trumpets Economic Strength, but Advisers Seem Less Certain," *The New York Times*, October 2, 2014, www.nytimes.com/2014/10/03/world/europe/putin-russia-economy.html.

227. Connolly, *Russia's Response to Sanctions*, 182.

228. Tomas Hirst, "The Russian Central Bank Admits Defeat," *Business Insider*, October 13, 2014, www.businessinsider.com/russian-central-ank-admits-defeat-over-defending-the-ruble-2014-10.

229. James Kynge, "Fed Leaves Emerging Markets Exposed," *Financial Times*, October 29, 2014, www.ft.com/content/eee96c0e-5f8a-11e4-8c27-00144feabdc0.

230. Alice Ross, "Dollar Surges in 2014 on Rate Rise Hopes," *Financial Times*, December 31, 2014, www.ft.com/content/5f6be486-9111-11e4-914a-00144feabdc0.

231. Kathrin Hille and Roman Olearchyk, "Plunging Rouble Raises Spectre of Fresh Financial Crisis for Russia," *Financial Times*, November 9, 2014, www.ft.com/content/6c059328-666d-11e4-9c0c-00144feabdc0.

232. Ksenia Galouchko and Stephen Bierman, "Putin Readies Aid as Rosneft's $21 Billion of Debt Looms," *Bloomberg*, November 16, 2014, www.bloomberg.com/news/articles/2014-11-16/putin-readies-aid-as-rosneft-s-21-billion-looms-russia-credit.

233. Hille and Atkins, "Credit Crunch Danger."

234. Delphine Strauss, "Moscow Boosts Efforts to Ease Shortage of Dollars," *Financial Times*, October 15, 2014, www.ft.com/content/1ae5eb0a-5484-11e4-b2ea-00144feab7de.

235. Delphine Strauss, "Russia's Rouble Falls to New Dollar Lows," *Financial Times*, October 23, 2014, www.ft.com/content/10ac6f1e-5acf-11e4-b449-00144feab7de.

236. "The Rouble's Rout," *The Economist*, November 15, 2014, www.economist.com/finance-and-economics/2014/11/15/the-roubles-rout.

237. Kathrin Hille, "Rouble's Wobbles Send Tremors through Putin's Kremlin," *Financial Times*, November 7, 2014, www.ft.com/content/37ea9682-6696-11e4-9c0c-00144feabdc0.

238. Hille, "Rouble's Wobbles."

239. "The Rouble's Rout," *The Economist*.

240. Hille and Olearchyk, "Plunging Rouble."

241. Dave Mead and Porscha Stiger, "The 2014 Plunge in Import Petroleum Prices: What Happened?" *Beyond the Numbers* 4, no. 9 (May 2015), www.bls.gov/opub/btn/volume-4/pdf/the-2014-plunge-in-import-petroleum-prices-what-happened.pdf; Matt Clinch, "Oil Falls as OPEC Opts Not to Cut Production," CNBC, November 27, 2014, www.cnbc.com/2014/11/27/saudi-oil-minister-says-opec-will-not-cut-oil-production-reuters.html; Summer Said and Benoît Faucon, "Al-N aimi Likely to Remain Saudi Oil Minister Until Market Calms," *The Wall Street Journal*, January 23, 2015, www.wsj.com/articles/al-naimi-likely-to-remain-saudi-oil-minister-until-arket-calms-1422042242.

242. Rabah Arezki and Olivier Blanchard, "Seven Questions about the Recent Oil Price Slump," *IMF Blog*, International Monetary Fund, December 22, 2014, www.imf.org/en/Blogs/Articles/2014/12/22/seven-questions-about-the-recent-oil-price-slump.

243. Courtney Weaver, "Sun Sets on Russians' Upmarket Trips Abroad," *Financial Times*, December 9, 2014, www.ft.com/content/1f92b224-7edb-11e4-a828-00144feabdc0.

244. Kathrin Hille, "The Woman Trying to Tame the Rouble," *Financial Times*, December 3, 2014, www.ft.com/content/ba20c594-7abf-11e4-b630-00144feabdc0.

245. Kathrin Hille, "Russia Raises Interest Rates to 10.5%," *Financial Times*, December 11, 2014, www.ft.com/content/5a17833e-8129-11e4-896c-00144feabdc0.

246. Vladimir Kuznetsov, "Rosneft Gets Central Bank Help Refinancing $7 Billion Loan," *Bloomberg*, December 12, 2014, www.bloomberg.com/news/articles/2014-12-12/rosneft-s-10-8-billion-refinancing-driven-by-central-bank-cash

247. "Russia: Fault in our Tsars," *Financial Times*, December 16, 2014, www.ft.com/content/65b40e20-850b-11e4-bb63-00144feabdc0.

248. R.D., "Going over the Edge," *The Economist*, December 16, 2014, www.economist.com/finance-and-economics/2014/12/16/going-over-the-edge.

249. R.D., "Going over the Edge."

250. Andrew E. Kramer, "Russia's Steep Rate Increase Fails to Stem Ruble's Decline," *The New York Times*, December 16, 2014, www.nytimes.com/2014/12/17/business/russia-ruble-interest-rates.html.

251. Neil Buckley and Martin Arnold, "Herman Gref, Sberbank's Modernising Sanctions Survivor,"

Financial Times, January 31, 2016, www.ft.com/content/4abbcba6-c413-11e5-808f-8231cd71622e.

252. Buckley and Arnold, "Herman Gref."

253. Connolly, *Russia's Response to Sanctions*, 174–75.

254. Kathrin Hille, "Russia's Strong-arm Tactics Restore Fragile Calm to Banks," *Financial Times*, December 30, 2014, www.ft.com/content/85c3c432-9017-11e4-8f09-00144feabdc0.

255. Connolly, *Russia's Response to Sanctions*, 175.

256. "Russia's Capital Outflows Reach Record $151.5 bln in 2014 as Sanctions, Oil Slump Hit," Reuters, January 16, 2015, www.reuters.com/article/russia-capital-outflows/update-1-russias-capital-outflows-reach-record-151-5-bln-in-2014-as-sanctions-oil-slump-hit-idUSL6N0UV3S320150116.

257. Jill Treanor, "Russia Downgraded to Junk Status for First Time in Decade," *The Guardian*, January 26, 2015, www.theguardian.com/business/2015/jan/26/russia-downgraded-junk-status-decade-credit-rating.

258. Sujata Rao, "More Losses Loom for Russian Bonds as Credit Rating Heads Back to Junk," Reuters, January 11, 2015, www.reuters.com/article/us-russia-crisis-ratings-implications/more-losses-loom-for-russian-bonds-as-credit-rating-heads-back-to-junk-idUSKBN0KK06Y20150111.

259. Adam Tooze, *Crashed: How a Decade of Financial Crises Changed the World* (New York: Viking, 2018), 506. 200

260. "Russia Real Wage Growth," *Trading Economics*, tradingeconomics.com/russia/wage-growth.

261. Jack Farchy, "Russia Faces Full Blown Crisis, Says Kudrin," *Financial Times*, December 22, 2014, www.ft.com/content/d8bf5266-89cb-11e4-9dbf-00144feabdc0.

262. Barack Obama, "State of the Union Address" (speech, Washington, D.C., January 20, 2015), The White House, obamawhitehouse.archives.gov/the-press-office/2015/01/20/remarks-president-state-union-address-January-20-2015.

32장 나락에서 벗어나다

263. Shaun Walker and Alberto Nardelli, "Russians Mark Less Than Merry Orthodox Christmas amid Rouble Fears," *The Guardian*, January 7, 2015, www.theguardian.com/world/2015/jan/07/russians-orthodox-christmas-rouble-2015-oil-price.

264. "Игорь Бес Безлер Александр Бородай Новоросия это фальстарт!" ("Igor 'Bes' Bezler, Alexander Borodai: 'Novorossiya is a false start!'"), YouTube, January 1, 2015, www.youtube.com/watch?v=nKfCIFl6ivg#t=59.

265. 도네츠크 인민 공화국과 루한스크 인민 공화국의 자칭 지도자들은 2015년 5월 '노보로시야 프로젝트'의 추진을 공식 중단했다. Andrei Kolesnikov, "Why the Kremlin Is Shutting Down the Novorossiya Project," Carnegie Endowment for International Peace, May 29, 2015, carnegiemoscow.org/commentary/60249; Steven Pifer, "Putin and Ukraine's East/West Divide," The Brookings Institution, May 14, 2015, www.brookings.edu/articles/putin-and-ukraines-eastwest-divide.

266. Pifer, "Putin and Ukraine."

267. 저자의 잭 루와의 인터뷰, 2022.

268. 저자의 잭 루와의 인터뷰, 2022.

269. "Crimea and Sevastopol: Further EU Sanctions Approved," Council of the European Union, December 18, 2014, www.consilium.europa.eu/media/23879/146392.pdf; "Executive Order 13685—Blocking Property of Certain Persons and Prohibiting Certain Transactions with Respect to the Crimea Region of Ukraine," *Code of Federal Regulations*, titles 3 and 50 (2014), December 19, 2014, www.govinfo.gov/content/pkg/DCPD-201400947/pdf/DCPD-201400947.pdf.

270. Victoria Nuland, "U.S. Policy in Ukraine: Countering Russia and Driving Reform: Hearing Before the Senate Committee on Foreign Relations," 114th Cong., 1st sess., March 10, 2015, www.govinfo.gov/content/pkg/CHRG-114shrg96831/html/CHRG-114shrg96831.htm.

271. Shaun Walker and Oksana Grytsenko, "Ukraine Forces Admit Loss of Donetsk Airport to Rebels," *The Guardian*, January 21, 2015, www.theguardian.com/world/2015/jan/21/russia-ukraine-war-fighting-east.

272. Rick Lyman and Andrew E. Kramer, "War Is Exploding Anew in Ukraine; Rebels Vow More," *The New York Times*, January 23, 2015, www.nytimes.com/2015/01/24/world/europe/ukraine-violence.html.

273. Nick Paton Walsh, "Inside the Ghost Town That's Key to Ukraine Conflict," CNN, February 18, 2015, www.cnn.com/2015/02/18/europe/debaltseve-strategic-ukraine/index.html.

274. Glenn Thrush and Kenneth P. Vogel, "What Joe Biden Actually Did in Ukraine," *The New York Times*, November 10, 2019, www.nytimes.com/2019/11/10/us/politics/joe-biden-ukraine.html.

275. Shaun Walker, Julian Borger, Ian Traynor, "Putin and Ukraine Leader to Hold Phone Talks after Inconclusive End to Summit," *The Guardian*, February 6, 2015, www.theguardian.com/world/2015/feb/06/merkel-hollande-putin-ukraine-talks-moscow.

276. "Germany Warns on Russia Sanctions," *Deutsche Welle*, January 4, 2015, www.dw.com/en/germany-warns-against-tougher-sanctions-on-russia/a-18169784; "Steinmeier Urges Caution over Russia Sanctions," *Deutsche Welle*, December 19, 2014, www.dw.com/en/german-foreign-minister-steinmeier-urges-caution-over-russia-sanctions/a-18143066.

277. "France Seeks End to Russia Sanctions over Ukraine," *BBC News*, January 5, 2015, www.bbc.com/news/world-europe-30679176.

278. "Ukraine Crisis: 'Last Chance' for Peace Says Hollande," *BBC News*, February 7, 2015, www.bbc.com/news/world-europe-31185027.

279. Soraya Sarhaddi Nelson, "Merkel's U.S. Visit Could Turn Testy," NPR, February 8, 2015, www.npr.org/2015/02/08/384695813/merkels-u-s-visit-could-turn-testy.

280. "Ukraine Ceasefire: New Minsk Agreement Key Points," *BBC News*, February 12, 2015, www.bbc.com/news/world-europe-31436513.

281. Alec Luhn and Oksana Grytsenko, "Ukrainian Soldiers Share Horrors of Debaltseve Battle after Stinging Defeat," *The Guardian*, February 18, 2015, www.theguardian.com/world/2015/feb/18/ukrainian-soldiers-share-horrors-of-debaltseve-battle-after-stinging-defeat.

282. Duncan Allan, *The Minsk Conundrum: Western Policy and Russia's War in Eastern Ukraine* (London: Chatham House, May 22, 2020), www.chathamhouse.org/2020/05/minsk-conundrum-western-policy-and-russias-war-eastern-ukraine-0/minsk-1-agreement.

283. Anthony Luzzatto Gardner, *Stars with Stripes: The Essential Partnership between the European Union and the United States* (London: Springer Nature, 2020), 249.

284. Adam Tooze, *Crashed: How a Decade of Financial Crises Changed the World* (New York: Viking, 2018), 515–16.

285. Sam Jones, Kerin Hope, Courtney Weaver, "Alarm Bells Ring over Syriza's Russian Links," *Financial Times*, January 28, 2015, www.ft.com/content/a87747de-a713-11e4-b6bd-00144feab7de.

286. Andrew Higgins, "Greece Steps Back into Line with European Union Policy on Russia Sanctions," *The New York Times*, January 29, 2015, www.nytimes.com/2015/01/30/world/europe/european-union-russia-sanctions-greece.html.

287. David M. Herszenhorn and Liz Alderman, "Putin Meets with Alexis Tsipras of Greece, Raising Eyebrows in Europe," *The New York Times*, April 8, 2015, www.nytimes.com/2015/04/09/world/europe/putin-russia-alexis-tsipras-greece-financial-crisis.html.

288. Herszenhorn and Alderman, "Putin Meets with Alexis Tsipras of Greece, Raising Eyebrows in Europe."

289. "Greece Poised to Sign Gas Deal with Russia: Spiegel," Reuters, April 18, 2015, www.reuters.com/article/eurozone-greece-russia-gas/greece-poised-to-sign-gas-deal-with-russia-spiegel-idINL5N0XF07E20150418.

290. Yanis Varoufakis, *Adults in the Room: My Battle with the European and American Deep Establishment* (New York: Farrar, Straus and Giroux, 2017), 529.

291. Niki Kitsantonis, "As Cash Dwindles, Greece Negotiates with Gazprom on 'Energy Cooperation,'" *The New York Times*, April 21, 2015, www.nytimes.com/2015/04/22/business/international/greece-tsipras-russia-gazprom-pipeline.html.

292. Kathrin Hille and Courtney Weaver, "As Greece Teeters, Alexis Tsipras Is Feted in St. Petersburg," *Financial Times*, June 18, 2015, www.ft.com/content/1e38db54-15d7-11e5-be54-00144feabdc0.

293. Varoufakis, *Adults in the Room*, 348.

294. Varoufakis, *Adults in the Room*, 529.

295. "Russia: EU Extends Economic Sanctions by Six Months," European Council, June 22, 2015, www.consilium.europa.eu/en/press/press-releases/2015/06/22/russia-sanctions.

296. Duncan Robinson and Christian Oliver, "Eurozone Approves €86bn Greek Bailout," *Financial Times*, August 14, 2015, www.ft.com/content/b01103d4-42bf-11e5-9abe-5b335da3a90e.

297. Andrew Higgins, "Waving Cash, Putin Sows E.U. Divisions in an Effort to Break Sanctions," *The New York Times*, April 6, 2015, www.nytimes.com/2015/04/07/world/europe/using-cash-and-charm-putin-targets-europes-weakest-links.html.

298. Krisztina Than, "Special Report: Inside Hungary's $10.8 Billion Nuclear Deal with Russia," Reuters, March 30, 2015, www.reuters.com/article/us-russia-europe-hungary-specialreport/special-report-inside-hungarys-10-8-billion-nuclear-deal-with-russia-idUSKBN0MQ0MP20150330.

299. Peter Green, "Energy, Politics and Putin: Russia's Gas Power Play Traps Europe," *The Street*, October 30, 2014, www.thestreet.com/politics/energy-politics-and-putin-russias-gas-power-play-traps-europe-12907434.

300. 저자의 다니엘 프리드와의 인터뷰, 2022.

국가는 무엇으로 싸우는가

301. "Russia's Gazprom to Expand Nord Stream Gas Pipeline with E.ON, Shell, OMV," Reuters, June 18, 2015, www.reuters.com/article/energy-gazprom-pipeline/update-2-russias-azprom-to-expand-nord-stream-gas-pipeline-with-e-on-shell-omv-idUKL5N0Z42OB20150618.

302. "Nord Stream-2 Pipeline to Kill Ukraine's Gas Transit Business—Naftogaz CEO," Reuters, November 6, 2015, www.reuters.com/article/naftogaz-gas/nord-stream-2-pipeline-to-kill-ukraines-gas-transit-business-naftogaz-ceo-idUSL8N13126H20151106.

303. Peter Spiegel and James Politi, "Italy's Renzi Joins Opposition to Nord Stream 2 Pipeline Deal," *Financial Times*, December 15, 2015, www.ft.com/content/cebd679c-a281-11e5-8d70-42b68cfae6e4.

304. Alberto Mucci, "Matteo Renzi's Pipeline Politics," *Politico*, December 16, 2015, www.politico.eu/article/matteo-renzi-pipeline-politics-energy-south-stream-germany-russia-dependency.

305. Michael Birnbaum, "E.U. Extends Sanctions against Russia amid a Growing Split over Their Future," *The Washington Post*, December 21, 2015, www.washingtonpost.com/world/eu-extends-sanctions-against-russia-amid-growing-splits-over-their-future/2015/12/21/16157de6-a381-11e5-8318-bd8caed8c588_story.html.

306. Anton Zverev and Gleb Stolyarov, "Exclusive: Crimea Power Project Finalizes Plan to Use Turbines from Siemens—Sources," Reuters, August 5, 2016, www.reuters.com/article/us-ukraine-crisis-crimea-power-exclusive/exclusive-crimea-power-project-finalizes-plan-to-use-turbines-from-siemens-sources-idUSKCN10G22G.

307. Zverev and Stolyarov, "Crimea Power Project."

308. William Boston, "Siemens Chief Meets Putin in Russia," *The Wall Street Journal*, March 26, 2014, www.wsj.com/articles/siemens-boss-reaffirms-ties-with-russia-despite-crimea-1395848905?tesla=y.

34장 불길한 생각

309. Jennifer Griffin and Lucas Tomlinson, "Russia Launches Airstrikes in Northern Syria, Senior Military Official Says," *Fox News*, September 30, 2015, www.foxnews.com/world/russia-launches-airstrikes-in-northern-syria-senior-military-official-says.

310. Andrew Roth, Brian Murphy, and Missy Ryan, "Russia Begins Airstrikes in Syria; U.S. Warns of New Concerns in Conflict," *The Washington Post*, September 30, 2015, www.washingtonpost.com/world/russias-legislature-authorizes-putin-to-use-military-force-in-syria/2015/09/30/f069f752-6749-11e5-9ef3-fde182507eac_story.html.

311. Henry Meyer, Donna A bu-Nasr, and Ilya Arkhipov, "Russian Strikes in Syria Draw Ire From Anti-Assad Opposition," *Bloomberg*, October 1, 2015, www.bloomberg.com/news/articles/2015-10-01/russia-pledges-to-continue-air-strikes-to-back-ssad-offensive.

312. Lesley Wroughton and Arshad Mohammed, "Obama Ends up Dealing with Russia and Living with Assad, for Now," Reuters, September 29, 2015, www.reuters.com/article/us-un-assembly-syria-obama/obama-ends-up-dealing-with-russia-and-living-with-assad-for-now-idUKKCN0RU01O20150930.

313. Jonathan Clayton and Hereward Holland, "Over One Million Sea Arrivals Reach Europe in 2015," Office of the United Nations High Commissioner for Refugees, December 30, 2015, www.unhcr.org/us/news/stories/over-one-million-sea-arrivals-reach-europe-2015;

Jean-Christophe Dumont and Stefano Scarpetta, "Is This Humanitarian Migration Crisis Different?" *Migration Policy Debates*, OECD, No. 7, September 2015, www.oecd.org/migration/Is-this-refugee-crisis-different.pdf.

314. "Report: Juncker Wants Closer Ties with Putin," *Deutsche Welle*, November 19, 2015, www.dw.com/en/eu-commission-kremlin-confirm-juncker-letter-to-putin/a-18863225.

315. Andrius Sytas, "Exclusive: EU's Juncker Dangles Trade Ties with R ussia-led Bloc to Putin," Reuters, November 19, 2015, www.reuters.com/article/us-eu-juncker-russia/exclusive-eus-juncker-dangles-trade-ties-with-russia-led-bloc-to-putin-idUSKCN0T821T20151119.

316. Andrey Biryukov, Helene Fouquet, and Henry Meyer, "Hollande, Putin Call for 'Broad' Coalition to Fight Terrorism," *Bloomberg*, November 26, 2015, www.bloomberg.com/news/articles/2015-11-26/hollande-putin-call-for-broad-coalition-to-fight-terrorism.

317. Sytas, "EU's Juncker Dangles Trade Ties."

318. Alex Barker, "NATO Prepares to Revive Russia Contacts," *Financial Times*, December 2, 2015, www.ft.com/content/874b5bd8-9923-11e5-9228-87e603d47bdc.

319. Barker, "NATO Prepares."

320. Barker, "NATO Prepares."

321. Carol Morello and Andrew Roth, "Kerry and Putin Meet in Moscow, Seek Way Forward on Ending Syrian War," *The Washington Post*, December 15, 2015, www.washingtonpost.com/world/russian-support-for-syrian-government-and-ukrainian-separatists-top-agenda/2015/12/15/a84f89d6-9ea9-11e5-9ad2-568d814bbf3b_story.html.

322. John Kerry, "Remarks by Secretary of State John Kerry at the 2016 Munich Security Conference" (speech, Munich, Germany, February 13, 2016), ua.usembassy.gov/remarks-secretary-state-john-kerry-2016-munich-security-conference-021316.

35장 황금빛 에스컬레이터를 이용한 탈출

323. Jack Lew, "The Evolution of Sanctions and Lessons for the Future, (speech, Washington, D.C., March 30, 2016), Carnegie Endowment for International Peace, https://carnegieendowment.org/2016/03/30/u.s.-treasury-secretary-jacob-j.-lew-on-evolution-of-sanctions-and-lessons-for-future-event-5191."

324. "Italy Seizes Assets of Putin Ally and Judo Partner Rotenberg," Reuters, September 23, 2014, www.reuters.com/article/uk-ukraine-crisis-italy-idAFKCN0HI12H20140923.

325. Jack Farchy, "Sanctioned Timchenko Sells Gunvor Stake," *Financial Times*, March 20, 2014, www.ft.com/content/72ac6954-b06a-11e3-8efc-00144feab7de.

326. Joshua Yaffa, "Putin's Shadow Cabinet and the Bridge to Crimea," *The New Yorker*, May 22, 2017, www.newyorker.com/magazine/2017/05/29/putins-shadow-cabinet-and-the-bridge-to-crimea.

327. Karina Orlova, "Putin Looks Out for His Friends," *The American Interest*, May 22, 2016, www.the-american-interest.com/2016/05/22/putin-looks-out-for-his-friends.

328. Mark Thompson, "Russia: One of the 10 Worst Economies in 2015," CNN, January 26, 2016, money.cnn.com/2016/01/25/news/economy/russia-10-worst-emerging-economies/index.html.

329. Holly Ellyat and Geoff Cutmore, "Why Russian Inflation Will Fall 'Abruptly' Next Year,"

CNBC, October 13, 2015, www.cnbc.com/2015/10/13/russian-inflation-nabiullina-forecast.html.

330. "Russian Reserves Fall below $400 billion, First Time Since 2009," Reuters, December 25, 2014, www.reuters.com/article/us-russia-reserves/russian-reserves-fall-below-400-billion-first-time-since-2009-idUKKBN0K30HC20141225.

331. "IMF Country Report No. 2019/260: Russian Federation," International Monetary Fund, August 2, 2019, www.imf.org/en/Publications/CR/Issues/2019/08/01/Russian-Federation-2019-Article-IV-Consultation-Press-Release-Staff-Report-48549.

332. Anders Åslund and Maria Snegovaya, "The Impact of Western Sanctions on Russia and How They Can Be Made Even More Effective," The Atlantic Council, May 3, 2021, www.atlanticcouncil.org/in-depth-research-reports/report/the-impact-of-western-sanctions-on-russia.

333. "Russia's and the EU's Sanctions: Economic and Trade Effects, Compliance and the Way Forward," Directorate-General for External Policies, European Parliament, European Union, October 2017, www.europarl.europa.eu/RegData/etudes/STUD/2017/603847/EXPO_STU(2017)603847_EN.pdf.

334. "Russia's and the EU's Sanctions," European Union.

335. Jack Ewing, "Lithuania Feels Squeeze in Sanctions War with Russia," The New York Times, September 24, 2014, www.nytimes.com/2014/09/25/business/international/lithuania-feels-squeeze-in-sanctions-war-with-moscow.html.

336. Sid Werma, "Central Bank Governor of the Year 2015: Nabiullina Displays Crisis-fighting Skills," Euromoney, September 16, 2015, www.euromoney.com/article/b12klw38gh82lt/central-bank-governor-of-the-year-2015-nabiullina-displays-crisis-fighting-skills.

337. "De-Dollarization Efforts in China and Russia," IF11885, Congressional Research Service, U.S. Library of Congress, July 23, 2021, crsreports.congress.gov/product/pdf/IF/IF11885.

338. Christopher Massie and Andrew Kaczynski, "Trump Called Russia's Invasion of Ukraine 'So Smart' in 2014," BuzzFeed News, August 1, 2016, www.buzzfeednews.com/article/christophermassie/trump-called-russias-invasion-of-ukraine-so-smart-in-2014.

339. Donald Trump, "Presidential Candidate Donald Trump Primary Night Speech" (speech, New York, New York, April 28, 2016), C-SPAN, www.c-span.org/video/?408719-1/presidential-candidate-donald-trump-primary-night-speech&start=1889&transcriptQuery=putin. 트럼프는 "푸틴과 나는 아주 잘 지낼 것 같다"라고 말하기도 했다. 다음을 보라. Andrew Kaczynski, Chris Massie, and Nathan McDermott, "80 Times Trump Talked about Putin," CNN, March 2017, www.cnn.com/interactive/2017/03/politics/trump-putin-russia-timeline.

340. "Donald Trump Hires Paul Manafort to Lead Delegate Effort," The New York Times, March 28, 2016, archive.nytimes.com/www.nytimes.com/politics/first-draft/2016/03/28/donald-trump-hires-paul-manafort-to-lead-delegate-effort/; "Timeline of Paul Manafort's Role in the Trump Campaign," ABC News, October 30, 2017, abcnews.go.com/Politics/timeline-paul-manaforts-role-trump-campaign/story?id=50808957.

341. Michael Isikoff and David Corn, Russian Roulette: The Inside Story of Putin's War on America and the Election of Donald Trump (New York: Twelve Books, 2018), 67–70.

342. Eric Lipton, David E. Sanger, and Scott Shane, "The Perfect Weapon: How Russian Cyberpower Invaded the U.S.," The New York Times, December 13, 2016, www.nytimes.

com/2016/12/13/us/politics/russia-hack-lection-dnc.html.

343. Ellen Nakashima, "Russian Government Hackers Penetrated DNC, Stole Opposition Research on Trump," *The Washington Post*, June 14, 2016, www.washingtonpost.com/world/national -security/russian-government-hackers-penetrated-dnc-stole-opposition-research-on-trump/2016/06/14/cf006cb4-316e-11e6-8ff7-7b6c1998b7a0_story.html.

344. Dana Roberts, Ben Jacobs, Alan Yuhas, "Debbie Wasserman Schultz to Resign as DNC Chair as Email Scandal Rocks Democrats," *The Guardian*, July 25, 2016, www.theguardian.com/ us-news/2016/jul/24/debbie-wasserman-schultz-resigns-dnc-chair-emails-sanders.

345. Isikoff and Corn, *Russian Roulette*, 193.

346. Isikoff and Corn, *Russian Roulette*, 187–90.

347. David Shimer, *Rigged: America, Russia, and One Hundred Years of Covert Electoral Interference* (New York: Alfred A. Knopf, 2020), 176.

348. Shimer, *Rigged*, 176.

349. Isikoff and Corn, *Russian Roulette*, 191.

350. Shimer, *Rigged*, 5.

351. Louis Nelson, "Obama Says He Told Putin to 'Cut It Out' on Russia Hacking," *Politico*, December 16, 2016, www.politico.com/story/2016/12/obama-putin-232754.

352. David Corn and Michael Isikoff, "Why the Hell Are We Standing Down?" *Mother Jones*, March 9, 2018, www.motherjones.com/politics/2018/03/why-the-hell-are-we-standing-down.

353. Shimer, *Rigged*, 3.

354. 저자의 다니엘 프리드와의 인터뷰, 2022.

355. Matthew Nussbaum, "The Definitive Trump-Russia Timeline of Events," *Politico*, March 3, 2017, www.politico.com/trump-russia-ties-scandal-guide/timeline-of-events.

356. "America's Electoral College and the Popular Vote," *The Economist*, December 28, 2016, www.economist.com/graphic-detail/2016/12/28/americas-electoral-college-and-the-popular-vote.

357. Isikoff and Corn, *Russian Roulette*, 290–91.

358. Shimer, *Rigged*, 207.

359. The White House, "Fact Sheet: Actions in Response to Russian Malicious Cyber Activity and Harassment," December 29, 2016, obamawhitehouse.archives.gov/the-press-office/ 2016/12/29/fact-sheet-actions-response-russian-malicious-cyber-activity-and.

360. Michael Flynn transcripts, Office of the Director of National Intelligence, May 29, 2020, d3i6fh83elv35t.cloudfront.net/static/2020/05/FlynnTranscripts.pdf.

361. Andrew Roth, "Putin Says He Won't Deport U.S. Diplomats as He Looks to Cultivate Relations with Trump," *The Washington Post*, December 30, 2016, www.washingtonpost.com/world/ russia-plans-retaliation-and-serious-discomfortoverus-hacking-sanctions/2016/12/ 30/4efd3650-ce12-11e6-85cd-e66532e35a44_story.html.

36장 통역자

1. Sue Halpern, "The Terrifying Potential of the 5G Network," *The New Yorker*, April 26, 2019, www.newyorker.com/news/annals-of-communications/the-terrifying-potential-of-the-5g-network.

2. Esther Pan, "The Promise and Pitfalls of China's 'Peaceful Rise,'" Council on Foreign Relations, April 14, 2006, www.cfr.org/backgrounder/promise-and-pitfalls-chinas-peaceful-rise.

3. 화웨이의 전반적인 역사에 관해서는 다음을 보라. Eva Dou, *House of Huawei: The Secret History of China's Most Powerful Company* (New York: Portfolio, 2025).

4. 저자의 존 볼튼과의 인터뷰, John Bolton, 2023.

5. Matt Pottinger, "Mightier Than the Pen," *The Wall Street Journal*, December 15, 2005, www.wsj.com/articles/SB113461636659623128.

6. Maggie Haberman, Matthew Rosenberg, Matt Apuzzo, and Glenn Thrush, "Michael Flynn Resigns as National Security Adviser," *The New York Times*, February 13, 2017, www.nytimes.com/2017/02/13/us/politics/donald-trump-national-security-adviser-michael-flynn.html; Derek Hawkins, "Flynn Sets Record with Only 24 Days as National Security Adviser. The Average Tenure Is About 2.6 Years," *The Washington Post*, February 14, 2017, www.washingtonpost.com/news/morning-mix/wp/2017/02/14/flynn-sets-record-with-only-24-days-as-nsc-chief-the-average-tenure-is-about-2-6-years.

7. Mark Landler and Jane Perlez, "A Veteran and China Hand Advises Trump for Xi's Visit," *The New York Times*, April 4, 2017, www.nytimes.com/2017/04/04/world/asia/matthew-pottinger-trump-china.html; Michael Crowley, "The White House Official Trump Says Doesn't Exist," *Politico*, May 30, 2018, www.politico.com/magazine/story/2018/05/30/donald-trump-matthew-pottinger-asia-218551.

8. Matt Pottinger, Matthew Johnson, and David Feith, "Xi Jinping in His Own Words," *Foreign Affairs*, November 30, 2022, www.foreignaffairs.com/china/xi-jinping-his-own-words.

9. David Bond, George Parker, and Nic Fildes, "Theresa May Approves Huawei for UK 5G in Snub to US," *Financial Times*, April 24, 2019, www.ft.com/content/fca902a4-6657-11e9-a79d-04f350474d62.

10. Bill Bishop, "Allies Question U.S. Hardline on Huawei," *Axios*, February 22, 2019, www.axios.com/2019/02/23/allies-question-us-hardline-huawei.

11. Steven Swinford and Charles Hymas, "Theresa May Defies Security Warnings of Ministers and US to Allow Huawei to Help Build Britain's 5G Network," *The Telegraph*, April 24, 2019, www.telegraph.co.uk/politics/2019/04/23/theresa-may-defies-security-warnings-ministers-us-allow-huawei.

12. "Defence Secretary Gavin Williamson Sacked over Huawei Leak," *BBC News*, May 1, 2019, www.bbc.com/news/uk-politics-48126974.

13. Philip Hammond, "Belt and Road Forum: Philip Hammond's Speech" (speech, Beijing, China, April 26, 2019), Government of the UK, www.gov.uk/government/speeches/belt-and-road-forum-philip-hammonds-speech.

14. Richard Kerbaj, "5G Wars: The US Plot to Make Britain Ditch Huawei," *The Times of London*,

August 21, 2022, www.thetimes.co.uk/article/5g-wars-the-us-plot-to-make-britain-ditch-huawei-mcqdld8sx.

15. 저자의 맷 포팅어와의 인터뷰, 2023.

37장 무책임한 이해당사자

16. 중국의 부상과 이에 따른 미국의 불안 때문에 국제적인 체계가 '투키디데스 함정'에 빠져 전쟁 가능성을 높이고 있다는 주장에 관해서는 다음을 보라. Graham Allison, *Destined for War: Can America and China Escape Thucydides's Trap?* (Boston: Houghton Mifflin Harcourt, 2017).

17. 저자의 로버트 라이트하이저와의 인터뷰, 2023.

18. Chris Miller, *Chip War: The Fight for the World's Most Critical Technology* (New York: Scribner, 2022), 271.

19. Nathaniel Ahrens, "China's Competitiveness: Myth, Reality, and Lessons for the United States and Japan: Case Study: Huawei," Center for Strategic & International Studies, February 2013, csis-website-prod.s3.amazonaws.com/s3fs-public/legacy_files/files/publication/130215_competitiveness_Huawei_casestudy_Web.pdf.

20. Jonathan E. Hillman, *The Digital Silk Road: China's Quest to Wire the World and Win the Future* (New York: HarperCollins, 2021), 31.

21. Chuin-Wei Yap, "State Support Helped Fuel Huawei's Global Rise," *The Wall Street Journal*, December 25, 2019, www.wsj.com/articles/state-support-helped-fuel-huaweis-global-rise-11577280736.

22. Hillman, *Digital Silk Road*, 33.

23. Hillman, *Digital Silk Road*, 35–38.

24. Miller, *Chip War*, 271–72.

25. Josh Rogin, "NSA Chief: Cybercrime Constitutes the 'Greatest Transfer of Wealth in History,'" *Foreign Policy*, July 9, 2012, foreignpolicy.com/2012/07/09/nsa-chief-cybercrime-constitutes-the-greatest-transfer-of-wealth-in-history.

26. 저자의 맷 포팅어와의 인터뷰, 2023.

27. Natalie Obiko Pearson, "Did a Chinese Hack Kill Canada's Greatest Tech Company?" *Bloomberg*, July 1, 2020, www.bloomberg.com/news/features/2020-07-01/did-china-steal-canada-s-edge-in-5g-from-nortel.

28. Samuel Gibbs, "Huawei Beats Apple to Become Second-largest Smartphone Maker," *The Guardian*, August 1, 2018, www.theguardian.com/technology/2018/aug/01/huawei-beats-apple-smartphone-manufacturer-samsung-iphone.

29. Miller, *Chip War*, 275.

30. "The International Trading System and Trade Negotiations," United Nations Conference on Trade and Development, unctad.org/topic/trade-agreements/the-international-trading-system.

31. Rush Doshi, *The Long Game: China's Grand Strategy to Displace American Order* (New York: Oxford University Press, 2021), 48.

32. Doshi, *Long Game*, 54.

33. Doshi, *Long Game*, 48.

34. Tim Morrison, "U.S.-China: Winning the Economic Competition" (speech, July 21, 2020), Subcommittee on Economic Policy, U.S. Senate Committee on Banking, Housing, and Urban Affairs, 116th Cong., 2nd sess., www.banking.senate.gov/imo/media/doc/Morrison%20Testimony%207-22-20.pdf.

35. 미국 기업들은 중국에 영구적인 정상 무역 관계를 부여하고, 중국의 WTO 가입을 지지하기 위해 총 1억 달러 이상을 로비에 사용했다. 다음을 보라. Bob Davis and Lingling Wei, *Superpower Showdown: How the Battle Between Trump and Xi Threatens a New Cold War* (New York: Harper Business, 2020), 70, 91; Eric Schmitt and Joseph Kahn, "The China Trade Vote: A Clinton Triumph; House in 237–197 Vote, Approves Normal Trade Rights for China," *The New York Times*, May 25, 2000, www.nytimes.com/2000/05/25/world/china-trade-vote-clinton-triumph-house-237-197-vote-approves-normal-trade-rights.html.

36. William J. Clinton, "Speech on China Trade Bill" (speech, Washington, D.C., March 9, 2000), *The New York Times*, archive.nytimes.com/www.nytimes.com/library/world/asia/030900clinton-china-text.html.

37. "Trade Goods with China," United States Census Bureau, www.census.gov/foreign-trade/balance/c5700.html.

38. "Trade Goods with China," United States Census Bureau.

39. "Timeline of U.S. China Relations: 1949–2023," Council on Foreign Relations, www.cfr.org/timeline/us-china-relations.

40. Robert B. Zoellick, "Whither China: From Membership to Responsibility: Remarks to National Committee on U.S.-China Relations" (speech, New York, NY, September 21, 2005), U.S. Department of State, 2001-2009.state.gov/s/d/former/zoellick/rem/53682.htm.

41. Zoellick, "Whither China."

38장 각성

42. "Goldman Sachs Announces Joint Venture in China," Goldman Sachs, December 2, 2004, www.goldmansachs.com/media-relations/press-releases/archived/2004/2004-12-02.html; "With Gao Hua Joint Venture, the Firm Establishes a Foothold in China's Domestic Financial Markets," Goldman Sachs, 2019, www.goldmansachs.com/our-firm/history/moments/2004-gao-hua.html.

43. "China Telecom Privatization Shines through the Shadow of the Financial Crisis," Goldman Sachs, www.goldmansachs.com/our-firm/history/moments/1997-china-telecom-privatization.html; "Hank Paulson and Wang Qishan Illustrate a Superpower Divide," *The Economist*, November 17, 2018, www.economist.com/business/2018/11/17/hank-paulson-and-wang-qishan-illustrate-a-superpower-divide.

44. Henry M. Paulson, *Dealing with China: An Insider Unmasks the New Economic Superpower* (New York: Grand Central Publishing, 2015), 95.

45. Paulson, *Dealing with China*, 240.

46. Paulson, *Dealing with China*, 240.

47. Christine Wong, "The Fiscal Stimulus Programme and Public Governance Issues in China," *OECD Journal on Budgeting*, October 19, 2011, www.oecd-ilibrary.org/governance/the-fiscal-stimulus-programme-and-public-governance-issues-in-china_budget-11-5kg3nhljqrjl.

48. Karishma Vaswani, "Why Asia Turned to China during the Global Financial Crisis," *BBC News*, September 12, 2018, www.bbc.com/news/business-45493147.

49. Rush Doshi, "Hu's to Blame for China's Foreign Assertiveness?" The Brookings Institution, January 22, 2019, www.brookings.edu/articles/hus-to-blame-for-chinas-foreign-assertiveness; Rush Doshi, *The Long Game: China's Grand Strategy to Displace American Order* (New York: Oxford University Press, 2021), 160–62.

50. "Boat Collisions Spark Japan-China Diplomatic Row," *BBC News*, September 8, 2010, www.bbc.com/news/world-asia-pacific-11225522.

51. Keith Bradsher, "Amid Tension, China Blocks Vital Exports to Japan," *The New York Times*, September 22, 2010, www.nytimes.com/2010/09/23/business/global/23rare.html; Mari Yamaguchi, "China Rare Earth Exports to Japan Still Halted," *Bloomberg Businessweek*, October 21, 2010, web.archive.org/web/20110909131412/http://www.businessweek.com/ap/financialnews/D9J02PF01.htm; "What Are 'Rare Earths' Used For?" *BBC News*, March 13, 2012, www.bbc.com/news/world-17357863.

52. "FACTBOX-Japan budgets $650 mln for Rare Earths, Resources," Reuters, January 5, 2011, www.reuters.com/article/idUSTOE70404220110105.

53. Evan Osnos, "Born Red," *The New Yorker*, March 30, 2015, www.newyorker.com/magazine/2015/04/06/born-red.

54. Austin Ramzy, "In Xi Jinping's Tears, a Message for China's People," *The New York Times*, March 3, 2016, www.nytimes.com/2016/03/04/world/asia/china-xi-jinping-tears.html; Chris Buckley and Didi Kirsten Tatlow, "Cultural Revolution Shaped Xi Jinping, From Schoolboy to Survivor," *The New York Times*, September 24, 2015, www.nytimes.com/2015/09/25/world/asia/xi-jinping-china-cultural-revolution.html.

55. Richard McGregor, "Party Man: Xi Jinping's Quest to Dominate China," *Foreign Affairs*, August 14, 2019, www.foreignaffairs.com/china/party-man.

56. "Document 9: A *ChinaFile* Translation," *ChinaFile*, November 8, 2013, www.chinafile.com/document-9-chinafile-translation; Matt Pottinger, Matthew Johnson, and David Feith, "Xi Jinping in His Own Words," *Foreign Affairs*, November 30, 2022, www.foreignaffairs.com/china/xi-jinping-his-own-words.

57. Rosh Doshi, "Xi Jinping Just Made Clear Where China's Foreign Policy is Headed," *Washington Post*, October 25, 2017, www.washingtonpost.com/news/monkey-cage/wp/2017/10/25/xi-jinping-just-made-it-clear-where-chinas-foreign-policy-is-headed.

58. Matt Sheehan, "How Google Took on China—and Lost," *MIT Technology Review*, December 19, 2018, www.technologyreview.com/2018/12/19/138307/how-google-took-on-china-and-lost; Ryan McMorrow and Sun Yu, "The Vanishing Billionaire: How Jack Ma Fell Foul of Xi Jinping," *Financial Times*, April 15, 2021, www.ft.com/content/1fe0559f-de6d-490e-b312-abba0181da1f.

59. Lindsay Maizland, "China's Repression of Uyghurs in Xinjiang," Council on Foreign Relations, September 22, 2022, www.cfr.org/backgrounder/china-xinjiang-uyghurs-muslims-repression-genocide-human-rights.

60. Darren Byler, *In the Camps: Life in China's High-Tech Penal Colony* (New York: Columbia Global Reports, 2021); Emma Graham-Harrison and Juliette Garside, "'Allow No Escapes': Leak Exposes Reality of China's Vast Prison Camp Network," *The Guardian*, November 24, 2019, www.theguardian.com/world/2019/nov/24/china-cables-leak-no-escapes-reality-

china-uighur-prison-camp; Eva Dou, "Documents Link Huawei to China's Surveillance Programs," *The Washington Post*, December 14, 2021, www.washingtonpost.com/world/2021/12/14/huawei-surveillance-china; Vincent Ni, "Documents Link Huawei to Uyghur Surveillance Projects, Report Claims," *The Guardian*, December 15, 2021, www.theguardian.com/technology/2021/dec/15/documents-link-huawei-uyghur-surveillance-projects-report-claims.

61. Sheridan Prasso, "China's Digital Silk Road Is Looking More Like an Iron Curtain," *Bloomberg*, January 10, 2019, www.bloomberg.com/news/features/2019-01-10/china-s-digital-silk-road-is-looking-more-like-an-iron-curtain; Stefan Vladisavljev, "Surveying China's Digital Silk Road in the Western Balkans," *War on the Rocks*, August 3, 2021, warontherocks.com/2021/08/surveying-chinas-digital silk-road-in-the-western-balkans; Joe Parkinson, Nicholas Bariyo, and Josh Chin, "Huawei Technicians Helped African Governments Spy on Political Opponents," *The Wall Street Journal*, August 15, 2019, www.wsj.com/articles/huawei-technicians-helped-african-governments-spy-on-political-opponents-11565793017.

62. Ishaan Tharoor, "China Has a Hand in Sri Lanka's Economic Calamity," *The Washington Post*, July 20, 2022, www.washingtonpost.com/world/2022/07/20/sri-lanka-china-debt-trap; Marwaan Macan-Markar, "China Debt Trap Fear Haunts Maldives Government," *Nikkei Asia*, September 15, 2020, asia.nikkei.com/Spotlight/Belt-and-Road/China-debt-trap-fear-haunts-Maldives-government.

63. Kai Wang, "China: Is It Burdening Poor Countries with Unsustainable Debt?" *BBC News*, January 2, 2022, www.bbc.com/news/59585507.

64. Maria Abi-Habib, "How China Got Sri Lanka to Cough Up a Port," *The New York Times*, June 25, 2018, www.nytimes.com/2018/06/25/world/asia/china-sri-lanka-port.html.

65. Doshi, *Long Game*, 217–25.

66. Ernest Hemingway, *The Sun Also Rises* (New York: Warbler Classics, 2022), 110.

67. Jamil Anderlini, "Big Nations Snub Beijing Bank Launch after US Lobbying," *Financial Times*, October 22, 2014, www.ft.com/content/41c3c0a0-59cd-11e4-9787-00144feab7de.

68. George Osborne, "UK Announces Plans to Join Asian Infrastructure Investment Bank," His Majesty's Treasury, Government of the UK, March 12, 2015, www.gov.uk/government/news/uk-announces-plans-to-join-asian-infrastructure-investment-bank.

69. George Parker, Anne-Sylvaine Chassany, and Geoff Dyer, "Europeans Defy US to Join China-led Development Bank," *Financial Times*, March 16, 2015, www.ft.com/content/0655b342-cc29-11e4-beca-00144feab7de.

70. Michael Brown and Pavneet Singh, "China's Technology Transfer Strategy: How Chinese Investments in Emerging Technology Enable a Strategic Competitor to Access the Crown Jewels of U.S. Innovation," Defense Innovation Unit Experimental, January 2018, nationalsecurity.gmu.edu/wp-content/uploads/2020/02/DIUX-China-Tech-Transfer-Study-Selected–Readings.pdf.

71. 저자의 맷 터핀과의 인터뷰, 2023.

72. H. R. McMaster, "How China Sees the World," *The Atlantic*, May 2020, www.theatlantic.com/magazine/archive/2020/05/mcmaster-china-strategy/609088; Hal Brands and Michael Beckley, *Danger Zone: The Coming Conflict with China* (New York: W. W. Norton & Company, 2022), 113.

73. "China Unveils Blueprint to Upgrade Manufacturing Sector," *The Wall Street Journal*, May 19, 2015, www.wsj.com/articles/china-unveils-blueprint-to-upgrade-manufacturing-sector-1432009189.

74. Enda Curran, "From 'Made in China' to 'Made by China for China,'" *Bloomberg*, February 15, 2017, www.bloomberg.com/news/articles/2017-02-15/from-made-in-china-to-made-by-china-for-china; Davis and Wei, *Superpower Showdown*, 123-24.

75. "China's Xi Wants 'Win-win' Cooperation with US," *BBC News*, September 25, 2015, www.bbc.com/news/world-asia-china-34355581.

76. Chris Miller, *Chip War: The Fight for the World's Most Critical Technology* (New York: Scribner, 2022), 251-53.

77. Edward White and Qianer Liu, "China's Big Fund Corruption Probe Casts Shadow over Chip Sector," *Financial Times*, September 28, 2022, www.ft.com/content/8358e81b-f4e7-4bad-bc08-19a77035e1b4.

78. Miller, *Chip War*, 295.

79. David Lawder and Ruby Lian, "U.S. Panel Launches Trade Secret Theft Probe into China Steel," Reuters, May 29, 2016, www.reuters.com/article/us-usa-china-steel-idUSKCN0YH2KX; "U.S. Launches Second WTO Complaint in China Chicken Trade Dispute," Reuters, May 10, 2016, www.yahoo.com/lifestyle/u-launches-second-wto-complaint-164154159.html.

80. Penny Pritzker, "U.S. Secretary of Commerce Penny Pritzker Delivers Major Policy Address on Semiconductors at Center for Strategic and International Studies" (speech, Washington, D.C., November 2, 2016), U.S. Department of Commerce, 2014-2017.commerce.gov/news/secretary-speeches/2016/11/us-secretary-commerce-penny-pritzker-delivers-major-policy-address.html.

81. "Report to the President: Ensuring Long-Term U.S. Leadership in Semiconductors," President's Council of Advisors on Science and Technology, January 2017, obamawhitehouse.archives.gov/sites/default/files/microsites/ostp/PCAST/pcast_ensuring_long-term_us_leadership_in_semiconductors.pdf.

82. "Report to the President," President's Council of Advisors on Science and Technology.

39장 백 가지 중국 정책을 꽃피우다

83. Donald J. Trump, "Inaugural Address" (speech, Washington, D.C., January 20, 2017), CNBC, www.cnbc.com/2017/01/20/transcript-of-president-trumps-inauguration-speech.html.

84. Nick Gas, "Trump: 'We Can't Continue to Allow China to Rape Our Country,'" *Politico*, May 2, 2016, www.politico.com/blogs/2016-gop-primary-live-updates-and-results/2016/05/trump-china-rape-america-222689.

85. Bob Davis and Lingling Wei, *Superpower Showdown: How the Battle Between Trump and Xi Threatens a New Cold War* (New York: Harper Business, 2020), 133.

86. Donald J. Trump, "Inaugural Address" (speech, Washington, D.C., January 20, 2017), CNBC, www.cnbc.com/2017/01/20/transcript-of-president-trumps-inauguration-speech.html.

87. Xi Jinping, "Keynote at the World Economic Forum: Jointly Shoulder Responsibility of Our Times, Promote Global Growth" (speech, Davos, Switzerland, January 17, 2017), *China Global Television Network America*, america.cgtn.com/2017/01/17/full-text-of-xi-

jinping-keynote-at-the-world-economic-forum.

88.   Rush Doshi, *The Long Game: China's Grand Strategy to Displace American Order* (New York: Oxford University Press, 2021), 156.

89.   Andrew F. Krepinevich, "Preserving the Balance: A U.S. Eurasia Defense Strategy," Center for Strategic and Budgetary Assessments, csbaonline.org/uploads/documents/Preserving_the_Balance_%2819Jan17%29HANDOUTS.pdf.

90.   Andrew Kaczynski, Chris Massie, and Nathan McDermott, "80 Times Trump Talked about Putin," CNN, March 2017, www.cnn.com/interactive/2017/03/politics/trump-putin-russia-timeline.

91.   Josh Rogin, *Chaos under Heaven: Trump, Xi, and the Battle for the 21st Century* (Boston: Houghton Mifflin Harcourt, 2021), 22, 29.

92.   Michael Isikoff, "How the Trump Administration's Secret Efforts to Ease Russia Sanctions Fell Short," *Yahoo News*, June 1, 2017, www.yahoo.com/news/trump-administrations-secret-efforts-ease-russia-sanctions-fell-short-231301145.html.

93.   Isikoff, "Trump Administration's Secret Efforts."

94.   U.S. Congress, House, "Countering America's Adversaries through Sanctions Act of 2017," HR 3364, 115th Cong., 1st sess., introduced in House July 24, 2017, www.congress.gov/bill/115th-congress/house-bill/3364.

95.   Emily Tamkin, "Trump Finally Signs Sanctions Bill, Then Adds Bizarre Statements," *Foreign Policy*, August 2, 2017, foreignpolicy.com/2017/08/02/trump-finally-signs-sanctions-bill-then-adds-bizarre-statements.

96.   Carol Morello, "Iran Nuclear Deal Could Collapse under Trump," *The Washington Post*, November 9, 2016, www.washingtonpost.com/world/national-security/iran-nuclear-deal-could-collapse-under-trump/2016/11/09/f2d2bd02-a68c-11e6-ba59-a7d93165c6d4_story.html; Yeganeh Torbati, "Trump Election Puts Iran Nuclear Deal on Shaky Ground," Reuters, November 9, 2016, www.reuters.com/article/us-usa-election-trump-iran/trump-election-puts-iran-nuclear-deal-on-shaky-ground-idUSKBN13427E.

97.   H. R. McMaster, *Battlegrounds: The Fight to Defend the Free World* (New York: HarperCollins, 2021), 295–96; Josh Rogin, "How Trump Can Confront Iran without Blowing up the Nuclear Deal," *The Washington Post*, August 6, 2017, www.washingtonpost.com/opinions/global-opinions/how-trump-can-confront-iran-without-blowing-up-the-nuclear-deal/2017/08/06/0cc021ae-7960-11e7-8f39-eeb7d3a2d304_story.html.

98.   Gerald F. Seib, Jay Solomon, and Carol E. Lee, "Barack Obama Warns Donald Trump on North Korea Threat," *The Wall Street Journal*, November 22, 2016, www.wsj.com/articles/trump-faces-north-korean-challenge-1479855286.

99.   John Kruzel, "Does China Account for 90% of North Korean Trade, as Rex Tillerson Said?" *PolitiFact*, May 1, 2017, www.politifact.com/factchecks/2017/may/01/rex-tillerson/does-china-account-90-north-korean-trade-rex-tille.

100. Yeganeh Torbati and Ben Blanchard, "U.S., China Soften Tone, Say to Work Together on North Korea," Reuters, March 18, 2017, www.reuters.com/article/us-tillerson-asia-china/u-s-china-soften-tone-say-to-work-together-on-north-korea-idUSKBN16O2V9.

101. Mark Landler and Jane Perlez, "A Veteran and China Hand Advises Trump for Xi's Visit," *The New York Times*, April 4, 2017, www.nytimes.com/2017/04/04/world/asia/matthew-pottinger-trump-china.html.

102. Dominic Rushe, "'I'm Really Rich': Donald Trump Claims $9bn Fortune During Campaign Launch," *The Guardian*, June 16, 2015, www.theguardian.com/us-news/2015/jun/16/donald-trump-reveals-net-worth-presidential-campaign-launch.

103. Rogin, *Chaos under Heaven*, 53.

104. Benjamin Haas, "Ivanka Trump Brand Secures China Trademarks on Day US President Met Xi Jinping," *The Guardian*, April 19, 2017, www.theguardian.com/us-news/2017/apr/19/ivanka-trump-brand-china-trademarks-day-us-president-met-xi-jinping.

105. Dan Merica, "Trump, Xi talked Syria Strike over 'Beautiful Chocolate Cake,'" CNN, April 12, 2017, www.cnn.com/2017/04/12/politics/donald-trump-xi-jingping-syria-chocolate-cake/index.html.

106. Gerard Baker, Carol E. Lee, and Michael C. Bender, "Trump Says He Offered China Better Trade Terms in Exchange for Help on North Korea," *The Wall Street Journal*, April 12, 2017, www.wsj.com/articles/trump-says-he-offered-china-better-trade-terms-in-exchange-for-help-on-north-korea-1492027556; Rogin, *Chaos under Heaven*, 51–54.

107. Davis and Wei, *Superpower Showdown*, 172–74; Rogin, *Chaos under Heaven*, 51.

108. Jim Tankersley, "Trump Hates the Trade Deficit. Most Economists Don't," *The New York Times*, March 5, 2018, www.nytimes.com/2018/03/05/us/politics/trade-deficit-tariffs-economists-trump.html.

109. U.S. Census Bureau, "Trade in Goods with China," www.census.gov/foreign-trade/balance/c5700.html.

110. "U.S. Strategic Framework for the Indo-Pacific," National Security Council, October 2017, trumpwhitehouse.archives.gov/wp-content/uploads/2021/01/IPS-Final-Decless.pdf.

111. Rogin, *Chaos under Heaven*, 77.

112. Rogin, *Chaos under Heaven*, 78.

113. Dan Alexander, Chase Peterson-Withorn and Michela Tindera, "The Definitive Net Worth of Donald Trump's Cabinet," *Forbes*, July 25, 2019, www.forbes.com/sites/michelatindera/2019/07/25/the-definitive-net-worth-of-donald-trumps-cabinet.

114. Lydia DePillas, "Robert Lighthizer Blew Up 60 Years of Trade Policy. Nobody Knows What Happens Next," *ProPublica*, October 13, 2020, www.propublica.org/article/robert-lighthizer-blew-up-60-years-of-trade-policy-nobody-knows-what-happens-next.

115. Robert E. Lighthizer, "What Did Asian Donors Want?" *The New York Times*, February 25, 1997, www.nytimes.com/1997/02/25/opinion/what-did-asian-donors-want.html.

116. 저자의 로버트 라이트하이저와의 인터뷰, 2023.

117. Howard Gleckman, "What Is a Tariff and Who Pays It?" Tax Policy Center, September 25, 2018, www.taxpolicycenter.org/taxvox/what-tariff-and-who-pays-it.

118. "Section 301 of the Trade Act of 1974," IF11346, Congressional Research Service, U.S. Library of Congress, September 22, 2023, crsreports.congress.gov/product/pdf/IF/IF11346.

119. Scott Lincicome, Inu Manak, and Alfredo Carrillo Obregon, "Unfair Trade or Unfair Protection? The Evolution and Abuse of Section 301," *CATO Institute*, June 14, 2022, www.cato.org/policy-analysis/unfair-trade-or-unfair-protection-evolution-abuse-section-301.

120. Office of the U.S. Trade Representative, "USTR Announces Initiation of Section 301 Investigation of China," August 18, 2017, ustr.gov/about-us/policy-offices/press-office/press-releases/2017/august/ustr-announces-initiation-section.

121. McMaster, *Battlegrounds*, 90–93.

122. McMaster, *Battlegrounds*, 126.

40장 단서: ZTE

123. "Findings of the Investigation into China's Acts, Policies, and Practices Related to Technology Transfer, Intellectual Property, and Innovation under Section 301 of the Trade Act of 1974," Office of the United States Trade Representative, March 22, 2018, ustr.gov/sites/default/files/Section%20301%20FINAL.PDF.

124. "Section 301 Investigation: China's Acts, Policies, and Practices Related to Technology Transfer, Intellectual Property, and Innovation," U.S. International Trade Commission, October 10, 2017, ustr.gov/sites/default/files/enforcement/301Investigations/China%20Technology%20Transfer%20Hearing%20Witness%20List.pdf.

125. "Section 301 Investigation: China's Acts, Policies, and Practices related to Technology Transfer, Intellectual Property, and Innovation," Docket No. USTR-2017-0016, U.S.-China Business Council, September 28, 2017, www.uschina.org/sites/default/files/uscbc_submission_on_section_301_investigation_-_chinas_acts_politics_and_practices_related_to_technology_transfer_intellectual_property_and_innovation.pdf; Bob Davis and Lingling Wei, *Superpower Showdown: How the Battle Between Trump and Xi Threatens a New Cold War* (New York: Harper Business, 2020), 210.

126. "China's Acts, Policies, and Practices Related to Technology Transfer," Office of the United States Trade Representative.

127. "Investigative Report on the U.S. National Security Issues Posed by Chinese Telecommunications Companies Huawei and ZTE," U.S. Congress, House, Permanent Select Committee on Intelligence, 112th Cong., 2nd sess., H. Rep., October 8, 2012, stacks.stanford.edu/file/druid:rm226yb7473/Huawei-ZTE%20Investigative%20Report%20%28FINAL%29.pdf.

128. 보고서 발표 직후, 하원 정보위원장 마이크 로저스 의원은 "내가 지금 미국 기업이라면 화웨이 대신 다른 공급업체를 찾겠습니다. 지식재산권, 소비자 프라이버시, 그리고 미국의 국가 안보를 중요하게 생각한다면 말이죠"라고 밝혔다. 다음을 보라. Jim Wolf, "U.S. House Intelligence Panel Head Blackballs China's Huawei," Reuters, October 5, 2012, www.reuters.com/article/usa-china-huawei/u-s-house-intelligence-panel-head-blackballs-chinas-huawei-idUSL1E8L5GYT20121005.

129. Andrew Small, *No Limits: The Inside Story of China's War with the West* (London: C. Hurst & Co., 2022), 44.

130. Sue Halpern, "The Terrifying Potential of the 5G Network," *The New Yorker*, April 26, 2019, www.newyorker.com/news/annals-of-communications/the-terrifying-potential-of-the-5g-network.

131. Jonathan Swan et al., "Scoop: Trump Team Considers Nationalizing 5G Network," *Axios*, January 28, 2018, www.axios.com/2018/01/28/trump-team-debates-nationalizing-5g-network.

132. Maegan Vazquez, Joshua Berlinger, and Betsy Klein, "FCC Chief Opposes Trump Administration 5G Network Plan," CNN, January 29, 2018, edition.cnn.com/2018/01/28/politics/trump-nationalize-5g/index.html; Ajit Pai, "Remarks of FCC Chairman Ajit Pai at the Mobile World Congress" (speech, Barcelona, Spain, February 26, 2018), Federal

Communications Commission, docs.fcc.gov/public/attachments/DOC-349432A1.docx.

133. Halpern, "Terrifying Potential."

134. 저자의 이반 카나파치와의 인터뷰, 2023.

135. Karen Freifeld, "Exclusive: U.S. Probe of China's Huawei Includes Bank Fraud Accusations: Sources," Reuters, December 6, 2018, www.reuters.com/article/idUSKBN1O528D; Karen Freifeld, "Long Before Trump's Trade War with China, Huawei's Activities Were Secretly Tracked," Reuters, March 6, 2019, www.reuters.com/article/usa-china-huawei-tech/insight-long-before-trumps-trade-war-with-china-huaweis-activities-were-secretly-tracked-idINL1N1ZW0PD.

136. "ZTE Corporation Agrees to Plead Guilty and Pay Over $430.4 Million for Violating U.S. Sanctions by Sending U.S.-Origin Items to Iran," U.S. Department of Justice, March 7, 2017, www.justice.gov/opa/pr/zte-corporation-agrees-plead-guilty-and-pay-over-4304-million-violating-us-sanctions-sending.

137. "Additions to the Entity List: Final Rule," Code of Federal Regulations, title 15 (March 8, 2016): 744, s3.amazonaws.com/public-inspection.federalregister.gov/2016-05104.pdf.

138. Shawn Donnan, "Chinese Telecom Giant ZTE to Pay up to $1.2bn, Plead Guilty in US Sanctions Case," Financial Times, March 7, 2017, www.ft.com/content/a44cf291-3f6f-3ac6-8f67-7cf40c68d5e4; Eunkyung Kim Shin et al., "US Government Imposes $1.19 Billion Fine Against ZTE for Violating US Sanctions and Export Controls," Baker McKenzie, March 23, 2017, sanctionsnews.bakermckenzie.com/us-government-imposes-1-19-billion-fine-against-zte-for-violating-us-sanctions-and-export-controls.

139. David J. Lynch, "U.S. Companies Banned from Selling to China's ZTE Telecom Maker," The Washington Post, April 16, 2018, www.washingtonpost.com/news/business/wp/2018/04/16/u-s-companies-banned-from-selling-to-chinas-zte-telecom-maker; Pan Kwan Yuk, "US Hits China's ZTE with Denial of Export Privileges," Financial Times, April 16, 2018, www.ft.com/content/77bc02d4-4174-11e8-803a-295c97e6fd0b; Melissa M. Proctor, "Commerce Department and ZTE Reach New Agreement on U.S. Export Violations," Miller Proctor Law, June 12, 2018, millerproctorlaw.com/commerce-department-and-zte-reach-new-agreement-on-u-s-export-violations.

140. "Order Activating Suspended Denial Order Relating to Zhongxing Telecommunications Equipment Corporation and ZTE Kangxun Telecommunications Ltd.," Bureau of Industry and Security, U.S. Department of Commerce, April 15, 2018, www.commerce.gov/sites/default/files/zte_denial_order.pdf.

141. Louise Lucas, "ZTE Suspends Trading in HK and Shenzhen after US Ban," Financial Times, April 17, 2018, www.ft.com/content/e4440408-4221-11e8-93cf-67ac3a6482fd.

142. Sijia Jiang, "China's ZTE Says Main Business Operations Cease Due to U.S. Ban," Reuters, May 9, 2018, www.reuters.com/article/idUSKBN1IA1WF.

143. The White House, "Readout of President Donald J. Trump's Call with President Xi Jinping of China," May 8, 2018, trumpwhitehouse.archives.gov/briefings-statements/readout-president-donald-j-trumps-call-president-xi-jinping-china-5.

144. John Bolton, The Room Where It Happened (New York: Simon & Schuster, 2020), 291; Davis and Wei, Superpower Showdown, 225.

145. Donald J. Trump (@realDonaldTrump), "President Xi of China, and I, are working together," Twitter, May 13, 2018, twitter.com/realDonaldTrump/status/995680316458262533.

146. Donald J. Trump (@realDonaldTrump), "ZTE, the large Chinese phone company," Twitter, May 13, 2018, twitter.com/realDonaldTrump/status/996119678551552000.

147. Kate O'Keeffe and Siobhan Hughes, "Congress Ends Bid to Undo Trump Deal to Save China's ZTE," *The Wall Street Journal*, July 20, 2018, www.wsj.com/articles/congress-ends-bid-to-undo-trump-deal-to-save-chinas-zte-1532110708.

148. David J. Lynch, Simon Denyer, and Heather Long, "U.S. Reaches Deal with China's ZTE That Includes $1 Billion Fine, Commerce Secretary Says," *The Washington Post*, June 7, 2018, www.washingtonpost.com/business/economy/us-reaches-deal-with-chinas-zte-that-includes-1-billion-fine-commerce-secretary-says/2018/06/07/ccffa4b0-6a52-11e8-9e38-24e693b38637_story.html.

149. Hudson Lockett, "ZTE Shares Jump as US Awaits $400m Escrow Payment to Lift Ban," *Financial Times*, July 11, 2018, www.ft.com/content/6975240c-856d-11e8-96dd-fa565ec55929.

150. Rogier Creemers, Graham Webster, and Paul Triolo, "Translation: Xi Jinping's April 20 Speech at the National Cybersecurity and Informatization Work Conference," *DigiChina*, April 30, 2018, digichina.stanford.edu/work/translation-xi-jinpings-april-20-speech-at-the-national-cybersecurity-and-informatization-work-conference.

151. Davis and Wei, *Superpower Showdown*, 391–92.

152. Ben Murphy, "Chokepoints: China's Self-Identified Strategic Technology Import Dependencies," Center for Security and Emerging Technology, May 2022, cset.georgetown.edu/wp-content/uploads/CSET-Chokepoints.pdf.

153. "Russian Spy: What Happened to Sergei and Yulia Skripal?" *BBC News*, September 27, 2018, www.bbc.com/news/uk-43643025.

154. David Bond, "Britain Shares 'Unprecedented' Skripal Intelligence with Allies," *Financial Times*, March 27, 2018, www.ft.com/content/7cb3440c-31d2-11e8-b5bf-23cb17fd1498.

155. Laurel Wamsley, "U.S. Expels 60 Russian Officials, Closes Consulate in Seattle," NPR, March 26, 2018, www.npr.org/sections/thetwo-way/2018/03/26/596966272/us-expels-dozens-of-russian-diplomats-closes-consulate-in-seattle.

156. "Treasury Designates Russian Oligarchs, Officials, and Entities in Response to Worldwide Malign Activity," U.S. Department of the Treasury, April 6, 2018, home.treasury.gov/news/press-releases/sm0338.

157. Agathe Demarais, *Backfire: How Sanctions Reshaped the World Against U.S. Interests* (New York: Columbia University Press, 2022), 90–93.

158. Thomas Biesheuvel and Mark Burton, "Why Aluminum Bears Brunt of U.S. Sanctions on Russia," *Bloomberg*, April 20, 2018, www.bloomberg.com/news/articles/2018-04-20/why-aluminum-bears-brunt-of-u-s-sanctions-on-russia-quicktake.

159. Victoria Guida, "U.S. Eases Sanctions on Aluminum Firm Tied to Russian Oligarch," *Politico*, April 23, 2018, www.politico.com/story/2018/04/23/us-sanctions-russia-rusal-oleg-deripaska-545660.

160. The White House, "President Donald J. Trump Is Ending United States Participation in an Unacceptable Iran Deal," May 8, 2018, trumpwhitehouse.archives.gov/briefings-statements/president-donald-j-trump-ending-united-states-participation-unacceptable-iran-deal.

161. Keegan Elmer, "U.S. Tells China: We Want Competition … But Also Cooperation," *Politico*, October 1, 2018, www.politico.com/story/2018/10/01/us-china-competition-not-cooperation -854874.

162. Elmer, "We Want Competition."

163. "Dealing with China, America Goes for Confucian Honesty," *The Economist*, October 4, 2018, www.economist.com/china/2018/10/04/dealing-with-china-america-goes-for-confucian-honesty.

164. Bob Davis and Lingling Wei, *Superpower Showdown: How the Battle Between Trump and Xi Threatens a New Cold War* (New York: Harper Business, 2020), 238; David J. Lynch, Danielle Paquette, and Emily Rauhala, "U.S. Levies Tariffs on $34 billion Worth of Chinese Imports," *The Washington Post*, July 6, 2018, www.washingtonpost.com/world/trumps-trade-war-with-china-is-finally-here--and-it-wont-be-pretty/2018/07/05/0e43048c-802c-11e8-b9f0-61b08cdd0ea1_story.html.

165. President Donald J. Trump, "Statement from the President on Chinese Tariffs" (speech, Washington, D.C., September 17, 2018), The White House, trumpwhitehouse.archives. gov/briefings-statements/statement-from-the-president-4.

166. Davis and Wei, *Superpower Showdown*, 298.

167. Edward Luce, "Hank Paulson: 'I Think It's Pretty Likely We Will See a Recession,'" *Financial Times*, April 14, 2023, www.ft.com/content/a101d2c1-13b7-4a20-9e8e-38fb1d54723d.

168. Jeff Cox, "A New Cold War Is Brewing between China and the US, Says Former Treasury Secretary Paulson," CNBC, November 7, 2018, www.cnbc.com/2018/11/07/economic-ron-curtain-looms-for-us-and-china-former-treasury-chief-paulsonsays-.html.

169. Christian C. Davis, Tatman R. Savio, Kevin J. Wolf, "Treasury Releases Proposed CFIUS Regulations to Implement FIRRMA," Akin Gump Strauss Hauer & Feld, September 20, 2019, www.akingump.com/en/insights/alerts/treasury-releases-proposed-cfius-regulations-to-implement-firrma.

170. John Cornyn, "CFIUS Reform: Examining the Essential Elements, Before the U.S. Senate Committee on Banking, Housing, and Urban Affairs," 115th Cong., 2nd sess., January 18, 2018, www.banking.senate.gov/download/cornyn-testimony-1-18-18docx; Josh Rogin, *Chaos under Heaven: Trump, Xi, and the Battle for the 21st Century* (Boston: Houghton Mifflin Harcourt, 2021), 132–34.

171. "The U.S. Export Control System and the Export Control Reform Act of 2018," R46814, Congressional Research Service, U.S. Library of Congress, June 7, 2021, crsreports. congress.gov/product/pdf/R/R46814; Daniel F. Runde and Romina Bandura, "The BUILD Act Has Passed: What's Next?" Center for Strategic & International Studies, October 12, 2018, www.csis.org/analysis/build-act-has-passed-whats-next.

172. "Huawei and U.S. Law," R46693, Congressional Research Service, U.S. Library of Congress, February 23, 2021, crsreports.congress.gov/product/pdf/R/R46693.

173. Chris Miller, *Chip War: The Fight for the World's Most Critical Technology* (New York: Scribner, 2022), 305.

174. Michael Herh, "What Has Forced Fujian Jinhua Integrated Circuit to Stop DRAM Development?" *BusinessKorea*, January 28, 2019, www.businesskorea.co.kr/news/articleView.html?idxno=

28696.

175. 2Masood Farivar, "US Launches Initiative to Fight Chinese Economic Espionage," *VOA News*, November 1, 2018, www.voanews.com/a/us-launches-initiative-to-fight-chinese-economic-espionage/4639587.html; "PRC State-Owned Company, Taiwan Company, and Three Individuals Charged with Economic Espionage," U.S. Department of Justice, November 1, 2018, www.justice.gov/opa/pr/prc-state-owned-company-taiwan-company-and-three-individuals-charged-economic-espionage.

176. "Taiwan Company Pleads Guilty to Trade Secret Theft in Criminal Case Involving PRC S tate-Owned Company," U.S. Department of Justice, October 28, 2020, www.justice.gov/opa/pr/taiwan-company-pleads-guilty-trade-secret-theft-criminal-case-involving-prc-state-owned.

177. Miller, *Chip War*, 307; Scott Tong, "'Amateur' Mistakes Sink Thieves of U.S. Technology Working for China," *Marketplace*, December 22, 2020, www.marketplace.org/2020/12/22/amateur-mistakes-sink-thieves-of-u-s-technology-working-for-china.

178. 2018년 11월, 미국 법무부는 UMC와 푸젠진화반도체를 형사 기소했다. 이후 UMC는 2020년 10월 마이크론의 영업 비밀을 훔친 혐의를 인정하고 6천만 달러의 벌금을 부과받았다. 마이크론과 푸젠진화반도체는 중국 정부가 2023년 5월 마이크론 제품 구매를 금지한 이후에야 민사 소송에서 비공개로 합의했다. 2024년 2월, 캘리포니아 법원은 전직 마이크론 직원이 푸젠진화반도체의 지시에 따랐다는 증거가 부족하다는 이유로 형사 혐의에 대해 무죄를 선고했다. 다음을 보라. "Taiwan Company Pleads Guilty," U.S. Department of Justice; Lingling Wei, "Beijing Bans Micron as Supplier to Big Chinese Firms, Citing National Security," *The Wall Street Journal*, May 21, 2023, www.wsj.com/articles/beijing-bans-micron-as-supplier-to-big-chinese-firms-citing-national-security-5f326b90; Kanishka Singh, "Chinese Firm Fujian Jinhua Cleared of U.S. Allegations that It Stole Trade Secrets," Reuters, February 28, 2024, www.reuters.com/technology/chinese-firm-fujian-jinhua-cleared-us-allegations-that-it-stole-trade-secrets-2024-02-28; Aruna Viswanatha and Heather Somerville, "U.S. Defeat in Micron Trade-Secrets Case Reveals Struggle Countering Beijing," *The Wall Street Journal*, March 3, 2024, www.wsj.com/tech/micron-chipmaker-ip-theft-trial-verdict-6f839f15.

179. Davis and Wei, *Superpower Showdown*, 265–66.

180. Davis and Wei, *Superpower Showdown*, 266–67.

181. Miller, *Chip War*, 309.

182. Joel Rosenblatt and Debby Wu, "Blacklisted Chinese Chipmaker on Trial for Alleged Theft," *Bloomberg*, February 27, 2022, www.bloomberg.com/news/articles/2022-02-28/blacklisted-chinese-chipmaker-seeks-vindication-in-u-s-trial?sref=uFaJcogC.

183. David Lawder, "U.S. Restricts Exports to Chinese Semiconductor Firm Fujian Jinhua," Reuters, October 30, 2018, www.reuters.com/article/us-usa-trade-china-semiconductors/u-s-restricts-exports-to-chinese-semiconductor-firm-fujian-jinhua-idUSKCN1N328E.

184. "PRC State-Owned Company," U.S. Department of Justice; Kadhim Shubber and James Politi, "US Charges Chinese Group with Theft of Micron Trade Secrets," *Financial Times*, November 1, 2018, www.ft.com/content/d34d9b58-ddff-11e8-8f50-cbae5495d92b.

185. Kathrin Hille, "Trade War Forces Chinese Chipmaker Fujian Jinhua to Halt Output," *Financial Times*, January 28, 2019, www.ft.com/content/87b5580c-22bf-11e9-8ce6-5db4543da632.

186. Bob Davis and Lingling Wei, *Superpower Showdown: How the Battle Between Trump and Xi Threatens a New Cold War* (New York: Harper Business, 2020), 304–5; John Bolton, *The Room Where it Happened* (New York: Simon & Schuster, 2020), 297–99.

187. Doug Palmer and Andrew Restuccia, "Trump, Xi Declare Truce on New Tariffs as Trade Talks Continue," *Politico*, December 1, 2018, www.politico.com/story/2018/12/01/trump-china-xi-jinping-trade-1004954.

188. Davis and Wei, *Superpower Showdown*, 305–6; Bolton, *The Room*, 297–99.

189. Daisuke Wakabayashi and Alan Rappeport, "Huawei C.F.O. Is Arrested in Canada for Extradition to the U.S.," *The New York Times*, December 5, 2018, www.nytimes.com/2018/12/05/business/huawei-cfo-arrest-canada-extradition.html.

190. Steve Stecklow, "Exclusive: Huawei CFO Linked to a Firm That Offered HP Gear to Iran," Reuters, January 31, 2013, www.reuters.com/article/uk-huawei-skycom/exclusive-huawei-cfo-linked-to-firm-that-offered-hp-gear-to-iran-idUKBRE90U0CA20130131; Matthew Goldstein et al, "How a National Security Investigation of Huawei Set Off an International Incident," *The New York Times*, December 14, 2018, www.nytimes.com/2018/12/14/business/huawei-meng-hsbc–canada.html.

191. Paul Mozur, "ZTE Document Raises Questions about Huawei and Sanctions," *The New York Times*, March 18, 2016, www.nytimes.com/2016/03/19/technology/zte-document-raises-questions-about-huawei-and-sanctions.html?module=inline.

192. Goldstein et al, "National Security Investigation of Huawei."

193. Dan Bilefsky, "Massages and Private Shopping Trips Cushion Tycoon's Detention," *The New York Times*, January 14, 2021, www.nytimes.com/2021/01/14/world/canada/canada-meng-huawei-detention.html.

194. Louise Lucas et al., "China Demands Release of Huawei CFO Held on US charges," *Financial Times*, December 6, 2018, www.ft.com/content/10065056-f8e2-11e8-af46-2022a0b02a6c.

195. Steven Lee Myers and Dan Bilefsky, "Second Canadian Arrested in China, Escalating Diplomatic Feud," *The New York Times*, December 12, 2018, www.nytimes.com/2018/12/12/world/asia/michael-spavor-canadian-detained-china.html.

196. Emily Fend, "Huawei's 5G Ambitions Threatened by US Export Ban," *Financial Times*, December 9, 2018, www.ft.com/content/323abb62-f9e1-11e8-af46-2022a0b02a6c.

197. Louise Lucas, James Kynge, and Sue-Lin Wong, "Huawei Warns Ban Set to Hurt 1,200 US suppliers," *Financial Times*, May 29, 2019, www.ft.com/content/84603f22-81d9-11e9-9935-ad75bb96c849.

198. "U.S. Trade with China," Office of Technology Evaluation, Bureau of Industry and Security, U.S. Department of Commerce, 2018, www.bis.doc.gov/index.php/country-papers/2441-2018-statistical-analysis-of-us-trade-with-china-pdf/file.

199. Davis and Wei, *Superpower Showdown*, 296–97.

200. Davis and Wei, *Superpower Showdown*, 321–23.

201. James Kynge et al., "UK and Germany Grow Wary of Huawei as US Turns Up Pressure," *Financial Times*, November 29, 2018, www.ft.com/content/6719b6b2-f33d-11e8-9623-d7f9881e729f.

202. Vicky Xiuzhong Xu, "New Zealand Blocks Huawei, in Blow to Chinese Telecom Giant,"

The New York Times, November 28, 2018, www.nytimes.com/2018/11/28/business/huawei-new-zealand-papua-new-guinea.html.

203. Louise Lucas and James Kynge, "Huawei Continues Global Push Despite Setbacks in West," Financial Times, December 16, 2018, www.ft.com/content/2d86836a-fd2b-11e8-aebf-99e208d3e521.

204. "About Dr. Christopher Ashley Ford," New Paradigms Forum, www.newparadigmsforum.com/about.

205. 저자의 나자크 니카흐타르와의 인터뷰, 2023.

206. "2021 Report to Congress on China's WTO Compliance," United States Trade Representative, February 2022, ustr.gov/sites/default/files/files/Press/Reports/2021USTR%20ReportCongress ChinaWTO.pdf.

207. 저자의 나자크 니카흐타르와의 인터뷰, 2023.

208. Davis and Wei, Superpower Showdown, 14-20.

209. Raymond Zhong, "Huawei's 'Wolf Culture' Helped It Grow, and Got It into Trouble," The New York Times, December 18, 2018, www.nytimes.com/2018/12/18/technology/huawei-workers-iran-sanctions.html.

210. Raymond Zhong, "Huawei's Reclusive Founder Rejects Spying and Praises Trump," The New York Times, January 15, 2019, www.nytimes.com/2019/01/15/technology/huawei-ren-zhengfei.html.

211. Kate Fazzini, "Huawei Takes Out Full-Page WSJ Ad: 'Don't Believe Everything You Hear,'" CNBC, February 28, 2019, www.cnbc.com/2019/02/28/huawei-wsj-full-page-ad-dont-believe-everything-you-hear.html.

212. Lingling Wei, "China Expects 2019 Economic Growth of 6% to 6.5%," The Wall Street Journal, March 4, 2019, www.wsj.com/articles/china-expects-2019-economic-growth-of-6-to-6-5-11551748675; Lingling Wei, "Beijing Drops Contentious 'Made in China 2025' Slogan, but Policy Remains," The Wall Street Journal, March 5, 2019, www.wsj.com/articles/china-drops-a-olicy-the-u-s-dislikes-at-least-in-name-11551795370.

213. "EU-China: A Strategic Outlook," European Commission and HR/VP contribution to the European Council, March 12, 2019, commission.europa.eu/system/files/2019-03/communication-eu-china-a-strategic-outlook.pdf.

214. Colleen Barry, "China's Xi Visits Italy with Belt and Road Deal as Prize," The Associated Press, March 21, 2019, apnews.com/general-news-d3067d9eaf5346ee945f0a043197929d.

215. Bojan Pancevski and Sara Germano, "Drop Huawei or See Intelligence Sharing Pared Back, U.S. Tells Germany," The Wall Street Journal, March 11, 2019, www.wsj.com/articles/drop-huawei-or-see-intelligence-sharing-pared-back-u-s-tells-germany-11552314827; Guy Chazan, "US Setback as Germany Fails to Ban Huawei in 5G Guidelines," Financial Times, March 7, 2019, www.ft.com/content/3dae0df4-40eb-11e9-9bee-efab61506f44.

216. Robert Lighthizer, No Trade Is Free: Changing Course, Taking on China, and Helping America's Workers (New York: HarperCollins, 2023), 176-77; Chris Buckley and Keith Bradsher, "How Xi's Last-Minute Switch on U.S.-China Trade Deal Upended It," The New York Times, May 16, 2019, www.nytimes.com/2019/05/16/world/asia/trade-xi-jinping-trump-china-united-states.html; Davis and Wei, Superpower Showdown, 21, 332.

217. Davis and Wei, Superpower Showdown, 17-18.

218. Donald J. Trump (@realDonaldTrump), "⋯ of additional goods sent to us by China," Twitter,

May 5, 2019, twitter.com/realDonaldTrump/status/1125069836088950784.

219. Sherisse Pham, "The US Just Raised Tariffs on Chinese Goods. China Says It Will Hit Back," CNN, May 10, 2019, www.cnn.com/2019/05/10/business/china-us-tariffs-trade/index.html.

220. Davis and Wei, *Superpower Showdown*, 27; Bolton, *The Room*, 308.

221. Bolton, *The Room*, 308.

43장 잘못된 출발

222. Victor C. Falkenheim, "Jiangxi Province, China," *Encyclopedia Britannica*, November 23, 2023, www.britannica.com/place/Jiangxi; "Jiangxi Soviet," *Encyclopedia Britannica*, November 23, 2023, www.britannica.com/topic/Jiangxi-Soviet.

223. "Long March: Chinese History," *Encyclopedia Britannica*, November 30, 2023, www.britannica.com/event/Long-March.

224. James Griffiths, "China's Latest Trade War Card Isn't as Strong as Beijing Thinks," CNN, May 30, 2019, www.cnn.com/2019/05/21/politics/china-us-trade-war-rare-earths-intl/index.html.

225. Zhou Xin, "Xi Jinping Calls for 'New Long March' in Dramatic Sign That China Is Preparing for Protracted Trade War," *South China Morning Post*, May 21, 2019, www.scmp.com/economy/china-economy/article/3011186/xi-jinping-calls-new-long-march-dramatic-sign-china-preparing; Yun Li, "Xi Jinping Says China Is Embarking on a 'New Long March,' Signaling No End to Trade War Soon," CNBC, May 21, 2019, www.cnbc.com/2019/05/21/xi-jinping-says-china-is-embarking-on-a-new-long-march-signaling-no-end-to-trade-war-soon.html.

226. James T. Areddy, "Xi Jinping Flexes China's Trade Muscle with Visit to Rare-Earths Hub," *The Wall Street Journal*, May 21, 2019, www.wsj.com/articles/xi-jinping-flexes-china-s-trade-muscle-with-visit-to-rare-earths-hub-11558442724.

227. Areddy, "Xi Jinping"; M. Garside, "Rare Earth Elements—Statistics & Facts," Statista, accessed December 18, 2023, www.statista.com/topics/1744/rare-earth-elements/#topicOverview; Xianbin Yao, "China Is Moving Rapidly Up the Rare Earth Value Chain," *Brink News*, August 7, 2022, www.brinknews.com/china-is-moving-rapidly-up-the-rare-earth-value-chain.

228. Lara Seligman, "China Dominates the Rare Earths Market. This U.S. Mine is Trying to Change That," *Politico*, December 14, 2022, www.politico.com/news/magazine/2022/12/14/rare-earth-mines-00071102.

229. Lucy Hornby and Henry Sanderson, "Rare Earths: Beijing Threatens a New Front in the Trade War," *Financial Times*, June 3, 2019, www.ft.com/content/3cd18372-85e0-11e9-a028-86cea8523dc2.

230. Lucy Hornby and Archie Zhang, "China's State Planner Suggests Using Rare Earths in US Trade War," *Financial Times*, May 29, 2019, www.ft.com/content/a0125e6a-8168-11e9-b592-5fe435b57a3b.

231. Hornby and Sanderson, "Rare Earths."

232. Bob Davis and Lingling Wei, *Superpower Showdown: How the Battle Between Trump and Xi Threatens a New Cold War* (New York: Harper Business, 2020), 28.

233. "China's 'Unreliable Entity List' Creates New Countervailing Risks for Companies Navigating U.S.

Sanctions and Long-Arm Enforcement," Morrison & Foerster, October 7, 2020, www.mofo.com/resources/insights/201007-china-mofcom-unreliable-entity-list; Sue-Lin Wong and Nian Liu, "China Threatens to Blacklist 'Non-reliable' Foreign Companies," *Financial Times*, May 31, 2019, www.ft.com/content/a780050e-8392-11e9-9935-ad75bb96c849.

234. Tom Mitchell, "News of China's 'Unreliables List' Spooks Foreign Business," *Financial Times*, June 4, 2019, www.ft.com/content/80d7909c-86a4-11e9-a028-86cea8523dc2.

235. Kate Conger, "China Summons Tech Giants to Warn Against Cooperating with Trump Ban," *The New York Times*, June 8, 2019, www.nytimes.com/2019/06/08/business/economy/china-huawei-trump.html.

236. Angela Moon, "Exclusive: Google Suspends Some Business with Huawei after Trump Blacklist: Source," Reuters, May 20, 2019, www.reuters.com/article/us-huawei-tech-alphabet-exclusive/exclusive-google-suspends-some-business-with-huawei-after-trump-blacklist-source-idUSKCN1SP0NB.

237. Yuen Yang and Siddarth Shrikanth, "Huawei Smartphone Sales Fall as Company Cuts Revenue Forecasts," *Financial Times*, June 17, 2019, www.ft.com/content/cc0563ae-90c8-11e9-aea1-2b1d33ac3271.

238. Louise Lucas, James Kynge, and Sue-Lin Wong, "Huawei Warns Ban Set to Hurt 1,200 US Suppliers," *Financial Times*, May 29, 2019, www.ft.com/content/84603f22-81d9-11e9-9935-ad75bb96c849.

239. Lucas, Kynge, and Wong, "Ban Set to Hurt."

240. Yuan Yang, "Huawei's Sales Rise 23% Despite US Blacklisting," *Financial Times*, July 30, 2019, www.ft.com/content/a15af2e8-b29e-11e9-8cb2-799a3a8cf37b.

241. Alexandra Alper and David Shepardson, "Trump Agrees to Prompt Responses to License Requests for Huawei Sales," Reuters, July 22, 2019, www.reuters.com/article/uk-huawei-tech-usa-idUKKCN1UH1Y0; "Micron Resumes Some Huawei Shipments Despite Trade Blacklist," *South China Morning Post*, June 26, 2019, www.scmp.com/news/china/article/3016079/micron-resumes-some-huawei-shipments-despite-trade-blacklist.

242. Stephen Nellis and Alexandra Alper, "U.S. Chipmakers Quietly Lobby to Ease Huawei Ban," Reuters, June 17, 2019, www.reuters.com/article/us-huawei-tech-usa-lobbying/u-s-chipmakers-quietly-lobby-to-ease-huawei-ban-idUSKCN1TH0VA.

243. Dan Rosso, "Micron President and CEO Sanjay Mehrotra Elected Chair of Semiconductor Industry Association," Semiconductor Industry Association, November 29, 2018, www.semiconductors.org/micron-president-and-ceo-sanjay-mehrotra-elected-chair-of-semiconductor-industry-association. Mehrotra and other U.S. semiconductor CEOs later met with Trump, Ross, Mnuchin, and other top economic officials at the White House. Alexandra Alper and David Shepardson, "Trump Agrees to Prompt Responses to License Requests for Huawei Sales," Reuters, July 22, 2019, www.reuters.com/article/idUSKCN1UH1XW.

244. Kate O'Keeffe and Asa Fitch, "U.S. Targets China's Supercomputing Push with New Export Restrictions," *The Wall Street Journal*, June 21, 2019, www.wsj.com/articles/u-s-targets-chinas-supercomputing-push-with-new-export-restrictions-11561129547.

245. John Bolton, *The Room Where it Happened* (New York: Simon & Schuster, 2020), 308–9.

246. Trump was ready to throw Xi a bone: Davis and Wei, *Superpower Showdown*, 347–48; Bolton, *The Room*, 309; Josh Rogin, *Chaos under Heaven: Trump, Xi, and the Battle for the 21st Century* (Boston: Houghton Mifflin Harcourt, 2021), 163–64.

247. Jon Russell, "Huawei Can Buy from US Suppliers Again—but Things Will Never Be the Same," *TechCrunch*, June 29, 2019, techcrunch.com/2019/06/29/huawei-us-supplier-ban-lifted; "Trump Reverses Course, Lifts Some Sanctions Against Chinese Telecom Firm Huawei," NPR, July 1, 2019, www.npr.org/2019/07/01/737761412/trump-reverses-course-lifts-some-sanctions-against-chinese-telecom-firm-huawei.

248. David Phelan, "Trump Surprises G20 with Huawei Concession: U.S. Companies Can Sell to Huawei," *Forbes*, June 29, 2019, www.forbes.com/sites/davidphelan/2019/06/29/trump-surprises-g20-with-huawei-concession-u-s-companies-can-sell-to-huawei/?sh=608491311e21.

249. Huawei Facts (@HuaweiFacts), "U-turn? Donald Trump Suggests He Would Allow #Huawei to Once Again Purchase U.S. technology! #HuaweiFacts," Twitter, June 29, 2019, twitter.com/HuaweiFacts/status/1144882620804689921?lang=en.

250. Rogin, *Chaos under Heaven*, 163–64.

251. Dan Strumpf, "Ross Spells Out Reprieve for Huawei," *The Wall Street Journal*, July 9, 2019, www.wsj.com/articles/ross-spells-out-reprieve-for-huawei-11562695409.

252. Jeanne Whalen, Joseph Marks, and Ellen Nakashima, "U.S. Approves First Licenses for Tech Sales to Huawei," *The Washington Post*, November 20, 2019, www.washingtonpost.com/technology/2019/11/20/us-said-approve-first-licenses-tech-sales-huawei.

253. Paul Mozur and Cecilia Kang, "U.S. Tech Companies Sidestep a Trump Ban, to Keep Selling to Huawei," *The New York Times*, June 25, 2019, www.nytimes.com/2019/06/25/technology/huawei-trump-ban-technology.html.

254. "Micron Resumes Some Huawei Shipments," *South China Morning Post*.

255. Madhumita Murgia and Nic Fildes, "Huawei Chip Unit Hit as Arm Withdraws Licences," *Financial Times*, May 22, 2019, www.ft.com/content/a566bb84-7c88-11e9-81d2-f785092ab560; Chaim Gartenberg, "ARM Will Continue to License Chip Architecture to Huawei After All," *The Verge*, October 25, 2019, www.theverge.com/2019/10/25/20932096/arm-license-chip-architecture-huawei-trump-trade-ban-uk-us.

256. Yuan Yang and Daniel Shane, "Huawei Sees Growth in Revenues and 5G Contracts Despite US Ban," *Financial Times*, October 16, 2019, www.ft.com/content/5f3c7f68-efdd-11e9-ad1e-4367d8281195.

257. Yang and Shane, "Huawei sees growth"; Jill Disis, "Huawei's Smartphone Sales and 5G Business Stay Strong Despite US Hostility," CNN, www.cnn.com/2019/10/16/tech/huawei-earnings-us-china-trade-war/index.html.

44장 백도어 그리고 배신

258. Bob Davis and Lingling Wei, *Superpower Showdown: How the Battle Between Trump and Xi Threatens a New Cold War* (New York: Harper Business, 2020), 360–61.

259. Karishma Vaswani, "Huawei: The Story of a Controversial Company," *BBC News*, March 6, 2019, www.bbc.co.uk/news/resources/idt-sh/Huawei; Ghalia Kadiri and Joan Tilouine, "A Addis-Abeba, le siège de l'Union africaine espionné par Pékin," *Le Monde*, January 26, 2018, www.lemonde.fr/afrique/article/2018/01/26/a-addis-abeba-le-siege-de-l-union-africaine-espionne-par-les-chinois_5247521_3212.html; John Aglionby, Emily

Feng, and Yuan Yang, "African Union Accuses China of Hacking Headquarters," *Financial Times*, January 29, 2018, www.ft.com/content/c26a9214-04f2-11e8-9650-9c0ad2d7c5b5; Nick Statt, "China Denies Claims It Built Backdoors into Africa Union's Headquarters for Spying," *The Verge*, July 29, 2018, www.theverge.com/2018/1/29/16946802/china-african-union-spying-hq-cybersecurity-computers-backdoors-espionage.

260. Bojan Pancevski, "U.S. Officials Say Huawei Can Covertly Access Telecom Networks," *The Wall Street Journal*, February 12, 2020, www.wsj.com/articles/u-s-officials-say-huawei-can-covertly-access-telecom-networks-11581452256; Bethany Allen-Ebrahimian, "Huawei Equipment Has Secret 'Back Doors,' U.S. Officials Claim," *Axios*, February 11, 2020, www.axios.com/2020/02/11/huawei-equipment-has-secret-back-doors-us-says.

261. Jason Healey, "Five Jeez: Five Security Arguments Against Huawei 5G," Council on Foreign Relations, September 4, 2019, www.cfr.org/blog/five-security-arguments-against-huawei-5g; Andreas Becker, "Huawei Technology Is a Matter of Faith," *Deutsche Welle*, February 6, 2019, www.dw.com/en/using-huawei-technology-is-a-matter-of-faith/a-47390624.

262. Davis and Wei, *Superpower Showdown*, 360–61.

263. Davis and Wei, *Superpower Showdown*, 360–61. 이후에 포팅어는 다시 이 비교를 공개적으로 강조한 바 있다. 다음을 보라. Raisina Dialogue (@raisinadialogue), "Matthew Pottinger of @WHNSC on the Tech Wars and Huawei," Twitter, January 16, 2020, twitter.com/raisinadialogue/status/1217814743823466497.

264. Davis and Wei, *Superpower Showdown*, 361.

265. Anne Morris, "Huawei Faces an Uncertain 5G Future in Germany," *Fierce Wireless*, September 26, 2023, www.fiercewireless.com/5g/huawei-faces-uncertain-5g-future-germany.

266. Jon Russell, "Huawei Can Buy from US Suppliers Again—but Things Will Never Be the Same," *TechCrunch*, June 29, 2019, https://techcrunch.com/2019/06/29/huawei-us-supplier-ban-lifted.

267. John H. Henshaw, "The Origins of CoCom: Lessons for Contemporary Proliferation Control Regimes," Henry L. Stimson Center, May 1993, www.stimson.org/wp-content/files/file-attachments/Report7_1.pdf.

268. Jonathan Swan, "Scoop: Trump Tells Macron the EU Is 'Worse' Than China," *Axios*, June 10, 2018, www.axios.com/2018/06/10/donald-trump-emmanuel-macron-eu-worse-than-china-trade-tariffs.

269. "The History and Limits of America's Favourite New Economic Weapon," *The Economist*, February 8, 2023, www.economist.com/united-states/2023/02/08/the-history-and-limits-of-americas-favourite-new-economic-weapon.

270. Saif M. Khan, "The Semiconductor Supply Chain: Assessing National Competitiveness," Center for Security and Emerging Technology, January 2021, cset.georgetown.edu/publication/the-semiconductor-supply-chain.

271. Cheng Ting-Fang and Lauly Li, "TSMC Halts New Huawei Orders after US Tightens Restrictions," *Nikkei Asia*, May 18, 2020, https://asia.nikkei.com/Spotlight/Huawei-crackdown/TSMC-halts-new-Huawei-orders-after-US-tightens-restrictions.

272. Ting-Fang and Li, "TSMC Halts New Huawei Orders."

273. Pancevski, "Huawei Can Covertly Access Telecom Networks"; Allen-Ebrahimian, "Huawei Equipment Has Secret 'Back Doors.'"

274. Pancevski, "Huawei Can Covertly Access Telecom Networks."

275. Katrin Bennhold and Jack Ewing, "In Huawei Battle, China Threatens Germany 'Where It Hurts': Automakers," *The New York Times*, January 16, 2020, www.nytimes.com/2020/01/16/world/europe/huawei-germany-china-5g-automakers.html.

276. Pancevski, "Huawei Can Covertly Access Telecom Networks."

277. Andrew Small, *No Limits: The Inside Story of China's War with the West* (London: C. Hurst & Co., 2022), 76.

278. Bennhold and Ewing, "China Threatens Germany."

279. "A Tweet from the Houston Rockets GM—'Fight for Freedom. Stand with Hong Kong.'—Angers China," *Chicago Tribune*, October 7, 2019, www.chicagotribune.com/sports/breaking/ct-houston-rockets-gm-tweet-china-20191006-qv2y4m7xvvhopafbnlvkrxb7cu-story.html.

280. Daniel Victor, "Hong Kong Protests Put N.B.A. on Edge in China," *The New York Times*, October 7, 2019, www.nytimes.com/2019/10/07/sports/basketball/nba-china-hong kong.html.

281. Kurt Helin, "NBA Loses Hundreds of Millions of Dollars in China, May Return to Play Preseason Games in 2020," *NBC Sports*, February 16, 2020, www.nbcsports.com/nba/news/nba-loses-hundreds-of-millions-of-dollars-in-china-may-return-to-play-preseason-games-in-2020.

282. "Using Huawei in UK 5G Network 'Madness,' Says US," *BBC News*, January 13, 2020, www.bbc.com/news/business-51097474.

283. Natasha Lomas, "Freshly Elected as UK's Next PM, Boris Johnson Pledges Full Fiber Broadband Bonanza," *Tech Crunch*, July 23, 2019, techcrunch.com/2019/07/23/freshly-elected-as-uks-next-pm-boris-johnson-pledges-full-fiber-broadband-bonanza.

284. Small, *No Limits*, 118.

285. Josh Rogin, "Congress Warns Britain to Stay Away from Huawei," *The Washington Post*, January 27, 2020, www.washingtonpost.com/opinions/2020/01/27/congress-warns-britain-stay-away-huawei.

286. Daniel Lippman and Nahal Toosi, "Boris and Donald: A Very Special Relationship," *Politico*, December 12, 2019, www.politico.com/news/2019/12/12/trump-boris-johnson-relationship-083732; David Smith, "Trump Hails 'Good Man' Boris Johnson and Says of UK: 'They Like Me over There,' *The Guardian*, July 23, 2019, www.theguardian.com/us-news/2019/jul/23/trump-boris-johnson-britain-trump-uk-prime-minister; "Trump Speaks with British PM Johnson about Telecoms Security—White House," Reuters, January 24, 2020, www.reuters.com/article/usa-trump-johnson-idCNW1N28T00D.

287. John T. Bennett, "White House Refuses to Deny Trump Accused Boris Johnson of 'Betrayal' in Angry Phone Call over Huawei Decision," *The Independent*, February 24, 2020, www.independent.co.uk/news/world/americas/us-politics/trump-boris-johnson-huawei-5g-phone-call-white-house-a9355506.html.

288. cArjun Kharpal, "Huawei Allowed Limited Access to UK's 5G Networks as Britain Defies US Pressure," CNBC, January 28, 2020, www.cnbc.com/2020/01/28/huawei-uk-chinese-firm-allowed-limited-access-to-uk-5g-network.html.

289. Nicholas Fandos and Michael D. Shear, "Trump Impeachment for Abuse of Power and Obstruction of Congress," *The New York Times*, December 18, 2019, www.nytimes.com/2019/12/18/us/politics/trump-impeached.html.

290. Nancy Pelosi, "Remarks at Munich Security Conference" (speech, Munich, Germany, February 14, 2020), Office of Congresswoman Pelosi, pelosi.house.gov/news/press-releases/speaker-pelosi-remarks-at-munich-security-conference.

291. Pelosi, "Remarks at Munich Security Conference."

292. Michael R. Pompeo, "Remarks at the Munich Security Conference" (speech, Munich, Germany, February 15, 2020), U.S. Mission to the European Union, useu.usmission.gov/secretary-pompeo-remarks-at-the-munich-security-conference.

293. Mark T. Esper, "Remarks by Secretary of Defense Mark T. Esper at the Munich Security Conference" (speech, Munich, Germany, February 15, 2020), U.S. Department of Defense, www.defense.gov/News/Speeches/Speech/Article/2085577/as-prepared-remarks-by-secretary-of-defense-mark-t-esper-at-the-munich-security.

294. David E. Sanger and David McCabe, "Huawei Is Winning the Argument in Europe, as the U.S. Fumbles to Develop Alternatives," *The New York Times*, February 17, 2020, www.nytimes.com/2020/02/17/us/politics/us-huawei-5g.html; Rob Schmitz, hosted by Leila Fadel, "U.S. Pressures Europe to Find Alternatives to Huawei," *All Things Considered* (podcast), NPR, February 15, 2020, www.npr.org/2020/02/15/806366021/europe-pressures-u-s-to-back-low-cost-alternative-to-huawei.

295. Lauly Li and Cheng T ing-Fang, "Huawei Claims over 90 Contracts for 5G, Leading Ericsson," *Nikkei Asia*, February 21, 2020, asia.nikkei.com/Business/China-tech/Huawei-claims-over-90-contracts-for-5G-leading-Ericsson.

296. Kelvin Chan, "US Suffers Setbacks in Effort to Ban Chinese Tech Company," *Yahoo News*, February 26, 2019, www.yahoo.com/lifestyle/huawei-exec-pokes-fun-us-093808388.html.

297. Alicia Parlapiano, "Comparing Two Secret Surveillance Programs," *The New York Times*, June 7, 2013, archive.nytimes.com/www.nytimes.com/interactive/2013/06/07/us/comparing-two-secret-surveillance-programs.html; Richard Lempert, "PRISM and Boundless Informant: Is NSA Surveillance a Threat?" The Brookings Institution, June 13, 2013, www.brookings.edu/articles/prism-and-boundless-informant-is-nsa-surveillance-a-threat.

298. Andrea Huspeni, "At DocuSign, Keith Krach Continues His Epic 16-Y ear Quest to Reinvent the Business World," *Business Insider*, July 13, 2012, www.businessinsider.com/keith-krach-docusign-future-2012-7.

299. John D. Stoll, "Goodbye Lee Iacocca and the Era When Car Business Was King," *The Wall Street Journal*, July 4, 2019, www.wsj.com/articles/goodbye-lee-iacocca-and-the-era-when-car-business-was-king-11562248810.

300. "The Clean Network," Keith Krach, November 2020, keithkrach.com/presentation/clean-network-overview-public-version.

301. Meg Rithmire and Courtney Han, "The Clean Network and the Future of Global Technology Competition," *Harvard Business School*, April 2021, www.hbs.edu/faculty/Pages/item.aspx?num=60084.

302. Lawrence Wright, "The Plague Year," *The New Yorker*, December 28, 2020, www.

newyorker.com/magazine/2021/01/04/the-plague-year.

303. Josh Rogin, *Chaos under Heaven: Trump, Xi, and the Battle for the 21st Century* (Boston: Houghton Mifflin Harcourt, 2021), 257–59.

304. "China's Xi Tells Trump No Effort Spared in Coronavirus Fight," Reuters, February 6, 2020, www.reuters.com/article/us-china-health-xi-trump/chinas-xi-tells-trump-no-effort-spared-in-coronavirus-fight-idINKBN2010CZ.

305. Will Feuer and Noah Higgins-Dunn, "A Year Later, Trump's '15 Days to Slow the Spread' Campaign Shows How Little We Knew about Covid," CNBC, March 16, 2021, www.cnbc.com/2021/03/16/covid-a-year-later-trumps-15-days-to-slow-the-spread-pledge-shows-how-little-we-knew.html.

306. Nathaniel Taplin, "Why the Richest Country on Earth Can't Get You a Face Mask," *The Wall Street Journal*, April 1, 2020, www.wsj.com/articles/why-the-richest-country-on-earth-cant-get-you-a-face-mask-11585741254.

307. Zeynep Tufekci, "Why Telling People They Don't Need Masks Backfired," *The New York Times*, March 17, 2020, www.nytimes.com/2020/03/17/opinion/coronavirus-face-masks.html.

308. Peter Hessler, "How China Controlled the Coronavirus," *The New Yorker*, August 10, 2020, www.newyorker.com/magazine/2020/08/17/how-china-controlled-the-coronavirus.

309. Rogin, *Chaos under Heaven*, 265–66.

310. "US Warned Not to Squeeze Huawei," *Global Times*, March 11, 2020, www.globaltimes.cn/content/1182273.shtml.

311. "China Punishes Australia for Promoting an Inquiry into COVID-19," *The Economist*, May 21, 2020, www.economist.com/asia/2020/05/21/china-punishes-australia-for-promoting-an-inquiry-into-covid-19.

312. "How Sweden Copes with Chinese Bullying," *The Economist*, February 20, 2020, www.economist.com/europe/2020/02/20/how-sweden-copes-with-chinese-bullying; Rush Doshi, *The Long Game: China's Grand Strategy to Displace American Order* (New York: Oxford University Press, 2021), 277–78.

313. Benn Steil and Benjamin Della Rocca, "Tariffs and the Trade Balance: How Trump Validated His Critics," Council on Foreign Relations, April 21, 2021, www.cfr.org/blog/tariffs-and-trade-balance-how-trump-validated-his-critics.

314. Katie Bo Lillis, "CNN Exclusive: FBI Investigation Determined Chinese-made Huawei Equipment Could Disrupt US Nuclear Arsenal Communications," CNN, July 25, 2022, www.cnn.com/2022/07/23/politics/fbi-investigation-huawei-china-defense-department-communications-nuclear/index.html.

315. William P. Barr, "Keynote Address at the Department of Justice's China Initiative Conference," U.S. Department of Justice, February 6, 2020, www.justice.gov/opa/speech/attorney-general-william-p-barr-delivers-keynote-address-department-justices-china.

316. Ana Swanson, "U.S. Delivers Another Blow to Huawei with New Tech Restrictions," *The New York Times*, May 15, 2020, www.nytimes.com/2020/05/15/business/economy/commerce-department-huawei.html; U.S. Department of Commerce, "Commerce Addresses Huawei's Efforts to Undermine Entity List, Restricts Products Designed and Produced with U.S. Technologies," May 15, 2020, 2017-2021.commerce.gov/news/press-releases/2020/05/commerce-addresses-huaweis-efforts-undermine-entity-list-restricts.html.

317. Chris Miller, "Just How Badly Does Apple Need China?" *The Atlantic*, December 28, 2022, www.theatlantic.com/technology/archive/2022/12/tsmc-apple-memory-chip-production-us-china-taiwan-relations/672593.

318. Kathrin Hille and Kiran Stacey, "TSMC Falls into Line with US Export Controls on Huawei," *Financial Times*, June 9, 2020, www.ft.com/content/bad129d1-4543-4fe3-9ecb-15b3c917aca4.

319. Don Clark and Ana Swanson, "T.S.M.C. Is Set to Build a U.S. Chip Facility, a Win for Trump," *The New York Times*, May 14, 2020, www.nytimes.com/2020/05/14/technology/trump-tsmc-us-chip-facility.html; Debby Wu, "TSMC Scores Subsidies and Picks Site for $12 Billion U.S. Plant," *Bloomberg*, June 9, 2020, www.bloomberg.com/news/articles/2020-06-09/tsmc-confident-of-replacing-any-huawei-orders-lost-to-u-s-curbs; Virginia Heffernan, "I Saw the Face of God in a Semiconductor Factory," *Wired*, March 21, 2023, www.wired.com/story/i-saw-the-face-of-god-in-a-tsmc-factory.

320. Helen Warrell and Nic Fildes, "UK Review of Huawei Eyes Impact of US Sanctions," *Financial Times*, May 31, 2020, www.ft.com/content/9e581ace-69ec-4a42-81c3-c28d2bb40aa1.

321. Matt Mathers, "What Has Boris Johnson Said about Trump?" *The Independent*, January 19, 2021, www.independent.co.uk/news/uk/politics/boris-johnson-donald-trump-comments-b1789384.html.

322. Nic Fildes and Helen Warrell, "Huawei Calls for UK to Grant Stay of Execution," *Financial Times*, July 8, 2020, www.ft.com/content/305692fe-661f-4125-a6ed-9365ac7359a2.

323. Fildes and Warrell, "Huawei Calls."

324. Fildes and Warrell, "Huawei Calls."

325. "Media Statement on Foreign Direct Product Rule Changes Made by US Government," Huawei, May 2019, www.huawei.com/nl/facts/voices-of-huawei/media-statement-on-foreign-direct-product-rule-changes-made-by-us-government.

326. Kathrin Hille, "Huawei Says New US Sanctions Put Its Survival at Stake," *Financial Times*, May 18, 2020, www.ft.com/content/3c532149-94b2-4023-82e0-b51190dc2c46.

327. "Russia Signs Deals with China to Help Weather Sanctions," CNBC, October 13, 2014, www.cnbc.com/2014/10/13/russia-signs-deals-with-china-to-help-weather-sanctions.html.

328. Gabriel Wildau, "China Launch of Renminbi Payments System Reflects Swift Spying Concerns," *Financial Times*, October 8, 2015, www.ft.com/content/84241292-66a1-11e5-a155-02b6f8af6a62.

329. "Media Statement," Huawei.

330. Arjun Kharpal, "Chinese Social Media Users Are Rallying Behind Huawei. Some Say They're Switching from Apple," CNBC, May 21, 2019, www.cnbc.com/2019/05/22/chinese-social-media-users-are-rallying-behind-huawei.html.

331. Helen Davidson, Vincent Ni, and Leyland Cecco, "Meng Wanzhou: 'Princess of Huawei' Who Became the Face of a High-Stakes Dispute," *The Guardian*, August 19, 2021, www.theguardian.com/technology/2021/aug/19/meng-wanzhou-huawei-profile-china-canada-us-dispute.

332. David Kirton, "Huawei Warns China Will Strike Back Against New U.S. Restrictions," Reuters, March 31, 2020, www.reuters.com/article/us-huawei-results/huawei-warns-china-will-

strike-back-against-new-u-s-restrictions-idUSKBN21I0YS.

333. Kevin Yao, "What We Know about China's 'Dual Circulation' Economic Strategy," Reuters, September 8, 2020, www.reuters.com/article/china-economy-transformation-explainer-idUSKBN2600B5.

334. "China's Got a New Plan to Overtake the U.S. in Tech," *Bloomberg*, May 20, 2020, www.bloomberg.com/news/articles/2020-05-20/china-has-a-new-1-4-trillion-plan-to-overtake-the-u-s-in-tech; Hal Brands and Michael Beckley, *Danger Zone: The Coming Conflict with China* (New York: W. W. Norton & Company, 2022), 111–12.

335. Laura Hughes and Helen Warrell, "China Envoy Warns of 'Consequences' if Britain Rejects Huawei," *Financial Times*, July 6, 2020, www.ft.com/content/3d67d1c1-98ff-439a-90a1-099c18621ee9.

336. Hughes and Warrell, "China Envoy Warns."

337. Small, *No Limits*, 124.

338. Linda Hardesty, "U.S. Secretary of State Names Non-Huawei Telcos He Considers 'Clean,'" *Fierce Wireless*, June 25, 2020, www.fiercewireless.com/operators/u-s-secretary-state-names-non-huawei-telcos-he-considers-clean.

339. Chris Buckley, Keith Bradsher, and Tiffany May, "New Security Law Gives China Sweeping Powers over Hong Kong," *The New York Times*, June 29, 2020, www.nytimes.com/2020/06/29/world/asia/china-hong-kong-security-law-rules.html.

340. "Hong Kong National Security Law: What Is It and Is It Worrying?" *BBC News*, June 28, 2022, www.bbc.com/news/world-asia-china-52765838.

341. Ryan Browne, "UK Says It Will Ban China's Huawei from 5G Networks in Major U-turn," CNBC, July 14, 2020, www.cnbc.com/2020/07/14/uk-says-it-will-phase-out-huawei-from-5g-networks-in-major-u-turn.html.

342. George Parker et al., "UK Orders Ban of New Huawei Equipment from End of Year," *Financial Times*, July 14, 2020, www.ft.com/content/997da795-e088-467e-aa54-74f76c321a75.

343. Dan Strumpf, "U.S. Tightens Restrictions on Huawei's Access to Chips," *The Wall Street Journal*, August 17, 2020, www.wsj.com/articles/commerce-department-tightens-restrictions-on-huaweis-access-to-chips-11597671747; "Addition of Huawei Non-U.S. Affiliates to the Entity List, the Removal of Temporary General License, and Amendments to General Prohibition Three (Foreign-Produced Direct Product Rule)," Bureau of Industry and Security, U.S. Department of Commerce, *Federal Register* 85 (August 20, 2020): 51596–629, www.federalregister.gov/documents/2020/08/20/2020-18213/addition-of-huawei-non-us-affiliates-to-the-entity-list-the-removal-of-temporary-general-license-and.

344. Kathrin Hille, Edward White, and Kana Inagaki, "Chip and Phone Supply Chain Shaken as Huawei Faces Mortal Threat," *Financial Times*, August 18, 2020, www.ft.com/content/bdd2a70f-ecd2-4aff-b6c7-c0624bfdeebb.

345. "Taiwan's MediaTek Pushes for Permission to Supply Huawei after U.S. Curbs," Reuters, August 28, 2020, www.reuters.com/article/us-usa-huawei-mediatek/taiwans-mediatek-pushes-for-permission-to-supply-huawei-after-u-s-curbs-idUSKBN25O0SG; Adi Robertson, "Samsung Reportedly Cutting off Chip Sales to Huawei," *The Verge*, September 8, 2020, www.theverge.com/2020/9/8/21427769/samsung-huawei-trump-us-sanctions-end-trade-chip-semiconductors; Andrew Salmon, "Samsung Turns Away from Huawei," *Asia Times*, September 9, 2020, asiatimes.com/2020/09/samsung-turns-away-from-huawei.

346. Ryan McMorrow and Qianer Liu, "Huawei Employees Worry about Lay-offs after Tougher US Sanctions," *Financial Times*, August 20, 2020, www.ft.com/content/1fccedf5-bf88-45fe-9a39-2ac378571693.

347. Hille, White, and Inagaki, "Chip and Phone Supply Chain Shaken."

348. Yuan Yang, "Huawei's Revenue Growth Slows as US Tightens Sanctions," *Financial Times*, October 23, 2020, www.ft.com/content/8e97a705-026b-4f7c-a2f5-408b4af98dd6.

349. James Kynge, "Huawei Suffers Biggest-Ever Decline in Revenue after US Blacklisting," *Financial Times*, August 6, 2021, www.ft.com/content/dc170be7-262e-4616-9ef9-2a49c611c26b; Kathrin Hille, Eleanor Olcott, and James Kynge, "US-China Business: The Necessary Reinvention of Huawei," *Financial Times*, September 28, 2021, www.ft.com/content/9e98a0db-8d0a-4f78-90d3-25bfebcf3ac9.

350. Mercedes Ruehl, Eli Meixler, and Kenji Kawase, "Huawei Delays Production of Flagship Phone after US Sanctions," *Financial Times*, June 17, 2020, www.ft.com/content/38a50d25-5604-4a14-bf54-d8942dec5e69; Lauly Li and Kenji Kawase, "Huawei and ZTE Slow Down China 5G Rollout as US Curbs Start to Bite," *Financial Times*, August 23, 2020, www.ft.com/content/797e7ee3-f8a1-4f31-bfa4-5d7c1b727172.

351. Kathrin Hille, Qianer Liu, and Kiran Stacey, "Huawei Focuses on Cloud Computing to Secure Its Survival," *Financial Times*, August 30, 2020, www.ft.com/content/209aa050-6e9c-4ba0-b83c-ac8df0bb4f86.

47장 철의 장막

352. Matt Pottinger, "Remarks by Deputy National Security Advisor Matt Pottinger to London-based Policy Exchange" (videoconference, Washington, D.C., October 23, 2020), National Security Council, trumpwhitehouse.archives.gov/briefings-statements/remarks-deputy-national-security-advisor-matt-pottinger-london-based-policy-exchange; Matt Pottinger, "The Importance of Being Candid: On China's Relationship with the Rest of the World" (videoconference, Washington, D.C., October 23, 2020), *Policy Exchange*, policyexchange.org.uk/events/the-importance-of-being-candid-on-chinas-relationship-with-the-rest-of-the-world.

353. Pottinger, "Remarks by Deputy National Security Advisor Matt Pottinger."

354. Pottinger, "Remarks by Deputy National Security Advisor Matt Pottinger."

355. "United States-China Phase One Trade Agreement," Office of the United States Trade Representative, January 15, 2020, ustr.gov/phase-one; "What's in the U.S. China Phase 1 Trade Deal," Reuters, January 15, 2020, www.reuters.com/article/idUSKBN1ZE2IF.

356. Yen Nee Lee, "China Failed to Buy Agreed Amounts of U.S. Goods under 'Phase One' Trade Deal, Data Shows," CNBC, January 22, 2021, www.cnbc.com/2021/01/22/china-failed-to-buy-agreed-amounts-of-us-goods-in-phase-one-trade-deal-data.html; Chad P. Bown, "Anatomy of a Flop: Why Trump's US-China Phase One Trade Deal Fell Short," Peterson Institute for International Economics, February 8, 2021, www.piie.com/blogs/trade-and-investment-policy-watch/anatomy-flop-why-trumps-us-china-phase-one-trade-deal-fell; Chad P. Bown, "US-China Phase One Tracker: China's Purchases of US Goods," Peterson Institute for International Economics, July 19, 2022, www.piie.com/research/piie-charts/us-

china-phase-one-tracker-chinas-purchases-us-goods; "Trade in Goods with China," U.S. Census Bureau, www.census.gov/foreign-trade/balance/c5700.html.

357. "Export Control Licensing Decisions for Huawei (November 9, 2020–April 20, 2021)," Committee on Foreign Relations, House of Representatives, U.S. Congress, 117th Cong., 1st sess., foreignaffairs.house.gov/wp-content/uploads/2021/10/Huawei-Licensing-Information.pdf.

358. Joe McDonald and Zen Soo, "Why Does US See Chinese-owned TikTok as a Security Threat?" The Associated Press, March 24, 2023, apnews.com/article/tiktok-bytedance-shou-zi-chew-8d8a6a9694357040d484670b7f4833be; John D. McKinnon and Stu Woo, "The Billionaire Keeping TikTok on Phones in the U.S.," The Wall Street Journal, September 20, 2023, www.wsj.com/politics/policy/jeff-yass-tiktok-bytedance-ban-congress-15a41ec4.

359. Kelvin Chan and Haleluya Hadero, "Why TikTok's Security Risks Keep Raising Fears," The Associated Press, March 23, 2023, apnews.com/article/tiktok-ceo-shou-zi-chew-security-risk-cc36f36801d84fc0652112fa461ef140.

360. Nicole Sperling, "Trump Officially Orders TikTok's Chinese Owner to Divest," The New York Times, August 14, 2020, www.nytimes.com/2020/08/14/business/tiktok-trump-bytedance-order.html.

361. Erin Griffith and David McCabe, "'There's No There There': What the TikTok Deal Achieved," The New York Times, September 20, 2020, www.nytimes.com/2020/09/20/technology/tiktok-trump-victory.html.

362. Donald J. Trump, "Executive Order 13942, Addressing the Threat Posed by TikTok, and Taking Additional Steps to Address the National Emergency with Respect to the Information and Communications Technology and Services Supply Chain," The White House, August 6, 2020, www.federalregister.gov/documents/2020/08/11/2020-17699/addressing-the-threat-posed-by-tiktok–and-taking-additional-steps-to-address-the-national-emergency.

363. Bobby Allyn, "U.S. Judge Halts Trump's TikTok Ban, Hours Before It Was Set to Start," NPR, September 27, 2020, www.npr.org/2020/09/27/917452668/u-s-judge-halts-trumps-tiktok-ban-hours-before-it-was-set-to-start.

364. Marland v. Trump, 498 F. Supp. 3d 624 (E.D. Pa. 2020).

365. John D. McKinnon, "TikTok Ban Faces Obscure Hurdle: The Berman Amendments," The Wall Street Journal, January 29, 2023, www.wsj.com/articles/tiktok-ban-faces-obscure-hurdle-the-berman-amendments-11674964611.

366. Kathrin Hille and Robin Kwong, "Richard Chang Quits as SMIC Chief," Financial Times, November 10, 2009, www.ft.com/content/ad029ec2-cda5-11de-8162-00144feabdc0; Chris Miller, Chip War: The Fight for the World's Most Critical Technology (New York: Scribner, 2022), 180–81.

367. Yuan Yang and Nian Liu, "SMIC Scores Mainland China's Biggest Listing in a Decade," Financial Times, July 16, 2020, www.ft.com/content/6a87d390-fdad-43c7-8ff9–c99f3b94294c.

368. Edward White and Kana Inagaki, "China Starts 'Surgical' Retaliation against Foreign Companies after US-led Tech Blockade," Financial Times, April 16, 2023, www.ft.com/content/fc2038d2-3e25-4a3f-b8ca-0ceb5532a1f3.

369. "Blue Heron: Semiconductor Manufacturing International Corporation," SOS International, August 2020, www.jcapitalresearch.com/uploads/2/0/0/3/20032477/blue_heron_smic_footnoted.pdf.

370. Yuan Yang, Kathrin Hille, Qianer Liu, "China's Biggest Chipmaker SMIC Hit by US Sanctions,"

Financial Times, September 27, 2020, www.ft.com/content/7325dcea-e327-4054-9b24-7a12a6a2cac6.

371. Ryan McMorrow and Nian Liu, "Shares in China's Top Chipmaker SMIC Fall after US Blacklisting," *Financial Times*, September 28, 2020, www.ft.com/content/6f513d88-1aad-4195-889e-d909411da0f4.

372. Miller, *Chip War*, 230.

373. Cheng Ting-Fang and Lauly Li, "Exclusive: ASML Chip Tool Delivery to China Delayed amid US Ire," *Nikkei Asia*, November 6, 2019, asia.nikkei.com/Economy/Trade-war/Exclusive-ASML-chip-tool-delivery-to-China-delayed-amid-US-ire; Toby Sterling, "ASML Sees No Financial Impact from Delay to Chinese Order for EUV Machine," Reuters, January 22, 2020, www.reuters.com/article/asml-china/asml-sees-no-financial-impact-from-delay-to-chinese-order-for-euv-machine-idUKA5N29400B.

374. James Politi, Demetri Sevastopulo, and Hudson Lockett, "US Adds China's Largest Chipmaker to Export Blacklist," *Financial Times*, December 18, 2020, www.ft.com/content/7dcc105e-986b-4768-9239-9f8fa9073b53.

375. "Addition of Entities to the Entity List, Revision of Entry on the Entity List, and Removal of Entities from the Entity List," Bureau of Industry and Security, U.S. Department of Commerce, *Federal Register* 85 (December 22, 2020): 83416–32, www.federalregister.gov/documents/2020/12/22/2020-28031/addition-of-entities-to-the-entity-list-revision-of-entry-on-the-entity-list-and-removal-of-entities.

376. Donald J. Trump, "Executive Order Addressing the Threat from Securities Investments That Finance Communist Chinese Military Companies," The White House, November 12, 2020, trumpwhitehouse.archives.gov/presidential-actions/executive-order-addressing-threat-securities-investments-finance-communist-chinese-military-companies; Gordon Lubold and Dawn Lim, "Trump Bars Americans from Investing in Firms That Help China's Military," *The Wall Street Journal*, November 12, 2020, www.wsj.com/articles/trump-bars-americans-from-investing-in-firms-that-help-chinas-military-11605209431; U.S. Secretary of Defense, "Qualifying Entities Prepared in Response to Section 1237 of the National Defense Authorization Act for Fiscal Year 1999 (Public Law 105-261)," June 12, 2020, media.defense.gov/2020/Aug/28/2002486659/-1/-1/1/LINK_2_1237_TRANCHE_1_QUALIFIYING_ENTITIES.PDF.

377. "Commerce Adds China National Offshore Oil Corporation to the Entity List and Skyrizon to the Military End-User List," U.S. Department of Commerce, January 14, 2021, 2017-2021.commerce.gov/news/press-releases/2021/01/commerce-adds-china-national-offshore-oil-corporation-entity-list-and.html.

378. Kaitlan Collins et al., "Trump's Deputy National Security Adviser Resigns as Other Top Officials Consider Quitting over Capitol Riot," CNN, January 7, 2021, www.cnn.com/2021/01/06/politics/national-security-adviser-resigns-trump-protest/index.html.

379. Alexandra Alper and Humeyra Pamuk, "Trump Administration Shelves Planned Investment Ban on Alibaba, Tencent, Baidu: Sources," Reuters, January 13, 2021, www.reuters.com/article/us-usa-trump-china-tech/trump-administration-shelves-planned-investment-ban-on-alibaba-tencent-baidu-sources-idUSKBN29I2RW.

380. Iman Ghosh, "How China Overtook the U.S. as the World's Major Trading Partner," *Visual Capitalist*, January 22, 2020, www.visualcapitalist.com/china-u-s-worlds-trading-partner.

381. 저자의 맷 포팅어와의 인터뷰, 2023.

382. "US 2020 Election: The Economy under Trump in Six Charts," *BBC News*, November 3, 2020, www.bbc.com/news/world-45827430.

383. Lingling Wei, "Chinese Leaders Split over Releasing Blacklist of U.S. Companies," *The Wall Street Journal*, September 21, 2020, www.wsj.com/articles/chinese-leaders-split-over-releasing-blacklist-of-u-s-companies-11600708688.

384. "Foreign Ministry Spokesperson Announces Sanctions on Pompeo and Others," Ministry of Foreign Affairs of the People's Republic of China, January 20, 2021, www.fmprc.gov.cn/mfa_eng/xwfw_665399/s2510_665401/2535_665405/202101/t20210120_697094.html.

385. 저자의 맷 포팅어와의 인터뷰, 2023.

386. "ZTE Corporation Pleads Guilty for Violating U.S. Sanctions by Sending U.S.-Origin Items to Iran," U.S. Department of Justice, March 22, 2017, www.justice.gov/opa/pr/zte-corporation-pleads-guilty-violating-us-sanctions-sending-us-origin-items-iran.

387. "About Commerce," U.S. Department of Commerce, www.commerce.gov/about.

388. "The People's Republic of China: China Trade & Investment Summary," Office of the United States Trade Representative, ustr.gov/countries-regions/china-mongolia-taiwan/peoples-republic-china; Ken Roberts, "China Is No. 1 Trade Partner Again Thanks to (Wait for It) U.S. Exports," *Forbes*, February 25, 2021, www.forbes.com/sites/kenroberts/2021/02/25/china-is-no-1-trade-partner-again-thanks-to-wait-for-it-us-exports.

389. Robbie Gramer and Dan De Luce, "State Department Scraps Sanctions Office," *Foreign Policy*, October 26, 2017, foreignpolicy.com/2017/10/26/state-department-scraps-sanctions-office; 2020년 12월, 미국 의회는 코로나19 구제 및 예산 종합 지출 법안에 포함하는 방식으로 국무부 제재조정실을 부활시켰다. 이 법안은 도널드 트럼프 당시 대통령이 서명해 발효되었다. 다음을 보라. "Consolidated Appropriations Act, 2021," H.R. 133, 116th Cong., 2nd sess., sec. 361, Office of Sanctions Coordination, accessed July 10, 2024, www.congress.gov/bill/116th-congress/house-bill/133/text; Daniel Fried and Edward Fishman, "The Rebirth of the State Department's Office of Sanctions Coordination: Guidelines for Success," *New Atlanticist* (blog), Atlantic Council, February 12, 2021, accessed July 10, 2024, www.atlanticcouncil.org/blogs/new-atlanticist/the-rebirth-of-the-state-departments-office-of-sanctions-coordination-guidelines-for-success.

390. "EU Needs Payment Systems Independent of U.S. to Keep Iran Deal Alive—Germany," Reuters, August 21, 2018, www.reuters.com/article/iran-nuclear-germany/eu-needs-payment-systems-independent-of-u-s-to-keep-iran-deal-alive-germany-idUSL8N1VC42N.

391. Justin Scheck and Bradley Hope, "The Dollar Underpins American Power. Rivals Are Building Workarounds," *The Wall Street Journal*, May 29, 2019, www.wsj.com/articles/the-dollar-powers-american-dominance-rivals-are-building-workarounds-11559155440.

392. John Irish and Riham Alkousaa, "Skirting U.S. Sanctions, Europeans Open New Trade Channel to Iran," Reuters, January 31, 2019, www.reuters.com/article/us-iran-usa-sanctions-eu/european-powers-launch-mechanism-for-trade-with-iran-idUSKCN1PP0K3; Annalisa Girardi, "INSTEX, A New Channel to Bypass U.S. Sanctions and Trade with Iran," *Forbes*, April 9, 2019, www.forbes.com/sites/annalisagirardi/2019/04/09/instex-a-new-channel-to-bypass-u-s-sanctions-and-trade-with-iran/?sh=94a4414270f7.

393. Esfandyar Batmanghelidj, "Iran Trade Mechanism INSTEX Is Shutting Down," Bourse & Bazaar Foundation, February 3, 2023, www.bourseandbazaar.com/articles/2023/2/2/

instex-shuts-down-in-a-loss-for-european-economic-sovereignty; Anna Sauerbrey, "The Failure of Europe's Feeble Muscle Flexing," *The New York Times*, February 10, 2020, www.nytimes.com/2020/02/10/opinion/europe-iran-nuclear-deal.html.

394. Demetri Sevastopulo et al., "Biden Team Voices Concern over EU-China Investment Deal," *Financial Times*, December 22, 2020, www.ft.com/content/2f0212ab-7e69-4de0-8870-89dd0d414306.

395. Jake Sullivan (@jakejsullivan), "The Biden-Harris Administration Would Welcome Early Consultations," Twitter, December 21, 2020, twitter.com/jakejsullivan/status/134118010911 8726144?s=20.

396. Jack Ewing and Steven Lee Myers, "China and E.U. Leaders Strike Investment Deal, but Political Hurdles Await," *The New York Times*, December 30, 2020, www.nytimes.com/2020/12/30/business/china-eu-investment-deal.html.

397. European Commission, "Key Elements of the EU-China Comprehensive Agreement on Investment," December 30, 2020, ec.europa.eu/commission/presscorner/detail/en/ip_20_2542.

398. Steven Erlanger, "Will the Sudden E.U.-China Deal Damage Relations with Biden?" *The New York Times*, January 6, 2021, www.nytimes.com/2021/01/06/world/europe/eu-china-deal-biden.html.

제5부 러시아의 우크라이나 침공

48장 실무자

1. "Volcker Rule," Board of Governors of the Federal Reserve System, January 30, 2020, www.federalreserve.gov/supervisionreg/volcker-rule.htm.

2. Max Tani and Alex Thompson, "The Daleep Doctrine," *Politico*, February 24, 2022, www.politico.com/newsletters/west-wing-playbook/2022/02/24/the-daleep-doctrine-00011437.

3. Valentina Pop, Sam Fleming, and James Politi, "Weaponisation of Finance: How the West Unleashed 'Shock and Awe' on Russia," *Financial Times*, April 6, 2022, www.ft.com/content/5b397d6b-bde4-4a8c-b9a4-080485d6c64a; World Bank, "GDP Growth (Annual %): Iran, Islamic Rep," 2020, data.worldbank.org/indicator/NY.GDP.MKTP.KD.ZG?end=2020&locations=IR&start=1960&view=chart.

4. Gian Maria Milesi-Ferretti, "Russia's External Position: Does Financial Autarky Protect against Sanctions?" The Brookings Institution, March 3, 2022, www.brookings.edu/articles/russias-external-position-does-financial-autarky-protect-against-sanctions.

5. 세계 각국 중앙은행은 외환보유액의 약 60%를 달러화로, 20%를 유로화로 보유하고 있다. 러시아는 이와 달리 드물게 유로화 비중이 달러화보다 더 높은 경우였다. 다음을 보라. "Currency Composition of Official Foreign Exchange Reserves," International Monetary Fund; Milesi-Ferretti, "Russia's External Position."

6. "Russia's Capital Outflows Reach Record $151.5 bln in 2014 as Sanctions, Oil Slump Hit," Reuters, January 16, 2015, www.reuters.com/article/russia-capital-outflows/update-1-russias-capital-outflows-reach-record-151-5-bln-in-2014-as-sanctions-oil-slump-hit-

idUSL6N0UV3S320150116.

7. David Brunnstrom, "EU Says It Has Solved the Kissinger Question," Reuters, November 19, 2009, www.reuters.com/article/us-eu-president-kissinger/eu-says-it-has-solved-the-kissinger-question-idUSTRE5AJ00B20091120.

49장 빗나간 계획

8. Jennifer Harris and Jake Sullivan, "America Needs a New Economic Philosophy. Foreign Policy Experts Can Help," *Foreign Policy*, February 7, 2020, foreignpolicy.com/2020/02/07/america-needs-a-new-economic-philosophy-foreign-policy-experts-can-help.

9. 저자의 존 파이너와의 인터뷰, 2023.

10. "2020 Year-End Sanctions and Export Controls Update," Gibson Dunn, February 5, 2021, www.gibsondunn.com/wp-content/uploads/2021/02/2020-year-end-sanctions-and-export-controls-update.pdf.

11. U.S. Department of State, "Maximum Pressure Campaign on the Regime in Iran," April 4, 2019, 2017-2021.state.gov/maximum-pressure-campaign-on-the-regime-in-iran.

12. World Bank, "GDP Growth (Annual %): Iran, Islamic Rep," 2020, data.worldbank.org/indicator/NY.GDP.MKTP.KD.ZG?end=2020&locations=IR&start=1960&view=chart.

13. "Iran to Restart Some Nuclear Activity in Response to U.S. Withdrawal from Nuclear Deal," Reuters, January 6, 2019, www.reuters.com/article/us-usa-iran-actions/iran-to-restart-some-nuclear-activity-in-response-to-u-s-withdrawal-from-nuclear-deal-idUSKCN1SC1FP; "Timeline: Iran's Nuclear Program Since 2018," The Iran Primer, May 3, 2023, iranprimer.usip.org/blog/2023/may/03/timeline-iran%E2%80%99s-nuclear-program-2018.

14. John Irish and Riham Alkousaa, "Skirting U.S. Sanctions, Europeans Open New Trade Channel to Iran," Reuters, January 31, 2019, www.reuters.com/article/us-iran-usa-sanctions-eu/european-powers-launch-mechanism-for-trade-with-iran-idUSKCN1PP0K3.

15. Vivian Yee, "Iranian H ard-Liner Ebrahim Raisi Wins Presidential Vote," *The New York Times*, June 19, 2021, www.nytimes.com/2021/06/19/world/middleeast/iran-election-president-raisi.html.

16. Agathe Demarais, *Backfire: How Sanctions Reshaped the World Against U.S. Interests* (New York: Columbia University Press, 2022), 27–34; "Venezuela: Overview of U.S. Sanctions," IF10715, Congressional Research Service, U.S. Library of Congress, November 1, 2023, crsreports.congress.gov/product/pdf/IF/IF10715.

17. Daniel McDowell, *Bucking the Buck: US Financial Sanctions & the International Backlash Against the Dollar* (New York: Oxford, 2023), 102; Luc Cohen and Marianna Parraga, "Special Report: How China Got Shipments of Venezuelan Oil Despite U.S. Sanctions," Reuters, June 12, 2020, www.reuters.com/article/us-venezuela-oil-deals-specialreport/special-report-how-china-got-shipments-of-venezuelan-oil-despite-u-s-sanctions-idUSKBN23J1N1.

18. Diana Roy, "Do U.S. Sanctions on Venezuela Work?" Council on Foreign Relations, November 4, 2022, www.cfr.org/in-brief/do-us-sanctions-venezuela-work; "Venezuela's Refugee Crisis Needs a Proper Response," *Financial Times*, January 2, 2020, www.ft.com/content/af000cac-2d51-11ea-bc77-65e4aa615551.

19. Julian Borger, "Trump Targets ICC with Sanctions after Court Opens War Crimes Investigation," *The Guardian*, June 11, 2020, www.theguardian.com/us-news/2020/jun/11/trump-icc-us-war-crimes-investigation-sanctions; "Blocking Property of Certain Persons Associated with the International Criminal Court Designations," Office of Foreign Assets Control, U.S. Department of the Treasury, September 2, 2020, ofac.treasury.gov/recent-actions/20200902; "US Sanctions on the International Criminal Court," Human Rights Watch, December 14, 2020, www.hrw.org/news/2020/12/14/us-sanctions-international-criminal-court.

20. Andrew Boyle and Tim Lau, "The President's Extraordinary Sanctions Powers," Brennan Center for Justice, July 20, 2021, www.brennancenter.org/our-work/research-reports/presidents-extraordinary-sanctions-powers; Andrew Boyle, "Congress Must Reform Sanctions Law to Avoid ICC Penalties from Happening Again," Just Security, April 13, 2021, justsecurity.org/75748/congress-must-reform-sanctions-law-to-avoid-icc-penalties-from-happening-again; Elizabeth Goitein, "2022 Update: Reforming Emergency Powers," Brennan Center for Justice, February 2, 2022, brennancenter.org/our-work/analysis-opinion/2022-update-reforming-emergency-powers; Elizabeth Goitein, "The Alarming Scope of the President's Emergency Powers," *The Atlantic*, January/February 2019, theatlantic.com/magazine/archive/2019/01/presidential-emergency-powers/576418; Peter E. Harrell, "How to Reform IEEPA," Lawfare, August 28, 2019, lawfaremedia.org/article/how-reform-ieepa.

21. Saleha Mohsin and Nick Wadhams, "Treasury Sanctions Programs Face Broad Review from Biden Team," *Bloomberg*, December 8, 2020, www.bloomberg.com/news/articles/2020-12-09/treasury-sanctions-programs-face-broad-review-from-biden-team; "Readout: Treasury Deputy Secretary Wally Adeyemo Meeting with Thought Leaders on U.S. Economic and Financial Sanctions," U.S. Department of the Treasury, April 1, 2021, home.treasury.gov/news/press-releases/jy0098.

22. Jacob J. Lew, "The Evolution of Sanctions and Lessons for the Future" (speech, Washington, D.C., March 30, 2016), Carnegie Endowment for International Peace, https://carnegieendowment.org/2016/03/30/u.s.-treasury-secretary-jacob-j.-lew-on-evolution-of-sanctions-and-lessons-for-future/ivpl.

23. Glenn Thrush and Kenneth P. Vogel, "What Joe Biden Actually Did in Ukraine," *The New York Times*, November 10, 2019, www.nytimes.com/2019/11/10/us/politics/joe-biden-ukraine.html

24. Michael Schwirtz and Melissa Eddy, "Aleksei Nalvany Was Poisoned with Novichok, Germany Says," *The New York Times*, September 2, 2020, www.nytimes.com/2020/09/02/world/europe/navalny-poison-novichok.html; Ellen Nakashima and Craig Timberg, "Russian Government Hackers Are Behind a Broad Espionage Campaign That Has Compromised U.S. Agencies, Including Treasury and Commerce," *The Washington Post*, December 14, 2020, www.washingtonpost.com/national-security/russian-government-spies-are-behind-a-broad-hacking-campaign-that-has-breached-us-agencies-and-a-top-cyber-firm/2020/12/13/d5a53b88-3d7d-11eb-9453-fc36ba051781_story.html; Charlie Savage, Eric Schmitt, and Michael Schwirtz, "Russia Secretly Offered Afghan Militants Bounties to Kill U.S. Troops, Intelligence Says," *The New York Times*, June 26, 2020, www.nytimes.com/2020/06/26/us/politics/russia-afghanistan-bounties.html.

25. Joseph R. Biden, "Presidential Debate at Case Western Reserve University and Cleveland Clinic" (speech, Cleveland, OH, September 29, 2020), The Commission on Presidential Debates, www.debates.org/voter-education/debate-transcripts/september-29-2020-debate-transcript.

26. The White House, "Readout of President Joseph R. Biden, Jr. Call with President Vladimir Putin of Russia," April 13, 2021, www.whitehouse.gov/briefing-room/statements-releases/2021/04/13/readout-of-president-joseph-r-biden-jr-call-with-president-vladimir-putin-of-russia-4-13.

27. U.S. Department of the Treasury, "Treasury Sanctions Russia with Sweeping New Sanctions Authority," April 15, 2021, home.treasury.gov/news/press-releases/jy0127.

28. 저자의 피터 하렐과의 인터뷰, 2023.

29. "Official: Russian Military Build-up Near Ukraine Numbers More Than 100,000 troops, EU Says," Reuters, April 19, 2021, www.reuters.com/world/europe/russian-military-build-up-near-ukraine-numbers-more-than-150000-troops-eus-2021-04-19.

30. Andrew E. Kramer, "In Russia, a Military Buildup That Can't Be Missed," The New York Times, April 16, 2021, www.nytimes.com/2021/04/16/world/europe/russia-ukraine-troops.html.

31. Erin Banco et al., "'Something Was Badly Wrong': When Washington Realized Russia Was Actually Invading Ukraine," Politico, February 24, 2023, www.politico.com/news/magazine/2023/02/24/russia-ukraine-war-oral-history-00083757.

32. The White House, "President Joseph R. Biden, Jr. Call with President Vladimir Putin."

33. Alexander Smith et al., "Biden Calls for De-escalation with Russia Following Sanctions, Proposes Meeting with Putin," NBC News, April 15, 2021, www.nbcnews.com/news/world/u-s-sanction-russia-alleged-election-interference-solarwinds-hack-n1264142.

34. Zahra Ullah, Anna Chernova, and Eliza Mackintosh, "Russia Pulls Back Troops after Massive Buildup Near Ukraine Border," CNN, April 23, 2021, www.cnn.com/2021/04/22/europe/russia-military-ukraine-border-exercises-intl/index.html.

35. Matthew Lee, Jonathan Lemire, and Jamey Keaten, "White House, Kremlin Aim for Biden-Putin Summit in Geneva," The Associated Press, May 24, 2021, apnews.com/article/geneva-europe-summits-government-and-politics-93dbab09cac22047a7b2f9fb61682c94.

50장 "미국이 돌아왔다"

36. David E. Sanger, Clifford Krauss, Nicole Perlroth, "Cyberattack Forces a Shutdown of a Top U.S. Pipeline," The New York Times, May 8, 2021, www.nytimes.com/2021/05/08/us/politics/cyberattack-colonial-pipeline.html; David E. Sanger, Michael D. Shear, and Anton Troianovski, "Biden and Putin Express Desire for Better Relations at Summit Shaped by Disputes," The New York Times, June 16, 2021, www.nytimes.com/2021/06/16/world/europe/biden-putin-geneva-meeting.html.

37. Joseph R. Biden, "Remarks by President Biden in Press Conference (speech, Geneva, Switzerland, June 16, 2021), The White House, www.whitehouse.gov/briefing-room/speeches-remarks/2021/06/16/remarks-by-president-biden-in-press-conference-4.

38. Sanger, Shear, and Troianovski, "Biden and Putin."

39. David McHugh, "Explainer: What's Russia's Nord Stream 2 Pipeline to Europe," The

Associated Press, February 8, 2022, apnews.com/article/russia-ukraine-nord-stream-2-oil-pipeline-779970ee17f6fa9d0fa2996e45cbeab9.

40. Mark Temnycky, "The Security Implications of Nord Stream 2 for Ukraine, Poland, and Germany," The Wilson Center, March 17, 2021, www.wilsoncenter.org/blog-post/security-implications-nord-stream-2-ukraine-poland-and-germany.

41. "Russia's Nord Stream 2 Natural Gas Pipeline to Germany Halted," IF11138, Congressional Research Service, U.S. Library of Congress, March 10, 2022, crsreports.congress.gov/product/pdf/IF/IF11138.

42. "Joint Statement of the US and Germany on Support for Ukraine, European Energy Security, and Our Climate Goals," Federal Foreign Office, Government of Germany, July 21, 2021, www.auswaertiges-amt.de/en/newsroom/news/joint-statement-usa-and-germany/2472084; Simon Lewis and Andrea Shalal, "U.S., Germany Strike Nord Stream 2 Pipeline Deal to Push Back on Russian 'Aggression,'" Reuters, July 21, 2021, www.reuters.com/business/energy/us-germany-deal-nord-stream-2-pipeline-draws-ire-lawmakers-both-countries-2021-07-21.

43. Joseph R. Biden, "Remarks by President Biden on America's Place in the World" (speech, Washington, D.C., February 4, 2021), The White House, www.whitehouse.gov/briefing-room/speeches-remarks/2021/02/04/remarks-by-president-biden-on-americas-place-in-the-world.

44. Vladimir Putin, "On the Historical Unity of Russians and Ukrainians" (speech, Moscow, Russia, July 12, 2021), The Kremlin, http://en.kremlin.ru/events/president/news/66181.

45. Peter Dickinson, "Putin's New Ukraine Essay Reveals Imperial Ambitions," The Atlantic Council, July 15, 2021, www.atlanticcouncil.org/blogs/ukrainealert/putins-new-ukraine-essay-reflects-imperial-ambitions.

46. Steve Rosenberg (@BBCSteveR), "This week Vladimir Putin published a controversial article on Russia & Ukraine," Twitter, July 14, 2021, twitter.com/BBCSteveR/status/1415213223779913733; "Putin issued the final ultimatum to Ukraine: 'Kyiv Simply Does Not Need Donbas'" Moscow Komsomol, July 12, 2021, www.mk.ru/politics/2021/07/12/putin-vykatil-ukraine-posledniy-ultimatum-kievu-donbass-prosto-ne-nuzhen.html.

47. Banco et al., "'Something Was Badly Wrong.'

48. Joseph R. Biden, "Remarks by President Biden on the Way Forward in Afghanistan" (speech, Washington, D.C., April 14, 2021), The White House, www.whitehouse.gov/briefing-room/speeches-remarks/2021/04/14/remarks-by-president-biden-on-the-way-forward-in-afghanistan; Ruby Mellen, "The Shocking Speed of the Taliban's Advance: A Visual Timeline," The Washington Post, August 16, 2021, www.washingtonpost.com/world/2021/08/16/taliban-timeline.

49. Shawn Boburg et al., "The 13 U.S. Service Members Killed in the Kabul Airport Attack," The Washington Post, August 29, 2021, www.washingtonpost.com/national-security/2021/08/27/us-service-members-killed-kabul-airport-names.

50. Julian Borger, "Jake Sullivan: The Biden Insider at the Center of the Afghanistan Crisis," The Guardian, September 26, 2021, www.theguardian.com/us-news/2021/sep/26/jake-sullivan-national-security-adviser-profile-afghanistan.

51. Mark Leibovich, "Jake Sullivan, Biden's Adviser, a Figure of Fascination and Schadenfreude," The New York Times, November 30, 2021, www.nytimes.com/2021/11/30/us/politics/jake-sullivan-biden.html.

52. Banco et al., "'Something Was Badly Wrong.'"

51장 역사의 파도에 맞서는 목소리

53. Erin Banco et al., "'Something Was Badly Wrong': When Washington Realized Russia Was Actually Invading Ukraine," *Politico*, February 24, 2023, www.politico.com/news/magazine/2023/02/24/russia-ukraine-war-oral-history-00083757.
54. Banco et al., "'Something Was Badly Wrong.'"
55. Shane Harris et al., "Road to War: U.S. Struggled to Convince Allies, and Zelensky, of Risk of Invasion," *The Washington Post*, August 16, 2023, www.washingtonpost.com/national-security/interactive/2022/ukraine-road-to-war.
56. Banco et al., "'Something Was Badly Wrong.'"
57. Uri Friedman, "The Ten Biggest American Intelligence Failures," *Foreign Policy*, January 3, 2012, foreignpolicy.com/2012/01/03/the-ten-biggest-american-intelligence-failures.
58. Jacqueline Alemany, "Power Up: Inside Biden's 72 Hours at Camp David During the Taliban Takeover," *The Washington Post*, August 17, 2021, www.washingtonpost.com/politics/2021/08/17/power-up-inside-bidens-72-hours-camp-david-during-taliban-takeover; Ruby Mellen, "The Shocking Speed of the Taliban's Advance," *The Washington Post*, August 16, 2021, www.washingtonpost.com/world/2021/08/16/taliban-timeline.
59. Harris et al., "Road to War."
60. Harris et al., "Road to War."
61. Anton Troianovski, Michael Schwirtz, and Andrew E. Kramer, "Russia's Military, Once Creaky, Is Modern and Lethal," *The New York Times*, January 27, 2022, www.nytimes.com/2022/01/27/world/europe/russia-military-putin-ukraine.html.
62. 저자의 존 파이너와의 인터뷰, 2023.
63. EU의 천연가스 수입 중 러시아산 비중은 2014년에는 39%였으나, 2021년에는 50%를 초과했다. 다음을 보라. "European Energy Security Strategy," European Commission, May 28, 2014, eur-lex.europa.eu/legal-content/EN/TXT/PDF/?uri=CELEX:52014DC0330&from=EN and "Infographic: Where Does the EU's Gas Come From?" European Council, www.consilium.europa.eu/en/infographics/eu-gas-supply.
64. "Trade: Russia," European Commission, policy.trade.ec.europa.eu/eu-trade-relationships-country-and-region/countries-and-regions/russia_en; "Russia's Trade and Investment Role in the Global Economy," IF12066, Congressional Research Service, U.S. Library of Congress, January 17, 2023, crsreports.congress.gov/product/pdf/IF/IF12066.

52장 고유가 습격

65. David E. Sanger with Mary K. Brooks, *New Cold Wars: China's Rise, Russia's Invasion, and America's Struggle to Defend the West* (New York: Crown, 2024), 5.
66. Stanley Reed, "Oil Producers Aren't Keeping Up with Demand, Causing Prices to Stay High," *The New York Times*, January 14, 2022, www.nytimes.com/2022/01/14/business/energy-environment/oil-prices-opec.html.

67. Gwynn Guilford, "U.S. Inflation Hit a 39-Year High in November," *The Wall Street Journal*, December 10, 2021, www.wsj.com/articles/us-inflation-consumer-price-index-november-2021-11639088867.

68. Jeff Stein, "Inside the Biden Team's Fixation on Gas Prices," *The Washington Post*, November 2, 2022, www.washingtonpost.com/us-policy/2022/11/02/biden-klain-gas-prices.

69. "Country & Product Complexity Rankings," Harvard Kennedy School Growth Lab, atlas.cid.harvard.edu/rankings.

70. "Energy Fact Sheet: Why Does Russian Oil and Gas Matter?" International Energy Agency, March 21, 2022, www.iea.org/articles/energy-fact-sheet-why-does-russian-oil-and-gas-matter.

71. Iain Marlow, "How US-Saudi Relations Are Strained by Oil and Distrust," *The Washington Post*, April 3, 2023, www.washingtonpost.com/business/energy/2023/04/03/what-opec-oil-cuts-mean-for-us-saudi-arabia-relations/b8095820-d24f-11ed-ac8b-cd7da05168e9_story.html.

72. 2021년 11월에 에이브릴 헤인즈 미국 국가정보국장이 나토 전 회원국에 미국의 최신 첩보 내용을 브리핑했을 당시, 독일과 프랑스 대표들은 회의적인 반응을 보였다. 이들은 러시아의 침공이 비합리적이라고 판단했고 푸틴이 그저 강압 외교를 펼치는 중이라고 믿었다. 다음을 보라. Shane Harris et al., "Road to War: U.S. Struggled to Convince Allies, And Zelensky, of Risk of Invasion," *The Washington Post*, August 16, 2023, www.washingtonpost.com/national-security/interactive/2022/ukraine-road-to-war.

73. Harris et al., "Road to War."

74. The White House, "Readout of President Biden's Video Call with President Vladimir Putin of Russia," December 7, 2021, www.whitehouse.gov/briefing-room/statements-releases/2021/12/07/readout-of-president-bidens-video-call-with-president-vladimir-putin-of-russia; Paul Sonne, Ashley Parker, and Isabelle Khurshudyan, "Biden Threatens Putin with Economic Sanctions If He Further Invades Ukraine," *The Washington Post*, December 7, 2021, www.washingtonpost.com/politics/biden-putin-to-discuss-ukraine-in-video-call-amid-growing-tensions/2021/12/06/e089e36a-5707-11ec-a219-9b4ae96da3b7_story.html.

75. "Scholz Succeeds Merkel as Chancellor," *The New York Times*, December 8, 2021, www.nytimes.com/live/2021/12/08/world/germany-scholz-merkel.

76. 2020년 1월 31일, 영국이 유럽연합을 공식 탈퇴하면서 회원국 수는 28개국에서 27개국으로 감소했다. 다음을 보라. "Timeline—EU-UK Withdrawal Agreement," Council of the European Union, accessed July 14, 2024, consilium.europa.eu/en/policies/eu-relations-with-the-united-kingdom/the-eu-uk-withdrawal-agreement/timeline-eu-uk-withdrawal-agreement.

77. "European Council Meeting (16 December 2021)—Conclusions," General Secretariat of the Council, European Council, December 16, 2021, www.consilium.europa.eu/media/53575/20211216-euco-conclusions-en.pdf.

53장 "침략은 침략이다"

78. Michael Sauga, "How Well Are Sanctions Against Russia Working?" *Spiegel International*,

July 1, 2022, www.spiegel.de/international/europe/how-well-are-european-sanctions-against-russia-working-a-2c83502d-e64f-43a7-98c8-a8076e5746fc.

79.   Mark Landler, "Quoth the Raven: I Bake Cookies, Too," *The New York Times*, April 23, 2006, www.nytimes.com/2006/04/23/weekinreview/quoth-the-raven-i-bake-cookies-too.html; Nicki Peter Petrikowski, "Ursula von der Leyen," *Encyclopedia Britannica*, December 21, 2023, www.britannica.com/biography/Ursula-von-der-Leyen; "Ursula von der Leyen: Merkel Loyalist, Mother of Seven," *France24*, July 2, 2019, www.france24.com/en/20190702-ursula-von-der-leyen-merkel-loyalist-mother-seven.

80.   David Charter, "Merkel Anoints Popular Rival as Heir Apparent," *The Times*, December 16, 2013, www.thetimes.co.uk/article/merkel-anoints-popular-rival-as-heir-apparent-8ff09z6c6np.

81.   "Parliament Elects Ursula von der Leyen as First Female Commission President," European Parliament, July 16, 2019, www.europarl.europa.eu/news/en/press-room/20190711IPR56824/parliament-elects-ursula-von-der-leyen-as-first-female-commission-president.

82.   David M. Herszenhorn and Maïa de la Baume, "Von der Leyen's Plan to Sleep on the Job," *Politico*, October 3, 2019, www.politico.eu/article/european-commission-president-elect-von-der-leyens-plan-to-sleep-on-the-job; Jennifer Rankin, "New EU Commission President to Live, Work and Sleep at the Office," *The Guardian*, October 3, 2019, www.theguardian.com/world/2019/oct/03/eu-new-commission-president-will-live-work-and-sleep-at-the-office.

83.   Matina Stevis-Gridneff, hosted by Michael Barbaro, "How Europe Came Around on Sanctions," *The Daily* (podcast), The New York Times, March 2, 2022, www.nytimes.com/2022/03/02/podcasts/the-daily/russia-ukraine-invasion-eu-anctions.html?showTranscript.

84.   Stevis-Gridneff, "How Europe Came Around on Sanctions"; Sauga, "How Well Are Sanctions Against Russia Working?"

85.   Ellen Nakashima and Ashley Parker, "Inside the White House Preparations for a Russian Invasion," *The Washington Post*, February 14, 2022, www.washingtonpost.com/national-security/2022/02/14/white-house-prepares-russian-invasion.

86.   David E. Sanger, "Biden Predicts Putin Will Order Ukraine Invasion, but 'Will Regret Having Done It,'" *The New York Times*, January 19, 2022, www.nytimes.com/2022/01/19/us/politics/biden-putin-russia-ukraine.html.

87.   Phil Stewart, "Exclusive: Russia Moves Blood Supplies Near Ukraine, Adding to U.S. Concern, Officials say," Reuters, January 29, 2022, www.reuters.com/world/europe/exclusive-russia-moves-blood-supplies-near-ukraine-adding-us-concern-officials-2022-01-28; Erin Banco et al., "'Something Was Badly Wrong': When Washington Realized Russia Was Actually Invading Ukraine," *Politico*, February 24, 2023, www.politico.com/news/magazine/2023/02/24/russia-ukraine-war-oral-history-00083757.

88.   Isabelle Khurshudyan, Missy Ryan, and Paul Sonne, "Russia-U.S. Talks Hit Impasse over NATO Expansion as Moscow Denies Plans to Invade Ukraine," *The Washington Post*, January 10, 2022, www.washingtonpost.com/world/2022/01/10/us-russia-delegations-meet-geneva.

89.   이러한 요구는 러시아가 2021년 12월 17일에 제시한 두 개의 조약 초안에 포함되어 있었다. 다음을 보라. Steven Pifer, "Russia's Draft Agreements with NATO and the United States: Intended for Rejection?" The Brookings Institution, December 21, 2021, www.brookings.edu/articles/russias-draft-agreements-with-nato-and-the-united-states-intended-for-rejection.

90. Harris et al., "Road to War."

91. Scott Wong and Julie Tsirkin, "Congress Runs Out of Time on Pre-emptive Russia Sanctions," *NBC News*, February 14, 2022, www.nbcnews.com/politics/congress/congress-runs-time-pre-emptive-russia-sanctions-rcna16229; Andrew Desiderio, "Why Congress' Sanctions Push Cooled Even as Russia's Aggression Didn't," *Politico*, February 18, 2022, www.politico.com/news/2022/02 18/congress-sanctions-russias-aggression-00010051.

92. Antony J. Blinken, interview by Dana Bash, *State of the Union*, CNN, February 20, 2022, www.state.gov/secretary-antony-j-blinken-with-state-of-the-union-on-cnn-with-dana-bash.

93. Annie Karni, "Biden Affirms Support Against 'Russian Aggression' in Meeting with Ukraine's Leader," *The New York Times*, September 1, 2021, www.nytimes.com/2021/09/01/us/politics/biden-ukraine-zelensky-russia.html; Serhii Plokhy, *The Russo-Ukrainian War: The Return of History* (New York: W.W. Norton & Company, 2023), 248–49.

94. Joseph R. Biden, "Statement from President Biden on United Nations Security Council Meeting" (speech, Washington, D.C., January 31, 2022), www.whitehouse.gov/briefing-room/statements-releases/2022/01/31/statement-from-president-biden-on-united-nations-security-council-meeting.

95. Tony Munroe, Andrew Osborn, and Humeyra Pamuk, "China, Russia Partner Up Against West at Olympics Summit," Reuters, February 4, 2022, www.reuters.com/world/europe/russia-china-tell-nato-stop-expansion-moscow-backs-beijing-taiwan-2022-02-04.

96. Edward Wong and Julian E. Barnes, "China Asked Russia to Delay Ukraine War Until After Olympics, U.S. Officials Say," *The New York Times*, March 2, 2022, www.nytimes.com/2022/03/02/us/politics/russia-ukraine-china.html.

97. Ulrich Speck, "Scholz's Views," German Marshall Fund, October 28, 2021, www.gmfus.org/news/scholzs-views.

98. Hans von der Burchard, "'We Failed' on Russia: Top German Social Democrat Offers Mea Culpa," *Politico*, October 19, 2022, www.politico.eu/article/we-failed-germany-depended-on-russia-social-democrat-said; "Germany Warns on Russia Sanctions," *Deutsche Welle*, April 1, 2015, www.dw.com/en/germany-warns-against-tougher-sanctions-on-russia/a-18169784.

99. Katrin Bennhold, "Germany's 'Invisible' Chancellor Heads to Washington amid Fierce Criticism," *The New York Times*, February 6, 2022, www.nytimes.com/2022/02/06/world/europe/olaf-scholz-biden-ukraine-russia.html.

100. Matthias Gebauer et al., "The Price of Berlin's Hesitancy on Ukraine," *Spiegel International*, January 28, 2022, www.spiegel.de/international/germany/an-unreliable-partner-the-price-of-berlin-s-hesitancy-on-ukraine-a-a3f5a21e-c37e-4ab0-af8d-c75bf6d2c99b.

101. Joseph R. Biden and Olaf Scholz, "Remarks by President Biden and Chancellor Scholz of the Federal Republic Germany at Press Conference" (speech, Washington, D.C., February 7, 2022), The White House, www.whitehouse.gov/briefing-room/statements-releases/2022/02/07/remarks-by-president-biden-and-chancellor-scholz-of-the-federal-republic-of-germany-at-press-conference.

102. Biden and Scholz, "Remarks by President Biden and Chancellor Scholz."

103. Bofit Viikkokatsaus, "State Banks Dominate Russian Banking Sector," The Bank of Finland Institute for Emerging Economies, January 4, 2019, www.bofit.fi/en/monitoring/

weekly/2019/vw201901_2.

104. Dan De Luce, "Too Big to Sanction? A Large Russian Bank Still Operates Freely Because It Helps Europe Get Russian Gas," *NBC News*, June 18, 2022, www.nbcnews.com/news/world/big-sanction-big-russian-bank-still-operates-freely-global-economy-hel-rcna34123.

105. Alena Popova, "How to Exploit Russia's Addiction to Western Technology," *Foreign Affairs*, November 3, 2023, www.foreignaffairs.com/china/how-exploit-russias-addiction-western-technology.

106. Jen Psaki, Anne Neuberger, Daleep Singh, "Press Briefing by Press Secretary Jen Psaki, Deputy National Security Advisor for Cyber and Emerging Technology Anne Neuberger, and Deputy National Security Advisor for International Economics and Deputy NEC Director Daleep Singh" (press conference, Washington, D.C., February 18, 2022), The American Presidency Project, www.presidency.ucsb.edu/documents/press-briefing-press-secretary-jen-psaki-deputy-national-security-advisor-for-cyber-and.

107. Christina Wilkie, "Biden Abruptly Cancels Delaware Trip after Top Level Meeting on Ukraine Crisis," CNBC, February 20, 2022, www.cnbc.com/2022/02/20/biden-abruptly-cancels-delaware-trip-after-top-level-calls-on-ukraine.html.

108. 2월 20일, 미국은 주요 러시아 은행들의 대리 계좌와 지급대행 계좌 사용을 금지하는 계획을 세우고 있었다. 다음을 보라. Alexandra Alper and Karen Freifeld, "Exclusive: U.S. Plans to Cut Ties with Targeted Russian Banks if Ukraine Is Invaded: Sources," Reuters, February 21, 2022, www.reuters.com/world/exclusive-us-plans-cut-ties-with-targeted-russian-banks-if-ukraine-is-invaded-2022-02-21.

54장 숄츠의 일격

109. Shaun Walker, "Putin's Absurd, Angry Spectacle Will Be a Turning Point in His Long Reign," *The Guardian*, February 21, 2022, www.theguardian.com/world/2022/feb/21/putin-angry-spectacle-amounts-to-declaration-war-ukraine.

110. Andrew Osborn and Dmitry Antonov, "Putin Orders Troops to Ukraine after Recognizing Breakaway Regions," Reuters, February 21, 2022, www.reuters.com/markets/europe/kremlin-says-no-concrete-plans-summit-with-biden-over-ukraine-022-02-21.

111. Max Seddon, Christopher Miller, and Felicia Schwartz, "How Putin Blundered into Ukraine—Then Doubled Down," *Financial Times*, February 23, 2023, www.ft.com/content/80002564-33e8-48fb-b734-44810afb7a49.

112. Andrew Roth and Julian Borger, "Putin Orders Troops into Eastern Ukraine on 'Peacekeeping Duties,'" *The Guardian*, February 21, 2022, www.theguardian.com/world/2022/feb/21/ukraine-putin-decide-recognition-breakaway-states-today.

113. Joseph R. Biden, "Executive Order 14065 of February 21, 2022, Blocking Property of Certain Persons and Prohibiting Certain Transactions with Respect to Continued Russian Efforts to Undermine the Sovereignty and Territorial Integrity of Ukraine," *Code of Federal Regulations*, titles 3 and 50 (2022), www.federalregister.gov/documents/2022/02/23/2022-04020/blocking-property-of-certain-persons-and-prohibiting-certain-transactions-with-respect-to-continued.

114. Quint Forgey, "White House Official: 'This Is the Beginning of an Invasion,'" *Politico*, February 22, 2022, www.politico.com/news/2022/02/22/white-house-beginning-invasion-russia-ukraine-00010589.

115. Melissa Eddy, "Germany Puts a Stop to Nord Stream 2, a Key Russian Natural Gas Pipeline," *The New York Times*, February 22, 2022, www.nytimes.com/2022/02/22/business/nord-stream-pipeline-germany-russia.html.

116. "EU Adopts Package of Sanctions in Response to Russian Recognition of the Non-government Controlled Areas of the Donetsk and Luhansk Oblasts of Ukraine and Sending of Troops into the Region," European Council, February 23, 2022, www.consilium.europa.eu/en/press/press-releases/2022/02/23/russian-recognition-of-the-non-government-controlled-areas-of-the-donetsk-and-luhansk-oblasts-of-ukraine-as-independent-entities-eu-adopts-package-of-sanctions.

117. "Sanction Measures following Russia's Recognition of the 'Independence' of the 'Donetsk People's Republic' and the 'Luhansk People's Republic' and the Ratification of Treaties with the Two 'Republics' (Statement by Foreign Minister Hayashi Yoshimasa)," Ministry of Foreign Affairs of Japan, February 24, 2022, www.mofa.go.jp/press/release/press4e_003085.html.

118. George Parker, Stephen Morris, and Laura Hughes, "Boris Johnson Tells City of London to Prepare for Tough New Sanctions on Russia," *Financial Times*, February 23, 2022, www.ft.com/content/267b7b4b-7992-4262-a0d7-d7894d8300ae.

55장 뱅크 대 탱크

119. Vladimir Putin, "Declaration of War on Ukraine" (speech, Moscow, February 24, 2022), *The Spectator*, www.spectator.co.uk/article/full-text-putin-s-declaration-of-war-on-ukraine; Jake Epstein, "Putin Announced Attacks Against Ukraine on Thursday in the Same Suit he Wore for his Monday Speech, Prompting Speculation That His War Declaration was Pretaped," *Business Insider*, February 24, 2022, www.businessinsider.com/putins-suit-war-declaration-ukraine-possibly-pre-taped-2022-2.

120. Alexander Ward, Nahal Toosi, and Paul McLeary, "Russia Attacks Ukraine," *Politico*, February 23, 2022, www.politico.com/news/2022/02/23/russia-invasion-ukraine-00011238.

121. Philippe Naughton, "Putin's Declaration of War on Ukraine Was Filmed Three Days Ago, Says Russian Newspaper," *The Daily Beast*, February 24, 2022, www.thedailybeast.com/putins-declaration-of-war-on-ukraine-was-filmed-three-days-ago-says-russian-newspaper-novaya-gazeta.

122. Evan Gershkovich, "Russia's Massive Military Drills on Ukraine Border Stir Invasion Fears," *The Wall Street Journal*, February 10, 2022, www.wsj.com/articles/massive-russian-military-drills-on-ukraine-border-ratchet-up-threat-11644496231.

123. Phil Stewart and Idrees Ali, "Russia Plans to 'Decapitate' Ukraine Government—U.S. Defense Official," Reuters, February 24, 2022, www.reuters.com/world/us-believes-russia-planning-decapitate-ukraines-government-2022-02-24.

124. Zach Beauchamp, "Why the First Few Days of War in Ukraine Went Badly for Russia," *Vox*, February 28, 2022, www.vox.com/22954833/russia-ukraine-invasion-strategy-

putin-kyiv; Serhii Plokhy, *The R usso-Ukrainian War: The Return of History* (New York: W.W. Norton & Company, 2023), 153; Sinéad Baker, "Ukraine Said Russian Troops Brought Parade Uniforms to Kyiv, Expecting a Quick Triumph That Never Came," *Business Insider,* April 7, 2022, www.businessinsider.com/ukraine-said-found-russian-parade-uniforms-left-behind-in-kyiv-2022-4.

125. "U.S. Treasury Announces Unprecedented & Expansive Sanctions Against Russia, Imposing Swift and Severe Economic Costs," U.S. Department of the Treasury, February 24, 2022, home.treasury.gov/news/press-releases/jy0608.

126. "U.S. Treasury Announces Unprecedented & Expansive Sanctions," February 24, 2022.

127. "Commerce Implements Sweeping Restrictions on Exports to Russia in Response to Further Invasion of Ukraine," U.S. Department of Commerce, February 24, 2022, www.commerce.gov/news/press-releases/2022/02/commerce-implements-sweeping-restrictions-exports-russia-response.

128. Jeanne Whalen, "Computer Chip Industry Begins Halting Deliveries to Russia in Response to U.S. Sanctions," *The Washington Post,* February 25, 2022, www.washingtonpost com/technology/2022/02/25/ukraine-russia-chips-sanctions-tsmc.

129. George Steer and Tommy Stubbington, "Russian Stocks Swing Higher as Investors Weigh Sanctions Risks," *Financial Times,* February 22, 2022, www.ft.com/content/9b6d0a0c-e95f-4e3a-af96-d5adbfa57b56.

130. George Steer and Tommy Stubbington, "Russian Stocks Plunge and Rouble Hits Record Low after Ukraine Invasion," *Financial Times,* February 24, 2022, www.ft.com/content/b9b860f6-912d-4758-a61e-16407f76f878.

131. Natalia Zinets and Aleksandar Vasovic, "Missiles Rain Down around Ukraine," Reuters, February 24, 2022, www.reuters.com/world/europe/putin-orders-military-operations-ukraine-demands-kyiv-forces-surrender-2022-02-24; "On the Ground in Kyiv: Citizens Flee as Russia Bombs the City," *Politico,* February 24, 2022, www.politico.com/news/2022/02/24/citizens-flee-as-russia-bombs-ukraine-00011393.

132. "President Signs a Decree on the Imposition of Martial Law in Ukraine, the Verkhovna Rada Approved It," February 24, 2022, Office of President of Ukraine Volodymyr Zelenskyy, www.president.gov.ua/en/news/prezident-pidpisav-ukaz-pro-zaprovadzhennya-voyennogo-stanu-73109; Tamara Qiblawi and Caroll Alvardo, "Ukrainian Males Aged 18–60 Are Banned from Leaving the Country, Zelensky Says in New Declaration," CNN, February 24, 2022, www.cnn.com/europe/live-news/ukraine-russia-news-02-24-22-intl#h_4309a4916d57670f85519210a07fb2c9.

133. Max Fisher, "Word by Word and Between the Lines: A Close Look at Putin's Speech," *The New York Times,* February 23, 2022, www.nytimes.com/2022/02/23/world/europe/putin-speech-russia-ukraine.html.

134. "Publication of Russian Foreign Activities Sanctions Regulations Web General Licenses 8, 8A, 8B, and 8C," Office of Foreign Assets Control, U.S. Department of the Treasury, *Federal Register* 87 (September 8, 2022)" 54890–92, www.federalregister.gov/documents/2022/09/08/2022-19312/publication-of-russian-harmful-foreign-activities-sanctions-regulations-web-general-licenses-8-8a-8b.

135. Joseph R. Biden, "Remarks by President Biden on Russia's Unprovoked and Unjustified Attack on Ukraine" (speech, Washington, D.C., February 24, 2022), www.whitehouse.gov/

국가는 무엇으로 싸우는가

briefing-room/speeches-remarks/2022/02/24/emarks-by-president-biden-on-russias-unprovoked-and-unjustified-attack-on-ukraine.

136. 예를 들어 경제사학자 애덤 투즈는 자신의 블로그 글에서 다음처럼 제재에 대한 평가를 내렸다. '바이든은 확실히 약속을 지켰다. 미국은 러시아의 주요 은행 대부분에 전방위적인 제재를 가했다. 하지만 러시아와 미국의 핵심 유럽 동맹국들 모두에 실질적인 타격을 줄 수 있는 핵심 거래는 제외됐다.' 다음을 보라. Adam Tooze, "Chartbook #86: About Those Sanctions: SWIFT, Correspondent Banking, and the GL 8 Energy Carve-out," Substack, February 24, 2022, adamtooze.substack.com/p/chartbook-86-about-those-sanctions?utm_source=url.

137. Javier Blas, "Oil, Gas and Commodities Aren't Being Weaponized—for Now," *Bloomberg*, February 23, 2022, www.bloomberg.com/opinion/articles/2022-02-23/commodities-aren-t-being-weaponized-in-confrontation-over-ukraine-for-now.

138. Stephanie Kelly, "Oil Tops $105/bbl after Russia Attacks Ukraine," Reuters, February 24, 2022, www.reuters.com/business/energy/oil-rises-us-says-russian-attack-ukraine-may-occur-soon-2022-02-24; Sam Meredith, Joanna Tan, and Abigail Ng, "Oil Surges Above $100 for the First Time Since 2014, before Paring Gains," CNBC, February 23, 2022, www.cnbc.com/2022/02/24/oil-prices-jump-as-russia-launches-attack-on-ukraine.html.

139. Mark Landler, Katrin Bennhold, and Matina S tevis-Gridneff, "How the West Marshaled a Stunning Show of Unity Against Russia," *The New York Times*, March 5, 2022, www.nytimes.com/2022/03/05/world/europe/russia-ukraine-invasion-sanctions.html.

140. Matina Stevis-Gridneff, hosted by Michael Barbaro, "How Europe Came Around on Sanctions," *The Daily* (podcast), *The New York Times*, March 2, 2022, www.nytimes.com/2022/03/02/podcasts/the-daily/russia-ukraine-invasion-eu-sanctions.html; Paul Sonne et al., "Battle for Kyiv: Ukrainian Valor, Russia Blunders Combined to Save the Capital," *The Washington Post*, August 24, 2022, www.washingtonpost.com/national-security/interactive/2022/kyiv-battle-ukraine-survival.

141. Sonne et al., "Battle for Kyiv."

56장 판도라의 상자

142. Nick Wadhams, Saleha Mohsin, and Josh Wingrove, "U.S. Puts Banning Russia from SWIFT Global System Back in Play," *The Japan Times*, February 26, 2022, www.japantimes.co.jp/news/2022/02/26/world/us-russia-ukraine-swift-finance.

143. Nadine Schmidt, "German Lawmakers Call on Leader to Cut Russia from Vital SWIFT Payments System," CNN, February 25, 2022, www.cnn.com/europe/live-news/ukraine-russia-news-02-25-22/h_9136dff3348e8b6a88916ef495ed807e.

144. "Monthly FIN Traffic Evolution," Swift, December 2022, www.swift.com/about-us/discover-swift/fin-traffic-figures; "Swift Usership," Swift, www.swift.com/join-swift/swift-usership.

145. Natasha Turak, "Russia's Central Bank Governor Touts Moscow Alternative to SWIFT Transfer System as Protection from US Sanctions," CNBC, May 23, 2018, www.cnbc.com/2018/05/23/russias-central-bank-governor-touts-moscow-alternative-to-swift-transfer-system-as-protection-from-us-sanctions.html.

146. Valentina Pop, Sam Fleming, and James Politi, "Weaponisation of Finance: How the West

Unleashed 'Shock and Awe' on Russia," *Financial Times*, April 6, 2022, www.ft.com/content/5b397d6b-bde4-4a8c-b9a4-080485d6c64a.

147. Gian Maria Milesi-Ferretti, "Russia's External Position: Does Financial Autarky Protect Against Sanctions?" The Brookings Institution, March 3, 2022, www.brookings.edu/articles/russias-external-position-does-financial-autarky-protect-against-sanctions.

148. 2012년 초에 이란의 외환보유액은 약 1,000억 달러에 달했다. 다음을 보라. Yeganeh Torbati, "Iran Central Bank under Fire as Rial Hits New Lows," Reuters, September 10, 2012, www.reuters.com/article/iran-economy-rial/iran-central-bank-under-fire-as-rial-hits-new-lows-idUSL5E8KA7LI20120910.

149. David Lawder and Andrea Shalal, "Canada's Freeland Strays from G20 Economic Script to Warn Russia on Ukraine—Sources," Reuters, February 18, 2022, www.reuters.com/world/canadas-freeland-strays-g20-economic-script-warn-russia-ukraine-sources-2022-02-19; Pop, Fleming, and Politi, "Weaponisation of Finance"; Justin Ling, "Behind the Push to Freeze Moscow's Foreign Case," *Politico*, February 27, 2022, www.politico.com/news/2022/02/27/canada-russia-cash-freeze-freeland-00012139.

150. "Currency Composition of Official Foreign Exchange Reserves," International Monetary Fund.

151. Mario Draghi, "Speech by Mario Draghi, President of the European Central Bank at the Global Investment Conference in London 26 July 2012" (speech, London, UK, July 26, 2012), www.ecb.europa.eu/press/key/date/2012/html/sp120726.en.html.

152. 바이든이 이 문구를 인용한 예는 다음을 보라. Jeffrey Goldberg, "The Obama Doctrine," *The Atlantic*, April 2016, www.theatlantic.com/magazine/archive/2016/04/the-obama-doctrine/471525; Joseph R. Biden, "Remarks by President Biden on Russia's Unprovoked and Unjustified Attack on Ukraine," (speech, Washington, D.C., February 24, 2022), www.whitehouse.gov/briefing-room/speeches-remarks/2022/02/24/remarks-by-president-biden-on-russias-unprovoked-and-unjustified-attack-on-ukraine.

153. 이 표현이 최종적으로 G7 정상의 성명에 그대로 반영되었다. 다음을 보라. The White House, "Joint Statement on Further Restrictive Economic Measures," February 26, 2022, www.whitehouse.gov/briefing-room/statements-releases/2022/02/26/joint-statement-on-further-restrictive-economic-measures.

154. 해외자산통제국(OFAC)은 자주 묻는 질문(FAQ)에서 이번 제재가 '러시아 중앙은행의 모든 자산을 실질적으로 동결한다'라고 밝혔다. 하지만 러시아 중앙은행 자체가 차단 제재 대상은 아니라는 점을 명확히 했다. 이 제재는 차단 제재와 유사한 효과를 가지며, 금융기관들이 러시아 중앙은행의 자산 보유 여부를 OFAC에 즉시 보고할 의무가 없다는 차이점이 있었다. 이후 OFAC는 2023년 5월에 보고 요건을 추가했다. 다음을 보라. "Russia Harmful Activities Sanctions: FAQ 1004," Office of Foreign Assets Control, March 2, 2022, ofac.treasury.gov/faqs/1004, and "Russia Harmful Activities Sanctions: FAQ 998," Office of Foreign Assets Control, May 19, 2023, ofac.treasury.gov/faqs/998.

155. Jen Psaki, "Press Briefing by Press Secretary Jen Psaki, February 25, 2022" (speech, Washington, D.C., February 25, 2022), The White House, www.whitehouse.gov/briefing-room/press-briefings/2022/02/25/press-briefing-by-press-secretary-jen-psaki-february-25-2022.

156. "The U.S. Dollar as the World's Dominant Reserve Currency," IF11707, Congressional Research Service, U.S. Library of Congress, September 15, 2022, crsreports.congress.gov/

product/pdf/IF/IF11707.

157. Carol D. Leonnig and Tyler Pager, "Police Investigated 'Unlawful Entry' onto Property of White House National Security Aide," *The Washington Post*, March 12, 2022, www.washingtonpost.com/politics/2022/03/12/police-investigated-unlawful-entry-onto-property-white-house-national-security-aide.

158. 성명에는 '일부 러시아 은행들을 SWIFT에서 배제하고', 제재가 '효과적으로 이행되도록 보장하기 위해' 공동 대응팀을 구성하겠다는 내용도 들어있다. 다음을 보라. The White House, "Joint Statement on Further Restrictive Economic Measures."

159. The White House, "Background Press Call by a Senior Administration Official on Imposing Additional Severe Costs on Russia," February 26, 2022, www.whitehouse.gov/briefing-room/press-briefings/2022/02/27/background-press-call-by-a-senior-administration-official-on-imposing-additional-severe-costs-on-russia.

160. Michael Sauga, "How Well Are Sanctions Against Russia Working?" *Spiegel International*, July 1, 2022, www.spiegel.de/international/europe/how-well-are-european-sanctions-against-russia-working-a-2c83502d-e64f-43a7-98c8-a8076e5746fc.

57장 총구 앞의 통화 정책

161. Natasha Turak, "Russia Central Bank More Than Doubles Key Interest Rate to 20% to Boost Sinking Ruble," CNBC, February 28, 2022, www.cnbc.com/2022/02/28/russia-central-bank-hikes-interest-rates-to-20percent-from-9point5percent-to-bolster-ruble.html.

162. "Treasury Prohibits Transactions with Central Bank of Russia and Imposes Sanctions on Key Sources of Russia's Wealth," U.S. Department of the Treasury, February 28, 2022, home.treasury.gov/news/press-releases/jy0612.

163. Natasha Turak, "Long Lines at Russia's ATMs as Bank Run Begins—with More Pain to Come," CNBC, February 28, 2022, www.cnbc.com/2022/02/28/long-lines-at-russias-atms-as-bank-run-begins-ruble-hit-by-sanctions.html; Nastassia Astrasheuskaya and Max Seddon, "Russians Search for Cash as West Imposes Sanctions on Banks," *Financial Times*, February 27, 2022, www.ft.com/content/0bd34bcd-52d9-4cff-9f81-33069a1851a3.

164. "'This Is a Mess': Anxious Russians Grab Cash and Plot Emigration," *Financial Times*, February 28, 2022, www.ft.com/content/424d8ed3-34ce-4729-8d9c-eebf0c7f5d4d.

165. Maria Tsvetkova, "Putin Puts Nuclear Deterrent on Alert; West Squeezes Russian Economy," Reuters, February 27, 2022, www.reuters.com/world/india/war-with-ukraine-putin-puts-nuclear-deterrence-forces-alert-2022-02-27.

166. "'This Is a Mess,'" *Financial Times*.

167. European Central Bank, "ECB Assesses That Sberbank Europe AG and Its Subsidiaries in Croatia and Slovenia Are Failing or Likely to Fail," February 28, 2022, www.bankingsupervision.europa.eu/press/pr/date/2022/html/ssm.pr220228~3121b6aec1.en.html.

168. 유럽연합이 SWIFT에서 배제한 7개 은행은 VTB 은행, 오트크리티 은행, 노비콤 은행, 프롬스뱌즈방크, 로시야 은행, 소브콤방크, 그리고 VEB였다. 다음을 보라. "Ukraine: EU Agrees to Exclude Key Russian Banks from SWIFT," European Commission, March 2, 2022, ec.europa.eu/commission/presscorner/detail/en/ip_22_1484.

169. Max Seddon and Polina Ivanova, "How Putin's Technocrats Saved the Economy to Fight a War They Opposed," *Financial Times*, December 16, 2022, www.ft.com/content/fe5fe0ed-e5d4-474e-bb5a-10c9657285d2.

170. Sergei Glazyev, "Artificially Created Obsession," *Izborsky Club*, November 7, 2013, izborsk-club.ru/2121; Paul D'Anieri, *Ukraine and Russia: From Civilized Divorce to Uncivil War* (Cambridge: Cambridge University Press, 2019), 201.

171. Ashutosh Pandey, "The Central Banker Cleaning Up Putin's Mess," *Deutsche Welle*, April 29, 2022, www.dw.com/en/elvira-nabiullina-the-central-banker-vladimir-putin-is-relying-on-to-clean-up-russias-economic-mess/a-61634244.

172. Max Seddon, "Elvira Nabiullina, a Technocrat Plunged into Chaos at Russia's Central Bank," *Financial Times*, March 4, 2022, www.ft.com/content/874e18e6-b97c-4508-b43c-445446 6a2c3c.

173. Seddon and Ivanova, "Putin's Technocrats."

174. Katie Martin et al., "Russia Doubles Interest Rates after Sanctions Send Rouble Plunging," *Financial Times*, February 28, 2022, www.ft.com/content/f7148532-36cd-4683-8f1b-ea79428488c4.

175. Paddy Hirsch, "How Russia Rescued the Ruble," NPR, April 5, 2022, www.npr.org/sections/money/2022/04/05/1090920442/how-russia-rescued-the-ruble.

176. Tommy Stubbington and Polina Ivanova, "Russia Steadies Rouble with Harsh Capital Controls and Investment Curbs," *Financial Times*, April 1, 2022, www.ft.com/content/4ebde1bf-674c-468d-a8f0-2b306496962d.

177. "BP to Exit Rosneft Shareholding," BP, February 27, 2022, www.bp.com/en/global/corporate/news-and-insights/press-releases/bp-to-exit-rosneft-shareholding.html; Ron Bousso and Dmitry Zhdannikov, "BP Quits Russia in up to $25 Billion Hit after Ukraine Invasion," Reuters, February 28, 2022, www.reuters.com/business/energy/britains-bp-says-exit-stake-russian-oil-giant-rosneft-2022-02-27.

178. Nastassia Astrasheuskaya and Tom Wilson, "Moscow to Ban Foreign Investors from Selling Russian Assets," *Financial Times*, March 1, 2022, www.ft.com/content/1a04fd70-1a64-4277-8c0d-00e49402c3be.

179. Caitlin Ostroff, "How Russia's Central Bank Engineered the Ruble's Rebound," *The Wall Street Journal*, March 28, 2022, www.wsj.com/articles/how-russias-central-bank-engineered-the-rubles-rebound-11648458200; Stubbington and Ivanova, "Russia Steadies Rouble."

180. Stubbington and Ivanova, "Russia Steadies Rouble."

181. Seddon and Ivanova, "Putin's Technocrats."

182. Seddon and Ivanova, "Putin's Technocrats."

183. 예를 들어 골드만삭스는 GDP가 10% 감소할 것으로 예상했으며, J.P.모건은 11% 감소, 국제금융연구소는 15% 감소할 것으로 전망했다. 다음을 보라. "Goldman, Barclays Cut 2022 Russia Outlook, See Double-Digit Drop," *Bloomberg*, March 21, 2022, www.bloomberg.com/news/ar-ticles/2022-03-21/goldman-barclays-cut-2022-russia-outlook-see-double-digit-drop; Jason Laljee, "Russia's Economy Could Suffer a 'Deep' Recession That Cuts GDP by 11% as Sanctions Sharpen, JPMorgan Says," *Business Insider*, March 4, 2022, www.businessinsider.com/russia-economy-recession-sanctions-nato-swift-putin-ukraine-biden-debt-2022-3; "Russia's GDP to Fall 15% This Year on Ukraine-linked Sanctions—

국가는 무엇으로 싸우는가

IIF," Reuters, March 10, 2022, www.reuters.com/markets/rates-bonds/russias-gdp-fall-15-this-year-ukraine-linked-sanctions-iif-2022-03-10.

184. "Russia's GDP to Fall," Reuters.

185. Joseph R. Biden, "State of the Union Address" (speech, Washington, D.C., March 1, 2022), The White House, www.whitehouse.gov/state-of-the-union-2022.

58장 포템킨 화폐

186. "Tanker with Cargo of Russian Oil Berths at Tranmere Oil Terminal," *Birkenhead News*, March 3, 2022, www.birkenhead.news/tanker-with-cargo-of-russian-oil-berths-at-tranmere-oil-terminal; "Essar Statement on Compliance with Sanctions Affecting Russia-Related Entities," Essar Oil, March 4, 2022, www.essaroil.co.uk/news/essar-statement-on-compliance-with-sanctions-affecting-russia-related-entities.

187. Matt Clinch, "Angry Dock Workers in the UK Are Refusing to Unload Any Russian Oil Due to Ukraine Invasion," CNBC, March 6, 2022, www.cnbc.com/2022/03/06/ukraine-angry-dock-workers-in-the-uk-are-refusing-to-unload-russian-oil.html.

188. "Dutch Dockers Prepare for Legal Battle over Russia Oil," *SourceMaterial*, March 4, 2022, www.source-material.org/dutch-dockers-prepare-for-legal-battle-over-russia-oil.

189. "World Energy Outlook 2022," International Energy Agency, 2022, iea.blob.core.windows.net/assets/fe7c251b-8651-4d3a-8362-0ffe3e50d37b/Executivesummary_WorldEnergyOutlook2022.pdf.

190. Liam Collins, Michael Kofman, and John Spencer, "The Battle of Hostomel Airport: A Key Moment in Russia's Defeat in Kyiv," *War on the Rocks*, August 10, 2023, warontherocks.com/2023/08/the-battle-of-hostomel-airport-a-key-moment-in-russias-defeat-in-kyiv.

191. "Russia Crisis Military Assessment: Why Did Russia's Invasion Stumble?" The Atlantic Council, March 2, 2022, www.atlanticcouncil.org/blogs/new-atlanticist/russia-crisis-military-assessment-why-did-russias-invasion-stumble.

192. Claire Press and Svitlana Libet, "How Russia's 35-mile Armoured Convoy Ended in Failure," *BBC News*, February 22, 2023, www.bbc.com/news/world-europe-64664944.

193. "Russian War in Ukraine: Timeline," U.S. Department of Defense, www.defense.gov/Spotlights/Support-for-Ukraine/Timeline.

194. Maïa de la Baume and Jacopo Barigazzi, "EU Agrees to Give €500M in Arms, Aid to Ukrainian Military in 'Watershed' Move," *Politico*, February 27, 2022, www.politico.eu/article/eu-ukraine-russia-funding-weapons-budget-military-aid; "EU Doubles Military Aid to Ukraine," *Deutsche Welle*, March 23, 2022, www.dw.com/en/ukraine-eu-doubles-military-aid-to-1-billion-as-it-happened/a-61226171.

195. Olaf Scholz, "Resolutely Committed to Peace and Security" (speech, Berlin, Germany, February 27, 2022), The Federal Government of Germany, www.bundesregierung.de/breg-en/news/policy-statement-by-olaf-scholz-chancellor-of-the-federal-republic-of-germany-and-member-of-the-german-bundestag-27-february-2022-in-berlin-2008378; Lukas Paul Schmelter, "It's Time for Olaf Scholz to Walk His Talk," *Foreign Policy*, August 9, 2022, foreignpolicy.com/2022/08/09/scholz-germany-zeitenwende-ukraine-russia-war-bundeswehr-nato-defense-military-security; Tony

Barber, "Year in a Word: Zeitenwende," *Financial Times*, December 24, 2022, www.ft.com/content/3d0bfcab-d56c-4527-bf8f-7ed2c7020c7d.

196. "Ukraine: Further Trade and Financial Sanctions Imposed Against Russia," The Federal Council of Switzerland, March 4, 2022, www.admin.ch/gov/en/start/documentation/media-releases.msg-id-87474.html.

197. Lauren Goode, "Apple Stops Sales in Russia—and Takes a Rare Stand," *Wired*, March 1, 2022, www.wired.com/story/apple-russia-iphone-ukraine-traffic-maps-rt-sputnik-app-store; "McDonald's to Exit from Russia," McDonald's, May 16, 2022, corporate.mcdonalds.com/corpmcd/our-stories/article/mcd-exit-russia.html; Jonathan Roeder, "Coca-Cola Announces Suspension of Operations in Russia," *Bloomberg*, March 8, 2022, www.bloomberg.com/news/articles/2022-03-08/coca-cola-announces-suspension-of-operations-in-russia; Jeffrey Sonnenfeld and Steven Tian, "Some of the Biggest Brands Are Leaving Russia. Others Just Can't Quit Putin. Here's a List," *The New York Times*, April 7, 2022, www.nytimes.com/interactive/2022/04/07/opinion/companies-ukraine-boycott.html.

198. Amanda Macias and Brian Schwartz, "World's Largest Yacht, Linked to Russian Billionaire Usmanov, Is Seized by Germany," CNBC, April 14, 2022, www.cnbc.com/2022/04/14/worlds-largest-yacht-linked-to-russian-billionaire-usmanov-seized-by-germany.html; Brian Schwartz and Amanda Macias, "Here Are the Russian Oligarch Yachts Being Seized as Sanctions Take Effect," CNBC, March 3, 2022, www.cnbc.com/2022/03/03/here-are-the-russian-oligarch-yachts-being-seized-as-sanctions-take-effect.html.

199. Belén Carreño and Joan Faus, "Spain Detains Yacht Thought to Be Owned by Rosneft CEO—Police Source," Reuters, March 16, 2022, www.reuters.com/world/europe/spain-detains-yacht-suspicion-it-belongs-russian-oligarch-ministry-2022-03-16.

200. "Statement from Roman Abramovich," Chelsea FC, March 2, 2022, www.chelseafc.com/en/news/article/statement-from-roman-abramovich.

201. Adam Crafton, "Special Report: What Roman Abramovich Did Next," *The Athletic*, July 27, 2023, theathletic.com/4717198/2023/07/27/roman-abramovich-putin-chelsea.

202. Emiko Terazono and Michael Pooler, "Wheat Prices Hit Record Highs as War Halts Exports from Ukraine and Russia," *Financial Times*, March 4, 2022, www.ft.com/content/e6a28dd9-ecea-4d67-b6b5-a50301b731b2.

203. "Ukraine War: More Countries Will 'Feel the Burn' as Food and Energy Price Rises Fuel Hunger, Warns WFP," United Nations World Food Programme, March 11, 2022, www.wfp.org/stories/ukraine-war-more-countries-will-feel-burn-food-and-energy-price-rises-fuel-hunger-warns-wfp.

204. Nik Martin, "Ukraine War: Russia Blocks Shops Carrying Grain Exports," *Deutsche Welle*, March 17, 2022, www.dw.com/en/ukraine-war-russia-blocks-ships-carrying-grain-exports/a-61165985.

205. "Russia Warns of Sharp Caspian Pipeline Oil Export Drop after Storm," Reuters, March 22, 2022, www.reuters.com/business/energy/russia-warns-sharp-caspian-pipeline-oil-export-drop-after-storm-2022-03-22.

206. Benoît Faucon, "Putin's Secret Weapon on Energy: An Ex-Morgan Stanley Banker," *The Wall Street Journal*, March 2, 2023, www.wsj.com/articles/russia-putin-oil-gas-sorokin-sanctions-e1189493; Derek Brower and Myles McCormick, "Major Russian Pipeline Fully Halts Oil Exports, Sending Crude Prices Higher," *Financial Times*, March 23, 2022, www.

국가는 무엇으로 싸우는가

ft.com/content/9d6fe3e6-597f-4089-a553-3f8a0edc18e8.

207. "Brent Crude Oil," *Trading Economics*, tradingeconomics.com/commodity/brent-crude-oil; David Gaffen, "Oil Jumps 5% as Caspian Pipeline Disruption Adds to Supply Fears," Reuters, March 23, 2022, www.reuters.com/business/energy/oil-prices-resume-climb-after-us-stockpiles-drop-tight-market-2022-03-23.

208. Mohsin S. Khan, "The 2008 Oil Price 'Bubble,'" Peterson International Institute of Economics, August 2009, www.piie.com/publications/policy-briefs/2008-oil-price-bubble.

209. "Vast Majority of Americans Say Ban Russian Oil, Quinnipiac University National Poll Finds; Nearly 8 in 10 Support U.S. Military Response if Putin Attacks a NATO Country," Quinnipiac University Polling, March 7, 2022, poll.qu.edu/poll-release?releaseid=3838; Chris Jackson, Mallory Newall, and Hailey Foster, "Americans Continue to Support Ban on Russian Oil," *Ipsos*, March 13, 2022, www.ipsos.com/en-us/news-polls/March-2022-ABC-news-poll.

210. "Shell Announces Intent to Withdraw from Russian Oil and Gas," Shell, March 8, 2022, shell.gcs-web.com/news-releases/news-release-details/shell-announces-intent-withdraw-russian-oil-and-gas.

211. Sabrina Valle, "Exxon to Exit Russia, Leaving $4 bln in Assets," Reuters, March 2, 2022, www.reuters.com/business/energy/exxon-mobil-begins-removing-us-employees-its-russian-oil-gas-operations-2022-03-01; 2022년 10월, 7개월에 걸친 철수 협상에도 불구하고 러시아 정부는 엑슨모빌이 보유한 자국 내 자산 전부를 일방적으로 몰수했다. 다음을 보라. Sabrina Valle, "Exclusive: Exxon Exits Russia Empty-Handed with Oil Project Unilaterally Seized," Reuters, October 17, 2022, reuters.com/business/energy/exclusive-exxon-exits-russia-empty-handed-with-oil-project-unilaterally-2022-10-17.

212. 저자의 피터 하렐과의 인터뷰, 2023.

213. "Government of Canada Moves to Prohibit Import of Russian Oil," Natural Resources, Government of Canada, February 28, 2022, www.canada.ca/en/natural-resources-canada/news/2022/02/government-of-canada-moves-to-prohibit-import-of-russian-oil.html.

214. Andrew Desiderio, Burgess Everett, and Jonathan Lemire, "Biden Bans Russian Oil under Pressure from Congress," *Politico*, March 7, 2022, www.politico.com/news/2022/03/07/russia-oil-ukraine-biden-00014873.

215. "Weekly U.S. Imports from Russia of Crude Oil," U.S. Energy Information Administration, www.eia.gov/dnav/pet/hist/LeafHandler.ashx?n=pet&s=w_epc0_im0_nus-nrs_mbbld&f=w.

216. Kwasi Kwarteng, "Statement on the Phasing Out of Russian Oil Imports" (speech, London, UK, March 9, 2022), Government of the UK, www.gov.uk/government/speeches/statement-on-the-phasing-out-of-russian-oil-imports; Marise Payne, "Autonomous Sanctions (Import Sanctioned Goods—Russia) Designation 2022," Australia Ministry for Foreign Affairs, March 10, 2022, www.legislation.gov.au/Details/F2022L00310.

217. "In Focus: Reducing the EU's Dependence on Imported Fossil Fuels," European Commission, April 20, 2022, commission.europa.eu/news/focus-reducing-eus-dependence-imported-fossil-fuels-2022-04-20_en; "Oil Market and Russian Supply," International Energy Agency, www.iea.org/reports/russian-supplies-to-global-energy-markets/oil-market-and-russian-supply-2.

218. "In Focus: Reducing the EU's Dependence on Imported Fossil Fuels," European Commission, April 20, 2022, commission.europa.eu/news/focus-reducing-eus-dependence-imported-fossil-fuels-2022-04-20_en.

219. Aaron Steckelberg et al., "Why Russia Gave Up on Urban War in Kyiv and Turned to Big Battles in the East," *The Washington Post*, April 15, 2022, www.washingtonpost.com/world/interactive/2022/kyiv-urban-warfare-russia-siege-donbas?.

220. Daniel Flatley, "U.S. Treasury Confirms Russia Not Barred from Servicing Bonds," *Bloomberg*, March 16, 2022, www.bloomberg.com/news/articles/2022-03-16/u-s-treasury-confirms-russia-not-barred-from-servicing-bonds; Tommy Stubbington and Philip Stafford, "Russian Bond Interest Payments in Flow through Western Financial Systems," *Financial Times*, March 18, 2022, www.ft.com/content/c381f620-1897-489a-81d1-956f01fb0bf0.

221. Kalyenna Makortoff, "Mastercard and Visa Block in Russia Does Not Stop Domestic Purchases," *The Guardian*, March 6, 2022, www.theguardian.com/business/2022/mar/06/russians-visa-mastercard-ban-domestic-purchases-mir.

222. Tommy Stubbington and Polina Ivanova, "Russia Steadies Rouble with Harsh Capital Controls and Investment Curbs," *Financial Times*, April 1, 2022, www.ft.com/content/4ebde1bf-674c-468d-a8f0-2b306496962d.

223. Paddy Hirsch, "How Russia Rescued the Ruble," NPR, April 5, 2022, www.npr.org/sections/money/2022/04/05/1090920442/how-russia-rescued-the-ruble.

224. Hirsch, "How Russia Rescued the Ruble."

225. Nastassia Astrasheuskaya and Leila Abboud, "Putin Issues Decree Requesting 'Unfriendly' Countries Pay for Gas in Roubles," *Financial Times*, March 31, 2022, www.ft.com/content/d8ee2429-7caf-4e1f-9c85-dd1f825d36e3.

226. Stubbington and Ivanova, "Russia Steadies Rouble."

59장 공급과 수요

227. "SPR Storage Sites," Office of Cybersecurity, Energy Security, and Emergency Response, U.S. Department of Energy, www.energy.gov/ceser/spr-storage-sites.

228. "SPR Storage Sites," U.S. Department of Energy; Noah Berman, "How Does the U.S. Government Use the Strategic Petroleum Reserve?" Council on Foreign Relations, January 11, 2023, www.cfr.org/backgrounder/how-does-us-government-use-strategic-petroleum-reserve.

229. 정유소와의 교환 계약에 따라, 그리고 의회 명령에 따라 소규모 방출은 몇십 차례 더 있었다. 다음을 보라. "History of SPR Releases," Office of Cybersecurity, Energy Security, and Emergency Response, U.S. Department of Energy, www.energy.gov/ceser/history-spr-releases; "Strategic Petroleum Reserve Oil Releases: October 2021 through October 2022," IN11916, Congressional Research Service, U.S. Library of Congress, April 22, 2022, crsreports.congress.gov/product/pdf/IN/IN11916.

230. The White House, "President Biden Announces Release from the Strategic Petroleum Reserve as Part of Ongoing Efforts to Lower Prices and Address Lack of Supply around the World," November 23, 2021, www.whitehouse.gov/briefing-room/statements-releases/2021/11/23/president-biden-announces-release-from-the-strategic-petroleum-

reserve-as-part-of-ongoing-efforts-to-lower-prices-and-address-lack-of-supply-around-the-world.

231. Helima Croft, hosted by James M. Lindsay, "The Future of Energy, with Helima Croft," *The President's Inbox* (podcast), Council on Foreign Relations, December 7, 2021, www.cfr.org/podcasts/future-energy-helima-croft.

232. "Oil Market and Russian Supply," International Energy Agency, www.iea.org/reports/russian-supplies-to-global-energy-markets/oil-market-and-russian-supply-2.

233. "SPR Storage Sites," U.S. Department of Energy.

234. Robert McNally, *Crude Volatility: The History and the Future of Boom-Bust Oil Prices* (New York: Columbia University Press, 2017), 186; Ari Natter and Sheela Tobben, "Biden Oil Plan Hinges on 1970s Reserve with Troubled History," *Bloomberg*, March 31, 2022, www.bloomberg.com/news/articles/2022-03-31/biden-s-oil-gambit-hinges-on-1970s-reserve-with-troubled-history; Tristan Abbey, "Is Biden Breaking the Strategic Petroleum Reserve?" *The New Atlantis*, October 27, 2022, www.thenewatlantis.com/publications/did-biden-break-the-strategic-petroleum-reserve.

235. Heather L. Greenley, "The Strategic Petroleum Reserve: Background, Authorities, and Considerations," Congressional Research Service, U.S. Library of Congress, R46355, May 13, 2020, www.everycrsreport.com/files/20200513_R46355_a7b0f9897caa032cac61287f9bfc4d010f0b8dc0.pdf.

236. Timothy Puko, Tarini Parti, and Collin Eaton, "Biden to Draw Down Oil Reserves in Bid to Ease Gas Prices," *The Wall Street Journal*, March 31, 2022, www.wsj.com/articles/crude-oil-prices-drop-as-biden-plans-to-tap-strategic-oil-reserves-11648738097.

237. Clifford Krauss, "Why U.S. Oil Companies Aren't Riding to Europe's Rescue," *The New York Times*, April 26, 2022, www.nytimes.com/2022/04/26/business/energy-environment/oil-us-europe-russia.html.

238. "IEA Confirms Member Country Contributions to Second Collective Action to Release Oil Stocks in Response to Russia's Invasion of Ukraine," International Energy Agency, April 7, 2022, www.iea.org/news/iea-confirms-member-country-contributions-to-econd-collective-action-to-release-oil-stocks-in-response-to-russia-s-invasion-of-ukraine; "IEA Governing Board Concludes 2022 Collective Actions," International Energy Agency, June 22, 2023, www.iea.org/news/iea-governing-board-concludes-2022-collective-actions.

239. Joseph R. Biden and Ursula von der Leyen, "Remarks by President Biden and European Commission President Ursula von der Leyen in Joint Press Statement" (speech, Washington, D.C., March 25, 2022), The White House, www.whitehouse.gov/briefing-room/speeches-remarks/2022/03/25/remarks-by-president-biden-and-european-commission-president-ursula-von-der-leyen-in-joint-press-statement.

240. "When Have the United States and Others Previously Released Oil from Reserves?" Reuters, March 30, 2022, www.reuters.com/business/energy/when-have-united-states-others-previously-released-oil-reserves-2022-03-31.

241. Joseph R. Biden, "Remarks by President Biden on Actions to Lower Gas Prices at the Pump for American Families" (speech, Washington, D.C., March 31, 2022), www.whitehouse.gov/briefing-room/speeches-remarks/2022/03/31/remarks-by-president-biden-on-actions-to-lower-gas-prices-at-the-pump-for-american-families; The White House, "Fact Sheet: President Biden's Plan to Respond to Putin's Price Hike at the Pump," March 31,

2022, www.whitehouse.gov/briefing-room/statements-releases/2022/03/31/fact-sheet-president-bidens-plan-to-respond-to-putins-price-hike-at-the-pump.

242. Weizhen Tan, "India Is Snapping Up Cheap Russian Oil, and China Could Be Next," CNBC, March 27, 2022, www.cnbc.com/2022/03/28/russia-india-india-buys-cheap-russian-oil-china-could-be-next.html; Harry Dempsey and Chloe Cornish, "Russian Oil Ex-ports to India Surge as Europe Shuns Cargoes," *Financial Times*, March 18, 2022, www.ft.com/content/5efc6338-3f01-4015-aedf-53a4a1944ca8.

243. Ashley J. Tellis, "'What Is in Our Interest': India and the Ukraine War," Carnegie Endowment for International Peace, April 25, 2022, carnegieendowment.org/2022/04/25/what-is-in-our-interest-india-and-ukraine-war-pub-86961; "Split Opinion in India on Whether Russia or Western Countries to Blame for Ukraine Conflict: Survey," *The Times of India*, October 25, 2022, timesofindia.indiatimes.com/india/split-opinion-in-india-on-whether-russia-or-western-countries-to-blame-for-ukraine-conflict-survey/articleshow/95050848.cms.

244. Chloe Cornish, "India Explores 'Rupee-R ouble' Exchange Scheme to Beat Russia Sanctions," *Financial Times*, March 16, 2022, www.ft.com/content/a5ee2d6b-693f-475d-80c6-0036c2657ef1.

245. Rajan Menon and Eugene Rumer, "Russia and India: A New Chapter," Carnegie Endowment for International Peace, September 20, 2022, carnegieendowment.org/2022/09/20/russia-and-india-new-chapter-pub-87958.

246. Daleep Singh, "Op-Ed: Deputy National Security Advisor Daleep Singh on Supporting the Asian Americans and Pacific Islanders Community," The White House, June 4, 2021, www.whitehouse.gov/briefing-room/blog/2021/06/04/op-ed-deputy-national-security-advisor-daleep-singh-on-supporting-the-asian-americans-and-pacific-islanders-community.

247. Chidanand Rajghatta, "Biden's Sanctions Man Is Indian-American Daleep Singh," *The Times of India*, February 23, 2022, timesofindia.indiatimes.com/world/us/bidens-sanctions-man-is-indian-american-daleep-singh/articleshow/89768488.cms.

248. The White House, "Readout of Senior Administration Travel to India," April 1, 2022, www.whitehouse.gov/briefing-room/statements-releases/2022/04/01/readout-of-senior-administration-travel-to-india.

249. Rezaul H. Laskar, "US Deputy NSA Daleep Singh Raises War 'Consequences' in India," *Hindustan Times*, April 1, 2022, www.hindustantimes.com/india-news/us-deputy-nsa-raises-war-consequences-in-india-101648730876864.html.

250. Sreemoy Talukdar, "US Deputy NSA Daleep Singh's Threats of 'Consequences' Point to a Fissure within Joe Biden Administration on India," *Firstpost*, April 2, 2022, www.firstpost.com/opinion/us-deputy-nsa-daleep-singhs-threats-of-consequences-point-to-a-fissure-within-joe-biden-administration-on-india-10510802.html.

251. "Russia's Lavrov to Visit India, Supportive Despite Ukraine Crisis," Reuters, March 30, 2022, www.reuters.com/world/russias-lavrov-visit-india-supportive-despite-ukraine-crisis-2022-03-30.

252. "US Pressure Won't Affect India-Russia Partnership: Russian FM Lavrov," *The Economic Times*, April 1, 2022, economictimes.indiatimes.com/news/india/us-pressure-wont-affect-india-russia-partnership-russian-fm-lavrov/articleshow/90591533.cms.

253. Serhii Plokhy, *The R usso-Ukrainian War: The Return of History* (New York: W.W. Norton & Company, 2023), 167–72; Tara John et al., "Bodies Tied Up, Shot and Left to Rot in Bucha Hint at Gruesome Reality of Russia's Occupation in Ukraine," CNN, April 5, 2022, edition.cnn.com/2022/04/05/europe/bucha-ukraine-russian-occupation-reality-intl-cmd/index.html.

254. John et al., "Bodies Tied Up."

255. Graeme Massie, "Ukraine Says 'Torture Room' Found after Russian Troops Withdrawal from Bucha," *The Independent*, April 5, 2022, www.independent.co.uk/news/world/europe/ukraine-russia-torture-room-bucha-b2050946.html; Laurel Wamsley, "Rape Has Reportedly Become a Weapon in Ukraine. Finding Justice May Be Difficult," NPR, April 30, 2022, www.npr.org/2022/04/30/1093339262/ukraine-russia-rape-war-crimes.

256. U.S Department of the Treasury, "U.S. Treasury Escalates Sanctions on Russia for Its Atrocities in Ukraine," April 6, 2022, home.treasury.gov/news/press-releases/jy0705.

257. 신규 투자를 금지한다는 내용 때문에 해외자산통제국(OFAC)에 다른 제재들보다 더 많은 질문이 쏟아졌다. 기업들은 '신규 투자'의 정의를 파악하고 러시아에서 사업을 철수하는 데 자금을 쓸 수 있는지 알아내기 위해 서둘러 대응했다. 다음을 보라. Joseph R. Biden, "Executive Order 14071 of April 6, 2022, Prohibiting New Investment in and Certain Services to the Russian Federation in Response to Continued Russian Federation Aggression," *Code of Federal Regulations*, titles 3 and 50 (2022), www.federalregister.gov/documents/2022/04/08/2022-07757/prohibiting-new-investment-in-and-certain-services-to-the-russian-federation-in-response-to; Andrew Edgecliff-Johnson and Matthew Rocco, "McDonald's Leads Fresh Exodus of Western Consumer Brands from Russia," *Financial Times*, March 8, 2022, www.ft.com/content/21e27317-5151-43c8-b0be-40f37542698d.

258. The White House, "Fact Sheet: United States, G7 and EU Impose Severe and Immediate Costs on Russia," April 6, 2022, www.whitehouse.gov/briefing-room/statements-releases/2022/04/06/fact-sheet-united-states-g7-and-eu-impose-severe-and-immediate-costs-on-russia; Alina Selyukh, "What's Happening with Russia's 1st Default on Foreign Debt in a Century," NPR, June 27, 2022, www.npr.org/2022/06/27/1107750231/russia-default-foreign-debt-payments-explained.

259. Rachel Pannett and Julian Duplain, "Russia Defaults on Foreign Debt for First Time Since 1918: What to Know," *The Washington Post*, June 27, 2022, www.washingtonpost.com/world/2022/06/27/russia-defaults-foreign-debt-ukraine-war.

260. Grant Smith, "Russia Oil Revenue up 50% This Year Despite Boycott, IEA Says," *Bloomberg*, May 12, 2022, www.bloomberg.com/news/articles/2022-05-12/russia-oil-revenue-up-50-this-year-despite-boycott-iea-says; "India and China Increasingly Welcome Shunned Russian Oil," PBS, June 13, 2022, www.pbs.org/newshour/world/india-and-china-increasingly-welcome-shunned-russian-oil; Ricardo Hausmann, Agata Loskot-Strachota, Axel Ockenfels, Ulrich Schetter, Simone Tagliapietra, Guntram Wolff, and Georg Zachmann, "How to Weaken Russian Oil and Gas Strength," *Science* 469 (April 2022), www.hks.harvard.edu/publications/how-weaken-russian-oil-and-gas-strength.

261. Stanley Reed, "Russia's Oil Output Rose Last Month, Despite Sanctions," *The New York Times*, June 15, 2022, www.nytimes.com/2022/06/15/business/russia-oil-sanctions.html;

"India and China Increasingly Welcome Shunned Russian Oil," PBS.

262. "Oil Market and Russian Supply," International Energy Agency, www.iea.org/reports/russian-supplies-to-global-energy-markets/oil-market-and-russian-supply-2.

263. Ricardo Hausmann, "The Case for a Punitive Tax on Russian Oil," *Project Syndicate*, February 26, 2022, www.project-syndicate.org/commentary/case-for-punitive-tax-on-russian-oil-by-ricardo-hausmann-2022-02.

264. 저자의 안드레아 가키와의 인터뷰, 2023.

265. 저자의 피터 하렐과의 인터뷰, 2023.

61장 다른 대안이 있을까?

266. "Crude Petroleum," *Observatory of Economic Complexity*, oec.world/en/profile/hs/crude-petroleum.

267. 저자의 캐서린 볼프람과의 인터뷰, 2023.

268. Ryan Chilcote, "Why Russia Just Torpedoed Global Oil Prices," PBS, March 10, 2020, www.pbs.org/newshour/economy/why-russia-just-torpedoed-global-oil-prices; "Russia: Petroleum and Other Liquids," U.S. Energy Information Administration, www.eia.gov/international/data/country/RUS/petroleum-and-other-liquids/monthly-petroleum-and-other-liquids-production; Anders Åslund, "Putin Concedes Defeat in the Oil Price War," The Atlantic Council, April 14, 2020, www.atlanticcouncil.org/blogs/new-atlanticist/putin-concedes-defeat-in-the-oil-price-war; "Urals Oil: Price," *Trading Economics*, tradingeconomics.com/commodity/urals-oil.

269. Holly Ellyatt, "Mariupol Hasn't Surrendered to Russia, PM Says; at Least 5 Dead, 20 Injured in Kharkiv Attack," CNBC, April 18, 2022, www.cnbc.com/2022/04/17/russia-ukraine-live-updates.html; Luke Harding, "'It's Like the USSR': Residents on Life in Mariupol a Year Since Russian Occupation," *The Guardian*, May 18, 2023, www.theguardian.com/world/2023/may/18/its-like-the-ussr-residents-on-life-in-mariupol-a-year-since-russian-occupation; Valerie Hopkins et al., "Ukrainian Holdouts in Mariupol Surrender to an Uncertain Fate," *The New York Times*, May 17, 2022, www.nytimes.com/2022/05/17/world/europe/ukraine-mariupol-fighters-surrender.html.

270. James Politi, "Janet Yellen Calls for EU Caution on Russian Energy Ban," *Financial Times*, April 21, 2022, www.ft.com/content/0738a816-cb3c-44f9-9257-7a8489bf4c9c.

271. Tyler Pager, "Biden's Sanctions Coordinator to Take Leave of Absence from White House," *The Washington Post*, April 26, 2022, www.washingtonpost.com/politics/2022/04/26/biden-sanctions-coordinator-white-house.

272. Ursula von der Leyen, "Speech by President von der Leyen at the EP Plenary on the Social and Economic Consequences for the EU of the Russian War in Ukraine—Reinforcing the EU's Capacity to Act" (speech, Strasbourg, France, May 4, 2022), ec.europa.eu/commission/presscorner/detail/en/speech_22_2785.

273. Francesco Guarascio and John Chalmers, "EU's Toughest Russia Sanctions Yet Snag on Worries over Oil Ban," Reuters, May 4, 2022, www.reuters.com/world/europe/eu-lay-out-new-sanctions-russia-targeting-oil-imports-022-05-04.

274. Noah Browning, "Russian Oil Output to Fall 1.4 mn BPD Next Year as EU Ban Takes

Effect: IEA," Reuters, November 15, 2022, www.reuters.com/business/energy/russian-oil-output-fall-14-mln-bpd-next-year-eu-ban-takes-effect-iea-2022-11-15; Scott Disavino, "Oil Edges Up on Supply Jitters as EU Plans Russian Oil Ban," Reuters, May 5, 2022, www.reuters.com/business/oil-extends-gains-after-news-eus-russian-oil-ban-proposal-2022-05-05.

275. "Brent Crude Oil," *Trading Economics*, https://tradingeconomics.com/commodity/brent-crude-oil; Mohsin S. Khan, "The 2008 Oil Price 'Bubble,'" Peterson International Institute of Economics, August 2009, www.piie.com/publications/policy-briefs/2008-oil-price-bubble.

276. "Group Clubs," International Group of P&I Clubs, www.igpandi.org/group-c lubs.

277. Laurence Norman, Joe Wallace, and Georgi Kantchev, "EU Sets Harshest Russia Sanctions, Targeting Oil and Insurance," *The Wall Street Journal*, May 31, 2022, www.wsj.com/articles/eus-ban-on-russian-oil-adds-stress-to-regions-economies-11653993757.

278. "Special Meeting of the European Council, 30–31 May 2022," May 30–31, 2022, European Council, www.consilium.europa.eu/en/meetings/european-council/2022/05/30-31.

279. Leila Fadel and Rob Schmitz, "European Union Leaders Agree to Ban 90% of Russian Oil by the End of 2022," NPR, May 31, 2022, www.npr.org/2022/05/31/1102097085/european-union-leaders-agree-to-ban-90-of-russian-oil-by-the-end-of-2022.

280. "Russia's War on Ukraine: EU Adopts Sixth Package of Sanctions against Russia," European Commission, June 3, 2022, ec.europa.eu/commission/presscorner/detail/en/IP_22_802.

281. Norman, Wallace, and Kantchev, "EU Sets Harshest Russia Sanctions."

282. "European Brent Spot Price FOB," U.S. Energy Information Administration, www.eia.gov/dnav/pet/hist/LeafHandler.ashx?n=PET&s=RBRTE&f=M.

62장 서비스 제공자 카르텔

283. Yuka Obayashi, "Explainer: How Can Japan Secure Enough Gas if Sakhalin Supply Is Cut," Reuters, July 8, 2022, www.reuters.com/business/energy/how-can-japan-secure-enough-gas-if-sakhalin-supply-is-cut-2022-07-08.

284. "G7 Leaders' Communiqué," G7, Elmau, Germany, June 26–28, 2022, www.g7germany.de/resource/blob/974430/2062292/fbdb2c7e996205aee402386aae057c5e/2022-07-14-leaders-communique-data.pdf.

285. Eytan J. Fisch et al., "Navigating the Future Landscape of EU Blocking Statute," Skadden, Arps, Slate, Meagher, & Flom, January 27, 2022, www.skadden.com/insights/publications/2022/01/navigating-the-future-landscape-of-the-eu-blocking-statute.

286. 저자의 엘리자베스 로젠버그와의 인터뷰, 2023.

287. Edward Fishman, "How the Price Cap on Russian Oil Will Work in Practice," Columbia School of International and Public Affairs, Center on Global Energy Policy, November 30, 2022, www.energypolicy.columbia.edu/publications/how-price-cap-russian-oil-will-work-practice.

288. David E. Spiro, *The Hidden Hand of American Hegemony: Petrodollar Recycling and International Markets* (Ithaca: Cornell University Press, 1999), 27.

289. Andrea Shalal and Timothy Gardner, "As Clock Ticks on G7's Russia Oil Price Cap, Big

Questions Remain," Reuters, November 4, 2022, www.reuters.com/business/energy/clock-ticks-g7s-russia-oil-price-cap-big-questions-remain-2022-11-04.

290. "Readout: Assistant Secretary Elizabeth Rosenberg's Visit to Indonesia," U.S. Department of the Treasury, August 9, 2022, home.treasury.gov/news/press-releases/jy0917.

291. Kevin Whitelaw, "Russia Seen Floating Long-Term Oil Discounts Amid Price-Cap Push," *Bloomberg*, August 24, 2022, www.bloomberg.com/news/articles/2022-08-24/russia-seen-floating-long-term-oil-discounts-amid-price-cap-push.

292. "Readout: Deputy Secretary of the Treasury Wally Adeyemo's Travel to Mumbai," U.S. Department of the Treasury, August 25, 2022, home.treasury.gov/news/press-releases/jy0928.

293. "G7 Finance Ministers' Statement on the United Response to Russia's War of Aggression against Ukraine," G7, September 2, 2022, www.bundesfinanzministerium.de/Content/EN/Downloads/G7-G20/2022-09-02-g7-ministers-statement.pdf?__blob=publicationFile&v=7.

294. David Lawder and Christian Kraemer, "G7 Ministers Forge Ahead with Russian Oil Price Cap, Details Thin," Reuters, September 2, 2022, www.reuters.com/business/energy/g7-finance-chiefs-seen-advancing-russian-oil-price-cap-plan-2022-09-02.

295. Andrew E. Kramer, "Ukraine Launches Southern Offensive, as Inspectors Head to Nuclear Plant," *The New York Times*, August 29, 2022, www.nytimes.com/2022/08/29/world/europe/ukraine-russia-counteroffensive.html.

63장 경제적 소모전

296. Steven Arons, "Ukraine Reconstruction May Cost $1.1 Trillion, EIB Head Says," *Bloomberg*, June 21, 2022, www.bloomberg.com/news/articles/2022-06-21/ukraine-reconstruction-may-cost-1-1-trillion-eib-head-says; "Ukraine Sees Post-war Reconstruction Costs Nearing $750 billion-PM," Reuters, October 24, 2022, www.reuters.com/world/europe/ukraine-sees-post-war-reconstruction-costs-nearing-750-billion-pm-2022-10-24.

297. 2024년 6월, G7 정상들은 러시아의 동결된 국유 자산에서 발생하는 이자 수익을 우크라이나를 위한 '특별 수익 가속화(ERA) 대출'에 사용하기로 합의했다. 초기 배정액은 약 500억 달러에 달할 것으로 보였다. 이 정책은 향후 러시아 국유 자산의 원금을 압수할 가능성을 배제하지 않았다. 다음을 보라. The White House, "G7 Leaders' Statement," June 14, 2024, www.whitehouse.gov/briefing-room/statements-releases/2024/06/14/g7-leaders-statement-8. 여러 저명한 논평가들은 계속 러시아의 국유 자산을 몰수할 것을 주장했다. 예를 들어 다음을 보라. Lawrence Summers, Philip Zelikow, and Robert Zoellick, "The Other Counteroffensive to Save Ukraine," *Foreign Affairs*, June 15, 2023, www.foreignaffairs.com/ukraine/other-counteroffensive-save-ukraine; Lawrence Summers, Philip Zelikow, and Robert Zoellick, "Why Russian Reserves Should Be Used to Help Ukraine," *The Economist*, July 27, 2023, www.economist.com/by-invitation/2023/07/27/lawrence-summers-philip-zelikow-and-robert-zoellick-on-why-russian-reserves-should-be-used-to-help-ukraine.

298. Edward Fishman and Chris Miller, "The New Russian Sanctions Playbook," *Foreign Affairs*, February 28, 2022, www.foreignaffairs.com/articles/russia-fsu/2022-02-28/new-russian-sanctions-playbook.

299. Edward Fishman, "A Tool of Attrition," *Foreign Affairs*, February 23, 2023, www.

foreignaffairs.com/ukraine/tool-attrition.

300. Emma Ashford and Matthew Kroenig, "Is Weakening Russia a Bad Idea?" *Foreign Policy*, April 29, 2022, foreignpolicy.com/2022/04/29/austin-blinken-ukraine-zelensky-weaken-russia-a-bad-idea.

301. Kylie Atwood and Jennifer Hansler, "Austin Says US Wants to See Russia's Military Capabilities Weakened," CNN, April 25, 2022, www.cnn.com/2022/04/25/politics/blinken-austin-kyiv-ukraine-zelensky-meeting/index.html; Natasha Bertrand et al., "Austin's Assertion That US Wants to 'Weaken' Russia Underlines Biden Strategy Shift," CNN, April 26, 2022, www.cnn.com/2022/04/25/politics/biden-administration-russia-strategy/index.html.

302. U.S. Department of Defense, "Russian War in Ukraine: Timeline," www.defense.gov/Spotlights/Support-for-Ukraine/Timeline.

303. Matthew Mpoke Bigg and Eric Schmitt, "A U.S.-made Long-Range Rocket System Has Helped Give Ukraine Momentum in the War," *The New York Times*, January 2, 2023, www.nytimes.com/2023/01/03/world/europe/himars-rockets-us-ukraine-war.html.

304. Maria Varenikova and Matthew Mpoke Bigg, "Ukraine Hits a Key Bridge in Kherson as Russia Steps Up Missile Strikes across the South," *The New York Times*, July 27, 2022, www.nytimes.com/2022/07/27/world/europe/ukraine-kherson-missile-strikes.html; Serhii Plokhy, *The Russo-Ukrainian War: The Return of History* (New York: W.W. Norton & Company, 2023), 217–22.

305. Zoya Sheftalovich and Laurens Cerulus, "The Chips Are Down: Putin Scrambles for High-Tech Parts as His Arsenal Goes Up in Smoke," *Politico*, September 5, 2022, www.politico.eu/article/the-chips-are-down-russia-hunts-western-parts-to-run-its-war-machines.

306. Jeanne Whalen, "Sanctions Forcing Russia to Use Appliance Parts in Military Gear, U.S. Says," *The Washington Post*, May 11, 2022, www.washingtonpost.com/technology/2022/05/11/russia-sanctions-effect-military.

307. Chris Miller, "Is Russia's Economy on the Brink?" *Foreign Affairs*, September 2, 2022, www.foreignaffairs.com/russian-federation/russia-economy-brink-moscow-war-ukraine.

308. 2022년, 러시아의 자동차 산업은 직간접적으로 약 350만 명의 사람들을 고용했다. 다음을 보라. Vladimir Milov, "The Sanctions on Russia Are Working," *Foreign Affairs*, January 18, 2023, www.foreignaffairs.com/russian-federation/sanctions-russia-are-working; 2022년 9월에 러시아의 자동차 생산은 2021년 같은 달과 비교해 80% 줄어들었다. 다음을 보라. Polina Ivanova and Max Seddon, "Russia's Wartime Economy: Learning to Live without Imports," *Financial Times*, December 14, 2022, www.ft.com/content/6c01e84b-5333-4024-aaf1-521cf1207eb4.

309. Milov, "Sanctions on Russia Are Working."

310. Ivanova and Seddon, "Russia's Wartime Economy."

311. Ivanova and Seddon, "Russia's Wartime Economy."

312. "Russian Cars Drop Airbags, Anti-lock Brakes Because of Sanctions," *Automotive News*, June 19, 2022, www.autonews.com/manufacturing/russian-cars-drop-airbags-anti-lock-brakes-because-sanctions.

313. Ivanova and Seddon, "Russia's Wartime Economy."

314. "Russia," Central Intelligence Agency, www.cia.gov/the-world-factbook/countries/russia/

#geography; Ivanova and Seddon, "Russia's Wartime Economy."

315. Sheftalovich and Cerulus, "The Chips Are Down."

316. Zoya Sheftalovich, "Full Text of Putin's Mobilization Decree—Translated," *Politico*, September 21, 2022, www.politico.eu/article/text-vladimir-putin-mobilization-decree-war-ukraine-russia; Anton Troianovski et al., "Ukraine War Comes Home to Russians as Putin Imposes Draft," *The New York Times*, September 22, 2022, www.nytimes.com/2022/09/22/world/europe/putin-russia-military-ukraine-war.html.

317. "Over 1,000 Russian Protestors Arrested after Putin Mobilizes More Troops," *The New York Times*, September 21, 2022, www.nytimes.com/live/2022/09/21/world/russia-ukraine-war-putin; Pjotr Sauer, "'I Will Cross the Border Tonight': Russians Flee after News of Draft," *The Guardian*, September 22, 2022, www.theguardian.com/world/2022sep/22/my-heart-sank-with-news-of-draft-russians-flee-in-droves; Charles Maynes, "Putin Signs a Tough New Military Draft Law, Banning Conscripts from Fleeing Russia," NPR, April 14, 2023, www.npr.org/2023/04/13/1169464889/russia-military-draft-ukraine-war.

318. Max Seddon, "Vladimir Putin Annexes Four Ukrainian Regions," *Financial Times*, September 30, 2022, www.ft.com/content/38a1ea78-5530-4eba-85e5-70c2e38024a9.

64장 분할된 시장

319. Javier Blas (@JavierBlas), "My friends and I have agreed to impose a price cap," Twitter, September 2, 2022, twitter.com/JavierBlas/status/1565659185823580163.

320. Ben Harris (@AsstSecEcon), "The global energy trade is a bit more complicated," Twitter, September 2, 2022, twitter.com/AsstSecEcon/status/1565738230154231808?s=20; Archived version: archive.is/4eTIP.

321. 저자의 벤 해리스와의 인터뷰, 2023.

322. Javier Blas and Jack Farchy, *The World for Sale: Money, Power, and the Traders Who Barter the Earth's Resources* (New York: Oxford University Press, 2021), 222–32.

323. "What Is OPEC+ and How Is It Different from OPEC?" U.S. Energy Information Administration, May 9, 2023, www.eia.gov/todayinenergy/detail.php?id=56420.

324. Peter Baker and Ben Hubbard, "Biden to Travel to Saudi Arabia, Ending Its 'Pariah' Status," *The New York Times*, June 2, 2022, www.nytimes.com/2022/06/02/us/politics/biden-saudi-arabia.html.

325. The White House, "Fact Sheet: Results of Bilateral Meeting Between the United States and the Kingdom of Saudi Arabia," July 15, 2022, www.whitehouse.gov/briefing-room/statements-releases/2022/07/15/fact-sheet-results-of-ilateral-meeting-between-the-united-states-and-the-kingdom-of-saudi-arabia; Peter Baker and David E. Sanger, "Biden's Fraught Saudi Visit Garners Scathing Criticism and Modest Accords," *The New York Times*, July 15, 2022, www.nytimes.com/2022/07/15/world/middleeast/biden-mbs-saudi-visit.html.

326. Mark Mazzetti, Edward Wong, and Adam Entous, "U.S. Officials Had a Secret Oil Deal with the Saudis. Or So They Thought," *The New York Times*, October 25, 2022, www.nytimes.com/2022/10/25/us/politics/us-saudi-oil-deal.html.

327. 383 OPEC+ ministers agreed to slash oil production: Organization of the Petroleum Exporting Countries, "33rd OPEC and non-OPEC Ministerial Meeting," October 5, 2022, www.opec.org/opec_web/en/press_room/7021.htm; Hanna Ziady, "OPEC Announces the Biggest Cut to Oil Production Since the Start of the Pandemic," CNN, October 5, 2022, www.cnn.com/2022/10/05/energy/opec-production-cuts/index.html.

328. Derek Brower et al., "The New Oil War: OPEC Moves Against the US," *Financial Times*, October 7, 2022, www.ft.com/content/70853af8-b7a4-4a28-bdfe-b4f3e375a1f0.

329. Jake Sullivan and Brian Deese, "Statement from National Security Advisor Jake Sullivan and NEC Director Brian Deese" (speech, Washington, D.C., October 5, 2022), The White House, www.whitehouse.gov/briefing-room/statements-releases/2022/10/05/statement-from-national-security-advisor-jake-sullivan-and-nec-director-brian-deese.

330. James Politi, "Russian Oil Price Cap Would Save Emerging Markets Billions, US Says," *Financial Times*, October 4, 2022, www.ft.com/content/5f102e4e-e92b-482c-adb9-86d66c919673.

331. "Russia May Cut Oil Output if Price Caps Introduced—Deputy PM Novak," Reuters, October 5, 2022, www.reuters.com/markets/commodities/russia-may-cut-oil-output-if-price-caps-introduced-deputy-pm-novak-2022-10-05.

332. Sergey Vakulenko, "Shutting Down Nord Stream Marks the Point of No Return for Russian Gas," Carnegie Endowment for International Peace, September 7, 2022, carnegieendowment.org/politika/87837; Richard Milne, Henry Foy, and David Sheppard, "Sabotage of Gas Pipelines a Wake-up Call for Europe, Officials warn," *Financial Times*, September 28, 2022, www.ft.com/content/ad885fea-035f-4b93-98e7-c75da2c308f8.

333. Kong Chyong, Anne-Sophie Corbeau, and Ira Joseph, "Future Options for Russian Gas Exports," Columbia School for International and Public Affairs Center on Global Energy Policy, January 19, 2023, www.energypolicy.columbia.edu/publications/future-options-russian-gas-exports; "Nord Stream 1: How Russia Is Cutting Gas Supplies to Europe," *BBC News*, www.bbc.com/news/world-europe-60131520.

334. Nastassia Astrasheuskaya, "Russia's Budget Surplus Evaporates as Energy Revenues Shrink," *Financial Times*, September 12, 2022, www.ft.com/content/d9cdc51f-5fe3-4f4a-b0e8-054ef21a2a6e.

335. "Midterm News: Democrats Keep Control of Senate with Victory in Nevada," *The New York Times*, November 12, 2022, www.nytimes.com/live/2022/11/12/us/election-results-updates.

336. Jasmin Melvin, "US to Complete 180-million Barrel SPR Drawdown, Lay Out Plan to Replenish Oil Reserves," S&P Global, October 19, 2022, www.spglobal.com/commodityinsights/en/market-insights/latest-news/oil/101922-us-to-complete-180-million-barrel-spr-drawdown-lay-out-plan-to-replenish-oil-reserve; "As Much as 15 Million Barrels of Crude Oil Sold from the U.S. Strategic Petroleum Reserve," U.S. Energy Information Administration, October 24, 2022, www.eia.gov/todayinenergy/detail.php?id=54359.

337. Bernard Orr and Martin Quin Pollard, "China's COVID Infections Hit Record as Economic Outlook Darkens," Reuters, November 24, 2022, www.reuters.com/world/china/chinas-daily-covid-cases-hit-record-high-2022-11-24.

338. 특히 로스네프트의 투자자 발표에서는 코로나19 초기 몇 달 동안 시장 가격이 20달러 이하로 떨어졌을 때도 여전히 흑자를 기록했다고 밝혔다. 다음을 보라. "Financial Results for 4Q and 12M 2021," *Rosneft*, February 11, 2022, www.rosneft.com/upload/site2/ocument_cons_

report/Q42021_Results_ENG_final.pdf; "Why Russian Oil Price Cap Is Easier Said Than Done," Reuters, June 28, 2022, www.reuters.com/business/energy/why-russian-oil-price-cap-is-easier-said-than-done-2022-06-28; Catherine Wolfram, Simon Johnson, and Lukasz Rachel, "The Price Cap on Russian Oil Exports, Explained," Harvard Kennedy School Belfer Center, December 2022, www.belfercenter.org/sites/default/files/files/publication/Brief_Russian%20Oil%20Price%20Cap_FINAL_0.pdf; Ricardo Hausmann, "The Case for a Punitive Tax on Russian Oil," *Project Syndicate*, February 26, 2022, www.project-syndicate.org/commentary/case-for-punitive-tax-on-russian-oil-by-ricardo-hausmann-2022-02.

339. Alena Yakushova, "The Ministry of Finance Revealed the First Losses from Falling Oil Prices," *Vedomosti*, April 3, 2020, www.vedomosti.ru/economics/articles/2020/04/03/827078-minfin-prodast-valyutu-na-778-mlrd-rublei; Nastassia Astrasheuskaya, Polina Ivanova, and Nick Peterson, "Russian Economy Could Weather Impact of EU Oil Ban," *Financial Times*, May 5, 2022, www.ft.com/content/82dfa0f1-2a16-4358-ae67-29c69f6938c3.

340. "How Much Oil and Gas Revenue Will the New Oil Price Calculation Bring to the Budget," *RBC*, February 14, 2023, amp.rbc.ru/rbcnews/economics/14/02/2023/63ea2db49a7947 22ee2910ae; Lyubov Romanova, "The Ministry of Finance Expects the Share of Budget Revenues from the Sale of Oil and Gas in 2022 to Be Above 40%," *Vedomosti*, June 20, 2022, www.vedomosti.ru/economics/articles/2022/06/20/927599-minfin-byudzheta-prodazhi-nefti. 독립적인 분석가들은 2023년 러시아가 재정 균형을 맞추려면 유가가 배럴 당 110달러를 넘어야 할 것으로 예측했다. 다음을 보라. Craig Kennedy, "Measuring the Shadows: Chapter 7," *Navigating Russia*, Substack, August 23, 2023, navigatingrussia.substack.com/p/measuring-the-shadows#%C2%A7chapter-moscow-contrives-to-have-opec-solve-its-oil-price-problem.

341. Alan Rappeport, "What Price Is Right? Why Capping Russian Oil Is Complicated," *The New York Times*, September 16, 2022, www.nytimes.com/2022/09/16/business/russian-oil-price-cap.html.

342. "Russia to Suspend Oil Supplies to States That Will Impose Restrictions on Price of Its Oil," Tass, September 1, 2022, tass.com/economy/1501249; "Russia Says It Will Stop Selling Oil to Countries That Set Price Caps," Reuters, September 2, 2022, www.reuters.com/business/energy/russia-says-it-will-stop-selling-oil-countries-that-impose-price-caps-2022-09-02.

343. Marc Santora et al., "Russia Orders Retreat from Kherson, a Serious Reversal in the Ukraine War," *The New York Times*, November 9, 2022, www.nytimes.com/2022/11/09/world/europe/ukraine-russia-kherson-retreat.html.

344. Jan Strupczewski, "EU Split on Russian Oil Price Cap Level, Talks to Resume Thursday," Reuters, November 23, 2022, www.reuters.com/business/energy/g7-looking-russian-oil-price-cap-65-70-per-barrel-eu-diplomat-2022-11-23; "Urals Oil: Price," *Trading Economics*, https://tradingeconomics.com/commodity/urals-oil; Jorge Liboreiro and Efi Koutsokosta, "Following G7 Plan, EU Countries Agree to Cap Russian Oil at $60 per Barrel," *Euronews*, December 2, 2022, www.euronews.com/my-europe/2022/12/02/following-g7-plan-eu-countries-near-deal-to-cap-russian-oil-at-60-per-barrel.

345. Strupczewski, "EU Split on Russian Oil Price Cap."

346. Andrew Duehren, "How Washington Persuaded Europe to Put a Price Cap on Russian Oil," *The Wall Street Journal*, December 11, 2022, www.wsj.com/articles/how-washington-

persuaded-europe-to-put-a-price-cap-on-russian-oil-11670715983.

347. Andrew Duehren and Laurence Norman, "G-7 Set Russian Oil Price Cap of $60 a Barrel," *The Wall Street Journal*, December 2, 2022, www.wsj.com/articles/eu-g-7-wait-on-poland-to-advance-with-russian-oil-price-cap-11669983529?mod=article_inline.

348. Tom Wilson, "How the G7's Oil Price Cap Blocked the Bosphorus," *Financial Times*, December 6, 2022, www.ft.com/content/dc40a88f-7d20-4a17-a37c-332f35b65942.

349. "Turkey: Request from Authorities for Confirmatory Letters of P&I Cover for Ships Entering International Straits and Turkish Waters, Ports and Terminals," The London P&I Club, December 5, 2022, www.londonpandi.com/knowledge/news-alerts/turkey-request-from-authorities-for-confirmatory-letters-of-pi-cover-for-ships-entering-international-straits-and-turkish-waters-orts-and-terminals.

350. "Turkey: Request from Authorities," The London P&I Club.

351. Wilson, "Price Cap."

352. Ian Smith, Tom Wilson, and Ayla Jean Yackley, "Insurance Dispute Blocking Oil Tankers in Turkish Waters Resolved," *Financial Times*, December 13, 2022, www.ft.com/content dfe37d21-6462-43ae-8e3d-1263c0d82604.

353. "European Brent Spot Price FOB," U.S. Energy Information Administration, www.eia.gov/dnav/pet/hist/LeafHandler.ashx?n=PET&s=RBRTE&f=M; Jimmy Troderman, "Crude Oil Prices Increased in First-Half 2022 and Declined in Second-Half 2022," U.S. Energy Information Administration, January 4, 2023, www.eia.gov/todayinenergy/detail.php?id=55079.

354. "Russia's Urals Oil Averaged $57.49/bbl in Past Month, Below Price Cap," Reuters, December 16, 2022, www.reuters.com/business/energy/russias-urals-oil-averaged-749bbl5-past-month-below-price-cap-2022-12-16.

355. "The Price Cap on Russian Oil: A Progress Report," U.S. Department of the Treasury, May 18, 2023, home.treasury.gov/news/featured-stories/the-price-cap-on-russian-oil-a-progress-report.

356. Nuran Erkul, "Oil Trade Routes That Take at Least 5 Times as Long after War Will Likely Result in More Pollution," *Anadolu Ajansi*, April 26, 2023, www.aa.com.tr/en/economy/oil-trade-routes-that-take-at-least-5-times-as-long-after-war-will-likely-result-in-more-pollution/2881764#.

357. "Russian Oil and Gas Budget Revenues Almost Halved in the First Half of the Year," Reuters, July 5, 2023, www.reuters.com/business/energy/russian-oil-gas-budget-revenues-almost-halved-january-june-2023-07-05.

358. Laura Cozzi and Jason Bordoff, "World Energy Outlook 2022: An Insider's Look," Columbia Energy Exchange, November 29, 2022, www.energypolicy.columbia.edu/world-energy-outlook-2022-insider-s-look.

359. Daniel Yergin, hosted by Michael Morrell, "Global Energy Expert Daniel Yergin," *Intelligence Matters* (podcast), CBS News, August 31, 2022, www.cbsnews.com/news/energy-daniel-yergin-on-energy-security-intelligence-matters.

360. Daniel Yergin, "Putin Can't Count on the Global Oil Market," *The Wall Street Journal*, December 26, 2022, www.wsj.com/articles/putin-cant-count-on-the-global-oil-market-price-cap-revenue-production-cut-friedman-biden-eu-russia-energy-11672065849.

65장 작은 마당과 높은 울타리

1. "Woman with Fake Baby Bump Caught Smuggling Computer Chips into China," *Bloomberg*, December 2, 2022, www.bloomberg.com/news/articles/2022-12-02/woman-with-fake-baby-bump-caught-smuggling-computer-chips-into-china.

2. Che Pan, "Tech War: Chinese Chip Firms Stock-pile Equipment Ahead of US-Japan-Netherlands Agreement on Tightening Export Controls," *South China Morning Post*, February 24, 2023, www.scmp.com/tech/tech-war/article/3211416/tech-war-chinese-chip-firms-stockpile-equipment-ahead-us-japan-netherlands-agreement-tightening.

3. "Commerce Implements New Export Controls on Advanced Computing and Semiconductor Manufacturing Items to the People's Republic of China (PRC)," Bureau of Industry and Security, U.S. Department of Commerce, October 7, 2022, www.bis.doc.gov/index.php/documents/about-bis/newsroom/press-releases/3158-2022-10-07-bis-press-release-advanced-computing-and-semiconductor-manufacturing-controls-final/file.

4. "Commerce Implements New Export Controls," Bureau of Industry and Security.

5. 토니 블링컨 국무장관은 스탠퍼드 대학교 연설에서 "지금 우리는 변곡점에 있습니다. '냉전 이후' 세계는 끝났고, 이제는 다음 시대를 어떻게 만들어갈지를 놓고 치열한 경쟁이 벌어지고 있습니다. 그 경쟁의 중심에 바로 '기술'이 있습니다. 기술은 경제를 바꾸고 군사력을 새롭게 하고 사람들의 삶 전체를 바꿔놓을 것입니다. 그래서 기술은 국가의 힘을 결정짓는 핵심 요소입니다"라고 했다. 다음을 보라. Antony J. Blinken, "Remarks to the Press" (speech, Stanford, CA, October 17, 2022), U.S. Department of State, www.state.gov/secretary-antony-blinken-remarks-to-the-press-3.

6. Nick Anderson, "Georgetown Launches Think Tank on Security and Emerging Technology," *The Washington Post*, February 28, 2019, www.washingtonpost.com/local/education/georgetown-launches-think-tank-on-security-and-emerging-technology/2019/02/27/d6dabc62-391f-11e9-a2cd-307b06d0257b_story.html.

7. "The People's Republic of China: China Trade & Investment Summary," Office of the United States Trade Representative, ustr.gov/countries-regions/china-mongolia-taiwan/peoples-republic-china; "Trade Goods with China," United States Census Bureau, www.census.gov/foreign-trade/balance/c5700.html.

8. Jessica Timings, "Busting ASML Myths," *ASML*, February 23, 2022, www.asml.com/en/news/stories/2022/busting-asml-myths; Chris Miller, *Chip War: The Fight for the World's Most Critical Technology* (New York: Scribner, 2022), 229.

9. Timings, "Busting ASML Myths"; Will Knight, "The $150 Million Machine Keeping Moore's Law Alive," *Wired*, August 30, 2021, www.wired.com/story/asml-extreme-ultraviolet-lithography-chips-moores-law.

10. Stu Woo and Yang Jie, "China Wants a Chip Machine from the Dutch. The U.S. Said No," *The Wall Street Journal*, July 17, 2021, www.wsj.com/articles/china-wants-a-chip-machine-from-the-dutch-the-u-s-said-no-11626514513.

11. Woo and Jie, "China Wants a Chip Machine."

12. "2021 Global Semiconductor Equipment Sales Surge 44% to Industry Record $102.6 Billion, SEMI Reports," *PR Newswire*, April 12, 2022, www.prnewswire.com/news-releases/2021-

global-semiconductor-equipment-sales-surge-44-to-ndustry-record-102-6-billion-semi-reports-301523886.html.

13. Julian Ryall, "Japan Strengthens Hold on Semiconductor Raw Materials amid Global Chip Shortage," *South China Morning Post*, September 28, 2021, www.scmp.com/week-asia/politics/article/3150323/japan-strengthens-hold-semiconductor-raw-materials-amid-global.

14. "America Has a Plan to Throttle Chinese Chipmakers," *The Economist*, April 30, 2022, www.economist.com/business/america-has-a-plan-to-throttle-chinese-chipmakers/21808959.

15. "Commerce Implements Sweeping Restrictions on Exports to Russia in Response to Further Invasion of Ukraine," Bureau of Industry and Security, U.S. Department of Commerce, February 24, 2022, www.bis.doc.gov/index.php/documents/about-bis/newsroom/press-releases/2914-2022-02-24-bis-russia-rule-press-release-and-tweets-final/file; "Fact Sheet: The Impact of Sanctions and Export Controls on the Russian Federation," U.S. Department of State, October 20, 2022, www.state.gov/the-impact-of-sanctions-and-export-controls-on-the-russian-federation.

16. "Impact of Sanctions and Export Controls," U.S. De-partment of State.

17. Jake Sullivan, "Remarks by National Security Advisor Jake Sullivan at the Special Competitive Studies Project Global Emerging Technologies Summit" (speech, Washington, D.C., September 16, 2022), The White House, www.whitehouse.gov/briefing-room/speeches-remarks/2022/09/16/remarks-by-national-security-advisor-jake-sullivan-at-the-special-competitive-studies-project-global-emerging-technologies-summit.

18. Sullivan, "Remarks."

19. David Rising, "China's Response to Pelosi Visit a Sign of Future Intentions," The Associated Press, August 19, 2022, apnews.com/article/taiwan-china-beijing-congress-8857910a1e44cefa70bc4dfd184ef880.

20. Alastair Gale and Nancy A. Youssef, "China's Military Exercises Showcase Modern Fighting Force Preparing for Possible War in the Taiwan Strait," *The Wall Street Journal*, August 7, 2022, www.wsj.com/articles/chinas-military-exercises-showcase-modern-fighting-force-preparing-for-possible-war-in-the-taiwan-strait-11659906152.

21. Costas Paris, "China Military Drills Prompt Ships to Leave Taiwan Waters," *The Wall Street Journal*, August 5, 2022, www.wsj.com/articles/china-military-drills-prompt-ships-to-leave-taiwan-waters-11659712279.

22. Cindy Wang, "China Slaps Export Ban on 100 Taiwanese Brands Before Pelosi Visit," *Bloomberg*, August 2, 2022, www.bloomberg.com/news/articles/2022-08-02/china-slaps-export-ban-on-100-taiwan-brands-before-pelosi-visit; Akio Yaita and Sankei Shimbun, "China Begins to Exact Revenge on the People of Taiwan," *Japan Forward*, August 8, 2022, japan-forward.com/china-begins-to-exact-revenge-on-the-people-of-taiwan.

23. Liza Lin and Dan Strumpf, "Latest U.S. Chips Curbs Deliver Setback to China's AI Ambitions," *The Wall Street Journal*, September 1, 2022, www.wsj.com/articles/latest-u-s-chip-curbs-deliver-setback-to-chinas-ai-ambitions-11662037050.

24. Justin Badlam et al., "The CHIPS and Science Act: Here's What's in It," McKinsey & Company, October 4, 2022, www.mckinsey.com/industries/public-sector/our-insights/the-chips-and-science-act-heres-whats-in-it; The White House, "Fact Sheet: CHIPS and

Science Act Will Lower Costs, Create Jobs, Strengthen Supply Chains, and Counter China," August 9, 2022, www.whitehouse.gov/briefing-room/statements-releases/2022/08/09/fact-sheet-chips-and-science-act-will-lower-costs-create-jobs-strengthen-supply-chains-and-counter-china.

25. "Taiwan's Dominance of the Chip Industry Makes It More Important," *The Economist*, March 6, 2023, www.economist.com/special-report/2023/03/06/taiwans-dominance-of-the-chip-industry-makes-it-more important; Jason Hsu, "Can the US Regain the Lead in the Microchip Race?," Ash Center for Democratic Governance and Innovation, Harvard Kennedy School, July 29, 2022, ash.harvard.edu/global-microchip-production-can-we-catch; David Sacks and Chris Miller, "The War over the World's Most Critical Technology: A Conversation with Chris Miller," Council on Foreign Relations, January 3, 2023, www.cfr.org/blog/war-over-worlds-most-critical-technology-conversation-chris-miller.

26. Alan F. Estevez, interview by Martijn Rasser, Center for New American Security Technology and National Security Program, October 27, 2022, www.cnas.org/publications/transcript/a-conversation-with-under-secretary-of-commerce-alan-f-estevez.

27. Qianer Liu, Kathrin Hille, and Yuan Yang, "World's Top Chip Equipment Suppliers Halt Business with China," *Financial Times*, October 13, 2022, www.ft.com/content/51f9ec46-ec9e-43a1-ba64-45e0e6e6da71.

28. Liu, Hille, and Yang, "World's Top Chip Equipment Suppliers."

29. Hudson Lockett, "China Chip Stocks Lose $8.6bn in Wipeout Due to US Export Controls," *Financial Times*, October 10, 2022, www.ft.com/content/63a408cf-b4cc-4825-a6aa-ad829142e335.

30. Takashi Mochizuki, Cagan Koc, and Peter Elstrom, "Japan to Join US Effort to Tighten Chip Exports to China," *Bloomberg*, December 12, 2022, www.bloomberg.com/news/articles/2022-12-12/japan-is-said-to-join-us-effort-to-tighten-chip-exports-to-china; Andy Bounds and Demetri Sevastopulo, "Netherlands to Restrict Chip Exports after US Pressure Over China Threat," *Financial Times*, March 8, 2023, www.ft.com/content/e911774c-a048-4ed1-9f90-e4bb684a3156; Takahiko Hyuga and Yuki Furukawa, "Japan Tightens Chip Gear Exports as US Seeks to Contain China," *Bloomberg*, March 30, 2023, www.bloomberg.com/news/articles/2023-03-31/japan-tightens-chip-gear-exports-as-us-seeks-to-contain-china.

31. The White House, "Fact Sheet: The Inflation Reduction Act Supports Workers and Families," August 19, 2022, www.whitehouse.gov/briefing-room/statements-releases/2022/08/19/fact-sheet-the-inflation-reduction-act-supports-workers-and-families.

32. Jake Sullivan, "Remarks by National Security Advisor Jake Sullivan on Renewing American Economic Leadership at the Brookings Institution" (speech, Washington, D.C., April 27, 2023), The White House, www.whitehouse.gov/briefing-room/speeches-remarks/2023/04/27/remarks-by-national-security-advisor-jake-sullivan-on-renewing-american-economic-leadership-at-the-brookings-institution.

33. Sullivan, "Remarks."

34. Sullivan noted that "computing-related technologies" encompassed "microelectronics, quantum information systems, and artificial intelligence." Sullivan, "Remarks."

35. Hanna Ziady and Xiaofei Xu, "China Hits Back in the Chip War, Imposing Export Curbs on Crucial Raw Materials," CNN, July 3, 2023, www.cnn.com/2023/07/03/business/

국가는 무엇으로 싸우는가

germanium-gallium-china-export-restrictions/index.html; Zeyi Yang, "China Just Fought Back in the Semiconductor Exports War. Here's What You Need to Know," *MIT Technology Review*, July 10, 2023, www.technologyreview.com/2023/07/10/1076025/china-export-control-semiconductor-material.

36. Deborah Haynes, "Russia Flew €140m in Cash and Captured Western Weapons to Iran in Return for Deadly Drones, Source Claims," *Sky News*, July 13, 2022, news.sky.com/story/russia-gave-eur140m-and-captured-western-weapons-to-iran-in-return-for-deadly-drones-source-claims-12741742.

37. Aamer Madhani, Colleen Long, and Zeke Miller, "Russia Is Seeking More Attack Drones from Iran after Depleting Stockpile, White House Says," PBS, May 15, 2023, www.pbs.org/newshour/world/russia-is-seeking-more-attack-drones-from-iran-after-depleting-stockpile-white-house-says.

38. CIA 국장 빌 번스는 "지금 드러나고 있는 것은 러시아와 이란 사이에 본격적인 방위 동반자 관계가 시작되고 있다는 초기 신호입니다"라고 했다. 다음을 보라. William J. Burns, interview by Judy Woodruff, "CIA Director Bill Burns on War in Ukraine, Intelligence Challenges Posed by China," *News Hour*, PBS, December 16, 2022, www.pbs.org/newshour/show/cia-director-bill-burns-on-war-in-ukraine-intelligence-challenges-posed-by-china. 2023년 초, 중러 무역이 급증했으며 중국은 러시아에 마이크로칩, 참호 굴착기, 방탄조끼, 헬멧 등 수많은 장비를 보냈다. 다음을 보라. Philip Wang, "China Sees Biggest Trade Increase with Russia in 2023, Chinese Customs Data Shows," CNN, June 7, 2023, www.cnn.com/2023/06/07/business/china-russia-trade-increase-intl/index.html, Sarah Anne Aarup, Sergey Panov, and Douglas Busvine, "China Secretly Sends Enough Gear to Russia to Equip an Army," *Politico*, July 24, 2023, www.politico.eu/article/china-firms-russia-body-armor-bullet-proof-drones-thermal-optics-army-equipment-shanghai-h-win, and Austin Ramzy and Jason Douglas, "Booming Trade with China Helps Boost Russia's War Effort," *The Wall Street Journal*, August 21, 2023, www.wsj.com/world/china/booming-china-russia-trade-sends-trench-digging-machines-to-ukraines-front-lines-85f5b5ff.

39. Keith Bradsher, "China's Economic Stake in the Middle East: Its Thirst for Oil," *The New York Times*, October 11, 2023, www.nytimes.com/2023/10/11/business/china-oil-saudi-arabia-iran.html; Peter Baker, "Chinese-Brokered Deal Upends Mideast Diplomacy and Challenges U.S.," *The New York Times*, March 11, 2023, www.nytimes.com/2023/03/11/us/politics/saudi-arabia-iran-china-biden.html.

40. Quoted in Adam Tooze, "Beyond the Crash," *The Guardian*, July 29, 2018, www.theguardian.com/commentisfree/2018/jul/29/city-of-london-desperate-gamble-china-vulnerable-economy.

66장 경제 안보를 위한 경쟁

41. Joe Leahy and Hudson Lockett, "Brazil's Lula Calls for End to Dollar Trade Dominance," *Financial Times*, April 13, 2023, www.ft.com/content/669260a5-82a5-4e7a-9bbf-4f41c54a6143.

42. Jeffrey Gettleman, Hari Kumar, and Sameer Yasir, "Worst Clash in Decades on Disputed India-China Border Kills 20 Indian Troops," *The New York Times*, June 16, 2020, www.nytimes.com/2020/06/16/world/asia/indian-china-border-clash.html.

43. 맥킨지의 한 연구에 따르면 러시아의 우크라이나 침공 이전에도, 다양한 산업 분야의 대다수 기업이 공급망 혼란에 대비해 공급망 보호 조치를 취하고 있었다. 이는 상당 부분 팬데믹의 영향에 기인한 것이었다. 다음을 보라. Knut Alicke, Ed Barriball, and Vera Trautwein, "How COVID-19 Is Reshaping Supply Chains," McKinsey & Company, November 23, 2021, www.mckinsey.com/capabilities/operations/our-insights/how-covid-19-is-reshaping-supply-chains.

44. 정부는 일부 산업만 보호하려는 의도가 있었지만 많은 기업은 정부 정책보다 앞서 움직였다. 이는 위험 요소에 대한 인식이 변화했기 때문이다. 2024년에 기관 투자자 500명을 대상으로 국제 경제에 가장 큰 위협이 무엇인지 묻는 설문에서, '지정학적 리스크'가 가장 높은 순위를 차지했다. 다음을 보라. Chris Miller, "The West's De-Risking Strategy Towards China Will Fail, Says Chris Miller," *The Economist*, August 4, 2023, www.economist.com/by-invitation/2023/08/04/the-wests-de-risking-strategy-towards-china-will-fail-says-chris-miller; Jami Miscik, Peter Orszag, and Theodore Bunzel, "Geopolitics in the C-Suite," Foreign Affairs, March 11, 2024, foreignaffairs.com/united-states/geopolitics-c-suite.

45. Keith Bradsher, "Amid Tension, China Blocks Vital Exports to Japan," *The New York Times*, September 22, 2010, www.nytimes.com/2010/09/23/business/global/23rare.html; Farah Master, "Empty Hotels, Idle Boats: What Happens When a Pacific Island Upsets China," Reuters, August 19, 2018, www.reuters.com/article/us-pacific-china-palau-insight/empty-hotels-idle-boats-what-happens-when-a-pacific-island-upsets-china-idUSKBN1L4036; 중국의 경제전쟁에 대한 전반적인 논의는 다음을 보라. Bethany Allen, *Beijing Rules: How China Weaponized Its Economy to Confront the World* (New York: HarperCollins, 2023).

46. 최근 몇 년 사이 중국은 미국과 유사한 제재 및 수출 통제를 할 수 있는 법적·관료적 체계를 마련했다. 다음을 보라. Jeannette Chu, "The New Arms Race: Sanctions, Export Control Policy, and China," Center for Strategic & International Studies, March 25, 2022, www.csis.org/analysis/new-arms-race-sanctions-export-control-policy-and-china. 러시아의 경우 그들은 공개적으로 유럽에 대한 가스 수출을 무기화했다. 다음을 보라. Samantha Gross and Constanze Stelzenmüller, "Europe's Messy Russian Gas Divorce," Brookings Institution, June 18, 2024, www.brookings.edu/articles/europes-messy-russian-gas-divorce.

47. Yuka Hayashi, "U.S. Trade Chief Outlines Policy Shift, Citing Ukraine War and Pandemic," *The Wall Street Journal*, March 30, 2023, www.wsj.com/articles/u-s-trade-chief-outlines-policy-shift-citing-ukraine-war-and-pandemic-11648667442.

48. Janet L. Yellen, "The Way Forward for the Global Economy" (speech, Washington, D.C., April 13, 2022), U.S. Department of the Treasury, home.treasury.gov/news/press-releases/jy0714.

49. Yellen, "The Way Forward."

50. The White House, "G7 Hiroshima Leaders' Communiqué" (Hiroshima: G7, May 20, 2023), www.whitehouse.gov/briefing-room/statements-releases/2023/05/20/g7-hiroshima-leaders-communique; The White House, "G7 Leaders' Statement on Economic Resilience and Economic Security," May 20, 2023, www.whitehouse.gov/briefing-room/statements-releases/2023/05/20/g7-leaders-statement-on-economic-resilience-and-economic-security.

51. The White House, "G7 Leaders' Statement," May 20, 2023.

52. "Japan's Economic Security Legislation," European Parliament, www.europarl.europa.eu/RegData/etudes/ATAG/2023/751417/EPRS_ATA(2023)751417_EN.pdf; "Japan's Economic

국가는 무엇으로 싸우는가

Security Promotion Act and the Implications for Businesses," International Institute for Strategic Studies, May 2022, www.iiss.org/publications/strategic-comments/2022/japans-economic-security-promotion-act-and-the-implications-for-businesses; Shiela A. Smith, "Japan Turns Its Attention to Economic Security," Council on Foreign Relations, May 16, 2022, www.cfr.org/blog/japan-turns-its-attention-economic-security; "Summary of Economic Security Promotion Act," Council on Foreign Relations, www.cfr.org/sites/default/files/pdf/economic%20security%20promotion%20act%20%28summary%29%28English%29.pdf?utm_source=sendupdatelogo.

53. "An EU Approach to Enhance Economic Security," European Commission, June 20, 2023, ec.europa.eu/commission/presscorner/detail/en/IP_23_3358.

54. John H. Herz, "Idealist Internationalism and the Security Dilemma," *World Politics* 2, no. 2 (1950), 157–80, www.jstor.org/stable/2009187.

67장 초크포인트 깨뜨리기

55. Steve Stecklow, "Exclusive: Huawei CFO Linked to Firm That Offered HP Gear to Iran," Reuters, January 31, 2023, www.reuters.com/article/uk-huawei-skycom/exclusive-huawei-cfo-linked-to-firm-that-offered-hp-gear-to-iran-idUKBRE90U0CA20130131; Kate Conger, "Huawei Executive Took Part in Sanctions Fraud, Prosecutors Say," *The New York Times*, December 7, 2018, www.nytimes.com/2018/12/07/technology/huawei-meng-wanzhou-fraud.html.

56. "Libra: Facebook's Digital Currency," *Financial Times*, www.ft.com/content/0c5c4012-9100-11e9-b7ea-60e35ef678d2.

57. Timothy G. Massad, "Facebook's Libra 2.0," The Brookings Institution, June 22, 2020, www.brookings.edu/articles/facebooks-libra-2-0; Jahid Elgarni and Isabelle Bufflier, "Is Facebook's Diem the Future of Cryptocurrency or a Financial Pipe Dream?" Skema Business School, February 1, 2022, knowledge.skema.edu/is-facebooks-diem-the-future-of-cryptocurrency-or-a-financial-pipe-dream.

58. Drake Baer, "Mark Zuckerberg Explains Why Facebook Doesn't 'Move Fast and Break Things' Anymore," *Business Insider*, May 2, 2014, www.businessinsider.com/mark-zuckerberg-on-facebooks-new-motto-2014-5.

59. 저자와 스튜어트 레비와의 인터뷰, 2023.

60. Hannah Murphy and Kiran Stacey, "Facebook Libra: the Inside Story of How the Company's Cryptocurrency Dream Died," *Financial Times*, March 10, 2022, www.ft.com/content/a88fb591-72d5-4b6b-bb5d-223adfb893f3.

61. Barry Eichengreen, "Sanctions, SWIFT, and China's Cross-Border Interbank System," Center for Strategic & International Studies, May 20, 2022, www.csis.org/analysis/sanctions-swift-and-chinas-cross-border-interbank-payments-system.

62. Adam Tooze, "Is This the End of the American Century?" *London Review of Books* 42, no. 7 (April 4, 2019), www.lrb.co.uk/the-paper/v41/n07/adam-tooze/is-this-the-end-of-the-american-century.

63. Adam Tooze, *Crashed: How a Decade of Financial Crises Changed the World* (New York: Viking, 2018), 9–11.

64. Adam Tooze, *Shutdown: How Covid Shook the World's Economy* (New York: Viking,

2021), 122-26.

65. Edoardo Saravalle, "How U.S. Sanctions Depend on the Federal Reserve," Center for New American Security, July 29, 2020, www.cnas.org/publications/commentary/how-u-s-sanctions-depend-on-the-federal-reserve.

66. Gabriel Wildau and Tom Mitchell, "China: Renminbi Stalls on Road to Being a Global Currency," *Financial Times*, December 11, 2016, www.ft.com/content/e480fd92-bc6a-11e6-8b45-b8b81dd5d080; Helen Thompson, *Disorder: Hard Times in the 21st Century* (Oxford: Oxford University Press, 2022), 124; Leslie Shaffer, "365 Days Later: China's Yuan Falls without the Horror Show," CNBC, August 10, 2016, www.cnbc.com/2016/08/10/china-economy-news-one-year-after-yuan-devaluation-renminbi-poised-to-fall-further.html.

67. Gerard DiPippo and Andrea Leonard Palazzi, "It's All about Networking: The Limits of Renminbi Internationalization," Center for Strategic & International Studies, April 18, 2023, www.csis.org/analysis/its-all-about-networking-limits-renminbi-internationalization.

68. Gerard DiPippo (@gdp1985), "PBOC data for currency settlement are out," Twitter, July 25, 2023, twitter.com/gdp1985/status/1683822144822579200; Gerard DiPippo (@gdp1985), "China-Russia trade may have maxed out," Twitter, July 4, 2024, twitter.com/gdp1985/status/1808923741147312319; "RMB Tracker Slides," Swift, August 2023, www.swift.com/our-solutions/compliance-and-shared-services/business-intelligence/renminbi/rmb-tracker/rmb-tracker-document-centre.

69. Jonathan Cheng, "China Rolls Out Pilot Test of Digital Currency," *The Wall Street Journal*, April 20, 2020, www.wsj.com/articles/china-rolls-out-pilot-test-of-digital-currency-11587385339; Rae Wee, "China's Digital Yuan Transactions Seeing Strong Momentum, Says Cbank Gov Yi," Reuters, July 19, 2023, www.reuters.com/markets/asia/chinas-digital-yuan-transactions-seeing-strong-momentum-says-cbank-gov-yi-2023-07-19.

70. Martin Chorzempa, "What China's Embrace of Digital Currency Means for the World," in *Rethinking the Power of Money* (Washington: Wilson Center, March 2023), www.wilsoncenter.org/sites/default/files/media/uploads/documents/GEO-230105%20-%20Rethinking%20Money%20report%20-%20combined.pdf.

71. Eichengreen, "Sanctions, SWIFT, and China's Cross-Border Interbank System."

72. "China Punishes Australia for Promoting an Inquiry into Covid-19," *The Economist*, May 21, 2020, www.economist.com/asia/2020/05/21/china-punishes-australia-for-promoting-an-inquiry-into-covid-19; Matthew Reynolds and Matthew P. Goodman, "China's Economic Coercion: Lessons from Lithuania," Center for Strategic & International Studies, May 6, 2022, www.csis.org/analysis/chinas-economic-coercion-lessons-lithuania; Michael Walsh, "Australia Called for a COVID-19 Probe. China Responded with a Trade War," *ABC News Australia*, January 2, 2021, www.abc.net.au/news/2021-01-03/heres-what-happened-between-china-and-australia-in-2020/13019242.

73. Chorzempa, "China's Embrace."

74. Sankalp Phartiyal, "India Bans 200-Plus Chinese Mobile Apps in Boon for Paytm," *Bloomberg*, February 7, 2020, www.bloomberg.com/news/articles/2023-02-07/ant-backed-paytm-s ars-after-report-india-banned-chinese-rivals; Jacob Kastrenakes, "India Bans PUBG Mobile, Alipay, Baidu, and More Chinese Apps," *The Verge*, September 2, 2020, www.theverge.com/2020/9/2/21418120/pubg-mobile-india-ban-118-apps-china-

alipay-baidu.

75. Alex Heath and Shirin Ghaffary, "How India Runs on WhatsApp," *The Verge*, August 24, 2022, www.theverge.com/23320306/whatsapp-india-messaging-business-privacy-land-of-the-giants.

76. Murphy and Stacey, "Facebook Libra."

77. Lananh Nguyen, "Banking Giants and New York Fed Start 12-Week Digital Dollar Pilot," Reuters, November 15, 2022, www.reuters.com/markets/currencies/banking-giants-new-york-fed-start-12-week-digital-dollar-pilot-2022-11-15.

78. Michelle Neal, "Advances in Digital Currency Experimentation" (speech, Singapore, November 4, 2022), Bank for International Settlements, www.bis.org/review/r221104c.htm; "Project Cedar: Phase One Report" (New York: Federal Reserve Bank of New York, Fall 2022), www.newyorkfed.org/medialibrary/media/nyic/project-cedar-phase-one-report.pdf.

79. Alan Beattie, "The Fundamental Reason China Will Struggle to Dethrone the Dollar," *Financial Times*, August 31, 2023, www.ft.com/content/daa1f8a6-3c49-426c-b08f-2c569837bd6d.

80. Craig Kennedy, "Measuring the Shadows: Chapter 4: Can Russia Close Its 'Tanker Gap'?" *Navigating Russia*, Substack, August 23, 2023, navigatingrussia.substack.com/p/measuring-the-shadows#%C2%A7chapter-can-russia-close-its-tanker-gap.

81. Nidhi Verma, "Iran Offers India $1 bln Sovereign Guarantee for Oil Shipments," Reuters, July 23, 2013, www.reuters.com/article/india-iran-shipment-guarantee/iran-offers-india-1-bln-sovereign-guarantee-for-oil-shipments-idINDEE96M09I20130723; Nidhi Verma and Rajesh Kumar Singh, "India Mulls Guarantee for Insuring Refiners That Use Iran Oil—Source," Reuters, August 8, 2013, www.reuters.com/article/us-india-iran-oil-insurance/india-mulls-guarantee-for-insuring-refiners-that-use-iran-oil-source-idUSBRE9770P220130808.

82. Michael Stott and James Kynge, "China Capitalises on US Sanctions in Fight to Dethrone Dollar," *Financial Times*, August 24, 2023, www.ft.com/content/3888bdba-d0d6-49a1-9e78-4d07ce458f42; "China to Use Shanghai Exchange for Yuan Energy Deals with Gulf Nations," Reuters, December 9, 2022, www.reuters.com/business/energy/chinas-xi-tells-gulf-nations-use-shanghai-exchange-yuan-energy-deals-2022-12-09.

83. Javier Blas, "The Myth of Inevitable Rise of a Petroyuan," *Bloomberg*, February 27, 2023, www.bloomberg.com/opinion/articles/2023-02-27/pricing-etroleum-in-china-s-yuan-sounds-inevitable-not-for-saudi-arabia.

84. Julie Zhu et al., "Exclusive: China to Launch $40 Billion State Fund to Boost Chip Industry," Reuters, September 5, 2023, www.reuters.com/technology/china-launch-new-40-bln-state-fund-boost-chip-industry-sources-say-2023-09-05.

85. Gregory C. Allen, "In Chip Race, China Gives Huawei the Steering Wheel: Huawei's New Smartphone and the Future of Semiconductor Export Controls," Center for Strategic & International Studies, October 6, 2023, www.csis.org/analysis/chip-race-china-gives-huawei-steering-wheel-huaweis-new-smartphone-and-future; Ian King and Debby Wu, "Huawei Building Secret Network for Chips, Trade Group Warns," *Bloomberg*, August 22, 2023, www.bloomberg.com/news/articles/2023-08-23/huawei-building-secret-chip-plants-in-china-to-bypass-us-sanctions-group-warns.

86. Vlad Savov and Debby Wu, "Huawei Teardown Shows Chip Breakthrough in Blow to US Sanctions," September 4, 2023, www.bloomberg.com/news/features/2023-09-04/look-inside-huawei-mate-60-pro-phone-powered-by-made-in-china-chip.

87. Qianer Liu, "How Huawei Surprised the US with a Cutting-Edge Chip Made in China," *Financial Times*, November 30, 2023, www.ft.com/content/327414d2-fe13-438e-9767-333cdb94c7e1.

88. Eva Dou, "New Phone Sparks Worry China Has Found a Way around U.S. Tech Limits," *The Washington Post*, September 2, 2023, www.washingtonpost.com/technology/2023/09/02/huawei-raimondo-phone-chip-sanctions; "China Secretly Transforms Huawei into Most Powerful Chip War Weapon," *Bloomberg*, December 1, 2023, www.bloomberg.com/graphics/2023-china-huawei-semiconductor.

89. Quoted in Che Pan, "Tech War: Huawei Surprises Again with Low-Key Presales of Top-of-the-Line Mate 60 Pro+ as US-Blacklisted Firm Stays Mum over 'Breakthrough' 5G Mobile Chip," *South China Morning Post*, September 8, 2023, www.scmp.com/tech/big-tech/article/3233921/tech-war-huawei-surprises-again-low-key-presales-top-line-mate-60-pro-us-blacklisted-firm-stays-mum.

90. Cagan Koc and Mackenzie Hawkins, "Huawei Chip Breakthrough Used Tech from Two US Gear Suppliers," *Bloomberg*, March 7, 2024, www.bloomberg.com/news/articles/2024-03-08/huawei-chip-breakthrough-used-tech-from-two-us-gear-suppliers; Allen, "In Chip Race"; Qianer Liu, "Huawei Surprised the US."

91. Dan Wang, "China's Hidden Tech Revolution," *Foreign Affairs*, February 28, 2023, www.foreignaffairs.com/china/chinas-hidden-tech-revolution-how-beijing-threatens-us-dominance-dan-wang; Chris Miller, "What the Most 'Chinese' Smartphone Yet Tells Us about Politics," *Financial Times*, September 21, 2023, www.ft.com/content/e43949cb-bc76-4a93-b0c5-c9c08af57b62.

92. Josh Ye, David Kirton, and Chen Lin, "Focus: Inside China's Underground Market for High-End Nvidia AI Chips," Reuters, June 20, 2023, www.reuters.com/technology/inside-chinas-underground-market-high-end-nvidia-ai-chips-023-06-19; "How Huawei's Chipmaker Turned US Sanctions into a China Success Story," *Bloomberg*, November 21, 2023, www.bloomberg.com/news/articles/2023-11-21/china-huawei-semiconductor-maker-smic-broke-through-a-decade-of-us-sanctions.

93. 중국이 이전에 반도체 산업에 쏟아부었던 막대한 투자는 부패에 휘말리며 대부분 수포로 돌아갔다. 다음을 보라. Edward White and Qianer Liu, "China's Big Fund Corruption Probe Casts Shadow over Chip Sector," *Financial Times*, September 28, 2022, www.ft.com/content/8358e81b-f4e7-4bad-bc08-19a77035e1b4.

94. Jon Emont, "China Controls Minerals That Run the World—and It Just Fired a Warning Shot at U.S.," *The Wall Street Journal*, July 7, 2023, www.wsj.com/articles/china-controls-minerals-that-run-the-worldand-just-fired-a-warning-shot-at-u-s-5961d77b; Jackie Northam, "China Dominates the EV Battery Industry. Can the Rest of the World Catch up?" NPR, July 22, 2023, www.npr.org/2023/07/22/1189580644/china-dominates-the-ev-battery-industry-can-the-rest-of-the-world-catch-up; Christina Lu, "The Critical Minerals Club," *Foreign Policy*, April 14, 2023, foreignpolicy.com/2023/04/14/us-china-critical-mineral-security-europe-rare-earth-energy-transition.

95. Matthew P. Funaiole, Brian Hart, and Aidan Powers-Riggs, "Mineral Monopoly: China's Control over Gallium Is a National Security Threat," Center for Strategic & International Studies, July 18, 2023, features.csis.org/hiddenreach/china-critical-mineral-gallium.

96. "How China Became a Car-Exporting Juggernaut," *The Economist*, August 10, 2023,

www.economist.com/graphic-detail/2023/08/10/how-china-became-a-car-exporting-juggernaut; Rita Liao, "Powered by Electric Vehicle Growth, China Overtakes Japan as Biggest Auto Exporter," *TechCrunch*, August 8, 2023, techcrunch.com/2023/08/08/powered-by-electric-vehicle-growth-china-overtakes-japan-as-biggest-auto-exporter; Chris Miller, "As Chinese Cars Speed into Global Markets, Tensions Will Only Escalate," *Financial Times*, July 13, 2023, www.ft.com/content/a4eeda36-5e89-4d6f-93a9-c3971580ed3d. 중국 자동차 산업의 급격한 성장 때문에(그리고 중국산 전기차가 미국 시장을 잠식해 미국 자동차 산업을 위협할 수 있다는 우려 때문에) 바이든 행정부는 2024년 5월 중국산 전기차에 100%의 관세를 부과했다. 다음을 보라. The White House, "Fact Sheet: President Biden Takes Action to Protect American Workers and Businesses from China's Unfair Trade Practices," May 14, 2024, www.whitehouse.gov/briefing-room/statements-releases/2024/05/14/fact-sheet-president-biden-takes-action-to-protect-american-workers-and-businesses-from-chinas-unfair-trade-practices.

97. Aaron Steckelberg, "The Underbelly of Electric Vehicles," *The Washington Post*, April 27, 2023, www.washingtonpost.com/world/interactive/2023/electric-car-batteries-geography.

98. Bentley Allan, Noah Gordon, and Cathy Wang, "Friendshoring Critical Minerals: What Could the U.S. and Its Partners Produce?" Carnegie Endowment for International Peace, May 3, 2023, carnegieendowment.org/2023/05/03/friendshoring-critical-minerals-what-could-u.s.-and-its-partners-produce-pub-89659; James Temple, "US Minerals Industries Are Booming. Here's Why," *MIT Technology Review*, March 13, 2023, www.technologyreview.com/2023/03/13/1069658/us-minerals-industries-are-booming-heres-why.

99. Bob Davis, "Kurt Campbell on Talking to China Again," *The Wire China*, July 16, 2023, www.thewirechina.com/2023/07/16/kurt-campbell-on-talking-to-china-again.

100. James Crabtree, "U.S.-China De-Risking Will Inevitably Escalate," *Foreign Policy*, August 20, 2023, foreignpolicy.com/2023/08/20/derisking-decoupling-us-china-biden-economy-trade-technology-semiconductors-chips-supply-chains-ai-geopolitics-escalation.

68장 전략과 희생

101. "Timeline: Iran's Nuclear Program Since 2018," The Iran Primer, May 3, 2023, iranprimer.usip.org/blog/2023/may/03/timeline-iran%E2%80%99s-nuclear-program-2018.

102. Jonathan Steinberg, *Bismarck: A Life* (New York: Oxford University Press, 2011), 8.

103. Edward Fishman, "A Tool of Attrition," *Foreign Affairs*, February 23, 2023, www.foreignaffairs.com/ukraine/tool-attrition.

104. "What Does the G7 Do?" Council on Foreign Relations, June 28, 2023, www.cfr.org/backgrounder/what-does-g7-do.This estimate includes the full EU as a G7 economy.

105. 2018년 4월, 트럼프 행정부가 러시아 알루미늄 회사인 루살에 제재를 가하자 러시아 중앙은행은 1,000억 달러 이상을 유로화, 위안화, 엔화로 분산했다. 그 결과 러시아 중앙은행의 주요 외환 보유 통화로서 유로화가 달러를 앞지르게 됐다. 다음을 보라. Daniel McDowell, *Bucking the Buck: US Financial Sanctions & the International Backlash Against the Dollar* (New York: Oxford, 2023), 42–49; Natasha Doff and Anya Andrianova, "Russia Buys Quarter of World Yuan Reserves in Shift From Dollar," *Bloomberg*, January 9, 2019, updated January 10, 2019, www.bloomberg.com/news/articles/2019-01-09/russia-boosted-yuan-

euro-holdings-as-it-dumped-dollars-in-2018; and Gian Maria Milesi-Ferretti, "Russia's External Position: Does Financial Autarky Protect Against Sanctions?" The Brookings Institution, March 3, 2022, www.brookings.edu/articles/russias-external-position-does-financial-autarky-protect-against-sanctions.

106. 이러한 달러의 강세는 대부분 유로의 약세에 따른 결과였다. 다음을 보라. "RMB Tracker Slides," Swift, August 2023, www.swift.com/our-solutions/compliance-and-shared-services/business-intelligence/renminbi/rmb-tracker/rmb-tracker-document-centre and Carter Johnson and Alexandre Tanzi, "Dollar Usage in Global Payments in July Rises to Record, Swift Says," *Bloomberg*, August 23, 2023, www.bloomberg.com/news/articles/2023-08-24/dollar-usage-in-global-payments-in-july-rises-to-record-swift-says.

107. Jake Sullivan, "Remarks by National Security Advisor Jake Sullivan on the Biden-Harris Administration's National Security Strategy" (speech, Washington, D.C., October 12, 2022), The White House, www.whitehouse.gov/briefing-room/speeches-remarks/2022/10/13/remarks-by-national-security-advisor-jake-sullivan-on-the-biden-harris-administrations-national-security-strategy.

108. Nidhi Verma, "India's Russian Oil Buying Scales New Highs in May," Reuters, July 21, 2023, www.reuters.com/business/energy/indias-russian-oil-buying-scales-new-highs-may-trade-2023-06-21.

109. Lee Ying Shan, "India Importing Russian Oil Is a 'Win-Win' for the World Economy, Says India's No. 1 Oil Company," CNBC, September 6, 2023, www.cnbc.com/2023/09/06/india-importing-russian-oil-is-win-win-for-global-economy-says-ongc.html.

110. Philip Wang, "China Sees Biggest Trade Increase with Russia in 2023, Chinese Customs Data Shows," CNN, June 7, 2023, www.cnn.com/2023/06/07/business/china-russia-trade-increase-intl/index.html.

111. "Turkey Doubles Russian Oil Imports, Filling EU Void," Reuters, August 22, 2022, www.reuters.com/business/energy/turkey-doubles-russian-oil-imports-filling-eu-void-2022-08-22; Henry Ridgwell, "Russian Trade Rises Despite Sanctions, as NATO Member Turkey Offers 'Critical Lifeline,'" *VOA News*, June 8, 2023, www.voanews.com/a/russian-trade-rises-despite-sanctions-as-nato-member-turkey-offers-critical-lifeline-/128651.html.

112. Benoît Faucon and Rory Jones, "U.A.E. Cashes In on Russia's Economic Woes," *The Wall Street Journal*, August 21, 2023, www.wsj.com/world/russia/u-a-e-cashes-in-on-russias-economic-woes-52700157.

113. "Russian Federation: At a Glance," International Monetary Fund, December 14, 2023, www.imf.org/en/Countries/RUS#countrydata; "Infographic: Impact of Sanctions on the Russian Economy," European Council, December 10, 2023, www.consilium.europa.eu/en/infographics/impact-sanctions-russian-economy.

114. Darya Korsunskaya and Alexander Marrow, "Russia's GDP Boost from Military Spending Belies Wider Economic Woes," Reuters, February 7, 2024, www.reuters.com/world/europe/russias-gdp-boost-military-spending-belies-wider-economic-woes-2024-02-07.

115. 아르헨티나는 결국 BRICS에 가입하라는 초대를 거부했다. 다음을 보라. Farnaz Fassihi et al., "What to Know about the 6 Nations Invited to Join BRIC," *The New York Times*, August 23, 2023, www.nytimes.com/2023/08/23/world/asia/brics-nations-new-members-expansion.html; Robert Plummer, "Argentina Pulls Out of Plans to Join Brics Bloc," *BBC News*,

December 29, 2023, www.bbc.com/news/world-latin-america-67842992.

116. Ross Colvin, "'Cut Off Head of Snake,' Saudis Told U.S. on Iran," *Reuters*, November 29, 2010, www.reuters.com/article/us-wikileaks-iran-saudis/cut-off-head-of-snake-saudis-told-u-s-on-iran-idUSTRE6AS02B20101129.

117. Farnaz Fassihi, "With BRICS Invite, Iran Shrugs Off Outcast Status in the West," August 25, 2023, www.nytimes.com/2023/08/25/world/middleeast/iran-brics.html.

118. Edward Fishman and Kevin Brunelli, "Putin Needs to Feel the Pain," *Politico*, February 28, 2024, www.politico.com/news/magazine/2024/02/28/biden-putin-sanctions-russia-ukraine-0143808.

119. Michael Sauga, "How Well Are Sanctions Against Russia Working?" *Spiegel International*, July 1, 2022, www.spiegel.de/international/europe/how-well-are-european-sanctions-against-russia-working-a-2c83502d-e64f-3a47-98c8-a8076e5746fc; Max Seddon and Polina Ivanova, "How Putin's Technocrats Saved the Economy to Fight a War They Opposed," *Financial Times*, December 16, 2022, www.ft.com/content/fe5fe0ed-e5d4-474e-bb5a-10c9657285d2.

120. Erin Banco et al., "'Something Was Badly Wrong': When Washington Realized Russia Was Actually Invading Ukraine," *Politico*, February 24, 2023, www.politico.com/news/magazine/2023/02/24/russia-ukraine-war-oral-history-00083757.

121. Anatoly Kurmanaev and Stanley Reed, "How Russia Is Surviving the Tightening Grip on Its Oil Revenue," *The New York Times*, February 7, 2023, www.nytimes.com/2023/02/07/business/russia-oil-embargo.html; Statista Research Department, "Federal Budget's Oil and Gas Revenue in Russia from 2006 to 2022," Statista, April 3, 2023, www.statista.com/statistics/1028682/russia-federal-budget-oil-and-gas-revenue.

122. 2020년대 미국과 중국 간에 대만을 둘러싼 충돌의 실제적인 위험 평가는 다음을 보라. Hal Brands and Michael Beckley, *Danger Zone: The Coming Conflict with China* (New York: W. W. Norton & Company, 2022); Dmitri Alperovitch and Garrett M. Graff, *World on the Brink: How America Can Beat China in the Race for the 21st Century* (New York: PublicAffairs, 2024).

123. Edward Fishman, "Challenges from Chinese Policy in 2022: Zero-COVID, Ukraine, and Pacific Diplomacy" (testimony, Washington, D.C., August 3, 2022), U.S.-China Economic and Security Review Commission, www.uscc.gov/sites/default/files/2022-08/Edward_Fishman_Testimony.pdf; Charles Edel and Edward Fishman, "The U.S. Needs an Economic War Council for China," *Foreign Policy*, April 6, 2023, foreignpolicy.com/2023/04/06/united-states-china-taiwan-war-sanctions.

124. Alan Rappeport, "Inflation Fears Could Limit the U.S. Sanctions Response to Russia's Ukraine Invasion," *The New York Times*, February 24, 2022, www.nytimes.com/2022/02/24/business/biden-sanctions-russia-ukraine.html.

결론 : 불가능한 삼위일체

1. George W. Bush, "President Holds Press Conference" (speech, Washington, D.C., December 20, 2004), The White House, georgewbush-whitehouse.archives.gov/news/eleases/004/12/20041220-3.html.

2. Barack Obama, "Remarks by the President in Commencement Address to the United States Air Force Academy" (speech, Colorado Springs, CO, June 2, 2016), The White House, obamawhitehouse.archives.gov/the-press-office/2016/06/02/remarks-president-commencement-address-united-states-air-force-academy.

3. "2020 Year-End Sanctions and Export Controls Update" Gibson Dunn, February 5, 2021, www.gibsondunn.com/wp-content/uploads/2021/02/2020-year-end-anctions-and-export-controls-update.pdf.

4. 화웨이는 2023년 연간 매출이 7,042억 위안에 달했다고 보고했다. 이는 2020년 해외직접생산품규칙(FDPR) 시행 당시의 최고 매출인 8,914억 위안보다 21% 낮은 수치다. 화웨이의 실적은 최근 몇 년간 일부 회복됐지만 2023년 매출은 여전히 2018년 수준보다 낮았다. 다음을 보라. "Huawei Releases 2023 Annual Report: Performance in Line with Forecast," Huawei, March 29, 2024, www.huawei.com/en/news/2024/3/huawei-annual-report-2023.

5. Jake Sullivan, "Remarks by National Security Advisor Jake Sullivan at the Special Competitive Studies Project Global Emerging Technologies Summit" (speech, Washington, D.C., September 16, 2022), The White House, www.whitehouse.gov/briefing-room/speeches-remarks/2022/09/16/remarks-by-national-security-advisor-jake-sullivan-at-the-special-competitive-studies-project-global-emerging-technologies-summit.

6. Joseph R. Biden and Olaf Scholz, "Remarks by President Biden and Chancellor Scholz of the Federal Republic Germany at Press Conference" (speech, Washington, D.C., February 7, 2022), The White House, www.whitehouse.gov/briefing-room/statements-releases/2022/02/07/remarks-by-president-biden-and-chancellor-scholz-of-the-federal-republic-of-germany-at-press-conference.

7. Valentina Pop, Sam Fleming, and James Politi, "Weaponisation of Finance: How the West Unleashed 'Shock and Awe' on Russia," *Financial Times*, April 6, 2022, www.ft.com/content/5b397d6b-bde4-4a8c-b9a4-080485d6c64a.

8. Edward Fishman, "How to Fix America's Failing Sanctions Policy," The Lawfare Institute, June 4, 2020, www.lawfaremedia.org/article/how-fix-americas-failing-sanctions-policy.

9. Edward Fishman, "Even Smarter Sanctions," *Foreign Affairs*, October 16, 2017, www.foreignaffairs.com/united-states/even-smarter-sanctions; Edward Fishman, "Challenges from Chinese Policy," in 2022: Zero-COVID, Ukraine, and Pacific Diplomacy" (testimony, Washington, D.C., August 3, 2022), U.S.-China Economic and Security Review Commission, www.uscc.gov/sites/default/files/2022-08/Edward_Fishman_Testimony.pdf.

10. Edel and Fishman, "U.S. Needs an Economic War Council."

11. Don Clark, "How Nvidia Built a Competitive Moat Around A.I. Chips," *The New York Times*, August 21, 2023, www.nytimes.com/2023/08/21/technology/nvidia-ai-chips-gpu.html.

12. 인공지능 분야의 유명한 기업가이자 연구자인 무스타파 술레이만은 미국 정부가 반도체를 '초크포인트'로 삼아 인공지능의 안전하고 윤리적인 사용을 위한 국제 기준을 시행해야 한다고 주장했다. 다음을 보라. Richard Waters, "US Should Use Chip Leadership to Enforce AI Standards, Says Mustafa Suleyman," *Financial Times*, September 1, 2023, www.ft.com/content/f828fef3-862c-4022-99d0-41efbc73db80.

13. The White House, "G7 Hiroshima Leaders' Communiqué" (Hiroshima: G7, May 20, 2023), www.whitehouse.gov/briefing-room/statements-releases/2023/05/20/g7-hiroshima-leaders-communique.

14. Fishman, "Fix America's Failing Sanctions Policy"; Edward Fishman, "The Death and Rebirth of American Internationalism," *Boston Review*, August 12, 2020, www.bostonreview.net/articles/edward-fishman-tk; Edward Fishman and Siddharth Mohandas, "A Council of Democracies Can Save Multilateralism," *Foreign Affairs*, August 3, 2020, www.foreignaffairs.com/articles/asia/2020-08-03/council-democracies-can-save-multilateralism.

15. Tony Judt, *Postwar: A History of Europe Since 1945* (New York: Penguin Books, 2005), 324–25.

16. 다음을 보라. Robert Wright, *Nonzero: The Logic of Human Destiny* (New York: Vintage Books, 2001), which heralded the dawn of an interdependent global society. Bill Clinton said it had "a huge effect on me as the president" in an interview with *Foreign Policy*: "Bill Clinton's World," *Foreign Policy*, November 30, 2009, foreignpolicy.com/2009/11/30/bill-clintons-world.

17. 이 관점은 칼럼니스트 토머스 프리드먼이 그의 '분쟁 예방을 위한 골든 아치 이론'에서 잘 표현했다. 이 이론에서 그는 맥도날드 가맹점이 있는 국가들은 전쟁을 하지 않는다고 주장했다. 다음을 보라. Thomas L. Friedman, *The Lexus and the Olive Tree: Understanding Globalization* (New York: Picador, 2000), 248–275.

18. 다음을 보라. Joseph S. Nye, Jr., *Soft Power: The Means to Success in World Politics* (New York: PublicAffairs, 2005).

19. John Lewis Gaddis, "The Long Peace: Elements of Stability in the Postwar International System," *International Security* 10, no. 4 (1986): 112, doi.org/10.2307/2538951.

20. Shekhar Aiyar and Anna Ilyina, "Charting Globalization's Turn to Slowbalization after Global Financial Crisis," *IMF Blog*, International Monetary Fund, February 8, 2023, www.imf.org/en/Blogs/Articles/2023/02/08/charting-globalizations-turn-to-slowbalization-after-global-financial-crisis; David H. Autor, David Dorn, and Gordon H. Hanson, "The China Shock: Learning from Labor Market Adjustment to Large Changes in Trade," National Bureau of Economic Research Working Paper No. 21906, National Bureau of Economic Research, January 2016, www.nber.org/system/files/working_papers/w21906/w21906.pdf.

옮긴이 이성민

의사이자 번역가. 환자를 진료하고 책을 번역한다. 사회에서 조명받지 못한 진실에
관심이 많다. 옮긴 책으로 『명령에 따랐을 뿐!?』 『제국은 왜 무너지는가』 『생물학적
풍요』 『트라우마, 극복의 심리학』 『사로잡힌 사람들』 『똥이 약이다』 등이 있다. 환자
이야기와 과학적 통찰을 연결하는 글쓰기를 지향하며, 저서로 『성공적인 다이어트를
위한 위고비(GLP-1) 사용설명서』가 있다. 제주에서 아내, 두 자녀와 함께 살고 있다.

국가는
무엇으로
싸우는가

1판 1쇄 발행 2026년 3월 20일
1판 2쇄 발행 2026년 5월 10일

지은이 에드워드 피시먼
옮긴이 이성민

발행인 양원석 **편집장** 최두은 **디자인** 남미현, 김미선
영업마케팅 윤송, 김지현, 최현윤, 유민경, 김수윤
해외저작권 임이안, 안효주

펴낸 곳 ㈜알에이치코리아
주소 서울시 금천구 가산디지털2로 53, 20층 (가산동, 한라시그마밸리)
편집문의 02-6443-8844   **도서문의** 02-6443-8800
홈페이지 http://rhk.co.kr
등록 2004년 1월 15일 제2-3726호

ISBN 978-89-255-7280-2 (03340)